石河子大學哲學社會科學優秀學術著作出版資金資助

游蜀疏稿校證

（清）吳棠 等 撰
杜宏春 校證

The Commercial Press

2014年·北京

圖書在版編目(CIP)數據

游蜀疏稿校證/(清)吳棠等撰;杜宏春校證.—北京：
商務印書館,2014
ISBN 978-7-100-10583-5

Ⅰ.①游… Ⅱ.①吳…②杜… Ⅲ.①奏議—彙編—
中國—1869～1876 Ⅳ.①K249.065

中國版本圖書館 CIP 數據核字(2014)第 134772 號

所有权利保留。
未经许可,不得以任何方式使用。

游蜀疏稿校證

(清)吳棠 等 撰
杜宏春 校證

商 務 印 書 館 出 版
(北京王府井大街36號 郵政編碼100710)
商 務 印 書 館 發 行
三河市尚藝印裝有限公司印刷
ISBN 978-7-100-10583-5

2014年12月第1版　　開本 710×1000　1/16
2014年12月北京第1次印刷　印張 38 1/2
定價：196.00 圓

序 一

杜宏春的博士學位論文《游蜀疏稿校證》即將出版，我作為他的博士生指導教師，其喜悅之情，絕不亞於自己著作的出版。

這是一部具有珍貴史料價值的著作，其內容反映的是同治八年（1869）至光緒二年（1876）間清政府治理西南邊疆各少數民族的羈縻與懷柔政策，記錄了清政府鎮壓西南少數民族武裝起義的那一段歷史，對研究中國西南民族彌足珍貴，填補了少數民族文字文獻對這一段歷史記錄的空缺，彌補了漢文正史之不足。對研究清末我國西南地區政治、經濟、文化、社會變遷，對中國近代史、民族關係史的研究都具有不可或缺的作用。

他最初提交的博士論文提綱是《吳棠年譜》，全書預計一百二十萬字。此選題雖然很好，但篇幅過於冗長，不僅作者的工作量大，答辯委員會閱讀文字如此海量的學位論文，也壓力不小。因此，參與開題的教授們建議換篇幅稍小的選題，於是他選擇對收藏於國家圖書館的《游蜀疏稿》進行校證，作為其博士學位論文。

雖然是臨時換選題，但僅過半年，他就提交了五十萬字的《游蜀疏稿》校証初稿，校正了原稿中的不少錯誤，對原稿材料之不足，用其他史料進行了補充，因而比之原稿有了更高的學術價值和史料價值。論文送校外匿名評審時，得到了較好的評價。能取得如此優良的成績，與他平時的資料積累、知識修養和勤奮是分不開的。

杜宏春讀博期間的勤奮在中央民族大學古籍圈中是有口皆碑的。三年在讀期間，大部分時間都耗在了中央民族大學圖書館、國家圖書館、中國第一歷史檔案館。在中央民族大學圖書館古籍部，他常常是第一個進館的人，也往往是最後一個離館的人。從中央民族大學到第一歷史檔案館約十公里，在查閱中國第一歷史檔案館資料的那段時間，無論是寒冬，或是酷暑，每天都風雨無阻。除悉數搜集收藏於北京的資料外，國內所能查閱的資料大部分他都已獲得，甚至通過網絡查詢並購買了收藏於我國臺灣的數百件與吳棠有關的史料。可以說目前與吳棠有關的學術史料佔有量，他是最多、最權威的。

對吳棠資料的收集，他已竭盡所能，幾次累倒病危住院，原本健壯的身體，也落下了一身的疾病。更為感人的是他把家人也動員來參與吳棠資料的收集。兒子在京外念大學，每到寒暑假，他都招兒子進京，一同到圖書館查抄吳棠史料，同樣每天往返于中央民族大學與中國第一歷史檔案館之間。其夫人也幫著做些力所能及的輔助工作。可以說他手中的資料凝結著全家人的心血。

我非常敬佩杜宏春博士勤奮、敬業、執著的精神。他對吳棠史料的關注始于碩士在讀期間，近十年來一直追而不棄，並立志以研究吳棠為一生的事業目標。這種執著成就了他的成功。

杜宏春博士與吳棠是同鄉人，吳棠在其故鄉是如雷貫耳的名人，因而，他早就萌生了研究吳棠的興趣。他從小耳濡目染瞭解了不少的奇聞軼事，對吳棠故鄉的風土人情及其相關資料的歷史背景有著深刻的認識，厚積薄發，校証工作才會如此輕鬆自如，其校注本才會如此有學術分量，其成果才会"井噴"式地問世。

祝杜宏春博士百尺竿頭，更進一步。

是以為序。

黃建明

2014 年 3 月

序　二

　　杜宏春博士的古典文獻學新著《游蜀疏稿校證》即將出版，多次相囑邀我作序；我因為在古典文獻方面孤陋寡聞，多次推脫，結果是：不允。感其真誠，勉為其難；可寫起來，名不正則言不順，於是想到錢鍾書先生有本小書《寫在人生邊上》，姑且算是邊序，意在說些邊緣的話。

　　初識宏春是在 2006 年。他剛從蘭州大學古典文獻專業碩士畢業，我校的中文專業正處在建設時期，師資中碩士也寥寥無幾，他來的正當其時。一見面，感覺新來的這位杜老師很有古風，個子高大，人極古樸，臉上始終掛著謙謙笑容，對大家都真誠而有禮，一開口說話盡是文言，而且安徽鄉音很重。比如，他會問："貴府寶眷在哪裡高就？"被問的人一臉錯愕，因為口音，把"寶眷"聽成了"寶劍"，迷茫地說："我們家沒有掛寶劍啊？"這誤會引得大家開心地笑了。後來要給房管科繳住房申請，他全用文言寫成，我勸他改成白話。這以後大家漸漸習慣了宏春溫文爾雅的問候，也學到了不少古人雅稱方面的知識。宏春為人極其真誠和淳樸，絕沒有故意炫耀的意味，大家都認為多了一位可愛的"老學究"，善意而開心地笑笑，但同時也佩服他豐富的學識。一到夏天，校園裡經常可以看到他頭戴一頂草帽快步走著，遠遠地就會笑容燦爛地和你打招呼。在新疆，陽光毫無遮攔，如果直曬，的確對皮膚不好，但戴草帽的，的確也就他一人。我以為這就是宏春的可愛之處，他是給校園添了風景的。

　　接觸多了，才知道宏春曾經當過二十多年的民辦教師，工資報酬極低且難以保障，因而他對能在大學裡教書很知足。他當教師，夫人就在食堂幫廚，唯一的兒子後來考到山西長治醫學院。兩個人的收入供養兒子讀書，加上生活開銷，過年還要趕回安徽看望老人，日子過得是緊巴巴的。尤其是回家探親，新疆到什麼地方都遠，花錢不說，那份辛苦真是不足與為外人道。有一年他探親回來，說火車上一路站著，也不敢吃飯喝水，火車上人滿為患，廁所裡都站著人。20世紀80年代我到內地讀書，知道春運期間火車上人擠人的程度，沒想到還是沒有得到多大改變。但宏春心態很好，始終笑容燦爛著，似乎這些困難並不能影響到他的心情。

其實真正讓宏春掛心的是古典文獻研究。據宏春自己說，他每天看書到凌晨兩點左右，不抽煙不喝酒，沒有什麼不良嗜好，唯一最大的樂趣就是讀書。2009年9月，他赴中央民族大學研究生院，攻讀中國古典文獻學博士學位。2012年6月，畢業並獲文學博士學位。三年，仿佛一眨眼的功夫，時間飛逝而去。宏春在北京扎扎實實做了三年學問。在國家圖書館和故宮博物院，他一頭扎進文獻的海洋，尤其關注清代未入正史的有關治理邊疆的文獻資料，自費購買甚至手抄，帶回大量可供研究的珍貴文獻。《游蜀疏稿校證》就是他最初的成果之一。古典文獻是通古今之變的學問，意義自有專家斷定，我只是覺得宏春是一位淡泊名利、甘於寂寞、勤於耕耘的學者，在當今浮躁、功利影響很多人的時候，他堅守自己的位置，實在是難能可貴。

宏春是一位好老師。他上課聲如洪鐘，感情充沛，他為本科生講授"古代漢語"和"大學語文"，尤其善於打通古今、深入淺出的講解。我聽過他的課，發現他還非常幽默風趣，在講臺上完全不是我們印象中"老學究"的模樣。一手漂亮的板書，對古代典籍如數家珍，可見他下過怎樣的功夫，學生自然喜愛這樣的老師，欽佩、折服，還有點崇拜。一所學校的好壞，很大程度是由教師決定的，有宏春這樣的教師，學生有福了。

我祝賀宏春《游蜀疏稿校證》的出版，也想對他說要保重身體。他血壓偏高，時常高強度工作，希望他要多加注意。美好的期望源自於對長遠美好的期待。

李　賦

2014年3月

目　錄

緒　論 1

一、《游蜀疏稿》之主要內容 3
二、《游蜀疏稿》之主要作者 3
三、《游蜀疏稿》之研究現狀 8
四、《游蜀疏稿》之研究意義 8
五、《游蜀疏稿》之校證凡例 9

卷一　同治八年（1869）............................... 11

〇〇一　奏報果後營勇潰散現辦遣撤並請旨將道員劉嶽曙摘頂片
　　　　同治八年八月二十一日（1869年9月26日）............... 13

〇〇二　奏報昭魯回氛日熾請仍由雲貴督臣妥商辦理剿撫回氛摺
　　　　同治八年十月初九日（1869年11月12日）................ 19

〇〇三　奏請檄調唐友耕分兵扼守敘南片
　　　　同治八年十一月十七日（1869年12月19日）.............. 26

〇〇四　奏報委令分發補用道薛華垣會辦團練片
　　　　同治八年十一月十七日（1869年12月19日）.............. 28

〇〇五　奏報川軍克復魯甸廳城生擒要逆昭魯次第肅清情形摺
　　　　同治八年十一月十七日（1869年12月19日）.............. 28

〇〇六　奏報川軍襲苗獲勝專待楚黔振旅來會以圖進取摺
　　　　同治八年十二月初四日（1870年1月5日）................ 33

〇〇七　奏報川省裁勇節餉緣由片
　　　　同治八年十二月初四日（1870年1月5日）................ 39

〇〇八　奏請賞給英商麥士尼參將銜並賞戴花翎片
　　　　同治八年十二月初四日（1870年1月5日）..................41

〇〇九　奏請賞給鹽運使銜候補道員塞闓三品封典片
　　　　同治八年十二月初四日（1870年1月5日）..................47

卷二　同治九年（1870）..................51

〇一〇　奏請將昭通府知府英文署魯甸通判吳廣通均免其置議片
　　　　同治九年四月初四日（1870年5月4日）..................53

〇一一　奏報彙保川軍克復魯甸廳城生擒要逆尤為出力員弁情形摺
　　　　同治九年四月初四日（1870年5月4日）..................54

〇一二　奏報遵旨續議裁軍勉籌協餉緣由片
　　　　同治九年四月十六日（1870年5月16日）..................56

〇一三　奏報川軍剿回力保漢南會合陝軍援剿兼顧省垣情形摺
　　　　同治九年四月十六日（1870年5月16日）..................61

〇一四　奏報將已革候選道員章源等開復原案片
　　　　同治九年四月二十二日（1870年5月22日）..................67

〇一五　奏報川軍克苗寨取螃蟹會楚師擊甕谷等處苗疆摺
　　　　同治九年四月二十二日（1870年5月22日）..................68

〇一六　奏報彙保川軍赴援徽縣剿滅回匪出力員弁情形摺
　　　　同治九年五月十九日（1870年6月17日）..................72

〇一七　奏報遵旨擇尤保獎官軍攻克冕甯等處出力員弁摺
　　　　同治九年七月初二日（1870年7月29日）..................78

〇一八　奏報川軍攻克巖鷹垵等處苗寨將零寨掃除殆盡情形摺
　　　　同治九年七月十八日（1870年8月14日）..................90

〇一九　奏報補用副將藍文蔚偏樹假子克扣兵餉訊明正法片
　　　　同治九年七月十八日（1870年8月14日）..................95

〇二〇　奏請將知州龔縑緗照例從優議恤片
　　　　同治九年七月十八日（1870年8月14日）..................96

○二一　奏報批飭唐炯將羸卒疲兵大加沙汰並通籌全局事宜片
　　　　同治九年七月十八日（1870年8月14日）……………97

○二二　奏請允准總兵何行保在營穿孝帶勇防剿片
　　　　同治九年七月十八日（1870年8月14日）……………101

○二三　奏請准令丁憂提督陳希祥留營統兵片
　　　　同治九年八月二十九日（1870年9月24日）……………102

○二四　奏請將擅自移師統兵道員唐炯摘頂並籌辦大局摺
　　　　同治九年八月二十九日（1870年9月24日）……………103

○二五　奏報改撥協黔餉並請敕下貴州提督周達武馳辦軍務摺
　　　　同治九年九月二十一日（1870年10月15日）……………114

○二六　奏請將道員鄧錡知州王恩榕照例從優議恤片
　　　　同治九年十月初九日（1870年11月1日）……………124

○二七　奏報川軍截剿回匪獲勝並會滇師攻克永北廳城情形摺
　　　　同治九年十月初九日（1870年11月1日）……………125

○二八　請將儘先遊擊李畔心照立功後積勞病故例優恤片
　　　　同治九年閏十月二十一日（1870年12月13日）……………130

○二九　奏報確查川省各屬歷年辦團尤為出力官紳請旨核獎摺
　　　　同治九年十一月初十日（1870年12月31日）……………131

○三〇　奏請將道員劉嶽曙賞還頂戴並營官一併免議片
　　　　同治九年十一月初十日（1870年12月31日）……………133

○三一　奏報川省團防官紳連年出力著勞擬請援案擇尤酌獎片
　　　　同治九年十一月初十日（1870年12月31日）……………134

○三二　奏為請旨敕下貴州撫提臣和衷商辦通籌黔省全局摺
　　　　同治九年十一月十五日（1871年1月5日）……………137

○三三　奏為准令會同貴州撫臣列銜奏事恭謝天恩摺
　　　　同治九年十一月十三日（1871年1月3日）……………141

○三四　奏報遵旨查辦遵義教案及訪察籌辦情形摺
　　　　同治九年五月二十五日（1870年6月23日）……………143

○三五　奏請檄委已革貴陽府知府多文前往查辦教案片

　　　同治九年十月初二日（1870 年 10 月 25 日）...................... 151

○三六　奏為密陳貴州教案情形並力疾設法籌辦摺

　　　同治九年十月初二日（1870 年 10 月 25 日）...................... 153

卷三　同治十年（1871）... 163

○三七　奏報改撥協黔的餉借提委解日期摺

　　　同治十年正月二十七日（1871 年 3 月 17 日）.................... 165

○三八　奏請將提督唐友耕軍餉運費作正開銷免由月餉坐扣片

　　　同治十年正月二十七日（1871 年 3 月 17 日）.................... 166

○三九　奏請准劉鶴齡於湖南溆浦建祠將總兵鄧鴻超等員入祀片

　　　同治十年正月二十七日（1871 年 3 月 17 日）.................... 168

○四○　奏請將道員唐炯免其置議片

　　　同治十年正月二十七日（1871 年 3 月 17 日）.................... 169

○四一　奏報川滇兩軍擊退巴夷邊境漸次肅清情形摺

　　　同治十年二月十五日（1871 年 4 月 4 日）...................... 171

○四二　奏報黔省教案賠款斟酌情形無庸再事籌撥片

　　　同治十年二月十五日（1871 年 4 月 4 日）...................... 175

○四三　奏報奉撥協濟黔餉津貼銀兩情形片

　　　同治十年二月十五日（1871 年 4 月 4 日）...................... 179

○四四　奏請將已故建昌兵備道鄂惠照例從優議恤片

　　　同治十年二月二十八日（1871 年 4 月 17 日）.................... 180

○四五　奏請允准候補道覺羅恒保引見恭候簡用片

　　　同治十年二月二十八日（1871 年 4 月 17 日）.................... 183

○四六　奏報遵旨酌保四川省垣城防團練尤為出力官紳摺

　　　同治十年二月二十八日（1871 年 4 月 17 日）.................... 186

○四七　奏請獎敘川軍越境截剿克復永北廳城在事出力各員摺

　　　同治十年三月初二日（1871 年 4 月 21 日）...................... 190

○四八　奏報同治十年正二月分改撥協黔的餉委解日期摺
　　　　同治十年三月初二日（1871年4月21日）……………197

○四九　奏報遵旨查明酌保金含章等尤為出力紳士委員片
　　　　同治十年三月初三日（1871年4月22日）……………198

○五○　奏報川省簡練綠營著有成效現復整頓推廣摺
　　　　同治十年三月二十八日（1871年5月17日）…………201

○五一　奏報派隊赴黔留守川邊請由川酌補欠餉歸黔撥餉摺
　　　　同治十年三月二十八日（1871年5月17日）…………207

○五二　奏覆耿繼章吳汝謙等保舉人員所得勞績片
　　　　同治十年三月二十八日（1871年5月17日）…………213

○五三　奏報續撥同治十年三四月分協黔的餉委解日期摺
　　　　同治十年五月二十二日（1871年7月9日）……………214

○五四　奏為川邊時勢多艱懇恩暫留得力總兵李輝武助剿摺
　　　　同治十年七月十一日（1871年8月26日）……………215

○五五　奏報續撥同治十年五六月分協黔的餉委解起程日期摺
　　　　同治十年八月初七日（1871年9月21日）……………221

○五六　奏報續撥同治十年七八月分協黔的餉委解起程日期摺
　　　　同治十年十月十三日（1871年11月25日）……………223

○五七　奏報黔省教案應撥銀兩給清並准各省咨解歸款片
　　　　同治十年十月十三日（1871年11月25日）……………224

○五八　奏為川省歷年防剿秦隴回逆尤為出力員弁懇恩酌獎摺
　　　　同治十年十月十三日（1871年11月25日）……………227

○五九　奏報捐建旗營書院落成片
　　　　同治十年十月二十九日（1871年12月11日）…………234

○六○　奏報夷眾滋事抗拒官兵現經誘擒地方安靜情形摺
　　　　同治十年十一月二十二日（1872年1月2日）…………235

○六一　奏報查明川省辦團防剿滇髮各逆出力官紳擇尤酌保摺
　　　　同治十年十二月十三日（1872年1月22日）…………238

〇六二　奏為續撥同治十年九十月分協黔的餉委解起程日期摺

　　　　同治十一年正月二十二日（1872年3月1日）⋯⋯⋯⋯ 262

卷四　同治十一年（1872）⋯⋯⋯⋯⋯⋯⋯⋯⋯⋯⋯⋯ 265

〇六三　奏報暫緩出省查閱川省營伍片

　　　　同治十一年二月初六日（1872年3月14日）⋯⋯⋯⋯ 267

〇六四　奏報川勇歷經撤遣存營無多現仍設法隨時裁減摺

　　　　同治十一年三月初四日（1872年4月11日）⋯⋯⋯⋯ 270

〇六五　奏請教民案件會同成都將軍魁玉辦理片

　　　　同治十一年三月初四日（1872年4月11日）⋯⋯⋯⋯ 276

〇六六　奏報續撥同治十年十一十二月協黔的餉委解起程日期摺

　　　　同治十一年四月初七日（1872年5月13日）⋯⋯⋯⋯ 280

〇六七　奏為遵旨查明川省歷年防剿尤為出力人員彙案酌保摺

　　　　同治十一年四月二十四日（1872年5月30日）⋯⋯⋯ 282

〇六八　奏為請旨將李錦貴鄒紹南等照例從優議恤片

　　　　同治十一年四月二十四日（1872年5月30日）⋯⋯⋯ 283

〇六九　奏請將簡用總兵何行保遊擊謝思友等留川酌量備補片

　　　　同治十一年四月二十四日（1872年5月30日）⋯⋯⋯ 284

〇七〇　奏請允准李有恆在湖南新化建祠將亡故弁勇一併入祀片

　　　　同治十一年四月二十四日（1872年5月30日）⋯⋯⋯ 286

〇七一　奏為續撥同治十一年正二月分協黔的餉委解起程日期摺

　　　　同治十一年六月初三日（1872年7月8日）⋯⋯⋯⋯ 287

〇七二　奏請將武字營改為律武營馬步川軍仍交李輝武統帶片

　　　　同治十一年六月二十四日（1872年7月29日）⋯⋯⋯ 288

〇七三　奏報議結西陽教案應給銀兩現已掃數交清摺

　　　　同治十一年六月二十四日（1872年7月29日）⋯⋯⋯ 290

〇七四　奏請允准提督陳希祥回藉守制葬親移交軍務片

　　　　同治十一年八月十三日（1872年9月15日）⋯⋯⋯⋯ 292

○七五　奏請賞還道員唐炯頂戴片

　　　　同治十一年八月十三日（1872 年 9 月 15 日）⋯⋯⋯⋯⋯ 293

○七六　奏報援黔川軍戡定苗疆籌議酌補欠餉以資撤遣摺

　　　　同治十一年八月十三日（1872 年 9 月 15 日）⋯⋯⋯⋯⋯ 294

○七七　奏為續撥同治十一年三四月分協黔的餉委解起程日期摺

　　　　同治十一年八月十三日（1872 年 9 月 15 日）⋯⋯⋯⋯⋯ 297

○七八　奏報川北川東地方民情困苦情形片

　　　　同治十一年九月二十六日（1872 年 10 月 27 日）⋯⋯⋯⋯ 299

○七九　奏為交部從優議恤恭謝天恩摺

　　　　同治十一年九月三十日（1872 年 10 月 31 日）⋯⋯⋯⋯⋯ 300

○八○　奏報籌撥同治十一年五六月分協黔餉銀委解日期摺

　　　　同治十一年十月十三日（1872 年 11 月 13 日）⋯⋯⋯⋯⋯ 302

○八一　奏報川省歷辦團練官紳分別查核請獎片

　　　　同治十一年十一月二十四日（1872 年 12 月 24 日）⋯⋯⋯ 307

○八二　奏報查明迭次剿匪出力弁兵紳團彙案核實請獎摺

　　　　同治十一年十一月二十七日（1872 年 12 月 27 日）⋯⋯⋯ 308

○八三　奏報續撥七月分協餉委解日期並酌補欠餉凱撤援兵摺

　　　　同治十一年十一月二十七日（1872 年 12 月 27 日）⋯⋯⋯ 312

○八四　奏請允准陳希祥在原籍捐資建祠並將亡故弁勇入祀片

　　　　同治十一年十一月二十七日（1872 年 12 月 27 日）⋯⋯⋯ 313

○八五　奏為吏部候補主事周盛典助剿卓著勞績請旨獎勵片

　　　　同治十一年十一月二十七日（1872 年 12 月 27 日）⋯⋯⋯ 315

○八六　奏為副將何行保等將來送部引見請准免其射箭片

　　　　同治十一年十一月二十七日（1872 年 12 月 27 日）⋯⋯⋯ 316

○八七　奏請將袁復清留川遇缺按章借補再行送部引見片

　　　　同治十一年十一月二十七日（1872 年 12 月 27 日）⋯⋯⋯ 319

卷五　同治十二年（1873）……323

○八八　奏為川軍防剿滇省逆回懇恩彙獎出力員弁紳團摺
　　　　同治十二年二月初二日（1873年2月28日）……325

○八九　奏報籌撥同治十一年八九月分協黔餉銀委解起程日期摺
　　　　同治十二年五月十九日（1873年6月13日）……329

○九〇　奏報續撥同治十一年十月十一月協黔餉銀委解日期摺
　　　　同治十二年閏六月十六日（1873年8月8日）……331

○九一　奏報提督陳希祥假滿回川接統營務飭赴峨邊籌辦招撫片
　　　　同治十二年七月初六日（1873年8月28日）……332

○九二　奏報川滇邊界練匪為患經合力剿除現在地方靜謐情形摺
　　　　同治十二年七月初六日（1873年8月28日）……333

○九三　奏報酌擬武員月課章程試行有效即當仿照辦理摺
　　　　同治十二年七月二十三日（1873年9月4日）……338

○九四　奏為彙獎川軍防剿逆回並附獎歷次剿匪出力員弁兵團摺
　　　　同治十二年九月十九日（1873年11月8日）……344

○九五　奏報原保候選通判張世康等員遵照部咨另核請獎片
　　　　同治十二年九月十九日（1873年11月8日）……357

○九六　奏請將多文開復銷去永不敘用並免繳捐復銀兩片
　　　　同治十二年九月十九日（1873年11月8日）……360

○九七　奏撥同治十一年十二月十二年正月協黔餉銀委解日期摺
　　　　同治十二年九月十九日（1873年11月8日）……371

○九八　奏報教士被毆致斃請旨將黔江縣知縣桂衢亨摘頂撤任摺
　　　　同治十二年十月初五日（1873年11月24日）……374

○九九　奏報酌裁楚勇黔勇改募川勇片
　　　　同治十二年十一月十一日（1873年12月30日）……378

一〇〇　奏報峨邊廳境蠻匪經官軍剿撫出降現在地方靜謐摺
　　　　同治十二年十一月十一日（1873年12月30日）……379

一○一　奏報提督唐友耕陛見請旨以記名提督張占鰲代統營務片

　　　　同治十二年十一月十一日（1873年12月30日）·············384

一○二　奏報續撥同治十二年二三月分協黔餉銀委解起程日期摺

　　　　同治十二年十二月初三日（1874年1月20日）·············389

一○三　奏報道員塞闓因公勞瘁病歿懇恩准予優恤摺

　　　　同治十二年十二月二十七日（1874年2月13日）·············390

卷六　同治十三年（1874）·············395

一○四　奏撥同治十二年四五六月協黔餉銀委解日期並請寬籌摺

　　　　同治十三年三月十八日（1874年5月3日）·············397

一○五　奏報將羅安邦正法並張占鰲艾爾鴻等將為副將守備片

　　　　同治十三年五月十八日（1874年7月1日）·············406

一○六　奏報川軍防剿逆回成勞久著懇恩彙獎出力員弁紳團摺

　　　　同治十三年五月十八日（1874年7月1日）·············407

一○七　奏報同治十二年武員月課獎賞數目並循舊舉行摺

　　　　同治十三年五月十八日（1874年7月1日）·············410

一○八　奏報查明黔江民教起釁實情並請將解犯委員印官懲處摺

　　　　同治十三年五月十八日（1874年7月1日）·············412

一○九　奏請准記名總兵董應昌復姓更名並仍以總兵留川補用片

　　　　同治十三年六月十八日（1874年7月31日）·············416

一一○　奏報灌縣山匪滋事經並力查拏殲除現在地方安靜情形摺

　　　　同治十三年七月初四（1874年8月15日）·············417

一一一　奏報勉籌協黔餉銀兩分批解交周達武軍營以資凱撤摺

　　　　同治十三年七月十八日（1874年8月29日）·············420

一一二　奏報川省地方靜謐並近歲巡防邊隘拏辦匪徒情形摺

　　　　同治十三年七月十八日（1874年8月29日）·············423

一一三　奏報遵旨勉籌協黔餉銀二十萬兩委解起程日期摺

　　　　同治十三年八月初十日（1874年9月20日）·············427

一一四　奏報遵旨續議籌撥協黔餉銀摺

同治十三年九月十九日（1874年10月28日）................428

一一五　奏報防勇索饟入城盤踞已平請將協餉暫停先盡勇糧片

同治十三年十一月初二日（1874年12月10日）................433

一一六　奏請允准將已故提督陳希祥副將霍名升照例從優賜恤片

同治十三年十一月初二日（1874年12月10日）................439

一一七　奏懇將記名提督李有恆賞穿黃馬褂以示優異片

同治十三年十一月初二日（1874年12月10日）................441

一一八　奏報核實彙獎剿辦峨邊蠻匪及秦隴逆回出力員弁紳團摺

同治十三年十一月初二日（1874年12月10日）................443

一一九　奏請將署理灌縣知縣黃毓奎賞還頂戴片

同治十三年十一月二十日（1874年12月28日）................454

一二〇　奏報遵旨彙獎殲除灌縣山匪出力員弁紳團摺

同治十三年十一月二十日（1874年12月28日）................456

一二一　奏委熟諳洋務之縣丞鄒宗灝迎護法國參贊速辦教案片

同治十三年十二月二十四日（1875年1月31日）................461

卷七　光緒元年（1875）、二年（1876）................465

一二二　奏報酌裁楚勇選用團丁緣由片

光緒元年正月二十日（1875年2月25日）................467

一二三　奏請吳華燦等員仍照原保官階核准註冊片

光緒元年三月二十日（1875年4月25日）................468

一二四　奏報峨邊游勇誤傷主將當經設法殲除地方靜謐情形摺

光緒元年三月二十日（1875年4月25日）................469

一二五　奏請敕部仍照貴州撫臣原奏改撥協黔餉銀片

光緒元年五月初八日（1875年6月11日）................472

一二六　奏報匪徒竄踞興文縣九絲寨業經調兵集練設法殲除情形摺

光緒元年五月初八日（1875年6月11日）................476

一二七　奏報將積欠達字營餉需解交張祖雲散放以資遣撤片
　　　　光緒元年六月十五日（1875 年 7 月 17 日）·············479

一二八　奏報遵旨原議續議協黔的餉現已勉力籌撥全完摺
　　　　光緒元年六月十五日（1875 年 7 月 17 日）·············480

一二九　奏報同治十三年武員月課獎額並認真考校推廣舉行摺
　　　　光緒元年六月十五日（1875 年 7 月 17 日）·············482

一三〇　奏報雷波蠻匪滋擾已調兵擊退仍飭各軍妥籌鎮撫摺
　　　　光緒元年六月十五日（1875 年 7 月 17 日）·············484

一三一　奏報裡塘僧俗藉端聚眾經遴委幹員究辦解散摺
　　　　光緒元年六月十五日（1875 年 7 月 17 日）·············488

一三二　奏陳川省吏治民風實在情形現仍隨時整頓摺
　　　　光緒元年七月十九日（1875 年 8 月 19 日）·············494

一三三　奏為黔江教案現已商擬懇准議結並請將知縣革職摺
　　　　光緒元年七月十九日（1875 年 8 月 19 日）·············498

一三四　奏報敘永匪徒滋事現辦堵禦請飭下雲貴督撫派兵會剿摺
　　　　光緒元年八月二十四日（1875 年 9 月 23 日）·············501

一三五　請將儘先題奏總兵李忠恕照例從優議恤片
　　　　光緒元年十月初二日（1875 年 10 月 30 日）·············504

一三六　奏報遵旨擇尤酌保攻克九絲寨踞匪在事員弁紳團摺
　　　　光緒元年十月初二日（1875 年 10 月 30 日）·············505

一三七　奏報川軍越境攻剿巢匪跟蹤追捕務盡根株摺
　　　　光緒元年十月初二日（1875 年 10 月 30 日）·············516

一三八　奏懇恩准提督周達武在四川省城捐建武軍昭忠祠片
　　　　光緒元年十月初二日（1875 年 10 月 30 日）·············520

一三九　奏懇將前貴東道多文銷去永不敘用開復原官留川補用片
　　　　光緒元年十月初二日（1875 年 10 月 30 日）·············521

一四〇　奏請將承爵楊光坦許成鼇留於川省借補片
　　　　光緒元年十一月初二日（1875 年 11 月 29 日）·············523

一四一　奏報川軍跟蹤追剿會合滇軍聚殲壋壩股匪並請彙獎摺

　　　　光緒元年十一月十五日（1875 年 12 月 12 日）………… 525

一四二　奏報川省添募練丁裁撤勇丁並將裕字前營調回省垣片

　　　　光緒元年十一月十五日（1875 年 12 月 12 日）………… 531

一四三　奏報川軍剿辦雷波廳匪殲除要逆並酌保尤為出力員弁摺

　　　　光緒二年正月十五日（1876 年 2 月 9 日）……………… 532

一四四　奏報提督李有恆探悉賊蹤派員迅馳會剿情形片

　　　　光緒二年正月十五日（1876 年 2 月 9 日）……………… 538

一四五　奏報遵旨確查劉道生等遣抱京控地方官縱匪貽害一案摺

　　　　光緒二年正月十五日（1876 年 2 月 9 日）……………… 540

一四六　奏報邱廣生等給假回籍歸標當差片

　　　　光緒二年正月二十五日（1876 年 2 月 20 日）…………… 554

附　　錄 ……………………………………………………………… 557

一、主要人物傳記 ……………………………………………………… 559

二、清代官員品級一覽表 ……………………………………………… 582

參 考 文 獻 …………………………………………………………… 585

跋 ……………………………………………………………………… 597

緒 論

一、《游蜀疏稿》之主要内容

　　國家圖書館珍藏本《游蜀疏稿》是四川總督吳棠會同時任成都將軍崇實、繼任成都將軍魁玉等，於同治八年（1869）至光緒二年（1876）間向清廷奏報關於治理四川，招降、鎮壓四川、雲南、貴州交界處回、苗、彝等各少數民族民眾暴動的奏摺底稿，凡七卷，一百四十六件。其中有關剿辦民變、獎恤懲儆之摺片八十九件，四川、貴州教案之摺片十一件，協解雲南軍餉之摺片二十件，裁勇節餉等摺片二十六件。《游蜀疏稿》所存奏稿反映了同治八年至光緒二年間清政府治理西南邊疆各少數民族的羈縻與懷柔政策，真實地記錄了清政府鎮壓各少數民族武裝暴動的歷史畫面，內容涉及相當廣泛，史料豐富翔實，為正史文獻所未載。作為珍貴的第一手資料，對於研究清末四川、雲南、貴州等地各少數民族地區的政治、經濟、軍事等方面的發展以及社會階層的變動，對促進和繁榮中國近代史、民族關係史的研究，具有重大的史料價值。

二、《游蜀疏稿》之主要作者

（一）主稿者——四川總督吳棠

　　吳棠，字仲仙，一字仲宣，號棣華，又號春亭，安徽盱眙明光三界人[①]，生於嘉慶十八年（1813）七月二十四日，卒於光緒二年（1876）閏五月二十九日。道光十五年（1835），中式舉人。二十四年（1844），參加挑試[②]，定為一等，歷任桃源知縣、清河知縣、徐海道員、江寧布政使兼署漕運總督、漕運總督、署兩廣總督、閩浙總督、四川總督。同治十年

---

① 現因區劃變遷，盱眙縣劃歸江蘇省，明光劃歸安徽省。
② 清制，舉人應會試，屢試不售，可參加六年一次的挑試，按大、中、小省限額，設額四十名、三十名、二十名參加挑選，每組二十人，選一等三名作知縣用，二等九名作州學正及州、縣教諭用，餘下落選。

（1871），兼署成都將軍。光緒二年（1876），因病開缺，回籍調理。同年，卒於安徽滁州。

　　吳棠出生於平民家庭，幼年勤奮好學，因家境貧困，不能具束供讀，由父母自教。常借雪光、明月勤學苦讀。時家中生計無出，其父吳洹先館於外戚胡氏，課徒月得錢二三貫，不足以贍家，母親程氏則制酒醬佐之。① 吳棠非常勤奮，經常"漏下三鼓弟猶讀"②。道光十五年（1835），中乙未恩科舉人，返鄉蒙館課徒，維持生計，並先後五次赴禮闈，屢試不第。隨於道光二十四年（1844），參加挑選，定為一等，以知縣用，分發南河，挑河工，親勘盱眙水勢③。是年，署南河知縣。二十五年（1845），署碭山知縣。二十七年（1847），以治河出力，清廷下令："大挑知縣顧思堯、吳棠，均免其借補，以沿河知縣補用。"④ 在任著績，士民稱頌。二十九年（1849），江南河道總督楊以增會同兩江總督李星沅、江蘇巡撫陸建瀛，以吳棠"年強才穩，辦事勤明，以之請補桃源縣要缺知縣，洵堪勝任"⑤，聯銜保奏，旋獲允行。寄諭曰："道光二十九年四月十二日，內閣奉上諭：李星沅、陸建瀛奏揀員請補沿河要缺知縣一摺，著照所請，江蘇桃源縣知縣員缺准其以吳棠補授。該部知道。欽此。"⑥ 隨即補授淮安府桃源縣令。因在任期間，常微服出行，訪貧問苦，以禮化民，以文治縣，勤於政事，掃除匪患，治理水患，未滿三年，境內大治。於是，咸豐元年（1851）二月，兩江總督陸建瀛會同江蘇巡撫傅繩勳、河道總督楊以增具摺曰："（吳棠）才情明敏，講求修防。以之調補清河縣知縣，洵屬人地相宜。惟例俸未滿三年，且以繁調繁，與例稍有未符。但桃源縣

---

① 吳炳仁撰，吳紹坪編：《約園存稿》（下），2003年，第499頁。
② 同上書，第503頁。又見貢發芹：《吳棠史料彙編》，2006年，第210頁。
③ 陳慶年：《吳勤惠公年譜》，載《近代史資料》總第七十五號，中國社會科學出版社1989年版，第105—132頁。
④ 中國第一歷史檔案館編：《道光朝上諭檔》，道光二十七年十月十五日，廣西師範大學出版社1998年版。
⑤ 中國第一歷史檔案館藏：《硃批奏摺》，檔號：04-01-12-0471-114；《錄副奏摺》，檔號：03-2779-032。
⑥ 中國第一歷史檔案館編：《道光朝上諭檔》，道光二十九年四月十二日。

屬兼二要缺,今請補清河縣兼四沿海要缺,人地實在相需,例得專摺奏請。"①得邀清廷允准。是年十一月,調補清河縣知縣,清理積獄,百姓稱"吳青天"②。二年(1852),經兩江總督陸建瀛飭調,移署邳州。"請於大府截漕賑濟民,募壯士捕盜,邳民以安。"③因之,咸豐二年正月二十七日,兩江總督陸建瀛等以吳棠"年強才裕,辦事勤能。自到工以來,留心河務。補缺以後,不獨於地方緝匪安良各務實心治理,而幫同各廳搶險防工,亦俱異常出力。以之升補揚州通判,洵堪勝任"④,奏請升署揚州府河務通判。吏部以"摺內未將勞績應升人員聲敘,係例准聲明之項遺漏聲敘",未獲允行。江南河道總督臣楊以增會同兩江總督臣陸建瀛、江蘇巡撫臣楊文定,遂於三月十一日再次會銜具保:"該員年強才裕,留心河務。自到工以來,不獨於地方緝匪安良各務實心治理,而幫同各廳搶險防工,亦俱異常出力。以之升補揚州通判,洵堪勝任。"⑤清廷尋派閩浙總督怡良赴江蘇查辦事件,訪查吳棠官聲。八月,兩江總督怡良奏報江蘇清河知縣片奏曰:"再,周天爵原奏內稱,清河縣知縣吳棠廉幹愛民,淮北簽掣同知李安中留心民疾,安徽署宿州知州郭世亨勤於撫字等語。奴才抵浦後暗加察訪,李安中係專辦鹽務,郭世亨遠任安徽,一時未能周悉。惟清河縣知縣吳棠近在清江,於奴才到浦時謁見一次。見其樸實安詳,並訪其官聲尚好。現經兩江督臣陸建瀛調署邳州知州。理合附片奏聞。"⑥清廷韙之。三年(1853),經江南河道總督楊以增保奏,以同直隸州知州升用。同年,由兩江總督怡良、署江蘇巡撫許乃釗保舉為海州直隸州知州,然未得允行。四年(1854),經王茂蔭疏薦,楊以增察看,奉旨以同知直隸州即補,並賞頂戴花翎。七年(1857),以剿滅棚民暴動敘功,以知府留江蘇補用。又以剿徐宿捻股出力,命俟補缺後以道員升用。

---

① 中國第一歷史檔案館藏:《錄副奏摺》,檔號:03-4084-024。
② 陳慶年:《吳勤惠公年譜》,載《近代史資料》總第七十五號,第11頁。
③ 同上。
④ 臺北"故宮博物院"藏:《軍機及宮中檔》,文獻編號:083256。
⑤ 臺北"故宮博物院"藏:《軍機及宮中檔》,文獻編號:083679。
⑥ 臺北"故宮博物院"藏:《軍機及宮中檔》,文獻編號:086077。

八年（1858），率領團練擊退臨淮捻眾，光復六安、來安等城，特旨免補知府，以道員候缺即補。十年（1860），與太原總兵田在田攻破捻軍營壘，補淮海道，幫辦江淮團練。十一年（1861），以籌餉勸捐，賞加按察使銜，不久擢升江寧布政使兼署漕運總督。

同治二年（1863），實授漕運總督，節制江北一切事務，集軍、政、漕三權於一身。三年（1864），奉旨署理江蘇巡撫。資助盱眙敬一書院，捐資盱眙義學，修復盱眙試院。四年（1865），署兩江總督，疏請仍暫留漕運總督任，留清、淮剿捻。五年（1866），補授閩浙總督，七年（1868），奉旨調補四川總督。十年（1871），兼署成都將軍。光緒二年（1876），因病奏請開缺，回籍調理，得允。同年閏五月，卒於安徽滁州，謚勤惠。

吳棠非常重視文化教育，積極辦學，培養人才。署江蘇巡撫期間，資助盱眙敬一書院，捐資盱眙義學，修復盱眙試院。同治十年（1871），與學政張之洞倡建成都尊經書院、少城書院，令八旗子弟習文。他一生除致力於軍政外，著述亦豐，刊行於世的有：奏稿十卷，《望三益齋詩文鈔》十卷，《望三益齋存稿》十種十五卷（包括《謝恩摺子》一卷，《望三益齋爐餘吟》二卷，《詞草》一卷，《公餘吟》二卷，《雜體文》四卷，《讀詩一得》一卷，《試貼詩》一卷，《制藝·朱卷》一卷，《熟課》一卷，《四川巡閱紀行詩》一卷）。修《清河縣志》二十四卷、《福建通志》二百七十八卷。刊刻《韓詩外傳校注》十卷（附補逸一卷）、《四書》、《五經》、《四史》、《文選》、《孝經章句讀》、《朱子就正錄》、《孝經問答》、《杜詩鏡銓》及諸子等書甚夥。①

（二）會銜者——成都將軍崇實、魁玉

1.崇實（1820—1876），字子華，號樸山、惕盦，滿洲鑲黃旗人，完顏氏。父麟慶，官至南河河道總督。道光二十二年（1842），應鄉試中舉。三十年（1850），中式進士，改翰林院庶吉士。咸豐二年（1852），

---

① 陳慶年：《吳勤惠公年譜》，載《近代史資料》總第七十五號，第8頁。

授編修、左贊善、文淵閣校理，轉翰林院侍講，兼滿洲辦事翰林官。次年，升侍講學士，兼日講起居注官、通政使司通政使，加詹事銜。四年（1854），補內閣學士，兼禮部侍郎銜、鑲藍旗蒙古副都統，署戶部左侍郎。五年（1855），任工部右侍郎，兼管錢法堂事務。八年（1858），調太僕寺少卿。九年（1859），任詹事府詹事，旋補駐藏辦事大臣。次年，改鑲黃旗漢軍副都統，署四川總督。十一年（1861），擢成都將軍。同治六年（1867），兼壬戌文武鄉試監臨主考。十年（1871），調補鑲白旗蒙古都統，兼稽察壇廟大臣、武會試監射大臣。十二年（1873），署熱河都統。同年，授刑部尚書、經筵講官。次年，兼任會試副考官。光緒元年（1875），署盛京將軍、盛京戶部侍郎、奉天府府尹。二年（1876），卒於任。贈太子少保，照尚書例賜恤，諡文勤。著有《適齋詩集》四卷、《惕盫自敘年譜》一卷、《完顏文勤公集》行世。其事蹟詳見《清史列傳·崇實傳》①。

2. 魁玉（1791—1884），滿洲鑲紅旗人，富察氏，字時若，荊州駐防。父額勒景額，京口副都統。魁玉，由二品蔭生，於道光十年（1830）授驍騎校。十三年（1833），陞防禦。十六年（1836），除佐領。二十三年（1843），擢協領。二十九年（1849），俸滿引見，得旨，交軍機處記名。歷官至涼州副都統。咸豐初，會同曾國藩鎮壓太平軍。咸豐五年（1855），署荊州右翼副都統，旋調江寧副都統。十年（1860），署江寧將軍兼署京口副都統。次年，幫辦鎮江軍務，參加圍攻南京之役。同治四年（1865），擢江寧將軍。九年（1870），署兩江總督兼通商大臣。十年（1871），調任成都將軍。光緒三年（1877），因病開缺。十年（1884），卒。著有《翠筠館詩》等行世。②其事蹟詳見《清史列傳·魁玉傳》。③

---

① 王鍾翰點校：《清史列傳》卷五十二，大臣畫一傳檔後編八，中華書局1987年版，第4135—4147頁。
② 莊漢新、郭居園編纂：《中國古今名人大辭典》，警官教育出版社1991年版。
③ 王鍾翰點校：《清史列傳》卷五十五，大臣畫一傳檔後編十一，第4358—4365頁。

三、《游蜀疏稿》之研究現狀

《游蜀疏稿》的原稿現藏於國家圖書館。2003年，綫裝書局據國家圖書館藏稿本，影印出版一套《清代邊疆史料抄稿本彙編》，凡五十冊，內含《游蜀疏稿》上、下兩冊，共1202頁，署"（清）佚名輯"，未分卷。經山東大學教授杜澤遜先生鑒定，確係國家圖書館所藏，與本書之底本同出一源。然是書已被挖改，故不足為憑。全國圖書館文獻縮微復製中心於2005年據原稿影印出版的《游蜀疏稿》三冊七卷本，則保留原稿原貌，內容一仍其舊，無挖改現象，故以此為底本。

由於《游蜀疏稿》屬國家圖書館獨家珍藏稿本，一般讀者難以接觸，兼之影印出版時間較短，原稿內容尚需考辨、校正，而其正本（奏摺）則存於兩岸檔案機構，查考麻煩，傷財費時，苦心勞力，實屬非易，故研究者卻步。迄今為止，海內外尚未有關於該書點校、考辨等方面的研究成果梓行。

四、《游蜀疏稿》之研究意義

《游蜀疏稿》是四川總督吳棠會同時任成都將軍崇實、繼任成都將軍魁玉、四川提督胡中和等，於同治八年（1869）至光緒二年（1876）間向清廷奏報關於治理四川，招降、鎮壓四川、雲南、貴州交界處回、苗、漢等民族民眾暴動的奏摺底稿。由此可見，四川在中國歷史上政治統治的難度非同尋常。《游蜀疏稿》所存奏稿，反映了同治八年至光緒二年間，壓迫者與反抗者之間的數次重大較量，內容涉及廣泛，資料豐富翔實，彌補了正史文獻之不足。作為珍貴的第一手資料，對於研究清末四川政治、經濟、軍事、文化以及社會階層的變動，對促進和繁榮中國近代史、民族關係史的研究，具有非常可信和不可或缺的史料價值。

對《游蜀疏稿》的點校與研究，目前尚未發現任何成果面世，可謂仍屬空白。本書即以全國圖書館文獻縮微復製中心 2005 年影印出版的國家圖書館珍藏《游蜀疏稿》手稿本（三冊七卷，內含一百四十六份摺件，約計十四萬字）為底本，以中國第一歷史檔案館藏《硃批奏摺》（相關摺件較少）、《軍機處錄副奏摺》和臺北"故宮博物院"藏《軍機及宮中檔》以及臺北"中央研究院"檔案館藏《總理各國事務衙門檔案》為校本，並查照《上諭檔》和《清實錄》，採用對校、理校、補正及略予考辨之法，逐件逐字對照，相互校勘，以硃批奏摺（原件）為准。若無原件，查照錄副等，擇善而從。對於重要和與摺件相關的人物加以注釋，必要文獻全文照錄，以期達到反映目前最新研究成果之目的，為清史研究者提供一部內容非常確信、資料極為豐富、內容相對完備的研究文本。

目前，仍有四類清代檔案（包括外交、秘密組織、農民運動和帝國主義侵略）尚未開放閱覽，而這些檔案有一部分藏於中國第一歷史檔案館。因此，《游蜀疏稿》裏有部分摺件無法與原件、錄副查照，祗能根據其他史料進行校勘，增加了寫作難度和文章的可信度。未盡之處，俟將來清代檔案全部開放，再做進一步研究。

五、《游蜀疏稿》之校證凡例

（一）本文以全國圖書館文獻縮微復製中心 2005 年影印出版的《游蜀疏稿》三冊七卷手稿本為底本，以中國第一歷史檔案館藏《硃批奏摺》（以下簡稱"原件"）、《軍機處錄副奏摺》（以下簡稱"錄副"）和臺北"故宮博物院"藏《軍機及宮中檔》（"原件"或"錄副"）及臺北"中央研究院"近代史研究所藏《總理各國事務衙門檔案》（以下簡稱"檔案"）為校本，並查照《上諭檔》和《清實錄》等，以原件為准。

（二）標點。

（三）校勘。以校本校底本，採用校勘、補正及略予考辨之法，逐件逐字對比，相互校勘。

1. "（　）"號，底本或奪或誤，據校本補足或校正後，置之其中；

2."＿"號，底本具備而校本未備之文，用此符號區別；

3."〈 〉"號，底本字句與校本有出入者，用此符號標出。

4.所有需注釋或說明之字句，均使用"：" 號標注。

（四）補證。對摺件所涉之事件或文獻，查找出處，並將內容補入文後注釋之處，以資參考；重要人物，則加以注釋；相關館藏文獻全文照錄，以保證文獻的准確與完整。

（五）底本摺片皆無標題，茲據校本之題旨或內容，編排題目與序號，並於題目下方附上中、西日期，以便查照。

（六）因篇幅所限，對摺件涉及古今地名、文武官制及清代奏摺制度、文書形式、結構與用語、擡頭制度、行文關係等，均不予以注解和考證。

（七）每篇摺件文尾處用"（ ）"號標注底本頁碼，以期方便查核。

卷 一
同治八年（1869）

〇〇一　奏報果後營勇潰散現辦遣撤並請旨將道員劉嶽曙摘頂片

同治八年八月二十一日（1869年9月26日）

　　再，臣等於八月初五日，接准雲貴督臣劉嶽（昭）[1]咨，稱雲南省圍未解。昨經飭令道員劉嶽曙，於所部內揀派四營，赴省會剿。本月十六日，甫經傳諭，該勇丁聲言積欠月餉，當經該管帶等曉以大義，聽候發餉。其時川餉初到，正在核算支發間，詎勇丁等不過開導，於十七日卯刻，該四營內有八百餘人，各帶軍火逃走，云往四川請餉等語。並據道員劉嶽曙[2]稟稱：此次傳令進征，本有憚於遠涉之勢，且聞有奸人煽惑，欲借欠餉為名，以為脫身之計。現奉雲貴督臣札飭，調齊後軍，跟蹤阻截。又據永寧道延祐[3]稟報：接據雲南威甯州來信，該散勇不服勸阻，業將該營官四員裹去，有沿途截拆公文各等語。餘與咨報大略相同。

　　臣等立即批飭劉嶽曙，妥為辦理，並飭邊防文武，一體嚴密防範，勿使逃勇闌入境內。旋又接准劉嶽（昭）咨稱：接據宣威、威甯文武及委員等稟報，各潰勇等均已行抵威甯州，駐紮城外。惟該營勇丁既已潰散，則存留各營人數漸單，難以獨當一面，已令分紮邊界，聽候川省酌核、飭遵各等因。伏查四川援剿之費，每歲入不敷出，以致各營歷有積欠月餉，固不獨果後後軍為然，亦不自近年為始。臣等於無可籌撥之中，仍飭防剿局司道設法勻撥。自去年九月至今，已解果後後營九萬六千餘兩。乃該營勇丁不潰於待餉之日，而潰於發餉之時，其為憚於赴省會剿，已屬顯然。而分帶營官，或另有激變情事，亦應嚴密查究。現已札飭劉嶽曙，查拏首犯懲辦，其餘逃散勇丁，勒令呈繳器械，遣散歸籍。至所存未散各勇，臣等稔知該營因逐年傷亡更換，大半籍隸川黔，無復楚營舊制。該道所部向係二千八百名，現在潰散，聞尚不止八百餘名。既據劉嶽（昭）咨稱人數漸單，難以獨當一面，自未便仍留境（滇）境[4]，徒糜餉項。現由臣等飭局酌撥銀數萬兩，委員解交劉嶽曙，飭令一律資遣回籍，不准藉索欠餉，多生枝節。道員劉嶽曙身為統帶，未能約束勇丁，咎有應得。相應請旨將劉嶽曙先行摘去頂戴，以示薄懲，仍責成妥為遣散。倘該勇丁等別滋事端，肆行擾害，及查有激變情事，再當從嚴參辦。謹合詞附片陳明。伏乞聖鑒訓示。謹奏。

同治八年八月二十一日，由驛附片具奏。於本年九月二十一日，准兵部火票遞回原片，後開軍機大臣奉旨：另有旨[5]。欽此。（P3-10）

校證

【案】查海峽兩岸檔案，尚未發現此奏片之原件與錄副，茲據前後摺件對比校補。據《上諭》和《清實錄》，此片為吳棠與崇實會銜無疑。

【案】據《清實錄》載：

又諭：劉嶽昭奏分兵赴省會剿，並援救普安廳城。岑毓英奏收復嵩明州城及各路軍務得手情形，暨軍功李鳳祥等剿賊出力各摺片。滇省賊匪急則求撫，緩則悖叛，已成慣技。岑毓英於此次收復嵩明州城後，將詐降逆首李芳園即行殲除，並將匪黨晏洪等悉予誅戮，辦理尚合機宜。此時祿豐羅次之軍次第得手，白鹽井又經攻克，聲威已壯，即著岑毓英督飭各軍乘勝進剿，迅速攻取祿豐、安寧、易門、昆陽等處，以期速解省圍。所有收復嵩明州城及攻克白鹽井等處出力員弁，著准其俟省圍解後，彙案奏請獎勵。軍功李鳳祥、劉光煥、李珍國等於迤西各城全失之際，乃能固守巖阿，現又攻克龍陵廳，實屬深明大義，著岑毓英查明，奏請優獎。劉嶽昭現派總兵李家福等各率所部，由曲靖赴省，即著飭令趕緊前進，知照省垣各軍兩面夾擊，迅奏肅清。至貴州普安城近接滇疆，現在苗匪嚴大五一股圍撲廳城，該督派兵援救，並飭知州文鴻盛嚴扼滇防，杜其竄越，東路自可無虞，著於布置稍定，即赴省城，與岑毓英和衷共濟，會籌全局，早靖嚴疆。將此由六百里各諭令知之。①

【案】同治八年七月，雲貴總督劉嶽昭附片具報分別漢回，解散脅從，並親赴省垣，派諸將合剿，迅解城圍，片曰：

> 再，省圍未解。臣前飭昭通鎮總兵李家福，督同總兵鍾福俊、王維金、吳奇忠等各率所部，開拔赴省，與撫臣、提臣會籌攻剿。頃據該鎮稟報，省軍進規祿豐、易門、安甯、昆陽、新興等州縣，附城賊壘，負固如常。我軍現紮南門之大梵宮、三節橋、田壩等處，現擬截斷該逆糧路，即可會攻江右館一帶巨巢，又飭馬天順帶領民兵五百名赴省，由提臣調遣，令其立功贖罪。臣接據普安解圍之捷，即擬將張松林、劉奇義等營調回，親帶赴省。適接署昭通鎮全祖凱及各委員等稟稱：回眾實係紮營自固，漢民意在報仇，必欲剿回，提臣唐友耕因漢民阻止，尚無拔營援省確期等情。臣以昭魯之事，本起於奸匪浮言，其中附和者眾。如不分別重輕，權宜辦理，非特宣威、威甯等處群起驚疑，鋌而走險，且恐三迤安分之回，聞風生變，實於大局有關。臣與撫臣、提臣出示曉諭，並飭全祖凱會同該地方文武，嚴挐滋事首犯，設法解散脅從，先行保護漢民村寨，免其藉口。又密飭東川府孔昭鈖，體察實在情形，再行酌辦。統俟稍有端倪，臣即馳赴會垣，與撫臣、提臣通籌全局，庶咽喉無梗阻之虞，肘腋無倉猝之變。至道員劉嶽曙所部，前經奏明駐紮尋甸馬如龍各隘。所有尋甸善後事宜漸有調理，先派該道之後軍提督胡志祺、副將王蔭南、李志高、黃正久等四營馳赴省垣，與李家福等合力會剿，以期迅解城圍。惟臣進省在即，東路漸覺空虛，隨處宜防緩急，仍飭該部酌留數營，擇要分布，以壯聲威，而期周密。為此附片縷陳。伏乞聖鑒。謹奏。②

【案】同治八年八月初八日，劉嶽昭此片得清廷允行，《清實錄》：

---

① 《穆宗毅皇帝實錄》卷二百六十二，同治八年七月上，《清實錄》第50冊，中華書局1987年版，第636—637頁。

② 劉嶽昭：《滇黔奏議》，載沈雲龍主編：《近代中國史料叢刊》一編第五十一輯，臺北文海出版社1966年版，第451—454頁。

諭軍機大臣等：劉嶽昭奏滇省尚未解圍，擬俟昭通等處漢回構釁辦有端倪，即行赴省會剿等語。雲南省城圍尚未解，雖經劉嶽昭飭令總兵李家福等率兵赴省，與岑毓英等會籌攻剿，而附城賊壘，負固如常。官軍現紮南門之大梵宮等處，擬將該逆糧路截斷，以期會攻江右館一帶巨巢，即著岑毓英會商馬如龍，督飭各軍，迅圖埽蕩。惟賊壘尚眾，兵力甚單，劉嶽昭若俟昭通等處布置就緒方行進援，未免緩不濟事，著一面飭令唐友耕等，將漢回各事妥為籌辦，一面即帶張松林、劉奇義等營，馳援省城，會合夾攻，盡殲醜類，不得稍涉遲回，致誤大局。派出之提督胡志祺等四營，並著催令迅速前進，毋稍玩誤。將此由六百里各諭令知之。①

[1] 劉嶽（昭）：原稿因避諱，空名"昭"字，茲據前後摺件校補，以下同。

【案】劉嶽昭（1824—1883），字薑臣，湖南湘鄉人。咸豐初年，以文童投效湘軍。六年（1856），從蕭啓江援江西，轉戰積功，累擢以知縣用，領果後營。七年（1857），以克臨江府城，擢同知。次年，賞戴藍翎，旋換花翎。十年（1860），加按察使銜，賞鼓勇巴圖魯名號。次年，晉布政使銜。同治二年（1863），補雲南按察使。次年，遷雲南布政使。五年（1866），擢雲南巡撫。七年（1868），升雲貴總督。十一年（1872），任雲貴總督，兼署雲南學政。次年，滇省肅清，賜黃馬褂。光緒元年（1875），以入覲遷延褫職。九年（1883），卒。署湘撫龐際雲疏，請復原官。詔允之。贈光祿大夫。著有《滇黔奏議》存世。詳見《清史稿·劉嶽昭傳》②。

[2] 劉嶽曙（1819—？）：湖南湘鄉人，雲貴總督劉嶽昭之兄，文童出身，因剿辦太平軍出力，以從九品儘先選用。咸豐七年（1857），以縣丞儘先選用，並戴花翎。九年（1859），以知縣儘先選用，並加同知銜。十年（1860），以直隸州知州遇缺即選，並換花翎。同治二年（1863），以知府候升。三年（1864），以知府留於四川，遇缺即補。五年（1866），以道員留於

---

① 《穆宗毅皇帝實錄》卷二百六十四，同治八年八月上，《清實錄》第 50 冊，第 666 頁。
② 趙爾巽等：《清史稿》卷四百十九，列傳二百六。

四川補用。七年（1868），經吳棠保升道員。時帶兵赴雲南省垣，圍剿雲南民變。

【案】同治七年十二月二十日，吳棠具摺為劉嶽曙甄別，並獲俞允。其摺曰：

> 頭品頂戴四川總督臣吳棠跪奏，為道員候補年滿，循例甄別，恭摺仰祈聖鑒事。竊照候補道府等官，到省一年期滿，例應察看出考，分別堪勝繁簡，專折奏聞。茲查留川儘先補用道員劉嶽曙，年四十九歲，湖南湖湘縣文童，投效軍營，剿賊出力，經前湖北撫臣胡林翼保奏，以從九品儘先選用。嗣在江西、廣西、湖南、四川各省，屢次剿賊、克復城池著績，並籌餉出力，歷保知府，留於四川，不論班次遇缺即補。同治四年，調赴陝西，迭破賊壘及收復漢南郡城出力，經陝西撫臣劉蓉保奏，請以道員仍留四川，儘先補用。隨經吏部奏奉諭旨：依議。欽此。同治五年七月初六日，由部帶領引見，奉旨：著照例發往。欽此。是月，領照起程。六年四月初十日，到省。十月初九日，准吏部咨：四川補用知府劉嶽曙在陝西克復漢中府城出力，經陝西巡撫劉蓉保奏，請免補知府，以道員留川補用。於同治五年十一月初五日，欽奉諭旨允准、註冊在案。計自六年四月初十到省之日起，扣至七年四月初十日一年期滿，據藩臬兩司詳情甄別前來。臣察看該員劉嶽曙，年強才裕，幹練有為，堪膺監司之任，應請留川以繁缺道員補用。倘該員始勤終怠，仍當隨時核辦，斷不敢稍事姑容，致滋貽誤。理合循例恭摺具奏。伏乞皇太后、皇上聖鑒。謹奏。十二月二十日。①

[3] 延祐：正紅旗滿洲人，其生卒年未詳。咸豐十一年（1861），補授四川永寧道，同治九年（1870），署四川鹽茶道。另，中國第一歷史檔案館藏《呈新授四川永寧道延祐履歷單》曰：

> 延祐，正紅旗滿洲毓聯佐領下人，由捐納筆帖式。道光二十五年五月，掣分吏部行走。二十三年，加捐知州，升雙單月選用。二十五年

---

① 中國第一歷史檔案館藏：《錄副奏摺》，檔號：03-4740-031。

二月，因前在雲南捐輸經費，奉旨以道員不論雙單月選用。咸豐四年九月，投效採買米石處。六年九月，奉旨交部優敘。七年五月，因親父現任大學士前直隸總督桂良捐輸河工經費，奉旨給予子弟獎敘。十一月，遵籌餉例，補交銀兩，歸入新班，不論雙單月選用。本年八月，擬選四川永寧道。本月初一日，經吏部帶領引見，奉旨：四川永寧道員缺，著延祐補授。①

【案】據《清代官員履歷檔案全編》："咸豐十一年八月，分月官員外郎趙玉龍等五員，補行引見摺：……延祐，正紅旗滿洲貢生，年四十五歲，由候選道遵籌餉例，捐道員雙單月即用。今簽掣四川永寧道缺。"② 知其謝恩時間為咸豐十一年十一月初三日，其補授永寧道應為咸豐十一年為是，而中國第一歷史檔案館藏其履歷單則署時間為"同治元年"③，未確。

[4] 境（滇）境：當為"滇境"，據文校。

[5]【案】此片旋於同治八年九月初六日得清廷批復，並令將劉嶽曙摘頂懲儆，戴罪立功，以觀後效，《宮中檔》：

軍機大臣字寄：成都將軍崇、四川總督吳、雲貴總督劉、貴州巡撫曾：同治八年九月初六日，奉上諭：崇實、吳棠奏果後後軍勇丁潰散，現籌遣散等語。劉嶽曙所部勇丁因派赴雲南省垣會剿，輒藉欠餉為名，逃走八百餘人。現已行抵威甯州城外駐紮。此次勇丁潰散，該營官等有無激變情事，著崇實、吳棠嚴查懲辦。勇丁不服調度，竟敢相率潰逃，此風斷不可長！著即飭令劉嶽曙查拏起意首犯，從嚴懲治。其餘勇丁即行設法遣散，毋任別滋事端。該將軍等以此軍人數漸單，難以獨當一面，仍留滇境徒糜餉項，現已酌撥銀兩，一律資遣回籍。著即妥為辦理。道員劉嶽曙於所部勇丁不能約束，咎無可辭。著先行摘去頂帶，以示薄懲，仍責成妥為遣散。倘任該勇丁滋事擾害及查有激變情事，即著從嚴參

---

① 中國第一歷史檔案館藏：《硃批奏摺》，檔號：04-01-12-0493-110。
② 秦國經主編：《清代官員履歷檔案全編》第二十六冊，華東師範大學出版社 2008 年版，第 443 頁。
③ 中國第一歷史檔案館藏：《硃批奏摺》，檔號：04-10-12-0493-128。

辦。前因曾璧光奏，興義等處需軍剿辦，諭令劉嶽昭將劉嶽曙一軍酌調回黔。現在此軍既經遣撤，著曾璧光另行籌派兵勇，前往剿辦，迅掃逆氛。昭通回匪聚眾抗拒，唐友耕一軍近日剿辦情形若何，著劉嶽昭迅速籌辦。省圍日久未解，亦當迅籌援應，毋為一隅牽掣，顧此失彼也。將此由五百里各諭令知之。欽此。遵旨寄信前來。①

【案】《清實錄》與《宮中檔》記載一致："又諭：崇實、吳棠奏果後後軍勇丁潰散，現籌遣散等語。劉嶽曙所部勇丁因派赴雲南省垣會剿，輒藉欠餉為名，逃走八百餘人……將此由五百里各諭令知之。"②

〇〇二　奏報昭魯回氛日熾請仍由雲貴督臣妥商辦理剿撫回氛摺

同治八年十月初九日（1869年11月12日）

（成都將軍臣崇實、頭品頂戴四川總督臣吳棠跪）[1]奏，為援滇川軍，因昭魯回氛日熾，會同該處文武剿撫兼施，請仍由雲貴督臣等妥商從長辦理，恭摺仰祈聖鑒事。

竊臣等於十月初二日，承准軍機大臣字寄：同治八年九月十七日，奉上諭：唐友耕[2]一軍，前據崇（實）[3]等奏稱，該處文武稟留，當經諭令劉嶽（昭）從長辦理。茲據該督奏稱[4]，唐友耕籍隸昭通，所部實俱滇練，肆口復仇，致魯甸、威寧各處回民疊出剽掠，該軍與之接仗數次，互有損傷，現在東昭大路復多梗塞等語。此處回民聞謠自固，與公然叛逆者不同。唐友耕既經崇（實）等派令援滇，何得以先辦昭回為名，使漢回從中生衅？即著崇（實）、吳（棠）嚴飭該提督，趕緊拔隊前進，不准藉詞逗留。劉嶽（昭）亦當迅飭孔昭紛等，相機妥辦。如唐友耕仍執成見，玩視省城，並著劉嶽（昭）等

---

① 臺北"故宮博物院"藏：《軍機及宮中檔》，文獻編號：408018084。
② 《穆宗毅皇帝實錄》卷二百六十六，同治八年九月上，《清實錄》第50冊，第691頁。

據實參奏等因。欽此。伏查唐友耕一軍，前准雲南撫臣岑毓（英）[5]咨請，派兵赴援，並接據該省司道等聯銜告急之稟，僉稱尋甸逆回鴟張，楚師潰退，迤東岌岌可危，力難兼顧，經臣等奏派直趨東昭，相機防剿，所以備滇軍之策應，即以固川省之藩籬也。嗣准雲貴督臣劉嶽（昭）迭次來咨，始則請飭助剿尋甸，繼則催令赴援省城。臣等以大局所關，未敢稍執成見，均經嚴檄迅速照辦。旋據唐友耕咨報：昭魯回匪抗拒、士庶遮留各情形。仍以不得藉詞逗留，一再批飭。迨據雲南督臣、撫臣派往昭通招撫回民之大小委員暨該處地方文武，稟留唐友耕就近雕剿前來，臣等方敢據情入告，請由雲南督臣、撫臣授以進止機宜。九月初八日，欽奉寄諭[6]：此時或留唐友耕剿辦昭通回匪，或分軍往解省圍之處，均著劉嶽（昭）熟審情形，從長辦理等因。欽此。其時，劉嶽（昭）咨唐友耕，亦有據昭通鎮全祖凱稟報，回眾不尊官辦，商請酌留數營，仍駐昭通，以顧後路而壯聲威之處，令唐友耕審度現在情形辦理等語。節據唐友耕先後咨報：魯甸回匪李本忠[7]糾約黨與數千，燒殺曹家梁子一帶村寨，被害紳民號哭乞師，會同該處文武帶隊彈壓。回匪抗敵，並勾結外回，圍撲官軍。接仗數次，踏毀賊營三十餘座，奪獲鎗礮、刀矛四百餘件，斃賊一千餘名，陣斬回匪李本忠之弟李本芳一名，生擒偽總統馬仕進等三名，即行正法，搜獲偽印二顆。我軍陣亡都司施占明、劉芳春，守備陳照廷，千總龔占超。勇丁、民練亦有傷亡。解餉後路一律肅清，及威甯州屬之稻田壩、恩安縣屬之下八仙營一帶回寨，均各具呈求撫，當與昭通府知府李應華等分別安置、收養等情。前來。臣等竊以為順逆之途不分，則是非之途難判。回匪李本忠原係迤西杜逆[8]黨與，自同治元年就撫以後，明受羈縻，暗圖蠶食。昭通漢民遭其荼毒，亦非一日。臣崇（實）在川十年，於滇省漢回構釁情形，尚為曉悉，每與臣吳（棠）議論軍事，總以回逆旋撫旋叛，是其慣技，未有不痛加剿洗而可輕予招安者。昭通與川省永敘連界地方，綿亙千餘里，李本忠謀為不軌，尤屬邊防之患。今川軍大隊入滇，該回匪等既恐並力援省，賊勢不支，抑且罪深自危，益逞其走險陰謀，藉聚黨自固為詞，以阻我進兵之路。唐友耕勢處兩難，欲援省則後路有空虛之慮，欲擊回則鄰疆多責備之詞。及至昭通回氛日熾，接仗互有傷亡。即昭通鎮全祖凱以奉委招撫之員，該回匪等亦來攻撲營壘，陣亡弁兵，是李本忠之叛跡昭著，與西逆互為犄角，聲勢相通，並非專與川軍挾嫌為難，已可概見。昨據唐友耕九月二十一日咨報：雲貴督臣續派委員孔昭芬、楊盛宗等，尚未行抵昭郡，現在省圍已解，劉嶽（昭）進駐會垣。可否仰懇天恩敕下雲貴督臣、雲南撫臣，就近妥商，從長辦理。或留唐友耕會同孔昭芬等，先剿後撫，為一勞永逸之舉。或俟孔昭芬等到昭，無須客兵相助，即將唐友耕一軍遣撤回川，臣等亦可扼守邊隅，為固圉之計。所有援滇川軍會同該處文武，剿撫兼施，請仍由雲貴督臣等妥商辦理緣由，謹合詞恭摺具奏。伏祈皇太后、皇上聖鑒訓示。謹奏。（同治八年十月初九日）。[9]

同治八年十月初九日，恭摺由驛具奏。本年十一月十二日，准軍機大臣奉旨：另有旨[10]。欽此。（P11-24）

校證

【案】此摺屬未開放閱覽之列。① 茲據《同治朝上諭檔》、《清實錄》校補。

【案】同治八年六月初三日，以唐友耕援滇、魯甸回民驚擾，雲南巡撫岑毓英附片奏報，曰：

再，昭通府屬回民，自同治五年剿辦馬富貴、馬輔之後，年來均稱安謐。現因提督唐友耕由川帶兵援滇，行抵昭通府城，適值澂江回匪悖叛，而昭通奸民即播謠言，稱唐友耕先剿滅昭通回教，然後赴省援應，致回民紛紛驚疑，魯甸、桃園一帶有紮營搶劫之事。唐友耕恐冒昧前進，別生枝節，飛咨會辦前來。臣已派委員馳往，會商該提督及督臣所派委

---

① 中國第一歷史檔案館尚未開放閱覽之檔案包括外交、秘密組織、農民運動和帝國主義侵略四類。

員，相機辦理。謹附片具陳。伏乞聖鑒訓示。謹奏。①

[1]（成都將軍臣崇實、頭品頂戴四川總督臣吳棠跪）：原稿缺此前銜，茲據前後摺件校補。

[2] 唐友耕（1839—1882）：字澤波，雲南大關縣翠華鎮人，額勒莫克依巴圖魯勇號。咸豐八年（1858），參加平定李永和、藍朝鼎暴動，任先鋒。九年（1859），以軍功拔千總。次年，升通江營守備，旋遷都司，兼署川北左營遊擊，加參將銜。同年，調補會鹽營遊擊。十一年（1861），擢副將，加總兵銜。同治元年（1862），遷四川重慶鎮總兵。二年（1863），率兵圍剿石達開，於大渡河擒石解往成都，清政府授其雲南提督，賞黃馬褂。六年（1867），署四川提督。光緒八年（1882），卒於成都提署。詳見《清史稿·唐友耕傳》②。

[3] 崇（實）：空名諱"實"，即崇實，今補足，以下同。

[4]【案】同治八年八月，雲貴總督劉嶽昭"奏陳昭魯回務情形並起程赴省日期摺子"，並獲允准，摺曰：

奏為昭魯回務委員相機辦理，臣即馳赴省垣，恭摺仰祈聖鑒事。竊查昭通、魯甸漢回，本係雜居，遇事每生嫌隙。自同治五年剿辦馬富貴等之後，地方漸就肅清。上年，西逆大股下竄，省城危急。該處回民頗臻安貼，東路餉源賴以無阻。本年四月內，提督唐友耕自川帶兵來援，將次入境。忽有昭通姦匪播放流言，傳稱唐友耕先滅昭通一帶回人，再行進省。唐友耕原籍昭通大關廳人，所部名為川軍，實俱滇練，其中游手無賴之徒，在所不免。昭通民本強悍，增以唐軍六千之眾，遂有恃而不恐。其以復仇為辭，齊赴昭通府恩安縣衙門哄鬧，請留援軍，先辦昭回。於是魯甸、威甯各處回民聞風據險，迭出剽掠，東昭大路遂多梗塞。迭據該文武據情轉稟，並准唐友耕咨商前來。臣查漢回不和，本非始於今日，而川軍援剿事莫重於省城。當經咨請唐友耕拔營前進，一面出示愷切曉諭，並飭署昭通鎮全祖凱、楚雄府知府吳春然，馳往體察情

---

① 黃盛陸等標點：《岑毓英奏稿》第一冊，廣西人民出版社1989年版，第108頁。
② 趙爾巽等：《清史稿》卷四百三十，列傳二百十七。

形，保護漢民村寨，並嚴拏為首滋事唆使之人，懲做了事，以冀保全完善。詎料全祖凱到後，唐軍已與昭魯回眾接仗數次，互有損傷。全祖凱暫就龍寶山要路紮營，長寨、五里、坳魚脊等回，復來攻撲，立經擊退，陣亡額外錢忠祿一名。以眼前情形而論，言撫則唐軍固結已不可解，漢人之勢，有若燎原；言剿則昭魯本來無事之區，一變而為鋒鏑，則餉道、鰲金在在堪虞，全滇命脈將有不堪思議者。且此次回民李本忠等紮營自固，始因滅回之謠，繼求自全之計，與他處公然叛逆者，本有不同。臣與撫臣、提臣往復函商，意見相合。現經咨請四川將軍臣崇實、總督臣吳棠，催令唐友耕迅即拔隊援省，毋為浮言所動，逗留昭通。一面飭全祖凱明予解散，暗為提防，並加派前署昭通鎮楊盛宗，添募勁練一千名，前往會辦。如唐友耕業已開拔，而昭魯回民依然負固，則勢難中止，自當立予殲除。設或唐友耕擁兵不進，依違其間，既已開釁於事前，復置省圍於不顧，執成見而昧輕重，臣亦當會同撫臣，據實奏參，不敢稍存回護。至東川與昭接壤，已飭東川府知府孔昭紛，會同署東川營參將劉萬勝，督率兵團，擇要防堵。孔昭紛熟悉回情，具有膽識，並令與全祖凱、楊盛宗等相機辦理。現在尋甸善後已漸次告竣，普安亦已解圍，昭魯均經派員辦理，臣自應馳赴省垣，會籌全局。現定於八月二十六日起程進省，軍務一切總與撫臣、提臣和衷商榷，以期迅解省圍，仰副朝廷厪念邊陲之至意。至近日省中軍情，俟臣到後，即當查明切實具奏。所有現在昭魯回務情形及微臣進省日期，理合繕摺，由五百里馳陳。伏乞皇太后、皇上聖鑒訓示。謹奏。軍機大臣奉旨：另有旨。欽此。①

[5] 岑毓（英）：原稿空名諱"英"，茲補足，以下同。

【案】岑毓英（1829—1889），字顏卿，號匡國，廣西西林人。秀才出身。咸豐六年（1856），率團練至云南迆西圍剿義軍。九年（1859），佔領宜良，署知縣。次年，署澂江府知府。同治元年（1862），受雲南巡撫徐之銘之派，與圍困昆明之馬復初、馬如龍回軍談判，遂降之，遷雲南布政使。二年

---

① 劉嶽昭：《滇黔奏議》，載沈雲龍主編：《近代中國史料叢刊》一編第五十一輯，第455—457頁。

（1863），進攻杜文秀義軍。五年（1866），率軍至貴州威甯州，擊敗苗軍陶新春、陶三春部。七年（1868），授雲南巡撫。十三年（1874），兼署雲貴總督。光緒五年（1879），調貴州巡撫。九年（1883），授雲貴總督，參加中法戰爭。十二年（1886），自越南撤軍，會勘邊界。詳見《清史稿·岑毓英傳》[①]。

[6]【案】此"寄諭"《同治朝上諭檔》未載，而《清實録》述之頗詳：

又諭：崇實、吳棠奏援黔官軍迭勝，陣斬苗酋，現籌進取一摺。黔省下游，自楚軍黃飄失利後，苗酋張老熊等糾集各股苗匪，窺撲牛場、甕安，經唐炯檄飭副將向長曙等軍，分路進勦，將該匪金幹乾等擊敗，陣斬逆酋多名，張老熊仍率黨由翁巴而來，官軍突起，即將該逆鎗斃，餘賊由羅圳、五里橋等處回巢，復為伏兵要殺。其出撲重安之賊，現已退至河外。擦耳崖、王家牌各處苗匪，亦經官軍先後擊退。此次川軍進勦黔苗，屢殲賊首，實足以壯聲援。惟黔境下游處處皆賊，非各路官軍合力剿辦，不能痛埽逆氛。崇實等仍當飭令唐炯穩固後路，一面檄催總兵李有恆迅率所部，前往會擊。劉崐亦當分飭席寶田等軍探蹤前進，與川黔各軍聯絡聲勢，乘勝規取，並著曾璧光統籌全局，調撥黔中將士，分投兜剿，不得專藉客援，坐失機會。崇實等另片奏，昭通文武稟留提督唐友耕等語。昭通為迤東門戶，關係緊要，前諭劉嶽昭飭令唐友耕，將漢回各事妥辦，即帶張文林等馳援省城。茲據稱該處回匪招聚抗拒官軍各情，是唐友耕一軍勢難克期前進。惟滇省城圍未解，岑毓英等待援甚切，若將該軍專守昭通，則於省事無濟。此時或留唐友耕剿辦昭通回匪，或分軍往解省圍之處，均著劉嶽昭熟審情形，從長辦理。岑毓英於諸軍未到之前，仍著懍遵前旨，會同馬如龍，督軍防勦，毋稍疏虞。將此由六百里各諭令知之。[②]

[7] 李本忠（1818—1869）：字實夫，又名庭玉，回族，雲南魯甸縣巖洞村人。因一手缺小指和無名指，時人稱李禿手。咸豐初年，因殺死一酒徒入獄。咸豐六年（1856），回民副榜馬登昆率千餘回民將其救出，共謀應急措

---

① 趙爾巽等：《清史稿》卷四百十九，列傳二百六。
② 《穆宗毅皇帝實録》卷二百六十五，同治八年八月下，《清實録》第50冊，第678頁。

施,組織回民固守村寨,當地得以保全。後接受清廷降將馬如龍和議,參與"立功迤西"之役,因攻定遠有功,經岑毓英、馬如龍保奏,任協鎮銜儘先補用副將,授職昭、魯、威三屬統領。同治八年(1869),四川總督吳棠奏派總兵唐友耕赴昭通、東川,相機進剿,李本忠及弟李本芳等三名被擒,解交昭通,被殺。①

[8] 杜逆:即杜文秀(1823—1872),清咸、同間雲南回民暴動首領,字雲煥,號百香,回族。咸豐六年(1856),於蒙化起兵,攻下大理府,烽煙遍及雲南。同年十月,任"總統兵馬大元帥"。其軍紀嚴明,人心悅服。同治十一年(1872),清軍攻陷大理,為免遭屠城服毒,旋解送清營,被殺。

[9](同治八年十月初九日):原稿缺,茲推補。

[10]【案】此摺旋於十月二十四日得清廷允准,並飭令劉嶽昭、岑毓英等妥為調度,相機辦理,《宮中檔》:

軍機大臣字寄:成都將軍崇、四川總督吳、雲貴總督劉、雲南巡撫岑:同治八年十月二十四日,奉上諭:前因劉嶽昭奏,唐友耕所部滇練與昭魯回民尋仇生釁,當諭崇實等飭令該提督趕緊前進,不准逗遛。茲據崇實、吳棠奏,魯甸回匪李本忠糾黨數千,燒殺村寨,抗拒官軍,叛跡昭著。旋經唐友耕會同該處文武,剿撫兼施。解餉後路,現已肅清,威甯等處回寨,均各求撫。唐友耕一軍應否留滇,請飭劉嶽昭等商辦等語。李本忠原係杜汶秀黨與,此次糾眾復叛,自難姑容。現經官軍殲斃賊黨千餘名,逆膽已寒,即當乘此聲威,速籌戡定。劉嶽昭所派孔昭鈖等曾否行抵昭通,辦理情形若何?刻下雲南省圍已解,唐友耕一軍應否暫留昭通,會商辦理,或仍令赴省?著劉嶽昭、岑毓英妥商調度。如滇省兵力已敷,即著咨商崇實等,將該軍遣撤回川,扼守邊境。崇實等原摺著鈔給劉嶽昭、岑毓英閱看。將此由五百里各諭令知之。欽此。遵旨寄信前來。②

【案】《清實錄》亦記述其詳:"前因劉嶽昭奏唐友耕所部滇練與昭魯回

---

① 昭通市民族宗教事務局編纂:《昭通少數民族志》,雲南民族出版社2006年版。
② 臺北"故宮博物院"藏:《軍機及宮中檔》,文獻編號:408018087。

民尋仇生釁，當諭崇實等飭令該提督趕緊前進，不准逗遛。茲據崇實、吳棠奏……將此由五百里各諭令知之。"①

〇〇三　奏請檄調唐友耕分兵扼守敘南片
同治八年十一月十七日（1869年12月19日）

再，果後後營潰勇，前經臣等奏明一律資遣。嗣奉諭旨，欽遵辦理。當即飭司籌撥銀五萬兩，解交道員劉嶽曙酌量資遣，未能及時解散，復截留調往貴東之總兵李有恆所部虎威寶營勇丁，分防敘永邊界，並添撥銀兩，咨會提臣胡中和[1]，統領湘果各營，馳赴督辦。昨據胡中和函稱：潰勇意存叵測，不遵資遣，並將道員劉嶽曙拘留要脅，請添兵扼守敘南等情。臣等查援黔、援陝各軍，一時礙難調撥，惟唐友耕一軍與敘南相距最近，呼應較靈。已飛咨分遣得勝之師，援赴鎮雄，以顧筠連、高、珙入州門戶。倘該潰勇攜械滋事，必得嚴加懲治，即由唐友耕居中調度，既可與胡中和籌辦潰勇，亦可與全祖凱會剿餘匪，以免顧此失彼之慮。現在雲南省圍已解，兵力已厚，俟黑石𡊏回寨肅清後，即飭唐友耕凱撤回川，仍留提督李家福五營在滇援剿。除咨明雲貴督臣、雲南撫臣外，所有檄調唐友耕分兵扼守敘南緣由，謹合詞附片陳明。伏乞聖鑒。謹奏。

（同治八年十二月初三日，軍機大臣奉旨。欽此）。[2]

同治八年十一月十七日，由驛附片具奏。本年十二月十八日，准奉旨：另有旨[3]。欽此。（P25-28）

校證

【案】此片為吳棠與崇實會銜具奏，原件無考。其錄副現藏於中國第一

---

① 《穆宗毅皇帝實錄》卷二百六十九，同治八年十月下，《清實錄》第50冊，第732頁。

歷史檔案館①，茲據校勘。

[1]胡中和（1834—1883）：字元廷，湖南湘鄉人，清朝將領。咸豐初，從湘軍剿太平軍，積功擢把總。六年（1856），從蕭啟江援江西，復袁州，超擢都司，賜花翎。七年（1857），從克臨安，中礮傷，以遊擊留湖南補用。八年（1858），破太平軍上屯渡，乘勝復撫州，擢參將。九年（1859），復南安，擢副將。加總兵銜，賜號伊德克勒巴圖魯。同治十三年（1874），調雲南提督，兼署四川提督。光緒三年（1877），平騰越。七年（1881），因母歿歸里。九年（1883），卒。詳見《清史稿·胡中和傳》②。

[2]（同治八年十二月初三日，軍機大臣奉旨。欽此）：此奉旨日期據錄副補。

[3]【案】此片於同治八年十二月十八日得清廷批復，《宮中檔》：

軍機大臣字寄：成都將軍崇、四川總督吳、雲貴總督劉、雲南巡撫岑：同治八年十二月十一日，奉上諭：劉嶽昭等奏，請將唐友耕一軍於昭通回務完竣，遣撤回川，並剿辦附省賊匪情形各摺片。唐友耕一軍，經崇實、吳棠派令赴滇援剿，該提督駐紮昭通，迭次圍攻賊壘，回眾窮蹙，獻首乞降，剿辦尚屬得手。惟昭魯一帶回民剽掠，究因該軍肆口復仇，以致該回眾懷疑生變。現既辦有頭緒，自應責令該提督將此事一手經理。著崇實、吳棠傳諭該提督，趕緊將昭通回務辦竣，即率所部撤回川省。其昭屬未盡事宜，仍由劉嶽昭、岑毓英督飭各該文武，隨時相機辦理，以臻周密。至附省土堆悍匪，築壘挖濠，負嵎抗拒，經該督等督兵進剿，已將紅廟賊壘及土堆村外賊碉全行攻克。著即乘此聲威，將殘蹙餘匪悉數殲除，毋留遺孽。將此由六百里各諭令知之。欽此。遵旨寄信前來。③

---

① 中國第一歷史檔案館藏：《錄副奏摺》，檔號：03-4775-105。
② 趙爾巽等：《清史稿》卷四百三十，列傳二百十七。
③ 臺北"故宮博物院"藏：《軍機及宮中檔》，文獻編號：408018090。

○○四　奏報委令分發補用道薛華垣會辦團練片
同治八年十一月十七日（1869 年 12 月 19 日）

　　再，臣吳（棠）前因滇省迤西回逆未靖，川省敘州、瀘州各屬地方遼闊，在在與滇界毗連，散勇游兵，時出為患。該處團練事宜，必得熟諳明幹之員會同辦理，以補兵力之不足。查有分發補用道薛華垣[1]，辦事穩練，熟悉情形，堪以委令前赴敘、瀘一帶，會同永寧道延祐等，將民練鄉團和衷商辦。除檄飭遵照外，所有委員會辦團練緣由，謹附片陳明。伏乞聖鑒。謹奏。

　　同治八年十一月十七日，附片具奏。本年十二月十八日，准兵部火票遞回原片，後開軍機大臣奉旨：知道了。欽此。（P29–31）

校證

　　【案】此片原件、錄副，兩岸各檔案機構無存，《清實錄》亦無載。茲據前後摺件校勘。

　　[1] 薛華垣：四川補用道，因史無載記，其生平事蹟無考。

○○五　奏報川軍克復魯甸廳城生擒要逆昭魯次第肅清情形摺
同治八年十一月十七日（1869 年 12 月 19 日）

　　（成都將軍臣崇實、頭品頂戴四川總督臣吳棠跪）[1]奏，為援滇川軍迭獲全勝，克復魯甸廳城，攻破巖洞老巢，生擒要逆，昭魯次第肅律[2]肅清，恭摺馳報，仰祈聖鑒事。

竊臣等於本月十二日承准軍機大臣字寄：同治八年十月二十四日，奉上諭：李本忠原係杜汶秀[3]黨與，此次糾眾復叛，自難姑容。現經官軍殲斃賊黨千餘名，逆膽已寒，即當乘此聲威，速籌戡定等因。欽此。仰見皇上聖謨廣運、厪念邊陲之至意，下懷曷勝欽佩。臣等前經咨催雲貴督臣劉嶽（昭），迅飭孔昭紛、楊盛宗馳往接辦，冀可乘此聲威，妥為招撫。乃遲之又久，尚未行抵昭通，而回民中亦有明白曉事之人，均為李本忠迫脅，各以類從。既經乞撫於前，自應保護於後。復嚴檄唐友耕以剿為撫，但分順逆，不論漢回，凡回眾投誠之寨，務宜曲加體恤，使李本忠之勢既孤，則昭通之事易藏。迭據唐友耕咨報：自稻田壩下八仙營就撫後，十月初一日黎明，據投誠回目馬周新等飛報：李本忠夤夜糾眾，由板板房、桃源一帶分路圍撲良回村寨，勢甚危急。當即親督各營迎頭截擊，賊始敗退。我軍乘勝追剿，殺斃回匪多名，力將板板房、桃源賊營踏毀。該逆大股退守魯甸廳城，我軍尾躡其後，紮營環攻。前署魯甸通判吳廣通、現署魯甸通判盧德裕，率團首徐書座等，帶領鄉團二千餘名，會合營官艾爾鴻，由後山繞道接應，層層逼緊，面面合圍。通判吳廣通等即於城外豎立投誠免死大旗，被脅難民紛紛反正，約為內應。初二夜五更，放火為號，參將尹士超率都司汪澤斬關而入。汪澤身受重傷，登時陣亡。唐友耕揮兵一擁而進，計先後斬獲悍回三百餘名，生擒偽軍師孟學孔等三名，即於軍前正法，割獲首級六十三顆，奪獲鎗礟、器械多件，當將魯甸廳城克復。該逆李本忠由東門奪路狂奔，逃入巖洞老巢，結黨死守。唐友耕一面商令盧德裕等，將鄉團紮城內，安撫漢回難民，一面飛飭各營進攻巖洞。查巖洞，海水四繞，素稱險要。該逆李本忠層迭挑濠築牆，既厚且深，兼有碉樓地道，安設鎗礟，益得以負嵎自固。初三四等日，唐友耕先將附近回寨次第招撫。初六日黎明，親統大隊，直撲賊巢。該逆伏暗擊明，施放鎗礟，子落如雨。鎮標中營千總袁廷凱、千總劉應亨首先登牆，奮不顧身，中礟殞命。總兵耿得勝、鎮標中營遊擊涂應泰等率隊再登，奮勇百倍，立將頭層牆濠攻克，轟斃回匪一百餘名。

我軍陣亡勇士三十九名，鄉團傷亡亦多。而該逆恃有層壘深溝，藏匿不出。唐友耕多方籌畫，猛進殊難。因傳令搶築礮臺，撥兵駐守，並飭各營勇丁囊土伐木，置備火具，為平濠破碉之用。十餘日更番迭戰，步步為營，始得力爭要隘，進逼賊碉。計巖洞四面碉樓，我軍亦分四面攻之。二十一二等日，唐友耕派參將尹士超、副將劉宇德、羅超、劉萬春等攻其東，斫柵壞垣，首將東碉平毁。總兵唐大有、張占鰲，遊擊涂應泰等，挑選精銳，於黑夜二更時，埋伏賊碉之西，迫沿碉舉火，突起策應，又將西碉焚毁。該逆退守巖洞，仍留賊據守餘碉。

唐友耕督率各軍，於東西舊有碉樓處所紮定營盤，飭原派分攻南北碉之總兵耿得勝、張旭升，副將和耀曾等，並力奮取。至二十四日黎明，碉外賊衆危急，奔赴大營求撫，暫予拘留看守。據投出之賊首馬開科，帶領賊黨，願隨副將陳澤久、都司沙秉忠等效力贖罪。各帶囊土伐木，填溝緣牆，誘開賊壘，乘間殺入，南北碉樓亦同時攻破，於是巖洞老巢勢成孤立。二十五日，都司車重輪運解軍火來營，與總兵耿得勝、參將唐友貴等願告奮勇，拔幟先登。耿得勝礮傷左腿，植立不動。各營一呼直上，並用火箭、火彈延燒老巢。洞內之賊漸形潰亂，撤柵踰溝，意圖沖圍而出。我軍鎗礮齊施，刀矛並舉，悉被截殺無遺。共斃回匪七百餘名，墜巖落澗死者不計其數。割取首級二百三十七顆，奪獲鎗礮、旗、矛數百件，搜獲部頒守備銅印一顆、把總鈐記一顆。生擒要逆李本忠及其弟李興芳等三名，均身帶重傷，解交昭通府知府李應華等，訊明正法。又生擒偽軍師徐天驥、賽君才，偽先鋒羅文舉、李高祥多名，均係為首倡亂之人，即於軍前正法。巖洞老巢，全行掃蕩，救出被脅難民男、婦二千餘人並投誠各回寨，移交該管府縣，分別撫恤，各安本業。查點我軍陣亡勇丁八十九名，昭通漸次一律肅清。惟黑石坳之回匪勢尚猖獗，係昭通鎮總兵全祖凱統兵圍攻，未能得手。雲貴督臣委員孔昭扮等，迄今三月，亦無抵昭確期。擬即移師黑石坳，會商全祖凱，相機剿撫，不難早日蕩平等情。前來。伏查唐友耕一軍，居客兵之列，則任戰較難。得滇人之心，則收功倍速。

當士庶擁道遮留之會，即印委稟請雕剿之時。該逆李本忠戕官劫貨，圍撲大營，且在桃源一帶連營三十餘座，負固不服，時出燒掠百姓。唐友耕則屢殱逆黨，解散脅從。先將龍碉汛攻奪，繼將團山馬家營各回寨，設計而招撫之。茲復謀勇兼施，恩威並用，迭獲勝仗，迅克堅城。知剿逆撫順之方，為掃穴擒渠之舉，洵足以伸天討而快人心。臣等以邊境未安，竭思殫慮，固不敢博援鄰之譽，亦何敢避越俎之嫌！竊計滇省解嚴，未始不由唐友耕一軍扼守迤東，牽制回氛，以分逆勢。是以雲南撫臣岑毓英於克復易門縣城疏內，有川省顧持鄰封、助兵助餉之告。即此次昭魯肅清，亦因省圍既解，軍威大振，鈐服人心，以奪賊氣。此皆仰賴聖主威福，將士用命。臣等始念實不及此，惟有飛飭唐友耕，會同全祖凱，迅將黑石岨餘匪克期掃蕩，以上酬高厚於萬一。所有前次陣亡都司施占明、劉芳春，守備陳照廷，千總龔占超，此次陣亡都司汪澤，升用都司右哨千總袁廷凱，儘先千總劉應亨，合無仰懇天恩，敕部從優議恤，以慰忠魂。其在事尤為出力員弁，可否由臣等核實保奏，以作士氣之處，出自逾格鴻慈。謹將援滇川軍克復魯甸廳城、攻破巖洞老巢、生擒首逆緣由，合詞恭摺具奏。伏乞皇太后、皇上聖鑒訓示。謹奏。（同治八年十一月十七日）。[4]

同治八年十一月十七日，由驛具奏。本年十二月十八日，准兵部火票遞回原摺，後開軍機大臣奉旨：另有旨[5]。欽此。（P33-52）

校證

【案】此摺原件、錄副俱缺，茲據《宮中檔》、《清實錄》校勘。

[1]（成都將軍臣崇實、頭品頂戴四川總督臣吳棠跪）：此摺原稿缺前銜，茲據《清實錄》校補。

[2] 肅律：應為"一律"。

[3] 杜汶秀：應為"杜文秀"，據《清實錄》校改。

[4]（同治八年十一月十七日）：原稿缺，茲推補。

[5]【案】此摺於十二月十三日,得允行。其在事尤為出力員弁,令崇實、吳棠核實奏保,並飭將陣亡將弁施占明等從優議恤,《宮中檔》:

> 軍機大臣字寄:成都將軍崇、四川總督吳、雲貴總督劉、雲南巡撫岑:同治八年十二月初三日,奉上諭:崇實、吳棠奏,援滇川軍克復魯甸廳城,攻破巖洞老巢,生擒首逆,並檄調唐友耕,分兵扼守敘南各摺片。滇匪李本忠經川軍擊敗後,由板板房、桃源一帶,分撲良回村寨。唐友耕督兵截擊,蹋毀賊營。該逆退守魯甸城內,又經官兵擊走,收復廳城。李本忠逃入巖崗老巢。參將尹士超等分路進攻,迭破四面碉樓,生擒李本忠及賊黨徐添驥等正法。掃蕩巖洞賊巢,昭魯漸次肅清。此次援滇川軍,迭克匪巢,生擒要逆,剿辦尚屬奮勉。在事尤為出力員弁,著崇實等核實奏保,毋許冒濫。陣亡之都司施占明、劉芳春,守備陳照廷,千總龔占超,都司汪澤,升用都司千總袁廷凱,千總劉應亨,均著交部,從優議恤。現在黑石坳回匪,勢尚猖獗。唐友耕一軍,自當乘勝進剿。惟總兵全祖凱圍攻之兵未能得手,委員孔昭鈖等亦無抵昭確期。即著劉嶽昭、岑毓英,迅飭全祖凱,激勵兵勇,會同唐友耕相機剿洗。一面催令孔昭鈖等馳抵該處,將一切剿撫事宜妥為籌辦,俾東路及早埽蕩,毋稍遲延。湘果各營散勇,現既不遵資遣,敘南邊界自應派兵設防,以資彈壓。著崇實等檄飭唐友耕,酌撥得勝之師,前赴鎮雄,以顧筠連、高、珙入川門戶。如有潰勇滋事,即會同胡中和籌辦。至攻克黑石坳後,仍留李家福在滇援剿。其唐友耕應否撤回川省之處,著崇實等會商劉嶽昭、岑毓英,斟酌辦理。將此由五百里各諭令知之。欽此,遵旨寄信前來。①

【案】《清實錄》著録與《宮中檔》一致:"又諭:崇實、吳棠奏,援滇川軍克復魯甸廳城,攻破巖洞老巢,生擒首逆,並檄調唐友耕,分兵扼守敘南各摺片。……將此由五百里各諭令知之。"②

---

① 臺北"故宮博物院"藏:《軍機及宮中檔》,文獻編號:408018089。
② 《穆宗毅皇帝實錄》卷二百七十二,同治八年十二月上,《清實錄》第 50 冊,第 768—769 頁。

○○六　奏報川軍襲苗獲勝專待楚黔振旅來會以圖進取摺

同治八年十二月初四日（1870年1月5日）

（成都將軍臣崇實、頭品頂戴四川總督臣吳棠跪）[1]奏，為援黔川軍襲擊逆苗獲勝，焚毀木城石壘，現在勉籌接濟，專待楚黔振旅來會，以圖進取而速成功，恭摺奏祈聖鑒事。

竊查川軍自七月間連獲勝仗、陣斬苗酋後，聲威日振。原冀楚黔會剿，次第廓清，乃整頓需時，既未便以偏師輕進，覆轍重循，而逆苗喘息稍平，又每思乘間抵隙，擾後路之防，以阻我進兵之計。屢飭道員唐炯[2]等，密查賊情，慎圖固守，不因事之難而挫其始志，並不以餉之巨而置為後圖。迭據唐炯等稟報：逆苗受創之餘，復於鐵廠坡伐木為城，壘石為牆，意圖抗拒我軍。近探知逆苗議椰，將數路出擾平、貴一帶，並欲截我軍之糧道。經道員唐炯與提督劉鶴齡[3]定議，宜先攻拔鐵廠賊壘，使群苗膽落，以為我軍進剿，必將斂而自固，後路或可少安。遂於十月十四夜，密派同知于德楷，知縣王恩榕，總兵李鎮南，參將張友林，遊擊王成忠、王虎臣、劉德順，都司向秉忠、李孝德，各挑所部精銳，於五鼓時，乘大霧數路並進，掩至木城外，拋放火彈、噴筒，火猛風起，我軍齊聲吶喊，踰牆而入。賊不虞官兵猝至，從睡夢中驚覺，倉皇亂竄。乘勢圍殺殆盡，奪獲牛馬、穀米無算。立將木城石壘一律焚毀，而半山苗巢負嶼如故。十五日，復出隊進攻，該逆望風披靡，奪獲穀米數百石，餘悉焚毀無遺。總兵謝鴻章、周萬順亦乘夜襲取黃猴鋪苗寨，男婦二百餘人無一脫者。二十三日，據下司薙髮降民韓占奎、吳洪興報稱，逆酋馬登科，合范偽侯、柳天成、楊矮子各股，從羅廣壩直撲清平，約近萬眾。提督陳希祥飭副將石紹全、知縣徐良賣，各率勇丁，分道馳擊，而自率親兵，與道員張玉文互相策應，鏖戰三時之久，擊斃紅衣悍賊數名，餘黨死者以百計。二十四日，逆苗復來窺伺，陳希祥領隊迎敵，該逆當即潰退。乘勝追剿，斃賊多名，割獲首級六顆，生擒長髮逆苗三名。供稱係首逆金王，即金幹乾、蒙元師、王義府三酋，糾約犵狫諸苗，以前陷都勻，不勞而獲，抽丁懸賞，意圖攻陷各營，以張兇焰。幸防範嚴密，不至墮其術中。二十八日，螃蟹逆苗糾眾數千，漫山越澗而來。陳希祥會同道員張玉文，各率所部，奮臂一呼，攀巖直上，窮追十餘里，始行收隊。鎗斃逆苗十人，我軍亦有傷亡。先是逆酋金大五、楊矮子等，迭次糾眾，從萬潮、木雞卡、大麻窩、大風洞各路，來犯清平營壘。提督陳希祥飭副將賴錫光等穩紮穩打，督同副將文德備、總兵鄒紹南、守備張士成、參將田應豪，分途援應。道員張玉文並派開花洋礮各隊，內外夾攻，轟斃紅衣悍賊十餘名，割獲首級九十餘顆。逆酋金大五之弟偽金元帥中礮斃命，陣斬偽楊將軍，奪獲大旂一面。我軍陣亡勇丁十餘名，都司王興基、外委李德高爭先殺賊，相繼捐軀。適副將石紹全自粵募勇來黔，遇賊於蓮花塘，奮力猛擊，斃賊無算。守備龍金寶追賊，腿中鎗傷。賊從乾壩、二坵回巢，陳希祥復派隊要截，斬馘多名，奪獲旂械多件。其時又有逆酋金幹乾等分投來犯，亦經並力擊退，生擒苗逆四名，供稱偽魯元帥被鎗傷而死。現據探報，逆苗范偽侯率黨數千，從龍里出竄，滋擾民地，那亞巖腳居民紛紛遷徙，已由安定、果毅、達字、安吉各營會合馳擊各等情。伏查援黔各軍，當群寇縱橫之地，勉力支撐，犯壘劫營，殆無虛日。唐炯等竟能寓守於戰，以剿為防，迅克賊巢，迭斬苗逆，洵屬不避艱險，勇敢有為。惟黔省之上下游，共計先後增兵至一萬八千餘人。此為川軍大枝勁旅，歲需餉銀以百餘萬計，祇以庫款支絀，該營積欠已有五十餘萬之多。並據唐炯稟稱：擬先儲半年之糧，運赴前敵，俾可專力苗疆，請假還蜀，面陳事宜前來。當經飭據防剿局司道會同妥議，以唐炯所言，進剿已有把握，功在垂成，不得不助以全力，應分兩次勉籌買米銀十萬兩，並將果毅七營月餉由局改撥，以資接濟。唐炯亦知蜀事艱難，不再請增兵益餉，願克期自效，以速補遲。

第念苗疆箐深路險，秋夏之交，瘴癘盛行，入冬後，雪嶺淩崖，一望無際，用兵利在於春，時不可失。若事機一頓，動須累月經年，誠恐兵力漸疲，餉需日絀，無益於黔，而蜀先坐困。大局所係，不敢不直陳於君父之前。惟有仰懇天恩，敕下兩湖總督、湖南巡撫、貴州巡撫，迅催楚黔兩軍，於春初振旅來會，以圖進取而速成功。抑臣等更有請者，經此次竭誠合謀之後，幸賴皇上威福，一鼓蕩平，固屬下懷之所深願。倘力與心違，亦宜體察黔省情形，從長辦理。或留兵以歸其調遣，或助餉以拯其困窮，庶於固圉之中，仍不失恤鄰之誼。所有援黔川軍襲擊逆苗獲勝，現在勉籌接濟，專待楚黔振旅來會緣由，謹合詞恭摺具奏。是否有當，伏乞皇太后、皇上聖鑒訓示。謹奏。（同治八年十二月初四日）。[4]

同治八年十二月初四日，由驛具奏。於同治九年正月初五日，准兵部火票遞回原摺，後開軍機大臣奉旨：另有旨[5]。欽此。（P53-68）

校證

【案】此摺原件與錄副，查無下落，應屬尚未開放閱覽之列。茲據前後文校。

[1]（成都將軍臣崇實、頭品頂戴四川總督臣吳棠跪）：原稿無此前銜，茲據《清實錄》校補。

[2] 唐炯（1829—1909）[①]：字鄂生，晚號"成山老人"，貴州遵義縣人。唐訓方之子。道光舉人。咸豐四年（1854），在家鄉舉辦團練，報捐知縣，分發四川。六年（1856），署南溪縣知縣。同治元年（1862），統安定營，禦太平軍石達開部。六年（1867），奉川督崇實之命，率軍入黔，經其保奏，擢升

---

① 關於唐炯之生年，據中國第一歷史檔案館藏同治六年（1867）唐炯履歷"時年三十九歲"推斷，其生年為道光七年（1827），而《中國歷史人物大辭典》認為其生於1829年。查唐炯《成山老人自訂年譜》"道光九年己丑，三月二十一日子時，余生於天門縣之岳家口"，由此可知，唐炯之生年應為1829年無疑。

道员，旋为川总吴棠所劾，还川。光绪八年（1882），任云南布政使。次年（1883），迁云南巡抚，率滇军与中法战争，以擅自逃回云南，革职拏问，拟斩监候。经左宗棠解救获释，戍云南。十三年（1887），督办云南矿务，经营十五年，鲜有成绩，为时人所讥。三十二年（1906），褫职。著《援黔录》、《成山庐稿》、《成山老人自订年谱》等。①

【案】中国第一历史档案馆藏有唐炯开复原官履历一片，兹补录之：

唐炯，现年三十九岁，系贵州遵义县人。由监生中式道光己酉科本省举人。咸丰六年，报捐知县，分发四川。七年五月到省。九年二月，署南溪县知县。十年二月，因援解叙州城围，及会剿两井迭次出力，奉旨先行交部，从优议叙。六月，因迭剿犍为、井研等处贼匪出力，奉旨以同知直隶州知州，尽先补用，先换顶戴，并赏戴花翎。十一月，以历届守城案内出力，奉旨免补知县，以直隶州知州遇缺即补，并赏加知府衔。十一年正月，署绵州直隶州知州。二月，因剿办彭县贼匪出力，奉旨交军机处记名，遇有四川知府缺出，请旨简放。四月，奉旨补授四川夔州府知府。八月，因在绵州任内应付夫马迟延革职。十一月，经骆秉章奏令带勇自效。同治元年四月，援解涪州城围出力，经骆秉章保奏，奉旨开复原官翎枝，仍以知府留于四川即补，并免缴捐复银两。是月，经张亮基奏调，奉旨饬赴云南，交张亮基差遣。五月，经骆秉章奏请留川剿贼，奉旨仍留四川，毋庸交张亮基差委。是月，经骆秉章奏令，督办松潘夷务，复派赴江津一带，剿办石逆。二年三月，署理绥定府知府。五年四月，经前署陕西巡抚刘蓉奏调，襄办营田事务，奉旨准其调赴陕西，遵于九月到陕。六年二月，因营田局务专归藩司办理，经陕西巡抚乔松年给咨赴部。六年五月初九日，经吏部带领引见，奉旨著准其开复原官翎枝，仍以知府留于四川即补。②

【案】同治七年，兼署四川总督崇实附片密奏，唐炯统兵入黔，顾全大局，屡破坚巢，拟请破格录用，并保升道员，得清廷允准。兹录之：

---

① 许焕玉等主编：《中国历史人物大辞典》，黄河出版社1992年版。
② 中国第一历史档案馆藏：《硃批奏摺》，档号：04-01-12-0503-070。

再，湖南李元度一軍，本非節制之師，而餉糈又常常不繼，奴才聞其部下頗有議之者。李元度平時皎皎自好，牟利或不肯為。其粉飾冒功，沾染軍中陋習，實所不免。前督臣駱秉章以李元度剿辦一年之久並無寸效，據實奏請裁撤，固非無所見而云然也。現在唐炯於烏江北岸剿撫兼施，軍威既振，則南岸投誠之營必眾。楚軍果能相助為理，多一軍即多一軍之效。第恐撫局方成，楚軍又從而擾之，李元度遠在二百里外，無由知其情形，言之川楚必生嫌疑，不言而地方又將激變，奴才深以此事為慮。猶幸唐炯等顧全危局，於其匱乏，則以餉分楚勇，有所攻克，則以功歸楚將，尚能事事取和。而無如楚軍恒數月無餉，勇丁有終日不得一食者，眾口交怨，嘩潰可虞。奴才已密飭唐炯，如或楚軍無糧，仍當設法接濟。惟川省增兵益餉，自顧不遑，當此剿辦吃緊之時，何暇為楚軍調停一切？近聞黔省傳言，有以易佩紳代李元度之說，湖南撫臣或亦知其不能得力。應請敕下湖南撫臣，另派知兵大員，統領援師，庶幾早收實效。否則即責成李元度專辦思州、銅仁、鎮遠等府，既可與席寶田軍勢聯絡，而又與川師功不相掩，過不相諉，似覺兩有裨益。抑奴才更有請者，四川候補知府唐炯，自統師入黔後，屢戰屢捷，連破堅巢，尤能推誠布公，用攻心之策，使賊聞風送欵。數月以來，頗著成效。惟該員以知府統帥援黔諸軍，隸其部下者，多係提鎮大員，殊覺位卑勢輕，不足以示隆重。雖其戰功卓著，可以奏請恩施，而部例示有限制，奴才未敢遽求。合無仰懇皇上天恩，俯准將唐炯破格錄用，畀以事權，使之駕馭群才，必能力圖補救。蓋其膽略過人，而又為桑梓畫策，斷不敢敷衍了事。以後或兵力不敷，仍當隨時派出防兵，歸其節制，務期掃除黔氛，永絕川邊之患。奴才為黔事孔棘、維持大局起見，力所能為，不敢不勉見所能及，不敢不言。謹據實附片密陳。伏乞聖鑒訓示。謹奏。①

[3] 劉鶴齡（1836—1895）：湖南省漵浦縣人，武童出身。咸豐間，歷任銀牌記功什長、哨官、果毅副前營管帶、果毅正副營統帶。同治二年

---

① 中國第一歷史檔案館藏：《錄副奏摺》，檔號：03-4735-016。

(1863)，加副將銜，任左翼長果毅軍統領。五年（1866），加總兵銜，任援黔川楚軍幫辦果毅軍統領。光緒十七年（1891），任湖北襄河水師統領，署湖北宜昌鎮總兵。後任新募鶴字軍六營統領，賞加烈勇巴圖魯、勳勇巴圖魯、法什尚阿巴圖魯勇號。

[4]（同治八年十二月初四日）：此日期據推補。

[5]【案】此摺於十二月二十日得清廷批復，令崇實、吳棠等於派出各軍，應給餉糈，務宜源源撥解，不得稍有缺乏，以致停兵待餉，貽誤戎機。《清實錄》：

> 丁巳，諭軍機大臣等：崇實、吳棠奏援黔官軍剿苗獲勝，請飭楚黔振旅會剿。劉崐奏湖南援黔官軍迭次攻剿苗巢獲勝。蘇鳳文奏苗匪竄入粵境，防軍擊退各摺片。四川援黔之軍，經道員唐炯、提督劉鶴齡等攻克鐵廠坡木城石壘，復經提督陳希祥等迭斬苗逆，軍聲頗振。道員唐炯擬專力進剿，銳意滅賊，已經崇實、吳棠籌給買米銀十萬兩，並改撥月餉，以資接濟。湖南官軍，自十月以後於鎮遠、思州、台拱等處，截剿苗匪，削平堅寨。苗地日蹙，糧食缺乏。席寶田業經抵營，蕭榮芳新募之勇亦已起程。正當乘此機會，合力夾擊，使川楚兩軍聲勢聯絡，則苗逆不敢狡逞，剿辦易於得手。但恐川楚兩軍各分畛域，以致復蹈前轍，功敗垂成。著李鴻章懍遵前旨，迅赴黔省，體察情形，妥為調度，以期川楚各軍踴躍用命，肅清黔境。該省夏秋之交，瘴癘盛行，冬後雪嶺淩崖，一望無際，尤當及時大舉，不可稍涉遷延。曾璧光職任封圻，責無旁貸，當隨時會同李鴻章，悉心經理，不得因有督兵大員，稍存推諉。崇實、吳棠、劉崐於派出各軍，應給餉糈，務宜源源撥解，不得稍有缺乏，以致停兵待餉，貽誤戎機。廣西懷遠、融縣境內，均被苗匪闌入，經在防各軍擊退，並剿平高陽寨匪，但恐該匪乘閒復來，仍應嚴密防範。……將此由六百里各諭令知之。①

---

① 《穆宗毅皇帝實錄》卷二百七十三，同治八年十二月下，《清實錄》第50冊，第783頁。

○○七　奏報川省裁勇節餉緣由片
同治八年十二月初四日（1870年1月5日）

　　再，臣等前有裁勇練兵之議，原為節省餉需起見，於上年十二月間附片奏明在案[1]。嗣因赴援黔滇各軍，不敷進剿，衹得斟酌損益，汰去疲弱，募補精銳，以無忘節流固本之圖。計歲以來，裁撤勇丁一萬三千餘人，仍召募九千餘人。現在昭通軍務將蕆，俟唐友耕一軍凱撤回川，仍當分別去留，而可減亦屬有限。查川省歲入之款，釐金而外，悉取給於民力輸將，竭蹙情形，日甚一日。溯自前督臣駱（秉章）[2]任內，存勇四萬人，積欠餉銀幾及百萬。迨上年援師屢出，則又多欠數十萬。今截至歲底止，連舊欠總在二百萬兩以外。臣等以虧累過巨，不得已於本年八月間，另籌普捐一次，為裁撤勇丁、找發欠餉之用，無如現存之勇，本省僅有一萬數千人，恃以分防邊界，鎮撫番猓、羌夷。而援黔、援滇、援陝，共計三萬二千餘人。普捐一項，但能暫濟急需，尚難清還欠餉。思維至再，補救無從，亟盼苗患漸平，將援黔之三十六營量予裁減，則蜀民之力稍紓，而邊境之防亦固。臣等受恩深重，斷不敢意存瞻徇，事涉虛糜。所有裁勇節餉緣由，謹合詞附片陳明。伏乞聖鑒。謹奏。

　　（同治十二年十二月二十日，軍機大臣奉旨：知道了。欽此）。[3]
　　同治八年十二月初四日，附奏。於同治九年正月初五日，准兵部火票遞回原摺，後開軍機大臣奉旨：知道了。欽此。（P69-73）

校證

　【案】此片為吳棠與崇實會銜具奏，缺原件，錄副現藏於中國第一歷史檔案館。[①] 茲據校勘。

---

① 中國第一歷史檔案館藏：《錄副奏摺》，檔號：03-4703-044。

[1]【案】上年裁勇節餉奏片，查無下落，而清廷批復則載於《清實錄》：

又諭：崇實、吳棠奏，川軍赴援徽縣情形並派兵援滇、抽練營兵各摺片。甘回由秦州南犯，直撲徽縣。經駐防大安之副將宇文秀等帶兵掩擊，生擒回目馬義和，並將全股逆匪殲滅無遺，徽境一律肅清，剿辦甚屬奮勉。出力員弁及傷亡勇丁，准其查明，分別奏請獎恤。雲南尋甸賊勢披猖，情形緊急。川滇唇齒相依，自應速籌援應。崇實等現已撥銀接濟，並調唐友耕一軍馳赴東昭，尚能力顧大局。著該將軍等飭令會合滇軍，相機防剿，以全危局。其川北一帶，並著飭令李有恆嚴為戒備，毋稍鬆懈。川省用兵日久，餉需支絀，所議裁勇練兵，自為節餉整軍起見，著即督同富森保、胡中和，將旂綠各營認真訓練，俾成勁旅，以備緩急之用。所請酌加津貼銀兩，即著照數核實動支。將此由五百里各諭令知之。①

[2]駱（秉章）：原稿空名諱"秉章"或"章"，即駱秉章，茲補足，以下同。

【案】駱秉章（1793—1867），原名俊，字籲門，號儒齋，祖籍廣東花縣，後遷佛山。嘉慶十七年（1812），進縣學生。二十四年（1819）中舉。道光十二年（1832），中式進士，改庶吉士。次年，授編修。十五年（1835），任國史館協修。十八年（1838），調江南道監察御史。次年，任掌江南道監察御史。二十年（1840），授會試同考官，掌四川道監察御史。二十一年（1841），授會試內簾監試官，補工科給事中。次年，補鴻臚寺少卿、奉天府府丞，兼奉天學政。二十四年（1844），授左庶子，日講起居注官。次年（1845），丁母憂，回籍守制。二十八年（1848），改右庶子，升侍講學士，調補湖北按察使。次年，遷貴州布政使，調雲南布政使。三十年（1850），升授湖南巡撫。咸豐二年（1852），署湖北巡撫。次年，補湖南巡撫。十一年（1851），調補四川總督。同治元年（1862），加太子少保。次年，晉太子太保。三年（1864），封一等輕車都尉。六年（1867），擢協辦大學士，卒於任。追贈太子太傅，諡文忠。著有《駱文忠公奏稿》存世。詳見

---

① 《穆宗毅皇帝實錄》卷二百五十二，同治八年二月上，《清實錄》第50冊，第512—513頁。

《清史稿·駱秉章傳》。①

[3]（同治十二年十二月二十日，軍機大臣奉旨：知道了。欽此）：此奉旨日期與內容，據錄副補。

【案】關於此片之具奏時間，中國第一歷史檔案館藏錄副目錄以奉旨日期充之，未確。茲據手稿"同治八年十二月初四日"，當是。

○○八　奏請賞給英商麥士尼參將銜並賞戴花翎片
同治八年十二月初四日（1870年1月5日）

再，苗逆慣用線鎗，兼能及遠。我軍非精習火器，無以制賊之死命。前經飭局籌款，委員採辦開花洋鎗、洋礮等件，解交援黔各營，以利攻剿。據道員唐炯稟稱：開花礮須洋人施放，方能有准，洋鎗亦須洋人授以步法。曾派人前往漢口，延請英商麥士尼[1]到營，盡心教習，備極精勤。前次克復黃平州等城，該商皆隨提督劉鶴齡身在前敵，計先後斃賊二百餘名，屢著勞績等情。臣等查英商麥士尼，勤於教習，功效可觀，且慕義向風，願改遵我朝服色，效力行間，以鎗擊苗，無不應手立斃，尤屬奮勉可嘉。合無籲懇天恩，俯准將該商麥士尼賞給參將銜，並賞戴花翎，以示鼓舞懷柔之至意。謹合詞附片陳明。伏乞聖鑒訓示。謹奏。

（同治八年十二月二十日，軍機大臣奉旨：該衙門議奏。欽此）。[2]

同治八年十二月初四日，附片具奏。於同治九年正月初五日，准兵部火票遞回原片，後開軍機大臣奉旨：該衙門議奏[3]。欽此。（P75-78）

校證

【案】此片為吳棠、崇實會銜具奏，原件查無著落，錄副現藏於中國第

---

① 趙爾巽等：《清史稿》卷四百六，列傳一百九十三。

一歷史檔案館[1]，茲據校勘。又，此片之具奏時間，應以原稿"同治八年十二月初四日"為是，而中國第一歷史檔案館館藏目錄則以奉旨時間"同治八年十二月二十日"為具奏時間，未確。茲以原稿校改。

[1]麥士尼（1842—1919）：字為能，英國人。咸豐九年（1859），抵香港，次年冬，至上海。十一年（1861），由漢口護送載貨船隻到上海，中途被太平軍水營在福山截留，帶往天京，拘留數月。次年，由英國駐鎮江領事雅妥瑪親乘英艦至天京，將其領出。一度在漢口中國海關任職。後辭海關職務，投左宗棠部，獲名譽提督銜和巴圖魯稱號。光緒六年（1880），曾隨軍赴哈密。十二年（1886），以運濟滇桂餉械出力，賞加總兵銜。二十一年（1895），赴滬主編《華英會通》，發表自傳《一個在華英囚的生活與奇遇》，詳述被捕和拘留在天京的情形。1919年，逝於漢口。著有《北圻》一書。[2]

[2]（同治八年十二月二十日，軍機大臣奉旨：該衙門議奏。欽此）：此奉旨日期與內容，據錄副補。

[3]【案】同治八年十二月，總理各國事務衙門王大臣奕訢具奏，請援案賞給英商麥士尼參將銜，並於八年十二月二十五日奉旨允准。其片曰：

> 再，據軍機處抄交成都將軍崇實等片奏，內稱苗人慣用線鎗，兼能及遠，我軍非精悉火器，無以制賊。前經飭局籌款，委員採辦開花洋鎗、洋礮等件，解交援黔各營，以利攻剿。惟開花礮須洋人施放，方能有准，洋鎗亦須洋人授以步法。曾派人前往漢口，延請英商麥士尼到營，盡心教習，備極精勤。且慕義向風，改遵我朝服色。該商前次隨同提督劉鶴齡，克復黃平州等城，身在前敵，以鎗擊苗，無不應手立斃，尤屬奮勉可嘉。擬請給與參將銜，並戴花翎，以示鼓舞懷柔之至意等因。同治八年十二月二十日，奉旨：該衙門議奏。欽此。伏查同治五年間，閩浙總督左宗棠奏，華阿哩隨營帶隊打仗，製造洋礮，藉資攻剿，並遵用中國服

---

[1] 中國第一歷史檔案館藏：《錄副奏片》，檔號：03-9414-051。
[2] 李侃等主編：《中國革命史人名大辭典》，三環出版社、海南出版社1992年版。

色，請給予守備銜等因。① 又，同治七年間，船政大臣沈葆楨奏，洋員日意格、德克碑等襄辦船政要工，奮勉出力，請賞戴花翎等因。② 均奉特旨允准在案。是外國員弁在中國製造器械、奉辦要工等事得邀優獎者，均有案可稽。茲據該將軍等奏稱，英商麥士尼教習已有成效，屢次著績行間，並經隨同克復城池，且願改遵中國服色，實屬真心效力，未便阻其向化之誠。臣等會同商酌，擬比照從前華阿哩、日意格等請獎成案，應如該將軍等所請，將英商麥士尼仰懇天恩，給予參將銜，並賞戴花翎，以示優異，而資觀感。是否有當，伏乞訓示，祗遵。謹奏。同治八年十二月二十五日，軍機大臣奉旨：依議。欽此。③

【案】關於英商麥士尼在中國之活動，以下幾則材料，即可致其大略。

一、同治十一年，貴州巡撫曾璧光等具陳"查明原保英商麥士尼姓名請敕查照添敘事"一片，清廷亦即照准，片曰：

---

① 片曰："再，藍翎六品軍功洋弁華阿哩，隨營帶隊打仗出力，並製造洋礮，以資攻剿，奮勉異常。該洋弁久尊中國服色，熟悉話language，應請賞加守備銜，以示優異，而昭激勵。謹附片具陳。伏乞聖鑒施行。謹奏。"軍機大臣奉旨：另有旨。欽此。（中國第一歷史檔案館藏：《硃批奏摺》，檔號：04-01-16-0179-012。）

② 片曰："再，輪船之舉，出於創建，必有以籠絡洋將之心，乃能漸得其要領。西人雖惟利是親，然其以得天朝錫命為榮。德克碑係提督銜，日意格係總兵銜，故原議以德克碑為正監督，日意格副之。嗣左宗棠以日意格通漢文、漢語，人亦和平，遇事得與之面商，不致譯者分歧等，其間諸多窒礙，於是改日意格為正監督，德克碑副之。當時祗為便於從事起見，非有所軒輊其間。茲胡光墉來，面詢日意格以德克碑近狀如何。日意格對以德克碑於購器催工等事，皆竭盡心力，相助為快。惟以提督為總兵之副，不免慮為外國人所輕視，即該洋將亦於心有所未安等語。日意格又屢為臣言總監工達士博辦事之勤能。該洋將於船塢要工偶有未盡透徹之處，咸賴其推誠誨。該洋員本係四品官，可否奏乞恩施，俾各洋員、洋匠有所觀感。臣對以該洋員勤能盡職，洵非虛語，自當縷晰奏聞。至大功尚未告成，朝廷縱有特恩，亦非臣下所能指請。惟查德克碑告臣易正副督之日，祗以在浙時受恩深重，故尚未有違言，而胸中實不能無所芥蒂。日意格官階居其下，亦內顧不免自疚。然該將等各竭所長，馳驅效命，並不以私嫌之故，稍滋貽誤，實人情所難。達士博趣事之勤、任事之力，實臣所親見。可否仰懇天恩逾格，以船政開工特旨，將正監督日意格賞加提督銜，並賞戴花翎，副監督德克碑賞戴花翎，總監工達士博賞加三品銜，以泯猜疑而資激勸之處，出自宸裁。謹會同一等恪靖伯陝甘總督臣左宗棠、福州將軍署閩浙總督臣英桂、閩浙總督臣吳棠、福建巡撫臣李福泰，附片密陳。伏乞皇太后、皇上聖鑒訓示。謹奏。"同治七年二月初二日，軍機大臣奉旨。欽此。（中國第一歷史檔案館藏：《錄副奏片》，檔號：03-9401-030。）

③ 中國第一歷史檔案館藏：《錄副奏片》，檔號：03-9414-056。

再，同治十年間，提督劉鶴齡等由四川來黔，辦理軍務。因苗人慣用線鎗，必得外洋火器方能制勝，曾延請英商麥士尼為能來黔，施放開花洋礮，授以洋鎗步伐。該英商盡心教習，著有成效，並隨同克復城池，改遵中國服色，實屬真心效力。經前成都將軍臣崇實、四川總督臣吳棠保奏，請給參將銜、花翎，欽奉諭旨，交總理各國事務衙門，援案議准，覆奏。同治八年十二月二十五日，奉旨：依議。欽此。欽遵行知在案。臣達武到黔後，凡需用開花洋礮等件，仍延該英商在營，修制教習，備極殷勤。惟查該英商姓麥士尼，名為能，前崇實等原保內僅列其姓，未書其名。據該英商具稟前來。相應請旨敕下總理各國事務衙門查照，添敘，施行。謹合詞附片陳明。伏乞聖鑒訓示。謹奏。同治十一年三月初一日，軍機大臣奉旨：該衙門知道。欽此。①

二、同年，貴州巡撫曾璧光為英商麥士尼為能克敵制勝、屢收成效，奏請以參將補用，並加副將銜，並於同治十一年七月十三日，奉旨交總理各國事務衙門議奏，片曰：

再，英商麥士尼為能，前已改尊中華服色，由鄂來黔，在軍營出力，保奏請給參將銜、花翎，奉旨允准在案。臣達武到黔後，仍留該英商在營，修制外洋火器，並授軍士以施放步伐，均極精捷適用。每遇堅城險巢，該英商隨隊進剿，無不奮力前驅，礮擊火攻，頗能克敵制勝，屢收成效。計在事一年有餘，勤勞備至。可否仰懇天恩，俯准以參將補用，並加副將銜，以示懷柔，用昭激勸。謹合詞附片具陳。伏乞聖鑒訓示。謹奏。同治十一年七月十三日，軍機大臣奉旨：該衙門議奏。欽此。②

三、同年七月二十九日，總理各國事務衙門王大臣奕訢等，為遵旨核議貴州巡撫曾璧光奏請將英商麥士尼為能補用參將並加副將銜具奏，並獲俞允，曰：

臣奕訢等跪，奏為遵旨事。貴州巡撫曾璧光等奏請，將英商麥士尼為能以參將補用，並加副將銜，附片一件。同治十一年七月十三日奉旨：

---

① 中國第一歷史檔案館藏：《錄副奏摺》，檔號：03-9415-015。
② 中國第一歷史檔案館藏：《錄副奏摺》，檔號：03-9415-023。

該衙門議奏。欽此。欽遵。於七月十四日由軍機處抄交到臣衙門。查原奏內稱英商麥士尼為能前已改遵中國服色，由鄂來黔，在軍營出力，保奏請給參將銜、花翎，奉旨允准在案。臣達武到黔後，仍留該英商在營，修制外洋火器，並授軍士以施放步伐，均極精捷適用。每遇堅城險巢，該英商隨隊進剿，無不奮力前驅，礮擊火攻，頗能克敵制勝，屢收成效。計在事一年有餘，勤勞備至。可否仰懇天恩，俯准以參將補用，並加副將銜，以示懷柔，用昭激勸等因。臣等伏查，同治八年十二月間，成都將軍崇實等奏，派人前往漢口，延請英商麥士尼到營，盡心教習，屢次著績行間，並經隨同克復城池，請將該英商麥士尼賞給參將銜，並賞戴花翎。奉旨，交臣衙門議奏，經臣等議准在案。嗣於同治十一年三月間，貴州撫臣曾璧光等奏，以該英商姓麥士尼、名為能，前次崇實等原保片內僅列其姓，未書其名，聲明請飭臣衙門查照添敘，亦在案。茲據貴州撫臣曾璧光，以該英商麥士尼為能在事一年有餘，勤勞備至，請將該英商以參將補用，並加副將銜等因。查同治二三年間，洋將戈登、德克碑等隨同官軍，攻克江浙等處城池，經李鴻章、左宗棠保奏，准給權授中國總兵，並分別加銜，以示優異。今曾璧光等請將該英商以參將補用，並加副將銜。臣等公同商酌，擬請仿照成案，將該英商麥士尼為能權授中國參將，並加副將銜，以昭激勸。是否有當。伏乞皇太后、皇上聖鑒訓示。遵行。謹奏。同治十一年七月二十九日，軍機大臣奉旨：依議。欽此。①

【案】同治十二年六月間，因克復清平等城出力，清廷下旨權授英商麥士尼副將銜，並賞加巴圖魯勇號，《清實錄》：

以貴州克復清平等城並攻拔賊巢出力，賞總兵官陳玉堃一品封典，總兵官左啟龍、譚金魁、朱達雄、鄧少雲、黃鶴生、譚定光、黎順廉，副將鄧德俊、劉復禮、文益照、顏炳文，參將馬占奎，洋將麥士尼，為能巴圖魯名號；知府許大綸、參將向忠等花翎；知州謝泰階等藍翎。餘加銜

---

① 中國第一歷史檔案館藏：《錄副奏摺》，檔號：03-9415-024。

升敘有差。①

四、光緒六年正月，貴州巡撫岑毓英為副將英商麥士尼為能著有勞績，附片奏請賞給其三代二品封典，奉旨交總理衙門議奏，亦經議覆，允准有案，片曰：

再，據權授副將英商麥士尼為能稟稱：該副將先經前四川督臣奏明，隨同現任四川建昌道唐炯援黔，教習洋礮，辦有成效，蒙保花翎參將。嗣貴州提臣周達武接辦軍務，又蒙奏留在黔，仍教習開花洋礮，約該軍務平定，再送川資歸國。曾隨同官軍克復清黃等城，並連拔堅巢案內出力，由參將保奏，於同治十二年六月二十三日奉上諭：參將麥士尼為能，著權授副將，並賞給穎勇巴圖魯名號。欽此。欽遵在案。嗣因該副將欲歸本國，未給川資，當經北上，稟明總理各國事務衙門，曾蒙賞銀一千兩。該副將以在京具呈辭謝，旋奉函復，飭令回黔請領。甫回貴州後，值下游有匪滋事，又蒙前撫臣黎培敬留辦洋礮局務。今差使完竣，閒居無事，伏求發給咨文，以便北上，稟明總理各國事務衙門，措資回籍，不至流落異鄉，並懇俯念在黔出力多年，奏請天恩，賞給三代二品封典，俾光閭里等情。查該副將麥士尼為能，在黔教習洋礮，應支薪水銀兩，飭據善後局司道查覆，業已隨時發給清楚。現在黔省軍務肅清，該副將既願回籍，未便強留。惟前曾隨同剿賊，著有勞績，現擬飭司局，發給川資銀一千兩。可否仰懇天恩，賞給麥士尼為能三代二品封典，以示優獎，而柔遠人。除咨呈總理各國事務衙門暨兵部查照外，謹會同雲貴督臣劉長佑，附片具陳。伏乞聖鑒訓示。謹奏。光緒六年二月十五日，軍機大臣奉旨：該衙門議奏。欽此。②

【案】另據《清實錄》，光緒十二年，副將麥士尼被賞加總兵銜。"以運濟滇桂餉械出力，賞洋員司徒華等都司銜，權授中國副將麥士尼總兵銜。"③

---

① 《穆宗毅皇帝實錄》卷三百五十三，同治十二年六月下，《清實錄》第51冊，第671頁。
② 中國第一歷史檔案館藏：《錄副奏摺》，檔號：03-9417-002。
③ 《德宗景皇帝實錄》卷二百三十，光緒十二年七月，《清實錄》第55冊，第104頁。

〇〇九　奏請賞給鹽運使銜候補道員蹇閶三品封典片

同治八年十二月初四日（1870年1月5日）

　　再，准吏部咨：鹽運使銜候補道員蹇閶[1]，前經臣等奏請賞給二品封典，核與定章不符，應令按照該員本職本銜，另行奏請，奉旨：依議。欽此。咨會到臣等，當即轉行遵照去後。查道員蹇閶自帶兵援黔以來，戰功迭著，曾蒙天恩賞加鹽運使銜。此次克復清平縣城案內，尤屬異常出力。可否按照升銜賞給三品封典之處，出自逾格鴻慈。除咨吏部外，謹合詞附片陳明。伏乞聖鑒訓示。謹奏。

　　同治八年十二月初四日，附片具奏。於同治九年正月初五日，准兵部火票遞回原片，後開軍機大臣奉旨：著照所請，吏部知道。欽此。（P79-81）

校證

　　【案】此片因缺原件與錄副，僅據前後摺件校勘。

　　[1]蹇閶（1830—1874）：貴州遵義縣人。廩生。由軍功保舉訓導，改捐縣丞，分發四川，歷任知縣、知府、道員，保加布政使銜。後奉命查辦遵義教案、黔江教案，積勞病故。其生平事蹟，參閱吳棠摺片，即可知梗概。一片曰：

　　　　再，布政使銜四川即補道蹇閶，於咸豐年間歷署州縣，卓著循聲。復因帶勇克復堅城，保薦知府。同治四年，報丁母艱。經原任督臣駱秉章奏留在蜀辦理番務，於松潘肅清案內保准俟服闋補知府後，以道員留川補用。嗣川省遣軍援黔，經駱秉章、崇實先後奏派，管帶滇楚黔勇丁，會同道員唐炯等入黔防剿，克復湄潭縣城，暨擒獲逆首朱偽亡，肅清檯木園賊巢出力，歷保免補知府，仍以道員留川即補，並加鹽運使銜。同治八年，請假回遵義縣省親，旋丁。經大學士湖廣督臣李鴻章等委辦遵義教案，隨以剿匪出力，保加布政使銜。本年三月，服闋，例應起復。經臣檄委採辦黔米，運川賑糶。茲以事竣，來川銷差。臣查該員年強才裕，膽識俱優。雖歷年剿匪著績，不自矜伐。詢以吏治民情，所見尤極明澈。現在並無經手未完事件，應即給咨送部引見。除照例分咨外，理合附片陳明。伏乞聖鑒。謹奏。同治十一年十一月初一日，軍機大臣奉旨：知道了。欽此。①

一摺曰：

頭品頂戴四川總督臣吳棠跪奏，為道員試看年滿，循例甄別，恭摺仰祈聖鑒事。竊照候補道府等官，到省一年期滿，例應察看出考，分別堪勝繁簡，專摺奏聞。茲查布政使銜遇缺題奏道塞闓，年四十三歲，貴州遵義縣廩生，於剿辦桐梓縣餘匪案內保舉訓導，改捐縣丞，分發四川。因剿辦遵義匪徒，並在黔剿辦綏匪，收復修文等城出力，歷保知縣，以同知直隸州歸候補班前補用，並戴花翎。復因克復迻溪營城，奏准補缺後，以知府用。旋補忠州直隸州知州。同治四年閏五月，丁嫡母艱，奏留辦理番務。因松潘肅清案內出力保奏，奉上諭：著俟服闋補知府後，以道員仍留四川補用。欽此。是年，接丁生母艱，奏派赴黔防剿，在營起復。因克復湄潭縣城保奏，七年三月初五日，奉上諭：著免補知府，以道員留川即補。欽此。旋以擒獲匪首、肅清橙木園賊巢出力，保加鹽運使銜。八年，由營請假回籍，旋丁父憂。十年十二月，經湖廣督臣李鴻章會同貴州撫臣曾璧光，委辦本籍教案團務，剿平巨匪，保加布政使銜。十一年三月，服闋。因督剿仁桐餘匪，交部從優議敘。八月，由籍到川，請咨赴部。十二年二十日，引見，奉旨：照例用。欽此。是月，領照起程，於四月二十一日到省。查該員保舉道員，按照部章，應以同治七年三月初五日奉旨後第五日行文之日起，扣至十年四月二十作為到

---

① 中國第一歷史檔案館藏：《錄副奏摺》，檔號：03-4661-001。

省日期，試看早經年滿。茲據布政使王德固、按察使英祥詳情甄別。前來。臣察看該員蹇閎，心細才長，諳練吏治，堪膺監司之任。應請留川以繁缺道員補用。倘或始勤終怠，仍當隨時核辦，斷不敢稍事姑容，致滋貽誤。理合循例恭摺具奏。伏乞皇上聖鑒。謹奏。十月初五日。同治十二年十月二十三日，奉硃批：吏部知道。欽此。①

---

① 臺北"故宮博物院"藏：《軍機及宮中檔》，文獻編號：112124。

卷　二
同治九年（1870）

〇一〇　奏請將昭通府知府英文署魯甸通判吳廣通均免其置議片

同治九年四月初四日（1870年5月4日）

　　再，查滇省糜爛之餘，城池汛寨大半為逆回淪陷，豪族霸持，是以地方官吏雖有守土之責，幾無守土之權。李本忠即迤東逆回之豪族也，當竄踞魯甸廳城時，雲南昭通府知府英文[1]、他郎通判署魯甸廳通判吳廣通[2]，或遠在郡垣，會籌剿撫，或前往古寨，勸辦捐輸，未能先事預防，固屬疏忽，而要其勢孤力絀，亦不足以制強寇。迨川軍追賊抵境，紮營環攻，吳廣通等召集鄉團，約難民為內應，隨同克復城池，並經唐友耕商令查辦、安撫漢回難民事宜，擘畫辛勤，俾地方照常安堵。英文復帶練協剿巖洞老巢，搗穴擒渠，戰功迭著，均屬奮勉出力。臣等悉心查核，情節尚有可原，功過亦足相抵。合無仰懇天恩，俯准將昭通府知府英文、署魯甸通判吳廣通免其置議，以資激勵。謹合詞附片陳明。伏乞聖鑒訓示。謹奏。

　　同治九年四月初四日，由驛具奏。於本年五月初四日，准兵部火票遞回原片，後開軍機大臣奉旨：另有旨[3]。欽此。（P83-86）

校證

【案】此片原件與錄副俱缺，茲據前後摺件校補。

[1] 英文（1829—？）：鑲白旂滿洲松凌佐領下人，官學生。咸豐年間，歷任禮部筆帖式、主事、員外郎、雲南昭通府知府。光緒年間，歷任禮部郎中、四川鹽茶道。

[2] 吳廣通：他郎通判，其身世履歷未詳，待考。

[3]【案】同治九年四月二十一日，崇實、吳棠此片且未獲俞允，《清實錄》：

丁巳，（崇實、吳棠）另片奏，請將隨同克復城池之知府英文等失守處分免其置議等語。昭通府知府英文、署魯甸通判吳廣通，帶練隨剿，雖有微勞足錄，惟未能先事豫防，究有應得之咎，未便遽予免議。英文、吳廣通均著革職留任，以觀後效。①

【案】雲貴總督劉嶽昭等於同治九年十月間，附片奏請將英文與吳廣通開復革職留任處分，得邀允准，片曰：

再，革職留任昭通府知府英文、署魯甸通判事他郎通判吳廣通，因魯甸回匪擾城抗拒，未能先事預防，奉旨革職留任，以觀後效，欽遵行知在案。該員等先經調赴軍營差遣，深知愧奮，迭次隨同克復城池，在事尤為出力。臣等查魯甸之案，曾奉諭旨：此處回民聞謠自固，與公然叛逆者不同。仰見聖明，萬里洞矚無遺，而英文等因土著回民由內生變，倉卒不及防範，與他處失守城池有間。前於本案帶勇助剿，業經著有微勞，今又迭次出力，合無仰懇天恩，將昭通府知府英文、前署魯甸通判事他郎通判吳廣通，均開復革職留任處分，並免繳捐復銀兩之處，出自逾格鴻慈。臣等謹附片具奏。伏乞聖鑒訓示。謹奏。同治九年閏十月十三日，軍機大臣奉旨：著照所請，該部知道。欽此。②

〇一一　奏報彙保川軍克復魯甸廳城生擒要逆尤為出力員弁情形摺
同治九年四月初四日（1870年5月4日）

（成都將軍臣崇實、頭品頂戴四川總督臣吳棠跪）[1]奏，為遵旨核實彙保援滇川軍克復魯甸廳城，生擒要逆尤為出力員弁，恭摺仰祈聖鑒事。竊臣等於同治八年十二月十八日，承准軍機大臣字寄：十二月初三日，奉上諭：此次援滇川軍迭克匪巢，生擒要逆，剿辦尚屬奮勉，

---

① 《穆宗毅皇帝實錄》卷二百八十一，同治九年四月下，《清實錄》第55冊，第890頁。
② 臺北"故宮博物院"藏：《軍機及宮中檔》，文獻編號：104006。

著崇（實）等核實奏保，毋許冒濫等因。欽此。查唐友耕一軍，自克復魯甸廳城、攻破巖洞老巢之後，迤東逆回勢同瓦解。迭據咨報，一面飭派署遊擊涂開科率隊援剿黑石圳餘匪，並准昭通鎮總兵全祖凱咨請，撥借鎗礮、帳房等件；一面督率員弁，安撫難民，搜捕零賊。據投誠回目馬占鰲、馬開科等，將逆黨李正奎、虎二、帥主等三十餘名陸續捆獻，繳到偽總統木質關防二顆。訊據供稱：迤西杜逆前派有偽都統木近仁，糾眾來救，迫官軍搗穴擒渠，逃往江底、後山等語。唐友耕即督勇兜拏，幸未竄逸，搜出該逆身上有與西逆偽司馬信稿一件、昭通都統偽印一顆，均分起解交署昭通府知府李應華，訊明正法。正在親統全軍馳赴黑山圳間，接據總兵全祖凱及派往援剿之署遊擊涂開科飛報，連獲勝仗，回目匐匍乞降，已飭呈繳器械，平毀壁壘各等情。所有會剿黑山圳戰狀，業經雲貴督臣劉嶽（昭）等奏明在案。臣等伏查川軍之援剿滇東也，時值省圍未解，賊勢方張，蜀境邊防，囂焉不靖。唐友耕當事會萬難之際，具堅貞不拔之操，剿撫兼施，誓清寇亂。臣等初猶慮動多棘手，非旦夕所可奏功，故雖捷報時聞，如桃源龍洞汛之戰，斃賊以千計，踏破賊營以數十計，總未敢因客兵屢勝，薦牘遽登。乃不數月間，堅城迅拔，要逆就擒，凡茲摧鋒奪壘之能，悉賴戮力同心之用。是以據情入告，渥荷聖明，錄及微勞，凡在戎行，無不同聲感戴。昨准雲貴督臣劉嶽（昭）咨送克復黑山圳賊巢片稿，亦謂此次昭魯回亂，李本忠實係罪魁，幸賴川省派令提督唐友耕援滇，先固藩籬，拔除禍本等語。蓋事每難於謀始，功必責其圖成也。今幸仰仗天威，蕩平巨寇，除十年之積患，慰兩省之輿情。唐友耕驍勇冠軍，戰功累著，曾任雲南實缺提督，蒙賞給額埒莫克依巴圖魯勇號。此次越境援剿，與尋常勞績不同，可否懇恩，賞穿黃馬掛，以示優異，出自逾格鴻慈。其餘尤為出力員弁，臣等核實，繕具清單，恭呈御覽。籲求皇上立沛恩施，以示鼓勵。除擬保千總以下另冊咨部外，所有遵旨核實彙保克復魯甸廳城、生擒要逆尤為出力員弁緣由，謹合詞由驛馳陳。伏乞皇太后、皇上聖鑒訓示。謹奏。（同治九年四月初四日）。[2]

同治九年四月初四日，由驛具奏。於本年五月初四日，准兵部火票遞回原摺，後開軍機大臣奉旨：另有旨[3]。欽此。（P87-96）

校證

【案】此片缺原件與錄副，據《清實錄》可知，為崇實、吳棠會銜具奏無疑。

[1]（成都將軍臣崇實、頭品頂戴四川總督臣吳棠跪）：原稿無此前銜，茲據《清實錄》校補。

[2]（同治九年四月初四日）：原稿未署日期，茲推補之。

[3]同治九年四月二十一日，清廷照准崇實、吳棠所請，予此次克復魯甸廳城尤為出力之員弁唐友耕等從優優獎，《清實錄》云：

丁巳，諭內閣：崇實、吳棠奏援滇川軍克復魯甸廳城，生擒要逆，遵將出力員弁開單請獎一摺。雲南逆匪李本忠竄踞魯甸廳城，提督唐友耕督率官軍分路進攻，迭破賊巢，當將廳城克復，生擒逆首李本忠及賊黨多名正法，昭魯漸次肅清。在事出力各員，洵屬著有微勞，自應量予獎勵。唐友耕越境援剿，屢著戰功，此次迅克堅城，擒斬要逆，實屬異常出力。唐友耕著賞穿黃馬褂，以示優獎。①

〇一二　奏報遵旨續議裁軍勉籌協餉緣由片
同治九年四月十六日（1870年5月16日）

再，臣等前於上年十二月間，將裁勇節餉情形附片奏明在案[1]。茲於二月初四日，承准軍機大臣字寄：同治九年正月二十日，奉上諭：著崇（實）、吳（棠）迅將前項不出剿之軍，並其餘不能得力零星各營，籌款酌補欠餉，逐漸裁汰等因。欽此[2]。查川省征防各軍，自

---

① 《穆宗毅皇帝實錄》卷二百八十一，同治九年四月下，《清實錄》第50冊，第889頁。

客臘昭魯援師凱撤畢節潰勇解散以後，又陸續裁勇五千餘人。惟欠餉甚巨，前任督臣駱（秉章）以楚勇定蜀亂，遇有將士遣歸，從未折減，祇得循照舊章辦理。而每裁一營，總須找發欠餉數萬兩，無非移緩就急，勉強支持。現尚存提督周達武[3]所部八千餘人，內留駐越巂夷地者四營，出紫陝境者十營，派防川北者二營。近因甘回出竄，復飭調總兵李友恒，率所部四營，馳往扼堵。川南與雲貴接壤者千有餘里，筠連、敘永，則以提督唐友耕所部四千七百人；會理、鹽源，則以總兵劉寶國[4]所部二千人分防其地。此外，駐省親兵、楚勇數營及各府廳等團勇練丁而已。至援滇之師，有提督李家福所部兩千五百人。昨准雲貴督臣劉嶽（昭）咨，請籌款裁撤，將來即可以抵協餉，而連年因滇省軍務漸有起色，加意顧持，已陸續解過協餉銀十餘萬兩。初未敢稍分畛域，援滇之師有道員唐炯等所部一萬八千人，每月需餉十萬兩，竭力供支，最形吃重。昨准貴州撫臣曾璧（光）[5]咨送摺稿，據稱川湘均有重兵在境，費用不貲，而又月責以川協五萬、湘協二萬兩，勢既有所不能等語。是川省以全力援黔，勢難兼顧協餉，洵屬實情。協辦大學士湖廣督臣李鴻（章）[6]威望素重，震聾華夷。如果督師入黔，自不得不悉心籌畫，以竟全功。嗣又有先赴陝西督辦軍務之命，即論蜀之邊患，關隴亦切於滇黔。臣等謹當督飭司道等，設法騰挪，隨時接濟，冀可蕩平回亂，綏靖鄰疆。所有遵旨續議裁軍勉籌協餉緣由，謹合詞附片陳明。伏乞聖鑒。謹奏。

（同治九年五月初二日，軍機大臣奉旨：知道了。欽此）。[7]

同治九年四月十六日，由驛附片具奏。於本年五月十五日，准軍機大臣奉旨：知道了。欽此。（P97-103）

校證

【案】此片缺原件，錄副藏於臺北"故宮博物院"①，茲據錄副校勘。

---

① 臺北"故宮博物院"藏：《軍機及宮中檔》，文獻編號：100944。

[1] 參見○○七號摺片。

[2]【案】此"軍機大臣字寄"緣於湖廣總督李鴻章所奏籌辦黔省軍事大略情形，請飭四川裁軍騰餉各摺片，於同治九年正月二十日得清廷允准。《同治朝上諭檔》未載，而《清實錄》述之較詳：

> 諭軍機大臣等：李鴻章奏籌辦黔事大略情形，請飭川省裁軍騰餉，暨酌撥洋稅銀兩各摺片。黔省苗氛肆擾，川楚各軍未能奏績，特命李鴻章前往督辦，底定黔疆。該省軍事棘手，朝廷亦所深悉。此次該督籌陳大略，詳述三難，足見遠慮深謀，老成持重。李鴻章公忠體國，必能力任其難，早靖西南邊患。所有酌調舊部籌運糧餉各事宜，均著該督相度機宜，悉心籌布，朝廷不為遙制也。黔餉勢須藉資於川，而川省營勇過多，積欠又鉅。現在唐友耕所部六千餘名已由滇省撤回，周達武所部八千餘名又經抽調腹地，著崇實、吳棠迅將前項不出剿之軍，並其餘不能得力零星各營，籌款酌補欠餉，逐漸裁汰，騰出餉項，以贍征軍，並將裁騰餉需盡力分濟援黔各軍，及酌撥滇黔協餉，不准稍存膜視，仍隨時知照李鴻章，酌度辦理。至李鴻章督辦黔事，必得大宗的餉，方足以資飽騰。……將此由六百里各令知之。①

【案】同治九年正月十三日，湖廣總督李鴻章"奏請飭催崇實吳棠將川省不力零營迅速籌款酌減補欠裁汰片"，曰：

> 再，臣入蜀半載，查核該省出入款目，每歲約收銀四百四十餘萬，額報解銀至六百餘萬，不敷尚多。是以援黔之唐炯等軍月餉十餘萬，每苦不繼。該軍進紮重安、黃平等處，與賊相持。曾函囑吳棠竭力籌撥。至月餉雲南三萬、貴州五萬，久已不能照解。就大局而論，川境與滇黔脣齒相依。蜀中財賦完善，必須就近兼顧。惟本省各營勇餉歲需三百三十餘萬之多，內惟唐炯等進剿前敵，非同虛糜。其餘如提督唐友耕所部六千餘人，業由滇省撤回。提督周達武所部八千餘人，先剿寧越夷匪，現已抽調腹地。均應及時裁減，騰出餉需，以厚出徵兵勇，兼少

---

① 《穆宗毅皇帝實錄》卷二百七十五，同治九年正月下，《清實錄》第50冊，第813—814頁。

分濟鄰疆。吳棠等亦欲趕緊籌辦，但以周達武積欠三十餘萬、唐友耕積欠十餘萬，難遽籌補，或致因循不決。擬請旨飭催崇實、吳棠，將前項大枝不出剿之軍及該省不得力零營迅速籌款，酌減補欠，逐漸裁汰。仍將裁剩之餉盡力分濟援黔各軍，及酌撥滇黔協款，並隨時知照臣處備查，冀於全局有裨。伏乞聖鑒訓示。謹附片具奏。同治九年正月二十日，軍機大臣奉旨。欽此。①

[3] 周達武（1813—1894）：字夢熊，號渭臣，湖南長沙府寧鄉縣人，武童。咸豐四年（1854），以武童從軍，因功賞六品頂帶。次年，拔補把總。五年（1855），升千總，賞戴藍翎。六年（1856），遷守備。次年，補都司。八年（1858），升授游擊，換花翎。九年（1859），擢參將。次年，充營官，加總兵銜，旋實授總兵。同治元年（1862），晉提督銜，賞質勇巴圖魯名號，調四川建昌鎮總兵，署四川提督。次年，護理四川提督。四年（1865），調補貴州提督。七年（1868），加博奇巴圖魯勇號，賞穿黃馬褂。十二年（1873），封騎都尉。光緒元年（1875），因病回籍調理。三年（1877），補授甘肅提督。二十年（1894），卒。贈尚書銜，卹如例。

[4] 劉寶國：湖北人，同治四年（1865），任四川建昌鎮總兵。次年（1866），任四川記名提督。同治十年（1871），加法克精阿巴圖魯勇號。其他不詳，待考。

[5] 曾璧（光）：空名諱"光"，即曾璧光，茲補足，以下同。

【案】曾璧光（1795—1875），字樞桓，四川嘉定府洪雅柳江人。道光三十年（1850），中式進士，選庶吉士。咸豐二年（1852），授翰林院編修。六年（1856），任教習庶吉士。次年，任上書房行走。九年（1859），補貴州鎮遠府知府。同治元年（1862），署貴東道。次年，賞戴花翎。三年（1864），署貴州糧儲道。四年（1865），擢貴州按察使。六年（1867），署貴州布政使、貴州巡撫，加二品頂戴。七年（1868），升授貴州巡撫。十二年（1873），加太子少保，晉頭品頂戴，封雲騎尉世職。光緒元年（1874），卒於

---

① 中國第一歷史檔案館藏：《錄副奏摺》，檔號：03-4776-009。又見顧廷龍、戴逸主編：《李鴻章全集·奏議四》，安徽教育出版社2008年版，第8頁。

任，追贈太子太保，諡文誠。詳見《清史稿·曾璧光傳》[①]。

[6] 李鴻（章）：空名諱"章"，即李鴻章，茲補足，以下同。

【案】李鴻章（1823—1901），字少荃，安徽合肥人。優貢生。道光二十四年（1844），中舉人。二十七年（1847），中二甲三十六名進士，改庶吉士。三十年（1850），授武英殿編修、國史館協修。從曾國藩游，講求經世之學。咸豐三年（1853），辦理團練。五年（1855），以軍功賞知府銜，並戴花翎。六年（1856），以功保道員，請旨簡放，並加按察使銜。九年（1859），授福建延建邵道，未赴任。同治元年（1862），署江蘇巡撫，旋實授，署辦理通商事務欽差大臣，兼南洋通商大臣。二年（1863），署五口通商大臣，晉太子少保銜。三年（1864），賞騎都尉，戴雙眼花翎，封一等肅毅伯，任江南鄉試監臨官。四年（1865），署兩江總督。五年（1866），授欽差大臣。六年（1867），調補湖廣總督，賞騎都尉。七年（1868），總統北路軍務，晉太子太保銜，擢協辦大學士。八年（1869），兼署湖北巡撫，督辦剿苗軍務。九年（1870），督辦陝西軍務，調直隸總督，攝長蘆鹽政，兼北洋通商事務大臣。十二年（1873），授武英殿大學士。十三年（1874），改文華殿大學士。光緒五年（1879），加太子太傅銜。六年（1880），以全權大臣與巴西訂立通商條約。八年（1882），丁母憂，服滿，駐天津督練各軍，並署通商大臣。九年（1883），署直隸總督，兼通商大臣。十年（1884），補直隸總督，兼北洋通商事務大臣、文華殿大學士。十一年（1885），授全權大臣，與法增減前約。十二年（1886），以全權大臣定《法國通商滇粵邊界章程》。二十年（1894），賞三眼花翎。二十一年（1895），抵馬關，與日訂約。旋任致賀俄國加冕頭等專使大臣。二十二年（1896），命直總理各國事務衙門，兼經筵講官。二十三年（1897），授武英殿總裁。二十五年（1899），調商務大臣，署兩廣總督。二十六年（1900），充議和全權大臣，總督直隸，兼北洋通商大臣、權長蘆鹽。二十七年（1901），充政務處督辦大臣，旋署總理外務部事。是年，卒於任，年七十有九。贈太傅，晉封一等侯，諡文忠。著述有

[①] 趙爾巽等：《清史稿》卷四百二十，列傳二百七。

《十八家詩鈔》二十八卷,《李文忠公遷移鹽池口教堂函稿》一卷,《海防要覽》二卷,《李文忠公全集》六種,《李文忠公全集》一百六十六卷,《李文忠公朋僚函稿》二十卷,《李文忠公電稿》四十卷,《經史百家雜鈔》二十六卷,《曾文正公大事記》四卷,《李文忠公海軍函稿》四卷,《李文忠公外部函稿》二十八卷,《通商約章類纂》三十五卷,《李肅毅伯奏議》十三卷,《李文忠公譯署函稿》二十卷,《李文忠公奏稿》八十卷,《三省黃河全圖》,《日清講和談判秘話》;修《欽定大清會典事例》一二二〇卷,重修《畿輔通志》三百卷,監修《保定府志》七十九卷、《畿輔通志》三百卷等。參見《清史稿·李鴻章傳》[①]。

[7]（同治九年五月初二日,軍機大臣奉旨:知道了。欽此）:此奉旨日期與內容,據錄副補。

〇一三　奏報川軍剿回力保漢南會合陝軍援剿兼顧省垣情形摺

同治九年四月十六日（1870年5月16日）

（成都將軍臣崇實、頭品頂戴四川總督臣吳棠跪）[1]奏,為川軍越境,雕剿竄回,（屢戰）[2]屢捷,力保漢南門戶,現復抽調勁旅,會合陝軍,馳赴武功、醴泉,相機援剿,兼顧省垣,恭摺仰祈聖鑒事。

竊查本年正月間,甘肅金積堡逆回竄出數千人。川軍駐防陝境者,即經陝甘督臣、陝西撫臣檄飭分統武字營漢中鎮總兵李輝武[3],酌撥隊伍,帶赴乾州。嗣又調赴三原、富平,嚴防關中根本之地。其時,該逆狼奔豕突,逼近涇州,因恐官軍有備,直走三水、臨潼一帶。我軍縱橫馳驟,一遇賊於高陵,一擊賊於扶風,頗有斬獲。副將顏佑勝礮子中肩,弁勇亦傷亡數十名。所有該處軍情應由陝省疆臣隨時奏

---

① 趙爾巽等:《清史稿》卷四百十一,列傳一百九十八。

報。臣等未敢以偏師偶勝，上瀆宸聰。茲迭據李輝武稟報：三月初四日，回逆馬步千餘人在隴州之大栗村肆行焚掠。川軍武字副右營提督王照南、新副營總兵蕭德林，由八渡鎮列隊並進，鎗轟矛刺，陣斃悍賊甚多，生擒七名，奪獲騾馬、器械無算。我軍陣亡二名，受傷九名。訊據生擒賊酋供稱，該逆大股共有五千餘人，由河州竄出。逆首崔三現駐清水縣地方，先派匪黨王占葵帶領千餘人，由大栗村、八渡鎮一帶圖擾寶隴等語。初八日，逆回大股悉竄清水南岸邊馬，擾及香泉。李輝武恐其闌入寶雞，遂調副右、新副兩營，仍回防所。一面飭駐汧陽之律後營、隴州之律前營陝軍，武字副前、經武兩營川軍，確覘賊向，相機堵剿。初九日，賊竄八渡鎮，經駐隴三營截剿，大敗之，向縣頭鎮遁去。是日亥刻，探知賊從隴州南鄉分三股竄來，一股由八渡新街趨縣頭鎮，一股分擾賈村原，一股由大關山香泉徑趨馬原。均距寶雞二三十里不等，勢甚剽疾。初十日卯刻，李輝武督率川軍親兵及律勇右營陝軍，武字副右營、新副營川軍前進，將抵縣頭鎮，見賊眾蟻聚，後隊且蜂擁而來，約計馬步賊六七千人。當飭六營，亦分三路應之。步賊紛紛格鬥，騎賊四面包抄。正鏖戰間，適駐汧陽之律勇後營副將邵永朝轉戰而來，合力夾攻。移時，賊始不支。我軍奮勇廝殺，陣斬悍賊四五百人，鎗斃者不計其數，生擒二十餘名，內有賊目張大魁一名，奪獲騾馬三百餘匹。各營乘勝追殺四十餘里，至牛頭山地方，時天色已晚，始行收隊。是役苦戰竟日，弁勇陣亡二十七名，受傷三十八名。十一日戌刻，又探得逆回分道奔竄汧陽、鳳翔境內，其後隊尚在寶雞縣之賈村原一帶肆擾。李輝武於十二日寅刻，率副右、新副、律右三營，前往追剿。該逆於原上豎立望旂，瞥見我軍隊伍，即繞旂遁走。各營勇丁迅疾上原，梭趕二十餘里。我步彼騎，轉眴間，賊渡汧河，竄入鳳翔府之陳村地方，暫行撤隊回防。十三日卯刻，李耀（輝）[4]武復親率武字副右、新副兩營，律勇右營，由寶雞馳進，與駐隴之武字副前營、經武營、律勇前營同日拔至，距陳村三十里之黃家巖，諭令傳餐休息。十四日丑刻，嚴整隊伍，馳抵陳村，饬川军右副营提督王照南、新副营总兵萧德林、陕军律勇前营参将王光发，从右路原上抄入。川军武字副前营总兵胡国珍、经武营总兵杨恩泽从左路河坝截击，而自率亲兵及总兵胡义和之陕军律勇右营，直捣中坚。该逆马步分股来扑，势甚凶悍，枪碌子落如雨。各勇陷阵冲锋，前者受伤，后者继进，相持三时之久。该逆且前且却，我军再接再厉，阵毙悍贼以数百计。将至未刻，值统领宗岳陕军，率步队六营、马队一旗亦由汧阳拔到。两军会合，并力夹击，枪碌齐施，刀矛并举，毙贼不计其数。贼大败，悉由原上纷窜，若鸟兽散。追至距凤翔十五里之屈家山，拼命向柳林铺一路遁去。沿途掩杀不少，生擒陈寿洪等十七名，均系悍贼，立即讯明正法。我军阵亡弁勇二十三名，带伤多名。十六七等日，复率武字、律勇等营，会合西征马队，追剿至岐山县属之蔡家坡。贼骑尾队见我军紧蹑其后，策马奔入罗局镇，会合大股。李辉武遂麾军急趋而进，贼之步队列阵原上，其马队分数路抄来，异常凶猛。我军仍分中、左、右三路迎敌，并令西征马队从左右拦击。贼冒死冲突十余次，我军屹立不动。各营将领奋臂一呼，身先士卒，手刃数贼落马。各勇乘势压下，冲入贼中。贼队截而为二，其一股数百骑从东南窜逸，时陕军宗岳各营由岐山赶到，即商令跟踪掩捕。其大股向西北狂窜。李辉武与殷华廷督率马步，追奔逐北，直至麦禾营地方。该逆粮食、器械抛弃殆尽，夺路而逃。共计阵斩骑贼二百余名、步贼三百余名，夺获红旗二面、劈山碌二座、骡马五百余匹，救出难民七八百人，生擒贼目刘得荣、马喜顺等二十一名。据供逆首崔三面带子伤，军火粮食俱缺，势甚穷蹙等语。讯明后悉行正法。我军弁勇阵亡七名，受伤十八名。二十一日，准陕西抚臣蒋志（章）[5]、前署陕西抚臣刘（典）[6]咨函：以败贼分股沿泾河北岸向东而走，径趋高陵，别又无兵可调，催令迅派数营，会合陕军，并力剿办等因。李辉武将宝鸡、凤翔县防务布置周妥，留营扼紥，随于二十四日，亲率武字右营、新副营川军及律勇左右两营陕军，开拔前赴武功、醴泉，相机援剿各等情。臣等伏查金积堡窜出逆回，纷扰陕境，尚未阑入漢南。駐防寶、鳳川軍四處救援，原不敢稍分畛域，惟深慮狄河股匪伺隙乘虛，則徽成之間在在與蜀疆接壤，勢將防不勝防。李輝武本係統領武字營貴州提督周達武部將，樸誠勇敢，膽略過人。自分統川軍出防，已將三載，所向有功。陝省疆臣又益以律勇等營兵力較厚，委任亦專。今幸仰賴天威，累戰皆捷，足以挫遏凶鋒。而敗賊復徑趨高陵，自應撥隊援剿，急清腹地，兼顧省垣。除將傷亡弁勇查明請恤、出力人員存記彙獎外，臣等惟有督飭李輝武，統籌大局，勉策全功，並咨會周達武，將漢南、川北駐防各軍居中調度，務使聯絡堵禦，克靖邊隅，以仰副聖主厪念西陲之至意。所有川軍越境，雕剿竄回，力保漢南門戶，現復會合陝軍，相機援剿，兼顧省垣緣由，謹合詞恭摺，由驛馳奏。伏乞皇太后、皇上聖鑒訓示。謹奏。（同治九年四月十六日）。[7]

（同治九年五月初二日，軍機大臣奉旨：覽奏，已悉，與左宗棠[8]、蔣志章前奏情形大略相同。著仍檄飭李輝武督率各隊，聯絡陝軍，相機援剿，毋稍鬆勁。欽此）。[9]

同治九年四月十六日，由驛具奏。於本年五月十五日，准兵部火票遞回原摺，後開軍機大臣奉旨：覽奏，已悉。與左宗棠、蔣志章前奏情形大略相同。著仍檄飭李輝武督率各隊，聯絡陝軍，相機援剿，毋稍鬆勁。欽此。（P105–125）

校證

【案】此摺原件兩岸無存，錄副現藏臺北"故宮博物院"[①]。茲據錄副校補。

[1]（成都將軍臣崇實、頭品頂戴四川總督臣吳棠跪）：此摺原稿無此前銜，據錄副校補。

[2]（屢戰）：原稿無此二字，茲據錄副校補。

---

① 臺北"故宮博物院"藏：《軍機及宮中檔》，文獻編號：100943。

[3] 李輝武(？—1878)：湖南衡山人。周達武部將。咸豐中，從周達武鎮壓太平天國，洊擢遊擊。咸豐十一年（1861），升副將，賜號武勇巴圖魯。同治四年（1865），以總兵記名。尋攻黑河番，焚芝麻第五寨，餘寨皆降，以提督記名。八年（1869），授漢中鎮總兵。十一年（1872），擢甘肅提督，仍留防漢中。光緒四年（1878），病卒。其事蹟參見《史稿·李輝武傳》[①]。

[4] 李耀武：即李輝武，疑為手民之誤。茲據錄副校正。

[5] 蔣志（章）："空名諱"章"，即時任陝西巡撫蔣志章，茲補足，以下同。

【案】蔣志章（1813—1871），字璞山，號恪卿，江西廣信府鉛山人。道光二十五年（1845），中式進士，改庶吉士。二十七年（1847），授翰林院編修。二十九年（1849），任順天鄉試同考官，後任國史館協修、文淵閣校理。咸豐六年（1856），補江南道監察御史、巡城御史。十一年（1861），調補廣東督糧道，署廣東布政使。同治元年（1862），遷廣東鹽運使。次年，署廣東布政使。三年（1864），升補四川按察使。六年（1867），調浙江按察使，旋補四川布政使。八年（1869），擢陝西巡撫。十年（1871），卒於任。

[6] 劉（典）：空名諱"典"，即前任陝西巡撫劉典，茲據錄副校補，以下同。

【案】劉典（1820—1878），字伯敬，一字克庵，湖南寧鄉人。縣學附生。咸豐十年（1860），以四品京堂候補，擢知縣，加同知銜。次年，升直隸州知州，賞帶花翎。同治元年（1862），遷知府，加道銜。旋擢浙江按察使。二年（1863），加布政使銜，賞阿爾剛阿巴圖魯勇號。次年，幫辦江皖軍務，晉二品頂戴，旋丁憂回籍，後幫辦福建軍務。四年（1865），封雲騎尉世職。次年，補授甘肅按察使，幫辦陝甘軍務，加三品卿銜。七年（1868），督辦陝西軍務，署陝西巡撫。光緒元年（1875），幫辦陝甘軍務。次年，補太僕寺卿。三年（1877），晉頭品頂戴。四年（1878），授通政使司通政使。同年，卒於軍次，諡果敏。有《劉果敏公遺書》十七卷存世。其事蹟詳見《史

---

① 趙爾巽等：《清史稿》卷四百三十，列傳二百十七。

稿・劉典傳》。①

[7]（同治九年四月十六日）：原稿未署日期，茲據錄副校補。

[8]左宗棠（1812—1885），字季高，一字樸存，號湘上農人。道光十二年（1832），中式舉人。十七年（1837），任教湖南醴陵淥江書院。咸豐元年（1851），入湘撫張亮基、駱秉章幕。咸豐六年（1856），升兵部郎中。十一年（1861），補太常寺卿。同治元年（1862），擢浙江巡撫。次年，升閩浙總督。三年（1864），加太子少保，封一等恪靖伯。五年（1866），創辦福州馬尾船廠、求是堂藝局。同年，創蘭州製造局。六年（1867），補授陝甘總督、欽差大臣督辦新疆軍務。次年，晉太子太保。九年（1870），賞騎都尉。十二年（1873），授協辦大學士，加一等輕車都尉。次年，授東閣大學士。光緒元年（1875），授欽差大臣、陝甘總督督辦新疆軍務。四年（1878），晉二等恪靖侯。七年（1881），入職軍機大臣，管理兵部事務，旋改授兩江總督。十年（1884），任軍機大臣，管理神機營事務。是年，改任欽差大臣，督辦閩海軍務。十一年（1885），卒于福州，追贈太傅。諡文襄。著述有：《奏疏》六十六卷，《左文襄公文集》五卷，《聯語》一卷，《藝學說帖》一卷，《詩集》一卷，《兵法入門》一卷，《盾鼻餘瀋》一卷，《左文襄公謝摺》二卷，《左文襄公家書》，《朴存閣農書》，《慈雲閣詩鈔》，《浙江忠義錄》十卷，《續編》二卷，《左文襄公書牘》二十六卷，《湘陰相國文鈔》一卷，《左文襄公咨札》一卷，《告示》一卷，《左文襄公批札》七卷等。

[9]（同治九年五月初二日，軍機大臣奉旨：覽奏，已悉，與左宗棠、蔣志章前奏情形大略相同。著仍檄飭李輝武督率各隊，聯絡陝軍，相機援剿，毋稍鬆勁。欽此）：此據錄副補，內容同摺後記述，可資參考。

【案】同治九年五月初二日，此摺獲清廷批復，並令崇實、吳棠飭李輝武率隊進剿。《清實錄》："成都將軍崇實等奏，抽調勁旅，會合陝軍，馳赴武功、醴泉，相機援剿，兼顧西安省城。得旨。著仍檄飭李輝武督率各隊，聯絡陝軍，相機援剿，毋稍鬆勁。"②

---

① 趙爾巽等：《清史稿》卷四百五十四，列傳二百四十一。
② 《穆宗毅皇帝實錄》卷二百八十二，同治九年五月上，《清實錄》第50冊，第899頁。

〇一四　奏報將已革候選道員章源等開復原案片
同治九年四月二十二日（1870 年 5 月 22 日）

再，臣等於本年四月初四日，由驛具奏，彙保援滇川軍尤為出力員弁清單，內開降調候選道員章源[1]開復原銜。前四川試用知縣劉運開[2]、已革四川試用知縣茅樾[3]，擬請分別開復在案。查上年五月間，准吏部咨：嗣後保舉開復人員，務須專摺、專片保奏，詳細聲敘降革原案等因。奏奉諭旨：依議。欽此。通行知照。除將章源等降革原案詳細聲敘咨明吏部外，謹合詞附片陳明。伏乞聖鑒。謹奏。

（同治九年五月初九日，軍機大臣奉旨：知道了。欽此）。[4]

同治九年四月二十二日，由驛附片具奏。於本年五月二十三日，准兵部火票遞回原片，後開軍機大臣奉旨：知道了。欽此。（P127–129）

校證

【案】此片缺原件，錄副現藏於臺北"故宮博物院"①，茲據錄副校補。

[1] 章源：咸豐年間，授布政司經歷、雲南知府，以雲南省城剿辦回民暴動出力，賞花翎。其籍貫、履歷不詳。同治元年正月二十七日，四川總督駱秉章附片"奏請候選道章源暫留四川差遣事"，曰：

再，候選章源自雲南領咨，赴部候選，道出川省。臣察看該員年力正強，勇於任事。前在滇省帶練，於軍務亦甚熟悉。現值石逆蓄意窺川，邊防吃緊，臣當即札飭該員馳赴川東，就近選募勁勇一千名，帶往酉陽一帶，督同地方官調集團練，查勘隘口，妥為布置，以固邊圉。仰懇天恩，俯允將候選道章源暫留四川，交臣差遣，藉收指臂之效。除將該員繳到文批咨送吏部查核，並咨明雲南撫臣外，俟酉、秀防務稍松，再由

---

① 臺北"故宮博物院"藏：《軍機及宮中檔》，文獻編號：101069。

臣給咨赴部候選。理合附片具奏。伏乞聖鑒。謹奏。同治元年二月初八日，議政王軍機大臣奉旨。欽此。

【案】駱秉章此片先為清廷允准，後經徐之銘奏阻，清廷飭令駱秉章酌量辦理，《清實錄》：

> 徐之銘奏留川差委之候選道章源仍歸部選各等語。覽其所奏，無非意存營私。道員章源前經駱秉章奏請，留川差委，降旨允准。茲據徐之銘稱，該員在滇官聲太覺平常，以營謀為事，請飭赴部候選，不准留川。是否徐之銘所奏別懷私見，抑實係章源不能得力，即著駱秉章據實奏聞，毋稍徇隱。林自清已否赴省謁見，其練眾能否遣散，徐之銘所奏札調回滇，諒亦徒托空言，以為搪塞地步，並著駱秉章酌量辦理。將此由六百里諭令知之。①

[2] 劉運開：履歷不詳。

[3] 茅樾：四川試用知縣，因輿情不洽革職。《清實錄》："崇實奏隨時甄別各員，請分別降革等語。……候補知縣茅樾，不洽輿情，均著即行革職。"② 其履歷不詳。

[4]（同治九年五月初九日，軍機大臣奉旨：知道了。欽此）：此據錄副補。

〇一五　奏報川軍克苗寨取螃蟹會楚師擊甕谷等處苗疆摺

同治九年四月二十二日（1870年5月22日）

（成都將軍臣崇實、頭品頂戴四川總督臣吳棠跪）[1]奏，為援滇川軍攻克黃飄、白保等數十寨，事機漸臻順利，現在進取螃蟹，並約會楚師，合擊甕谷、籠巖、門司等處苗疆，恭摺仰祈聖鑒事。查本年

---

① 《穆宗毅皇帝實錄》卷三十四，同治元年七月中，《清實錄》第45冊，第910—911頁。
② 《穆宗毅皇帝實錄》卷一百九十五，同治六年正月下，《清實錄》第49冊，第502頁。

二月間，統領援黔川軍道員唐炯馳抵重安營次。其時，統領楚軍臬司席寶田[2]先已赴黔。惟所募新軍須三月初旬方能取齊。貴州提督劉士奇督兵出紫龍貴，以顧春耕，尚無來會確期。我軍亦乘時採辦軍糧，節節攻打，運赴前敵。迭經臣等批飭唐炯等，迅即會合楚黔兩軍，克期進剿，不得互相觀望，坐失事機。茲據道員唐炯稟報：自三月初旬，來都勻之賊時出平越、貴定，擾我糧道，截奪馱馬。經副將鄘有倫、參將劉舜祥、遊擊林德全擊敗，乘勝進拔麻挪等四寨，斬獲甚多。劉舜祥手帶矛傷。黃飄等處之賊繞由余慶攻撲甕安縣城，經參將楊正洪、都司楊通祥擊敗，奪獲雲梯、器械甚多。是時探聞楚軍已拔施洞，唐炯商同提督劉鶴齡、道員鄧錡[3]，於二十二夜潛襲東坡，斬獲首級二百餘顆，牛馬百餘隻，焚燒賊屋二千餘間，餘賊竄向黃飄。二十六日丑刻，鄧錡督提督謝鴻章、總兵周萬順等五營，自新州趨黃飄。劉鶴齡督總兵向長曙，提督李啟貴，參將潘金安、楊繼春，副將朱本忠，都司向秉忠，守備李孝德等，自濫蕩田進。同知于德楷督參將劉德順、副將張友林、都司王開祥、總兵何行保等，自炭坑坳進，合剿黃飄。黎明，三路齊到。該逆猝不及防，望塵驚潰。我軍斬關奪隘，立將黃飄大寨攻克，乘勝進拔白保大寨。二十七日，復乘勝連下埡壟、蒙枷、岩寨、擺地、松樹坳、蘆笙坪、高坡、大坳、濫淡、新莊、團倉、石老鴉、河莽洞黃飄小寨、老馬地苗寨、沙子坳、茅坡坳、板磴、長溝、青坳大寨、李三洞等寨，共計斬獲首級六百餘顆，其投巖自縊者，不計其數。奪牛數百隻、鎗礮、旂幟一千餘件。焚燒賊屋五千餘間，收撫犵狫四百七十戶。我軍弁勇僅傷亡數十名。提督劉鶴齡、道員鄧錡等仍回重安、新州，留提督謝鴻章、總兵周萬順等三營駐守黃飄。現擬進取螃蟹，並函約臬司席寶田，自新城會擊甕谷、籠巖、門司等處。又據提督陳希祥稟報：逆酋江老亮偽元帥糾黨千餘人，時出恣擾清平糧道。三月初九日，獲糧哨弁張萬鍾等遇賊於窄洞，鏖戰多時。總兵陳周翰聞警策應，陣斬悍賊多名，賊始卻退。張萬鍾身受鎗傷數處，勇夫傷亡十數名。十一日，復於長塘、高坎子遇賊數百人，路徑崎嶇，急圖救護軍糧。把總蕭榮耀殺賊多名，中鎗陣亡。勇夫亦傷亡數人。副將石紹全派隊援剿，賊遂遠揚。二十六日，陳希祥飭總兵鄒紹南、守備張士成、知縣徐良貢等，各率隊伍，進攻筆架山、六角基等處。該逆分守隘口，瞥見官軍旗幟，漫山越澗而來，憑險抗拒，兇悍異常。我軍四面包抄，陣斬偽麻將軍潘當乜，賊遂奔潰。乘勝連奪其隘，當將筆架山、六角基、陡坡、甘旨等寨一律踏平，焚毀賊屋數百間，斃賊數十名，奪獲鎗矛多件。查點弁勇，傷亡數人。現已函商黔省，派軍來會，俟道員唐炯分隊清平，即當拔進夾江，先取麻哈、下司，縱橫掃蕩，直趨都勻各等情。臣等伏查黃飄、白保等寨，自去春楚軍失利，賊焰復張。茲幸一日之間，掃除淨盡。川軍之聲威既振，楚師之氣脈亦通，自不難鼓行而前，分途並進，以收夾擊之功。即筆架山係進下司要道，乃逆苗之所必爭，同時踏破。如果黔師來會，亦足為規取凱里、都勻先路之導。惟就苗疆情形而論，不難於爭城奪地，而難於善後之經營；不難於涉險縋幽，而難於軍糧之轉運。如修治城池，招集流散，聯保甲，給籽種，善後數大端，早荷聖謨廣運，欽佩難名。

　　貴州撫臣曾璧（光）自必妥為經理，責無旁貸，非臣等所敢代謀。而甕安、平越、清平已定之區，先仍以川軍扼守，即為糧道起見。如黔省撥兵分駐，辦理善後事宜，兼護糧道，俾得抽後防為前敵，運掉自如，不至時剿時停，於軍事大有裨益。抑或以主兵重在自強，似應派軍來會，由貴定之羅平谷洞進紮灰坡，牽制都麻之賊勢，次第蕩平，獨樹一幟，則我軍深入，亦可無虞。臣等謹當一面咨商貴州撫臣曾璧（光），一面督飭道員唐炯，和衷共濟，並力夾攻，迅圖勘定苗疆，以期上慰慈廑於萬一。所有援滇川軍攻克黃飄、白保等數十寨，現在進取螃蟹，並約會楚師合擊甕谷、籠巖、門司等處苗疆緣由，謹合詞恭摺，由驛馳奏。伏乞皇太后、皇上聖鑒訓示。謹奏。（同治九年四月二十二日）。[4]

　　（同治九年五月初九日，軍機大臣奉旨。欽此）。[5]

同治九年四月二十二日，由驛具奏。於本年五月二十三日，准兵部火票遞回原摺，後開軍機大臣奉旨：另有旨[6]。欽此。（P131-145）

校證

【案】此件缺原件，錄副藏於臺北"故宮博物院"[1]，茲據錄副校補。

[1]（成都將軍臣崇實、頭品頂戴四川總督臣吳棠跪）：原稿無前銜，茲據補。

[2] 席寶田（1829—1889）：清末湘軍將領，字研薌，湖南東安人。廩貢生。歷任知府、記名布政使、按察使等職，賞戴花翎，賞穿黃馬褂，世襲騎都尉兼一雲騎尉。後因患疾，回湘。建孔廟，修縣志，置學田，辦書院。光緒十五年（1889），病卒。詳見《清史稿·席寶田傳》[2]。

[3] 鄧錡（？—1870），字伯平，原名立政，漵浦人。咸豐十一年（1861），同兄鄧立心隨果毅軍入川，兄戰死，代辦軍務。時果毅軍圍攻綿州，年餘不下，獻攻城方策，遂下綿城，由是知名。後隨劉鶴齡赴陝甘鎮壓回民暴動，攻陷階州等地，晉知縣。同治七年（1868），從劉鶴齡赴貴州，鎮壓苗民暴動，攻佔正安、婺川、玉華山、甕安、黃平等城鎮，前後數十戰，選雲南遺缺知府，加道銜。次年，以母喪歸。旋奉檄至營，督兵圍攻甕安叫鳥營壘，歿於軍次。贈布政使銜[3]。

[4]（同治九年四月二十二日）：原稿無此日期，據錄副補。

[5]（同治九年五月初九日，軍機大臣奉旨。欽此）：此奉旨日期據錄副補。

[6]【案】同治九年五月初九日，此摺得清廷批復，《宮中檔》：

軍機大臣字寄：成都將軍崇、四川總督吳、湖南巡撫劉、貴州巡撫曾：同治九年五月初九日，奉上諭：崇實、吳棠奏援黔官軍攻克苗寨，現籌會擊一摺。貴州黃飄、白保等處苗寨，經道員唐炯等督隊攻克，軍

---

① 臺北"故宮博物院"藏：《軍機及宮中檔》，文獻編號：101068。
② 趙爾巽等：《清史稿》卷四百二十，列傳二百七。
③ 楊慎之主編：《湖南歷代人名詞典》，湖南出版社1993年版。

聲大振。提督陳希祥等復將筆架山、六角基等寨踏平，現擬進取螃蟹，並約會楚軍合擊，商同黔軍助剿。即著崇實、吳棠飭令唐炯等，督率兵勇，乘勝進攻，毋稍鬆勁。並著劉崐飭令席寶田，由新城會剿甕谷、籠巖、門司等處，以收夾擊之效。曾璧光亦當嚴檄本省官軍，由貴定之羅坪谷洞進紮灰坡，牽制都勻、麻哈賊勢，使川楚各軍得以深入，迅殲醜類，不可專恃援軍，致失機宜。將此由五百里各諭令知之。欽此。遵旨寄信前來。①

【案】《清實錄》記載與《上諭檔》同："諭軍機大臣等：崇實、吳棠奏援黔官軍攻克苗寨，現籌會擊一摺。貴州黃飄、白保等處苗寨，經道員唐炯等督隊攻克，軍聲大振。……"②

○一六　奏報彙保川軍赴援徽縣剿滅回匪出力員弁情形摺
同治九年五月十九日（1870 年 6 月 17 日）

（成都將軍臣崇實、頭品頂戴四川總督臣吳棠跪）[1]奏，為遵旨彙保川軍赴援徽縣，力保危城，兼通糧道，並迎剿陝甘邊境回匪，陣斬首逆，撲滅全股兩案出力弁員，恭摺仰祈聖鑒事。竊臣等於同治八年二月十九日，承准軍機大臣字寄：二月初五日，奉上諭：所有尤為出力之補用同知直隸州知州周振瓊，著俟補缺後，以知府用，先換頂戴。副將宇文秀、周蓮生，均著俟補缺後，以總兵用。其餘出力員弁及傷亡勇丁，准其查明，分別獎恤等因。欽此。又於是年三月二十九日，准兵部火票遞回原摺，內開軍機大臣奉旨：前據左宗棠等奏，已有旨將王名滔等獎勵矣。其餘出力員弁及傷亡勇丁，著崇（實）等查明，分別彙請獎恤[2]（等因）。[3]欽此。伏查甘回股數實多，時復狡焉

---

① 臺北"故宮博物院"藏：《軍機及宮中檔》，文獻編號：408018100。
② 《穆宗毅皇帝實錄》卷二百八十二，同治九年五月上，《清實錄》第 50 冊，第 903 頁。

思逞,搖盪邊陲。或由徽縣直偪略陽,以窺川北;或由唐藏圖竄鳳縣,以犯漢南。苟防範稍有未周,斯蔓延殊為可慮。武字營營務處周振瓊分統武字營川軍,李輝武等於連營扼守之餘,為並力剿除之計。其赴援徽縣也,裹糧疾走,知其無備而掩襲之。群寇驚潰,一撲滅於永寧河。其擊賊唐藏也,越境猛攻,乘其將敗而窮追之。兩軍會合,再聚殲於梅見溝,故能力保危城,疏通糧道,陣斬首逆,綏靖鄰封。渥荷聖明,洞鑒無遺,微勞必錄。該將士等無不同聲感戴,爭效馳驅。本年甘回紛竄陝疆,累戰皆捷。若非眾心鼓舞,敵愾同仇,安能如是之迅厲乎!現當逆氛未靖之時,亟應綜其事功,平情論定。據統領提督周達武彙咨,請獎前來。臣等詳加酌核,另繕清單[4],恭呈御覽。籲求皇上恩施立沛,以勵戎行。除擬保千總以下循照成案另冊咨部外,所有遵旨彙保川軍赴援徽縣,力保危城,並迎剿陝甘邊境回匪,陣斬首逆兩案出力員弁緣由,謹合詞恭摺具奏。伏乞皇太后、皇上聖鑒訓示。謹奏。(五月十九日)。[5]

(同治九年六月初八日,軍機大臣奉旨。欽此)。[6]

同治九年五月十九日,由驛具奏。於本年六月二十八日,准兵部火票遞回原摺,後開軍機大臣奉旨:另有旨[7]。欽此。(P147-154)

校證

【案】此摺缺原件查無著落,錄副現藏臺北"故宮博物院"①,首有"隨旨交,單一同抄繳,六月初八日"等字樣。

[1](成都將軍臣崇實、頭品頂戴四川總督臣吳棠跪):原稿無此前銜,茲據錄副補。

[2]其餘出力員弁及傷亡勇丁,著崇(實)等查明,分別彙請獎恤:此句原稿有,而錄副缺,疑為抄錄者節略所致。

【案】此節所述"軍機大臣奉旨"時間應為同治八年二月十一日,《清實

---

① 臺北"故宮博物院"藏:《軍機及宮中檔》,文獻編號:101447。

録》內容較詳，曰：

　　丁未，又諭：崇實、吳棠奏川軍赴援徽縣情形，並派兵援滇，抽練營兵各摺片。甘回由秦州南犯，直撲徽縣，經駐防大安之副將宇文秀等帶兵掩擊，生擒回目馬義和等，並將全股逆匪殲滅無遺，徽境一律肅清，剿辦甚屬奮勉。出力員弁及傷亡勇丁，准其查明，分別奏請獎恤。雲南尋甸賊勢披猖，情形緊急，川滇脣齒相依，自應速籌援應。崇實等現已撥銀接濟，並調唐友耕一軍馳赴東昭，尚能力顧大局。著該將軍等飭令會合滇軍，相機防剿，以全危局。其川北一帶，並著飭令李有恆嚴為戒備，毋稍鬆懈。①

[3]（等因）：原稿無此二字，據錄副補。

[4]【案】此清單原件現藏臺北"故宮博物院"，曰：

　　謹將川軍赴援徽縣，力保危城，兼通糧道，並迎剿陝甘邊境回匪，陣斬首逆，撲滅全股兩案出力員弁，繕列清單，恭呈御覽。

　　計開：花翎總兵銜留陝補用副將朱連升，該員督哨身先，戰擒逆要，請免補副將，以總兵仍留陝西，儘先補用。花翎參將蕭永盛、李漢元。該二員有膽有識，戰功卓著，均請以副將補用。花翎遊擊雷作亮、蔡春元、朱桂梁。該三員督哨殺賊，擒獲首逆，均請免補遊擊，以參將儘先補用，並請賞加副將銜。花翎遊擊銜都司喻仁傑，花翎都司羅志珂、曾茂才、李洪亮。該四員督哨打仗，生擒首逆，均請免補都司，以遊擊儘先補用。

　　藍翎都司何世林、段定升、陳步雲、劉得賢。該四員首先破賊，英勇絕倫。何世林均請賞換花翎，陳步雲、劉得賢均請以遊擊補用。花翎守備藍金曜，藍翎守備唐昌賢、陳春燦、楊占彪、劉勖才、李雲峰。以上六員，破敵衝鋒，擒斬首逆，均請免補守備，以都司儘先補用。唐昌賢、陳春燦並請賞換花翎。藍翎守備劉泰和、譚有升、李鴻漸。以上三員，打仗向前，力保危城，均請以都司補用。

---

① 《穆宗毅皇帝實錄》卷二百五十二，同治八年二月上，《清實錄》第50冊，第512—513頁。

藍翎升用守備儘先千總向德貴、劉仁賢、鄭文超、宋定元、楊步雲、王志發、蘇飛雄、牟振魁、李樹春、劉錫蕃、蘇揚波、林昆山，藍翎千總蕭光昌、張德正、朱幹山、董成魁、楊吉元、劉大川、葉芳春、范兆瑢、陳明高、洪瑞霖、倪永貴、張玉華、曾有明、胡友琴、李金相，千總吳有章、袁春和、段錫玉。以上三十名，所向無前，陣擒要逆。向德貴等五名，均請免補守備，以都司留於四川，遇缺儘先前補用。王志發等二十五名，均請免補守備，以都司儘先補用。王志發、蘇飛雄、牟振魁、李樹春、劉錫蕃，並請賞換花翎。

　　藍翎千總廖世明、周印廷、沈廷魁、蕭楚才。以上四員，奮勇殺賊，力保危城，均請以守備儘先補用。把總潘作雲、任定國、李玉華、鄔義和、冷得名、張廷春、李經武、廖甫先、蕭澤春、潘大文。以上十名，打仗奮勇，力保危城，均請以千總儘先補用，並請賞戴藍翎。

　　外委田輝寶、廖興桂、王福萃、劉正玉、張超林、袁禎祥、駱道良、李龍河、伍德佑、許洪騰、唐瑞林，軍功敬宗楷、陳樹勳、周永壽。以上十四名，勇敢爭先，擒獲要逆，均請以把總拔補，並請賞戴藍翎。

　　軍功何世茂、謝普珊、楊茂春、周聲達、宇文盛、趙文佑、駱紹基、楊昌洲、梅映奎、周雲廷、王雲慶、向箐山、傅慶雲、袁維翰、金玉釗、榮新猷、熊春山、楊盛沛、蔡鎮國、薛定遠、陶美蔭、張毓和。以上二十二名，英勇絕倫，擒斬要逆，均請以外委拔補，並賞戴藍翎。

　　升用同知直隸州知州留川儘先補用知縣周世蔚，藍翎五品銜升用知縣候選縣丞周翊運，候選縣丞楊熙瑞，候選訓導吳隆瑞，藍翎選用縣丞丁世嵩、孫遇春，縣丞張啟勳。以上七員，督隊打仗，擒獲首逆。周世蔚請仍以知縣，留於四川，歸軍功候補班，遇缺前先用，並請補缺後，以同知直隸州知州用。周翊運、楊熙瑞均請以縣丞，留於四川，歸軍功候補班，遇缺前先補用。楊熙瑞並請賞戴藍翎。吳隆瑞請免選本班，以知縣儘先前選用，並請賞加同知銜。丁世嵩、孫遇春均請賞加六品銜。張啟勳請賞戴藍翎。

　　從九品文世箎、何吉皆，從九品銜宇文採，文童何德鑫、周家楨，廣東試用巡檢李之鏒。以上六員，奮勇殺賊，力保危城。文世篔、何吉皆均請免選本班，以縣丞儘先前選用。宇文採、何德鑫、周家楨，均請以從九品不論雙單月，儘先選用。李之鏒請賞戴六品藍翎。藍翎補用同知陝西漢中府沔縣知縣劉顯謨，該員督團禦賊，運糧無誤，請賞換花翎。

藍翎遊擊魯育才，花翎都司賀聯升，藍翎都司阮東明、張桂林、張春華、曹有貴。以上六員，衝鋒陷陣，擒斬首逆。魯育才請免補遊擊，以參將儘先補用。賀聯升、阮東明、張桂林、張春華、曹有貴，均請免補都司，以遊擊儘先補用。

花翎守備朱春泉，藍翎守備楊傑俊、郭仁春、梁樂溪、郭全勝、黎有才、高榮，守備梁錦秀、湯正明、唐漢春、周國華、胡魁武、李金義、鄒金祥。以上十四員，奮身破敵，銳不可當，均請免補守備，以都司儘先補用。藍翎千總陳義新、覃仕遠，千總何德元、劉世開、宋得勝、陳天保、吳有章、徐富升、王春和、蕭敬成、薛賓彬、喻春盛、黃配仁、宋楚翹、黃玉泉、羅永才、蔣有才、李春盛。以上十八名，矯捷異倫，冒衝鋒鏑，均請免補千總，以守備儘先補用。何德元、劉世開、宋得勝、陳天保、吳有章五名，並請賞戴藍翎。

藍翎把總何其俊、李有明，把總羅長勝、鍾金發、黃里仁、曹清友、喻全林、朱有余、戴裕本、江漢溪、羅詩偉、賀連敦、張奇超、張益勝、文昌蔚、何開雲、陳祐祥、尹學開、蕭東山、李占科。以上二十名，殺賊爭先，勇敢卓著，均請免補把總，以千總儘先補用。何其俊、李有明並請賞加守備銜。羅長勝、鍾金發、黃里仁、曹清友、喻全林、朱有余、戴裕本、江漢溪、羅詩偉、賀連敦、張奇超、張益勝、文昌蔚、何開雲、陳祐祥、尹學開、蕭東山、李占科，並請賞戴藍翎。外委龍榮貴、鄧田彪、吳占湘、江魁武、簡洪達、高忠興、陳忠和、梁運山，軍功黃書紳、蔣太和、魏名琛、廖青雲、胡樹績、楊敬承。以上十四名，每戰衝鋒，奮勇沒匹，均請以把總儘先拔補，並請賞戴藍翎。

軍功林香蘭、曹良志、王德玉、向俊傑、蕭銓俊、楊恩沛、周詠堂、張金林。以上八名，爭先赴敵，奮不顧身，均請以外委儘先拔補，並請賞戴藍翎。揀選知縣胡海章，鹽提舉銜安徽補用縣丞袁慶閒，藍翎選用縣丞陶樹勳，歸部三班選用通判李應貞。以上四員，諳練戎機，有謀有勇。胡海章請以知縣不論雙單月，遇缺儘先前選用。袁慶閒請俟補缺後，以知縣用。陶樹勳請俟選缺後，以知縣用。李應貞請仍以通判歸部，分缺先選用。

分發兩淮補用鹽課大使劉寶宸，選用教諭宋次郊，選用從九品丁憲銘，翰林院待詔龔翊中，廩生雷兆霖，府經歷銜監生蔣溥，從九品銜陳鏡清，文童周茂春。以上八員名，出奇制勝，斬馘甚多。劉寶宸請賞加六品銜，並請賞戴藍翎。宋次郊請賞戴六品藍翎。丁憲銘請免選本班，以縣丞不論雙單月，遇缺儘先前選用。龔翊中請以縣丞，遇缺儘先選用。雷兆霖請以訓導，遇缺儘先前選用。蔣溥請以府經歷，遇缺儘先前選用。陳鏡清請以從九品不論雙單月，遇缺儘先前選用。周茂春請以從九品，遇缺儘先前選用。

候選從九品王廷勳，遇缺前即用從九品范元愷，書識王鈞、杜如棠、張萱亭、馮騰蛟。以上六員名，隨辦文案，始終勤慎。王廷勳請免選本班，以縣丞不論雙單月，儘先選用。范元愷請俟服闋選缺後，以縣丞升用。王鈞、杜如棠、張萱亭、馮騰蛟，均請以從九品不論雙單月，遇缺儘先前選用。

軍機大臣奉旨：覽。欽此。①

[5]（同治九年五月十九日）：原稿未署日期，茲據錄副補。

[6]（同治九年六月初八日，軍機大臣奉旨。欽此）：此奉旨日期據錄副補。

[7]【案】同治九年六月初八日，崇實、吳棠所奏得清廷允准，《清實錄》："以四川官軍援剿陝西甘肅回匪出力，賞都司何世林等花翎、把總潘作雲等藍翎，副將朱連升等加銜，升敘有差。"②

---

① 臺北"故宮博物院"藏：《軍機及宮中檔》，文獻編號：101448。
② 《穆宗毅皇帝實錄》卷二百八十四，同治九年六月上，《清實錄》第50冊，第926頁。

○一七　奏報遵旨擇尤保獎官軍攻克冕甯等處出力員弁摺

同治九年七月初二日（1870年7月29日）

（成都將軍臣崇實、頭品頂戴四川總督臣吳棠跪）[1]奏，為遵旨擇尤保獎官軍攻克冕甯、西昌之熱水、交腳、竹黑、大木杆、吽牛壩等處夷巢，大小部落次第投誠，建南一律肅清，在事出力員弁，恭摺仰祈聖鑒事。竊臣等於同治八年正月二十五日，奉到正月初九日內閣奉上諭：崇（實）、吳（棠）奏官軍進剿吽牛壩逆巢，賊部次第投誠，建南肅清一摺。崇（實）、吳（棠）督率有方，深堪嘉尚，著交部從優議敘。周達武著賞穿黃馬褂，以示獎勵。其餘在事出力弁員，著准其擇尤保獎[2]等因。欽此。臣等伏查，官軍自攻破普雄石城，生擒夷酋勒烏立茲以後，冕甯、西昌之夷恃彼地險巢堅，負隅抗拒，而其間之桀驁者，則以熱水、交腳、竹黑、大木杆、吽牛壩等處為尤著，非乘機剪滅，設法驅除，無以策全功而籌善後。迭經督飭提督周達武激勵將士，勇敢爭先，由冕甯大道包抄而入。總兵李有恆、丁永陞各率隊伍，由借約溝、咪嘶壩夷地兩路夾攻而出。迨大軍會於交腳汛，適建昌鎮總兵劉寶國、署甯遠府知府彭名湜，亦率兵團踵至。遂相與披堅執銳，搗穴焚巢。凡大小數十仗，廓清數百里，陣斬凶夷數千名，踏毀賊壘數千座。於是群賊讋服，望風乞降，建南一律肅清。周達武回駐越巂，籌辦善後，如建碉築堡，保路送哨，添設土司分管，責令夷目上班數大端，均已次第舉行。尚有未盡事宜，容臣等從容擘畫，再當縷晰奏陳。茲幸商賈往來，道途無阻，流亡安集，桴鼓不驚。上年學臣按臨甯遠，補行科歲考試，近以秋闈將屆，該士子接踵而來，觀光志切，罔不歡欣鼓舞，以為夷患頓平，實近年中未有之事。惟念深山大澤，鑿險縋幽，積雪堅冰，裂膚墮指，與腹地軍營迥異，悉賴將士苦戰之功，仰蒙聖明軫念戎行，有勞必錄。臣等會督周達武等，悉心考察，於拔擢人材之中，仍寓慎重名器之意，甄敘所及，務期無濫無遺。謹繕清單[3]，恭呈御覽。籲懇恩施立沛，以作士氣，而靖邊陲。除擬保千總以下另冊咨部外，所有遵旨擇尤保獎官軍攻克冕甯、西昌之熱水、交腳、竹黑、大木杆、吽牛壩等處夷巢，建南一律肅清，在事出力弁員緣由，謹合詞恭摺具奏。伏乞皇太后、皇上聖鑒訓示。再，查清單內開已革運同銜分缺先用同知劉希清，係留營效力之員，應循例將原參案由詳細咨送吏部合辦，合併聲明。謹奏。（七月初二日）。[4]

（同治九年七月二十三日，軍機大臣奉旨。欽此）。[5]

同治九年七月初二日，由驛具奏。於本年八月十一日，准兵部火票遞到原摺，後開軍機大臣奉旨：另有旨[6]。欽此。（P155-163）

校證

【案】此件查無原件，其錄副現藏臺北"故宮博物院"①，首開署"隨旨交，單一同抄繳，七月二十三日"等字樣。

[1]（成都將軍臣崇實、頭品頂戴四川總督臣吳棠跪）：原稿無此前銜，茲據錄副補。

[2]<u>崇（實）、吳（棠）督率有方，深堪嘉尚，著交部從優議敘。周達武著賞穿黃馬褂，以示獎勵。其餘在事出力弁員，著准其擇尤保獎</u>：此句原稿有，錄副缺，疑為手民略之。

【案】因官軍進攻吽牛壩，夷匪部落投誠，建南一律肅清，崇實、吳棠、周達武均得清廷嘉獎。《清實錄》：

又諭：崇實、吳棠奏官軍進攻吽牛壩，夷匪部落投誠，建南一律肅清一摺。建南夷匪煽亂十餘年，久為川省邊境之患，經崇實奏派周達武督師征剿，迭獲勝仗。此次進攻吽牛壩，群夷畏服，伏地乞降。周達武責令呈繳軍器，放還難民，回軍越嶲，修碉建堡，用資保障，辦理均屬妥

---

① 臺北"故宮博物院"藏：《軍機及宮中檔》，文獻編號：102150。

協，深堪嘉尚。即著崇實等檄飭該提督，會同該地方文武，將善後事宜詳細規畫，務期亂萌永戢，以固邊陲。將此由五百里各諭令知之。……以四川平定夷匪，建南肅清，將軍崇實、總督吳棠得旨嘉獎，賞提督周達武黃馬褂。①

[3]【案】此件所附清單，現藏臺北"故宮博物院"，茲補錄：

謹將官軍攻克冕甯、西昌之熱水、交腳、竹黑、大木杆、吽牛壩等處夷巢，大小部落次第投誠，建南一律肅清，在事出力員弁，繕具清單，恭呈御覽。

計開：武字營：記名提督振勇巴圖魯周家盛，記名提督馬承宗。該二員督隊身先，擒斬逆要。周家盛請賞換清字勇號，馬承宗請賞給該員三代一品封典。提督銜陝西補用總兵鍾有思、鄧日勝，提督銜記名總兵黃宗耀、成有餘。該四員帶隊衝鋒，陣斬要逆，均請以提督儘先補用。補用總兵鄧有德、文德盛、張錫卿、黎澤桂、龔生環、熊得勝。該六員督隊打仗，擒斬逆要，均請賞加提督銜。鄧有德、文德盛、張錫卿並請賞給三代一品封典。

總兵銜儘先補用副將李茂華、周章達，升用總兵補用副將李萬勝，儘先補用副將朱達雄、張大洪、向海清、鄒有聲、賀南極、黃三秀，藍翎儘先副將沈玉明。該十員督隊打仗，擒斬逆目，均請以總兵補用。沈玉明並請賞換花翎。副將銜留川儘先參將成黼廷、李錫仁、胡蘊斌，留川儘先參將龔俊宜、徐有耀、劉同升，儘先參將陳希元、周定堃、羅仲淹、許桂蘭、趙學書、王世普，藍翎儘先參將周德載、劉九衡、黃佑祿、杜豐升、楊得貴。該十七員打仗奮勇，斬擒要逆，均請免補參將，以副將留於四川，儘先補用。成黼廷並請賞給該員父母二品封典。周德載、劉九衡、黃佑祿、杜豐升、楊得貴，並請賞換花翎。參將銜留川補用遊擊劉鎮坤，花翎留川補用遊擊黃允中、周文和、屈貴隆、張高禮、黃鶴生，儘先遊擊越嶲營領哨千總董應昌，儘先遊擊胡際盛、譚德均、譚定光，藍

---

① 《穆宗毅皇帝實錄》卷二百五十，同治八年正月上，《清實錄》第50冊，第486頁。

翎留川遊擊沈長齡。該十一員打仗奮勇，戰擒逆目，均請免補遊擊，以參將留於四川，儘先補用。沈長齡並請賞換花翎。

花翎儘先遊擊彭學禮、彭光正、劉新發，藍翎儘先遊擊劉子俊、段芳順、賈敦友、賀桂馥、張修平、張晉成、黎萬才、張啟榮、劉有章。該十二員打仗奮勇，斬擒要逆，均請免補遊擊，以參將儘先補用。劉子俊、段芳順、賈敦友、賀桂馥、張修平、張晉成、黎萬才、張啟榮、劉有章，並請賞換花翎。花翎儘先都司李光岐、羅毓俊、王占蔚、陽名貴、范毓鍾、劉榮貴、黃輔臣、張新盛、李得貴、何江海，藍翎留川儘先都司劉永祿，藍翎儘先都司周添鈺、葉定安、張德茂、龍華紀、蕭福泰、王鎮銓。該十七員打仗奮勇，生擒酋目，均請免補都司，以遊擊留於四川，儘先補用。周添鈺、葉定安並請賞換花翎。花翎儘先守備景春林、周邦獻、秦昌齡、陶萬泰，藍翎儘先守備黃裳吉、李應晉、李先定。該七員打仗奮勇，擒獲逆目，均請以都司留於四川，儘先補用。

藍翎都司銜儘先守備余壽康，花翎儘先守備迭溪營把總岑成元，花翎儘先守備維州左營外委馮占魁，花翎儘先守備余繼祖、陳大伸、姜楚賢、楊銘盛、任裕祥、周維漢、毛玉德、許明德、湯明顯、林三元、王友連、張昌慶，藍翎儘先守備覃文義、傅軒衢、李禧耀、康正安、昝永壽、譚桂林、盧福成、張良才、劉楨祥、蒲德魁、莫連勝、李逢春、蕭傳武、盧華山、胡逢勝、王光詩、周福泰、戴萬俊、鍾昌門、尹林才、何榮升、許世毓、崔范正、黃錦昌、石正訓、鍾大有、黃德懿、戴世達、趙天錫、許慎洛、劉壽保、劉箴銘、李懷德、張國幹、李向榮、黃藝達、余孝安、李全順、瞿有春、陳士林，儘先守備全忠孝。該五十六員打仗向先，擒獲要逆，請免補守備，以都司儘先補用。余壽康、何榮升、許世毓、黃錦昌、黃德懿、趙天錫、許慎洛、劉壽保、劉箴銘、李懷德、李向榮，並請賞換花翎。全忠孝並請賞戴藍翎。

藍翎守備銜儘先千總柯達春、夏祥雲、蔣建南、黃保元、印貴升、郭光閶、高德元、陳玉鳴、蕭永忠、彭玉升、賀必達、陳秉柯，藍翎儘先千總胡培錦、周正澤、邱俊書、黃文新、鄧秋高、朱衡壽、李連宗、羅盛元、周福升、李洪倫、陶敦誠、陳鏞珊、柯宗壽、孫耀禮、劉德基、謝永年、盛開美、梅占魁、許德壽、袁忠恕、何隆太、李開泰、張高亮、彭光正、許雲清、唐鴻升、屈貴元、牟發春、湯日升、黃進新、陳有元、張漢卿、姚有德、張湛恩、鄭定發、朱占超、艾明高、吳正亭、田禧阿、劉忠全、李允升、黃心田、姚成湘、向啟秀、吳志峰、丁洪盛、張順喜、宋宗和、陳春山、張爾祿、周泰源、尹光祥、陳萬和、彭會連、儘先千總廖紹泉、黃肆門、胡元興、熊煦春、黃得廣、趙開慶、王長興。以上七十三名，打仗奮勇，擒獲多名，均請免補千總，以守備儘先補用。高德元、陳玉鳴、蕭永忠、周正澤、黃進新、田禧阿、劉忠全，並請賞換花翎。廖紹泉、黃肆門、胡元興、熊煦春、黃得廣、趙開慶，並請賞戴藍翎。

儘先把總洪壽祺、石有富、張銘柏、周斌森、陳吉林、楊克家、宋正魁、黃安榜、李有秋、鄧維清、陳啟貴、李成林、羅玉升、張光品、馮少新、田樂順、張開富、李映春、任步雲、黃金生，軍功陳國柱。以上二十一名，打仗身先，擒獲要逆，均請免補把總，以千總儘先補用，並請賞戴藍翎。周斌森並請賞加守備銜。儘先外委王國政、陳興武、齊開先、胡榮耀、羅文新、何玉亭、朱吉謹、王洪升、湯曉堂、莫元勝、秦致盛、陳長壽、柯世壽、嚴洪命、楊星臨、殷長勝、魏金林、王占彪、馬永廷、任呈祥、王科高、陶澤儀、王國梁、胡振魁、李隆升、彭萬華、何紹金、周守謨。以上二十八名，打仗奮勇，殺賊最多，均請免補外委，以把總儘先補用，並請賞戴藍翎。

軍功黃福祺、黃中理、彭德林、饒雲勳、李受益、鄒元盛、潘世占、繆玉勝、夏柏發、周懷德、劉安清、張明祥、雍茂林、徐達才、易開舉、唐永功、劉政德、朱純武、唐玉龍、董正和、嚴明先、蕭耀南、毛玉龍、李光耀、徐洪順、李太和、陳有德、陽藍田、傅作霖、孫雲開、楊桂林、朱清珊、鄧德貴、陳怡堂、儲致坤、謝長達、湯日新、朱宏甲、張照南、瞿勝惠、牟文俊、王金和、黎新盛、易友順、譚致德、徐趾麟、龍雲輝、張成才、劉泰和、楊德昌、程正光、李應興、陳廣、于吉雲、許翰墀。以上五十五名，屢破堅巢，擒斬逆目，均請以外委儘先補用，並請賞戴藍翎。

知府用四川補用同知直隸州知州周振瓊，知府銜四川補用同知直隸州知州羅亨奎，候選同知直隸州知州羅應旒，藍翎候選知縣周家祜，同知銜藍翎留川補用知縣鄧庭桂，留川補用知縣丁贇良。該六員督隊打仗，擒斬要逆。周振瓊請候補知府後，以道員儘先補用。羅亨奎請免補本班，以知府仍留四川，歸候補班前先用。羅應旒請免選本班，以知府遇缺儘先前選用，並請賞給該員父母、祖父母正四品封典。周家祜請免選本班，以同知直隸州知州歸部，遇缺儘先前選用。鄧庭桂請俟補缺後，以直隸州知州前先補用。丁贇良請俟補缺後，以直隸州知州前先補用，先換頂戴。周家祜、鄧庭桂並請賞換花翎。

候選同知直隸州知州許乃興、周振鼎、王藻春，候選知縣黃可述，湖南舉人揀選知縣黃沛翹，藍翎同知直隸州知州用四川補用職知縣周熙炳，同知銜留川補用知縣周兆蘭，分發儘先補用知縣洪錫爵。該八員陣斃夷酋，異常奮勇。許乃興、周振鼎、王藻春，均請賞加知府銜，並請賞給該三員父母、祖父母正四品封典。黃可述、黃沛翹均請以知縣留於四川，歸軍功候補班，前先補用，並請賞加知府銜。周熙炳請仍以知縣，歸軍功候補班，前先補用，並請賞換花翎。周兆蘭請俟補缺後，以同知直隸州知州前先補用。洪錫爵請仍以知縣分發省分，歸候補班前先補用，並請賞加同知銜。藍翎候選知縣丁翰、張峻、戴裴章，提舉銜候選通判彭繼志，候選州同周家浚。該五員衝鋒殺賊，攻克堅巢，均請免選本班，以知州歸部不論雙單月，遇缺儘先前選用。丁翰、張峻、戴裴章並請賞換花翎。

五品翎頂升用知縣候選縣丞戴煥南，候選縣丞陳斌綬、周頌昌，升用知縣四川試用縣丞王基寅，升用知縣試用府經歷楊暹。該五員掃穴擒渠，戰功卓著。戴煥南、陳斌綬、周頌昌均請免選本班，以知縣留於四川，歸軍功候補班，前先補用。陳斌綬並請賞戴藍翎。王基寅、楊暹均請免選本班，以知縣留於四川，歸軍功候補班，前先補用。已革運同銜分缺先用同知劉希清，該員前署射洪縣，失守城池，革職，奉准部文，留營效力。此次督隊打仗，擒斬逆目，洵屬奮勉，請開復原銜，並請賞還運同銜。儘先前選知縣周恩慶，儘先前選教諭夏葆祚，陝西候補縣丞廖敦易，候選縣丞黃繼裕。該四員奪隘爭先，踏平賊壘。周恩慶請賞加同知銜。夏葆祚請俟選缺後，以知縣歸部，遇缺前先選用，並請賞加同知銜。廖敦易請俟補缺後，以知縣升用。黃繼裕請以縣丞留於四川，歸候補班，前先補用。候選從九品錫章，選用從九品黃永槐、周汧、龍忠誨、何扶綱、劉子元，升缺升用選用從九品吳季昌。該七員督隊打仗，生擒逆目。錫章請免選本班，以縣丞留於四川，歸軍功候補班，前先補用。黃永槐、周汧、龍忠誨、何扶綱、劉子元、吳季昌，均請免選本班，以縣丞不論雙單月，遇缺儘先前選用。何扶綱並請賞戴藍翎。俊秀蕭鎮昆、黃宗榮、陶世矩、羅運甓。以上四名，隨同打仗，擒斬多名，均請以從九品遇缺前先選用。

虎威寶營：提督銜四川遇缺簡放總兵李有恆，該員獨當一面，有勇有謀，請遇有提督、總兵缺出，開列在先，請旨簡放。記名總兵劉正元，花翎副將劉道宗。該二員屢斬兇悍，不避矢石。劉正元請賞加勇號，劉道宗請交軍機處記名，遇有總兵缺出，請旨簡放，並請賞給該二員父母、祖父母二品封典。花翎都司李美喜、袁冠儒，藍翎都司賀永康、彭發祥。該四員屢殲悍賊，力破險卡，均請以遊擊儘先題補。賀永康並請賞換花翎。都司銜藍翎守備廖忠元，都司銜千總羅長聰，藍翎千總劉盛輝，五品藍翎外委游名揚。該四員屢克堅巢，擒斬悍賊。廖忠元請免升都司，以遊擊儘先題補，並請賞換花翎。羅長聰、劉盛輝均請免升守備，以都司儘先題補，羅長聰並請賞戴花翎，劉盛輝並請賞換花翎。游名揚請免升把總，以千總儘先拔補，並請賞加都司銜。藍翎補用守備鄒春祺、陳洪升，守備劉永章，花翎守備銜貴州威甯鎮標千總朱殿昌，花翎守備銜千總王慶雲，藍翎守備銜千總吳桂林、袁玉勝、李連發、譚光楠。該九員每戰身先，擒斬極眾。鄒春祺、陳洪升、劉永章均請免補守備，以都司儘先題補。朱殿昌、王慶雲、吳桂林、袁玉勝、李連發、譚光楠，均請免升守備，以都司儘先題補。

花翎儘先升用遊擊都司車重輪，藍翎千總賀元林、曾富春、劉洪貴、唐廣寅，六品頂翎把總聶仁貴，藍翎把總劉國政、呂玉發、余忠勝，外委魯忠周、方文鬥、聶秀芝、易良英。以上十三員，帶隊包抄，陣斬凶夷。車重輪請以遊擊無論題推缺出，儘先即補，並請賞加副將銜。賀元林、曾富春、劉洪貴、唐廣寅，均請免升守備，以都司儘先題補。聶仁貴、劉國政、呂玉發、余忠勝，均請免升千總，以守備儘先題補。劉國政並請賞換花翎。魯忠周、方文鬥、聶秀芝、易良英，均請以把總拔補，並請賞戴藍翎。

花翎知府銜候選同知直隸州知州譚翼勳，花翎候選同知直隸州知州李承芳，花翎留川升用同知直隸州知州候補知縣李嶽恒，六品藍翎留川候補班前先即補知縣陳世彬，候選府經歷縣丞李光嶽，舉人章際隆。該六員陣斬悍夷，屢破賊堡。譚翼勳請免選本班，以知府分發省分，歸候補班前補用，並請賞給該員父母、祖父母四品封典。李承芳請以本班留於四川，歸候補班前補用，並請賞給該員父母、祖父母五品封典。李嶽恒請免補本班，以同知直隸州知州仍留四川，歸候補班，遇缺前先補用，並請賞加知府銜。陳世彬請俟補缺後，以同知直隸州知州用，並請賞換花翎。李光嶽請免選本班，以知縣歸儘先前，遇缺即選，並請賞加同知銜。章際隆請以知縣留於四川，歸候補班，前先即補。

雙月選用同知沈炳潢，花翎留川補用直隸州知州葛雨澍，藍翎知州銜四川候補知縣鄒隆柄，藍翎四川候補知縣繆庸，六品藍翎候選布理問丁翰清，選用知縣即選縣丞鍾期浚，候選縣丞鄧裕需，選用知縣即選訓導余雲煥。該八員隨同帶隊，迭有斬擒。沈炳潢請分發省分，歸候補班，前先補用。葛雨澍請賞加知府銜。鄒隆柄請俟補缺後，以直隸州知州歸候補班前補用，並請賞換花翎。繆庸請賞加同知銜。丁翰清請免選本班，以知州不論雙單月，遇缺即選。鍾期浚請免選本班，以知縣歸軍功候補班，儘先補用。余雲煥請免選訓導，以知縣不論雙單月，歸軍功班，遇缺前先選用，並請賞加五品銜。六品銜候選從九品李承裕、謝思沛，從九品李承裔、黃景漢、李祖培、龔啟明。該六員梯險進攻，屢獲勝捷，均請免選本班，以府經歷縣丞不論雙單月，遇缺前先選用。李承裕、謝思沛並請賞戴藍翎。李承裔、黃景漢、李祖培、龔啟明，並請賞戴六品頂翎。

　　候選從九品金源、余維岳、鄒良翰，六品銜監生李建侯，附生江國華，監生耿觀光，俊秀李承祜、姜泰來、熊良翰。以上九員名，截斃賊援，運糧得力。金源請以本班留於四川，歸軍功候補班，儘先前遇缺即補。余維岳、鄒良翰均請免選本班，以府經歷縣丞不論雙單月，遇缺前先選用。李建侯、江國華、耿觀光、李承祜、姜泰來、熊良翰，均請以從九品不論雙單月，歸部選用。

　　靖邊營：記名總兵丁永陞，該員督隊身先，擒斬逆要，請賞加提督銜。升用總兵儘先副將魯國安，總兵銜儘先副將吳得勝，儘先副將周友田，副將銜儘先參將龍升廷，湖南即補遊擊馮遠馨，遊擊田應照、蔡敬堂。該七員每戰衝鋒，擒斬逆目。魯國安、吳得勝均請以總兵儘先補用。周友田請以總兵升用。龍升廷請免補參將，以副將儘先補用。馮遠馨請免補遊擊，以參將仍留原省，遇缺儘先前補用。田應照、蔡敬堂均請免補遊擊，以參將儘先補用。遊擊銜儘先都司向紀修，儘先都司田景元、田景盛、向玉書，藍翎儘先都司唐本善、康得茂，藍翎都司銜儘先守備余明章，藍翎儘先守備汪本立、莊有恆、曾洪發、鄧衍秩、黃德正，儘先守備陽洪發。該十三員衝鋒鏖戰，屢斬凶夷。向紀修請以遊擊留川，遇缺儘先補用。田景元、田景盛、向玉書、唐本善、康得茂，均請免補都司，以遊擊儘先補用。余明章、汪本立、莊有恆、曾洪發、鄧衍秩、黃德正、陽洪發，均請免補守備，以都司儘先補用。康得茂、余明章、鄧衍秩、黃德正，並請賞換花翎。藍翎都司銜守備用留川儘先補用千總吳中山，藍翎守備銜儘先千總毛友升、陳占魁，藍翎儘先千總余騰龍、劉文煥、吳占春，儘先千總黃興玉。以上七名，打仗奮勇，陣斬要逆。吳中山請免補千總，以守備仍留四川，儘先補用。毛友升、陳占魁、余騰龍、劉文煥、吳占春、黃興玉，均請免補千總，以守備儘先補用。陳占魁、余騰龍並請賞換花翎。

　　留川儘先把總鍾昌恕，儘先把總葉永泰、朱宗佑、朱明啟、黃承宗。

以上五名，打仗奮勇，迭有斬擒。鍾昌恕、葉永泰均請免補把總，以千總留川，儘先補用，並請賞戴藍翎。軍功金仕隆、呂錫爵、丁龍雲、楊得霖、石際盛，武生毛鴻運。以上六名，打仗奮勇，斬擒最多。金仕隆、呂錫爵、毛鴻運，均請以把總儘先補用，並請賞戴藍翎。丁龍雲、楊得霖、石際盛，均請賞戴六品藍翎。

留川補用同知直隸州知州丁盛榮，運同銜四川候補知縣石如棠，同知銜候選知縣丁啟楨，遇缺儘先前選用知縣陸崇德，六品藍翎四川候補班前先用知縣黃應高。該五員督隊進剿，屢著戰功。丁盛榮請賞加知府銜，並請賞戴花翎。石如棠請俟補缺後，以直隸州知州仍留原省，歸候補班前補用，並請賞給該員父母、祖父母四品封典。丁啟楨請賞戴花翎。陸崇德請賞給五品藍翎。黃應高請賞加同知銜。遇缺前選府經歷縣丞劉文泰，候選主簿崔子敬，候選從九品石銘勳、夏杞徵、任佑森，四川試用吏目李道源。該六員隨同打仗，擒斬要逆。劉文泰請免選本班，以知縣不論雙單月，遇缺前先選用。李道源請俟補缺後，以鹽大使歸候補班，前先補用。理問職銜胡瀚，廩生呂作善，監生章鍇、胡爵滋，俊秀歐陽懋、梁成棟、陳步瀛。以上七名，平毀夷堡，斬擒極多。胡瀚請以理問歸部選用，並請賞加鹽提舉銜。呂作善請以訓導不論雙單月，遇缺前先選用。章鍇、胡爵滋、歐陽懋、梁成棟、陳步瀛，均請以從九品不論雙單月，遇缺前先選用。

建昌文武員弁、紳團：記名提督四川建昌鎮總兵銳勇巴圖魯劉寶國，該員統兵會剿，膽略超群，請賞換清字勇號。儘先副將建昌中營遊擊鄧全勝，四川補用遊擊署登相營遊擊定長，儘先升用副將開復留川補用參將王廷相，升用參將留川補用遊擊劉順望，揀發都司署冕山營都司世昌，花翎儘先都司楊世才，世襲雲騎尉馬幹。該七員帶兵助剿，擒斬逆要。鄧全勝請賞給勇號。定長請免補遊擊，以參將儘先補用，並請賞加副將銜。王廷相請免繳捐復銀兩，以副將儘先補用。劉順望請賞加副將銜。世昌、楊世才均請免補都司，以遊擊留於四川，儘先補用。世昌、馬幹並請賞戴花翎。

藍翎儘先守備靳勝正，城守左營世襲雲騎尉熊兆周，藍翎儘先守備建昌中營把總姚得恩、李應方，花翎儘先守備建昌左營把總周應超，藍翎松潘千總陳文炳，藍翎千總趙世勳、李茂、錢啟義，建昌中營千總楊應雄，儘先千總李萬才，儘先千總建昌左營外委吳占魁，藍翎懋功營把總鍾圻，撫邊營把總周元超，靖邊營把總雷炳文，儘先把總何鎮清、楊煥章、傅榮魁、夏霈霖、黃有貴。以上二十名，打仗奮勇，迭有斬擒。靳勝正、熊兆周、姚得恩、李應方、周應超，均請免補守備，以都司儘先補用。姚得恩、李應方並請賞換花翎。陳文炳、趙世勳、李茂、錢啟義、楊應雄、李萬才、吳占魁，均請以守備儘先補用。陳文炳並請賞加都司銜。吳占魁並請賞戴藍翎。鍾圻、周元超均請以千總儘先補用，並請賞加守備銜。雷炳文、何鎮清、楊煥章、傅榮魁、夏霈霖、黃有貴，均請以千總儘先補用，並請賞戴藍翎。

龍潭汛外委吳光明，儘先外委鄧全泰、卓澐、王文昭、王文藻，軍功額外劉鳳麟，軍功靖遠營馬兵楊宗盛、陳德輝，軍功穆德沛、黃培高、夏隆盛、李定國、楊德宣、蕭國珍、侯映棠，武生陳志才，建昌中左二營兵丁尹仕祥、楊鳳崗、馬兆瑞、何顯宗、史占彪、李應彪、朱成文、張維經、黃占魁、方景華、朱廷彪、張應魁，軍功但尚志、鄧蔭堂。以上三十名，所向克捷，英銳莫當。劉鳳麟、楊宗盛、陳德輝、穆德沛、黃培高、夏隆盛、李定國、楊德宣、蕭國珍、侯映棠、陳志才，均請以外委儘先補用，並請賞戴藍翎。吳光明、鄧全泰、卓澐、王文昭、王文藻、尹仕祥、楊鳳崗、馬兆瑞、何顯宗、史占彪、李應彪、朱成文、張維經、黃占魁、方景華、朱廷彪、張應魁、但尚志、鄧蔭堂，均請賞戴藍翎。

土百戶金得祿，該百戶隨同打仗，迭次出力，請賞加土都司銜，並請賞戴花翎。按察使銜四川建昌道鄂惠，該員盡心撫馭，悉合機宜，請賞給二品頂戴。四川補用知府署甯遠府知府彭名湜，候補知府彭毓菜，知府銜四川候補同知署越巂廳同知李忠清，運同銜四川補用同知直隸州知州呂輝。該四員帶團助剿，擒斬酋目。彭名湜請俟補缺後，以道員補用。彭毓菜請歸候補班，前先即補，並請賞加鹽運使銜。李忠清請俟補缺後，以知府用，並請賞加道銜。呂輝請賞給該員父母、祖父母四品封典。同知銜大挑班前先補用知縣署西昌縣知縣楊錫榮，同知銜升用知縣嘉定府經歷署清溪縣知縣苗本植，揀選知縣顏啟華，補用知縣署越嶲廳大樹堡經歷候選縣丞陸程鵬，藍翎選用州同馬泰川，候選翰林院待詔任熙臣，升缺升用雲南試用直隸州州判張芝。該七員帶團助剿，戰擒逆目。楊錫榮請俟補缺後，以同知直隸州知州仍留四川，歸軍功班，前先補用。苗本植請以知縣歸軍功班，前先補用。顏啟華請以知縣歸軍功班，前先選用。陸程鵬請免補本班，以知縣仍留四川，歸軍功班，前先用。馬泰川請免選本班，以通判歸部，儘先選用。任熙臣請免選本班，以通判不論雙單月，儘先選用。張芝請免補本班，以知縣補用，並請賞加知州銜。

甯遠府教授吳大光，寧遠府經歷俞元璧，六品銜遇缺即補府經歷縣丞越嶲廳照磨王介堂，候選訓導章漢儀、周宗魯，升用府經歷縣丞試用巡檢沈毓齡，四川試用從九品彭璠樹、阮征學，遇缺即選從九品馬晉錫，候選從九品劉朝宗、楊德輝，升用府經歷縣丞候補未入流陸世瀅，廩生鄭宗福、楊肇新。以上十四員名，帶團助剿，聿著戰功。吳大光請賞加鹽提舉銜。俞元璧請以知縣儘先補用。王介堂請專以縣丞歸軍功班，前先在任候補。章漢儀請仍以訓導歸本班，前先選用，並請賞加國子監學正銜。周宗魯請以訓導歸軍功班，前先選用。沈毓齡、陸世瀅均請賞戴六品頂翎。彭璠樹、阮征學均請仍以從九品歸軍功候補班，前先補用。馬晉錫請俟選缺後，以府經歷前先補用。劉朝宗請免選從九品，以縣丞留於四川，歸候補班，前先補用。楊德輝請仍以從九品歸軍功班，前先選用。鄭宗福、楊肇新均請以訓導歸軍功班，前先選用。

貢生趙繼成、胡攀瑗，監生方功棠，增生孟談經、周志新，附生熊應岐、凌萬山，監生李旭，俊秀李榮生、姚士瑄、呂履晉、王士祥。以上十二名，不避鋒鏑，辦運軍米。趙繼成、胡攀瑗請賞加國子監典簿銜。方功棠請以主簿留於四川，歸軍功班，前先補用。孟談經、周志新、熊應岐、凌萬山、李旭，均請以從九品，儘先選用。李榮生、姚士瑄、呂履晉、王士祥，均請以未入流選用。從九品銜王國耀、陳向榮，書識王謙益、趙鴻揚、王紹武、胥端方。以上六名，隨辦文案，始終不懈。王國耀、陳向榮均請賞加七品銜，並請賞給該員父母及本身妻室七品封典。王謙益、趙鴻揚、王紹武、胥端方，均請以從九品不論雙單月，遇缺儘先前選用。軍機大臣奉旨：覽。欽此。①

[4]（七月初二日）：原稿未署此日期，據錄副補。

[5]（同治九年七月二十三日，軍機大臣奉旨。欽此）：此據錄副補。

[6]【案】同治九年七月二十三日，崇實、吳棠擇尤保獎官軍攻克冕甯、西昌等處夷巢，建南一律肅清，在事出力弁員之摺得清廷允准。《清實錄》：

> 以四川冕甯等處迭破賊巢，建南肅清出力，賞提督馬承宗、總兵官鍾有思、鄧有德、文得盛、張錫卿一品封典，參將成黼廷二品封典，總兵官劉正元、副將鄧全勝巴圖魯名號，知州鄧廷桂、參將周得載等花翎，把總洪壽祺等藍翎。餘加銜升敘，開復有差。②

〇一八　奏報川軍攻克巖鷹坉等處苗寨將零寨掃除殆盡情形摺
同治九年七月十八日（1870年8月14日）

（成都將軍臣崇實、頭品頂戴四川總督臣吳棠跪）[1]奏，為川軍援黔，攻克巖鷹坉、甕谷籠、加巴、牛場、仰朵叫鳥等處逆苗大巢，並將附近零寨掃除殆盡，楚師分兵來會，驛路漸次疏通，恭摺仰祈聖鑒事。竊查川軍自三月間攻破黃飄、白保等寨後，事機漸利。四月初二日，道員鄧錡督率同知于德楷，知縣趙鏞，副將張友林、向必勝，參將劉舜祥、劉德順，由東坡分剿濫橋驛、馬路哨、後壩、毛耳洞、沙田坳、乾田壩等處二十餘寨，一律焚蕩，與駐守施秉之楚師提督蕭榮芳會於草塘關，共計擒斬三百餘賊。我軍亦有傷亡。初五日，復剿黃雅

---

① 臺北"故宮博物院"藏：《軍機及宮中檔》，文獻編號：102151。
② 《穆宗毅皇帝實錄》卷二百八十七，同治九年七月下，《清實錄》第50冊，第966頁。

一寨，擒斬百餘賊。提督劉鶴齡亦於是日破半山賊壘九座，擒斬二百餘賊[2]，並斬賊酋保阿當一名。初九日三鼓後，劉鶴齡督十營分路進攻巖鷹圻，大雨如注，收隊回營。而果毅前營總兵姚華萃、副前營參將楊繼春已由馬鞍山一路進發，追之不及。天明，復派總兵向長曙率三營冒雨繼進，以為聲援。姚華萃等於五更突至巖鷹圻，賊猝不及防，悉行奔潰。黎明，甕谷籠、加巴、牛場、螃蟹等處賊萬餘前來，將姚華萃等四面圍困，自哈家牌至馬鞍山二十里，層層設伏，以斷我軍援應。都司楊奇清遇伏陣亡。姚華萃等正在危急，向長曙率提督李啟貴、參將潘金安、守備田泰時三營，由馬鞍山直冲賊伏，且戰且進。姚華萃等聞後路鎗礮聲，知我軍來援，奮勇衝突，內外夾擊，斃悍賊三百餘名，鎗傷無算，賊乃大奔，當將巖鷹圻據守。

初十日，劉鶴齡自率五營進駐巖鷹圻，鄧錡自新州援至黃飄。十一日，劉鶴齡督各營，進攻甕谷籠，賊悉竄匿光（老）林深洞[3]，我軍僅擒斬百餘名。鄧錡遙見火光，乘勢督隊[4]，將上翁雍、下翁雍、翁勇、大坪、太平寨、寡垣坡等處十餘寨，一律掃蕩（荡平）[5]。十二日，劉鶴齡飭向長曙、王成忠等，帶十營五成隊，進攻加巴、牛場、仰朵大巢。賊萬餘分路來拒，接仗移時，而草夷三秉、螃蟹等處賊約萬餘，復數路包抄。總兵姚華萃、都司楊通祥下馬持矛，往來衝突，賊鎗如雨，身受十餘創，力竭陣亡。向長曙、楊繼春皆受鎗傷。劉鶴齡聞報，自率親兵，馳往縱擊，賊勢少卻。各營將士見劉鶴齡親身搏戰，勇氣百倍，人人苦鬥。自辰至酉，始將兩大巢攻拔，擒斬以千計，鎗傷不計其數，起獲黔西州印一顆。我軍傷亡各百餘名。鄧錡、于德楷、趙鏞是日進營，甕谷籠賊漫山而來。我軍且戰且築，至夜半壘成，始將賊擊退，同時駐防清平後路。提督陳希祥亦飭副將賴錫光，總兵鄒紹南，守備張士成、符武秀，並調後營守備張世榮、軍功陳貴琛，乘其無備，將馬腦壳、窩石坎、白臘寨、月亮崖、王家寨等處逆巢、逆壘一律平毀，殺賊百餘名，奪獲旂矛多件、苗鎗二十餘門。十五日，劉鶴齡派遊擊用都司王成忠等，攻破馬頭巖、黃泥坡賊巢，擒斬百餘名。十九日，于德楷、趙鏞、總兵何行保、副將張友林、參將劉德順，攻破巖寨賊巢，擒斬二百餘名。二十一日，復搜剿五里墩一帶，擒斬百餘名。二十八日，鄧錡、周萬順分剿蝦蟆塘、黑沖坳口，擒斬百餘名，救出[6]降苗百餘家。二十九日，鄧錡復督周萬順、王成忠分拔楓香、大坪、新莊、陳溪、馬路、干塘等巢，斬首二百餘級。五月初六日，向長曙搜剿翁開、白保、唐都、野落一帶，斬首百餘級。初七日，周萬順進攻黑溪洞，賊於洞門築立卡牆礮臺，據險死拒。周萬順奪其礮臺，即於其處築壘圍守，飭各營砍伐樹木約萬捆，填積洞門。初九日，縱火焚之，風猛火烈，山石崩裂。我軍從旁裂處冒煙突入，逆苗男婦三百餘口無一脫者，並斬偽王楊老秀一名。是日，參將潘德明襲取長溪灣水賊巢，擒斬數十名，附近寨洞略皆削平，我軍均互有傷亡。惟叫鳥大洞洞寬廣三里上下，四門曲折相通，中有暗河一道，環護洞門。其內門遍開礮眼，勢極堅險，北岸悍賊二千餘家悉聚於此。鄧錡以為此洞不破，北岸終難肅清，力[7]督周萬順、王成忠進擊。賊敗入洞，於洞門礮眼施放鎗礮，我軍輒多傷亡。鄧錡復飭王成忠，督隊填寨（塞）[8]下洞口，又於上洞開挖明明濠[9]，直抵洞門，將其礮眼毀壞。砍伐樹木數萬捆，加以硫磺，堆積洞口，乘風縱火，而賊於洞口內門用[10]棉絮堵塞，火煙不能入。鄧錡復懸重賞，募敢死士十餘人，掘開內門，焚燒兩晝夜。至二十九日，火息煙消，我軍四路湧入，賊為煙火熏灼，目腫閉不能接戰，悉數殲除。實計斬男婦五千餘級。守備駱安邦中鎗陣亡，參將潘德明身受重傷，都司向秉忠右手中鎗傷亦重。弁勇傷亡共三百餘人。當我軍圍攻叫鳥洞，時賊酋金大五即李阿金，楊矮子即楊文章[11]，糾約草夷雞講、凱棠等處悍苗數千來援，於煙瘴山蘆箐洞連紮七壘。劉鶴齡乘其營壘未定，派向長曙、王成忠等，率領得勝之師，於初七夜分路攻擊。黎明，我軍直撲賊壘。賊憑險死拒，鎗礮子落如雨，我軍少卻。向長曙、王成忠等指揮各營如牆而進。都司李孝德奮勇先登，手斬楊文章。各營攀援直入，並將七壘攻破。

偽金王[12]李阿金身受三傷，滾崖而逸。是役共計斬悍賊五百餘級、偽王楊文章一名、偽元帥雷姜黨等五名，奪獲鎗礮、旂幟一千餘件，我軍亦傷亡數十人。十三日，提督陳希祥飭副將賴錫光，挑選精壯勇丁，帶赴夾江，查探進取下司之路，遇賊出巢，迎頭奪（奮）擊[13]，賊勢不支。賴錫光乘勝追殺，斃賊二十餘名，生擒偽將軍龍阿九等四人。十四日，守備張士成[14]帶同幫辦符武秀等，進攻高平唐（庄）[15]、後山坳上等寨，斃賊四十餘人，生擒逆苗五名，奪獲耕牛十六隻、鎗矛多件。十七日，副將鄒紹南、鄭學德帶隊，夜襲平初、傍崖等地，斬首三十餘級，生擒悍苗一名，奪獲耕牛十二隻。我軍勇丁均有傷亡。現在楚師已破高山、仰擺等大巢，分章貴六營紮甕板，精捷五營紮新城，鎮遠大道漸可通行各等情。由唐炯、陳希祥先後稟報前來。

臣等伏查巖鷹坁、甕谷籠，本係逆苗大巢，自川軍攻克後，已入其腹心，而縛其腰脊。附近寨洞如林，不得不掃蕩而前，且緩攻螃蟹等處，計自四月至五月，蕩決縱橫，殆無虛日，而其間之賊悍洞深者，則以叫鳥大巢為最。各營將士於蠻煙瘴雨之中，環攻十八晝夜，幸能仰賴天威，殲除淨盡。楚師分兵來會，驛路漸次疏通。此次道員鄧錡督隊進攻，謀勇備著。總兵周萬順等均屬異常出力。合無仰懇恩施，俯准將道員鄧錡賞加頭等勇號，總兵周萬順遇有提督、總兵缺出，開列在前，請旨簡放。遊擊用都司王成忠免補遊擊，以副將留川，儘先補用。遊擊銜都司向秉忠免補遊擊，以參將儘先補用，並賞加副將銜。都司李孝德免補都司，以參將留黔，儘先補用，並賞加勇號。其力戰陣亡之總兵姚華萃，死事最烈，應從優賜恤，於死事地方建立專祠。都司楊通祥、楊奇清，守備駱安邦，先後捐軀，均請照例優恤，並附祀姚華萃專祠，以慰忠魂，而作士氣。所有川軍援黔，攻克巖鷹坁、甕谷籠等處逆苗大巢，並將附近零寨掃除殆盡緣由，謹合詞恭摺馳陳。伏乞皇太后、皇上聖鑒訓示。謹奏。（七月十八日）。[16]

（同治九年八月初四日，軍機大臣奉旨。欽此）。[17]

同治九年七月十八日，由驛奏。於本年八月十九日，准兵部火票遞回原摺，後開軍機大臣奉旨：另有旨[18]。欽此。（P165-187）

校證

【案】此摺缺原件，録副藏於臺北"故宫博物院"①，茲據録副校補。

[1]（成都將軍臣崇實、頭品頂戴四川總督臣吳棠跪）：此前銜據録副補。

[2] 擒斬二百餘賊：録副作"擒斬三百餘賊"。因缺原件，僅存疑。

[3] 光林深洞：録副作"老林深洞"，當是。

[4] 乘勢督隊：録副作"乘勢督率"，疑誤。應以手稿為是。

[5] 一律掃蕩：録副作"一律蕩平"，當是。

[6] 救出：録副作"拔出"，非是。

[7] 力：録副作"乃"，存疑。

[8] 填寨：録副作"填塞"，當是。

[9] 明明濠：衍一"明"字。録副作"明壕"，是。

[10] 用：録副奪之。

[11] 楊文章：録副作"文章"，奪"楊"字無疑。

[12] 偽金王：録副作"偽金"，脫"王"。

[13] 迎頭奪擊：録副作"迎頭奮擊"，當是。

[14] 張士成：録副作"士成"，奪"張"字無疑。

[15] 高平唐：録副作"高平莊"，是。

[16]（七月十八日）：原稿無此日期，茲據録副補録。

[17]（同治九年八月初四日，軍機大臣奉旨。欽此）：此日期據録副補。

[18]【案】同治九年八月初四日，清廷照准吳棠等所奏，《清實録》：

以四川官軍攻克貴州嚴鷹坨等處苗巢，賞道員鄧錡、都司李孝德巴圖魯名號，餘加銜、升敘有差。予陣亡總兵官姚華萃祭葬、世職加等，

---

① 臺北"故宫博物院"藏：《軍機及宮中檔》，文獻編號：102349。

建專祠，都司楊通祥、楊奇清、守備駱安邦祭葬、世職加等，附祀姚華萃專祠。①

〇一九　奏報補用副將藍文蔚偏樹假子克扣兵餉訊明正法片
同治九年七月十八日（1870年8月14日）

　　再，據道員唐炯稟稱：總兵用候補副將藍文蔚，向在黔省帶勇。七年七月，收復平越州後，以該員籍隸甕安，熟悉道路，稟由貴州撫臣飭調來營，以資嚮導。嗣因屢次打仗出力，洊保今職，並委帶果毅副左營。本年四月，道員鄧錡在甕谷籠派右、後、副、左等營，襲剿叫鳥洞口，該營出隊僅數十人。鄧錡以各營勇丁赴後路領米，尚有五成留營，為數應得二百五十人，傳詢該將，應對支吾。即親至該營點名，每棚或有名而無人，或有人而非本名。通計虛數一百二十名，長夫亦短數一百三十名[1]。由提督劉鶴齡革去營官，派員押解至重安營次，咨請嚴辦。當經該道函約劉鶴齡會訊，並調該營幫辦參將唐得貴、書識從九品趙殿臣質證。訊據供稱，每次發餉皆係藍文蔚同其假子藍開瑞[2]核算散放，並未與聞經手。適領米勇丁回過重安，又經傳訊，僉稱藍文蔚自來發餉，每兩扣銀三、四分，各棚[3]都有虛冒，求作主。各等供。質之藍文蔚，俯首無辭。查虛冒侵蝕，尤為軍營惡習。藍文蔚膽敢偏樹假子，虛冒勇丁，克扣兵餉，眾供確鑿，實屬辜恩昧良。若不立予正法，誠恐群起效尤，軍令墮馳。訊明後輒假便宜，斬首示眾。至唐得貴、趙殿臣，查無扶同作弊情事，免其究辦。百長一律革換，虛數勇丁，已挑降苗補足等情。除咨明貴州撫臣外，謹合詞附片陳明。伏乞聖鑒。謹奏。

---

① 《穆宗毅皇帝實錄》卷二百八十八，同治九年八月上，《清實錄》第50冊，第983頁。

（同治九年八月初四日，軍機大臣奉旨：知道了。欽此）。[4]

同治九年七月十八日，附片具奏。於本年八月十九日，准兵部火票遞回原片，後開軍機大臣奉旨：知道了。欽此。（P189-194）

校證

【案】此片為崇實、吳棠會銜，缺原件，錄副現藏於臺北"故宮博物院"①，茲據錄副校補。

[1] 一百三十名：錄副作"二百三十名"，據文中"應得二百五十人"之數，錄副似誤。

[2] 藍開瑞：錄副作"藍開端"。

[3] 各棚：錄副作"每棚"。

[4]（同治九年八月初四日，軍機大臣奉旨：知道了。欽此）：此據錄副補。

○二○　奏請將知州龔縑緗照例從優議恤片
同治九年七月十八日（1870年8月14日）

再，查藍翎分發省分儘先補用知縣（州）[1] 龔縑緗[2]，前以候選州同隨營差委，迭著勞績，於克復麻哈、黃平案內彙保今職。去夏派赴黃平、新州，幫同提督謝鴻章。本年二月，派赴平越州，幫同參將劉舜祥，料理戰守事宜，深資臂助，乃以積勞，遽爾病故，情殊可憫。由道員唐炯具稟請恤前來。臣等覆查無異，合無仰懇天恩，敕部將知州龔縑緗照軍營立功後積勞病故例，從優議恤，以資觀感。謹合詞附片陳明。伏祈聖鑒訓示。謹奏。

（同治九年八月初四日，軍機大臣奉旨：龔縑緗著交兵部，照軍

---

① 臺北"故宮博物院"藏：《軍機及宮中檔》，文獻編號：102354。

營立功後積勞病故例，從優議卹。欽此）。[3]

同治九年七月十八日，附片具奏。於本年八月十九日，准兵部火票遞回原片，後開軍機大臣奉旨：龔縑緗著交兵部，照軍營立功後積勞病故例，從優議卹。欽此。（P195-197）

校證

【案】此片為崇實、吳棠會銜，缺原件，錄副藏於臺北"故宮博物院"[①]，茲據校補。

[1] 知縣：錄副作"知州"，當是。
[2] 龔縑緗：四川後補知州，生平無考。
[3]（同治九年八月初四日，軍機大臣奉旨：龔縑緗著交兵部，照軍營立功後積勞病故例，從優議卹。欽此）：此奉旨日期與內容，據錄副補。

○二一 奏報批飭唐炯將羸卒疲兵大加沙汰並通籌全局事宜片
同治九年七月十八日（1870年8月14日）

再，據道員唐炯稟稱：月來瘴癘已起，師人多病，不得不暫為休息。提督劉鶴齡亦因抱病未痊，請假一月，回籍省親，果毅各營暫交道員鄧錡代理。楚師統領臬司席寶田已回沅州，俟秋涼瘴退，再圖進取。又據提督陳希祥稟稱：黔省屢次函約，尚無出師之期各等情。臣等伏念苗疆地險而深，賊多且悍，夏則毒霧滿野，冬則大雪封山。一年之中，惟春秋數月可以用兵，而此數月中，或客兵未集，或糧道未充，更不免節節耽延，故戡定之功非旦夕所能奏效。川軍自援滇以來，閱時三載，先後增兵至萬八千人，歲需餉銀百餘萬兩，不為不竭蜀民

---
① 臺北"故宮博物院"藏：《軍機及宮中檔》，文獻編號：102350。

之力，以救黔人之危。現在貴陽之門庭早固，鎮遠之驛路已通，荒土重開，釐金起色，但能善自為謀，加以楚粵兩省之兵，寓防於剿，可冀從容臂畫，次第蕩平。而川東之重慶、夔州等屬，霪雨滂沱，江流氾濫，被災吃重情形，業經專摺奏明在案[1]。蜀餉以津貼、捐輸為大宗，勢不能責災黎以完納，後難為繼，久益不支。臣等已批飭唐炯，先將羸卒疲兵大加沙汰，並通籌全局事宜，從長辦理，總期川黔兩顧，兵餉兼權，以仰副皇上厪念邊陲一視同仁之至意。謹合詞附片陳明。伏祈聖鑒。謹奏。

（同治九年八月初四日，軍機大臣奉旨。欽此）。[2]

同治九年七月十八日，由驛附片具奏。於本年八月十九日，准兵部火票遞回原片，後開軍機大臣奉旨：另有旨[3]。欽此。（P199-204）

校證

【案】此片為崇實、吳棠會銜，缺原件，錄副藏於臺北"故宮博物院"①。茲據錄副校補。

[1]【案】吳棠於同治九年七月十一日，具摺奏報川東沿江各廳州縣被水及委員查勘賑恤情形，並附片奏參豐都縣知縣徐浚鏞瀆職，請旨將其革職查辦。其摺曰：

頭品頂戴四川總督臣吳棠跪奏，為川東沿江各廳州縣均遭水災，現經分別委員查勘撫恤，先行恭摺具聞，仰祈聖鑒事。竊臣先後接據南充、合州、江北廳、巴縣、長壽、涪州、忠州、酆都、萬縣、奉節、雲陽、巫山等州縣暨夔州府稟報：本年六月望後，大雨滂沱，江水陡漲數十丈，沿河城垣、衙署、營汛、民田、廬舍，多被沖淹。居民遷徙不及者，亦有溺斃。酆都、巫山兩縣，全城俱淪於水，倉庫、文卷同時淹沒。夔州僅存府署，其鹽釐兩關暨縣署、倉廠，俱已淹浸。各城官民多遷避城外高阜，鄉民紛紛逃生。現經各該廳州縣籌捐撫恤，暨開倉平糶，民情稍定等情。

---

① 臺北"故宮博物院"藏：《軍機及宮中檔》，文獻編號：102353。

臣查此次水災較往年重至數倍。上至南充、合州，下至巫山峽口，綿長千數百里，沿河居民貧苦居多。一旦概遭水患，不特口食無資，抑且棲身無所。雖經地方官量為資給，藉可接濟，而失業者眾，慮難徧及。臣接報後，即商同藩司籌撥公項，由省委員賫銀兼程前往查勘，分別被災輕重，會同地方官優加撫恤。並飛飭該管道府及各該廳州縣，趕緊查明被淹戶，溺斃大小、男女若干丁口。除富厚之家毋庸賑恤外，其貧難自存之戶，應先確查戶口人丁，不論銀錢、穀米，公同捐湊，速行助賑。沖塌房屋，量給修費，俾有棲止。淹斃人口，撈獲殮埋。沙壓田畝，一律挑挖，改種雜糧，藉資補救。其沖毀城垣、衙署、監獄、倉庫、廟宇、營汛，次第籌款修葺，以工代賑，總期民情安輯，漸復舊業，不使一夫失所，仰副聖主惠愛黎元之至意。至酆都、奉節、巫山等縣倉糧等項淹失若干及一切勘賑情形，除俟查覆到日另行奏報外，所有川東各廳州縣沿江居民被災及現在查辦各情形，是否有當。理合恭摺由驛馳奏。伏乞皇太后、皇上聖鑒訓示。謹奏。七月十一日。同治九年七月二十八日，軍機大臣奉旨。欽此。①

又附片曰：

再，臣現據川東道錫佩具稟：此次川東水災以酆都縣為最重，迭據該縣紳糧曾洪德等紛紛赴道具呈，知縣徐浚鏞於江水進城時，先自乘舟避居白露山寺，置難民於不顧，大失民心，萬難籌辦賑務等情。經該道查詢無異，移司撤換，並據實稟揭前來。臣查州縣為親民之官，地方遇有災浸，應即及早防救，俾免流離失所。該員徐浚鏞衹知自便私圖，不以災黎為念，以致眾怨沸騰，未便稍事姑容。除委員前往摘印接署，妥速賑恤，一面確查庫存銀錢有無預挪情弊，伏候核辦外，相應請旨將酆都縣知縣徐浚鏞革職，聽候查辦，以為玩視民瘼者戒。其所遺酆都縣缺，應歸部選。但川省現有應補人員，仍請扣留外補。是否有當。理合附片具陳。伏乞聖鑒。謹奏。同治九年七月二十八日，軍機大臣奉旨。欽此。②

---

① 臺北"故宮博物院"藏：《軍機及宮中檔》，文獻編號：102270。
② 臺北"故宮博物院"藏：《軍機及宮中檔》，文獻編號：102271。

【案】此摺片於同治九年七月二十八日，獲清廷批復，並將徐浚鏞革職，聽候查辦，《清實錄》：

> 又諭：吳棠奏，川東沿江各廳州縣被水，並請將玩視民瘼之知縣革職查辦等語。本年六月間，川東連日大雨，江水陡漲數十丈，南充、合州、江北廳、巴縣、長壽、涪州、忠州、酆都、萬縣、奉節、雲陽、巫山等州縣，城垣、衙署、營汛、民田、廬舍多被沖淹，居民遷徙不及，亦有溺斃者。覽奏，實深軫念。著吳棠督同藩司，即行籌撥公項，遴委妥員，兼程前往查勘，分別被災輕重，會同地方官，優加撫恤。並飭該管道府及各該廳州縣，趕緊查明被淹若干戶、溺斃人丁若干名口，酌量分別賑恤，毋令一夫失所。酆都縣知縣徐浚鏞於江水進城時，先行遠避，置難民於不顧，殊出情理之外。徐浚鏞著即革職，聽候查辦。①

[2]（同治九年八月初四日，軍機大臣奉旨。欽此）：此奉旨日期據錄副補。

[3]【案】同治九年八月初四日，此片獲清廷允准，《宮中檔》：

> 軍機大臣字寄：成都將軍崇、四川總督吳：同治九年八月初四日，奉上諭：崇實、吳棠奏裁汰援黔兵丁並通籌全局辦理一摺。據稱川軍自援黔以來，閱時三載，增兵增餉，民力難支。現在貴州驛路已通，荒土重開，釐金自有起色。而川東之重慶、夔州等屬均被水災，餉事實難支援。已飭唐炯先將羸卒疲兵大加裁汰，並通籌全局，從長辦理等語。黔省軍務，自川、楚各軍協剿後，清江北岸業已肅清，正宜乘勝進攻台拱，將南岸各苗寨次第蕩平。若遽行鬆勁，必至賊勢復張，前功盡棄。崇實等以天氣暑熱，士卒多病，不能不暫為休息。現交秋令，正可及時進剿。著崇實、吳棠飭令唐炯斟酌情形，裁汰疲弱，督率精銳，迅速會同席寶田等軍合力進攻。一面咨會曾璧光，派撥黔省兵勇，協同防剿，不可久事遷延。將此由五百里各諭令知之。欽此。遵旨寄信前來。②

---

① 《穆宗毅皇帝實錄》卷二百八十七，同治九年七月下，《清實錄》第 50 冊，第 971—972 頁。

② 臺北"故宮博物院"藏：《軍機及宮中檔》，文獻編號：408018105。

【案】《清實錄》："又諭：崇實、吳棠奏裁汰援黔兵丁，並通籌全局辦理一摺。據稱川軍自援黔以來，閱時三載，增兵增餉，民力難支。……"①與《上諭檔》同。

〇二二　奏請允准總兵何行保在營穿孝帶勇防剿片
同治九年七月十八日（1870年8月14日）

再，管帶忠字營總兵何行保，前於同治八年九月十二日，在營聞訃丁生母憂，經道員唐炯稟留。正在繕摺間，又據唐炯轉據何行保呈稱：本年三月十五日，在虎場坡營次接到家信，該總兵生父於正月十九日，在籍病故。係屬親子，例應丁憂，呈請委員接辦。經該道復查，並無捏避情事，自應照呈轉稟。惟現當進剿吃緊之際，若復更易生手，必致恩信不符，難期用命，仍請奏留，該總兵即於聞訃之日在營穿孝，俟軍務稍松，再令回籍補行守制等情。前來。合無仰懇天恩，俯准該總兵何行保在營穿孝，帶勇剿賊，以資得力。臣等為嚴疆需人起見，謹合詞附片陳明。伏乞聖鑒訓示。謹奏。

（同治九年八月初四日，軍機大臣奉旨：著照所請，兵部知道。欽此）。[1]

同治九年七月十八日附片具奏，於本年八月十九日准兵部火票遞回原片。後開軍機大臣奉旨：著照所請，兵部知道。欽此。（P205-208）

校證

【案】此奏片為崇實、吳棠會銜，缺原件，錄副現藏於臺北"故宮博物院"②，茲據校勘。

---

① 《穆宗毅皇帝實錄》卷二百八十八，同治九年八月上，《清實錄》第50冊，第983頁。
② 臺北"故宮博物院"藏：《軍機及宮中檔》，文獻編號：102356。

[1]（同治九年八月初四日，軍機大臣奉旨：著照所請，兵部知道。欽此）：此奉旨日期與內容，據錄副校補。

〇二三　奏請准令丁憂提督陳希祥留營統兵片
同治九年八月二十九日（1870年9月24日）

再，據統帶援黔川軍達字營提督陳希祥稟稱：六月二十二日，接到家信，驚悉生母林氏於五月二十七日戌時，在籍病故。該提督稟承母命，效力行間，濫邀曠典，榮及三世，每愧不能顯揚，以為督子從軍者勸。除將丁憂日期在籍呈明地方官轉報外，應懇據情轉奏，請旨准令葬親終制等情。臣等伏查，提督陳希祥自奉派統兵援黔以來，掃蕩上游賊氛，戰功卓著，並於計擒叛鎮林自清案內，經貴州撫臣曾璧光奏保，賞加穿黃馬褂，並賞給達春巴圖魯名號。[1]該提督久歷戎行，老成穩練，且與黔省文武尤能濟以和衷。現在道員唐炯移師平遠，正值軍事棘手之時，將才殊不易得。合無仰懇天恩，俯准將丁憂提督陳希祥留營統兵，以資臂助。俟黔省軍務稍松，再令回籍，補行穿孝。臣等為嚴疆需人起見，謹合詞附片陳明。伏乞皇上聖鑒訓示。謹奏。

（同治九年九月十五日，軍機大臣奉旨：著照所請，兵部知道。欽此）。[2]

同治九年八月二十九日，由驛附片具奏。於本年九月二十九日准兵部火票遞回原片，內開軍機大臣奉旨：著照所請，兵部知道。欽此。
（P209-213）

校證

【案】此片屬崇實、吳棠會銜，缺原件，錄副現藏於臺北"故宮博物院"[①]，茲據校勘。

---

① 臺北"故宮博物院"藏：《軍機及宮中檔》，文獻編號：103074。

[1]【案】貴州撫臣曾璧光奏保陳希祥片查無著落，而中國第一歷史檔案館藏有貴州巡撫曾璧光於同治九年三月，為陳希祥代遞賞加勇號謝恩一片。茲節錄之：

> 再，統領達字營川軍記名提督陳希祥，因擒獲叛鎮林自清正法，經臣保奏，同治八年七月十六日，准兵部咨：五月初一日，奉上諭：陳希祥著賞給達春巴圖魯名號，並賞穿黃馬褂。欽此。遵即恭錄、咨會在案。茲據該提督咨稱，一介武夫，毫無知識，涓埃未報，兢惕方深，乃蒙異數遇頒，溫綸下逮，沐殊施之逾格，實揣分以增懸，感激下忱，莫可言狀，呈請代奏、叩謝天恩前來。理合據情附片陳明。伏乞聖鑒。謹奏。同治九年三月二十七日，軍機大臣奉旨：知道了。欽此。①

[2]（同治九年九月十五日，軍機大臣奉旨：著照所請，兵部知道。欽此）：此奉旨日期與內容，據錄副補。

【案】《清實錄》之記述亦然："成都將軍崇實等奏，請將丁憂提督陳希祥留營，幫辦軍務，允之。"②

○二四　奏請將擅自移師統兵道員唐炯摘頂並籌辦大局摺
同治九年八月二十九日（1870年9月24日）

（成都將軍臣崇實、頭品頂戴四川總督臣吳棠跪）[1]奏，為統兵道員擅自移師，請旨先行摘去頂戴，並現在通籌川[2]黔大局情形，以圖補救，恭摺仰祈聖鑒事。竊臣等本年五月間，接准貴州撫臣曾璧光來函，以容兵在前，尤須主軍填紮，分辦善後，請減川省數營之費，即可涸鮒頓蘇等語。當以用兵既久，籌餉維艱，故有裁撤川軍月撥的餉歸黔自辦之議。往返緘商，尚未定見，而川東各屬迭報水災，捐輸、鹽

---

① 中國第一歷史檔案館藏：《錄副奏摺》，檔號：03-4696-087。
② 《穆宗毅皇帝實錄》卷二百九十，同治九年九月上，《清實錄》第50冊，第1019頁。

金，概行減色。不得已擬將羸卒疲兵大加沙汰，冀可川黔兩顧，兵餉兼權。曾於七月中旬，一面附片奏明，一面札飭統領援黔川軍道員唐炯，妥議稟覆。正在籌辦間，突接唐炯七月十五日來稟[3]，據稱攻拔太平黃飄、螃蟹兩坳寨洞百餘處，清水北岸肅清。惟楚軍哄傳，湘中有易將裁兵之舉，委員自鎮遠回營，咸稱臬司席寶田，於七月初赴長沙，所部精毅營軍火悉自營運還鎮遠。據此，則裁兵無疑。楚軍既不能進取，蜀軍孤懸，萬難獨奏成功。與其因循遷就，終於老師糜餉，固不如早撤為便。今螃蟹等寨齊下，軍中疾疫大作，各營將弁多半臥病，糧運又復艱阻。現令各營由地宋、楊老兩路拔回平甕，至黃平新州、舊州，亟應黔師駐守。前經稟請貴州撫臣，總以各省協餉源源解到，再行增募為辭，其不能遠防，可以概見。惟川省即無意罷兵，亦當悉出清平、平越，分規都勻、凱里，於軍勢、糧路乃為活動。又據統帶達字營提督陳希祥稟報：唐炯既已移師平甕，該營扼守清平，倘爐山、萬超、下司、高木塘之賊群起環攻，勢成孤注，何能一擲？惟有確探賊蹤，趁赴貴定，以顧省城門戶各等情。伏查湘中裁兵之舉，道員唐炯雖係得自傳聞，而湖南撫臣劉崐[4]咨送通籌湘省全局並援滇大略情形，請暫就北岸底定，再議南圖疏稿[5]。內稱南岸寨尚如林，將謀所以善其後而要其成，恐雖竭湖南之力，亦終有所不逮，便當歸併冗繁，汰除疲弱，總期足敷分布，俾免多事虛糜等語，委係實在情形。則湖南裁兵之議，早經上達宸聰，即黔師自上年都勻潰退，餉絀兵單，一蹶遂難復振，亦屬實在情形。夫以苗疆群盜如毛，愈近則山徑愈險，糧道愈難。雖有三省兵力而不添籌巨餉，別選統將，亦恐難迅奏戡定之功。何況楚師已議裁併，黔師未能替防，安能會剿！川省則民患方深，餉源已竭，原不得不設法變通。惟道員唐炯並不妥議稟覆，候示遵行，輒敢擅自移師，使數百萬餉需之費、二三年血戰之勞，無以見功，翻為受過。楚師既不免藉口，黔省亦轉覺有詞，未便因其克城復地，迭著辛勤，曲為寬貸。應請旨將道員唐炯先行摘去頂戴，以示薄懲[6]。臣崇（實）現將遵義教案辦竣，擬即回省，與臣吳（棠）悉心籌議，應否改由都匀八寨進規凱里，庶軍情糧運較有把握，抑仍由重安江派兵南渡，以期合力夾擊之處，總當體察川黔大局情形，力圖補救，斷不敢稍有諉延。所有統兵道員擅自移師，請旨先行摘去頂戴，並通籌川黔大局情形以圖補救緣由，謹合詞恭摺馳陳。伏乞皇太后、皇上聖鑒訓示。謹奏。（八月二十九日）[7]。

（同治九年九月十五日，軍機大臣奉旨。欽此）[8]。

同治九年八月二十九日，由驛恭摺具奏。於本年九月二十九日，准兵部火票遞回原摺，後開軍機大臣奉旨：另有旨[9]。欽此。（P215–225）

校證

【案】此摺缺原件，錄副藏於臺北"故宮博物院"①，茲據錄副校補。

[1]（成都將軍臣崇實、頭品頂戴四川總督臣吳棠跪）：原稿未署前銜，茲據錄副補。

[2]川：錄副無"川"字，奪無疑。

[3]【案】同治九年四月十二日，道員唐炯以其軍駐巖鷹坉、甕谷隴，賊眾且悍，老林密箐，糧運艱阻不能接濟，兵力單薄不敷分布，即上書川督吳棠。《成山老人自訂年譜》：

竊前奉到憲台札開：軍情忽有變更，務將進止機宜切實馳稟，以憑查辦，不得一誤再誤，徒事虛糜。該局應解餉需、軍火，亦不得稍有缺延，以妨進取等因。奉此。伏察苗疆，如台拱、丹江等處山多田少，苗族繁眾不能自活，故從前蔓延鎮、施、清、黃、平、甕、都匀，占地耕作。自經川楚兩軍掃蕩，地勢日蹙，而積聚又為兩軍焚奪無遺，人多穀少。去年以來，饑疫死者不可數計。現今斗米二千錢，自相殘殺。此其機勢可圖，誠有如席梟司議以地勢論十得其三、以兵勢論十有其七者。賊之最悍最黠，莫如台、凱、施、黃、清、平所屬。而老林密箐，地險巢堅，亦百倍於他處，且首先倡亂必須剿者五廳州縣，地廓清則其餘剿之易平、

---

① 臺北"故宮博物院"藏：《軍機及宮中檔》，文獻編號：103078。

撫之易定。此賊情、地勢，剿撫先後，大略如此。現今楚軍攻拔施洞、新城，川軍攻拔黃飄、甕谷隴、加巴、牛場等諸巨巢，賊悉將家屬逃上凱里、都勻，獨留壯健抗拒官軍。而兩軍相距止三十餘里，所以猝未得會合者，則以左右十里、二十里堅巢林立以數百計，尚費摧廓。楚軍米糧、軍火轉運，悉係舟船，取攜其便。川軍悉由陸運，自遵郡、思南、貴陽三路採辦，運至孫家渡、袁家渡、水尾，每夫一名，背米二斗。現值農忙，雇夫不易，每路每日不過到米五六十石。自孫家渡、袁家渡兩路各設馬二百匹運巖坑，巖坑設馬二百匹運甕安，甕安設馬二百匹運牛場。水尾設馬二百匹運大麻窩，大麻窩設馬二百匹運牛場。自牛場、地宋、大巖各設馬二百匹，以次轉運重安。餘馬二百匹，以備更換疲乏。每馬馱四斗，三日一轉，計到營每日不過三十石，而前敵二十營每日約需食米八十石。此糧運艱阻不能接濟之實在情形也。陳提督一軍不能不留守清平，除以三營節節駐守以護該營糧運清平，僅餘四營止能守不能戰。黔師僅能守龍貴一面，都勻、凱里之賊時出平貴之間，擾我糧道。黔師不能截剿，川軍不能自顧。職道所部分防大麻窩、牛場、甕安、平越、地宋，六營若皆調赴前敵，糧道一斷，前敵即虞嘩潰。職道在重安，亦不能不留一營自衛。其在前敵者，僅劉提督果毅十五營及職道安定、前後、副左三營，是目前兵力已不能運調自如。楚軍兵力倍於我，而其意專注清江、台拱，以剿為防，勢不肯過重安江。自重安江以西南，清水江之上流，黔軍既不能振，川軍勢不能不獨任。地闊路歧，既已分防，即不能暢意攻剿，迅速奏功。此兵力單薄不敷分布之實在情形也。年前，仰蒙飭撥買米銀十萬兩，而兩次到遵郡，一則正月初旬，一則二月下旬。以七萬買米一萬二千石，以三萬買馬二千匹，即已無餘。每馬十二匹需獸醫、馬夫六名，計二千匹，需獸醫、馬夫千名。此千名既需口糧，而馬之草料費更不貲。前移局請撥運費，至今未到一批，富榮鹽鳌亦復不旺。從前採辦洋火、洋藥，以每鎗一錢藥配火一粒計算，尚不敷洋火二百六十萬粒。此項川中無從購辦，一旦缺乏，洋礮便成廢器。去夏即稟請飭局委員赴楚採辦，昨准局移：委員舟抵沙市，不戒於火，悉行焚毀，不審曾否續行委員採辦。凡此餉需、軍火，悉屬仍前支絀。不審應手，乃蒙憲台批札，責效嚴急。奉讀之餘，無任惶恐。李節相奉命督辦，陳說三難，尚需增兵集餉。職道自顧，何人乃欲就區區現有兵力无米為炊，亦誠過不自量矣。職道知識短淺，本非軍旅之材，特以過蒙委任，輒欲勉竭駑駘。黔省既不善自為謀，蜀餉又復日形坐困，私憂過計，後患堪虞。前者，憲台陳奏有留兵以歸其節制，或協餉以拯其困窮之議，故特遵札，縷陳實在情形。仰懇從長籌畫，如或俯念邊氓塗炭，始終援拯，則非增兵二十營，寬籌餉需、軍火，不足蕆事。而任大責難，亦非職道之淺薄所能肩荷。應懇別派大員辦理，俾職道得投閒置散，保全首領，感且不朽。冒昧瀆陳，不勝惶恐待命之至。①

[4] 劉崐（1808—1888），字玉崐，號韞齋，雲南普洱景東縣人。道光優貢生，道光十二年（1832），中式舉人。二十一年（1841），中進士，選翰林院庶吉士，歷任翰林院編修、侍講、侍讀學士、內閣學士兼禮部侍郎、鴻臚寺少卿、順天府尹、太僕寺卿、湖南學政、湖南巡撫等職。巡撫湖南期間，督修《湖南通志》，重修天心閣與嶽麓書院。

[5]【案】湖南巡撫劉崐於同治九年六月二十五日具奏之摺，並於七月初十日得允②，摺曰：

革職留任湖南巡撫臣劉崐跪奏，為通籌湖省全局並援黔大略情形，

---

① 唐炯：《成山老人自訂年譜》，載沈雲龍主編：《近代中國史料叢刊》一編第十六輯，第201—207頁。
② 《清實錄》："又諭：劉崐奏楚省援黔各軍擬暫緩南圖一摺。據稱湖南自援黔以來，歲需餉銀甚鉅，積欠已多，湘中近日情形尚須防維補救，自固根本。擬飭席寶田設防清江北岸，清理善後事宜，俟川黔兩省進勦得手，再派兵南渡夾擊等語。黔省清江北岸業已肅清，正宜乘此聲威，進規古拱，將northern岸各苗寨次第掃除，以期一勞永逸，若半途鬆勁，軍務安有了期！劉崐慮竭湖南之力不能竟事，先無以對湘民，未免畏難自阻，現當天氣盛暑，援黔各軍，著照該撫所請，暫予休息。即著檄令席寶田，趁此頓兵未進之時，迅將鎮、思、施、黃各屬善後事宜依次興辦，務臻妥實，一面將積欠軍餉設法清釐。轉瞬秋涼，仍當迅速進兵，蕩平南岸，以竟全功，毋得惑於人言，轉致事機遲誤。各營如可裁汰歸併，亦著該撫酌量辦理，以節餉需。本省團防事宜甚關緊要，該撫仍當督飭各屬，實力整頓，以備不虞。川省援軍亦不得稍存觀望，致失機宜，著崇實、吳棠飭令會合楚軍，相機夾擊。曾璧光身任黔撫，責無旁貸，務當嚴飭各營，隨時策應川楚各軍，認真勦辦，早靖疆圉。將此由五百里各諭令知之。"（《穆宗毅皇帝實錄》卷二百八十六，同治九年七月上，《清實錄》第50冊，第950—951頁。）

請暫就北岸布置底定，再議南圖，恭摺奏祈聖鑒事。竊維楚黔唇齒相依，沅、晃、靖各境與黔壤交錯者數百餘里。自苗教倡亂，蹂躪黔疆，而楚邊時亦被擾。湘中派兵防剿，雖經迭有懲創，邊事終不安靜。維時，內顧尚無非意之虞，防邊祇屬自完之計。衡以軍志，毋人薄我之義，勢須以剿為防。此同治五年前撫臣李瀚章所以有援黔之舉也。臣受任以來，踵循成規，隨時提振，黔民望之，而湘士非之。臣自分職任疆圻，何分畛域？固知力有所不逮，亦遂身任而不疑。辦理有年，竭蹶殆非一致，祇以成師以出，尚無成效可言。苟或遽議停兵，戰守猶兩無可據，所以力為其難而仍守援黔初議也。幸賴天威遠播，將士同心。席寶田自入苗疆，步步為營，節節進剿，迭克要塞堅城，遂清北岸苗疆。以清水江為大界限，南岸之苗，巢深而山險；北岸之苗，地廣而賊繁。故台拱雖南岸第一巨巢，為渠魁所萃集，而必仰食借力於北岸。今北岸以次肅清，楚蜀兩軍聲勢聯絡，以撤苗疆藩籬，而潰其腹心矣。諭者謂：乘此勝勢，會合川軍，渡江而南，台拱一隅，何處不克？然用兵以知己為先，克敵以善後為要，川軍之力量不可知，以楚軍近日情形，若再進兵台拱，未必不可一鼓。而下顧本末次第緩急機宜，有必當審酌者，正不得不熟籌之。湖南自援黔以來，歲餉不下二百萬兩，初猶勉力支持，月清月款，繼則每月僅能發二十日現餉，近且並此二十日而時有不敷。藩糧之兩庫常虛，鹽茶之釐金有限，日積月累，欠餉已至一百七八十萬兩之多。此饋運不繼情形，猶其顯而共見者也。湘中素稱產米之區，故諺有"湖廣熟，天下足"之語。上年濱湖固被水災，而合計通省歲功，亦尚在六分上下。本年青黃不接，亦曾預籌補苴。乃自入夏後，雨水較多，穀價日長，石米值錢五六千餘不等，實湘中人所駭見駭聞，以致人情洶洶，幾若朝不及夕，一時衡、長、嶽各屬，因饑滋事者有之，借饑生事者有之，須隨時設法接濟，因案嚴懲。幸以無事，而地方如此空虛，人心如此浮動，此臣與藩司言之惴惴，而亦前此所不及料者也。湘中戰功之盛，甲於天下。其先募農為勇，人多樸直而強健，故用其力，足以平賊。厥後隨營日久，習氣日深，遣撤歸來，率有不安於農之勢，甚且到處結會，隨地糾人，隱患之萌，已非一日。本年，湘鄉、瀏陽接踵起事，雖旋起旋除，而此種匪徒蠕蠕欲動，所在多有。識者謂：天下兵事之終，恐即湖南勇禍之始。此又民氣之迥殊乎前，而補救防維之不可稍弛者也。湖南之情事若此，而楚軍所克之黔地，田畝尚盡荒蕪，人民多未復業，並有土著之良苗、受撫之降苗，雜處其間，欲墾荒則器具、牛種無資，欲謀生則工商經營無本。民貧恐仍剽竊為盜，苗貧更慮反側之生。心則為圖還定撫綏，其勢孔亟。又況應設之卡隘，應建之城垺，必已得者，足資保障，庶賊來有所捍御，即剿賊而進退亦屬萬全。若銳意台拱之捷而遽事南圖，台拱之克固易矣，而南岸寨尚如林，城易克而賊難盡殲，將謀所以善其後而要其成，恐雖竭湖南之力，亦終有所不逮。與其克台拱而鮮效，不若就已成之規而徐圖之。現當盛暑疫興，兵事正須稍頓。臣擬檄飭席寶田，暫以清水為限，扼要設防，一面將鎮、思、施、黃各屬善後事宜依次辦理，流民則撫集之，良苗則安插之。或撥絕產以開屯，或貸籽種以招佃，或助民築寨以保其身家，或助民編團以資其守望，使北岸復歸之眾咸樂其生。北岸已得之地，足資為守，將南岸梗化之苗，聞其風而可格。明臣王守仁南贛思田故事，臣竊謂行之有其時也。如此則在黔各軍當便歸併冗繁，汰除疲弱，但期足敷分布，俾免多事虛糜。其積欠餉需，容飭軍需局司道，酌量盈虛，設法清理，毋令愈積愈重，以致留遺兩難。一俟川黔兩軍進剿得手，臣亦即派兵南渡，合力夾擊，作三省會剿之舉，以靖南服，而掃苗氛。至於儲備團防，為湖南目前要務，臣當督飭藩臬兩司，實力整理，以固根本，而備不虞。蓋臣不圖黔，無以對黔民；臣不量湘力以圖黔，先無以對湘民。此區區愚忱，不敢不通籌熟計而披瀝以陳者也。臣為湘省全局起見，是否有當。伏乞皇太后、皇上聖鑒訓示。謹奏。六月二十五日。同治九年七月初十日，軍機大臣奉旨。欽此。[1]

[6]【案】據唐炯稱，其移師之舉，事出有因，《成山老人自訂年譜》：

---

[1] 臺北"故宮博物院"藏：《軍機及宮中檔》，文獻編號：101918。

秋涼，楚軍病起，悉軍南渡七十餘營，進規台拱，次及丹江。我軍移向清平、平越，分規都勻、凱里，上下合擊，近則歲暮，遠在明春，苗疆可以粗定。而吳公乃函商黔大吏，全撤川師，月協餉五萬歸黔自辦，或酌留兵任辦上游，囑余馳稟實在情形。即便定局，吳公本不欲余終竟其事，前即欲易將，合肥節相止之。此節相面告余者。故自四月節相奉命赴陝，益一切齟齬。而是時周達武在成都為諸生所辱，力求當事，請帶兵赴貴州提督本任。此達武面告余者。黔中大吏自以所為不法，慮余一旦成功，蒙恩超擢得奏事後，盡劾其欺侵不法狀，必欲排而去之，群小又復交構，媒孽其間。余念既已孤立，不為人容，而欲與成功無後咎，於勢未可。乃復陳歸黔自辦為便，或留兵扼守烏江，並請肅清清水北岸，便移師甕安、牛場，以待遣撤。竊察黃平清施，山險林深，苗悍且眾，堅巢巨洞，棋布星羅。往者，湖南用兵連年，僅及鎮遠，不能上通貴陽聲氣。職是之由，故職道剿定號教各匪，收復平甕後，力為其難，先規黃平，次取重安、清平，潰賊心腹，據賊腰膂，驛道疏通，直在指顧。乃以黃飄之役楚師撓敗，機勢遂頓。本年三月以來，賴席臬司戮力合謀，自新城而上，我軍由重安、新州兩路並下。東坡、黃飄、白堡、甕谷隴、巖鷹坉、仰朵、加巴、牛場、叫鳥洞等大巢，以次攻拔，附近零寨略皆剿平，斬首俘虜過萬。賊以饑餓及自相殘殺，死者數又倍之。賊耕作失時，黨羽破散，不復能如前動輒糾合一萬兩萬眾，抗拒官軍，其勢蓋極衰弱。而川楚兩軍聲勢通聯，自重安至鎮遠往來無阻。秋涼，楚師病起，悉軍南渡計七十餘營，進規台拱，次及丹江，聲勢甚盛。倘黔能自強，規復都勻，次及凱里，粵師以剿為防，由南丹、荔波以規八寨、都江，同心合力，大約不出一年，苗疆可以粗定。是此時川師之在黔可有可無，不足輕重。而川師孤懸深入，去川境千數百里，既不若粵師之以剿為防，近在門闥，進退自如。軍火、糧餉轉運艱阻，又不若楚師之悉係舟船，取攜甚便。兵止三十三營，不及楚師之半，而收復地段廣闊，且防且戰，不得運調自如，遂其掃蕩縱橫之志。增兵則餉源困絀，難乎為繼，深虞後患踵起；不增兵則時日曠延，不能即決，殊虞師老無成。加以黔中當局心懷齟齬，職道分屬部民，勢難左右。夫以兵力之單薄、轉運之艱難、餉需之支絀、軍火之缺乏，而由主客鑿枘，孤懸深入，旁無應援，欲收遠效無後咎，於理於勢未見其可。從前一再陳請，仰蒙鑒察，示以大局所關，自有主持，無庸過慮，故去冬還蜀，面陳防剿兩端，嗣與局會議，亦止就利害陳說。誠以用兵大事，職道分微，或進或止，應候裁決。既荷垂念鄰疆，不肯決然罷兵，奏催楚黔來會。職道身是黔民，何敢畏難，有負委任？既見黔省終不自為謀，蜀餉又日益匱竭，專恃客軍，微論利頓，難以逆料，即使成功，無以善後。客軍一旦罷去，禍變必將復起。是徒耗川楚之力，終無救黔民之難，故復縷陳，仰懇從長計畫。乃奉批答：川省餉絀，黔省兵單，時勢使然，無可諉咎。倘至軍情萬變，蕆事無期，不妨切實敷陳，徐商進止。職道用是不敢再言。茲接孫道函知，憲台決意罷兵節餉，並示以會商曾中丞函稿，全撤川師，歸黔自辦，或酌留兵任辦上游，囑職道馳稟實在情形，便即定局。職道不勝大願，從此得保首領，歸見憲台矣。川軍之艱難，蕆事之不能迅速，先後所陳情形，皆係實在無可更言者。竊以全撤川師，歸黔自辦為便，至酌留兵任辦上游，似猶有可議者。上游水城等處僅顧馥春一股，興郡、郎岱等處僅楊秀青一股，顧馥春業薙髮歸誠，職道已遣人往料理。楊秀青徒黨數萬，跨據數州縣，勢雖眾大，然自黔亂以來，未嘗出擾，商賈行旅，往來無害。但得賢有司單騎往諭，即便解散。若留兵多，則恐將領非人，轉滋事端，猝不得罷。少更無濟，徒糜餉需，湘耀兩營其前事也。愚以為留兵任辦上游，不若留兵防守烏江。往者，號匪跨據烏江南北兩岸，故苗匪不能過烏江，佔據思南、遵郡兩府地。自職道剿定，毀其寨城，錄其精銳，收其軍械，其室家皆散處耕作。二年以來，平甕遺民歸來甚眾。自遵郡以至川邊數百里，村落相望，田土墾闢，亦十之五。自遵郡至省，商賈通暢。今一旦川軍罷歸，黔省急切，不能兼顧兩府之民，內逼官吏，外迫苗匪。其弱者仍復轉徙，填溝壑，黠者必復負嶼自固，苟且求活。涪、南、綦、合之民恐不得安枕，微獨貴陽道路梗阻也。達字營勇多楚粵，人無可留者。職道愚見，擬於安定、果毅兩營中降眾挑留十營，選派將領，分布烏江之老軍關、孫家渡、袁家渡等處，盡徙平甕遺民，填實北岸，就地耕作，扼河而守。俟一年後黔局稍定，再行遣撤。如此降眾有所歸宿，不致為亂，北岸之民得免再罹兵革。大道通暢，黔省釐金不無補益，黔師無煩分顧，得以專意都勻，下會楚師。在黔有此數利，而在蜀不過歲費十餘萬兩，邊境且得以無警，亦策之善者也。是否可行，伏候衡奪。苗疆既歸楚黔會辦，川軍未便久留重安、甕谷隴自困，又轉運艱難，道遠費重，勇丁甚苦。職道現與鄧道商議，分兵圍攻太平洞、黃飄洞一帶，一俟得手，楚軍可無牽掣，清水北岸肅清，即便移師甕安、牛場就糧，以待遣撤，餉需到營，輾轉總須三月。應懇飭知防剿局、川東道、富榮局，所有補發欠餉，均截至九月底止，無以奉文之日為截餉之期。並懇於九月底掃數到營，俾得妥協遣撤，不致如劉道之在畢節坐受窘辱，尤所感禱。再，職道與劉提督墊發過傷恤銀兩，皆係挪移勇餉，迭經稟明在案。現當裁撤，挪移之款無從彌補，仰懇飭局一併隨餉補發，實為公便。乃自六月十九日至七月三日，掃蕩黃飄、太平、白計等大小二十一洞，復檄于德楷、王成忠，分道大搜至於舊州、施秉，縱橫三百餘里，老林深谷，靡不畢到，斬首五千餘級，殲賊酋黨廣西潘金所、潘阿講、潘厚里、潘三麻、楊菊九、潘哀甕，後路賊蹤淨盡，而螃蟹兩坳賊五千餘家，兩岸接凱棠、凱少革夷，右連漁梁、五坊，林箐茂密，地勢險峻，周環數十小寨，十五年來，官軍未能一至其地。乃以十二日夜，我軍四路併發，天明，抵賊巢。賊殊死戰，而凱棠、凱少革夷賊渡河來援。我軍乘半渡擊之，斬賊酋爽少吼，賊大奔。我軍數路合蠻，拔其巢，復乘勝破馬郎坡、大小翁蕩等六十餘寨，渡巖頭河，掃蕩漁梁、五坊，生擒賊酋楊那尚，斬首四千餘級，投巖溺水死者甚多，於是清水北岸肅清。當是時，南岸凱里、凱棠、凱少革夷火燒，賊大震，悉將家屬移上都勻，而上下江八寨之賊咸來乞撫。余以月餘不得吳公還報，而疫癘大作，師人多病，糧運益艱，乃先移前撫良苗五千餘家於牛場、甕安。十八日，鄧錡分道，以次轉營而退，全駐平甕間就糧，函告陳希祥，暫駐清平勿動，以待後命。意謂吳公如悔悟不罷兵者，我軍即出平越、清平，分規都、凱，復我本謀，於軍勢、糧道乃為活動。乃二十一日至牛場，得吳公還報，但令沙汰疲卒。繼復檄令，妥議川黔兩顧，兵餉兼權，毋遽為移師就食地，並謂鄰疆退有後言，孰任其咎？原其實意欲往返宕延，俟軍心搖動自變，然後劾余，以周達武來代繼。恐余全師而退，楚黔交章劾之，思委咎於余，又慮余不任咎，余復稟謂為黔謀，自以勘定為期，增兵益餉，不肅清黔省不止。為蜀謀自以裁兵為上，節省餉需，固我疆圉，以紓民困。事理判然兩途，不能遷就。其次，則有如節次所陳，或扼烏江，以顧遵、思兩郡，而固川邊；或守平甕，以顧貴陽門戶，而保省城，此外別無長策。至黔當事倘有後言，則請嚴劾余，以慰其心。是時，陳希祥所部於十九日夜無故驚潰，晝夜奔過巴香。陳希祥至貴陽，黔當事匿其狀，獨劾余，請交蜀察辦。而是時湖南巡撫劉公以余退師，劾吳公。吳公恐，亦劾余。仰蒙聖明鑒察，僅予薄懲，仍命督師，或由平越分規都勻，或仍由重安進剿，命余相度形勢。而吳公奏，謂余舉周達武自代，擬月協餉五萬，帶所部赴提督任，並請許周達武專摺奏事。報可。①

[7]（八月二十九日）：原稿未署此時間，茲據錄副補。

[8]（同治九年九月十五日，軍機大臣奉旨。欽此）：此奉旨日期據錄副補。

[9]【案】同治九年九月十五日，清廷諭令將唐炯先行摘去頂帶，以示薄懲，並飭吳棠等體察情形，悉心籌畫，妥速籌辦，以維全局，《宮中檔》：

軍機大臣字寄：成都將軍崇、四川總督吳、湖南巡撫劉、貴州巡撫曾：同治九年九月十五日，奉上諭：崇實、吳棠奏請將統兵道員摘頂並通籌川黔大局一摺。黔省軍務自清水江北岸肅清，事機順利，正宜乘此聲威，合力進剿，以竟全功。乃唐炯因川、楚兩省有減兵節餉之議，並不妥議稟覆，聽候批示，輒將所部川軍擅自撤回平甕，實屬貽誤事機。姑念前次克復地方，著有微勞，著先行摘去頂帶，以示薄懲。前據曾璧光、劉崐先後奏到川軍撤退情形，迭經諭令崇實、吳棠嚴飭唐炯迅速進

---

① 唐炯：《成山老人自訂年譜》，載沈雲龍主編：《近代中國史料叢刊》一編第十六輯，第214—224頁。

兵,與楚、黔各軍聯絡夾擊。劉崐前奏並有楚師進規台拱、川軍進剿凱里諸寨之議。著崇實等體察情形,悉心籌畫,應否改由都勻八寨進規凱里,或仍由重安江派兵南渡,飭令唐炯克期拔隊前進,實力剿辦,以贖前愆。並著劉崐檄催席寶田迅督所部,會合進攻,以收夾擊之效。至疲弱兵勇,本不應濫竽充數,豈待餉需支絀,始議裁汰!又豈可因裁汰疲弱,停兵不進,坐失機宜!崇實、吳棠、劉崐務當懍遵迭次諭旨,妥速籌辦,以維全局。總須飭令各軍,彼此聯絡策應,立於不敗之地。斷不可意存畛域,各懷觀望,致誤戎機。倘不以大局為重,進止不齊,以致日久糜餉老師,辦無成效,定將統兵各員從嚴懲治,即該督撫等亦不能辭咎也。曾璧光身任黔撫,責無旁貸,亦當督飭黔軍,力圖進剿,不得專恃援軍,自甘頹靡。貴州教案未結,崇實著仍遵九月初七日諭旨,前赴遵義會辦,趕緊結案。將此由六百里各諭令知之。欽此。遵旨寄信前來。①

【案】《清實錄》與《宮中檔》記載一致。"又諭:崇實、吳棠奏請將統兵道員摘頂並通籌川黔大局一摺。……"②

○二五　奏報改撥協黔的餉並請敕下貴州提督周達武馳辦軍務摺
同治九年九月二十一日(1870年10月15日)

(成都將軍臣崇實、頭品頂戴四川總督臣吳棠跪)[1]奏,為改撥協黔的餉,請旨敕下留川統兵貴州提督馳赴本任,接辦軍務,以一事權而圖補救,恭摺仰祈聖鑒事。竊臣等前將統兵道員唐炯擅自移師並通籌川黔大局事宜、力圖補救緣由,據實奏明在案。臣崇(實)旋於九月初六日,由重慶回省[2],會同臣吳(棠),悉心籌議。竊念黔省軍

---

① 臺北"故宮博物院"藏:《軍機及宮中檔》,文獻編號:408018108。
② 《穆宗毅皇帝實錄》卷二百九十,同治九年九月上,《清實錄》第50冊,第1018—1019頁。

務自川楚會剿以來，閱時既久。雖將重安江北岸苗巢次第廓清，而戡定之功尚未能確有把握。推原其故，殆因客兵之不相統率，主兵之無以自強，輾轉遷延，遂不免師疲財匱，進退兩難。於此而欲求補救之方，以重事權之寄，非有戰功素著、人地相宜、如留川統兵提督周達武者，恐難勝任。正在商辦間，接准貴州撫臣曾璧光函稱：道員唐炯舉提督周達武自代，語亦有見，應照前議月協五萬兩餉數，撙節為之，定能撐搘一面，唐炯各營即當分別裁撤等語。與臣等意見相同。因即檄調提督周達武，面詢黔省軍務，均能洞中機宜，瞭若指掌。並據稱受恩深重，不敢不竭盡愚誠，勉圖報稱。雖明知川庫奇絀，仍請寬撥銀八千兩，共成月協的餉五萬八千兩，俾於黔事有益等語。臣等伏查，周達武志節清嚴，血誠果毅，遇事毫無避就，為將領中緩急可恃之員。前任督臣駱秉章暨臣崇（實）署理總督任內，均經一再籲求俞允，留川統兵。臣吳（棠）涖蜀兩載，援陝剿夷，亦深資其臂助。茲以鄰疆多故，為地擇材，不得不先其所急。而周達武決然身任，欣然樂從，其公忠已可概見。應請旨敕下貴州提督周達武，馳赴本任，接辦軍務，以一事權而圖補救。所需的餉五萬八千兩，容臣等督同司道，按月盡力籌撥，解赴貴陽省城，專供周達武馬步全軍之用，不得短少，亦不得再請增多。惟該提督統師入黔，與援軍無異，以臣等愚昧之見，遇有緊急戎機，可否仰懇天恩，俯准周達武就近會同曾璧光奏報，出自聖裁。所有改撥協黔的餉，請旨敕下留川統兵貴州提督馳赴本任接辦軍務緣由，謹合詞恭摺馳奏。伏乞皇太后、皇上聖鑒訓示。再，查周達武原部武字營馬步勇丁五千九百人，當一面酌補欠餉，抽調隨帶前往，一面檄飭提督陳希祥、總兵梁安邦等，將達字、新字各營拔回川省，填紮大安驛、廣元縣、越巂廳等處，以固邊防。唐炯各營亦即分別撤留，以節餉需。合併陳明。謹奏。（九月二十一日）[3]

（同治九年十月初七日，軍機大臣奉旨。欽此）。[4]

同治九年九月二十一日，由驛具奏。於本年十月二十二日，准兵部火票遞回原摺，後開軍機大臣奉旨：另有旨[5]。欽此。（P227-236）

校證

【案】此摺原件無從查詢，錄副藏於臺北"故宮博物院"①。茲據錄副校補。

[1]（成都將軍臣崇實、頭品頂戴四川總督臣吳棠跪）：原稿無前銜，茲據補。

[2]【案】因成都將軍崇實奉旨辦理貴州遵義教案，業已辦結完竣，遂於同治九年十月初六日，具陳"議結遵義教案善後事宜並具報回省日期"一摺，得清廷批復②。茲補錄之：

奴才崇實跪奏，為議結遵義教案，擬定民間善後條規，所具士民相安甘結，謹再恭摺陳奏，並報奴才回省日期，仰祈聖鑒事。奴才前在重慶曾將會勸遵義設堂行教、士民並無異詞緣由，恭摺馳奏在案。拜發後起程，回省途次，接據道員余思樞、塞闓會同道員楊蔭棠、冉瑞桐及遵義府縣等稟，據城鄉紳耆呈稱：設堂行教兩事，業已不敢抗違。惟從前入教匪人，恃教為符，抗官藐法，甚至串同蠹役、劣團，遇事把持挾詐，以致良民裹足屏息。目前雖無異言，但恐仍蹈前轍，又致爭端等情。經該道會議民間善後章程十二條，復令楊蔭棠暨奴才密派該處紳士等，分赴各鄉，妥為勸諭。城鄉士民見新定章程後，均皆悅服，自願出具聽從設堂行教、彼此相安甘結繳案。惟此案肇釁之初，係由教民楊希伯與遵義縣已革書吏楊樹勳，挾嫌滋事，激成眾怒，以致匪徒傅有沅乘勢率眾

---

① 臺北"故宮博物院"藏：《軍機及宮中檔》，文獻編號：103455。
② 《清實錄》："諭軍機大臣等：前據總理各國事務衙門奏，貴州教案未結，當諭崇實折回遵義籌辦，總須民教兩面各無異詞，實有完案確據，方不至再滋口實。茲據崇實奏，議結遵義教案，新定善後章程十二條，士民均皆悅服，自願出具聽從設堂行教、彼此相安甘結等語。惟所稱出具甘結，僅係中國士民。至教士是否帖服，曾否會同出具甘結，未據崇實奏及，雖稱所議條規，於教士並無牽礙，終屬一面之詞。著崇實懍遵前旨，迅將民教兩面切實議結，如該教士尚未帖服出具甘結，不得遽謂完案，仍須折回遵義，趕緊妥辦，以免另生枝節。其楊希伯等應得罪名，即著知照曾璧光歸案，定擬具奏。將此由五百里諭令知之。"《穆宗毅皇帝實錄》卷二百九十一，同治九年九月下，《清實錄》第50冊，第1024頁。）

搶劫，釀成巨案，未便稍事姑容，由該道等訊取供詞。除傅有沅一犯業於去歲經塞闔會同黔省委員候補道陳昌運拏獲正法外，請將為首滋事之楊希伯擬發極邊煙瘴充軍，楊樹勳擬以杖一百、流二千里。又續查附和之段屏山、陳思去，均照不應重律，分別枷責發落，隨將章程、甘結、供詞稟齎前來。奴才逐加查核，所議條規係專為預杜差役、團首舞弊起見，于教士並無牽礙。該道等就地方肇衅之故，為因時制宜之圖，立法挽回，以期民教一體相安，籌畫洵屬妥協，足以仰慰聖廑。業由奴才照咨貴州撫臣曾璧光，責成地方官遵照辦理，並將章程刊刻，會同大學士兩湖督臣李鴻章暨奴才聯銜出示曉諭。至楊希伯等肇端釀衅，均屬罪有應得。第教案既經撫臣議結，自應仍由黔省歸結擬辦。除將甘結、章程、供詞咨送總理衙門備查外，所有議結遵義教案民間善後緣由，理合恭摺續奏。伏乞皇太后、皇上聖鑒訓示。再，奴才現於九月初六日帶印回省，照舊供職，合併陳明。謹奏。九月初六日。同治九年九月二十二日，軍機大臣奉旨。欽此。①

[3]（九月二十一日）：原稿未署日期，據錄副補。

[4]（同治九年十月初七日，軍機大臣奉旨。欽此）：此奉旨日期，據錄副補。

[5]【案】此摺獲清廷允准，並令吳棠等飭周達武迅赴貴州，接辦軍務，克期進軍會剿，以策全功，《宮中檔》：

軍機大臣字寄：成都將軍崇、四川總督吳、湖南巡撫劉、貴州巡撫曾：同治九年十月初七日，奉上諭：崇實、吳棠奏改撥協黔的餉，請飭提督赴任接辦軍務一摺。貴州提督周達武在川帶兵，素稱得力，現在川省援黔一軍，久未得手。崇實等請飭該提督馳赴本任，接辦軍務，以一事權，所籌尚妥。即著崇實、吳棠傳知周達武，即赴貴州提督本任，接辦軍務。遇有軍營緊要機宜，准該提督就近會同曾璧光列銜具奏。唐炯各營即著分別裁撤，妥為安置。周達武所需餉銀五萬八千兩，著照崇實等

---

① 臺北"故宮博物院"藏：《軍機及宮中檔》，文獻編號：103177。

所擬，由川按月籌撥，解赴貴州省城，專供周達武馬步全軍之用，不得短少。崇實、吳棠務當傳知該提督，赴黔後，迅率所部克期進兵，與楚黔各軍聯絡夾擊。周達武本係貴州提督，著曾璧光飭令黔省帶兵各員，遇有應剿、應防事宜，悉聽周達武調遣。席寶田一軍並著劉崐檄令該員迅督所部，會同周達武等合力進攻。此次貴州壁壘一新，該將軍、督撫等務當懍遵迭次諭旨，嚴飭帶兵各員，迅圖會剿，毋再推諉遷延。周達武原部達字、新字各營，崇實等已令回川填紮。即著飭令提督陳希祥等妥為布置，以固邊防。將此由五百里各諭令知之。欽此。遵旨寄信前來。①

《清實錄》記述與《宮中檔》同。"己亥，諭軍機大臣等：崇實、吳棠奏改撥協黔的餉、請飭提督赴任接辦軍務一摺。……"②

【案】同治九年十月二十七日，貴州巡撫曾璧光亦具摺，陳請周達武奉旨赴黔，接辦軍務，曰：

貴州巡撫臣曾璧光跪奏，為川省現令貴州提督赴任，接統川營唐炯等軍，將籌辦情形恭摺由驛復奏，仰祈聖鑒事。竊臣前因川軍退紮，據實上陳，迭次承准軍機大臣字寄。同治九年九月初六日、初九、十五等日，恭奉諭旨，仰蒙聖訓周詳，曲加策勵，回環跪頌，感悚交縈。並准四川將軍、督臣咨錄奏稿，擬令貴州提督臣周達武，馳赴本任，接辦唐炯等營軍務，月撥的餉，以圖補救。籌畫極為妥協。臣承恩疆寄，貴有攸歸，外料賊情，內揣軍勢，必須主客輯睦，始能相與有成。伏查黔省兩游，同一糜爛，而下游為尤甚。上游雖回狆夷匪時出騷動，防剿所在，而田土不盡荒蕪，人民不盡流散。地方文武尚可募練督團，日相撐柱。下游苗疆淪陷，已逾十年，苗匪蟠結根固，久外生成，非數路進攻，使其勢分力薄，大受懲創，難以蕆事。提督周達武在川年久，朴誠忠勇，卓著戰功，臣所稔知，故唐炯舉以自代。臣即函商川中，如請辦理。然黔省山徑叢雜，苗疆周圍千里，就其現有兵力與楚黔各軍專辦苗務，已覺

---

① 臺北"故宮博物院"藏：《軍機及宮中檔》，文獻編號：408018111。
② 《穆宗毅皇帝實錄》卷二百九十五，同治九年閏十月下，《清實錄》第 50 冊，第 1040—1041 頁。

不易。擬俟到黔接印後，即令馳赴下游，與楚營藩司席寶田籌商機宜，或進規凱里，或由重安南渡，總期川楚協和，以收夾擊之效。尚恐下游各屬，意見參差，並請旨令其幫辦軍務，所有下游府廳州縣悉歸該提督節制，以一事權，而便徵調。惟餉項、軍火均由川省籌撥，該提督所帶原部兵勇及將來應留唐炯等營文武各官，皆屬川省原派軍旅，一切應照楚省援黔之例，由該提督咨請四川將軍、督臣，查核奏報，則呼應益靈，文武不恒觀望。黔省自募各軍，既須下會川楚，又復分圖上游，協餉斷續不常，衣裝襤褸特甚。如悉歸該提督驅策，勢必援川營規制，求添餉金。不允，則枯榮頓異，軍令不行。允之，則月撥餉銀五萬八千兩，從何敷用！轉增窒礙。臣與藩司黎培敬、臬司林肇元通盤籌計，再四酌商，現派提督林從太，管帶兵練二千，赴貴定接防，以便達字營拔赴川省。派總兵何雄輝，管帶部軍，由定番出剿，以便與署提督劉士奇、遊擊李上榮各軍，進取都勻，分圖八寨，與川楚援師聲勢聯絡。而軍制餉需各仍舊章，庶畀畫分明，彼此不虞牽混。至湖南撫臣所奏唐炯致席寶田函，內有川省函商黔中全撤川師及月協餉五萬歸黔自辦，聞黔中意甚欣然等語，奉旨飭臣詳細具奏。查四川將軍、督臣前以籌餉艱難，函商三策，擬月撥的餉五萬，由黔自行辦理。臣當以甫報大捷，剿辦正屬得手，豈可另議更張，極力函阻。嗣據將軍復函，已以為然，是川省並無遽行撤師之言，臣亦無希圖得餉、允其即撤之意也。曾於前報川軍退紮摺內大概奏聞。如果意甚欣然，臣惟恐中廢，何肯力阻其說？誠如聖諭，黔省兵力豈能不須協助即敷剿辦之理，曾壁光果允其議，何以前奏又請飭催川軍，唐炯所言恐非確實，已難逃聖明洞見。第唐炯以統兵監司奉令越境過剿（進剿），進退應遵本省上憲調度，乃行止由己，貽誤實多，強半之業即隳，並置桑梓不顧。初則謂楚師退紮沅州，川軍不能獨進，繼則謂黔省意在得餉，全師退回牛場。語從何來，必須各還根據。應請敕下四川將軍、督臣轉飭唐炯，明白稟覆，一併由川查辦復奏，以昭核實，而杜矯誣。臣以無狀待罪屏疆，屬當殘破之餘，勉作補苴之計，兵單餉絀，事事需人，不敢以委頹靡自甘，亦不敢以張惶僨事。幸川楚將軍、督撫各臣諒其愚誠，惠德援拯，臣與閤省軍民感之不暇，豈宜遇事紛爭，致乖鄰誼！惟有籲懇天恩，飭令川楚各臣力顧大局，勿惑浮言，俾臣得勉竭駑駘，督飭文武，犄角並進，迅奏廓清，用副聖主綏靖巖疆諄諄教誡之至意。所有提督赴任、分別籌辦各緣由，謹恭摺由驛覆奏。伏乞皇太后、皇上聖鑒訓示。謹奏。十月二十七日。同治九年閏十月二十二日，軍機大臣奉旨。欽此。①

【案】曾璧光摺中所議得清廷俞允，並著吳棠等飭令唐炯於致臬司席寶田函中所稱之語明白登復，查核具奏，《清實錄》：

又諭：曾璧光奏提督赴任分別籌辦軍務一摺。提督周達武奉旨接辦援黔軍務，曾璧光擬俟該提督到黔接印後，即令馳赴下游，與席寶田籌商機宜，或進規凱里，或由重安南渡，以收夾擊之效。酌派提督林從太，管帶兵練二千，接防貴定。總兵何雄輝帶領所部由定番出剿，期與劉士奇等軍分歸都勻八寨。所籌均尚妥協，即著崇實、吳棠催令周達武克期馳赴本任，接辦下游軍務，會同楚省各營，將梗化逆苗次第埽除，以靖疆圉。前已有旨，軍營緊要機宜准周達武會同曾璧光列銜具奏。黔省帶兵各員，遇有應剿應防事宜，悉聽周達武調遣，業已優予事權。曾璧光此次所陳，慮及下游各屬意見參差，所見亦是。並著照所請，周達武著幫同曾璧光，辦理軍務。所有下游府廳州縣，悉歸該提督節制。所帶原部兵勇及將來酌留唐炯等營文武各官，即由周達武咨明崇實、吳棠，查核奏報。其林從太等防剿各營係屬黔省自募之軍，其營制餉需即照曾璧光所議，仍按該省舊章辦理。該撫惟當力籌接濟，毋令缺乏，並檄令聯絡川楚援軍，通力合作，以壯聲勢。經此次布置後，崇實、吳棠、劉嶽昭、曾璧光務當分飭各營妥為防剿，以竟全功，毋再如前觀望，致滋貽誤。唐炯前致席寶田函，內有川中月協黔餉五萬，歸黔自辦，聞黔中意甚欣然等語。曾璧光謂當時並無此意。唐炯之言從何而來？必須各還根據。著崇實、吳棠飭令唐炯明白登復，即行查核具奏，以懲虛誣。嗣後該將軍、督撫等總當力顧大局，不得惑於浮言，致軍務稍涉鬆勁。將此

---

① 臺北"故宮博物院"藏：《軍機及宮中檔》，文獻編號：104175。

由五百里各諭令知之。①

【案】清廷著崇實、吳棠等飭查唐炯於致臬司席寶田函中所稱之語，業已明白登復，並附片覆奏②，並允准唐炯免議，《清實錄》："尋奏，唐炯以傳聞之語形諸函牘，殊屬非是。惟係私函往來，且該道已於移師平甕案內摘去頂帶，此次可否免其置議。得旨，唐炯著免其置議。"③

【案】同治九年閏十月二十九日，貴州提督周達武具奏赴黔接辦軍務情形摺：

> 貴州提督博奇巴圖魯奴才周達武跪奏，為到防籌議剿辦大概情形，恭摺馳陳，仰祈聖鑒事。奴才前在重慶圖次，接准成都將軍臣崇實、四川督臣吳棠咨：奉上諭：崇實、吳棠當傳知該提督，赴黔後迅率所部，克期進兵，與楚黔各軍聯絡夾等因。欽此。仰見聖主垂念嚴疆、拯救民劫至意。奴才遵於閏十月初二日，由重慶起程，十七日，行抵平甕屬之興隆場，經道員唐炯交割軍事，奴才將現到所部各營分布平甕接防。伏查六七月間，川楚會師，掃蕩清水北岸，其時，機勢極為順利。適值川東北水旱頻仍，異常災沴。崇實、吳棠念川民財力困耗，又以黔省不能自強，即使苗疆勘定，一旦客軍罷歸，收復之區必復多事，是徒煩兵力，終於糜費，通籌兼顧，奏請旨飭奴才赴任接辦軍務。仰蒙聖明洞見，飭撫臣曾璧光，令黔省帶兵各員，悉聽奴才調遣，以一事權。奴才敢不竭

---

① 《穆宗毅皇帝實錄》卷二百九十五，同治九年閏十月下，《清實錄》第50冊，第1087—1088頁。

② 其片曰："再，臣等前奉同治九年閏十月二十二日上諭：唐炯前致席寶田函內有川中月協黔餉五萬，歸黔自辦，聞黔中意甚欣然等語。曾璧光謂當時並無此意。唐炯之言從何而來？必須各還根據。著崇實、吳棠飭令唐炯明白登復，即行查核具奏，以懲虛誣等因。欽此。當經恭錄，札行道員唐炯欽遵去後。茲據稟覆：九年六月內，據派駐貴陽省城採辦轉運委員稟稱，黔省聞川中協餉歸黔自辦之議，意甚欣然。該道是以於致臬司席寶田函中敘及等情。臣等伏查，唐炯前致席寶田函內，雖非虛誣無據之言，而貴州撫臣曾璧光既稱當時並無此意，則唐炯得自傳聞，形諸函牘，究屬非是。惟該道已於移師平甕案內奏參，奉旨摘去頂戴，其與席寶田尚係私函往來。可否仰懇天恩，免其置議，出自逾格鴻慈。謹合詞附片陳明。伏乞聖鑒。謹奏。"同治十年二月十五日，軍機大臣奉旨：唐炯著免其置議。欽此。（臺北"故宮博物院"藏：《軍機及宮中檔》，文獻編號：106136。）

③ 《穆宗毅皇帝實錄》卷二百九十五，同治九年閏十月下，《清實錄》第50冊，第1087—1088頁。

盡駑鈍，迅速進兵，以期仰慰宸廑。查黔疆苗匪，盤踞萬山叢集之區，道路紛歧，節節關卡，壘石滾木塞其要隘，不直搗其堅，不能深入。及深入，而後路寸寸可虞。若非連營銜接，首尾必不相顧，此進剿難。即我攻破一屯一寨，該匪俟官軍移紮，旋率黨復踞，並棄前功，必須留營駐守。而進剿之精銳幾何，又不敷分撥久留，此防守難。連年各匪蹂躪，地方燒掠淨盡，數十里無人煙，不特無糧可辦，並無夫可雇，責成兵勇裹糧，既不能多。議設夫馬駝運，而山路險遠，以運費計之，值與米價相等。該匪又慣從密箐中截糧，甚至阻我糧道，必須派軍護送到營，此轉運難。從前，唐炯等所部一萬六千餘人，半多降眾，地勢賊情無不熟悉，然終形趑趄者，亦坐次數難耳。今唐炯所部既已全撤，陳希祥之三千七百人調防川北，奴才原部僅五千九百人，當此平甕一路，兵勇不為厚。又現在賊為楚軍急日引而上屯據凱里、都勻、麻哈、清平、重安等處，蔓延定番、廣順，若不審其先後緩急，謀定後動，匪惟會合楚師力有不逮，並恐疲於奔命，日久無功。奴才愚昧之見，擬將原部五千九百人益以挑募唐炯舊部，暫住平甕，遮蔽烏江北岸，毋使苗賊得擾遵義府屬，侵軼川邊，以固省北大道，然後整頓黔師，先清定廣。俟省門肘腋無警，再由龍貴、平甕西路規取都勻，次第及凱里八寨，以會楚師。此不過稍延時日，而糧路活動，兵出可以萬全。至黔師之不得力，其故有二，一則每勇一名除日支食米外，每月祇給銀六錢，計價鹽菜、草鞋，尚都不足，孰肯捐軀以冒鋒鏑？以是所在，擄掠轉甚於賊，民間遂有情願遇賊、不肯遇兵之謠。一則帶兵各員，名為帶領一千二百人，實則不過二三百人，及至點驗，輒旋拉市人，應名充數，所以，見賊便望風潰避，賊去則虛報功績。歷任提臣亦深知其弊，祇以餉需支絀，結怨已甚，無可如何。奴才愚昧以為，與其因循遷就，終於無益，不若及早圖維，尚能有濟。欲使士卒得力，必須選擇將領，酌加口糧，核實歸併。然帶兵員弁非隸奴才統轄，若遽越俎整頓，必致呼應不靈。奴才仰蒙簡畀，責任匪輕，事有當為，不敢不據實直陳君父之前。至川餉約協五萬八千兩，一切軍器、帳房及購辦外洋火藥、鎗礟各件，皆取給於此，撙節為之，僅可供支萬人。現在會商撫臣以戰守糧運，在在需兵，必得三四萬勁旅，方資分布。應如何寬籌餉需、添募兵勇之處，恭候聖裁，非奴才所敢專請。又奴才自遵義起程，道經荊州、甕安、平越地界，人民凋殘，收成歉薄。自平越以東，荊榛蔽路，賊蹤出沒無常，屯民稀少。其應如何選擇良吏，節束安集，撫臣當早有區畫。所有籌議剿辦大概情形，謹恭摺馳陳。是否有當，伏乞皇太后、皇上聖鑒訓示。遵行。謹奏。閏十月二十九日。同治九年十一月二十四日，軍機大臣奉旨。欽此。①

【案】同治九年十一月二十四日，周達武此摺得獲清廷允准，《宮中檔》：

軍機大臣字寄：成都將軍崇、四川總督吳、湖南巡撫劉、貴州巡撫曾傳諭貴州提督周達武：同治九年十一月二十四日，奉上諭：周達武奏籌議剿辦情形一摺。前因唐炯一軍裁撤，諭令貴州提督周達武迅速赴任，接辦軍務，現在該提督已抵貴州，據稱所部兵勇僅五千九百人，益以挑募唐炯舊部，擬暫駐平甕，然後整頓黔師，次第肅清定廣等處，會合楚師進擊等語。即著曾璧光、周達武，飭令帶兵各員，認真扼守烏江北岸，毋使苗匪得擾遵義府屬，侵軼川邊，以顧省北大道。一面整頓黔師，先清定廣，俟省門無警，再由龍貴、平甕兩路規取都勻，以次由凱里八寨，會同楚師，協力進剿。至所請添募兵勇一節，即著周達武與曾璧光妥為籌畫。該提督在川日久，有無可調之兵，諒所深悉，或楚省勇丁可以招募，均著周達武分別咨商，以助攻剿。該提督所稱帶兵員弁非隸部下，誠恐呼應不靈。前已有旨，令周達武會同曾璧光，列銜奏事，帶兵各員悉歸調遣，事權不為不專，即著周達武迅將黔省軍務認真整頓，力除積習。該提督以川省月協餉銀五萬八千兩，一經添軍，不敷支放，懇請寬籌餉項。著戶部將各省協黔餉需先行分催撥解，俟曾璧光、周達武等商定添兵若干後，再行寬為籌撥，俾濟要需。將此由五百里諭知崇實、吳棠、劉嶽昭、曾璧光，並傳諭周達武知之。欽此。遵旨寄信前來。②

---

① 臺北"故宮博物院"藏：《軍機及宮中檔》，文獻編號：104697。
② 臺北"故宮博物院"藏：《軍機及宮中檔》，文獻編號：408018116。

〇二六　奏請將道員鄧錡知州王恩榕照例從優議恤片

同治九年十月初九日（1870年11月1日）

　　再，貴州候補道員健勇巴圖魯鄧錡，咸豐十一年，以湘南諸生隨前督臣駱秉章入蜀，委辦果毅營營務，轉戰定遠、綿州、甘肅階州、貴州桐梓等處。同治七年，川軍援黔，剿辦正安、婺川巨匪，克復玉華山、甕安縣城、黃平新、舊州城，計先後數百仗，積功洊升道員，渥荷聖明存記，特簡雲南府遺缺知府。旋據報丁母憂，回籍。經臣等奏請，俟該員百日孝滿，敕令赴營。本年夏間，圍攻叫鳥賊巢十八晝夜，與士卒共嘗艱苦，觸冒暑雨，感受瘴疫，猶復力疾督攻螃蟹大洞，奮不顧身[1]。八月初六日，歿於甕安行營，身後囊橐蕭然，將士無不流涕。又查有升用知州奮勇巴圖魯王恩榕[2]，前以知縣隨營帶勇，迭著戰功，歷保今職。亦因積勞過重，於八月初八日在營病故，殊堪憫惜！據道員唐炯具稟、請恤前來。合無仰懇天恩，俯准將道員鄧錡照陣亡例，從優議恤，知州王恩榕照軍營立功後病故例優恤，以慰忠魂。謹合詞附片陳明。伏乞聖鑒訓示。謹奏。

　　（同治九年十月二十四日，軍機大臣奉旨：鄧錡、王恩榕均著照所請，交部從優議恤。欽此）。[3]

　　同治九年十月初九日，附片具奏。於本年閏十月十一日准兵部火票遞回原片，後開軍機大臣奉旨：鄧錡、王恩榕均著照所請，交部從優議恤。欽此。（P237-241）

校證

　　【案】此片原件兩岸無存，錄副現藏臺北"故宮博物院"[①]。茲據錄副校補。

---

① 臺北"故宮博物院"藏：《軍機及宮中檔》，文獻編號：103679。

[1]【案】同治九年八月初四日，將軍崇實、總督吳棠保奏道員鄧錡等勇號片曰："崇實、吳棠保道員鄧錡健頭等勇號，都司李孝德捷勇號。"①

[2] 王恩榕：錄副作"王恩溶"，《清實錄》作"王恩榕"，是。其履歷未詳。

[3]（同治九年十月二十四日，軍機大臣奉旨：鄧錡、王恩榕均著照所請，交部從優議恤。欽此）：此奉旨日期與內容，據錄副補。

○二七　奏報川軍截剿回匪獲勝並會滇師攻克永北廳城情形摺
同治九年十月初九日（1870年11月1日）

（成都將軍臣崇實、頭品頂戴四川總督臣吳棠跪）[1]奏，為川軍越境[2]，截剿回匪，大獲勝仗，並會合滇師，攻克永北廳城，先將大概情形恭摺馳報，仰祈聖鑒事。竊臣等前因建昌邊界與滇之永北廳境毗連，時有土匪、逆回乘間窺伺。於上年十月，附片奏明添募勇丁、豫籌防範在案。迨本年春夏之交，永北廳踞賊竄出二千餘人，匿於盧雞足滇夷草地，勾串賣糧接應。臣等深慮川邊支夷種類繁多，性情反覆，倘互相煽惑，必多意外之虞。當經檄飭建昌鎮總兵劉寶國、建昌道鄂惠、寧遠府知府許培身，調集土司、夷目人等，開誠布公，曉以利害，並擇其中之驍勇者，酌留協守，庶可明加約束，暗事羈縻。仍一面添派兵團，常川搜探，如滇師急攻永北，即當派隊赴援，不得稍存畛域之見。嗣據該鎮道等稟報：八月望間，永北廳同知劉昌筋、參將王遇春等以攻城吃緊，商借軍火，隨即就近撥給火龍標、火藥、鉛丸、火繩等項，委弁運解接濟。八月二十七、八等日，迭次探得永北城內踞賊因糧盡矢絕，意圖出竄，前匿盧雞足股匪亦欲蠢動。總兵劉寶國飭參將鄧全勝等，督帶營兵二百名，署會理州知州鄧仁垣、雲南候補知

---

① 臺北"故宮博物院"藏：《軍機及宮中檔》，文獻編號：102375。

州馬宗龍等率領鄉團一千名，會合武安軍副將李忠恕等，由新街進紮黃草壩，作為左路。知府許培身飭遊擊劉鎮坤、典史俞圻等，督帶府勇五百名，遊擊鍾淮等率領土練夷兵一千五百名，由黑、葛二地進紮萬馬廠，作為右路。劉寶國親督定邊軍，由馬木河龍扒樹進紮野麻地，居中調度。[3]許培身親督練勇鄉團繼進，以便隨時策應，仍留儘先副將楊勝芳、從九品宋兆基，督帶勇練，在於黑鹽塘一帶扼守川邊。鹽源縣知縣曾寅光辦理城防事宜，兼運糧米。部署甫定。九月初四日辰刻，傳令各軍，分路並進，將至衫栗地方，適骨格達逆巢沖出賊匪千餘人，勢甚兇猛。劉寶國指揮兵勇，迎頭截擊，鏖戰兩時之久，該逆屹立不動。另有悍賊一股，約計千人，由附近山坡橫軼旁出。副將李忠恕督同府經歷李忠烺、遊擊黃大玉、州吏目郭維垣等，淩厲無前，手刃騎馬賊目四名。遊擊鍾淮、劉鎮坤督率把總孫鴻澤等，袒臂大呼，殺入賊隊。土司巳天錫、喇邦佐、喇禎祥等自率土練，並力夾攻，陣斬悍賊數十名。劉寶國率同郎中許之淦，督飭左右兩營。都司靳勝正、千總洪萬先、吳全禮等，卷旂疾趨，繞至賊後，乘勢掩襲。賊眾力不能支，紛紛敗竄。我軍勇氣百倍，鎗礟齊施，追壓二十餘里，斃賊數百名，墮巖落澗者，不計其數。生擒賊目五名，立行正法。奪獲偽印二顆，鎗礟、刀矛無算。日已將暮，遂即收隊傳餐。初五日，跟蹤搜捕，直至永北廳城下，會商同知劉昌笏、參將王遇春，迅籌攻取之策。約定初七日三鼓，王遇春等挑選精銳敢死之士，攜帶雲梯，由東門奮勇先登，拋擲火蛋、火罐，燃燒內民房，頃刻煙焰蔽天，人聲鼎沸。劉寶國等亦率勁旅，從南門騰躍而上，吶喊以助其勢。城賊驚潰，奪路狂奔。滇蜀兩軍一齊攻入，並先於西北兩門設計埋伏，城內、城外四面圍殺，悍回殲除殆盡，逆首劉應潰為亂軍砍斃於永成書院。川軍都司靳勝正、千總洪萬先、勇目姜占春等，生擒偽大將軍李亭賓、偽都督虎萬雙、偽將軍漆士才三名，訊明後，即行梟首示眾。[4]割獲首級五百餘顆，奪獲偽印十七顆。當於初八日，將永北廳城克復。所有善後一切事宜，應由永北文武妥為辦理。川軍仍撤回邊界，照舊巡防等情。前來。

臣等伏查，永北為大理門戶，淪陷於賊者十有餘年，乃杜逆必爭之地。幸賴聖主威福，師克在和，俾兩省合為一心，悉殲醜類，迅拔堅城，從茲掃穴擒渠，勢如破竹。臣等惟有督飭將士等，相機進取，以附其背而扼其吭，冀可同奏膚功，上紓宸慮。除滇師克城戰狀應由雲貴督臣、雲南撫臣詳晰奏報外，此次川軍異常出力弁員，合無仰懇天恩，先行鼓勵。記名提督建昌鎮總兵法克精阿巴圖魯劉寶國，擬請遇有提督缺出，開列在先，請旨簡放。甯遠府知府許培身，擬請以道員用。已革湖南常德協副將克勇巴圖魯李忠恕，擬請開復原官，留於四川補用，並免繳捐復銀兩。副將銜[5]留川即補參將會鹽營遊擊鍾淮，擬請以副將仍留四川補用，並請賞加總兵銜。湖南儘先遊擊黃大玉，擬請俟補缺後，以參將仍留湖南，儘先補用，並請賞加副將銜。花翎都司靳勝正[6]，擬請以遊擊仍留湖北，儘先補用，並請賞加副將銜。世襲恩騎尉李大英，擬請以守備儘先即補，並請賞戴藍翎。藍翎千總洪萬先，擬請以守備遇缺即補，並請賞加勇號。藍翎千總吳全禮，擬請以守備儘先補用，並請賞換花翎。把總孫鴻澤、外委郭明珍、勇目姜占春、楊均青，均擬請以千總儘先拔補，並請賞加[7]五品藍翎。候選郎中許之淦，擬請分部行走，免繳分部銀兩，並請賞戴花翎。候選府經歷李忠烺，擬請免選本班，以知縣歸部，不論雙單月遇缺即選，並請賞加同知銜。選用州吏目郭維垣，擬請歸部，遇缺前先即選，並請賞加六品銜。典史俞圻，擬請免補本班，以府經歷縣丞留川，歸候補班前補用。其餘在事出力人員及[8]陣亡弁勇，可否容臣等查明，分別獎恤，出自皇上逾格鴻施。謹先將川軍越境，截剿回匪，大獲勝仗，並會合滇師攻克永北廳城大概情形，合詞恭摺馳奏。伏乞皇太后、皇上聖鑒訓示。謹奏。（十月初九日）。[9]

（同治九年十月二十四日，軍機大臣奉旨。欽此）。[10]

同治九年十月初九日，由驛具奏。於本年閏十月十一日，准軍機大臣奉旨：另有旨[11]。欽此。（P243–260）

校證

【案】此摺缺原件，録副藏於臺北"故宫博物院"[1]。兹據録副校補。

[1]（成都將軍臣崇實、頭品頂戴四川總督臣吴棠跪）：此前銜據録副校補。

[2]越境：録副作"進境"，未確。

[3]許培身（1821—？），浙江錢塘縣人，道光丙午科舉人，由候選知縣遵例加捐直隸州知州，指發四川試用。歷任瀘州直隸州知州、甯遠府知府、成都府知府、建昌道、四川鹽茶道等職。其履歷可參見川督吴棠奏於同治十三年正月二十七日奏請以之調補成都府知府一摺，又光緒元年十月二十六日，吴棠奏請以許培身升補建昌道一摺[2]，亦可參看。

---

① 臺北"故宫博物院"藏：《軍機及宫中檔》，文獻編號：103678。

② 光緒元年十月二十六日，吴棠具摺曰：頭品頂戴四川總督臣吴棠跪奏，為遴員請升邊疆要缺道員，以資治理，恭摺具奏，仰祈聖鑒事。竊照建昌道黄雲鵠於光緒元年八月二十六日在任丁艱，例應以該道丁艱本日作為開缺日期，經臣恭疏題報，聲明所遺員缺係沖繁難要缺，應在外揀員升補，並報缺諮部在案。查該道管轄三府二直隸州，兼轄土司部落二百七十餘處，南界滇省，西接藏衛，漢夷雜處，地廣政繁。控制巡防，最關緊要。非精明幹練、熟諳夷情之員，不足以資治理。臣等督同藩臬兩司，在於通省實缺道員内逐加遴選，非現居緊要，即人地未宜。其候補道員及勞績應升各員，亦均與是缺不甚相宜，實無堪以調補之員。惟查有成都府知府許培身，年五十四歲，浙江錢塘縣人，由道光丙午科舉人候選知縣，遵例加捐直隸州知州，指省四川試用。咸豐六年五月初七日，引見，奉旨：著照例發往。欽此。是年十二月到省。因防剿出力，保舉遇缺即補，加知府銜，並戴花翎，補授瀘州直隸州知州。同治元年到任。四年，舉行大計，保薦卓異。七年五月，經前署督臣崇實以薦舉人材保奏，奉上諭：著送部引見，候旨録用。欽此。併案請諮赴部。卓異之案，於八年四月二十八日引見，奉旨：著回任，准其卓異加一級，仍註冊候升。欽此。明保之案，於八年五月二十五日引見，奉旨：著以知府在任候升。欽此。升補甯遠府知府，同治八年十二月到任。因帶勇越剿滇匪、克服永北廳城安内保奏，九年十月二十四日，奉上諭：著以道員用。欽此。又因剿除會理州逆夷、地方肅清出力，保加鹽運使銜，調署成都府知府，十二年十二月初十日到任。旋經臣奏調斯缺，十三年四月，接准部覆。是年大計，保薦卓異。光緒元年六月二十五日，准吏部諮：應俟引見後，准其卓異註冊。該員才識練達，辦事精詳，歷任地方，政聲卓著，於夷務情形尤為熟悉。以之升補建昌道邊疆要缺，實堪勝任。人地實在相需。任内並無降革留任展參案件。一切因公參罰處分，例免核計。兩任接署，歷俸已滿五年，例得請升。據署藩司英祥、署臬司傅慶貽會詳前來。合無仰懇天恩，俯念要缺需員，准以許培身升補建昌道，實於邊疆吏治均有裨益。如蒙俞允，俟接准部覆，照例給諮，送部引見。所遺成都府知府係省會要缺，應請旨簡放。所有揀員請升邊疆要缺道員緣由，理合會同成都將軍臣魁玉，恭摺具奏。伏乞皇太后、皇上聖鑒訓示。再，該員參罰案件，除同治十三年四月初十日奉恩旨以前准其寬免，此外並無參罰之案。應扣至光緒元年十二月初十日限滿。合併陳明。謹奏。十月二十六日。光緒元年十一月十四日，軍機大臣奉旨：吏部議奏。欽此。（中國第一歷史檔案館藏：《録副奏摺》，檔號：03-5101-048。）

【案】同治十三年正月二十七日，四川總督吳棠奏請以許培身調補成都府知府一摺，曰：

> 頭品頂戴四川總督臣吳棠跪奏，為遵旨揀員調補省會要缺知府以資治理，恭摺仰祈聖鑒事。竊臣接准部咨：同治十二年十月初六日，奉上諭：四川成都府知府員缺緊要，著該督於通省知府內揀員調補。所遺員缺著王福保補授。欽此。當經截缺報部在案。查成都府管轄十六州縣，為通省領袖，時有委審要案，政務極形繁劇。必須老成練達、守潔才優之員，方足以資整頓。臣督同藩臬兩司，在於通省現任知府內逐加遴揀選，多與是缺不甚相宜。惟查有甯遠府知府許培身，年五十三歲，浙江錢塘縣人，由道光丙午科舉人候選知縣，遵例加捐直隸州知州，指發四川試用。咸豐六年引見，奉旨：著照例發往。欽此。是年十二月到省，因防剿出力，保舉遇缺即補，加知府銜，並戴花翎，題補瀘州直隸州知州，同治六年到任。四年，舉行大計，卓異保薦。七年五月，經前兼署督臣崇實以薦舉人材保奏，奉上諭：著送部引見，候旨錄用。欽此。併案請咨赴部。卓異之案，於八年四月二十八日引見，奉旨：著回任，准其卓異加一級，仍註冊候升。欽此。明保之案，於八年五月二十五日引見，奉旨：著以知府回任候升。欽此。升補甯遠府知府，同治八年十二月十八日到任。因越巂剿滇匪、克復永北廳城保奏，九年十一月二十四日，奉上諭：著以道員用。欽此。又於剿除會理州逆夷、地方肅清案內保奏，十年十二月十二日，奉上諭：著賞加鹽運使銜。欽此。調署成都府知府。該員才具優長，通曉吏治。前在瀘州、甯遠府各任內，卓著循聲。現署成都府知府，措施裕如，洵為知府中結實可靠之員。以之調補成都府知府，實堪勝任。例俸已滿三年，正署各任內並無降革留任展參案件，又係正途出身。雖甯遠府亦係沖、繁、難三字要缺，而成都府為通省首府，較甯遠府政務尤繁。與調補之例相符，且人地實在相需。據藩臬兩司會詳前來。合無仰懇天恩俯准，以甯遠府知府許培身調補成都府知府，實於吏治地方大有裨益。如蒙俞允，該員係實缺知府調補知府，銜缺相當，毋庸送部引見。其因公罰俸銀兩，飭令依限完繳。所遺甯遠府

知府缺，俟遺缺知府王福保到川，另案辦理。所有揀員調補省會要缺知府緣由，理合恭摺具奏。伏乞皇上聖鑒訓示。再，此案應扣至十三年二月十一日限滿。合併聲明。謹奏。正月二十七日。同治十三年二月二十日，奉硃批：吏部議奏。欽此。①

[4] 梟首示眾：錄副作"梟首示"，奪"眾"無疑。

[5] 副將銜：錄副脫"銜"，誤。

[6] 靳勝正：錄副奪"正"，非。

[7] 賞加：錄副作"賞戴"。因缺原件，存疑。

[8] 及：錄副作"以及"，"以"疑衍。

[9]（十月初九日）：原稿未署日期，據錄副補。

[10]（同治九年十月二十四日，軍機大臣奉旨。欽此）：此奉旨日期據錄副補。

[11]【案】此摺旋於十月二十四日得允，並飭令獎恤，《清實錄》：

以四川官軍克復雲南永北廳城，予總兵官劉寶國以提督簡放，賞千總洪萬先巴圖魯名號，吳全禮以守備用，並賞花翎，恩騎尉李大英等藍翎。餘加銜升敘、開復有差。②

〇二八　請將儘先遊擊李畊心照立功後積勞病故例優恤片
同治九年閏十月二十一日（1870年12月13日）

再，查淮揚鎮標儘先遊擊李畊心[1]，自咸豐十年以千總隨臣轉戰徐、宿、清、淮，剿辦捻匪，積功洊升今職。上年，帶隊援滇，肅清昭魯，經提督唐友耕咨請核獎，未及具奏，遂於本年二月二十七日，在營積勞病故，情殊可憫，合無仰懇天恩，敕部將遊擊李畊心照軍營立功後

---

① 臺北"故宮博物院"藏：《軍機及宮中檔》，文獻編號：113958。
② 《穆宗毅皇帝實錄》卷二百九十三，同治九年十月下，《清實錄》第50冊，第1056頁。

積勞病故例優恤，以慰忠魂。謹附片陳明。伏乞聖鑒訓示。謹奏。

（同治九年十一月二十五日，軍機大臣奉旨：李畊心著交部照軍營立功後積勞病故例，從優議恤。欽此）。[2]

同治九年閏十月二十一日，附片具奏。同治十年正月初二日，准軍機大臣奉旨：李畊心著交部，照軍營立功後積勞病故例，從優議恤。欽此。（P261-262）

校證

【案】此片原件兩岸無存，錄副藏於臺北"故宮博物院"①，茲據錄副校補。

[1] 李畊心：又作"李耕心"。同治四年二月二十七日，漕運總督吳棠具呈清淮捐局續收捐輸銜名銀數清單，曰："謹將清淮捐局續收捐輸銜名、銀數，繕具清單，恭呈御覽。……李畊心，江蘇人，由淮揚鎮標儘先補用守備捐銀七百二十兩，擬請給予都司升銜。"② 其履歷無考。

[2]（同治九年十一月二十五日，軍機大臣奉旨：李畊心著交部照軍營立功後積勞病故例，從優議恤。欽此）：此奉旨日期與內容，據錄副補。

〇二九　奏報確查川省各屬歷年辦團尤為出力官紳請旨核獎摺

同治九年十一月初十日（1870年12月31日）

（成都將軍臣崇實、頭品頂戴四川總督臣吳棠跪）[1]奏，為確查四川通省各府廳州縣歷年辦理團練尤為出力官紳，請旨核實彙獎，以作士氣，而固民心，恭摺仰祈聖鑒事。竊查川省自咸豐九年以至同治三年，滇匪倡亂於前，髮逆紛乘於後，囂然不靖，用兵將及五年。嗣又

---

① 臺北"故宮博物院"藏:《軍機及宮中檔》，文獻編號：104712。
② 中國第一歷史檔案館藏:《錄副奏摺》，檔號：03-4899-041。

有松潘生番、建南猓夷之變，加以陝回、黔苗橫軼旁出，輒思搖盪蜀疆，然卒能使全省肅清，邊防底定。此皆仰賴聖主威福、將士用命所致。而各府廳州縣官紳、團練捍衛之功，亦正有不可泯沒者。前督臣駱（秉章）暨臣崇（實）三權督篆，遇有出力紳團，均經隨時批准彙獎，間亦補剿匪邊防案內，奏請鼓勵。屬當軍書旁午之時，未及悉心考察，恐滋冒濫，而遺漏實多。迨臣吳（棠）於同治七年，調任川督，又以建南夷患未平、川北鄰氛尚熾，會同臣崇（實）徵兵調餉，竭蹶經營。雖迭飭各屬整飭團防，而於激勸之行尚有志而未逮也。茲幸兩載以來，凡遇有關乎軍政、吏治者，加意講求。內患不生，外侮自無由而入，於是有裁勇節餉之舉，將思薄賦輕徭，與民休息。第蜀為用武之地，限蠻隔夷，其民強悍而浮動，非認真團練，無以助官軍之不足，即無以防土寇之狌乘。近因楚北宣恩縣地方會匪滋事，立時撲滅。欽奉寄諭，飭令力行保甲，整頓團練，以期消患未萌。仰見聖謨廣運，悚佩難名。又經密飭川東交界地方，實力稽查，隨時搜捕，即可上副朝廷慎重邊陲之至意。惟念自軍興而後，各府廳州縣官紳深明大義，志切同仇，或登陴固守以待援，或殺賊立功以自效，或散財養士，掃除本境之遊氛，或誓眾出師，恢復鄰封之城邑。統計十餘年中，團練、紳民捐軀殉難者，何止數萬人，已由臣等另案查明，分別請恤在案。而鋒鏑餘生、裹糧持梃之眾，尚未能遍沐鴻施，疆吏難辭其責。臣等於本年二月間，即經通飭確查，擇尤擬保，茲據陸續詳送前來。合無籲懇天恩，俯准核實彙獎，以作士氣，而固民心。所有確查四川通省辦理團練官紳請旨核實彙獎緣由，謹合詞恭摺具陳。伏乞皇太后、皇上聖鑒訓示。謹奏。（十一月初十日）。[2]

（同治九年十一月二十八日，軍機大臣奉旨：著准其擇尤酌保，毋許冒濫。欽此）。[3]

同治九年十一月初十日，由驛具奏。於本年十二月十二日准兵部火票遞回原摺，後開軍機大臣奉旨：著准其擇尤酌保，毋許冒濫。欽此。（P263–270）

校證

【案】此摺缺原件，録副藏於臺北"故宮博物院"[①]。茲據録副校補。

[1]（成都將軍臣崇實、頭品頂戴四川總督臣吳棠跪）：原稿無前銜，茲據補。

[2]（十一月初十日）：原稿未署日期，茲據録副校補。

[3]（同治九年十一月二十八日，軍機大臣奉旨：著准其擇尤酌保，毋許冒濫。欽此）：此奉旨日期與內容，據録副補。

○三○ 奏請將道員劉嶽曙賞還頂戴並營官一併免議片

同治九年十一月初十日（1870年12月31日）

再，查統領援滇果後後軍道員劉嶽曙，前因未能約束勇丁，致有潰散。經臣等奏參，奉旨先行摘去頂戴，以示薄懲[1]。當即飭撥銀五萬兩，解交劉嶽曙，妥為資遣。嗣又添撥銀兩，咨會提督胡中和，馳往督辦。迭據胡中和咨報：果後後軍勇丁經該提督會同劉嶽曙，彈壓開導，酌補欠餉，將為首創議李占春等五名正法梟示，各勇咸知畏懼，陸續繳齊軍械，資遣回籍，責成該營官等，在畢節城廂及沿途一帶驅逐稽查，押令安靜行走，不准逗留，均已一律解散竣事，請將劉嶽曙及該營官等分別開復免議等情。並據防剿局司道等會詳前來。臣等伏查道員劉嶽曙，轉戰數省，屢著勞績。此次勇丁潰散，該道雖未能約束於前，尚知愧奮於後。該營官等隨同彈壓稽查，亦無激變縱容情事。可否仰懇天恩，俯准將道員劉嶽曙賞還頂戴，該營官一併免議之處，出自逾格鴻慈。謹合詞附片陳明。伏乞聖鑒訓示。謹奏。

（同治九年十一月二十八日，軍機大臣奉旨：著照所請，該部知

---

① 臺北"故宮博物院"藏：《軍機及宮中檔》，文獻編號：104764。

道。欽此）。[2]

同治九年十一月初十日，附片具奏，於本年十二月十二日，准軍機大臣奉旨：著照所請，該部知道。欽此。（P271-274）

校證

【案】此片缺原件，錄副現藏於臺北"故宮博物院"①。茲據錄副校補。

[1] 請參見〇〇一號奏片。

[2]（同治九年十一月二十八日，軍機大臣奉旨：著照所請，該部知道。欽此）：此奉旨日期與內容，據錄副補。

〇三一　奏報川省團防官紳連年出力著勞擬請援案擇尤酌獎片

同治九年十一月初十日（1870年12月31日）

再，查省垣團防，向係派委官紳經理。咸豐十一年，臣崇（實）在署督任內，同治四年，臣崇（實）在成都將軍本任，會同前督臣駱（秉章），曾將出力人員兩次奏保，均奉諭旨允准在案[1]。茲查各該官紳等，夙夜在公，勤勞備至，又歷數年之久。臣等近以鄰氛漸息，腹地全清，與司道及紳士等籌議，將省局裁撤，仍酌留官紳，照舊巡查城門，並節省團防之費，作為儲穀之資。蓋緣成都會垣地廣人稠，偶遇糧價騰貴，貧民困苦，輒患日食不敷。臣吳（棠）已委成綿龍茂道孫濂[2]，於城內擇地，修建倉廠，備儲穀石，俟有就緒，另行奏報。惟當撤局之際，所有連年團防出力官紳始終不懈，均屬著有微勞，擬請援案，擇尤酌獎，可否之處，出自皇上逾格恩施。謹合詞附片陳明。伏乞聖鑒訓示。謹奏。（十一月初十日）。[3]

---

① 臺北"故宮博物院"藏：《軍機及宮中檔》，文獻編號：104778。

（同治九年十一月二十八日，軍機大臣奉旨：著准其擇尤酌保，毋許冒濫。欽此）。[4]

同治九年十一月初十日，附片具奏。於本年十二月十二日准兵部火票遞回原片，內開軍機大臣奉旨：著准其擇尤酌保，毋許冒濫。欽此。（P275-278）

校證

【案】此片缺原件，錄副現藏於臺北"故宮博物院"①。茲據錄副校補。

[1] 咸豐十一年九月初四日，署四川總督新授成都將軍崇實具摺"奏請獎勵辦理省垣城防團練出力各員事"，並附清單，得允行。其摺曰：

署理四川總督新授成都將軍奴才崇實跪奏，為遵旨查明省垣辦理城防團練，先將出力紳士開具清單，仰懇天恩，優加獎勵，恭摺附騶，奏祈聖鑒事。竊奴才前因省垣辦理城防團練官紳著有微勞，奏請查明續獎在案。咸豐十一年二月初五日，奉上諭：出力員弁，著准其擇尤保奏。欽此。竊查奴才自上年七月內接署督篆，正值逆匪竄踞元通場，距省僅數十里。奴才以根本重地，城防一切最關緊要，必須妥為布置，以期有備無患，遂傳集現辦城防團練官紳，諄諄曉諭，凡城上應用礮位及守禦器械，必須多為製備。於各街道添修木柵，定時啟閉。添派委員紳士，各分段落，清查戶口。夜間即於木柵稽查，以防奸細。並募勇丁，分布城垛。編聯保甲，按段抽送練丁，每夜輪流上城，隨同新募勇丁，分班守城。四門及添修土城門外，各派委員紳士，稽查出入，以期有密無疎。派委候補道覺羅恒保總理督辦，以專責成。設立城防總局，鑄造礮位，添製器械，委員監督，以期工精料實。又於城外空心礮臺，更臻鞏固。是以賊匪屢次竄至省城附近，皆因省垣防守嚴密，聲威震懾，不敢來撲，繞道他竄，偶有奸細窺探，均被擒獲。根本重地，固若金湯。在事文武官紳，洵屬著有微勞。其微末員弁已由臣隨時酌獎，以示鼓勵。至尤為

---

① 臺北"故宮博物院"藏：《軍機及宮中檔》，文獻編號：104765。

出力文武各員，容俟督臣駱秉章到任後，周歷城垣，詳加察看，由奴才再行會同，核實保奏，不敢稍涉冒濫。惟在事紳士當奴才未經接署督篆以前，業已勤勞逾歲，奴才接任後，每於風雨更深輕騎巡歷，密自訪查，以核勤惰。該紳士等晝夜辛勤，不辭勞瘁，皆奴才之所身睹。擬俟駱秉章接篆後，即赴川北，接辦防堵。該紳士等以奴才交卸在即，咸思將其兩年以來勞績早為上達天聽，以冀仰邀皇上逾格鴻施。當此軍務吃緊之際，首在團結民心，用敢先將出力紳士開具清單，仰邀天恩優加鼓勵，俾知有勞必錄，感激踴躍，益加奮勉，實於地方大有裨益。所有遵旨查明辦理省垣城防團練，先將紳士開單請獎緣由，理合恭摺附駰具奏。伏乞聖鑒訓示。謹奏。九月初四日。咸豐十一年九月十八日，軍機處贊襄軍務王大臣奉旨：均照所請獎勵，該部知道，單併發。欽此。①

【案】同治四年八月初六日，四川總督駱秉章會同成都將軍崇實具陳"酌保辦理團練城防出力文武官紳請獎勵事"一摺，並附清單②，摺曰：

督辦四川軍務頭品頂戴四川總督臣駱秉章跪奏，為酌保省垣歷年辦理城防團練尤為出力之文武官紳，仰懇天恩，以資鼓勵，恭摺奏祈聖鑒事。伏查川省自咸豐九年以來，臨氛未靖，邊境日事防維，滇匪鴟張，腹地浚遭蹂躪，團練城防實為要務。省會重地，更宜慎周。自前署督臣崇實到任之後，督飭委員添滾鑄礮，於城上垛口分段各派文武員弁，會同紳士，梭織巡緝。選練壯丁，協同營丁，日夜防守，並編聯保甲，按戶稽查，以消內患。時值藍潮柱、藍潮武等率眾上竄圓通場、趙家渡、溫江、雙流等處，迭次逼近省垣，皆賴文武官紳同心合力，扼隘登陴，城鄉民心藉以鎮定。臣駱秉章蒞任以後，仍督飭官紳認真辦理，始終罔懈，並添派親兵於四城門，設卡稽查，以杜奸宄。復調副將侯光裕帶裕字營暨虎威軍，分紮近郊，以資彈壓，而樹聲威。上年，中旗股匪竄至省西，相距不及百里，因省城內外戒備嚴整，不敢窺伺。並因青神散勇藉索餉為名，肆行焚搶，竄至近省一帶。臣就近派侯光裕帶隊，會同團練截剿，立即撲滅，戰功尤著。竊維省垣為根本之地，民居稠密，最易藏奸。自

---

① 中國第一歷史檔案館藏：《錄副奏摺》，檔號：03-4249-067。
② 中國第一歷史檔案館藏：《錄副奏摺》，檔號：03-4762-059。

辦城防團練，前後已逾六年，遇有匪徒潛蹤，立時擒獲。雖當賊烽正熾，屢次戒嚴，而奸細無隙可伺，土寇不敢竊發。內防既固，外患自消，居重馭輕，得以四張撻伐，掃蕩滇粵各股宼匪，不致有回顧之虞。該文武委員暨團練紳士無問寒暑，沐雨櫛風，不憚艱辛，異常出力。核其勞績，實與身在行間無異。惟歷年既久，其中輪流更替，官紳在事者不下數百，未便概予請獎。臣督飭在局司道，細加酌核，擇其尤為出力且係歷事最久均在兩年以上者，未便没其微勞，分別繕具清單，恭呈御覽。仰懇格外鴻慈，俯准獎勵，則群心鼓舞，彌切報效之忱。除擬保外委另具清冊咨部查核外，所有酌保省垣歷年辦理城防團練之文武官紳，謹會同成都將軍臣崇實，恭摺由驛具奏。伏乞皇太后、皇上聖鑒訓示。謹奏。八月初六日。同治四年八月二十六日，軍機大臣奉旨。欽此。①

[2]孫濂：字濟帆，貴州貴陽府貴築縣人，道光二十一年（1841），辛丑恩科進士。歷任四川知縣、知府、成綿龍茂道員，署鹽茶道。因辦賑不力，為吳棠參劾，以原品休致。②

[3]（十一月初十日）：原稿無此日期，茲據錄副校補。

[4]（同治九年十一月二十八日，軍機大臣奉旨：著准其擇尤酌保，毋許冒濫。欽此）：此奉旨日期與內容，據錄副補。

〇三二　奏為請旨敕下貴州撫提臣和衷商辦通籌黔省全局摺

同治九年十一月十五日（1871年1月5日）

（成都將軍臣崇實、頭品頂戴四川總督臣吳棠跪）[1]奏，為通籌黔

---

① 中國第一歷史檔案館藏：《錄副奏摺》，檔號：03-4762-058。
② 吳棠奏片曰：再，成綿龍茂道孫濂歷任府縣，尚屬勤能。惟現在年力就衰，智慮漸形短淺。近辦省城糶糴事務，諸事竭蹶，難勝督率之任。查有候補道尹國珍，辦事實心，能任勞怨。除檄委暫行署理外，相應請旨將成綿龍茂道孫濂撤任。所有一切經手未完事件，容臣查察，再行陳奏。是否有當。伏乞聖鑒訓示。謹附片具奏。同治十一年四月二十五日，軍機大臣奉旨：著照所請，吏部知道。欽此。（中國第一歷史檔案館藏：《錄副奏摺》，檔號：03-4657-182。）

省全局事宜，似應先清上游股匪，改從都勻進兵，規取苗疆，請旨敕下貴州撫臣、提臣，和衷商辦，以期糧道、軍情較有把握，恭摺覆陳，仰祈聖鑒事。

竊臣（等）[2]於十一月初六日，承准軍機大臣字寄：同治九年閏十月二十二日，奉上諭：曾璧光奏提督赴任，分別籌辦軍務一摺。即著崇（實）、吳（棠），催令周達武，馳赴本任，接辦下游軍務，會同楚省各營，將梗化逆苗次第掃除，以靖邊圍。前已有旨，軍營緊要機宜，准周達武會同曾璧（光），列銜具奏。黔省帶兵各員，遇有應剿、應防事宜，悉聽周達武調遣，業已優予事權。曾璧光此次所陳，慮及下游各屬意見參差，所見亦是。並著照所請，周達武著幫同曾璧光，辦理軍務，所有下游府廳州縣悉歸該提督節制[3]等因。欽此。

查提督周達武前於十月十一日，自川省起程，隨帶武字馬步全軍五千九百人。昨准咨報，已於閏十月十七日馳抵甕安一帶，布置替防。原擬於唐炯各營中，酌留精銳數千人，因恐呼應不靈，概令裁撤[4]，自行招募新軍，以期得力。該提督渥荷朱（殊）施[5]，准令列銜奏事，並黔省帶兵各員遇有應剿、應防事宜，悉聽調遣。仰見聖明洞燭萬里，優予事權。茲復蒙慈諭，令其幫辦軍務，下游府廳州縣悉歸節制。周達武自應感激奮發，迅赴戎機。惟黔省全局事宜，有不得不通盤籌畫者，請為皇太后、皇上覆陳之：溯自同治六年冬間，前督臣駱（秉章）暨臣崇（實）先後奏派唐炯督師援黔，正值貴州上下兩游苗號交訌，遍地荊榛，經川軍轉戰而前，不數月間，將上游號匪次第掃除，惟餘安順零賊及興義逆回而已。其時，黔師自任都勻一路，唐炯銳意苗疆，遂從黃平、重安懸軍深入，不得已檄調提督陳希祥，馳赴下游，分防要隘，黔省猶力爭之。迨八年，都勻得而復失，安順零賊勾結逆苗，時出清平，以擾糧道。川軍備多力分，勢成騎虎，終不免師疲財匱之譏。今都勻迄未攻克，安順零賊仍係唐炯移師後，抽派安定四營，相機剿撫，據報大致廓清。伏莽尚思蠢動，而興義之界連滇回者，猖獗如故。若不懲前此次[6]之失，先清上游股匪，改從都勻進兵，而遽令周達武馳赴下游，必至孤立無援，饑潰立見。臣等援黔數載，不惜巨餉重兵，力顧大局，初未敢有貪功之念，亦何敢居僨事之名？況貴州撫臣動以川楚協和為言，而於提督將赴任以前，預為此劃界分疆之見。其形諸奏牘者，不過以蜀黔餉章稍異。豈知川軍口糧，係前督臣駱（秉章）釐定，仿照楚軍營制，有減無增。非此不足以養其身家，用其心力。貴州糧價騰踴，山徑崎嶇，尤當以乏食為慮。該省兵練往往因饑潰而流為盜賊，一時無以自強，正坐此病。雖餉項每虞短絀，然就各省協濟捐輸，本省釐金、穀石，實在有著之款，每歲約可收集銀數十萬。如果慎選將領，裁併濫練疲兵，杜絕虛冒，亦足自成一隊，所謂兵在精不在多也。

前次黔省帶兵各員，悉聽周達武調遣之命，欽奉特旨，非臣下所敢故違，即臣等會議妥籌，改撥協黔的餉，奏請周達武馳赴本任，接辦軍務，亦以提督有統轄全省、節制各鎮之責，得此實協餉，冀可與撫臣曾璧（光）協力同心，從容展布，以竟全功。非若客兵之各有主持，互相推諉也。合無籲懇天恩，敕下貴州撫臣曾璧（光）、提臣周達武，和衷商辦，將黔省兵練重加整頓，與武字全軍會合，先清上游股匪，改從都勻進兵，規取苗疆，以期糧運、軍情較有把握。周達武以本省提督幫辦軍務，例得列銜奏事。所有原部兵勇及自募新軍，應即由該提督會同巡撫，查核奏報，以一事全。除飭令唐炯明白登覆、另行查核具奏外，謹先將通籌黔省全局事宜，請旨敕下貴州撫臣、提臣和衷商辦緣由，合詞恭摺覆陳。伏祈皇太后、皇上聖鑒訓示。謹奏。（十一月十五日）。[7]

（同治九年十一月二十八日，軍機大臣奉旨。欽此）。[8]

同治九年十一月十五日，由驛具奏。於本年十二月十二日，准兵部火票遞回原摺，內開軍機大臣奉旨：另有旨[9]。欽此。（P279-292）

校證

【案】此摺原件下落不明，錄副藏於臺北"故宮博物院"①。茲據錄副校補。

---

① 臺北"故宮博物院"藏：《軍機及宮中檔》，文獻編號：104775。

[1]（成都將軍臣崇實、頭品頂戴四川總督臣吳棠跪）：原稿無前銜，茲據補。

[2] 竊臣（等）：原稿奪"等"，茲據錄副校補。

[3] 即著崇（實）、吳（棠），催令周達武，馳赴本任，接辦下游軍務，會同楚省各營，將梗化逆苗次第掃除，以靖邊圉。前已有旨，軍營緊要機宜，准周達武會同曾璧（光），列銜具奏。黔省帶兵各員，遇有應剿、應防事宜，悉聽周達武調遣，業已優予事權。曾璧光此次所陳，慮及下游各屬意見參差，所見亦是。並著照所請，周達武著幫同曾璧光，辦理軍務，所有下游府廳州縣悉歸該提督節制：此節文字原稿存，錄副缺，應為手民故略之。

[4] 裁撤：錄副作"截撤"，誤。

[5] 朱（殊）施：錄副作"殊施"，確。

[6] 此次：錄副疑奪"此"字。據《清實錄》"宜懲前此之失"之句，並無"次"字。原稿、錄副疑衍。

[7]（十一月十五日）：原稿未署日期，茲據補。

[8]（同治九年十一月二十八日，軍機大臣奉旨。欽此）：此據錄副補。

[9]【案】同治九年十一月二十八日，此摺獲清廷批復，並令曾璧光、周達武和衷共濟，細心籌畫，以竟全功，《宮中檔》：

> 軍機大臣字寄：成都將軍崇、四川總督吳、貴州巡撫曾：同治九年十一月二十八日，奉上諭：崇實、吳棠奏通籌黔省全局事宜一摺。據稱黔省軍務宜懲前此之失，先清上游股匪，改從都勻進兵。若遽令周達武馳赴下游，必至孤立無援等語。昨因周達武馳抵貴州，籌辦進剿，並請添募兵勇。當經諭令該提督與曾璧光妥為籌畫。貴州軍務日久未見起色，曾璧光、周達武亟應設法整頓，和衷商辦，期於實事求是，豈可各存意見？即著該撫等按照崇實等所奏及貴州現在情形，悉心籌畫，妥為布置，以期迅掃賊氛，早除民害。倘因彼此意見兩歧，致日久無功，賊勢鴟張益甚，恐曾璧光、周達武不能當此重咎也。將此由五百里諭知崇實、吳棠、曾璧光並傳諭周達武知之。欽此。遵旨寄

信前來。①

【案】《清實錄》記載與《宮中檔》一致："又諭：崇實、吳棠奏通籌黔省全局事宜一摺。據稱黔省軍務，宜懲前此之失，先清上游股匪，改從都勻進兵。……將此由五百里諭知崇實、吳棠、曾璧光並傳諭周達武知之。"②

〇三三　奏為准令會同貴州撫臣列銜奏事恭謝天恩摺

同治九年十一月十三日（1871年1月3日）

貴州提督博奇巴圖魯奴才周（達武）[1]跪奏，為恭謝天恩，仰祈聖鑒事。

竊奴才前准成都將軍臣崇（實）、四川督臣吳（棠）咨調赴黔[2]，隨帶原部武字營馬步五千九百人，由成都起程。茲於十月二十六日，在重慶行營復接川省來咨：承准軍機大臣字寄：同治九年十月初七日，奉上諭：著崇（實）、吳（棠）傳知周（達武），即赴貴州提督本任，接辦軍務，遇有軍營緊要機宜，准該提督就近會同曾璧（光），列銜具奏等因。欽此。當即恭設香案，望闕叩頭謝恩。伏念奴才駑駘下質，未悉韜鈐，自同治元年帶兵入蜀以來，轉戰大竹、巴州、松潘、建南及甘肅階州等處，無役不從，幸致克捷。四年十二月間，奉旨補授貴州提督[3]。該省與川境毗連，用兵日久。奴才以職守所在，遇事咨詢，於苗疆地勢、軍情尚為曉悉。茲復仰蒙寵命，准令列銜奏事，並飭黔省帶兵各員，悉聽調遣，事權愈重，報稱愈難。刻擬振旅入黔，先赴道員唐炯駐紮之平越州、甕安縣地方，撥隊接防，妥為布置，保全已定之

---

① 臺北"故宮博物院"藏：《軍機及宮中檔》，文獻編號：408018117。
② 《穆宗毅皇帝實錄》卷二百九十八，同治九年十一月下，《清實錄》第50冊，第1130—1131頁。

區，再行受篆任事，重整戎行，迅圖會剿清郎岱、興義之股匪，使賊勢漸孤，而後無跋後蹇前之患。從都勻凱里以進兵，使糧運無阻，而後為長驅深入之謀。凡此應辦事宜，惟有與撫臣曾璧（光），虛衷商榷，實力維持，以冀仰酬高厚鴻慈於萬一。所有奴才感激下忱，理合繕摺，叩謝天恩。伏乞皇太后、皇上聖鑒。謹奏。（閏十月初三日）[4]

（同治九年十一月十三日，軍機大臣奉旨：知道了。欽此）。[5]
（P293-298）

校證

【案】此摺缺原件，錄副現藏於臺北"故宮博物院"①。茲據錄副校補。

[1] 周（達武）：原稿空名諱"達武"，茲據錄副校補，以下同。

[2]【案】請參見〇二五號摺件。

[3]【案】據《同治朝上諭檔》："同治四年十二月初三日，內閣奉上諭：貴州提督，著周達武補授。所遺四川建昌鎮總兵員缺，著劉寶國補授。欽此。"② 隨著崇實、駱秉章飭令周達武，速赴新任，以專責成，《清實錄》：

> 甲午，諭軍機大臣等：勞崇光、張亮基奏清鎮縣城失守旋復一摺。……安義鎮總兵趙德昌，自署理提督以來，於貴州軍務未能辦有起色，著張亮基飭令速赴四川，交崇實、駱秉章差遣委用。貴州提督，本日已明降諭旨，令周達武補授矣。周達武未到任以前，貴州提督著趙德光暫行署理。貴州軍務緊要，周達武所部兵勇，著崇實、駱秉章選派得力之員接統，飭令周達武速赴貴州新任，以重職守。將此由六百里各諭令知之。③

【案】同治五年正月十九日，周達武奏為補授貴州提督具摺謝恩，曰：

> 新授貴州提督奴才周達武跪奏，為恭謝天恩，仰祈聖鑒事。竊奴才於同治四年十二月二十日在合江營次，接准兼署督臣崇實行知，以奴才肅

---

① 臺北"故宮博物院"藏：《軍機及宮中檔》，文獻編號：104581。
② 中國第一歷史檔案館編：《同治朝上諭檔》，同治四年十二月初三日，廣西師範大學出版社1998年版。
③ 《穆宗毅皇帝實錄》卷之一百六十二，同治四年十二月上，《清實錄》第48冊，第746頁。

清松潘番務，十一月二十八日，奉上諭：記名提督周達武，著加恩以提督遇缺儘先題奏，並著交部從優議敘。欽此。旋於本年正月初三日，又准兼署督臣咨稱：同治四年十二月十七日，准兵部咨：十二月初三日，內閣奉上諭：貴州提督，著周達武補授。欽此。伏念奴才一介庸愚，毫無知識。戎行效力，迭蒙聖沛之報聞。專閫旋膺，彌覺寸效之惕勵。正馳防於蜀徼，冀掃狼烽。荷擢任於黔疆，更虞牧負。承恩逾厚，銜感殊深！奴才惟有殫竭血忱，益加奮勉，早冀邊際之綏靖，稍紓宵旰之憂勤。所有奴才感激下忱，謹繕摺恭謝天恩。伏乞皇太后、皇上聖鑒訓示。謹奏。正月十九日。同治五年二月二十九日，軍機大臣奉旨：知道了。欽此。①

[4]（閏十月初三日）：原稿未署日期，茲據錄副校補。

[5]（同治九年十一月十三日，軍機大臣奉旨：知道了。欽此）：此據錄副補。

○三四　奏報遵旨查辦遵義教案及訪察籌辦情形摺
同治九年五月二十五日（1870年6月23日）

（奴才崇實跪）[1]奏，為遵旨查辦貴州遵義教案，先將平日訪察實在情形及現在妥籌辦理事宜，恭摺馳陳，仰祈聖鑒事。

竊奴才於同治九年五月十七日[2]，承准軍機大臣字寄：五月初五日，奉上諭：(貴州遵義民教滋事之案，日久未了。著崇實即帶印馳赴貴州，會同曾璧光秉公籌商，將此案趕緊完結，毋再稍涉遷延)。[3]崇（實）前經派辦貴州教務，情形較為熟悉，著即帶印，馳赴貴州，會同曾璧光秉公籌商，務將此案趕緊完結。李鴻章仍當飛飭余思樞，會同黔省委員，妥速籌辦，稟由崇（實）等酌奪，即行奏結[4]等因。欽此。奴才本應欽遵寄諭，迅速馳赴貴州，會同撫臣曾璧（光），妥籌辦

---

① 中國第一歷史檔案館藏：《錄副奏摺》，檔號：03-4620-216。

理。惟查遵義教案之起（由）[5]（民教仇隙已深，自從打毀教堂以後，境內全行反教，團眾固結莫解，川中傳教不一）[6]，該省官吏並未咨稟（到川）[7]，該處教士亦未呈訴有案[8]。奴才每於黔中人來及接見川省教士[9]，留心訪察，頗能[10]悉其大概情形。迨八年秋間，湖廣督臣李鴻（章）奉命入川，奏派道員余思樞前赴貴州，查辦教案。（該道）瀕行來署晉謁[11]，奴才當即授以機宜[12]，令其會商[13]該處紳士道員蹇誾，（先行曉諭團民，容其復建教堂，方能）[14]設法了結。嗣於本年二月杪，接閱余思樞來稟，據稱此案已議給銀三萬兩，在貴州瘠苦之區，不為不竭盡心力，而彼族要脅不情，直至無從下手等語。以奴才所聞，要脅本其慣技。獨遵義一案，似不得盡諉咎於洋人也。蓋黔為僻陋之邦，（又）[15]當亂離之會[16]，即其民之秀而良者，亦祇知自顧其身家[17]，而罔識大體[18]，（況其餘則獷悍者，多但求快其私憤，何能慮及遠圖。事過之後，亦知彼教必挾制官長，因而私相要約，密地糾察，決不容其重立教堂，以為該教即奉官來修，吾輩但暗中事事杜絕之），[19]以為該教重修教堂，但禁匠人之不為構造[20]，則其技立窮，而不思洋人志在復業，如江蘇之揚州、湖北之天門賠修教堂之案，均堪互證。似宜逆探兩造之情[21]，排難解紛，始能中其肯綮。奴才若貿然一往，不獨長彼族要脅之風，且黔民無知，又必造為袒護該教之言，固結莫解[22]，是欲速而反遲也。非惟不能[23]徑赴遵義，即貴陽省城之去遵義，視川邊較遠，亦屬[24]呼應不靈。現在（奴才業已）[25]遴派籍隸遵義之候補同知楊蔭棠[26]、（候補）知縣[27]冉瑞桐，（先行馳赴該處，設法勸導。該員等皆籍隸遵義，族望素著，故用之以通民情。又派知州桂溥暗帶省中教士，先行馳赴重慶，密購線索，該員向辦教案，故用之以通教情）。[28]以通黔民之情、熟悉教案之候補知州桂溥，以通教士之情，迅往遵義、重慶一帶，確查密復[29]。並札飭[30]道員余思樞，將現辦情形飛迅稟報。奴才將本任[31]公事並會辦軍務趕緊部署清釐，擬以巡閱川黔邊界為名，順道查辦遵義教案。（酌帶文武數員，自成都起程）[32]，先赴重慶，再行相機前進。該處為教士廥集之所，又係川黔大道，消息易知[33]。仍一面檄調遵義紳士道員寒闓，沿途探明迎謁。奴才當曉以厲害，俾知朝廷撫馭中外殷殷求治之心，令其開導紳耆，拊循黎庶。各允該教重修教堂，得以復業，再酌議賠償之費，則情理兼到，必當[34]帖耳服從，迎刃而解。惟邊氓蠻野，教士刁難，恐非旦夕所能蕆事。道員寒闓精細穩練，鄉望所歸，由州縣經奴才迭次奏保，洊升今職，料能激發天良，和輯其眾。<u>應請旨敕下貴州撫臣，責令寒闓，專司其事，不得稍有諉延</u>[35]。奴才謹當[36]加意妥籌，迅圖結案，使洋人不至藉口生釁，以安邊圉，而慰慈廑。（其中另有詳細情形不敢瑣形奏牘者，業已函致總理衙門，以憑酌核）。[37]所有遵旨查辦貴州遵義[38]教案，先將平日訪察情形及現在辦理事宜，恭摺由六百里馳陳。伏乞皇太后、皇上聖鑒。謹奏。（同治九年五月二十五日）。[39]

（同治九年六月初十日，軍機大臣奉旨。欽此）[40]。（P299-308）

校證

【案】此摺缺原件，錄副現藏於臺北"故宮博物院"①，又見臺北"中央研究院"近代史研究所檔案館藏總理各國事務衙門檔案②（以下簡稱"檔案"）。因原稿與檔案、錄副字句頗有出入，據此可斷原稿非定稿之屬。

[1]（奴才崇實跪）：原稿無此前銜，據檔案、錄副補。

[2] 五月十七日：檔案、錄副皆作"五月十九日"，確。

[3]（貴州遵義民教滋事之案，日久未了。著崇實即帶印馳赴貴州，會同曾璧光秉公籌商，將此案趕緊完結，毋再稍涉遷延等因。欽此）：此節文字原稿缺，茲據檔案、錄副校補。

[4] 崇（實）前經派辦貴州教務，情形較為熟悉，著即帶印，馳赴貴州，會同曾璧光秉公籌商，務將此案趕緊完結。李鴻章仍當飛飭余思梄，會同黔

---

① 臺北"故宮博物院"藏：《軍機及宮中檔》，文獻編號：101486。
② 臺北"中央研究院"近代史研究所檔案館藏：《總理各國事務衙門檔案》，館藏號：01-12-190-01-063。

省委員,妥速籌辦,稟由崇(實)等酌奪,即行奏結:此節文字僅見於原稿。檔案、錄副缺,是。

[5]起(由):原稿無"由",據檔案、錄副補。

[6](民教仇隙已深。自從打毀教堂以後,境內全行反教,團眾固結莫解,川中傳教不一):此段文字原稿缺,茲據檔案、錄副校補。

[7](到川):原稿缺,據檔案、錄副校補。

[8]該處教士亦未呈訴有案:檔案、錄副均作"該處教士亦未來此呈訴",當是。

[9]奴才每於黔中人來及接見川省教士:檔案、錄副作"奴才每於接見籍隸該處之屬員及黔省來往人士",確。

[10]頗能:檔案、錄副作"業已",為是。

[11](該道)瀕行來署晉謁:檔案、錄副作"該道瀕行來署謁見"。原稿無"該道",未確。茲據補。

[12]奴才當即授以機宜:檔案、錄副均作"奴才當即告以此中窾窾",當是。

[13]令其會商:檔案、錄副作"必須會商",確。

[14](先行曉諭團民,容其復建教堂,方能):原稿缺此內容,據檔案、錄副校補。

[15](又):原稿缺,據檔案、錄副補。

[16]會:檔案、錄副作"後",是。

[17]自顧其身家:檔案、錄副作"自保其身家",是。

[18]而罔識大體:檔案、錄副作"而罔能顧全大局",確。

[19](況其餘則獷悍者,多但求快其私憤,何能慮及遠圖。事過之後,亦知彼教必挾制官長,因而私相要約,密地糾察,決不容其重立教堂,以為該教即奉官來修,吾輩但暗中事事杜絕之):原稿無此一節,誤。茲據檔案、錄副校補。

[20]以為該教重修教堂,但禁匠人之不為構造:原稿此句,檔案、錄副缺。當刪。

[21]似宜逆探兩造之情:檔案、錄副作"目下必須逆探兩造之情",當是。

[22] 固結莫解：檔案、錄副作"種種棘手"，確。

[23] 不能：檔案、錄副均作"不宜"，是。

[24] 亦屬：檔案、錄副作"猶恐"，確。

[25]（奴才業已）：原稿缺。據檔案、錄副補。

[26] 遴派籍隸遵義之候補同知楊蔭棠：檔案、錄副皆作"遴派川省知府銜候補同知楊蔭棠"，是。

[27]（候補）知縣：原稿缺"候補"，誤。茲據檔案、錄副補。

[28]（先行馳赴該處，設法勸導。該員等皆籍隸遵義，族望素著，故用之以通民情。又派知州淮溥暗帶省中教士，先行馳赴重慶，密購線索，該員向辦教案，故用之以通教情）：此段文字原稿缺，誤。茲據檔案、錄副校補。

[29] 以通黔民之情、熟悉教案之候補知州桂溥，以通教士之情，迅往遵義、重慶一帶，確查密復：原稿此節文字，檔案、錄副缺，應刪。

[30] 札飭：錄副奪"札"，誤。原稿與檔案確。

[31] 本任：檔案亦作"本任"，確。錄副作"本印"，誤。

[32]（酌帶文武數員，自成都起程）：原稿缺此一句，據檔案、錄副校補。

[33] 該處為教士麕集之所，又係川黔大道，消息易知：檔案、錄副作"該處係川黔大道，接壤密邇，消息常道，又為教士麕集之區，籌辦更易得手"，當是。

[34] 必當：檔案亦作"必當"，是。錄副作"心當"，誤。

[35] 應請旨敕下貴州撫臣，責令塞闈，專司其事，不得稍有諉延：此段文字見於原稿。檔案、錄副均缺，確。

[36] 謹當：檔案亦作"謹當"，確。錄副奪"當"，非是。

[37]（其中另有詳細情形不敢瑣形奏牘者，業已函致總理衙門，以憑酌核）：此句原稿無載，茲據檔案、錄副補。

【案】崇實此摺具奏於五月二十五日，其致函總理衙門時間似應在此摺之先。而總理各國事務衙門檔案載有"六月初六日，成都將軍崇實函稱"字樣，時距此摺之後十一日。據此可知，總理衙門所載應為收函時間。又據函中"昨於五月二十一日"可斷，其致函總理衙門時間應為五月二十三日。檔案曰：

六月初六日，成都將軍崇實函稱：昨於五月二十一日，奉到成字四十七號鈞示，遵義一案，羅公使在都曉瀆情節，俱已敬悉。惟此案情形，實雖未身親其事，然博咨旁採，頗得其詳。今請一一為臺端陳之。此案曾樞元所謂教民種種狡展，欲望難填，似乎教民故生枝節，有心不首了案，而於遵義士民一面，恐未曾盡得其詳，現在此案不難於措置教民，而難於開導遵義之團眾，何者？昨聞黔中大吏，議給該教銀三萬兩，不及其它。該教士所重，旨在復立教堂，不意遵郡士民早私相禁約，不得賣與一木一石一磚一瓦，並不得賣與食物。教士到後，竟無可如何，一也。該處教民多有川東之人，囊年兵火之餘在彼買有便宜田產。今遵郡之民打毀教堂後，意欲一概侵蝕，二也。實謂該處若向無天主堂，不容建立，猶可為詞。今既許其建立多年，驟然平毀，而又不容其重為建立。此則於理為短。田產一項，從前既有讓價，係屬兩願。今藉此反悔，亦屬非是。惟教民亦有不情之處，如買人押當之田，僅給賣主價值，而不清還押主之款。如此等類，時亦有之。大抵皆兩不得其平，是以葛藤莫解，案難議結耳。去秋，李協揆辦理此案，曾與實面商，實謂非有遵義紳士從中調停不可。其時四川候補道蹇闓丁憂在籍，協揆到渝，即用札調。後稔蹇道行抵中途，而協揆業已回鄂，蹇道遂即折回。其所派道員余思樞行抵遵郡，該處紳民藏匿不出，無可措手，因赴省垣，側聞近復，另委別事，置正案於不問。彼教固不甘心，而遵民竟若視為無事。樞元與實同年同館，夙悉其人道學正派，自然不喜教民。又以黔省士民方快心於此一舉，群以為得計，勢不得獨拗眾論，且又折服遠人之心。今黔中辦理此案，似亦未曾議及，此羅公使在京曉瀆之由來也。今來廷諭，令實前赴黔中會辦，實亦別無意見，惟有仍令蹇道在中調處。蹇道亦為教民所不喜，然解鈴繫鈴，不得補用，外更添派川省籍隸遵義之州縣官，先期赴彼開導，又派管辦教案之攜帶教士，前往設法疏通。一面咨取全案卷宗，核其同異，方有把握。然此行僅可先到渝城，不可輕赴築垣者，亦自有故。一者，若赴築垣，必須先過遵郡，倘邊氓無知，驟見欽派大員遠來，人人自危，其勢愈固，將何以處之？二者，若到築垣，祗有外國教士一味張揚，並無遵郡士民出來搏合。余道現在情形，即前車之鑒，不可不戒。三者，遵郡教士與渝郡教士向眾通氣，可以用為線索，是以必須先到渝城，將民教兩面理有頭緒，方能著手，總期持平得中，各就範圍而止。至羅公使所言，意不在銀，此但為目前門面語，究其結局，終須銀兩。惟樞元所稱該教引戴陸芝案，索銀二十萬兩，實屬不倫。戴陸芝案係有正法洋人重情在內，然其後田興恕出口，戴陸芝雖經陣亡，而仍議以革職，並無償其二十萬之事。今趙教士在築病故，係在數旬之外，雖經受傷，卻係病故，不得援戴陸芝一案。為此，其所稱迷失之梅教士，聞在桐梓一帶，已有蹤跡，不難確切訪查。果得實情，便有實理。但使遵義團眾容其復立教堂，其餘順緒布理，量予賠償，便可了案。不然，無論黔省瘠區，不能籌此鉅款。且恐大體攸關，不可不為之深慮。其前奉諭旨，撥解黔省軍餉十萬兩一項，旋准密函，云係備了此案所用。今即交實辦理，則此銀亦未便徑解黔中。況近來川庫支絀，尚須竭力籌畫。昨已與吳仲仙面商，暫留此款，俟實到渝，辦有眉目，再為酌量解往。實已將辦理此案大概情形先行具奏，一面收拾行裝，克期赴渝。俟委員等辦有端倪，再為奉聞。先此密函。肅復。①

[38] 遵義：錄副作"遵議"，顯誤。

[39]（同治九年五月二十五日）：原稿缺具奏日期，茲據錄副、檔案校補。

[40]（同治九年六月初十日，軍機大臣奉旨。欽此）：此奉旨日期據錄副補。

【案】同治九年六月初十日，清廷批復此摺，令崇實、曾璧光懔遵迭次諭旨，將余思樞調赴遵義，協同蹇闓等，悉心籌辦，將隨時辦理情形呈報崇實，以憑核辦，並將此件抄交總理各國事務衙門，《宮中檔》：

軍機大臣字寄：成都將軍崇、貴州巡撫曾：同治九年六月初十日，奉上諭：崇實奏遵旨查辦遵義教案，陳明平日訪察情形及現籌辦理一摺。據稱遵義團民自打毀洋人教堂後，川省久未得其消息。前據余思

---

① 臺北"中央研究院"近代史研究所檔案館藏：《總理各國事務衙門檔案》第二輯第三冊，"中央研究院"近代史研究所，1974年，第1685—1687頁。

樞稟稱，此案已議給銀三萬兩，而洋人要脅不情，直至無從下手。該將軍現難徑赴遵義，先派同知楊蔭棠等，馳赴該處，設法勸導，以通民情。又派知州桂溥先赴重慶，密購線索，以通教情，並擬以巡閱川黔邊界為名，順道查辦，由重慶相機前進。仍一面檄令蹇闓曉諭紳耆，以圖結案等語。所奏民教仇構各節，亦係實在情形。惟此案日久未結，崇實既已悉其大概，自不至畏難思阻，即著趕緊料理起程，馳抵遵義，督飭楊蔭棠等，會同余思樞、蹇闓各員反覆開導，持平審辦，使該處紳民帖然相安，而洋人無所藉口。曾璧光身任黔撫，責無旁貸，仍著懍遵迭次諭旨，將余思樞調赴遵義，協同蹇闓等，悉心籌辦，並飭令各該員將隨時辦理情形呈報崇實，以憑核辦，該撫尤不得以查辦有人，稍涉瞻顧。將此由六百里各諭令知之。欽此。遵旨寄信前來。①

《清實錄》與《上諭檔》所載內容一致。"諭軍機大臣等：崇實奏遵旨查辦遵義教案，陳明平日訪察情形及現籌辦理一摺……"②

又，同治九年六月十六日，崇實奏報馳赴遵義查辦教案起程日期一摺曰：

奴才崇實跪奏，為遵旨查辦貴州遵義民教滋事之案，謹將帶印出省日期恭摺具奏，仰祈聖鑒事。奴才欽奉上諭：飭將貴州遵義教案會同曾璧光，秉公籌商，趕緊完結等因。欽此。當將平日訪察實在情形及現在妥籌辦法，縷晰陳明，先行馳奏在案。奴才拜摺後，一面飭催所派之各委員，陸續起程，一面將本任公事並會辦之邊防軍務等件，趕緊部署清釐。茲擇於六月十六日，酌帶文武隨員數人，藉巡閱邊界為名，自成都起程，先赴重慶，暫行駐紮。查該處所屬之綦江，與貴州遵義連界，尚易察看情形。先將遵郡紳民妥為開導，再密與黔撫相機籌辦，較之貿然直赴貴陽，專聽教士一面之辭，似覺得體。所有成都滿營尋常事宜，奴才既帶印出省，應由副都統富森保照例借用左司關防辦理。其綠營日行事件，檄委中軍副將貴成，代拆代行。如遇題咨緊要公牘，仍封送奴才途次核辦。至向與督臣吳棠會辦之各路邊防、援黔軍務，以及松建番

---

① 中國第一歷史檔案館編：《同治朝上諭檔》，同治九年六月初十日。
② 《穆宗毅皇帝實錄》卷二百八十四，同治九年六月上，《清實錄》第50冊，第926頁。

夷等事，奴才出省後，既難逐件會同面議，應統歸督臣主辦。設遇重大事件，仍可往返函商，務臻妥協。所有遵旨查辦貴州遵義教案，帶印出省日期，理合恭摺馳奏，伏乞皇太后、皇上聖鑒訓示。謹奏。六月十六日。同治九年七月初七日，軍機大臣奉旨。欽此。①

【案】此摺於同治九年七月初七日得清廷允准，飭令崇實細心籌畫，務期妥協，《清實錄》：

又諭：崇實奏查辦遵義教案起程日期一摺。貴州遵義教案日久未結，自應迅速審辦。崇實現於六月十六日自省起程，先赴重慶駐紮，將遵郡紳民開導，再密與曾璧光相機妥籌。雖係慎重辦法，惟重慶與遵義界分兩省，查辦大員未入黔境，轉使洋人有所藉口，此案終難早結。著崇實體察情形，仍遵前次諭旨，馳抵遵義，督飭楊蔭棠、余思樞等，持平妥辦，以期民教相安，免生枝節。現在直隸天津地方又有焚毀教堂、毆傷領事之案，辦理正當吃緊，若外省教案早日完結，亦足以折服其心。崇實務當悉心籌畫，以副委任。②

○三五　奏請檄委已革貴陽府知府多文前往查辦教案片
同治九年十月初二日（1870年10月25日）

再，辦理民教交涉案件，必需得力委員，從中開導。奴才前派籍隸貴州之道員塞闉、同知張宏績[1]等，專為勸諭城鄉紳團[2]、容其建堂設教起見。此次該主教[3]任國柱忽然翻悔，是此案結而未結，重在教士一邊[4]，又必得熟悉教案且與任國柱素相認識之員，方能於事有濟。〈茲查有已革貴陽府知府多文，措資來蜀。奴才接見之餘，察其人

---

① 臺北"故宮博物院"藏：《軍機及宮中檔》，文獻編號：188101。另見臺北"中央研究院"近代史研究所編：《教務教案檔》第二輯第三冊，第1692頁。

② 《穆宗毅皇帝實錄》卷二百八十六，同治九年七月上，《清實錄》第50冊，第948—949頁。

尚穩練，雖因教案被參，厥後又奉委管理黔省教案，總局多年，為該教推重。際此黔案棘手，不得不棄短取長，以觀後效〉[5]。除檄委前往查辦[6]外，謹附片陳明[7]。伏乞聖鑒訓示。謹奏。

（同治九年十月十七日，軍機大臣奉旨。欽此）。[8]（P309-311）

校證

【案】此摺缺原件，檔案見於臺北"中央研究院"近代史研究所檔案館①，錄副現藏於臺北"故宮博物院"②，茲據校勘。

[1] 張宏績：檔案、錄副皆作"張鴻績"，確。

[2] 紳團：檔案、錄副皆作"士民"，確。

[3] 該主教：檔案、錄副作"該教士"，為是。

[4] 是此案結而未結，重在教士一邊：此句文字存於原稿，檔案、錄副未登。

[5]〈茲查有已革貴陽府知府多文，措資來蜀。奴才接見之餘，察其人尚穩練，雖因教案被參，厥後又奉委管理黔省教案，總局多年，為該教推重。際此黔案棘手，不得不棄短取長，以觀後效〉：此節文字，檔案、錄副作："茲查有已革貴東道多文，由黔回旗，道經川省。奴才聞其前在黔省曾經派辦教案，因傳見訪聞情形，察其人尚穩練，雖經教案被參於前，厥後又奉委管理教案總局數年之久，辦理甚屬妥協，與該教時有交涉事件，為任國柱素所信服。際此黔案棘手，不得不先派該革員，前赴貴陽，設法開導，不使橫生枝節，以免駐京公使時向總理各國衙門饒舌，奴才即可徐籌辦法，以期此案速結。"確。

[6] 查辦：檔案、錄副無此二字，是。

[7] 陳明：檔案、錄副作"密陳"，確。

[8]（同治九年十月十七日，軍機大臣奉旨。欽此）：此奉旨日期據錄副補。

---

① 臺北"中央研究院"近代史研究所編：《教務教案檔》第二輯第三冊，"中央研究院"近代史研究所，1974年，第1721—1722頁。

② 臺北"故宮博物院"藏：《軍機及宮中檔》，文獻編號：103571。

【案】同治九年十月十七日，清廷軍批復此摺，飭令崇實、曾璧光認真訪查，妥籌辦理，《宮中檔》：

> 軍機大臣字寄：成都將軍崇、貴州巡撫曾：同治九年十月十七日，奉上諭：崇實奏密陳貴州教案情形，設法籌辦一摺。……崇實另片奏，已革貴東道多文熟悉情形，派令前赴黔省，設法開導等語。多文係曾經僨事之員，恐不可靠，崇實當隨時留心訪察，不得稍有遷就，致誤事機。將此由五百里各諭令知之。欽此。遵旨寄信前來。

又，《清實錄》記載與《宮中檔》一致。"己酉，諭軍機大臣等：崇實奏密陳貴州教案情形，設法籌辦一摺。……"[1]

○三六　奏為密陳貴州教案情形並力疾設法籌辦摺
同治九年十月初二日（1870年10月25日）

（奴才崇實跪）[1]奏，為據實密陳貴州教案情形，並奴才現在力疾設法籌辦緣由，恭摺仰祈聖鑒事。

竊奴才於同治九年九月二十日[2]，在成都省城承准軍機大臣字寄：九月初七日，奉上諭：崇（實）現已啟程回省，著即迅速折回，馳赴遵義，會同曾璧（光），督飭余思樞等，妥速籌辦，總期民教兩面各無異詞，實有完案確據，方不至再滋口實等因。欽此[3]。奴才昨准總理衙門公函[4]，並抄錄法國使臣照會[5]，咨送前來。當即查照所開各節，逐一詳覆在案。查貴州教案議結之時，既由撫臣曾璧（光）督同李鴻（章）委員余思樞，暨該省藩臬兩司道府各委員，與該主教任國柱議定，又立有結案清單為憑[6]，似非曾璧（光）一人所能蒙蔽。惟共計議結銀七萬兩，先交現銀三千兩。因該教亦求不用宣出，遂未

---

[1]《穆宗毅皇帝實錄》卷二百九十三，同治九年十月下，《清實錄》第50冊，第1049頁。

將如何議結之處詳細聲敘，以至該主教轉得乘間抵隙，枝節橫生，更難保無黔省不肖之徒從中弄弄[7]唆使所致。奴才此時本應恪遵諭旨，馳赴遵義，妥速籌辦，惟遵郡民情素稱獷悍，與該教結怨已深。前此委員分投開導數月之久，始據士民出具聽從建堂設教甘結。一旦聞任國柱先有翻悔之言，奴才復奉命前往，不知如何袒護教士，苛責平民。群情洶洶，勢且激而生變，此其可慮者一也。主教任國柱桀驁異常，在該教中最為難制，且於黔省監（盤）踞[8]既久，羽翼尤多。奴才一入黔境，必至多方挾制，百計要求。將拂其欲而不與乎，於事無濟；將徇其欲以與之乎，如所稱道員陳昌運、塞閭各節，均屬憑空栽害，非惟不能行，抑且不可行。殊有關乎風俗人心之大，此其可慮者又一也。至於奴才六月間前赴渝城[9]，時方酷熱，途中即患中暑之症，加以焦思憂慮，復帶動肝痛、心悸舊病。嗣因黔省軍務吃緊，經督臣吳（棠）函催，回省商辦，公事較繁，診治尚未見愈。值此國家多事，豈容顧惜一身而忘盡瘁之義？然就教案而論，奴才愚以為洋人堅忍嗜利，貪得無厭，出以從容，則所費少，而自無後患；操之急切，則所費多，而轉易生心。溯自經辦教案以來，殆非一致，從無易結之案，亦斷無不結之案。第當津事倥傯之日，大局所關，何敢稍存諉卸，惟有籲懇天恩，容奴才悉心體察。一面咨詢貴州撫臣，將該主教任國柱如何翻悔，咨覆核辦；一面遴選熟悉教案與黔省地方之員，迅赴該處，明查暗訪，務得真情，即可斟酌措置。奴才雖病勢未能遽減，亦必力疾妥籌，將此案切實辦結，則上以紓君父之憂，下以慰邊氓之望。此私心所竊願者耳。謹將據實密陳教案情形並奴才力疾設法籌辦緣由，恭摺由驛馳奏。伏乞皇太后、皇上聖鑒訓示。謹奏。（同治九年十月初二日）。[10]

（同治九年十月十七日，軍機大臣奉旨。欽此）。[11]（P313-321）

校證

【案】此摺原件無存，檔案見於臺北"中央研究院"近代史研究所檔案館①,録副現藏於臺北"故宫博物院"②,兹據檔案、録副校補。

[1]（奴才崇實跪）：原稿無前銜。兹據檔案校補。

[2]同治九年九月二十日：檔案作"同治九年九月二十三日",確。

[3]【案】此"軍機大臣字寄"尚有節略之處,兹補足：

軍機大臣字寄：成都將軍崇、貴州巡撫曾：同治九年九月初七日,奉上諭：崇實奏,遵義教案辦理就緒,請將出力官紳酌保,總理各國事務衙門奏,貴州教案未結,請飭崇實仍赴遵義籌辦各摺片。前據曾璧光奏黔省教案九起,全行議結,並未將如何議結之處詳細聲敘。此次崇實摺内所稱設堂行教一事,業開導就緒,而教士遲久並無出省日期,是民教兩面,尚未切實議結,不得遽謂完案。據法國使臣羅淑亞照會内開轉遞任教士函稱,貴州各案入奏之後,並無會同甘結,且臚列遵義等處教案,亦未設法辦理等語。可見,該教士並未貼服,是否各案本未議妥,含糊了結,抑係該教士之言不實不盡,若不趕緊辦妥,必至另生枝節,仍爲不了之局。崇實現已起程回省,著即迅速折回,馳赴遵義,會同曾璧光,督飭余思樞等,妥速籌辦,總須民教兩面各無異詞,實有完案確據,方不至再滋口實。所有此案辦理出力官紳,著俟全案完結後,准由崇實會同曾璧光擇尤酌保。總理各國事務衙門摺,著鈔給閲看。將此由六百里各諭令知之。欽此。遵旨寄信前來。③

[4]【案】同治九年九月初五日,總理各國事務衙門致成都將軍崇實之函。此函現藏臺北"中央研究院"近代史研究所,曰：

八月初六日,由六百里飛布一函,諒邀鑒及。兹於九月初三日,接據法國照會一件,大致以樞垣（元）完結貴州遵義各案,並無教士會同甘結,且臚列遵義等處教案各情。查貴州遵義各案,日久未結。前次閣下迭奉諭旨,赴黔查辦。嗣因樞垣（元）將此案奏結,旋於七月十五日,欽奉上諭,行知閣下應否仍赴遵義之處,酌定行止。今據法國照會内開,遵

---

① 臺北"中央研究院"近代史研究所編：《教務教案檔》第二輯第三册,第1723頁。
② 臺北"故宫博物院"藏：《軍機及宫中檔》,文獻編號：103571。
③ 中國第一歷史檔案館編：《同治朝上諭檔》,同治十年九月初七日。

義等處教案，必須閣下抵黔，方可妥結等語。閣下素為遠人所敬服，尤於黔省教案最為熟悉，且遵義與重慶所屬綦江連界，即希趕緊馳赴遵義，函商樞垣（元），督飭同知楊蔭棠等，隨同少荃所派余道、蹇道及該處地方官，相機酌度，妥為核辦。查樞垣（元）前奏，內稱任教士以黔案積壓，請一併舉辦。自係與該教士函商妥協。未知此次任教士函內何以忽稱並未知會云云。又奏稱，新舊九案，議結七萬兩，教士收銀三千兩。銀數一層，教士亦求補用宣出。今任教士函內並未提及此項銀兩，收繳若干、議結若干，反稱毫未設法等語。豈教士因結案後悔，而此銀竟無著落耶？至任教士所稱委員陳昌運等各情，是否果有其事，仍望閣下一併查明確切，及早聲復。現在新聞紙有法布購兵、法為布滅等語。而天津一案，發使時復向本衙門饒舌，曾相於上月二十三日奏結一次，以後仍會同少荃協揆，協緝未獲各案。此案遲延日久，幸勿以新聞紙之說，致今遵義之行中止。是為至盼。除另備公牘抄錄法使照會附閱外，即頌勳祉。①

[5]【案】同治九年九月初三日，法國公使羅淑亞向總理衙門提交的有關遵義教案的外交文件。此照會現藏臺北"中央研究院"近代史研究所，曰：

本支臣前於七月十五日，接准貴衙門照會一件②，所言貴州一切教

---

① 臺北"中央研究院"近代史研究所編：《教務教案檔》第二輯第三冊，第 1669 頁。

② 七月十五日，總理衙門給法國公使羅淑亞照會稱：同治九年七月十四日，准貴州巡撫曾諮開：本部院於同治九年六月十三日，會同湖廣爵閣督部堂李，由驛具奏黔省民教各案現經全行議結一摺、抄錄奏稿一件、結案清單一件，諮送查照等因前來。旋於十五日，欽奉上諭：曾璧光奏，黔省教案全行議結，開單呈覽，暨諮會崇實會同核辦各摺片。貴州遵義等處教案共有九起，現經曾璧光派委司道各員，會同該教士，逐案查明，一律歸結，擬即出示曉諭各屬，以後遇有民教交涉事件，均照條約辦理。所籌甚為妥協。著曾璧光即將各案如何議結詳細根由，迅速諮明總理各國事務衙門，以憑查核。黔省教案雖已全結，而設堂行教等事，尚須妥籌辦法。該撫務當飭令余思樞、蹇闓，會同楊蔭棠等，體察民情，設法開導，毋令再生枝節，仍隨時諮商崇實，酌核辦理，免致歧誤，並嚴飭地方官，嗣後務當持平辦理，毋任再滋事端。前有旨令崇實馳赴遵義，就近督辦。此時遵義教案已結，尚有設堂行教事務，亦須督率委員，逐一經理操縱，方合機宜。崇實應否仍赴遵義之處，著即酌量情形，以定行止。欽此。本爵查黔省民教各案，現經議明，一律完結。由欽差查辦大臣大學士湖廣總督李暨貴州巡撫曾會同奏明，恭奉諭旨、欽遵在案。相應抄錄原奏一件、結案清單一件，照會貴大臣可也。（臺北"中央研究院"近代史研究所編：《教務教案檔》第二輯第三冊，第 1698 頁。）

案，均經曾撫台一律辦理完結，並已奏明。茲本大臣接到貴州任教士稟函，當即按照原文譯出，請貴親王閱視。而詳思九年六月二十七日，據貴陽任教士來稟內開：由北京來文，咨會貴陽撫台衙門云，崇將軍由川赴黔，欽派查辦教案。一得此聞，而各衙門皆振作精神，當有詳知情形之人，來相晤告，曾撫台無法補用，為止成都將軍不到貴州，故行文迎遞。具言黔省教務，均已辦完，並一面用完結之言，繕寫奏摺，蒙蔽皇上。本教士切望貴大臣，嗣後倘得總理衙門有何喜音之傳，若未接到本奏士之函，斷不可信。況既經入奏之案，必有本奏士會同甘結為憑。除曾撫台並未知會，率行入奏。一本教士已得見奏稿，所陳皆是空言。外本教士合應報明者，其譭謗教堂之言，毫未設法以禁止，逞兇之人犯，亦毫未拏獲而治罪，案內職官亦未見懲罰。再，遵義縣教堂之地址，至今仍然未停刨挖，所有教中之人，仍被勒逼遠徙。現在若得遵義等處教案清結，必須崇將軍抵黔，方可妥結。維今切求貴大臣，照此懇請總理衙門諸位大臣，分心辦理，是所切盼。又據七月二十一日之稟函所云：本教士將黔撫曾璧光為該處教案之奏摺抄送於貴大臣閱看，所有本教士前於六月二十七日所具之函，即為請貴大臣宜防假言，如摺內開列之陳昌運、吳德溥、塞闓、文際昌等。至陳昌運其人，前經派往遵義，查辦教案，伊至該處，別無所長，惟知火上潑油，益興讒謗，並將各樣譭謗教堂之書籍及誣毀教堂之揭帖，均經積存。乘有一人搶奪行旅衣物之機，懲辦之後，即回貴陽，並宣言遵義教案，均已辦結。至吳德溥心懷忿恨，素最仇視教堂，至今本教士未得面會。因從前辦理田興恕之案，該處胡主教常受其騙，後經查出。其所行之節奏，皆為虛偽，是以崇將軍同駱制台將其撤調。旋經曾撫復其原職，作為腹心，凡一切摺奏皆出其手。再，遵義縣倡言譭謗教堂者，即塞闓為首。想此三人，實為禍害教堂起事之根由。今曾撫台以教案辦理完結之假作，欲歸此三人之功，以洗前罪，並可借此機會，保升與教堂成仇之人。至安順府城殺死教民四命之團首文際昌，並來（未）到案。後聞崇將軍欲到黔查辦教案，而貴陽之地方官方將其拏獲。迨聞崇將軍祇到重慶之信，即將其釋放。近有崇將軍派來委員二名，見本教士，言由遵義經過，見該處之人仍然刨挖教堂地址之土云。為此照會。①

[6]【案】據總理衙門檔案：（同治九年）七月十四日，貴州巡撫曾璧光文稱：竊照本部院於同治九年六月十三日，會同湖廣爵閣督部堂李，由驛具奏黔省民教各案現經全行議結一摺，除俟奉到諭旨恭錄另咨並咨行外，所有奏稿、案單，相應呈送。為此咨呈總理衙門，謹請查照施行。照錄原卷：

奏為黔省民教各案現經全行議結，恭摺覆奏，仰祈聖鑒事。竊去歲遵義府城民教滋事一案，臣曾將大概情形奏聞，檄委道員陳昌運等前往辦理。嗣蒙敕令協辦大學士湖廣督臣李（鴻章）派員來黔會辦，旋經督臣奏委道員余思樞赴黔，臣復添派藩司黎培敬、署臬司林肇元、道員吳德溥等，會同余思樞，督飭教局委員馬應鏜、江維翰等，赴該教士堂中徹底根查。據委員等面稟：以該教士任國柱向稱，黔省教案積壓甚多，現經派員來黔，請即一併舉辦等語。臣以各起案情雖有輕重，而事涉中外，上厪聖懷。該教士既有此請，若不分案清查，即遵義案結，亦屬前事未了。惟案至九起，頭緒紛繁，往返商籌，致稽時日。屢次恭奉諭旨飭催，並准總理各國事務衙門咨錄法國公使羅淑亞所遞各件。臣復嚴催該司道等迅速歸卷，逐一清查，隨事核商，總期遵照條約，持平辦理，不得稍涉枉縱，致起爭端。茲據該司道等稟稱：該教士以先後各案仰蒙大皇帝迭次飭查，意甚欽感，現已逐案查明，一律歸結，共釋前嫌，永敦和好，呈送結案清單，恭呈御覽。現擬出示曉諭各屬，嗣後遇有民教交涉事件，均照條約辦理，以期永遠相安。除飭余思樞馳赴遵義，會同在籍道員蹇閶及府縣印委各官，趕將設堂行教等事開導紳士，設法辦理外，所有黔省各屬教案全行議結緣由，謹會同協辦大學士湖廣總督臣李（鴻章），合詞恭摺覆奏。伏乞皇太后、皇上聖鑒訓示。謹奏。

再，遵義等處教案已於上月議結。因設堂行教等事，必須由省商籌，

---

① 臺北"中央研究院"近代史研究所編：《教務教案檔》第二輯第三冊，第1700頁。

聯日與該教士往復妥議，以便赴遵舉行。正繕摺拜發間，復承准軍機大臣字寄：本年五月初五日，欽奉諭旨，添派成都將軍崇（實），來黔會商等因。欽此。旋准崇（實）咨會，已派委員楊蔭棠等，先行會同余思樞、塞闓等，前往清查，擬親往重慶，就近督辦等語。崇（實）於教案本極熟悉。楊蔭棠等亦素有鄉望，與余思樞、塞闓等均稱合手。重慶為適中之地，部署堪協機宜。臣查遵案雖結，而設堂行教諸事尚需體察民情，逐一從妥辦理，以期永遠相安，已諭令余思樞等至後，即在遵商妥辦。一面分稟崇（實），與臣會核，以免歧誤。除抄錄奏稿、案單飛函咨會崇（實）外，謹附片陳明。伏乞聖鑒訓示。謹奏。

　　清單：謹將現結先後各案查明原議，繕具清單，恭呈御覽。

　　一、遵義府城於八年五月有毀堂阻教、搶害教民一案。

　　一、興義府城團首劉觀得有殺害教民一案。

　　一、署永甯州尹樹棠據羅二生控告殺害教民一案。

　　一、彈壓中路已經陣亡之副將田興貴因施司鐸在途失事一案。

　　一、安順府城團首文際昌有殺害教民一案。

　　一、桐梓縣團首王大玠有殺害教民一案。

　　一、代辦都勻府錢壎，有阻攔文司鐸，不許進獨山州城一案。

　　一、綏陽縣城經堂被川省營員劉子貴有毀壞堂中什物一案。

　　一、守備潘應陞敓兩司鐸行路滋事一案。

　　以上各案，均已三面議明，辦理完定。恐後無憑，立此存查。①

[7] 弄弄：檔案、錄副皆作"播弄"，確。

[8] 監（盤）踞：原稿訛"盤"為"監"。而檔案、錄副皆作"盤踞"，確，茲據校改。

[9]【案】因清廷迭催赴黔，會辦黔省教案，成都將軍崇實遂於九年六月，帶印出省，前赴重慶，相機行事，並片奏隨帶親兵出省緣由，曰：

　　再，向來大員帶印出省，例有兵從護衛。上年，李鴻章來川查辦事

---

①　臺北"中央研究院"近代史研究所編：《教務教案檔》第二輯第三冊，第 1694—1696 頁。

件，亦帶馬步兩營。奴才此次奉命會辦鄰省教案，自應輕騎減從，何敢稍涉張揚？惟查黔省上游教號各匪，縱橫烏江以北，皆川師迭次越境，為之掃除。七年春夏間，生擒偽朱王張保山、總教首劉義順等，均係奴才兼署督篆時派出川軍所辦。嗣因川師進剿下游苗疆，而黔之地方官多無以善其後，因而上游伏莽近復時有蠢動。奴才現馳赴川邊，暫為駐紮，僅選帶旗營小隊、楚軍親兵各六十名，亦足稍示聲威。倘事有頭緒，必須赴黔，仍不得不添調兵勇一二營，隨同前往，庶足以懾凶頑，而昭體制。謹先附片陳明。伏乞聖鑒。謹奏。同治九年七月初九日，軍機大臣奉旨：知道了。欽此。①

[10]（同治九年十月初二日）：此日期原稿缺，茲據錄副校補。

[11]（同治九年十月十七日，軍機大臣奉旨。欽此）：此奉旨日期據錄副補。

【案】此摺於同治九年十月十七日，得清廷諭示，並飭令崇實親自前往遵義，會同曾璧光，飭令該地方官，會同該委員認真訪查，務得確情，妥速了結，以期教民相安，《上諭檔》：

　　軍機大臣字寄：成都將軍崇、貴州巡撫曾：同治九年十月十七日，奉上諭：崇實奏密陳貴州教案情形，設法籌辦一摺。前諭崇實馳赴遵義，籌辦教案，必民教各無異詞，實有完案確據，方不至再滋口實。原恐含糊了事，難免枝節復生，乃該教士果未帖然，意圖翻悔。崇實自應迅赴遵義，督飭各委員悉心籌畫，以期民教相安，及早蕆事。茲該將軍以遵義民情獷悍，教士又意存要脅，一入其境，轉難著手，所慮亦不為無見。惟當體察實在情形，妥速結案。如所派之員不能得力，必須崇實親身前往，仍著該將軍懍遵迭次諭旨，力疾起程，以便就近斟酌機宜，切實辦結。崇實現在派員前往遵郡，著曾璧光飭令該地方官，會同該委員認真訪查，務得確情，並將該教士如何翻悔根由詳細咨明崇實，以憑核辦，毋許稍涉含混。崇實另片奏，已革貴東道多文熟悉情形，派令前赴黔省設法開導等語。多文係曾經債事之員，恐不可靠，崇實當隨時留

---

① 臺北"故宮博物院"藏：《軍機及宮中檔》，文獻編號：101882。

心訪察，不得稍有遷就，致誤事機。將此由五百里各諭令知之。欽此。①

《清實錄》載之亦然。"又諭：崇實奏密陳貴州教案情形，設法籌辦一摺。前諭崇實馳赴遵義，籌辦教案，必民教各無異詞，實有完案確據，方不至再滋口實。"②

---

① 中國第一歷史檔案館編：《同治朝上諭檔》，同治九年十月十七日。
② 《穆宗毅皇帝實錄》卷二百九十三，同治九年十月下，《清實錄》第 50 冊，第 1049 頁。

卷　三
同治十年（1871）

〇三七　奏報改撥協黔的餉借提委解日期摺
同治十年正月二十七日（1871年3月17日）

（成都將軍臣崇實、頭品頂戴四川總督臣吳棠跪）[1]奏，為改撥協黔的餉，借提、委解各日期，恭摺仰祈聖鑒事。竊臣等於同治九年十月二十二日，承准軍機大臣字寄：十月初七日，奉上諭：崇（實）、吳（棠）奏改撥協黔的餉，請飭提督赴任接辦軍務一摺。周達武所需餉銀五萬八千兩，著照崇（實）等所擬，由川按月籌撥，解赴貴陽省城，專供周達武馬步全軍之用等因。欽此。當經恭錄，札行防剿局司道等，設法籌撥，並准提督周達武咨稱：原部馬步全軍五千九百人，確於九年閏十月十四日接防，新募黔勇四千五百人，亦已次第成軍，應請將川省月餉於十四日截止，協黔的餉於十五日起支等情前來。查協黔的餉，每月應撥銀五萬八千兩，自九年閏十月十五日起，至十二月底止，共應撥銀十四萬五千兩。該提督周達武統兵入黔，道出重慶，於九年閏十月初一、十四及十一月初八等日，在川東道庫借撥銀一萬五千兩。嗣於閏十月二十八日，飭委候補知縣王光照、候補縣丞周啟勳，提解銀一萬五千兩。又於十一月二十八日，飭由川東道籌撥銀四萬兩，並委候補縣丞趙鳴雁，提解銀一萬兩。復於十二月二十一日，飭委候補知縣顧汝萼、試用直隸州州判譚振元，管解銀一萬兩，並委候補知縣趙廷璜、試用州判劉炳淮，提解銀二萬兩。茲於十年正月初九日，飭委試用同知邵秉文、試用通判范鴻遂，管解銀三萬五千兩。以上統共借提、委解銀十四萬五千兩，均交周達武查收支放。計自九年閏十月十五日起，至十二月底止協黔的餉，業已一律解清。其自十年正月起協餉，臣等仍當督飭藩司等，接續籌撥，按月解交。雖當川餉奇絀之時，斷不敢因為數較巨，貽誤要需。所有改撥協黔的餉，借提委解緣由，除分咨外，謹合詞恭摺具陳。伏祈皇太后、皇上聖鑒。

謹奏。（正月二十七日）。[2]

（同治十年二月十五日，軍機大臣奉旨：知道了。欽此）。[3]

同治十年正月二十七日，由驛具奏。於本年三月初二日，准兵部火票遞回原摺，內開軍機大臣奉旨：知道了。欽此。（P325-331）

校證

【案】此摺原件查無著落，録副藏於臺北"故宫博物院"①。茲據録副校補。

[1]（成都將軍臣崇實、頭品頂戴四川總督臣吴棠跪）：原稿無前銜，茲據補。

[2]（正月二十七日）：原稿無此日期，茲據録副補。

[3]（同治十年二月十五日，軍機大臣奉旨：知道了。欽此）：此奉旨時間及內容，據録副補。

○三八　奏請將提督唐友耕軍餉運費作正開銷免由月餉坐扣片
同治十年正月二十七日（1871年3月17日）

再，同治八年，提督唐友耕統師援滇，克復魯甸廳城，生擒首逆。迭據咨呈：昭魯一帶連年漢回互鬥，田土久荒，間有產米之區，亦多被賊焚掠，採買兵糧，都在數百里以外，米價固昂，夫價尤重，請照隴黔成案，發給運費等情。節經札行防剿局核議，以此項運費前值防剿吃緊之時，該該提督[1]已飭營官等，挪款墊辦。各將士荷戟遠征，既責以戰守之勞，復令有賠累之苦，似不足以鼓勵軍心，詳請酌給前來。臣等伏查，川軍援剿漢南及甘肅階州、貴州苗疆，各營軍米運費，

---

① 臺北"故宫博物院"藏：《軍機及宫中檔》，文獻編號：106135。

迭經前督臣駱（秉章）[2]暨臣[3]等奏請，作正開銷，均奉諭旨允准在案。該提督唐友耕統師援滇，越境剿賊，其購米之艱難，運糧之險遠，與隴黔情事相同。合無仰懇天恩，俯准援照成案，將此項運費作正開銷，免由月餉內坐扣，以示體恤。謹合詞附片陳明。伏乞聖鑒訓示。謹奏。

（同治十年二月十五日，軍機大臣奉旨：著照所請，戶部知道。欽此）。[4]

同治十年正月二十七日，附驛具奏。於本年三月初二日，准兵部火票遞回原片，內開軍機大臣奉旨：著照所請，戶部知道。欽此。（P333-336）

校證

【案】此片缺原件，錄副藏於臺北"故宮博物院"①，茲據錄副校補。

[1] 該該提督：原稿衍一"該"字。錄副作"該提督"，是。

[2]【案】同治三年二月五日，四川總督駱秉章具陳"奏請俯念援軍需米孔急各處轉運維艱准將運費作正開銷片"，旋得允准，片曰：

再，川省援陝各軍前由南江等處進剿漢中賊匪，因購米艱難，經臣奏明，派委前任洪雅縣知縣梅錦堂等設立糧台，專辦軍米在案。嗣陝西撫臣劉蓉以梅錦堂等職分較小，呼應不靈，恐誤軍食，咨請另派大員督辦。又經臣檄委新任成綿龍茂道鍾峻，揀派隨員前往，並先後帶解銀四萬五千兩，馳赴川北，採辦米石，解濟各營。現在劉蓉改由寧、冕進兵，更須分台供支。查經陝各州縣山多田少，向以雜糧為食，產米委不甚多，加以大軍駐彼日久，搜買漸空。現在南通所駐各營需用米石，係在順慶、綏定各屬購辦。寧、冕、昭、廣所駐各營兵米，係在保寧、綿州等處採買，由水陸分運前進。惟是兵分兩道，需米既多，道途遙遠，運腳尤重。除米價銀兩仍在各營月餉內扣還外，所有水陸運腳等費照例定價值支

---

① 臺北"故宮博物院"藏：《軍機及宮中檔》，文獻編號：106136。

發，實有萬難敷用之勢。合無仰懇天恩，俯念援軍需米孔急，各處轉運維艱，准將運費、一切採買支發作正開銷，以示體恤，而免貽誤。據防剿局司道具詳前來。理合附片陳奏。伏乞聖鑒訓示。謹奏。同治三年二月二十八日，議政王軍機大臣奉旨：依議，該部知道。欽此。①

[3]【案】同治八年正月二十三日，四川總督吳棠具陳"奏請採辦軍米運費作正開銷免由月餉內開支片"，亦獲允准，片曰：

再，上年川省援剿漢南及甘肅階州，各營軍米費、運費，迭經前督臣駱秉章奏請作正開銷，均奉旨允准在案。本年派道員唐炯、提督劉鶴齡等率師援黔，迭拔堅城，轉戰深入，營壘迭增，道途愈遠。黔中田土久荒，間有產糧之區，亦多被賊焚掠。各營採米維艱，運費尤重，力難賠墊。合無仰懇天恩，俯念師行以糧為先，准照漢南、階州採辦軍米成案，將此項運費作正開銷，免由月餉內支扣，以示朝廷軫恤戎行至意。是否有當。理合附片陳明。伏乞聖鑒訓示。謹奏。同治八年正月二十三日，軍機大臣奉旨：著照所請，該部知道。欽此。②

[4]（同治十年二月十五日，軍機大臣奉旨：著照所請，戶部知道。欽此）：此奉旨日期與內容，據錄副補。

○三九　奏請准劉鶴齡於湖南漵浦建祠將總兵鄧鴻超等員入祀片
同治十年正月二十七日（1871年3月17日）

再，據前統領果毅營提督劉鶴齡稟稱，該提督從征十八年，轉戰川、陝、黔等省，先後陣亡之總兵鄧鴻超、姚華萃、劉洛望，參將吳洪貴，守備駱安邦等員弁勇丁，共計一千數百名，均經隨時稟報，並請將鄧鴻超等各員奏奉恩旨，交部議恤在案。現在所部全軍遣撤[1]，念

---

① 臺北"故宮博物院"藏：《軍機及宮中檔》，文獻編號：094666。
② 中國第一歷史檔案館藏：《錄副奏摺》，檔號：03-4824-043。

士卒臨陣捐軀，殊堪憫惻。該提督籍隸湖南漵浦縣，所部弁勇大半幼同鄉里，自願捐集經費，在於原籍地方建立昭忠祠，將鄧鴻超等一律入祀，並置產，歲時致祭等情。臣等覆查軍興以來，各營陣亡將士呈請建立昭忠祠，均邀俞允。今該提督所稟，亦為激揚士氣起見，合無仰懇天恩，俯准提督劉鶴齡在於原籍湖南漵浦縣地方捐資建祠，將陣亡總兵鄧鴻超等員弁勇丁一併入祀，以彰藎節，而慰忠魂。謹合詞附片陳明。伏乞聖鑒訓示。謹奏。

（同治十年二月十五日，軍機大臣奉旨：著准其捐資建祠，將陣亡總兵鄧鴻超等一併入祀，以慰忠魂。欽此）。[2]

同治十年正月二十七日，附驛具奏。於本年三月初二日，准兵部火票遞回原片，內開軍機大臣奉旨：著准其捐資建祠，將陣亡總兵鄧鴻超等一併入祀，以慰忠魂。欽此。（P337–340）

校證

【案】此片原件查無下落，錄副現藏於臺北"故宮博物院"[①]，茲據校勘。

[1] 遣撤：錄副作"遣撤返"，"返"疑衍。

[2]（同治十年二月十五日，軍機大臣奉旨：著准其捐資建祠，將陣亡總兵鄧鴻超等一併入祀，以慰忠魂。欽此）：此奉旨日期與內容，據錄副校補。

○四○　奏請將道員唐炯免其置議片
同治十年正月二十七日（1871年3月17日）

再，臣等前奉同治九年閏十月二十二日上諭：唐炯前致席寶田函內，有川中月協黔餉五萬歸黔自辦，聞黔中意甚欣然等語。曾璧光謂當時並無此意。唐炯之言從何而來，必須各還根據。著崇（實）、吳

---

① 臺北"故宮博物院"藏：《軍機及宮中檔》，文獻編號：106137。

（棠）飭令唐炯，明白登復，即行查核具奏，以懲虛誣等因。欽此。當經恭錄，札行道員唐炯欽遵去後。茲據稟覆：九年六月內，據派駐貴陽省城採辦轉運委員稟稱：黔省聞川中協餉歸黔自辦之議，意甚欣然。該道是以於致臬司席寶田函內敘及等情。臣等伏查，唐炯致臬司席寶田函內，雖非虛誣無據之言，而貴州撫臣曾璧光既稱當時並無此意，則唐炯得自傳聞，形諸函牘，究屬非是。惟該道已於移師平甕案內奏參，奉旨摘去頂戴，其與席寶田尚係私函往來。可否仰懇天恩，免其置議，出自逾格鴻慈。謹合詞附片陳（明）[1]。伏乞聖鑒。謹奏。

（同治十年二月十五日，軍機大臣奉旨：唐炯著免其置議。欽此）。[2]

同治十年正月二十七日，附驛具奏，於三月初三日，准兵部火票遞回原片，內開軍機大臣奉旨：唐炯著免其置議。欽此。（P341-344）

校證

【案】此片缺原件，錄副現藏於臺北"故宮博物院"①，茲據錄副校補。

[1]陳（明）：錄副作"陳明"，原稿奪"明"無疑。

[2]（同治十年二月十五日，軍機大臣奉旨：唐炯著免其置議。欽此）：此奉旨日期及內容，據錄副補。

【案】此為崇實、吳棠奉旨飭查唐炯於致臬司席寶田函中所稱之語，及令唐炯明白登復後所上清廷之奏片，並得允准，《清實錄》：

唐炯前致席寶田函，內有川中月協黔餉五萬歸黔自辦，聞黔中意甚欣然等語。曾璧光謂當時並無此意。唐炯之言從何而來，必須各還根據。著崇實、吳棠飭令唐炯明白登復，即行查覈具奏，以懲虛誣。嗣後該將軍、督撫等總當力顧大局，不得惑於浮言，致軍務稍涉鬆勁。尋奏，唐炯以傳聞之語形諸函牘，殊屬非是。惟係私函往來，且該道已於移師平甕案內摘去頂帶，此次可否免其置議。得旨，唐炯著免其置議。②

---

① 臺北"故宮博物院"藏：《軍機及宮中檔》，文獻編號：106136。
② 《穆宗毅皇帝實錄》卷二百九十五，同治九年閏十月下，《清實錄》第50冊，第1088頁。

〇四一　奏報川滇兩軍擊退巴夷邊境漸次肅清情形摺

同治十年二月十五日（1871年4月4日）

（成都將軍臣崇實、頭品頂戴四川總督臣吳棠跪）[1]奏，為巴夷竄擾，迭經川滇兩軍擊退回巢，邊境漸次肅清，恭摺仰祈聖鑒事。竊臣等於同治十年二月初六日，承准軍機大臣字寄：正月二十二日，奉上諭：劉嶽昭、岑毓英奏川邊蠻夷竄擾滇境，調兵剿辦一摺[2]。著崇實、吳棠飛飭雷波、屏山附近兵練，並力夾擊，毋稍玩延等因。欽此[3]。查敘南筠連、高、珙等縣接壤滇疆，且時有野夷出巢之患。八年冬間，提督唐友耕援師凱撤，即檄令督率所部三千二百餘人，扼守邊防，附片奏明在案。九年十二月十二、二十一等日，據敘州府縣稟報：滇匪勾串巴夷散練，分股竄擾，一由永善縣副官村直犯橫江，一由大關廳鹽井渡[4]闌入筠連縣西南鄉場等情。當經批令，厚集兵團，嚴防江岸，並添調駐紮敘永三營，馳往助剿。仍一面飛咨滇省，轉飭昭通鎮總兵李家福，會同唐友耕，不分畛域，嚴密搜捕。嗣准雲貴督臣、雲南撫臣咨稱：探得永善縣毗連川界之巴布梁山蠻夷，偷渡過江，襲踞營碉數座等語。臣等以蠻匪滋擾，無論為滇夷、為川夷，均應設法驅除。咨復通飭會辦去後。茲於二月初五日，據敘州府知府朱潮稟報：永善夷匪，經川滇兩軍夾擊獲勝，現已潰竄回巢，僅有零匪數百人，藏匿老山，距川境五六百里，筠連地方亦有游匪，數十成群，乘機搶奪。現在上緊拏辦等情前來。臣等伏念雲南之大關、永善，四川之雷波、馬邊，夷巢林立，環繞江滸，聲息相通，難保不暗中糾合，初未敢謂犬羊之眾，滇囂而蜀靜也。惟夷情鮮事耕耘，專圖劫奪，一遇官兵迎擊，豕突狼奔，遁入老巢，習為慣技。故邊地雖有夷患，而駕馭得宜，尚不至肆行無忌。此次巴夷竄擾，迭經川滇兩軍擊退回巢，邊境漸次肅清，堪以上紓宸慮。其餘零星股匪，皆兩省交界遊手好閒之徒，乘機竊發。惟有恪遵訓示，督飭唐友耕，會合附近兵練，並力掃除，以期盡絕根株[5]，免滋擾累。所有巴夷竄擾，迭經川滇兩軍擊退回巢，邊境漸次肅清緣由，謹合詞恭摺馳陳。伏乞皇太后、皇上聖鑒訓示。謹奏。（二月十五日）。[6]

（同治十年二月二十八日，軍機大臣奉旨。欽此）。[7]

同治十年二月十五日，由驛具奏。於本年三月十二日，准兵部火票遞回原摺，內開軍機大臣奉旨：另有旨[8]。欽此。（P345-352）

校證

【案】此摺缺原件，錄副藏於臺北"故宮博物院"①，茲據錄副校補。

[1]（成都將軍臣崇實、頭品頂戴四川總督臣吳棠跪）：原稿無前銜，茲據補。

[2]【案】同治九年十二月二十二日，雲貴總督劉嶽昭會同雲南巡撫岑毓英具摺"會奏川邊蠻匪竄擾滇境急籌剿辦情形摺"。此摺錄副現藏於臺北"故宮博物院"，又見於劉嶽昭《滇黔奏議》②一書。茲補錄：

革職留任頭品頂戴雲貴總督臣劉嶽昭、頭品頂戴雲南巡撫臣岑毓英跪奏，為川邊蠻匪偷渡過江，竄擾滇境，現已調撥兵練，急籌剿辦情形，恭摺仰祈聖鑒事。竊據昭通鎮總兵李家福、署昭通府知府貴齡稟稱：據署右營遊擊譚美稟報，探得永善縣毗連川界之巴布梁山大木杆、阿祿馬各處蠻匪，糾約大股出巢，麕集於下江溜筒口、小屋基、小河內等處，大有竄滇滋擾之勢。正在分兵堵禦間，該匪忽於十一月十五日夜，潛由上江之小溝、小壩子偷渡過江。滇岸兵練單薄，猝不及防，致被襲踞營碉數座。現又攻破求雨堡，擾至黃菓溪、出水洞、燕家寨一帶，勢甚猖獗。尚有屯集川岸匪黨甚眾，永善縣城戒嚴，業由該總兵派兵前往，先將城

---

① 臺北"故宮博物院"藏：《軍機及宮中檔》，文獻編號：106363。
② 劉嶽昭：《滇黔奏議》，載沈雲龍主編：《近代中國史料叢刊》一編第五十一輯，第603—606頁。

防及各要隘妥為固守,並招募練丁,分投截擊,請發重兵剿辦等情前來。臣等伏查永善地方,緊連川界,與雷波、屏山廳縣所屬蠻匪僅隔金沙一江。每值秋冬收割、江水枯涸之時,往往緣流涉淺,偷入滇境,燒殺搶擄,為害匪輕。經臣等籌撥經費,責成昭通右營遊擊,募練嚴防,數年以來,幸得堵禦無事。詎因本年亢旱太久,蠻地甚屬饑荒,而江水低落,幾欲斷流,沿江上下隨處均可涉越,防備難周,以致該匪闌入。所可慮者,大關一帶為迤東各屬往來要道,井渡、釐金必由之路,乃滇省一線餉源。值此澂江未克,西路軍務正殷,萬一該匪蔓延,不特入川大道為之梗阻,亦且蹂躪完善,全局攸關。臣等現已飛調駐防尋甸、馬龍之副將劉奇義,抽帶勁勇三百名,並調各路團練,星夜馳往,聽候李家福調遣,庶期兵力稍厚,得以迅殄賊氛。惟此次該匪傾巢出擾,雖未全數過滇,尚多蟻集川岸,必得川軍由彼面進剿,俾未渡匪黨迅回老巢,而入滇蠻眾不難撲滅。除由臣等咨會四川督臣飭令雷波、屏山附近兵練並力夾擊,並查明遊擊潭美疏防情事另行參辦外,所有川邊蠻匪竄擾滇境急籌剿辦情形,謹合詞由驛恭摺具奏。伏乞皇太后、皇上聖鑒訓示。謹奏。九年十二月二十二日,同治十年正月二十二日,軍機大臣奉旨。欽此。①

[3]【案】此節文字節略,《清實錄》②有載。茲據《宮中檔》補足:

軍機大臣字寄:成都將軍崇、四川總督吳、雲貴總督劉、雲南巡撫岑:同治十年正月二十二日,奉上諭:劉嶽昭、岑毓英奏川邊蠻匪竄擾滇境,調兵剿辦一摺。雲南昭通屬之永善縣,緊連川界,與雷波、屏山廳縣所屬各蠻僅隔金沙一江。現因蠻地饑荒,江水低落,以致該匪偷渡過江,襲踞防兵營碉數座,並攻破求雨堡,擾至黃果溪、出水洞、燕家寨一帶,勢甚猖獗,永善縣城戒嚴。劉嶽昭等已調副將劉奇義,抽帶勁勇三百名,馳往該處,聽候總兵李家福調遣,以期迅殄賊氛。惟大關一帶為迤東孔道,且井渡釐金必由之路,一線餉源,關擊緊要。著劉嶽昭、

---

① 臺北"故宮博物院"藏:《軍機及宮中檔》,文獻編號:105800。
② 《穆宗毅皇帝實錄》卷三百三,同治十年正月下,《清實錄》第51冊,第20—21頁。

岑毓英一面督飭李家福等，克日進剿，一面酌量添撥勁旅，以厚兵力，庶可盡殲醜類，毋致蔓延。此次該匪傾巢出擾，半多蟻聚川岸，若川軍同時並舉，則未渡各匪必當迅回老巢，而入滇蠻眾不難撲滅。著崇實、吳棠飛飭雷波、屏山附近兵練，並力夾擊，毋稍玩延。將此由五百里各諭令知之。欽此。遵旨寄信前來。①

[4] 鹽井渡：錄副作"鹽井波"，據《清實錄》，原稿為是。

[5] 盡絕根株：錄副作"淨絕根株"。

[6]（二月十五日）：原稿無此日期，茲據補。

[7]（同治十年二月二十八日，軍機大臣奉旨。欽此）：此奉旨時間據錄副補。

[8]【案】此摺旋於二月二十八日獲准，諭令崇實、吳棠等督飭唐友耕等軍，實力防剿，以靖地方，《宮中檔》：

軍機大臣字寄：成都將軍崇、四川總督兼署成都將軍吳、雲貴總督劉、雲南巡撫岑：同治十年二月二十八日，奉上諭：崇實、吳棠奏巴夷竄擾，經川滇兩軍擊退回巢一摺。雲南之大關、永善，四川之雷波、馬邊，夷巢林立，聲息相通。此次滇匪句串巴夷散練，分股竄擾，雖經川滇兩軍夾擊，潰竄回巢，惟尚有零匪數百藏匿老山。且該夷不務耕耘，專圖劫奪，難保不暗中勾合，乘間復出。著崇實、吳棠、劉嶽昭、岑毓英督飭唐友耕、李家福兩軍，在川滇毗連一帶實力防剿，將老山匪匪搜捕淨盡，毋得稍分畛域。其筠連縣地方游匪數十成群，乘機搶奪，若不上緊拏辦，尤恐釀成大患。崇實等務當嚴飭唐友耕會合附近兵練，並力掃除，以清餘孽。將此由五百里各諭令知之。欽此。遵旨寄信前來。②

【案】《清實錄》與《宮中檔》記述一致："崇實、吳棠奏巴夷竄擾，經川滇兩軍擊退回巢一摺。雲南之大關、永善，四川之雷波、馬邊，夷巢林立，聲息相通。……將此由五百里各諭令知之。"③

---

① 臺北"故宮博物院"藏：《軍機及宮中檔》，文獻編號：408018118。
② 臺北"故宮博物院"藏：《軍機及宮中檔》，文獻編號：408018121。
③ 《穆宗毅皇帝實錄》卷三百六，同治十年二月下，《清實錄》第51冊，第62—63頁。

〇四二　奏報黔省教案賠款斟酌情形無庸再事籌撥片
同治十年二月十五日（1871年4月4日）

　　再，臣等於同治十年二月初七日承准軍機大臣字寄：正月二十二日，奉上諭：崇（實）、曾璧（光）奏[1]黔省教案仍照原議歸結一摺[2]。黔省教案九起，經在事各員與教士李萬美等商議妥協，一律議結。至賠款銀七萬兩，已由黔省籌發三千兩。其餘六萬七千，兩著崇（實）、吳（棠）、曾璧光斟酌情形，設法籌辦[3]等因。欽此。查黔省教案，賠款銀六萬七千兩，前於上年十二月，經臣崇實會同貴州撫臣曾璧（光）議結時，將應撥協餉銀兩一面飛咨各省，照數動支，一面飭令該教士，持文請領。即如川省應撥銀七千兩，已於正月十七日發交，附片奏報。其餘各該省督臣、撫臣，知大局攸關，眾擎易舉，當亦次第應付，可以類推。臣等斟酌情形，似無庸再事籌撥，致多輾轉。除咨會貴州撫臣外，謹合詞附片陳明。是否有當，伏乞聖鑒訓示。謹奏。

　　（同治十年二月二十八日，軍機大臣奉旨：著仍遵正月二十三日諭旨，將黔省教案應撥銀兩，除各該省業已付給，咨照川省有案外，餘銀仍由四川籌款墊給，再由各省照數解川，以清款項。欽此）。[4]

　　同治十年二月十五日，由驛附奏。於十年三月十二日，准兵部火票遞回原片，內開軍機大臣奉旨：著仍遵正月二十三日諭旨，將黔省教案應撥銀兩，除各該省業已付給咨照川省有案外，餘銀仍由四川籌款墊給，再由各省照數解川，以清款項。欽此。（P353-357）

校證

【案】此片原件無存，錄副現藏於臺北"故宮博物院"[①]。茲據錄副校補。

---

① 臺北"故宮博物院"藏：《軍機及宮中檔》，文獻編號：106364。

[1] 奏：録副缺"奏"，顯奪無疑。

[2]【案】同治十年正月初九日，成都將軍崇實會同貴州巡撫曾璧光具陳"黔省遵義等處教案九起現經先後委員會同查辦仍照原議一律歸結"一摺，曰：

四川將軍臣崇實、貴州巡撫臣曾璧光跪奏，為黔省遵義等處教案九起，現經先後委員會同查辦，仍照原議一律規結，恭摺會奏，仰祈聖鑒事。竊照遵義教民滋事一案，經協辦大學士調任直隸總督臣李鴻章派委道（員）余思樞來黔，會同臣曾璧光原派司道、委員等責辦，並將各屬教案一併議結。恭摺奏聞時，奴才崇實已欽奉諭旨，馳赴黔省，在途接准臣曾璧光咨送摺稿等件，即暫駐重慶府城，督飭在籍道員蹇闓等，勸辦遵義設堂行教等事，取具士民遵依各結，折回川省，亦經奴才崇實先後奏聞，各在案。嗣承准軍機大臣字寄：同治九年九月初七日，奉上諭：前據曾璧光奏，黔省教案九起全行議結，並未將如何議結之處詳細聲敘等因。欽此。是皆臣曾璧光辦理疏舛，未能折服遠人，以致案結復翻，上厪宸慮，迴圈跪讀，悚惕莫名，遵即嚴飭原派司道、委員等切實籌辦。旋由奴才崇實奏派已革貴東道多文，先赴黔省，會同各員根查翻案原由。據余思樞、多文等稟稱：多文於閏十月初四日馳抵省城，往見教士任國柱，詢以案經議結，因何翻異，務即確實言明，以憑核辦。據稱前結九案，業已議定，並無他說。但議定後僅見委員等辦理遵義一案，餘尚未辦，即議賠償銀兩，亦未掃數付清，是以未經具結，寄信伊國公使，催其速結，並非有意翻悔，亦無另有別情等語。該教士即於是月初八日病故，當准教士李萬美照會，接管教堂事務，余思樞亦即由遵義回省。該道等帶同委員馬應鏗、王維翰、劉登瀛等，逐件商榷，秉公核辦，於十一月二十九日約同原派藩司黎培敬，臬司林肇元，道員吳德溥、陳昌運等，齊赴教堂，與該教士李萬美三面會商，悉照原議，全行清結，公具議單、合同，彼此存據，並由李萬美送來蓋印甘結，出具照會，懇請銷案。據該司道等稟請核辦前來。奴才等以黔省教案九起，惟遵義毀堂搶奪情節為最重，釁隙為最深，經奴才等先後檄飭余思樞馳赴遵義，會同蹇闓、留署遵義府徐邦達、同知楊蔭棠等，挨次清釐，悉心開導，取具士民遵依照舊設堂行教甘結，將乘機搶奪之傅有沅訊明正法，滋事之楊希伯、楊樹勳分別擬以軍流，核立善後條規，奏奉諭旨允准。一面督飭司道、印委各員辦理餘案，會同核議。正待奏結，該教士即以未經舉辦，函致法國使臣，迭奉寄諭飭查。現據該司道等呈送議單，並由教士李萬美送來永敦和好甘結，懇請銷案，自應逐案議結。查傅有沅糾眾搶奪，罪犯應死，業經拏獲，訊明正法，應毋庸議。楊希伯挾嫌逞兇，激成眾怒，致將經堂打毀，殊屬不法，擬請發極邊煙瘴充軍。楊樹勳與楊希伯互相爭毆，釀成巨案，亦非尋常肇衅可比，擬請杖二百、流二千里，分別發配，折責安置。並將辦理各員舉核，以杜轇轕，而昭勸懲。查黔省司道及地方各均職分應為，不敢仰邀甄敘。四川派往黔省及帶赴重慶委員候補同知楊蔭棠等，應由奴才崇實分別酌委記功，咨會督臣存記外獎。在籍道員寋閶經臣李鴻章、奴才崇實先後檄委，辦理建堂傳教各事，竟能調護維持，不避嫌怨，實屬力顧大局，業由臣曾璧光另案奏請賞加布政使銜，亦不敢再乞恩施。多文等應照被參原案，專行另敘。按察使銜甘肅補用道余思樞、道銜前任興義府知府馬應鏜等，籌辦軍餉，備極勞勤，輯和中外，悉協機宜，擬請將余思樞賞加布政使銜，馬應鏜賞加三品銜。籍隸貴州在川辦捐之知府用陝西清軍同知張鴻績，密派紳耆，自備資斧，分赴勸導。該紳等亦屬著有微勞，前經臣崇實附片奏明在案。擬請將張鴻績賞加鹽運使銜，指發四川。州同舉人湯中，擬請補缺後，以知州用。雙月州同張紹濱，擬請以州同不論雙單月，歸部選用。副貢生華國輝，擬請賞給五品銜。前署遵義府知府汪炳璈、前署遵義縣知縣劉肇觀、前署遵義協副將梁正春，於民教倉卒滋事，雖非意料所及，惟未能即時解散，致肇爭端，文武均難辭其咎。相應請旨，交部議處。遵義外委范玉芳勸阻不力，應與新站攔回教士之把總陳雲龍，均予斥革。前署永寧州知州尹樹棠，前殺教民，雖屬危城查辦奸細，惟未將案情告知教堂，致啟猜嫌，應請摘去頂戴，一年無過，方准開復。前署綏陽縣楊嘉禾，於川兵入城損壞經堂，未能立即查拏。前署獨山州知州錢塤，因辦防剿，誤阻教士，不令入城，雖軍務吃緊，事出有因，究屬不合。應與誤用印文簽提教士之前署桐梓縣知縣耿光祺，均交部察議。守備潘永升身充巡捕，隨伺巡撫出署，呵禁行人，是其責任，應與彈壓中路、失查練營、揀拾經卷之陣亡副將田興貴，未能約束兵勇損壞綏陽教堂之病故川省營員劉子貴，及委辦教案查無不合之道員陳昌運等，均毋庸議。除將會立議單照會咨送總理各國事務衙門備查，賠款銀七萬兩，分咨各省，於協黔軍餉內劃撥銀六萬七千兩，交該教士自行走領，其餘三千兩由黔省籌撥外，所有仍照原議辦結遵義等處教案九起緣由，臣等往返函商，意見相同，謹會同協辦大學士調任直隸督臣李鴻章，合詞恭摺馳奏，並繕錄結狀，恭呈御覽。伏乞皇太后、皇上聖鑒訓示。謹奏。正月初九日。同治十年正月二十三日，軍機大臣奉旨。欽此。①

[3]黔省教案九起，經在事各員與教士李萬美等商議妥協，一律議結。至賠款銀七萬兩，已由黔省籌發三千兩。其餘六萬七千兩著崇實、吳棠、曾璧光斟酌情形，設法籌辦：此節文字見於原稿，錄副缺，似手民故略之。

【案】崇實、曾璧光此摺於正月二十三日得清廷諭允，《同治朝上諭檔》：

軍機大臣字寄：成都將軍崇、四川總督兼署成都將軍吳、貴州巡撫曾：同治十年正月二十三日，奉上諭：崇實、曾璧光奏黔省教案仍照原議歸結一摺。黔省教案九起，經在事各員與教士李萬美等商議妥協，一律議結，並由該教士出具甘結，照會銷案。是民教兩面各無異詞，實有完案確據。此後遇有中外交涉事件，曾璧光務當督飭地方官，秉公持平辦理，以期永遠相安。在事出力之道員余思樞，著賞加布政使銜。知府馬應鏜著賞加三品銜。同知張鴻績著賞加鹽運使銜。州同湯中著俟補缺後，以知州用。章紹濱著不論雙單月選用。副貢生華國輝著賞給五品銜。前署遵議府知府汪炳璈、前署遵義縣知縣劉肇觀、前署遵義協副將梁正春，於民教倉卒滋事，未能即時解散，實難辭咎，均著交部議處。外委范玉芳、把總陳雲龍，著一併斥革。前署永寧州知州尹樹棠，著摘

---

① 臺北"故宮博物院"藏：《軍機及宮中檔》，文獻編號：105822。

去頂帶，一年無過，方准開復。前署綏陽縣知縣楊嘉禾、前署獨山州知州錢塤、前署桐梓縣知縣耿光祺，均著交部察議，以示勸懲。至賠款銀七萬兩，已由黔省籌發三千兩，其餘六萬七千兩，崇實等分咨各省，於協黔軍餉內劃撥，固因黔省餉需支絀，無可應付。惟與其令該教士自行走領，易滋事端，不如由川省先行籌款墊發，一面咨催各省，於協黔餉內照數提出，解還四川，較為直捷。著崇實、吳棠、曾璧光斟酌情形，設法籌辦。將此由五百里各諭令知之。欽此。遵旨寄信前來。①

【案】此"軍機大臣字寄"，原稿與錄副皆以奉旨時間為"同治十年正月二十二日"，而據《同治朝上諭檔》、《清實錄》②及崇實、曾璧光奏摺之錄副，則奉旨時間皆為"同治十年正月二十三日"。故可推定，原稿、原件及錄副記述之奉旨日期當誤。

[4]（同治十年二月二十八日……欽此）：此奉旨日期與內容，據錄副補。

【案】此片於同治十年二月二十八日獲清廷允准，並令各省照數撥解，以清款目，《清實錄》之記載與此件記述及錄副所署相同。

○四三　奏報奉撥協濟黔餉津貼銀兩情形片
同治十年二月十五日（1871年4月4日）

再，前奉上諭：著崇（實）、吳（棠）即在按糧津貼項下，迅撥銀十萬兩，解赴黔省，以資接濟，並准以五萬兩劃抵本年京餉等因。欽此。查奉撥津貼銀十萬兩，協濟黔餉，曾於上年三次解過銀六萬兩內，以五萬（兩）[1]劃抵京餉，均經先後奏明在案。嗣由臣崇（實）會同貴州撫臣曾璧（光），將遵義等處教案議結。所有賠款銀兩，應於各省協黔軍餉動撥，令該教持文赴川，請領銀七千兩。時值歲除，司庫搜羅殆盡，無款可籌。且貴州提督周達武統兵赴黔，業經改撥

---

① 中國第一歷史檔案館編：《同治朝上諭檔》，同治十年正月二十三日。
② 《穆宗毅皇帝實錄》卷三百三，同治十年正月下，《清實錄》第51冊，第21—22頁。

協黔的餉,每月需銀五萬八千兩。仔肩非易,兼顧不遑。誠有如曾璧(光)、周達武籌辦黔省兩游疏內所稱,四川、湖南兩(省)[2]現在援黔,其舊撥餉需未便再計等語,委係實在情形。惟黔案初完,非設法應付,無以示信遠人。當飭川東道庫,就近措墊銀七千兩,已於正月十七日發交渝城教堂,取有領狀備案。其項仍在按糧津貼項下湊集劃還,以清款目。據藩司王德固具詳前來。謹合詞附片陳明。伏乞聖鑒。謹奏。

(同治十年二月二十八日,軍機大臣奉旨:知道了。欽此)。[3]

同治十年二月十五日由驛附奏。於同治十年三月十二日,准兵部火票遞回原片,內開軍機大臣奉旨:知道了。欽此。(P397–401)

校證

【案】此件缺原件,錄副現藏於臺北"故宮博物院"①。茲據錄副校補。其首開署"另抄交戶部,總理衙門"字樣。

[1] 五萬(兩):錄副作"五萬兩",是。原稿奪"兩",無疑。

[2] 四川、湖南兩(省):錄副作"四川、湖南兩省",確。原稿顯脫"省"。

[3](同治十年二月二十八日,軍機大臣奉旨:知道了。欽此):此奉旨日期與內容,據錄副補。

○四四　奏請將已故建昌兵備道鄂惠照例從優議恤片
同治十年二月二十八日(1871年4月17日)

再,已故二品頂戴按察司銜建昌兵備道鄂惠[1],道光年間,由部

---

① 臺北"故宮博物院"藏:《軍機及宮中檔》,文獻編號:106365。

曹簡任重慶府知府，署理永寧道。咸豐元年，調補成都府知府，歷膺繁劇，卓著循聲。迨升任建昌道十有餘年，凡撫夷防邊事務，均能措置裕如。前值滇、髮各逆竄擾川疆，籌剿籌防，辛勞備至，遂患怔忡等症。上年八、九月間，會督川軍，越境截剿竄回，並克復永北廳城，竭慮殫思，勉強撐拄，以致舊疾復發，盡瘁邊陲，於同治十年正月十六日，因病出缺，業經循例，恭疏題報在案[2]。該故道身後囊橐蕭然，官民同聲感悼，僅有嗣孫光昭，遠在京邸，勵志讀書。據防剿局司道會詳請恤前來。臣等覆查無異。合無仰懇天恩，飭部將已故二品頂戴按察司銜建昌兵備道鄂惠，照軍營立功後病故例，從優議恤，以慰忠魂[3]。謹合詞附片陳明。伏祈聖鑒訓示。謹奏。

（同治十年三月十七日，軍機大臣奉旨：該部議奏。欽此）。[4]

同治十年二月二十八日，附片具奏。於本年四月初五日，准兵部火票遞回原片，內開軍機大臣奉旨：該部議奏。欽此。（P359-362）

校證

【案】此片缺原件，臺北"故宮博物院"藏此錄副①。茲據錄副校補。

[1]鄂惠：正紅旗滿洲監生，歷任四川重慶府、成都府知府、建昌兵備道員。咸豐八年（1858），加按察使銜。其生平履歷缺乏詳細記述。餘可參見吏部尚書花沙納等，於咸豐五年三月二十日，奏請以鄂惠升補四川建昌道一摺，曰：

吏部尚書臣花沙納等謹奏，為遵旨議奏事。內閣抄出兼署四川總督、成都將軍樂斌奏稱：建昌道俞文詔革職，所遺員缺係沖難要缺，例應由外揀員升調。查該道管轄三府二直隸州，兼轄土司部落二百七十餘處，南界滇省，西至藏衛，漢夷雜處，地廣政繁，控制巡防，均關緊要。非老成明幹、熟悉夷情之員，不足以資治理。在於通省道員內逐加遴選，非本任繁要，即人地未宜，實無合例堪調之員。惟查有成都府知府

---

① 臺北"故宮博物院"藏：《軍機及宮中檔》，文獻編號：106750。

鄂惠，老成穩練，辦事結實，歷任地方，均能盡心經理，於夷務情形，亦所熟悉。以之請升建昌道員，實堪勝任。合無仰懇天恩，俯念員缺緊要，准以鄂惠升補建昌道，於邊疆吏治，洵有裨益。如蒙俞允，俟接准部覆，照例給咨，赴部引見。所遺成都府知府係省會要缺，應請旨簡放等因。咸豐五年三月初七日，奉硃批：吏部議奏。欽此。欽遵抄出到部。查定例：知縣以上官員，如遇題調缺出，及煙瘴地方，俱准升調兼行，聽該督撫酌量具題。又，知府必於本任內歷俸五年以上，方准揀選題升。又，題升知縣以上官員，俱令送部引見。又，臣部奏定章程內開：州縣以上應升缺出，俱先盡勞績應升人員揀選升用等因。各在案。今四川建昌道係沖繁難題調要缺，例應在外揀選升調。鄂惠，正紅旗滿洲人，由四川重慶府知府，道光二十四年十月十三日到任。嗣經大計，卓異保薦，於咸豐元年十二月初三日引見，奉旨：准其卓異加一級，仍註冊回任候升。欽此。調補成都府知府，四年四月初二日到任。查該員任內，歷俸已滿五年，且係卓異候升之員。今據該署督奏請，升補建昌道，核與定例相符，相應奏明，請旨成都府知府鄂惠准其升補建昌道，應令該署督給咨，該員赴部引見。所遺成都府知府員缺，係沖繁難省會要缺，例應請旨簡放。謹將臣等遵旨議奏緣由，繕摺具奏。伏乞皇上聖鑒訓示，遵行。謹奏。咸豐五年三月二十日。吏部尚書臣花沙納、吏部尚書臣翁心存、吏部左侍郎臣瑞常、署吏部左侍郎禮部右侍郎臣杜喬羽、吏部右侍郎臣穆蔭、吏部右侍郎臣卓稟。①

[2] 同治十年正月二十七日，川督吳棠片奏建昌道鄂惠等因病出缺、揀員署理遺缺各事，得允行。片曰：

再，現據雅州府知府徐景軾稟稱：建昌道鄂惠因頻年剿辦越嶲彝務，並規復雲南永北廳城，積勞成疾，於同治十年正月十六日因病出缺等情。除照例恭疏題報外，伏思建昌道管轄三府二直隸州，接壤滇藏，兼轄土司部落二百七十餘處，為川省巡道中題調要缺，亟應委員接署。

---

① 中國第一歷史檔案館藏：《錄副奏摺》，檔號：03-4107-063。

查有候補道尹國珍，廉明幹練，堪以委署。又，署德陽縣知縣曹廷燮病故遺缺。查有彰明縣知縣何慶恩，堪以調署。所遺彰明縣缺，查有新補清溪縣知縣尚未到任之韓樹屏，堪以委署。何慶恩等正署各任內並無經征錢糧未完及承緝盜劫已起四參案件。據藩臬兩司會詳前來。除分咨遵照外，理合附片陳明。伏乞聖鑒。謹奏。同治十年二月十五日，軍機大臣奉旨：吏部知道。欽此。①

[3] 以慰忠魂：錄副作"以慰藎魂"。

[4]（同治十年三月十七日，軍機大臣奉旨：該部議奏。欽此）：此據錄副補。

〇四五　奏請允准候補道覺羅恒保引見恭候簡用片
同治十年二月二十八日（1871年4月17日）

再，花翎布政司銜候補道覺羅恒保[1]，經臣崇（實）先後奏委[2]，署理成都府知府、成綿龍茂道，創辦省垣城防，並督辦通省團練總局事務，激勵紳民，俾各團均能效命，悉力堵剿，屢挫賊鋒，省門賴以完固。實屬謀勇兼優，厥功甚偉。迨同治七年，復委令整頓團防，撙節經費，井井有條。臣吳（棠）履任後，留心訪察，輿論僉同。今省局裁撤，該員始終不懈，幹練有為，立功在前，丁憂在後，似未便遽沒成勞，亦未敢再邀甄敘。擬請將花翎布政司銜候補道覺羅恒保，俟服闋後，由吏部帶領引見，恭候簡用，出自逾格鴻慈。謹合詞附片陳明。伏乞聖鑒訓示。謹奏。

（同治十年三月十七日，軍機大臣奉旨：恒保著交部，從優議敘，毋庸送部引見。欽此）。[3]

同治十年二月二十八日，附驛具奏。於本年四月初五日，准兵部

---

① 臺北"故宮博物院"藏：《軍機及宮中檔》，文獻編號：106140。

火票遞回原片，內開軍機大臣奉旨：恒保著交部從優議敘，毋庸送部引見。欽此。（P363-366）

校證

【案】此奏片原件無存，錄副現藏於臺北"故宮博物院"[1]。茲據錄副校補。

[1]覺羅恒保：正藍旗滿洲貢生，歷任四川知縣、知州、署知府、道員等職。咸豐五年四月初八日，吏部尚書花沙納等具陳"奏為遵旨議奏以南充縣知縣覺羅恒保升補為資州直隸州知州員缺事議奏請旨訓示遵行"一摺，曰：

  吏部尚書臣花沙納等謹奏，為遵旨議奏內閣抄出兼署四川總督成都將軍樂斌奏稱：資州直隸州知州沈廷貴開缺，所遺員缺係沖繁調缺，例應在外揀員調補。查該州路當孔道，政務殷繁，且管轄四縣，有表率之責。非為守兼優之員，不克勝任。在於通省現任直隸州知州內逐加遴選，非本缺緊要，即人地未宜。查候補直隸州知州慶福暨獲盜勞績保奏應升之涪州知州濮瑗、達縣知縣白映庚、廣元縣知縣朱鳳標等，均於此缺不甚相宜，實無堪以調補之員。惟查有南充縣知縣覺羅恒保，才優年富，辦事勤能，歷任地方，俱能實心整頓，以之升補資州直隸州知州，實堪勝任。該員歷俸已滿三年，惟調缺請升，與例稍有未符。第人地實在相需，例准摺內聲明。合無仰懇天恩，俯念員缺緊要，准以南充縣知縣覺羅恒保升補資州直隸州知州，洵於地方有裨。如蒙俞允，俟接准部覆，再行給咨，送部引見。所遺南充縣知縣員缺，係首邑要缺，容俟照例揀員調補等因。咸豐五年三月初七日，奉硃批：吏部議奏。欽此。欽遵抄出到部。查定例，州縣應調缺出，俱令於現任人員，揀選調補。如無合例堪調之員，始准以候補人員題補。如候補無人，亦准於應升人員內，揀選題升。州縣以上官員，俱令送部引見各等語……覺羅恒保，正藍旗滿洲貢生，由四川灌縣知縣，道光二十八年八月二十四日到任，調補南充縣知縣，咸豐四年正月二十七日到任，歷

---

① 臺北"故宮博物院"藏：《軍機及宮中檔》，文獻編號：106754。

俸已滿三年。據該署督奏請升補資州直隸州知州……可否准其升補之處，恭候欽定。……謹奏。咸豐五年四月初八日。原件：恒保著准其升補。①

[2]【案】咸豐十一年三月初二日，兼署川督崇實奏保覺羅恒保署理成都府知府一摺，茲補錄之：

署理四川總督駐藏大臣奴才崇實跪奏，為道員署理臬司，丁憂出缺，飭令新任臬司迅速赴任，恭摺奏祈聖鑒事。竊前任臬司蔣征蒲欽奉諭旨，飭令赴京。所遺按察使篆務，公事繁多，又值辦理咸豐十年、十一兩年秋審，案牘愈增，亟應專委署理，慎速較核，期歸至當，當經奴才檄委鹽茶道韓錦雲署理。旋據呈報：該署司繼母在籍病故，例應丁憂。奴才查先辦秋審，期限甚迫，若調省外實缺道員署理，恐稽時日，致逾定限。現經奴才委令署成綿龍茂道趙有泰暫行兼署。伏查臬司為刑名總彙，最關緊要。新授按察使蕭浚蘭，前在京師，奴才知其精明諳練，辦事認真，仰懇皇上飭令蕭浚蘭迅速赴任，以專職守，奴才並得藉收指臂之效。至鹽茶道缺，因候補道員均經委署各缺。查有成都府知府文良，老成幹練，前在嘉定府任內熟悉鹽務，堪委署理。其成都府缺，查候補知府覺羅恒保，精明穩練，曾任華陽縣知縣，熟悉地方情形，兼現辦城防事宜，經理裕如。委令接署，足資治理。除分飭遵照外，其鹽茶道缺應懇天恩，迅賜簡放。理合恭摺附驛具奏。伏乞聖鑒。謹奏。三月初二日。咸豐十一年三月十三日，奉硃批。欽此。②

又，同治七年九月二十二日，署理四川總督崇實附片奏陳"委令覺羅恒保署理永寧道篆務事"。曰：

再，現准部咨：欽奉上諭：四川永寧道恩祥，著即開缺，交吏部帶領引見。欽此。欽遵轉行在案。伏查永寧道本係簡缺，現因所轄之敘州一府暨敘永廳在在與雲貴接壤，邊防緊要。非熟悉情形之員，難資治理。查有候補道覺羅恒保，幹練老成，由四川州縣洊至道員，在蜀年久，熟

---

① 臺北"故宮博物院"藏：《軍機及宮中檔》，文獻編號：406005844。
② 中國第一歷史檔案館藏：《錄副奏摺》，檔號：03-4160-054。

悉地方情形。經前督臣駱秉章兩次委署川東道篆務，均能治理裕如，堪以委署永寧道篆務。除檄飭遵照外，理合附片陳明。伏乞聖鑒。謹奏。同治七年九月二十二日，軍機大臣奉旨。欽此。[1]

[3]（同治十年三月十七日……）：此奉旨日期與內容，據錄副補。

〇四六　奏報遵旨酌保四川省垣城防團練尤為出力官紳摺
同治十年二月二十八日（1871年4月17日）

（成都將軍臣崇實、頭品頂戴四川總督臣吳棠跪）[1]奏，為遵旨酌保四川省垣連年城防團練尤為出力官紳，恭摺仰祈聖鑒事。

竊臣等前將省垣團防出力官紳始終不懈擬請擇尤酌獎緣由，附片具奏[2]。嗣於同治九年十二月十二日，准兵部火票遞回原片，後開軍機大臣奉旨：著准其擇尤酌保，毋許冒濫。欽此。臣等伏查四川省垣自軍興以來，設立團防總局，所以保衛地方者，至周且密。同治四年八月間，前督臣駱（秉章）會同臣崇（實），將省垣城防團練出力官紳，奏蒙恩准獎勵[3]之後，迄今又歷六年，中間有馬邊逆匪、鹽源滇匪之變。邊患偶萌，本根輒為之震動。凡夫編聯保甲，按戶清查，團練壯丁，分門盤詰各事宜，均照舊章辦理。悉賴該委員、紳士等觸暑沖寒，櫛風沐雨，始終不懈，迭著辛勤。現當撤局之餘，若不量加甄敘，將[4]何以孚眾志而獎成勞？臣等督飭在局司道，悉心考察。閱時既久，其中輪流更替，人數遂多，欲定去留，頗難斟酌。惟念團防之設，紳士之責較專，則紳士之功亦較重。茲擇其尤為出力者，並首列督辦之道府等數員，繕具清單[5]，恭呈御覽。籲懇聖主逾格恩施，以為保衛[6]地方者勸。其餘在事出力州縣佐雜各員，仍由臣等存記

---

[1]　中國第一歷史檔案館藏：《錄副奏摺》，檔號：03-4642-069。

外獎。謹合詞恭摺具陳，伏祈皇太后、皇上聖鑒訓示。謹奏。（二月二十八日。）[7]

（同治十年三月十七日，軍機大臣奉旨：該部議奏，單併發。欽此）。[8]

同治十年二月二十八日，由驛具奏。於本年四月初五日，准兵部火票遞回原摺，內開軍機大臣奉旨：該部議奏，單併發。欽此。（P367-372）

校證

【案】此摺缺原件，錄副現藏於臺北"故宮博物院"①。茲據補。

[1]（成都將軍臣崇實、頭品頂戴四川總督臣吳棠跪）：原稿無此前銜，茲據錄副校補。

[2]【案】同治九年十一月初十日，崇實、吳棠奏"團防官紳著績擬請援案擇尤酌獎"一片，請參見〇三一號奏片。

[3] 參見〇三一號奏片。

[4] 將：錄副缺"將"，誤。茲據補。

[5]【案】隨此摺所附酌保尤為出力官紳清單，茲照錄如下：

謹將遵旨酌保四川省垣連年城防團練尤為出力官紳，繕具清單，恭呈御覽。成綿龍茂兵備道孫濂，查該員前在成都府任內，總辦省垣城防。迨升任成綿道，復督辦通省團練總局事務，綜核精細，擘畫周詳，夙夜在公，始終其事。擬請賞加按察司銜。候補班前先用知府恒泰，查該員自奏派倡辦通省團練，籌防籌剿，事事盡心。時值省城戒嚴，晝夜登陴固守，督帶團勇，堵剿江口洋馬河賊匪獲勝，攻剿仁壽縣竄賊，首逆李什就擒正法。屢次躬冒矢石，且在局甚久，實屬異常出力，勞績尤著。擬請俟補缺後，以道員歸候補班前先用，並請賞加鹽運司銜。潼川府知府李德良，查該員前在團防總局，委辦提調事務。嗣署成都府事，總辦省垣城防，內緝奸匪，外調團練，晝夜辛勤，異常出力。擬請以道員在

---

① 臺北"故宮博物院"藏：《軍機及宮中檔》，文獻編號：106752。

任候升，並請賞加鹽運司銜。候補知府李鈺，查該員，委辦提調事務，實力實心，不辭勞瘁。擬請賞加道銜。候補通判劉溥倡捐礮臺，急公好義。擬請俟補缺後，以同知直隸州知州用。

　　內閣侍讀銜候選同知陳壽尊，同知銜內閣中書揀選知縣劉希向，國子監學正銜即選訓導衷興鑒，六品銜候選未入流張雲錦，候選訓導李炳澐，候選從九品張照旭，五品銜王兆麟，五品藍翎候選府經歷韓永暚，藍翎鹽提舉銜楊光裕，候選從九品彭敬之，候選州判張圻。該紳等十一員，辦理團練城防事務，均能首先襄辦，悉心籌畫，聯絡各紳，日夜嚴密稽察，始終不懈。陳壽尊、劉希向、衷興鑒、張雲錦、李炳澐、張照旭、王兆麟、韓永暚、彭敬之、楊光裕十員，自同治四年八月任事，張圻自咸豐九年十二月任事。陳壽尊擬請交部議敘，劉希向擬請俟選缺後，以同知用。衷興鑒擬請由歲貢本班不論雙單月，儘先前選用。張雲錦擬請選缺後，以應升之缺升用。李炳澐擬請賞加國子監學正銜。張照旭擬請賞加六品銜。王兆麟擬請賞加四品銜。韓永暚擬請選缺後，以知縣用。楊光裕擬請交部議敘。彭敬之擬請選缺後，以應升之缺升用。張圻擬請賞加知州銜。

　　花翎候選鹽提舉陳廷章，五品封職廖琨，候選府經歷傅圖鴻。該紳等三員委辦城防，隨同各紳，認真稽察，毫無疎懈。陳廷章、廖琨自同治四年八月任事，傅圖鴻自同治四年七月任事。陳廷章擬請選缺後，以運同用，先換頂戴。廖琨擬請賞加五品銜。傅圖鴻擬請選缺後，以知縣用。候選通判朱邦伸，夾江縣教諭傅世達，候選訓導薛棻，理問銜溫江縣教諭曾大鰲，成都縣歲貢本班儘先前選用訓導李維馥。該紳等五員委派城門盤查，帶勇防守，均能認真將事。朱邦伸、傅世達自咸豐十一年七月任事，曾大鰲自咸豐十年二月任事，李維馥自咸豐十年十月任事。朱邦伸擬請賞加運同銜。傅世達擬請賞加五品銜。薛棻、李維馥均請賞加國子監學正銜。曾大鰲擬請賞加鹽提舉銜。候選訓導楊承澍，候選巡檢戴僑生，候選從九品任銓，候選訓導嚴履端，候選從九品李應菁、劉秉勳，候選按照磨朱啟樑，候選縣丞柳元遵，候選巡檢陳模，從九品銜邱寶賢，府知事銜曾澤遺，候選州吏目秦曰珣，從九品銜張淑培，候選從九品萬開鑒、車朝琚。該紳等十五員名，委辦團練城防，實心任事。楊承澍、戴僑生、任銓自同治四年八月任事，嚴履端自同治三年九月任事，李應菁自咸豐十年三月任事，劉秉勳自同治二年正月任事，朱啟檁自咸豐十年十月任事，柳元遵自咸豐九年九月任事，陳模自咸豐十年三月任事，邱寶賢自咸豐九年十一月任事，曾澤遺自咸豐十年二月任事，秦曰珣、張淑培自咸豐十年三月任事，萬開鑒自同治四年八月任事，車朝琚自咸豐十年二月任事。均擬請賞加六品銜。國子監學正銜候選訓導嚴心咸，候選從九品晏昌謨，六品銜候選州吏目張玉五，候選從九品郭瑞庭，候選縣丞陳潤基。該紳等五員，會同委員帶練，晝夜巡查街道，著有微勞，均自同治四年八月任事，均擬請俟選缺後，以應升之缺升用。

　　五品翎頂知縣用候選縣丞柳廷章，六品銜詹事府主簿曾大鑾。該紳等二員協守城垣，認真出力，均自同治四年八月任事，均擬請交部議敘。從九品銜葉緒昌、鄭國安，縣丞銜瑞福嵩，監生馬幹、廖秉寬、王昌典，附貢生晏端澍，府經歷銜卓景江。該紳等八名委辦幫查保甲，黽勉從公，著有微勞。葉緒昌自同治二年八月任事，鄭國安自咸豐九年十一月任事，瑞福嵩自咸豐十年二月任事，馬幹、廖秉寬、王昌典、晏端澍、卓景江自咸豐十年三月任事。葉緒昌、鄭國安、馬幹、廖秉寬、王昌典、晏端澍，均擬請以從九品歸部選用。瑞福嵩擬請以縣丞歸部選用。卓景江擬請以府經歷歸部選用。即選從九品梁步雲，書識黃汝修、王明德、王德興、徐孝先、杜榮升、王謙吉。該書識七名，派辦團防文案，歷年最久，洵屬著有辛勤，均自同治四年九月任事。梁步雲請以主簿不論雙單月，遇缺前先即選。黃汝修等六名，均請以從九品不論雙單月，歸部選用。軍機大臣奉旨：覽。欽此。①

[6] 保衛：錄副缺"保"，顯奪。

[7]（二月二十八日）：原稿無此日期，茲據補。

[8]（同治十年三月十七日，軍機大臣奉旨：該部議奏，單併發。欽此）：此奉旨日期與內容，據錄副補。

---

① 臺北"故宮博物院"藏：《軍機及宮中檔》，文獻編號：106753。

〇四七　奏請獎敘川軍越境截剿克復永北廳城在事出力各員摺
同治十年三月初二日（1871年4月21日）

（成都將軍臣崇實、頭品頂戴四川總督臣吳棠跪）[1]奏，為遵旨查明、請獎川軍赴境[2]截剿回匪，大獲勝伏（仗）[3]，並會合滇師，攻克永北廳城在事出力各員，恭摺仰祈聖鑒事。

竊臣等前於同治九年閏十月十一日，奉到同治九年十月二十四日內閣奉上諭：崇（實）、吳（棠）奏川軍越境，截剿竄回獲勝，並會合滇軍攻克永北廳城，請將出力各員獎勵一摺[4]。此次尤為出力之總兵劉寶國，著遇有提督缺出，開列在先，請旨簡放。知府許培身，著以道員用。其餘出力各員及陣亡弁勇，准由崇（實）等查明，分別奏請獎恤[5]等因。欽此。仰見朝廷厪念邊陲、有勞必錄之至意，下懷欽感難名。當經恭錄，轉行建昌鎮總兵劉寶國等，宣布恩綸。凡在邊陲將吏、荒服蠻夷，罔弗思鼓勇爭先，輸誠恐後。竊維用兵之道，在覘賊勢而毋失權宜，貴得人和而勿矜意氣。迤西之不靖，殆亦有年矣。建南戍卒，帶甲枕戈，風鶴之驚，一歲數見。初未敢提師輕進冒險貪功者，則以事機有待故也。今幸鄰疆輯睦，回匪披離，川軍於越境截剿之餘，再接再厲，緊躡其後。遂會滇師，卒能成夾擊之謀，收聚殲之效。堅城告拔，要逆就擒。所有在事出力各員，或裹糧出境，或懸布登陴。華夷之眾齊驅，主客之私悉泯。似與用本省之兵辦本省之賊者尋常勞績不同。據建昌鎮總兵劉寶國、甯遠府許培身，開單請獎前來。

臣等詳加查核，另繕清單[6]，恭呈御覽。合無籲懇聖明，立沛鴻施，俾資激勸。一俟澂江攻克，轉飭西征，仍當以得勝之師助其掃蕩，冀紓鄰難，而慰慈廑。除擬保千總以下另冊咨部外，謹將遵旨查明請獎川軍越境截剿回匪並克復永北廳城在事出力各員緣由，合詞恭摺具陳。伏祈皇太后、皇上聖鑒訓示。再，郎中許之淦，前經隨摺奏保，嗣准吏部咨，與定章不符，飭令另核請獎。已於清單內酌擬開列，合併聲明。謹奏。（三月初二日）。[7]

（同治十年三月二十日，軍機大臣奉旨。欽此）。[8]

同治十年三月初二日，附驛具奏。於本年四月初十日，准兵部火票遞回原摺，後開軍機大臣奉旨：另有旨[9]。欽此。（P373-380）

校證

【案】此摺缺原件，錄副現藏於臺北"故宮博物院"①。其首署"隨旨交，單一同抄繳"字樣。茲據錄副校補。

[1]（成都將軍臣崇實、頭品頂戴四川總督臣吳棠跪）：原稿無前銜，茲據補。

[2]赴境：錄副作"越境"，是。

[3]大獲勝伏：錄副作"大獲勝仗"，確。原稿顯誤。

[4]指同治九年十月初九日崇實、吳棠會銜具奏之摺，詳見〇二七號摺件。

[5]<u>此次尤為出力之總兵劉寶國，著遇有提督缺出，開列在先，請旨簡放。知府許培身，著以道員用。其餘出力各員及陣亡弁勇，准由崇（實）等查明，分別奏請獎恤</u>：此段文字存於原稿，原件亦應有此一段。錄副缺，應為手民故略之。

[6]【案】此摺附有清單，隨摺呈閱，茲補錄之：

　　謹將攻克永北廳城在事出力文武員弁、紳團、兵勇、土目，繕列清單，恭呈御覽。計開：署會川營參將建昌中營遊擊儘先副將鄧全勝，總兵用李忠楷。以上二員，督兵勦賊，謀勇兼優。均請遇有總兵缺出，開列在先，請旨簡放。李忠楷並請賞加提督銜。副將銜儘先參將署靖遠營遊擊定長，副將銜留川儘先參將彭炳輝，花翎留川補用參將劉鎮坤，花翎參將銜建昌左營遊擊孫廷槐，署建昌中營遊擊江長泰，花翎即補遊擊

---

① 臺北"故宮博物院"藏：《軍機及宮中檔》，文獻編號：106784。

彭得勝，儘先遊擊譚永林，儘先都司李錫成。以上八員，帶隊克城，不避矢石。定長、彭炳輝、劉鎮坤均請免補參將，以副將仍留四川，儘先補用。定長、劉鎮坤並請賞加總兵銜。孫廷槐、江長泰、彭得勝並請加副將銜。李錫成請以遊擊儘先補用，並請賞加參將銜。

花翎儘先都司鄧衍秩，花翎儘先都司保安營千總蕭鳴炳，藍翎儘先都司會鹽營把總黃金圖，酉陽營守備李玉春，中營世職花翎儘先守備陳新魁，會川營花翎守備鮮俊，花翎儘先守備中營千總羅玉龍，藍翎儘先守備陳秉柯，藍翎儘先千總馬榮武、蔣國恩、范品端、楊三級。以上十二員，截剿竄回，兼擒要逆。鄧衍秩、蕭鳴炳、黃金圖均請以遊擊儘先補用。李映春、陳新魁、鮮俊、羅玉龍，均請以都司儘先補用。陳秉柯請以都司，留川儘先補用。馬榮武、蔣國恩均請以守備儘先補用。黃金圖、陳秉柯、馬榮武、蔣國恩，並請賞換花翎。范品端、楊三級均請以守備不論雙單月，遇缺前先即選。

花翎儘先副將楊勝芳，花翎總兵銜四川補用副將白岐山，藍翎儘先都司陳仕林。以上三員，督練防邊，備嘗艱險。楊勝芳請仍以副將歸雲南，遇缺即補，並請賞加總兵銜。白岐山請俟補副將後，以總兵用。陳仕林請仍以都司留川，儘先補用，並請賞換花翎。

署會鹽營守備藍翎試用守備遮克東額，會鹽營藍翎千總儘先守備梁萬升，藍翎把總儘先守備金文品，永定營藍翎千總儘先守備馬應發，越嶲營藍翎守備楊承恩，藍翎儘先守備李占春、李忠元、譚友鵬、李茂、毛友升，中營千總儘先守備楊應雄，儘先守備余萬發、李星榮。以上十三員，打仗奮勇，擒斬要逆，均請以都司儘先補用。遮克東額等十員，均請賞換花翎。楊應雄等三員，均請賞換花翎。

藍翎千總王逢春、李啟元，靖遠營把總藍翎儘先千總陶嘉紱、毛正剛，甯越營藍翎把總儘先千總李春山，藍翎儘先千總謝秩、馬逢樂、羅復盛，署左營守備千總江炳文，儘先千總曹永臨，守備銜儘先千總懋功營把總鍾圻巫，營千總張鵬，中營世職金慧、魏文彩。以上十四員，斬關奪隘，凌厲無前，均請以守備儘先補用。王逢春、李啟元、毛正剛、謝秩、馬逢樂、羅復盛,並請賞加都司銜。陶嘉紱、李春山並請賞換花翎。江炳文、曹永臨、金慧、魏文彩,並請賞戴藍翎。

藍翎把總胡得成,藍翎外委穆德沛,儘先把總陶玉春,把總宋國楨,外委張得亮,六品銜武生李元龍,六品軍功靳學敏,軍功劉松茂。以上八名,攻城殺賊,奮勇異常,均請以千總儘先拔補。胡得成、穆德沛並請賞換五品花翎。陶玉春等六名,並請賞戴五品藍翎儘先外委宋定豐,懷遠營外委李光榮,瀘甯營外委劉文超,六品軍功李興發、夏泰武、宋兆昆、汪世培、曹興佩、夏宗喜、羅學緯、蔡得勝、柳如山、王占奎。以上十三名,打仗勇往,所向無前,均請以把總儘先補用,並請賞戴藍翎。勇目費成志、馬占彪、雷有恆、謝登雲、史玉春、廖春林、王慶恩、曾得洪,軍功馬登雲、易鴻炳。以上十名,首先破賊,奮不顧身,均請以把總儘先補用,並請賞戴六品頂翎。

中、左、會川、會鹽等營額外馬步兵張成忠、張照祿、彭仕鼇、何國樑、楊應超、劉文緯、蕭騰龍、左廷璧、姚綽、李啟榮、傅定遠、何緇宗、王明仁、柳如松、郭榮宗、王治彪、沈學蘭、張殿元、黃學魁、胡煥然、宋錦泰、高應彪、邱得榮、陶級升、楊映棠,定邊、武安兩軍及會鹽鄉團劉明忠、李棟枝、梅燦章、喬登雲、李文光、崔雲彩、吳全恩、何映瑁、尤飛雄、李上超、劉得榮、何占品、李春華、柳如剛、宋國正、李春彪、沈青山、唐得勝、鄭占超,軍功撒仕壽、李芳林、金瀛洲、鄧占春、潘安邦。以上四十九名,隨隊攻城,有戰必克,均請以外委儘先拔補,並請賞戴藍翎。

會川、會鹽等營並定邊、武安兩軍及會理、鹽源額外馬步兵、鄉團,六品藍翎武生陶懋楷,武生劉正模,外委羅國榮,軍功何有麟、柳萬春、李光明、楊育寬、張榮斌、蘇國順、周廷棟、張鵬高、涂邦慶、王好倫、文連彪、李玉彪、陳學惠、張博林、鄭得勝、喬聯芳、胡榮升、劉正邦,勇丁白升瀛、易洪元,俊秀李景萃。以上二十四名,超堞先登,英勇無匹。陶懋楷請賞換五品花翎。劉正模等二十三名,均請賞戴藍翎。

候選郎中許之淦,該員前經隨摺保奏分部行走,免繳分部銀兩,並請賞戴花翎。嗣准吏部咨,與定章不符,飭令另核,奏明請獎。奉旨:

依議。欽此。茲擬請賞加四品銜，並請賞戴花翎。道員用候補知府彭名湜，藍翎升用同知直隸州成都府通判林寶光。以上二員，前於署寧遠府鹽源縣任內，籌辦邊防，勤勞迭著。彭名湜請賞加鹽運司銜。林寶光請賞加知府銜，並請賞換花翎。

同知銜署會理州知州德陽縣知縣鄧仁垣，該員捐廉募勇，志切同仇，請以直隸州仍歸原省候補班，前先補用，並請賞加知府銜。藍翎知州銜署西昌縣事候補知縣平心孚，補用同知署鹽源縣知縣昭化縣知縣曾寅光。以上二員督團辦防，運糧無誤。平心孚擬請補缺後，以同知直隸州知州用，並請賞換花翎。曾寅光擬請先換同知頂戴，並請賞換花翎。

雲南藍翎候補同知直隸州馬宗龍，郎中銜候補主事許之辨，同知銜遇缺前先選用知縣邱廣生，雲南楚雄縣知縣儲濟，候選布理問李希鄴，知縣用候補縣丞趙煐，補用縣丞劉朝宗，儘先選用縣丞劉子元。以上八員衝鋒陷陣，克復城池。馬宗龍請免補本班，以知縣仍留原省，歸候補班，前先補用。許之辨請以直隸州知州歸部即選，並請賞戴花翎。邱廣生請免選本班，以同知直隸州知州分發省分，歸候補班，前先補用。儲濟請開缺，以同知即補。邱廣生、儲濟並請賞加知府銜。李希鄴請免選本班，以知州不論雙單月，遇缺前先選用。趙煐請免補本班，以知縣歸候補班，前先補用。劉朝宗請免補本班，以知縣分發省分，歸候補班，前先補用。趙煐、劉朝宗並請賞加同知銜。劉子元請免選本班，以知縣留川，歸候補班，前先補用。

附貢生戴寶勳，附生彭會棣，軍功但尚志，俊秀袁宗燮、吳晟、江鶴鳴、江維勳、龔泰壽。以上八員調團助剿，悉合機宜，均請以巡檢分發省分，歸候補班前，儘先補用，並均請賞戴藍翎。

候補從九品俞鏞，未入流范文彬，候選訓導吳欽典，候選從九品梁成棟、宋兆基、應光澤、熊鍾傑、車如鈴、徐鎬。以上九員出奇制勝，隨克堅城。俞鏞、范文彬均請免補本班，以縣丞仍留四川，歸候補班，前先補用。吳欽典、梁成棟、宋兆基，均請免選本班，以縣丞分發省分，歸候補班，前先補用。應光澤、熊鍾傑、車如鈴，均請免選本班，以府經歷縣丞不論雙單月，歸部儘先即選，均請賞戴藍翎。徐鎬請以照磨留於四川，歸候補班，前先補用。

會理州訓導吳澤廣，會理州吏目宋可方，新班遇缺先用未入流孫鈺，候選巡檢李光第，從九品銜朱成彬，從九品張壽彤，六品藍翎遇缺即選教諭詹映廣，候選教諭何燦然，俊秀沈雲龍、張珖、何國棟。以上十一員名，督團禦賊，剿守兼資。吳澤廣等六名，均請賞加六品銜，並請賞戴藍翎。詹映廣、何燦然均請俟選缺後，以知縣歸部即選，並請賞戴藍翎。沈雲龍、張珖、何國棟，均請以從九品不論雙單月，歸部儘先即選，並請賞戴藍翎。

分發補用道薛華垣，四川補用同知直隸州知州呂輝，分發江蘇試用同知吳祖椿，提舉銜試用通判周溹，同知銜分發即補知縣王際祜，雙月選用同知劉寶蓮，指省分發湖北試用知縣嚴鶑昌，選用知縣程元第，新班遇缺先選教諭呂兆奎。以上九員，越境剿賊，勇敢爭先。薛華垣請俟分發省分後，仍以道員歸候補班，前先補用，並請賞戴花翎。呂輝請俟補缺後，以知府用。吳祖椿、周溹請仍留原省，歸候補班，前先補用。王際祜請賞給該員祖父母五品封典，並請賞戴花翎。劉寶蓮請仍以同知分發省分，歸候補班前先用。程元第請仍以知縣不論雙單月，遇缺前先即選。嚴鶑昌、程元第並請賞加同知銜。呂兆奎請俟選缺後，以知縣不論雙單月，在任遇缺前先選用，並請賞加內閣中書銜。

儘先選用縣丞朱啟才，署鹽源縣巡檢候補未入流趙國源，鹽源縣典史吳廷鑣，新班遇缺選用巡檢曾錫恩，四川試用府經歷楊泳修，試用從九品蘇崇基，未入流周寶清、余方。以上八員協守邊防，運糧無誤。朱啟才請俟選缺後，以知縣歸部即選。趙國源請俟補缺後，以府經歷縣丞即補。吳廷鑣請以府經歷縣丞在任候升。曾錫恩請仍以本班歸部，儘先即選。楊泳修等四名，均請仍以本班留川，歸候補班前補用。

道銜候補班前儘先補用知府談壽齡，候選府經歷馬晉錫，藍翎鹽大使張錫嘏，雲南在籍候補從九品姜瑞鴻，四川新班遇缺補用州吏目吳國澍，候選從九品但伋傅、周維楨、胡克勤。以上八員克城殺賊，銳不可當。談壽齡請俟補缺後，以道員前先補用，並請賞給三品頂戴。馬晉錫請俟補缺後，以知縣即用，並請賞加六品銜。張錫嘏請以鹽提舉儘先補用，並請賞換花翎。姜瑞鴻、吳國澍請免選本班，以府經歷縣丞各留原省，歸候補班前先補用。但伋傅等三員均請免選本班，以府經歷縣丞歸部，遇缺即選。

候選訓導金位坤、楊玉書，候選府經歷傅國燮，江蘇候補縣丞孔顯榮，候選從九品李國駿，廩生張金鑒。以上六員隨同越剿，樸實耐勞。金位坤、楊玉書均請賞加國子監學正銜，楊玉書並請賞戴藍翎。傅國燮請賞加六品銜。孔顯榮請仍留原省，遇缺即補。李國駿請以從九品留川，歸候補班前先補用。張金鑒請以訓導不論雙單月，歸部儘先即選。

六品銜候選從九品孫廷芳、范濟川，文生陸志瑞、劉鳳壽，監生陳連魁，捐貢生鍾山玉、李琴，俊秀吳全、汪端身、李爕元、謝三錫、楊映東、李章德、馬中良、汪安泰、龔利金、艾天錫、傅吾級。以上十八員，帶團打仗，殺賊多名。孫廷芳、范濟川請仍以從九品不論雙單月，歸部儘先即選，並請賞戴藍翎。陸志瑞等十六名，均請以從九品不論雙單月歸部，儘先即選。

花翎副將銜西昌縣河西土千總安平康，該弁克城殺賊，勇敢爭先，請賞給該土司祖父母、父母二品封典。二品頂戴瓜別安撫司己天錫，左所三品頂戴候襲土千戶喇禎祥，中所土千戶喇邦佐，右所土千戶八仁祥，華苴蘆土目葛之冕、陳洪貴。以上該土司等督練隨征，忠義奮發。己天錫手受重傷，筋斷骨折，請賞加勇號。喇禎祥、喇邦佐均請賞加副將銜。八仁祥請賞換三品頂戴。葛之冕請賞換四品頂戴。陳洪貴請賞戴五品藍翎。瓜別頭目已天受、伍芳桂、已天元、已科元，中所土舍拉邦俊，頭目喇廷德、喇鳳岐、喇鳳桐，左所頭目喇應德、喇廣德、楊榮德，古柏樹頭目郎朝華、郎復興、郎志林，華苴蘆頭目康錫葛純。以上該舍目等，打仗奮勇，迭著戰功，均擬請賞戴藍翎。軍機大臣奉旨：覽。欽此。[①]

[7]（三月初二日）：原稿無此日期，茲據錄副補。

[8]（同治十年三月二十日，軍機大臣奉旨。欽此）：奉旨時間，據錄副補。

---

① 臺北"故宮博物院"藏：《軍機及宮中檔》，文獻編號：106785。

[9]【案】同治十年三月二十日，此摺及清單得清廷允准，《清實錄》：

以四川官軍攻克雲南永北廳城出力，予副將鄧全勝等以總兵官簡放。賞土司安平康二品封典，已天錫巴圖魯名號，道員薛華垣、都司陳仕林等花翎，千總江炳文等藍翎。餘加銜升敘有差。①

〇四八　奏報同治十年正二月分改撥協黔的餉委解日期摺
同治十年三月初二日（1871年4月21日）

（成都將軍臣崇實、頭品頂戴四川總督臣吳棠跪）[1]奏，為本年正、二月分改撥協黔的餉委解日期，恭摺仰祈聖鑒事。

竊臣等承准軍機大臣字寄：同治九年十月初七日，奉上諭：崇（實）、吳（棠）奏改撥協黔的餉一摺。周達武所需餉銀五萬八千兩，著照崇（實）等所擬，按月籌撥，解赴貴陽省城，專供周達武馬步全軍之用等因。欽此。曾將自同治九年閏十月十五日接防起，至十二月底止，應撥黔餉銀十四萬五千兩，陸續借提委解各日期，專摺奏報在案。查川省司庫，連年入少出多，歷絀情形，屢見奏牘。自本年以來，捐輸甫報接收，釐金尚難起色，左支右絀，更甚於前。惟迭准周達武咨函，擬即出駐龍里，分道進兵，專指協餉接濟。臣等以黔省全局所關，既責以馳驅之效，不得不予以儲時之資。

茲復督飭藩司王德固[2]，在於各屬應解捐輸、釐金項下，先行籌撥同治十年正月分黔餉銀五萬八千兩，於正月二十八日，委候補同知華國英、知縣張清理，領解起程。續又指提銀五萬八千兩，作為二月分協黔的餉，飭委候補知縣陸為棻、徐孫全，於二月二十八日自省起程。均解赴周達武軍營交收。所有本年正、二月分改撥協黔的餉委解緣由，除分咨外，謹合詞恭摺馳陳。伏乞皇太后、皇上聖鑒。謹奏。

---

① 《穆宗毅皇帝實錄》卷三百七，同治十年三月，《清實錄》第51冊，第75頁。

（三月初二日）。[3]

（同治十年三月二十日，軍機大臣奉旨：知道了。欽此）。[4]

同治十年三月初二日，恭摺具奏。於本年四月初十日，准兵部火票遞回原摺，內開軍機大臣奉旨：知道了。欽此。（P381－386）

校證

【案】此摺缺原件，錄副現藏於臺北"故宮博物院"①。茲據錄副校補。

[1]（成都將軍臣崇實、頭品頂戴四川總督臣吳棠跪）：原稿無前銜，茲據補。

[2]王德固（？—1875）：字子堅、桓之，河南鹿邑縣人，道光進士，歷任刑部江西司主事、刑部安徽司員外郎、刑部直隸司郎中、江南道監察御史，歷改廣東道、京畿道監察御史、江西南安府知府、江西贛州府知府、署吉南贛寧道。同治六年（1867），任江西按察使。八年（1869），升四川布政使。光緒元年（1875），被清廷勒令休致②。

[3]（三月初二日）：原稿無此日期，茲據補。

[4]（同治十年三月二十日，軍機大臣奉旨：知道了。欽此）：此奉旨日期與內容，據錄副補。

〇四九　奏報遵旨查明酌保金含章等尤為出力紳士委員片
同治十年三月初三日（1871年4月22日）

再，同治八年十二月間，臣李鴻（章）會同臣崇（實）、臣吳

---

① 臺北"故宮博物院"藏：《軍機及宮中檔》，文獻編號：106786。
② 《清實錄》："（光緒元年四月）甲午，四川布政使王德固休致。以廣西布政使文格為四川布政使，廣西按察使嚴樹森為廣西布政使，四川按察使英祥為廣西按察使。"（《德宗景皇帝實錄》卷八，光緒元年四月下，《清實錄》第52冊，第181頁。）

（棠），查辦酉陽教案。完結後，曾經附奏，請將綦江縣知縣田秀粟等獎勵，其餘出力員弁查明酌保一片[1]，於九年二月初十日，由李鴻（章）咨，准兵部火票遞回原片，內開軍機大臣奉旨：田秀粟等均照所請，分別獎勵。該部知道，餘依議。欽此。當經恭錄，轉行欽遵查照。嗣據川東道錫佩開單擬保，因人數過多，駁令核減。臣崇（實）復奉有查辦貴州遵義等處教案之命，旋結旋翻，辦理殊形棘手，未及兼營。今諸務清釐，將次交卸北上，會同臣吳（棠），查得川省凡遇民教交涉事件，但期並力顧持，從未敢有所瀆請。此次李鴻（章）會陳，係為鼓舞人材起見，渥邀俞允，欽感難名。謹擇其尤為出力之紳士委員，籲懇天恩，優加獎勵。

重慶紳士四品銜藍翎候選同知金含章，擬請賞加三品銜。遊擊銜藍翎候補都司羅德山，擬請賞加參將銜。候補從九品黃元炳，擬請賞加六品銜。試用訓導金存惠，擬請以知縣儘先前選用。候選府經歷鮑道元、羅應祥，均擬請以知縣儘先選用。同知銜仝萬瓊，擬請賞加運同銜。酉陽紳士五品翎頂分發湖南試用縣丞易景暉，擬請免補本班，以知縣仍留（原）省[2]，歸候補班補用。揀選知縣舉人熊永豪，擬請以知縣不論雙單月，遇缺前先即選，並請賞加五品銜。候選府經歷張彬，擬請以知縣不論雙單月，歸部即選補用。參將田豐年，擬請賞加副將銜。候選通判沈福曾，擬請以知州儘先選用。監生陳世煌，擬請賞加五品銜。貢生楊韞玉，擬請賞加布經歷銜。候選從九品雷鳴謙，擬請以巡檢，遇缺前先選用，並請賞加五品銜。候選訓導楊仕笏，擬請以訓導不論雙單月，遇缺儘先即選，並請賞加光祿寺署正銜。教案局委員同知銜試用知縣李鴻鈞，擬請仍以知縣歸候補班，前先即補。候補知縣福倫，擬請賞加同知銜。六品銜縣丞廖松年，擬請俟補缺後，以知縣用。省垣派往川東委員知府銜儘先補用同知張超，擬請俟補缺後，以知府用。川東道帶赴酉陽委員同知銜先用知縣徐溥，擬請俟補缺後，以同知直隸州知州用。試用從九品金毓崧，擬請仍以從九品歸候補班前，遇缺先行補用。其餘地方文武員弁，容臣等存記，彙案另獎。所有遵旨查明，酌保尤為出力紳士委員緣由，謹合詞附片陳明。伏祈聖鑒訓示。謹奏。

（同治十年四月初四日，軍機大臣奉旨：金含章等均著照所請獎勵，該部知道。欽此。）。[3]

同治十年三月初三日附奏。於同治十年六月二十五日差弁賫回原片，內開軍機大臣奉旨：金含章等均著照所請獎勵，該部知道。欽此。（P387–395）

校證

【案】此摺缺原件，錄副現藏於臺北"故宮博物院"①。茲據錄副校補。另，錄副首附"抄交兵部、總理衙門"字樣。

[1]【案】湖廣總督李鴻章於同治九年十二月初二日，在四川重慶府城會同成都將軍崇實、四川總督吳棠，由驛具奏"遵旨查明酉陽教案擬議辦結"一摺及"奏請將四川補用知府田秀栗等獎勵"一片。

【案】李鴻章等議結酉陽教案之請，參見〇六五號摺片注[2]。又奏請將四川補用知府田秀栗等獎勵一片，曰：

再，酉陽自去冬打教後，民教內訌，各勾黔匪助勢，幾成大變。經臣崇實、臣吳棠遴委田秀栗、曾傳道，馳往解散，都司范承先帶兵彈壓。田秀栗等先講滋事黔匪擒斬數人，團教分別清理，地方賴以安堵。茲曾傳道、范承先復率團勇，並前任知州胡圻，協同將打教最要首犯何彩密速拏獲，解渝正法，並獲從犯多名，分別懲辦，以折服遠人之心，俾積年巨案克期完結。田秀栗循能卓著，隨同臣鴻章開諭該教士等，經權互用，深合機宜，均有微勞足錄。可否仰懇聖恩，將四川補用知府綦江縣知縣田秀栗，以直隸州知州不論班次，遇缺即補，並賞道銜。四川補用知府候補同知曾傳道，免補同知，以知府歸候補班，遇缺即補。暫革留緝之即補知州胡圻，開復革職處分。都司范承先免補本班，以遊擊留川儘先

---

① 臺北"故宮博物院"藏：《軍機及宮中檔》，文獻編號：106960。

補用。其餘地方出力員弁、紳團，由臣崇實、臣吳棠查明，酌保數人，以示鼓勵，出自逾格鴻施。謹合詞附片具陳。伏乞聖鑒訓示。謹奏。[1]

[2]（原）省：原稿缺"原"。錄副作"原省"，是。原稿奪"原"。

[3]（同治十年四月初四日，軍機大臣奉旨：金含章等均著照所請獎勵，該部知道。欽此）：此奉旨日期與內容，據錄副補。

○五○ 奏報川省簡練綠營著有成效現復整頓推廣摺

同治十年三月二十八日（1871年5月17日）

（頭品頂戴四川總督兼署成都將軍臣吳棠跪）[1]奏，為川省簡練綠營兵丁，著有成效，現復多方整頓，推廣舉行，恭摺覆陳，仰祈聖鑒事。

竊臣於同治九年十二月初八日，承准軍機大臣字寄：同治九年十一月十六日，奉上諭：著各直省督撫，將（所）管[2]各營設法整頓，限奉旨後六個月，將如何汰弱募強，如何分日操練，及各省可得有精銳士卒若干之處，詳細奏聞等因。欽此[3]。查蜀中夙有將材，兼多猛士。自舍兵用勇，營務漸形廢弛。臣於七年九月蒞任後，力戒因循之習，亟思補救之方。會同成都將軍臣崇（實）奏明，挑選旗營精銳子弟五百人、省標綠營精兵一千名，酌給薪糧，認真訓練。其訓練綠營兵丁之法，遴委千、把[4]十二員，分標管帶；都司、守備四員，專司操演；將官幫帶統帶，層次鈐束，逐日在於中營、城守營兩處箭道及臣署箭道，以六成隊伍演習鎗礮，三成隊伍演長矛，一成隊伍演藤牌、短刀、雜技。每月逢四、六、九日期，由統帶等官將鎗礮兵丁帶赴東較場，打靶演習准頭。每月逢二日期，合操跑演三才陣、黃河陣、

---

① 臺北"中央研究院"近代史研究所編：《教務教案檔》第二輯第二冊，第1128頁。

衝鋒捲簾陣。臣會同將軍臣、提督臣[5]，分春秋兩季，合存營兵丁、駐省勇丁，大操兩次。仍於辦公暇日，親詣箭道，不時校閱，以別勤惰。閱時二年之久，訓練既成。去歲飭調前赴川東、川西，緝拏土匪，頗稱得力。正思輪換以均其勞苦，推行以竟其設施，欽奉寄諭，飭令將所管各營設法整頓。仰見朝廷講明武備，下懷悚佩難名。當即恭錄，移咨將軍臣、提督臣[6]，並轉行各鎮協營，妥議章程去後。茲據陸續稟報前來。

臣伏念四川界居滇、黔、秦、隴之間，又有羌、夷、番、猓，出沒靡常，幅員既極綿長，形勢尤關險要。似未便紛紛抽調，致多顧此失彼之虞。惟省標綠營簡練精兵一千名，施放鎗礮，均有准頭，技藝亦臻純熟，擬即輪換推行。再於省標綠營另調精壯兵丁一千名，更番演習。並於重慶、川北、建昌、松潘四鎮附近中、左、右等營，各挑精兵八百名，先各以四百名仿照省標章程，逐日訓練。俟辦有就緒，再行續調四百名，更番演習，周而復始，限以一年，咸成勁旅。該四鎮各准遴派統帶將官一員，管操都、守二員，分營管帶千、把總四員，按照省章，酌給薪水。所有調練兵丁悉照前次奏定章程，在於堵剿經費項下，一律加給口糧。統計省標、鎮標、綠營，可得精銳士卒五千二百人。此外，各營或因夷患初平，或值鄰氛未靖，或相離鎮協較遠[7]，或分防場堡較多[8]，祇能各就營汛，責成都、守、千、把總等官，照章操演，再由該管總兵、副將各員隨時查閱，又可得精兵四千人。第非調練可比，似毋庸議。給薪糧以示限制，合之旗營精銳子弟已近萬人。其餘額設兵丁，現已飭令各該鎮協等，重加點驗，俱係精壯，不准以老弱充數。嗣後遇有病故革退，並責成領隊弁目，互出連環保結，考校充補。倘查有捏報情事，按律嚴懲。仍於巡邊緝寇之餘，勤加訓練。

如此多方整頓，勿懈始終，庶幾營務日有起色，餉糈不至虛糜，以仰副聖主訓誡周詳、有備無患之至意。除咨取直隸、江蘇等省練習鎗礮章程酌量照辦外，所有川省簡練綠營兵丁著有成效，現復多方整頓、推廣舉行緣由。謹會同提臣胡（中和）[9]，恭摺具奏。伏乞皇太后、皇上聖鑒訓示。再，成都將軍現係臣兼署，是以未經會銜，合併聲明。謹奏。（三月二十八日）。[10]

（同治十年四月十五日，軍機大臣奉旨。欽此）。[11]

同治十年三月二十八日，由驛具奏。於本年四月二十九日，准兵部火票遞回原摺，內開軍機大臣奉旨：另有旨[12]。欽此。（P403-414）

校證

【案】此摺缺原件，錄副現藏於臺北"故宮博物院"①。茲據錄副校補。

[1]（頭品頂戴四川總督兼署成都將軍臣吳棠跪）：原稿無此前銜，據錄副補。

【案】因成都將軍崇實進京陛見，清廷飭令吳棠兼署成都將軍一職。將軍崇實於同治十年正月初九日，具摺奏請交卸將軍篆務，曰：

奴才崇實跪奏，為奴才蒞任已逾九年，遵例奏懇天恩，俯准來京陛見，恭摺仰祈聖鑒事。竊查道光十二年三月，奉上諭：各省將軍，著自到任之日起，扣至三年，奏請陛見。欽此。溯查奴才於咸豐九年十月，由內閣學士任內，仰蒙文宗顯皇帝簡任駐藏正辦大臣，旋於途次，奉命查辦川省事件，隨即署理總督。十一年七月，復蒙恩補授斯職，即於是年九月交卸督篆，到任。扣至同治三年秋季，初屆三年期滿，曾經遵例陳請，奉諭旨：勿庸來見。欽此。迨六年秋間，兩屆三年，適值前督臣駱秉章久患目疾，奏請奴才代辦本省文武鄉闈監臨，事竣後，又因駱秉章病勢加劇，奴才未便擅離，曾將展緩緣由附片陳明在案。上年九月，又屆三年，奴才由重慶回省，方擬繕摺陳請，黔省奏結教案，復又翻覆。欽奉寄諭，仍令會同曾璧光，切實籌辦。現於年內已將貴州積年各案全行議結，取有完案確據。

伏思奴才蒞任，將屆十年，其中又兩次蒙恩，兼署督篆。統計遙隔闕廷，業已十有二載。犬馬戀主之忱，無時或釋。且查川省現在情形，

---

① 臺北"故宮博物院"藏：《軍機及宮中檔》，文獻編號：107183。

不特腹地早已肅清，即奴才所轄松建地方，自從剿平瞻對，疏通越嶲後，夷地番疆，悉臻靜謐。至會辦各路邊防、援黔軍務，督臣吳棠到任兩年有餘，情形業經熟悉，布置均各裕如。當此地方無事之時，惟有籲懇天恩，俯准奴才來京叩謁天顏，跪聆聖訓，俾得事事有所遵循，藉伸孺慕之私，克遂瞻依之願，如蒙俞允，成都將軍印務，或照向章移交督臣兼攝，抑令副都統富森保暫行署理之處，恭候命下遵行。所有奴才蒞任已逾九載、循例補請陛見、籲懇恩慈俯准緣由，理合恭摺附奏。伏乞皇太后、皇上聖鑒。謹奏。正月初九日。同治十年正月二十三日，軍機大臣奉旨。欽此。①

【案】同治十年正月二十三日，此摺得清廷允准，並飭令吳棠兼署成都將軍篆務。《同治朝上諭檔》："同治三年正月二十三日，內閣奉上諭：崇實奏懇請陛見一摺。崇實著來京陛見，成都將軍著吳棠暫行兼署。欽此。"② 又《清實錄》："成都將軍崇實陛見，以四川總督吳棠兼署將軍。"③ 與《上諭檔》記述一致。崇實此摺得准後，即於三月初三日具摺，奏報交卸印務北上起程日期。④ 遂於同治十年三月十二日自成都起程，赴京覲謁。後於同治十年六月，清廷任命崇實為蒙古都統，並調江甯將軍魁玉為成都將軍，《清實錄》："以成都將軍崇實為鑲白旗蒙古都統，調江甯將軍魁玉為成都將軍，鑲白旗蒙古都統穆騰阿為江甯將軍。"⑤

【案】同治十年四月初四日，吳棠具陳"奏報暫行兼署成都將軍印務日期並恭謝天恩"一摺。曰：

---

① 臺北"故宮博物院"藏：《錄副奏摺》，文獻編號：105827。
② 中國第一歷史檔案館編：《同治朝上諭檔》，同治十年正月。
③ 《穆宗毅皇帝實錄》卷三百三，同治十年正月下，《清實錄》第51冊，第22頁。
④ 其摺曰：奴才崇實跪奏，為交卸成都將軍印務，由川起程日期，恭摺奏聞，仰祈聖鑒事。竊奴才在任已逾九年，奏懇恩慈，俯准入覲天顏。欽奉上諭：崇實奏懇請陛見一摺。崇實著來京陛見，成都將軍著吳棠暫行兼署。欽此。奴才遵於同治十年三月初三日，謹將欽頒成都將軍印信一顆並敕書等件，派委協領吉祥、中軍副將貴成，恭賚四川總督衙門，交督臣吳棠祗領兼署，訖。奴才崇實即於十二日，由成都起程北上，恭謁闕廷，跪聆聖訓。所有奴才交卸印務起程日期，理合恭摺奏聞。伏乞皇太后、皇上聖鑒。謹奏。三月初三日。同治十年四月初四日，軍機大臣奉旨：知道了。欽此。（臺北"故宮博物院"藏：《軍機及宮中檔》，文獻編號：106959。）
⑤ 《穆宗毅皇帝實錄》卷三百十四，同治十年六月下，《清實錄》第51冊，第157頁。

頭品頂戴四川總督兼署成都將軍臣吳棠跪奏，為暫行兼署成都將軍印務，恭摺叩謝天恩，仰祈聖鑒事。竊臣接准部咨：同治十年正月二十三日，奉上諭：崇實奏懇請陛見一摺。崇實著來京陛見，成都將軍著吳棠暫行兼署。欽此。旋於三月初三日，經崇實將成都將軍印信委員齎送前來。臣恭設香案，望闕叩頭，祗領兼署。伏查成都將軍有管轄滿漢官兵、松建文武之責。現在建南夷務難平，而鄰氛未靖，旂綠各營均應認真操防。臣惟有倍加勤慎，會同副都統，並督率地方文武，悉心經理。斷不敢以暫時兼署，稍涉疏懈。除照例恭疏題報外，所有臣暫行兼署成都將軍印務日期，理合恭摺具奏，叩謝天恩。伏乞皇太后、皇上聖鑒訓示。謹奏。同治十年四月初四日，軍機大臣奉旨：知道了。欽此。①

[2]（所）管：錄副作"所管"，確。原稿奪"所"無疑。

[3]【案】此"軍機大臣字寄"尚多省略，茲據《同治朝上諭檔》補：

　　軍機大臣字寄：各直省督撫、各路統兵大臣：同治九年十一月十六日，奉上諭：兵部奏，請飭各省督撫及各路統兵大臣，依限咨報兵勇數目，並請飭各省將兵丁數目按年題報各摺片。同治元年十一月間，曾經諭令各省督撫及各路統兵大臣，將存營出師各兵數按限造報，並將軍營徵調兵勇名數及隨時有無增減，限三個月咨報一次。茲據兵部奏稱，各省兵勇數目，有始則按限咨報，繼則並未依限造送，或有咨報一二次後又不續報，且有一次未報者。其兵丁數目，除湖北、四川兩省依限題報外，其餘仍未按限題報，經該部嚴催，總未遵照辦理，實屬任意玩延。著各省督撫、統兵大臣等，奉到此旨後，除以前未經造報兵勇各數無庸補報外，即將現在所部兵勇數目仍按三個月咨報一次，以備稽核。儻再視為具文，即著兵部嚴參。至已造報各處，仍著依限報部，毋得先後參差，以昭核實。其各省兵丁數目，並著該督撫按年造冊題報，不得再有耽延。至軍興以來舍兵用勇，本係權宜之計，而勇丁遣撤，易滋事端，流弊日甚。若不將綠營及早整飭，致國家費千百萬帑項，養之於平日，

---

① 臺北"故宮博物院"藏：《軍機及宮中檔》，文獻編號：106961。

不能用之於臨時，身任封疆者，問心何安！現在天津之案雖經了結，何可復事因循。況甘肅、滇、黔各省軍務未靖，我君臣臥薪嚐膽，正宜力圖自強，以期有備無患。著各直省督撫將所管各營設法整頓，限奉旨後六個月，將如何汰弱募強，如何分日操練，及各省可得有精銳士卒若干之處，詳晰奏聞。直隸、天津、江蘇、上海及劉銘傳軍營，均練習鎗隊礮隊，步伐尚為整齊，號令尚為嚴肅。其教演之法，著各該省自行咨取章程照辦，總期實事求是，變疲弱為精強，不得空言粉飾，以至有名無實。年來各督撫曾有裁兵增餉及酌調額兵訓練之奏，然為政不在多言，而在實力奉行。若以一奏塞責，日久又漸形廢弛，甚非朝廷倚任疆臣之意也。將此各諭令知之。欽此。遵旨寄信前來。①

【案】《清實錄》亦載之甚詳："丁未，諭軍機大臣等：兵部奏，請飭各省督撫及各路統兵大臣，依限咨報兵勇數目，並請飭各省將兵丁數目按年題報各摺片。……將此各諭令知之。"②

[4] 千、把：錄副作"千總"。據下文，"千把"當是。

[5] 提督臣：錄副作"提臣"。

[6] 提督臣：錄副仍作"提臣"。

[7] 較遠：錄副作"交遠"，顯誤。

[8] 較多：錄副作"多"，奪"較"無疑。

[9] 胡（中和）：原稿空名諱"中和"，茲據補，以下同。

[10]（三月二十八日）：原稿無此日期，據錄副補。

[11]（同治十年四月十五日，軍機大臣奉旨。欽此）：此奉旨時間，茲據補。

[12]【案】此摺於同治十年四月十五日，得獲清廷允准，並飭令吳棠著實整頓，勤加訓練，以期咸成勁旅，《清實錄》：

　　甲戌，諭軍機大臣等：吳棠奏派隊赴黔，留兵以守川邊，並簡練綠

---

① 中國第一歷史檔案館編：《同治朝上諭檔》，同治九年十一月十六日。
② 《穆宗毅皇帝實錄》卷二百九十七，同治九年十一月中，《清實錄》第50冊，第1115—1116頁。

營情形一摺。前因曾璧光等奏，黔省兵力不敷……川省綠營，既據吳棠奏稱，簡練整頓，可得精兵九千餘人，仍著隨時勤加訓練，悉成勁旅，不得徒托空言，有名無實。將此由五百里諭知吳棠、蔣志章、曾璧光、劉銘傳，並傳諭周達武知之。①

〇五一　奏報派隊赴黔留守川邊請由川酌補欠餉歸黔撥餉摺

同治十年三月二十八日（1871年5月17日）

（頭品頂戴四川總督兼署成都將軍臣吳棠跪）[1]奏，為派隊赴黔，留兵以守川邊，並請由川酌補欠餉，歸黔勻撥月餉，恭摺馳陳，仰祈聖鑒事。

竊臣於二月二十二日承准軍機大臣字寄：同治十年二月十三日，奉上諭：曾璧光、周達武奏籌辦黔省軍務，調隊助剿，請撥協餉一摺[2]。黔省亟需派兵[3]，李輝武所部，著准其調往以厚兵力等因。欽此[4]。查川省地丁，額征銀六十餘萬，昔年抵支旂綠各營兵餉、官俸，尚多不足，半仰給於鄰疆。今則以一省之力，除奉撥京餉外，尚須[5]協濟滇、黔、秦、隴及本省防軍月餉。是以按照地丁，有加收津貼[6]一項，又有常捐一項，倍於地丁。偶值軍需浩繁，易常捐為普捐，數倍於地丁，而捐辦夫馬不與焉。朝廷深仁厚澤，休養二百餘年，蜀地士民罔弗[7]輸將恐後。然正未敢徵求無已，重累邊氓也。臣自七年九月蒞任後，首建裁減夫馬及練兵節餉之議。八、九兩年，陸續撤遣防軍、援軍，不下二萬餘人。核計所入，仍不敷所出。近來民力益困，斷難再辦普捐，客秋復有改撥協黔的餉之請，亦為節用整軍起見。初與貴州撫臣曾璧光往返函商，定以月協五萬。迨周達武統兵赴任，諄

---

① 《穆宗毅皇帝實錄》卷三百八，同治十年四月上，《清實錄》第51冊，第88—89頁。

請再增八千兩，本屬竭盡心力，視他省協餉為獨多。乃不數月，擬調李輝武所部一軍，赴黔助剿，名為添兵，實則益餉。刻據李輝武稟報：前直隸提臣劉銘傳撥隊替防，請酌補欠餉，以便清釐開拔等情前來。

臣伏念李輝武一軍，自同治七年，經成都將軍臣崇（實）奏派，扼守漢南，於今三載，逆回未嘗輕犯，邊境賴以少安。非僅援鄰，且將固圉。一旦撤去，雖有劉銘傳重兵填紮，而緩急機宜，究非川省所能調度。思維至再，當此餉需奇絀之時，實不敢再議增竈，況滇師屢捷，隴事可圖，更不得不挹彼注茲，統籌兼顧。擬請將李輝武所部酌留兩營，駐紮陝甘交界之大安驛地方，以固川邊。其餘三營，當督飭防剿局司道等，勉湊兩個月餉銀，解交李輝武，迅即料簡啟行。兵視將為轉移[8]，李輝武入黔，該省續募新軍，交其統帶，可期轉弱為強，周達武所注意者在此，並請將以前欠餉仍由川省隨時酌補，以後月餉即歸周達武於各省協餉內，均勻撥放。如此一轉移間，黔中既得添將以助剿，川中亦得留兵以防邊，民力可望稍紓，鄰餉尚能分濟。似覺為黔、為蜀，兩得其平。合無仰懇天恩，俯允所請，以蘇民困，而固邊防。所有派隊赴黔、留兵以防川邊並請由川酌補欠餉、歸黔勻撥月餉緣由，除咨會曾璧光、周達武暨檄飭李輝武查照外，理合恭摺由驛馳奏。是否有當，伏乞皇太后、皇上聖鑒訓示。謹奏。（三月二十八日）。[9]

（同治十年四月十五日，軍機大臣奉旨。欽此）。[10]

同治十年三月二十八日，由驛具奏。於本年四月二十九日，准兵部火票遞回原摺，後開軍機大臣奉旨：另有旨[11]。欽此。（P415-424）

校證

【案】此摺缺原件，録副現藏於臺北"故宮博物院"①。茲據録副校補。

[1]（頭品頂戴四川總督兼署成都將軍臣吳棠跪）：原稿無此前銜，茲據補。

---

① 臺北"故宮博物院"藏：《軍機及宮中檔》，文獻編號：107180。

[2]【案】貴州巡撫曾璧光、貴州提督周達武會陳"奏請調漢中鎮李輝武帶勇過黔助剿所部應需月餉並請飭由川省撥解緣由"之摺，得允。摺曰：

貴州巡撫臣曾璧光、貴州提督臣周達武跪奏，為籌辦黔省兩游，請調漢中鎮李輝武帶勇過黔逐剿，並擬請敕部議派各省協黔的餉，以憑添軍，恭摺覆陳，仰祈聖鑒事。竊臣等於同治九年十二月十九日承准軍機大臣字寄：同治九年十一月二十四日，奉上諭：周達武奏籌議剿辦情形一摺，所請添募兵勇一節，著周達武與曾璧光妥為籌畫等因。欽此。跪讀恩綸，仰見朝廷慮周軍食，下懷無任欽感。臣等遵即悉心籌商，查黔省上游，自清鎮西達畢節，游匪出沒，大道時虞梗阻。而盤江以南諸城久經逆回佔據，苗夷狖黨倚之以為援，時分時合，往往出安順趨定廣，往來馳突，州縣警報頻聞。計必以數千人，由郎岱、安南攻其左，以數千人由定番、歸化攻其右，再以數千人循安順向上，節節掃清，然後直指貞豐、興義，與左右會而夾擊，冀使聚殲，則上游用兵以萬計也。下游平越、甕安實為遵義屏障，該處地方粗定，近接群苗，道路錯雜，不可無重兵扼防。而都勻新復，前有八寨巨股擾撲，後有獨山、麻哈之賊阻截，糧運面面堪虞。現撥六千人，固守城垣，兼防後路。至於前進機宜，臣達武擬親率一萬四千人，分為兩軍，一出獨荔，以規八寨，一由麻哈，以圖凱里。維時並檄平甕、都勻兩路防兵，屢次進逼，一路連營銜接，總期尺寸之地，有得必守，庶能步步深入，迅會楚師，則下游用兵以二三萬計也。兩游賊匪多遁於龍、貴、定、廣之間，必並舉兼攻，劃為兩段，使不得通聲息，以相救援，否則上剿下竄，下擊上趨，牽綴官軍，終於不可收拾。而兼辦兩游，統計護糧、剿賊，非近四萬人不敷分布。蓋實在情形如此。查川省邊防緊要，無兵可調。赴楚開招，亦緩不濟急。惟臣達武武字原部，前經四川署督臣崇實於同治七年奏派分軍援陝時，臣達武駐軍大安驛，將武字楚勇三千交右路營官今漢中鎮總兵李輝武管帶，出駐寶雞、汧陽間。除九年經陝西撫臣蔣志章抽撥王名滔一營外，尚有二千五百人，分紮寶雞各路。現在，陝西軍務奉派提臣劉銘傳辦理，隴右、金積堡之師又已報捷，秦隴將士如雲，客軍李輝武數營自可抽撥出境。查李輝武樸誠勇敢，自隸臣達武軍營，由武童洊保今職，無不馳驅慷慨，為將率先，實臣達武素所倚賴。相應請旨敕下陝甘督臣左宗棠、陝西撫臣蔣志章，檄飭漢中鎮李輝武交卸鎮篆，即日帶領楚勇二千五百人過黔，交臣達武調遣，以資臂助。其二千五百人係食川餉，並請敕下四川將軍臣崇實、督臣吳棠，仍照舊章，將該部月餉由川撥解。想川省以援黔者，並而助黔，並非於協黔之餉之外另籌增益。崇實、吳棠素顧大局，當必允從。臣達武隨帶原部楚勇五千九百，連中字一營楚勇六百，暨募定黔勇一萬五千人。又將本省各軍核實歸併，還留八千人，擬俟李輝武到黔，令其再行添募，並原部足下一萬四千人，查照前四川督臣駱秉章釐定章程，每楚勇一千，月餉銀五千六百八十兩。每黔勇一千，月餉銀四千四百四十兩。綜計募齊三萬八千之眾，內楚勇九千，月需餉五萬一千一百二十兩。黔勇二萬九千，需餉十二萬八千七百六十兩。軍裝及糧道運腳價，月需銀三四萬兩。除川省月協的餉五萬八千並李輝武一軍由川給餉外，尚須按月添籌銀十四萬兩有奇。查黔省部撥軍餉，月約銀十二萬餘，應請敕下部議，除四川、湖南兩省現在援黔，其舊撥餉需未便再計，酌派各省新加數萬，合舊撥之餉，每月共湊成銀十四萬兩，自同治十年為始，作為協黔的餉，按月撥解交收，由臣等核實報銷，斷不敢稍有浮冒。屬在鄰疆，亦非饒裕，何敢一再瀆請？惟餉絀兵單，深恐日久無功，轉滋咎戾。湖南援軍正在辦理得手，且慮會師遲緩，一併耽延，不能不早為籌畫。倘荷天恩俯准所請，各省疆臣亦欣然慨助，俾獲展布寬舒，不敢謂一半年間，遽可告藏成事，而上游現已進兵，幸將永寧收復。以次如議，辦理下游，亦已馳師貴定，旋及定廣。一經益餉添軍，部署更為周妥，敢不激勵將卒，分軍八寨、麻哈等處，迅圖勘定苗疆，藉慰宸廑。所有籌辦黔省兩游，請調漢中鎮李輝武帶勇過黔助剿，並請敕部議派各省協黔的餉緣由，謹合詞恭摺由驛馳奏。伏乞皇太后、皇上聖鑒訓示。謹奏。正月二十二日。同治十年二月十三日，軍機大臣奉旨。欽此。①

---

① 臺北"故宮博物院"藏：《軍機及宮中檔》，文獻編號：106112。

【案】同治十年二月十三日，曾璧光、周達武為籌辦黔省軍務調隊助剿、請撥協餉之奏，得邀清廷允准，《清實錄》：

諭軍機大臣等：曾璧光、周達武奏籌辦黔省軍務調隊助剿，請撥協餉一摺。曾璧光、周達武現在籌商上下游兩路，同時進兵。上游用兵以萬計，下游用兵以二三萬計。周達武隨帶原部楚勇五千九百名並忠字楚勇六百，暨募定黔勇共一萬五千，再將本省各軍選留八千，擬調李輝武所部二千五百人赴黔，令其再行添募，並原部足一萬四千人，兼辦上下兩游，始敷分布。所籌自係實在情形。黔省軍務，日久尚無起色，總由本省兵力過單，以致此剿彼竄。該撫等既擬兼辦兩游，籌定進兵之路，即當協力同心，相機調度，不可徒托空言。李輝武本係周達武舊部，前帶武字營勇三千援陝，經蔣志章抽撥王名滔一營外，尚有二千五百人，分紮寶雞各路。現劉銘傳督辦陝西軍務，所部不少，黔省亟須添兵，李輝武所部，著准其調往，以厚兵力。陝西南路寶雞一帶，與甘省秦州屬境毗連，防務甚關緊要，著蔣志章、劉銘傳會商，迅即撥隊，前往填紮。該提督本有移軍前赴汧隴之奏，著即悉心布置，毋稍疏虞，李輝武所部，俟劉銘傳派隊接防後，再行起程赴黔，歸曾璧光、周達武節制調遣。該軍向食川餉，著崇實、吳棠於月協黔餉五萬八千兩外，仍將月餉照常籌解，毋令缺乏。曾璧光等此次籌添兵勇，除川省月協的餉及李輝武所部由川給餉外，按月尚需餉十四萬兩有餘。部撥黔省軍餉，每月約計銀十二萬餘兩，數尚不敷。著戶部酌度情形，再於各省加派數萬，合舊撥之餉，每月湊成銀十四萬兩，自本年為始，作為協黔的餉，催令各該省按月撥解赴黔，以應急需。添兵添餉，均已照請辦理。周達武務當會商曾璧光妥為部署，督軍進剿，戡定苗疆。黔省現擬分軍兩路，進規八寨凱里，冀會楚師合剿下游。著劉嶽昭檄令席寶田，迅督所部，掃蕩而前，聯絡聲勢，不得稍存觀望。將此由五百里諭知崇實、吳棠、蔣志章、劉銘傳、劉嶽昭、曾璧光，並傳諭周達武知之。①

---

① 《穆宗毅皇帝實錄》卷三百五，同治十年二月中，《清實錄》第51冊，第46—47頁。

[3] 派兵：錄副作"添兵"。

[4]【案】此處内容節略，以省繁復。

[5] 尚須：錄副缺"尚"，疑脱之。

[6] 津貼：錄副作"津"，奪"貼"無疑。

[7] 罔弗：錄副作"罔不"。

[8] 轉移：錄副缺"轉"，顯奪無疑。

[9]（三月二十八日）：原稿無此日期，茲據補。

[10]（同治十年四月十五日，軍機大臣奉旨。欽此）：此奉旨日期據錄副補。

[11]【案】此摺於同治十年四月十五日得清廷批復，飭令吴棠仍遵前旨，將該軍月餉照常籌解，不得意存推諉，貽誤事機，《清實錄》：

諭軍機大臣等：吴棠奏派隊赴黔，留兵以守川邊，並簡練綠營情形一摺。前因曾璧光等奏，黔省兵力不敷，當照所請，調李輝武一軍，前往助剿。茲據吴棠奏稱，該軍扼守漢南，三載以來，邊境賴以稍安。若全行撤去，難資緩急，請留二營，駐紮陝甘交界之大安驛，以固川邊。其餘三營，仍令赴黔等語。所奏自爲兼顧蜀境起見，即著照所擬辦理。至所稱調往之三營，先給兩個月餉銀，解交李輝武料簡啟行，並請將以前欠餉，仍由川省酌補，以後月餉，即歸周達武於各省協餉内，均勻撥放等語。該軍向食川餉，無論在陝在黔，於川省同一支應，並未額外添餉。且黔省兵餉正苦不足，若令李輝武所部，由該省勻撥月餉，勢必愈形支絀。著吴棠仍遵前旨，將該軍月餉照常籌解，不得意存推諉，並著飭令李輝武，統帶所部三營，迅速起程。曾璧光、周達武俟該軍到黔後，即行酌量添募，歸併統帶，藉資調遣。其陝南一帶，已據劉銘傳、蔣志章先後奏報，調派唐定奎等營，分紮寶雞等處，仍著飭令在防各軍，與川省所留兩營，聯絡聲勢，嚴密扼守，以固邊防。川省綠營既據吴棠奏稱，簡練整頓，可得精兵九千餘人，仍著隨時勤加訓練，悉成勁旅，不得徒托空言，有名無實。將此由五百里諭知吴棠、蔣志章、曾璧光、劉銘傳，並傳諭周達武知之。①

---

① 《穆宗毅皇帝實錄》卷三百八，同治十年四月上，《清實錄》第51册，第88—89頁。

〇五二　奏覆耿繼章吳汝謙等保舉人員所得勞績片
同治十年三月二十八日（1871年5月17日）

再，准吏部（咨）[1]：各省勞績保舉核與定案不符、應行駁正人員，於同治九年七月三十日具奏，奉旨：依議。欽此。相應抄單知照，計單開貢生耿繼章，未聲敘何項貢生，礙難辦理。州判吳汝謙，查係四川候補從九品。該員於何案得有試用州判。從九品范元愷何年月日丁憂，係何省人。按經歷吳煦於同治六年三月丁憂，未經敘明何年月日所得勞績。均令詳細奏覆，再行核辦等因。當經分別咨行查復。茲由提督唐友耕暨防剿局、陝甘捐局司道等，先後咨詳前來。據稱耿繼章係昭通府廩生，於同治五年考取恩貢，給有貢單為憑。吳汝謙係同治八年五月初四日，在駐川陝甘米折捐局捐升州判，仍指分四川試用，奉發實收存執。范元愷係成都府新都縣人，隨辦文案，於同治八年十二月初四日丁母憂。先於同治八年正月、五月川軍赴援徽縣，並迎剿陝甘邊境回（匪）[2]兩案，著有勞績。吳煦於六年三月初六日丁母憂，八月領咨，扶柩回籍。八年正月，因胞叔祖坤在雲南被回匪戕害，聞信奔往探視，行至昭通府，值昭魯回匪蠢動，道路梗塞，資斧缺乏，待至六月初六日服滿，在唐友耕行營投效，帶隊剿賊。於是年十月，克復魯甸廳城案內，著有勞績各等情。臣覆查無異，除咨吏部外，謹附片陳明。伏乞聖鑒，勅部核覆[3]施行。謹奏。

（同治十年四月十五日，軍機大臣奉旨：吏部知道。欽此）。[4]

同治十年三月二十八日，附奏。於四月二十九日，准兵部火票遞回原片，後開軍機大臣奉旨：吏部知道。欽此。（P425–430）

校證

【案】此奏片亦缺原件，錄副藏於臺北"故宮博物院"①。茲據錄副校補。

[1] 准吏部（咨）：原稿脫"咨"，誤。茲據補。

[2] 回（匪）：錄副作"回匪"，確。原稿奪"匪"無疑。

[3] 核覆：錄副作"核復"，未确。

[4]（同治十年四月十五日，軍機大臣奉旨：吏部知道。欽此）：此奉旨日期與內容，據錄副補。

〇五三　奏報續撥同治十年三四月分協黔的餉委解日期摺
同治十年五月二十二日（1871年7月9日）

（頭品頂戴四川總督兼署成都將軍臣吳棠跪）[1]奏，為續撥本年三、四月分協黔的餉委解日期，恭摺仰祈聖鑒事。竊臣會同成都將軍臣崇（實），奏明改撥協黔的餉，專供周達武馬步全軍之用。欽奉諭旨允准，曾將上年冬間應撥餉銀十四萬五千兩，又本年正、二月分兩次共應撥餉銀十一萬六千兩，先後委解馳陳，各在案。嗣據藩司王德固詳報：先行籌撥三月分協黔的餉銀五萬八千兩，飭委試用同知彭克儼、試用知縣余家駒領解，於同治十年三月二十九日，自省起程，解往貴州提督周達武軍營交收。尚未具奏，適值川省天氣亢晴，民情浮動，煤洞、紙廠因糧貴而停工，散練游兵藉歲旱而滋事。

臣以關係邊陲大局，晨夕率同司道各官，多方虔禱，持之以靜，而濟之以嚴。通飭所屬地方，捐資平糶，減價養夫。遇有搶劫匪徒，立拏重辦。幸於四月二十六日渥沛甘霖，各屬一律普沾，人心為之大定。而蜀地蒔秋最早，得雨較遲，釐款抽收，未能遽旺，捐輸催繳，仍

---

① 臺北"故宮博物院"藏：《軍機及宮中檔》，文獻編號：107185。

屬維艱。第念周達武全軍，專指川餉接濟，不得不於無可設法之中，代為籌畫。復督同藩司王德固等，百計搜羅，湊成銀五萬八千兩，作為四月分協餉，飭委試用通判楊鴻藻、試用同知和順，會同黔省來川催餉委員候補同知譚其遇領解。定於五月二十日自省起程，星馳前進，交周達武貴州行營查收，以濟急需。除分咨外，所有續撥三、四月分協黔的餉委解緣由，理合恭摺具陳。伏乞皇太后、皇上聖鑒。謹奏。（五月二十二日）。[2]

（同治十年六月十一日，軍機大臣奉旨：知道了。欽此）。[3]

同治十年五月二十二日，由驛具奏。於本年六月二十九日，准兵部火票遞回原摺，內開軍機大臣奉旨：知道了。欽此。（P431－436）

校證

【案】此摺缺原件，錄副現藏於臺北"故宮博物院"①。茲據補。

[1]（頭品頂戴四川總督兼署成都將軍臣吳棠跪）：原稿無前銜，茲據錄副補。

[2]（五月二十二日）：原稿無此日期，茲據補。

[3]（同治十年六月十一日，軍機大臣奉旨：知道了。欽此）：此奉旨日期與內容，據錄副補。

○五四　奏為川邊時勢多艱懇恩暫留得力總兵李輝武助剿摺
同治十年七月十一日（1871年8月26日）

（頭品頂戴四川總督兼署成都將軍臣吳棠跪）[1]奏，為川省邊隅腹地時勢多艱，懇恩暫留帶隊得力總兵，以資防剿，恭摺由驛奏祈聖

---

① 臺北"故宮博物院"藏：《軍機及宮中檔》，文獻編號：107990。

鑒事。

　　竊查漢中鎮總兵李輝武分統川軍，前奉寄諭後，遵即檄行，酌留兩營勇丁，駐紮陝甘交界之大安驛。其餘三營由防剿局籌撥兩個月餉銀，催令料簡開撥。先是蜀境天久不雨，糧價翔貴，民氣浮囂。川南之瀘州，川北之遂寧，川東之合州、巴縣，藉估吃大戶為名，聚眾滋事。當經[2]飛飭向駐省垣之裕字營，並抽撥派防川北之虎威寶營，馳往查拏，分別懲治、解散。幸獲游氛迅掃，甘澤頻施。而界連甘南之徽、兩、禮、成一帶，突有逆回竄擾，搖盪邊陲。其時，李輝武尚未交卸漢中鎮篆，接據各路探報，該鎮所部各營，於奉調援黔之際，尚能剪除醜類，保衛巖疆，志趣公忠，甚堪嘉尚。並傳聞漢南士庶，於成都將軍臣崇（實）過境時，遮道請留，情詞懇摯，臣猶未敢以為深信也。嗣得臣崇（實）自陝省來函，述悉李輝武駐紮漢南數載，甚得民心。現今甘省回氛未靖，川北不可不加意預防，漢南必宜兼顧，李輝武必宜請留，以固門戶等語。正在籌畫間，復據酉陽州營稟報：湖南會匪滋事，連陷龍陽、益陽兩縣城。雖立時克復，而首逆未擒，餘氛尚熾。黔江、彭水邊界地方，現在妥籌防堵。又據駐防永寧之忠字營總兵何行保稟報：貴州畢節縣所轄之觀音洞，有匪首羅麼糾集楨匪，與雲南鎮雄州所轄之豬拱箐[3]遺孽復萌，勾結為患。擬請分兵助剿各等語。伏念川省自軍興以來，所入不敷所出。兵食則時虞缺乏，民生則久苦輸將。臣督蜀三年，屢有裁勇節餉之議。截至上年冬季止，已裁勇不下二萬人，尚存勇三萬餘人，以安定、果毅、武字三軍為大枝勁旅。唐炯統帶安定、果毅等軍，剿辦苗匪，為日既久，所傷實多。臣與成都將軍臣崇（實）殫慮竭思，知不免財匱師疲之誚，因即分別裁汰撤回，奏請改派周達武，督率武字馬步全軍，赴黔接辦。於是蜀之精兵良將盡畀於黔，救災恤鄰，自問不遺餘力。迨周達武續請添調李輝武一軍，臣滿謂酌留兩營，以固川邊，可資緩急，而黔事早竣，川軍即可凱旋，未始非計之得者，無如軍情瞬息變更，不兩月間，邊隅腹地時勢多艱，刻須面面增兵，實有應接不遑之勢。加以漢南軍事，雖經劉銘傳派隊替防，祇能專顧陝西一面。甘省之徽、兩、階、平，在在與川邊接壤，尤不可無雕剿之師，非兩營所能抵禦。成都將軍臣崇（實）道出秦中，猶殷殷以蜀事為慮。如臣樗昧，深懼弗勝。若不量予變通，將苗疆之戡定難期，蜀境之空虛立見，大局所係，必應計出兩全。惟有籲懇天恩，俯准暫留帶隊得力總兵李輝武，以資防剿。李輝武本有陝甘隨征之律、勇兩營、馬隊一營，仍歸統帶，月餉即由防剿局支發，先於該鎮所部武字右軍酌撥兩營，飭令周達武原派久歷行陣之營官，管帶入黔，亦可收指臂之助。其月餉謹當恪遵聖諭，由川籌撥，斷不敢稍有推諉。

近接周達武函稱：各省協餉，僅准浙、閩、山東三省共報解銀六萬兩，其餘尚無消息。川省則自客冬至今，已解過銀四十三萬五千兩，刻又增撥兩營月餉，是蜀為黔省餉源所在，必保蜀始能謀黔，而不憚委曲求全者，為蜀計，亦為黔計，貴州撫、提諸臣[4]可共諒其心之無他矣。所有川省邊隅腹地時勢多艱，懇恩暫留得力總兵以資助剿緣由，恭摺由驛馳陳。伏乞皇太后、皇上聖鑒訓示。謹奏。（七月十一日）。[5]

（同治十年七月二十九日，軍機大臣奉旨。欽此）。[6]

同治十年七月十一日，由驛具奏。於七月二十九日，遞到奉有寄信諭旨粘單一紙。內開奉旨：另有旨[7]。欽此。（P437—448）

校證

【案】此摺原件查無著落，錄副藏於臺北"故宮博物院"①。茲據錄副校補。

[1]（頭品頂戴四川總督兼署成都將軍臣吳棠跪）：原稿無前銜，茲據錄

---

① 臺北"故宮博物院"藏：《軍機及宮中檔》，文獻編號：108821。

副補。

　　[2] 當經：録副缺"當"，疑奪。

　　[3] 豬拱簀：録副、《清實録》均作"豬拱箐"，當是。

　　[4] 貴州撫、提諸臣：録副作"貴州撫諸臣"，顯奪"提"。

　　[5]（七月十一日）：此日期原稿未署，茲據補。

　　[6]（同治十年七月二十九日，軍機大臣奉旨。欽此）：此日期據録副補。

　　[7]【案】同治十年七月二十九日，此摺得邀清廷允准，飭令吳棠飛檄截留李輝武，暫留川省，妥為布置，以資防剿，《清實録》：

　　　　諭軍機大臣等：吳棠奏川省邊隅腹地時勢多艱，請暫留帶隊得力總兵一摺。前准曾璧光等奏，請將李輝武一軍調赴黔省助剿。嗣據吳棠奏留該軍兩營，駐紮大安驛，以固川邊。其餘三營，仍令赴黔。茲復據吳棠奏稱，湖南會匪滋事，首逆未擒，餘氛尚熾。黔江、彭水邊界，現在籌防。貴州畢節所轄之觀音洞有匪首羅麼糾集檳匪，與雲南鎮雄所轄之豬拱箐，遺孽復萌，句結為患。該處均近接川邊，必須分兵助剿。甘省之徽兩等處與川接壤，時虞回匪竄擾，非兩營所能抵御。李輝武帶隊得力，請准暫留等語。川省邊隅腹地既須增兵，即著照吳棠所請，將李輝武暫留川省，以資防剿。該總兵現已拔隊赴黔，著吳棠飛檄截留，妥為布置。黔省剿辦上下游股匪，亦需兵力，吳棠已於武字右軍酌撥兩營，入黔協助。即著曾璧光、周達武於該營到黔後，酌量調遣，以資得力。該營月薪，吳棠當寬為籌撥，毋令缺乏。觀音洞豬拱箐係滇黔交界處所，既有匪徒竊發，亟宜及早撲滅，免致蔓延。著劉嶽昭、岑毓英、曾璧光酌量派兵前往拏捕，並責成各該地方官查拏奸宄，毋任伏莽潛匿，以靖地方。將此由四百里諭知吳棠、劉嶽昭、岑毓英、曾璧光，並傳諭周達武知之。①

【案】同治十年十一月初二日，陝西巡撫蔣志章以陝西地方遼闊，甘回竄擾，"奏請旨准飭總兵李輝武仍回本任兼顧陝防事"一摺，得清廷允准，飭

---

① 《穆宗毅皇帝實録》卷三百十六，同治十年七月下，《清實録》第 51 冊，第 186—187 頁。

令李輝武即回本任，以資防守。① 摺曰：

> 陝西巡撫臣蔣志章跪奏，為請旨准飭總兵仍回本任，俾令兼顧陝防，恭摺仰祈聖鑒事。竊查漢中鎮總兵李輝武，前准貴州撫臣曾璧光等奏，調赴黔（助）剿，是時，臣以前直隸提臣劉銘傳奉命督辦陝西軍務，兵力甚厚，沿邊盡足布置，因即催令李輝武一軍開拔前去。茲據提臣劉銘傳咨稱：蒙恩旨賞假回籍，所部淮軍交前甘肅提督曹克忠來陝接統，迅赴甘肅，其餘隊伍即由劉銘傳帶回徐州駐紮等語。臣思淮軍去後，陝境遼闊，多與甘肅接壤，界連邊牆之處亦復不少，現在進攻河州之師屢有捷音，加以楚淮各軍陸續而進，肅州等處回逆不難剿蕩。其狡悍者難保不避兵而行，乘機肆竄。臣察提督譚仁芳，器識穩練，隊伍整飭，擬令移紮延綏一帶，與北山防軍聯絡聲勢，嚴為守禦，以期密益加密。惟漢、鳳等處防務尚需得人經理，昨准四川督臣吳棠來咨，知將李輝武暫留帶隊，駐紮大安驛，以固川邊。查大安驛已在陝境，為漢中所屬之地，若令李輝武就近回漢中鎮任，該總兵素得兵民之心，並熟悉地方形勢，由臣再撥數營，交其統帶，與所部川軍更相聯絡，互壯聲援，則川北門戶仍自周密，而漢中、鳳翔一帶防務即可兼顧矣。臣與督（臣）左宗棠函商，意見相同。合無仰懇天恩，俯准飭令總兵李輝武仍回漢中鎮任，於陝境西南防務實多裨益。所有請旨准飭總兵仍回本任緣由，謹會同督臣左宗棠恭摺由驛具陳。伏乞皇太后、皇上聖鑒訓示。謹奏。十一月初二

---

① 《宮中檔》："軍機大臣字寄：四川總督兼署成都將軍吳、陝西巡撫蔣：同治十一年十一月初十日，奉上諭：前因川省防務緊要，經吳棠奏准將陝西漢中鎮總兵李輝武暫留川省帶隊，駐紮大安驛，以固邊防。茲據蔣志章奏稱，淮軍將離陝境，該省地方遼闊，甘省現在進攻河州，難保逆匪不乘虛肆竄，擾及陝疆。該撫已飭譚仁芳一軍，移紮延綏一帶，與北山防軍聯絡守禦。惟漢鳳等處空虛，請令李輝武就近回漢中鎮本任，以資防守等語。大安驛為漢中屬境，該總兵現既帶兵駐紮，即著吳棠、蔣志章飭令李輝武即回本任，並著蔣志章再撥數營，交其統帶，與所部川軍互相聯絡，俾壯聲援。所有川北邊防及陝省鳳翔一帶防務，即著責令該總兵，妥籌兼顧延綏等處，並著責令譚仁芳認真防堵，毋稍疏虞。將此由四百里各諭令知之。欽此。遵旨寄信前來。"（臺北"故宮博物院"藏：《軍機及宮中檔》，文獻編號：408018126。）又，《清實錄》亦記述有案："丙申，諭軍機大臣等：前因川省防務緊要，經吳棠奏准將陝西漢中鎮總兵李輝武暫留川省帶隊，駐紮大安驛，以固邊防。……將此由四百里各諭令知之。"（《穆宗毅皇帝實錄》卷三百二十三，同治十年十一月上，《清實錄》第51冊，第271—272頁。）

日。同治十年十一月初十日,軍機大臣奉旨。欽此。①

【案】同治十一年正月二十二日,李輝武具"謝回漢中鎮本任恩由"摺,曰:

陝西漢中鎮總兵奴才李輝武跪奏,為恭摺叩謝天恩,仰祈聖鑒事。竊奴才於同治十年十一月二十九日,在大安驛防所接准代辦陝西巡撫布政使臣翁同爵咨開:同治十年十一月初十日,奉上諭:前因川省防務緊要,經吳棠奏准,將陝西漢中鎮總兵李輝武暫留川省等因。欽此。欽遵行知到營。奴才聞命之後,感悚交深,當即恭設香案,望闕叩謝天恩。遵於同治十年十二月初八日馳赴漢中,接印任事。伏念奴才一介武夫,知識淺陋,於咸豐七年帶勇隨征,轉戰數省,由軍功擢升記名提督,於同治八年四月,渥荷鴻慈,補授陝西漢中鎮總兵,仍管帶武字右路營軍律勇各營,駐紮寶雞、鳳翔縣地方,防剿回逆,涓埃未報,競惕殊深。同治十年四月,轉奉恩命,飭令奴才管帶武字右路各營赴黔助剿。旋即交卸漢中鎮篆,開拔起程,經四川督臣吳棠奏請,將奴才暫留川省,帶隊駐紮大安驛,固守川北邊境。茲復仰沐聖恩,飭令奴才即回漢中鎮本任,責令兼顧川北邊防及陝省鳳翔一帶防務。奴才受恩深重,報稱愈難。查漢中為秦蜀咽喉,界連甘省,所轄營汛皆南山要隘。當此鄰氛未靖,屬境戒嚴,總兵職司專閫,責任綦重,且值奴才統帶川省防軍律武六營及先撥陝軍五營,駐紮大安驛、鳳翔、寶雞、鳳縣等處,凡一切籌防籌剿機宜,在在均關緊要。奴才賦質庸愚,深懼弗克勝任,惟有矢勤矢慎,不敢稍涉疏虞,以期仰報高厚生成於萬一。除將回任接事日期恭疏題報外,所有奴才感激下忱,謹繕摺叩謝天恩。伏乞皇太后、皇上聖鑒訓示。謹奏。正月二十二日。同治十一年二月二十九日,軍機大臣奉旨:知道了。欽此。②

【案】又,同治十一年六月,川督吳棠知李輝武奉旨補授甘肅提督,即附

---

① 臺北"故宮博物院"藏:《軍機及宮中檔》,文獻編號:110403。
② 中國第一歷史檔案館藏:《錄副奏摺》,檔號:03-4747-072。

片奏請李輝武仍留漢中篆務,得允,片曰:

  再,查漢中鎮總兵李輝武,本係蜀將,上年貴州提督周達武調黔助剿,經臣以帶隊得力,懇恩暫留。嗣經前任陝西撫臣蔣志章請旨,敕回漢中本任,各在案。昨據李輝武牘稱,奉旨補授甘肅提督。臣深以北路邊防一時乏員接手,又未便越俎代謀,正在籌畫間,適准署陝撫臣邵亨豫咨送疏稿,奏請暫留李輝武署漢中鎮任。臣伏念蜀秦唇齒相依,同一防隴,必應濟以和衷。今邵亨豫所見與臣不約而同,聖明燭照無遺實邀俞允。臣擬將武字營現改律武營,馬步川軍仍交該提督統帶,以固邊防。理合附片陳明。伏乞聖鑒。謹奏。同治十一年七月十三日,軍機大臣奉旨:知道了。欽此。①

〇五五 奏報續撥同治十年五六月分協黔的餉委解起程日期摺

同治十年八月初七日(1871年9月21日)

(頭品頂戴四川總督兼署成都將軍臣吳棠跪)[1]奏,為續撥本年五、六月分協黔的餉,委解起程日期,恭摺仰祈聖鑒事。

  竊臣會同前任成都將軍崇(實),奏請改撥協黔的餉一摺。嗣經承准軍機大臣字寄,欽奉上諭:周達武所需餉銀五萬八千兩,著照崇(實)等所擬,由川按月籌撥,解赴貴陽省城,專供周達武馬步全軍之用等因。欽此。遵即將上年冬季應撥銀十四萬五千兩,又於本年正、二、三、四等月應撥銀二十三萬二千兩,先後具奏、解交,各在案。查川(省)[2]鄰疆協款,邊地防軍,無一非借資於民力,竭蹶不遑之狀,早在聖明洞鑒之中。本年春杪夏初,雨澤稀少,農田栽插失時,繼值川江異漲之期,重慶、夔州一帶復被水災。念民情則重在撫綏,論軍

---

 ① 中國第一歷史檔案館藏:《錄副奏摺》,檔號:03-4751-077。

事則亟應籌濟。現在秋收已屆，既不能不酌辦捐輸，亦不得不量為減免，事須兼顧，費愈難支。惟貴州提督周達武進剿苗疆，未便以餉需支絀，坐誤戎機。臣督同藩司王德固，先盡各屬解到釐金項下，湊撥五月分協黔的餉銀五萬八千兩，札委候補同知直隸州丁盛榮、試用同知區士安、試用布經歷劉毓俊管解，於六月十六日自省起程。

茲復據王德固詳報：將所收釐金等款，動支銀二萬兩，檄提富榮局鹽釐銀三萬八千兩，作為六月分協黔的餉，飭委候補知縣劉廷恕、試用通判周溱管解，定期於七月二十八日自省起程，統交周達武貴州軍營查收，專供所部馬步全軍之用。此外，尚有武字右軍抽撥兩營勇丁一千人，赴黔助剿，亦須支給月餉。臣謹當與在省司道等虛衷商榷，實力維持，以仰副朝廷厪念邊陲之至意。所有續撥五、六月分協黔的餉委解起程日期，理合恭摺馳陳。伏乞皇太后、皇上聖鑒。謹奏。（八月初七日）。[3]

（同治十年八月二十八日，軍機大臣奉旨：知道了。欽此）。[4]

同治十年八月初七日，由驛具奏。於本年九月十八日，准兵部火票遞回原摺，後開軍機大臣奉旨：知道了。欽此。（P449-455）

校證

【案】此摺缺原件，錄副現藏於臺北"故宮博物院"[①]。茲據錄副校補。

[1]（頭品頂戴四川總督兼署成都將軍臣吳棠跪）：原稿無前銜，據錄副補。

[2]川（省）：錄副作"川省"，原稿奪"省"無疑。

[3]（八月初七日）：此日期原稿未署，茲據補。

[4]（同治十年八月二十八日，軍機大臣奉旨：知道了。欽此）：此據錄副補。

---

① 臺北"故宮博物院"藏：《軍機及宮中檔》，文獻編號：109216。

○五六　奏報續撥同治十年七八月分協黔的餉委解起程日期摺

同治十年十月十三日（1871年11月25日）

（頭品頂戴四川總督兼署成都將軍臣吳棠跪）[1]奏為續撥本年七、八月分協黔的餉委解起程日期，恭摺馳陳，仰祈聖鑒事。

竊臣會同前任成都將軍臣崇（實），奏請改撥協黔的餉。欽奉寄諭：周達武所需餉銀五萬八千兩，著照崇（實）等所擬，由川按月籌撥，解赴貴陽省城，專供周達武馬步全軍之用等因。欽此。遵將上年冬季應撥餉銀十四萬五千兩，又本年正月起至六月止應撥餉銀三十四萬八千兩，先後具奏解交，各在案。查川省本年旱潦並臻，秋成歉薄，各屬解款，均屬寥寥，舊捐強半繳清，積欠勢須展緩。刻雖仿照歷屆辦法，勸諭輸將，而當民情竭蹶之時，為軍餉補苴之計，既未便拘夫成數，亦斷難定以限期，遂至[2]庫儲搜括無遺，撐持之（令）術[3]。惟賴各局現收鹽貨、釐金等款，或隨時湊解，或約數預提，擇其必不可少、必不能緩者，盡力供支。前於八月間，將各屬解到釐金等款，湊集銀五萬八千兩，作為同治十年七月分協黔的餉，飭委候補同知蕭錦、候補直隸州州判潘潤之管解，於九月初二日自省起程，前赴貴州提督周達武軍營交收。茲因八月分協黔的餉屆計逾期，不得已復於川東道庫動撥銀三萬兩，並提富榮局鹽釐銀二萬八千兩，作為解司之款，飭委候補同知直隸州印啟祥、試用布經歷胡良生守催管解，定期於十月初八日自省起程，交周達武軍營，專供馬步全軍之用。據藩司王德固具詳前來。所有續撥本年七、八月分協黔的餉委解起程緣由，除分咨外，理合恭摺馳陳。伏乞皇太后、皇上聖鑒。謹奏。（十月十三日）。[4]

（同治十年十一月初四日，軍機大臣奉旨：知道了。欽此）。[5]

於同治十年十月十三日，由驛具奏。於十一月二十一日，准兵部火票遞回原摺，後開軍機大臣奉旨：知道了。欽此。（P457-462）

校證

【案】此摺缺原件，錄副現藏於臺北"故宮博物院"①。茲據錄副校補。

[1]（頭品頂戴四川總督兼署成都將軍臣吳棠跪）：原稿無此前銜，茲據補。

[2] 遂至：錄副作"遂致"。

[3] 撐持之（令）術：錄副作"撐持乏術"，應是。

[4]（十月十三日）：原稿無此日期，茲據錄副校補。

[5]（同治十年十一月初四日，軍機大臣奉旨：知道了。欽此）：此奉旨日期與內容，據錄副補。

○五七　奏報黔省教案應撥銀兩給清並准各省咨解歸款片
同治十年十月十三日（1871年11月25日）

再，查黔省教案應撥銀六萬七千兩，前准貴州撫臣來咨，當經飭撥銀七千兩，會同前任成都將軍臣崇（實），附奏陳明在案。嗣奉諭旨，飭將黔省教案應發銀兩，除各該省業已付給咨照川省有案外，餘銀仍由川省籌款墊給，再由各省照數解川，以清款項等因。欽此[1]。旋准鄂省來咨：已於正月十九日，將前項彙撥銀二萬兩，由軍需總局轉送法國領事查收[2]。續又准黔省函稱：已於五月朔日，備文交給該教士，令其賷案承領銀兩四萬兩各等語。臣比即飭，據藩司王德固詳稱，庫款萬分支絀，移會川東道，無論何款，先行籌墊銀四萬兩，就近

---

① 臺北"故宮博物院"藏：《軍機及宮中檔》，文獻編號：110287。

發交渝城教堂去後。茲據該司道詳報：本年七月十六日，八月初五、十四、二十七等日，分四次在於川東庫存鹽釐項下，動撥銀四萬兩，如數照交教堂查收，取具收單備案等情前來。並准廣東、浙江兩省先後咨解銀各一萬兩，飭司兌收歸款。尚有江蘇應撥還銀二萬兩，亦據咨報起解，諒不日即可到川[3]。所有黔省教案應撥銀兩掃數給清並准各省咨解歸款緣由，理合附片陳明。伏乞聖鑒。謹奏。

（同治十年十一月初四日，軍機大臣奉旨：該衙門知道。欽此）。[4]

同治十年十月十三日，由驛附奏。於本年十一月二十一日，准兵部火票遞回原片，內開軍機大臣奉旨：該衙門知道。欽此。（P463–467）

校證

【案】此片原件查無下落，錄副現藏於臺北"故宮博物院"①，茲據補。再，錄副首開附署"另抄交戶部、總理衙門"，後開署"十一月庚寅，四川總督吳棠奏，查黔省至即日到川止。御批：該衙門知道。十年十一月初四日"等字句。

[1]【案】此節文字尚有省略之處，《清實錄》：

成都將軍崇實等奏，遵查黔省教案賠款，上年議結時，將應撥協餉銀兩飛咨各省，照數動支，一面飭令該教士持文請領，似無庸再事籌撥，致多轇轕。得旨，著仍遵正月二十三日諭旨，將黔省教案應發銀兩，除各該省業已付給咨照川省有案外，餘銀仍由四川籌款墊給，再由各省照數解川，以清款項。②

[2]【案】臺北"中央研究院"近代史研究所編藏《總理衙門檔案》曰：

（同治十年）三月十六日，湖北巡撫郭柏蔭文稱：遵飭劃撥黔餉，詳請奏咨事。據總辦湖北軍需總局司道會詳稱，案奉札開：據英國領事官兼署法國領事官堅申賫貴州撫部院曾咨開：貴州遵義等處教案，業經會

---

① 臺北"故宮博物院"藏：《軍機及宮中檔》，文獻編號：110289。
② 《穆宗毅皇帝實錄》卷三〇六，同治十年二月下，《清實錄》第51冊，第62—63頁。

飭司道委員議結，所有應撥天主堂銀兩，咨請希於應協黔餉項下，動支庫平色銀二萬兩，發交漢口教堂收領，飭取收單見復等因。准此，行局查照。同日，又奉札開：據兼署法領事官堅申，緣上年貴州遵義教案內，應撥銀二萬兩，請由鄂省代撥，即請飭撥庫平色銀二萬兩，即日填注銀票，擲交敝領事，以便發給湖北天主堂教士，代為收領等情。轉行到局查照各等因。奉此，遵查湖北餉項，本極支絀，前項奉撥法國教堂銀兩，固係事關中外，自應如數趕緊湊撥。惟查鄂省協濟外省餉項，向用長沙市平，此次黔省來文，注明庫平色銀字樣，應照藩署庫平每長沙平百兩加銀三兩六錢，照數申足，統作湖北協黔之款。當於正月十九日，將前項彙撥銀二萬兩並加平銀七百二十兩，如數咨解江漢關道衙門，轉送兼署法國堅領事查收，轉給天主堂教士去後。茲准監督江漢關李道，轉據兼署法國領事官堅，取具湖北天主堂教士余作賓收單一紙，咨送到局。查前項長沙平銀二萬七百二十兩，應作為湖北協濟黔省軍餉開支。合將遵撥協黔餉項，彙交法國教堂收領緣由，備文詳乞查核，附案奏咨，並咨明貴州撫部院查照。再，法國教士收單一紙，緣恐驛遞貽誤，應請存局備案，合併聲明等情。到本部院，據此。除附奏並分咨外，相應咨明。為此，合咨貴衙門，請煩查照施行。①

[3]【案】關於江蘇解還四川墊付貴州教案賠款銀兩咨函，據《總理衙門檔案》：

九月二十二日，江蘇巡撫張之萬文稱：據江海關道涂宗瀛詳稱：竊奉通商大臣曾札：准總理衙門函開：本月初三日，接據仲宣來函內開：准黔省曾中丞咨，請將江蘇、浙江、廣東三省未撥銀四萬兩，飭司籌墊，發給教堂承領等因。准粵東咨會，業經發交西商票號彙兌，諒可克期到川。其江浙兩省應撥銀三萬兩，請即函催迅解等情。本處查貴州教案賠款，奉旨由江蘇撥銀二萬兩、浙江一萬兩，屢經本處函達。茲准前因，即希將江蘇撥款二萬兩，迅飭照數解川，是為至要等因。到本大臣，准

---

① 臺北"中央研究院"近代史研究所編：《教務教案檔》第三輯第三冊，第1838—1839頁。

此。查此項銀兩，本年正月，經蘇撫部院咨准貴州撫院咨撥時，係令在於蘇省司庫應協黔餉項下動支。當因蘇省應協黔餉，上年九月內已據江蘇各司道詳明，委實無力再解，即經咨詢總理衙門核覆，應查照川黔各省咨文，欽遵辦理，均經轉行江海關知照在案。茲准前因，所有蘇省撥銀二萬兩，江蘇兩藩司均屬支絀，應由江南海關全數籌撥，刻日委解四川歸款，以清案牘，札道遵照辦理等因。到關，奉此。伏查蘇省應協黔餉，早經詳明無力籌解，所有前項教堂賠款銀二萬兩，既蒙札飭由關籌撥，自應趕解。惟四川省城距滬較遠，若釘解現銀，道阻且長，疏失堪虞，一時實乏妥員可派領解。因照粵東成案，交號商彙兌，較為簡捷。現於關稅項下動支庫平銀二萬兩，發交號商蔚泰厚匯至川省，於八月初七日由滬起程，解赴四川藩庫兌收。理合具文，詳析咨明總理衙門暨戶部、貴州撫院查照，並咨四川督院，飭司兌收，印發批回，交商賫回備案。至匯費銀兩，已照京餉成案給發，合併陳明等情。到本部院，據此。除分咨外，相應咨呈貴衙門，謹請查照施行。①

[4]（同治十年十一月初四日，軍機大臣奉旨：該衙門知道。欽此）：此奉旨日期與內容，據錄副校補。

〇五八　奏為川省歷年防剿秦隴回逆尤為出力員弁懇恩酌獎摺

同治十年十月十三日（1871年11月25日）

（頭品頂戴四川總督兼署成都將軍臣吳棠跪）[1]奏，為川省歷年防剿秦隴回逆，並援黔之達字營剿辦上游股匪尤為出力員弁，懇恩俯准彙案酌獎，以勵戎行，恭摺仰祈聖鑒事。

竊查川省歷次防剿滇黔各匪尤為出力人員，同治四年，經前任四

---

① 臺北"中央研究院"近代史研究所編：《教務教案檔》第三輯第三冊，第1856—1857頁。

川督臣駱秉（章），會同前任成都將軍臣崇（實），開單請獎，欽奉諭旨允准。其時，秦隴連疆，回氛已熾，雖有戍邊之卒，而無越剿之師。迨同治七年正月，調撥楚軍，迎擊渭北回逆，兼顧漢南[2]。於是記名提督李輝武所部武字營勇丁三千人，馳驟於寶、鳳、汧、隴之間，殆無虛日。是年二月，會合陝軍，則有攻克隴州縣頭鎮之捷[3]。四月，復有平毀周原賊巢之捷[4]。八年五月，掃蕩甘肅兩當縣境大股回逆，並於陝西唐藏地方追剿竄匪，大獲勝仗[5]。九年正月，越境雕剿竄回，屢戰屢捷，力保漢南門戶。又抽調勁旅，馳赴武功、醴泉，相機援剿，兼顧西安省垣。均經前兼署督臣崇（實）暨臣吳（棠），奏報聲明，存記彙獎，各在案[6]。而當日戍邊之卒，則有記名提督陳希祥所部達字營、總兵李有恆所部虎威寶營[7]。嗣由臣續派裕字親兵各營，隨時偵探應援，俱能出暑荷戈，沖寒陷陣，俾李輝武得以前驅自效，後顧無虞。七年秋間，陳希祥帶隊援黔，從上游之清鎮、安平轉戰而前，所向克捷，迭破郭家屯等處賊巢，遂復定南汛城。賊酋賀興仁反正，降其眾三千人，乘勝進剿區擔山、犵狫墳，一鼓下之。由貴州撫臣曾璧光彙奏，請歸川省，酌核獎勵，並經臣會同前任成都將軍臣崇（實），併入克復清平縣城案內，請旨准獎，亦在案。

　　伏查川省保甯、龍安兩府所屬之廣元、昭化、平武等縣，綿亙數百里，與秦隴唇齒相依，患莫切於游匪之縱橫，不僅在逆回之竄突。自李輝武雕剿於外，陳希祥、李有恆等軍固守於內，奪取民寨，平毀賊巢，所以保川北而衛漢南者，厥功甚偉。陳希祥奉調援黔，剿辦上游股匪，亦復陣擒要逆，規服汛城。凡此戰勝攻克情形，久經上達夫宸聰，未獲同邀乎懋賞，似不足以激揚士氣、鼓舞眾心。現在漢中鎮總兵李輝武渥荷溫綸，准留川省，仍飭令出紮陝甘交界之大安驛地方，以防為剿。提督陳希祥、李有恆各軍，亦皆分駐川北邊疆。計前後已閱數年，未敢少懈，所有在事各營員弁，久著成勞。刻當鄰難未紓，正在用人之際，合無籲懇天恩，俯准由臣彙案酌獎，出自逾格鴻慈。謹將川省歷年防剿秦隴回逆尤為出力員弁，懇恩彙案酌獎緣由，理合恭摺具陳。是否有當。伏乞皇太后、皇上聖鑒訓示。謹奏。（十月十三日）。[8]

（同治十年十一月初四日軍機大臣奉旨：著准其擇尤彙案酌保，毋許冒濫。欽此）。[9]

同治十年十月十三日，由驛具奏。於十一月二十一日，准兵部火票遞回原摺，後開軍機大臣奉旨：著准其擇尤彙案酌保，毋許冒濫。欽此。（P460-478）

校證

【案】此摺原件查無著落，錄副現藏於臺北"故宮博物院"①。茲據錄副校補。

[1]（頭品頂戴四川總督兼署成都將軍臣吳棠跪）：原稿無此前銜，茲據補。

[2]【案】此處所述，可參見《清實錄》：

又諭：崇實奏調撥楚軍，迎擊渭北回匪，劉嶽昭奏苗匪投誠，分別安插，並滇省軍務吃緊，難顧貴陽暨請飭川省協餉各一摺。陝省回匪肆擾，股數較多，兵力難於兼顧。前因回逆竄擾寶雞，諭令崇實派周達武，馳赴汧隴扼剿。該署督現已派令周達武所部之提督李輝武，率勁卒三千人，由襃城取道留壩鳳縣，出駐汧陽。仍令周達武統率所部，並增募千人，駐防大安驛一帶，著即飭令與李輝武聯絡聲勢，並兼扼徽文兩當之沖，以固川北門戶。所有該兩營糧米，仍由川省設法轉運，毋令缺乏。②

[3]【案】此處亦可參見《清實錄》：

又諭：崇實奏川軍赴陝助剿連獲勝仗一摺。李輝武所部，在隴州地方剿回迭勝，攻克隴屬之縣頭鎮，與劉典等前奏大略相同。汧隴之間回氛肆擾，雖經川陝官軍會剿，稍挫凶鋒，該逆遁回隴西，仍恐乘隙紛竄。

---

① 臺北"故宮博物院"藏：《軍機及宮中檔》，文獻編號：110286。
② 《穆宗毅皇帝實錄》卷二百二十五，同治七年二月下，《清實錄》第50冊，第84—85頁。

李輝武所部,現駐寶、鳳一帶,扼要堵截,即著飭該提督與陝軍聯絡聲勢,相機防剿。袞沔僅駐數營,兵力尚嫌單薄,著崇實仍遵前旨,酌量添撥,以固川省門戶,兼為李輝武后路聲援。建南軍務即著責成周達武,認真剿辦,迅速蕆事,以便騰出兵力,回顧漢中,毋得顧此失彼。此次攻克縣頭鎮出力傷亡人等,著崇實查明,分別奏請獎恤。①

[4]【案】崇實之奏摺查無下落,而《清實錄》記之曰:

又諭:崇實奏,川軍駐防陝境,連獲勝仗等語。四川李輝武一軍,赴陝助剿,扼守寶、鳳一帶,在寶雞等處屢挫賊鋒,乘勝直搗周原,將賊巢平毀,該逆悉數逃竄。崇實復派提督唐友耕等,為該軍援應,著即傳諭李輝武等,互相聯絡,以壯聲威。渭北一帶,得此一軍扼守,據崇實奏稱回逆不敢竄入南山,與漢兩府皆可無虞。其應否令李輝武盡率所部會合陝軍跟蹤追剿之處,著崇實、劉典相度機宜,會商辦理,不得顧此失彼。②

[5]【案】同治八年六月三十日,左宗棠奏報"進剿甘肅南路竄回連勝"一摺,曰:

奏為官軍進剿甘肅南路竄回,連獲全勝,現籌剿辦情形,恭摺馳陳,仰祈聖鑒事。竊甘肅全境,回、土各匪,蜂屯蟻聚,撮其大要,北則寧夏靈州,南則河州狄道,西則西寧,而固原、平涼介居東路之中,為進兵衝要。以機局論,固宜注意中權;而以時勢言之,必先疏通南路。蓋用兵以顧餉源為先,布陣以防後路為急,理固不易也。甘肅餉源,現恃秦州一線轉輸,而此次河州逆回,專以斷官軍餉道為主。秦州西通河、狄,東連鳳、寶,北倚平、涇,南枕階、文,為度隴間道。如不早圖,則蘭州既成孤注,難以圖存,而河狄之回與陝回勾結為奸,兇焰又將復熾。此穆圖善所以請增調南路之軍,而微臣所以檄諸軍先指秦州也。

五月十四日,漢中鎮總兵記名提督李輝武時駐寶雞,詗河州逆回馬

---

① 《穆宗毅皇帝實錄》卷二百二十八,同治七年四月上,《清實錄》第50冊,第135頁。
② 《穆宗毅皇帝實錄》卷二百三十五,同治七年六月上,《清實錄》第50冊,第244頁。

步六七千人自成縣竄陷兩當，立飭所部分駐鳳縣方石鋪營官王名滔、王照南率兩營迎剿，自率大隊繼之。旋以另股由隴州火燒寨竄齊家莊，恐其窺伺汧、寶，遂派營官胡國珍、楊恩澤馳赴兩當，會王名滔、王照南進剿，而自率四營留寶雞，以待王名滔等倍道赴援，約鳳縣知縣郭建本，帶團丁堵馬嶺關，以防分竄。十六日，王名滔等抵楊家店，適該逆五六百騎蜂擁突至。王名滔、王照南嚴陣卻之，胡國珍、楊恩澤兩營馳至，遂會商共搗賊壘。胡國珍由左，楊恩澤由右，王名滔、王照南由中，三路並進。賊悉眾抗拒，相持者久之。王照南躍馬陷陣，連斃數賊，賊勢稍卻。忽一賊目執黃旗，嗾悍黨數百斜出力堵，諸賊仍回旗沖撲。胡國珍急率所部，從賊後殺入，矛傷黃旗賊目墜馬，斬其首以徇，賊大驚潰。官軍悉銳環攻，鎗轟矛擊，斃賊甚夥。自巳至酉，鏖戰逾數時，賊屍枕藉，餘逆潰圍向徽縣竄走。官軍追殺二十餘里，至韓家灣收隊，是夜即駐兩當縣城。次日，偵賊遠遁，乃收隊回防。是役約斃賊近千名，救出難民三百餘名，奪獲騾馬牛驢、旗幟無算。官軍亦陣亡六人，受傷者四十一人。訊據生擒回逆藍廷和等十六犯，供稱此股回逆約三千有奇，由河州竄徽成，轉竄兩當，賊目是偽元帥馬阿渾、馬海臣兩人。陣斬黃旗悍目即馬海臣也。訊畢，斬之。方賊逼兩當時，臣慮李輝武兵力尚單，檄留陝補用道李耀南、候選道湯聘珍、員外郎銜中書吳士邁，由汧隴分出清水、寶雞，向秦州助剿。未到之前，另股回逆又由馬龍坡竄至清水縣之唐藏、張家莊等處。李輝武飭王名滔留四成隊守營，以六成隊裹糧馳剿，飭前駐鳳縣各營，截其南竄。二十二日，王名滔等抵唐藏，詗賊踞張家莊，距唐藏十五里。楊恩澤率所部趨山右拊其背，王照南率所部從山左上攻。王名滔、胡國珍各率所部，伏於山坳。王照南先與賊遇，引軍佯退，賊欺其怯，傾巢擁出。王照南且戰且走，退至山坳，伏軍突起夾擊。賊覺中計，惶懼潰退，官軍三面蹙之，賊自相跆藉，死者累累。官軍躡蹤追剿，越唐藏四十餘里之余步關，沿途賊屍遍野，餘賊向吳家河一帶竄去。官軍收隊，翌日，乃還原營。是役計斃賊六七百名，救出難民百餘名，奪獲馬騾、器械無數。陣亡勇丁八名，帶傷三十七名，生擒回逆劉興林等十二名。訊供此股係藍、陳兩偽帥所帶，陳逆名民市，已中洋鎗斃矣。此李輝武一軍先後剿兩當縣回匪、收復縣城、剿清水縣唐藏回匪獲勝及陣斬賊目之實在情形也。

二十六日，華亭縣回逆零股周永龍率千餘人，竄向秦州屬之隴城，馳之百花川一帶，肆行焚掠。時李耀南、湯聘珍方自寶雞指秦州。該逆聞官軍將至，折而北竄渡渭，擾及赤沙、香泉等處。李輝武旋飭所部，出車轍鎮以達香泉，自率隊擾趨赤沙。該逆又聞風竄隴州南路石莊子去矣。隴州防軍陝西候補知府喻步蓮聞賊至石莊子，立派所部總兵蕭群魁、參將龔曉亭率隊出大栗樹剿之，飭副將喻光彪率隊出咸宜關，以截撒家店去路，均冒雨前進。詎該匪已由石莊竄過撒家店。比六月初一日，蕭群魁、龔曉亭至石莊，則賊已狂奔而過，比喻光彪由撒家店橫出截之，僅斬尾賊二十餘名，救出被裹難民五十餘人而已。五月二十六日，員外郎銜中書吳士邁率所部六營，由隴州故關行抵清水，擬逕赴秦州，中途接士民呈訴，秦安轄隴城鎮有回逆大股竄踞，馬步紛還，四出剽掠，焚殺甚慘。吳士邁立飭各營，次日馳剿。清水距隴城八十里，二十八日辰刻始至。沿路紳民迎訴，河州逆回偽元帥周瑞即周七十，上年帶賊千餘人，來隴城擄糧，攻破康坪堡，即踞為巢穴，所擄財物悉運河州。而就撫回目李德昌夥黨所稱南八營者，陽投誠而陰助逆，請速進剿，以拯殘黎。吳士邁詢悉，康坪堡距隴城尚十七里，險據山腰，東有馬家寨，西有龍山寨，南有馬家河，皆南八營回民所居之堡，當雇嚮導，親率兩營由高山進，派四營及馬隊由平川進，直搗康坪。該逆憑險設卡，四營用劈山礟仰攻弗克，又無別徑可繞。百長羅如松、游石懷憤甚，率敢死士肉薄而上，悉被叉子鎗擊退，再前再卻，壯士死者十二人。羅如松等益憤，仍裹創猛撲，前者甫顛，後者繼進，破卡而入，刺死悍賊多名，賊始卻退。官軍方整隊深入，忽續到黃巾賊目，執黃旗揮馬步大股沖來，勢甚兇猛。官軍列方陣待之。賊四次衝突，官軍屹如，山立不動。少頃，吳士邁見賊氣漸衰，即麾各營如牆而進，鎗礟止，刀矛接，斃賊約百，而執旗賊目仍死拒不退。壯士胡高紳等乘間擎線鎗測准，轟之墜馬，餘賊大潰，望康坪堡而奔。吳士邁即麾兩營，踰山脊截之。賊狂奔不止，墜巖受創者什九。堡內賊約數百，見馬賊大敗，亦遂齊出，將棄堡而逃。官軍截令入堡，以開花礮轟之，復派馬隊飛追逃賊逾十里，又斃賊百餘名。而堡內賊被創已甚，夜分突逸。官軍急起截之，則分竄龍山寨、馬家寨，負隅不出，生擒十三名，奪獲戰馬五十五匹、紅黃旗二十九面，日暮收隊。訊據生賊供，河州回民三十六村，偽總帥穆阿渾派周瑞即周七十為元帥，帶千餘人，踞康坪堡，方擬收割二麥，聞秦軍將到，又加派馬步賊前來。陣前轟斃執黃旗之賊，即偽帥周瑞也。當將十三賊正法，毀平康坪堡回巢，並出示陽撫陰叛之龍山、馬家山兩寨，諭知回目李德昌，破其暗相勾結之奸臣。前因李德昌於董志原回巢蕩平時，遞稟自陳，哀祈免剿。因摘該回目上年通陝回書中密語示之，諭以禍福。至是勒其縛獻河州逆回，以定其志。此喻步蓮追殺華亭零股與吳士邁痛剿秦安、康坪堡逆回克獲全勝、掃除巢穴之實在情形也。臣維甘肅逆回，頻年擾攘，千里蕭條，不獨漢民被其傷夷，即良回亦遭其荼毒。甘之南路，惟秦州一帶被禍略輕。陝之西路，惟鳳、寶兩縣較為完善。河州回匪之垂涎於此者，一則肆其剽掠，一則繞出甘肅各軍之前，截其餉道，俾不戰自潰也。有此數捷，庶可破驕賊之膽，而樹度隴先聲。吳士邁、李耀南、湯聘珍等，現均馳抵秦州。臣復調提督馬德順馬步全軍駐隴州，李輝武仍駐寶、鳳，節節搜薙，會商防剿，期漸清隴境，以通餉源，庶於大局有濟。謹會同西安將軍臣庫克吉泰、署陝西巡撫臣劉典，恭摺馳陳。所有援剿兩當縣回逆及冒險攻破康坪老巢之戰，可否由臣擇其尤為出力員弁勇丁酌保彙案請獎之處，出自聖裁。伏乞皇太后、皇上聖鑒訓示。謹奏。① 軍機大臣奉旨：另有旨②。欽此。

---

① 左宗棠：《左宗棠全集·奏稿云》，上海書店出版社1986年版，第4913—4923頁。
② 《清實錄》："(同治八年七月)戊寅，諭軍機大臣等：左宗棠奏進勦甘肅南路竄回獲勝，並進駐涇州籌辦軍務各一摺。河州逆回自成縣竄陷兩當，經李輝武等進勦，收復縣城，並將清水縣唐藏回匪擊敗。吳士邁一軍，復將秦安康坪堡回巢攻破，勦辦尚屬得手。所有此次尤為出力員弁勇丁，著准其擇尤彙案保奏。"（《穆宗毅皇帝實錄》卷二百六十二，同治八年七月上，《清實錄》第50冊，第639—640頁。）

[6] 參見〇一三號奏摺及補注。

[7] 虎威寶營：錄副作"虎字營、威寶營"。

[8]（十月十三日）：此日期原稿未署，據錄副補。

[9]（同治十年十一月初四日，軍機大臣奉旨：著准其擇尤彙案酌保，毋許冒濫。欽此）：此奉旨日期與內容，據錄副補。

〇五九　奏報捐建旗營書院落成片
同治十年十月二十九日（1871年12月11日）

　　再，臣本年二月，奉命兼署成都將軍印務。每當訓練官兵之餘，日以振興文教為急務。查成都駐防，向有官學在於各旗兵丁內，挑取通曉翻繹者，充當教習，今八旗子弟學習清文，累應國家考試，翻繹、鄉會各科取中舉人、進士，為外省之冠，成效昭然。惟素習經學制藝生童，原係補官學肄業，並無專設書院，似不足以宏教育而培本根。經臣督飭協領等，即在旗營寬閒之處，度地庀材，捐建書院一所。自本年四月興工，茲已一律告成，名曰少城書院。其地本係少城舊治，因以為名。謹擇品學兼優之士，延定主講，率諸生於十月初一日入院肄業，彬雅可觀，多士同深抃舞。凡建修書院一切工料費用，臣自行倡捐廉銀一千兩。而每年教習束修、諸生膏火必應為長久之計。復率同司、道、府、廳、州、縣，公捐廉銀五千二百兩，札發成都府知府，轉交典商生息，每年計得息銀六百二十兩，由臣酌定支放章程[1]，責成該協領經管，仍按季呈報成都將軍衙門查核，庶幾有舉莫廢，永遠遵行。此項銀兩，均未敢動用正雜公款，應請免其造冊報銷，合併聲明。所有捐建旗營書院落成緣由，理合附片陳明。伏乞聖鑒。謹奏。

　　（同治十年十二月初二日，軍機大臣奉旨：該部知道。欽此）。[2]

（P511-514）

校證

【案】此片缺原件，録副現藏於中國第一歷史檔案館①。茲據録副校補。

[1]【案】關於少城書院支放章程，同治十年（1871），四川總督吳棠建於成都滿城內，專為駐防成都的八旗子弟而設。吳棠捐銀一千兩，並司、道、府、州、縣各官捐銀五千二百兩，交商生息，以年息銀六百二十四兩作束修膏火。山長年束修銀二百兩，薪火銀一百兩，節敬每節四兩。每年訂十課，每課文生超等六名，每名銀一兩五錢。特等六名，銀各一兩。文童上取三名，每名銀一兩，中取五名，銀各八錢。齋夫一名，月工食銀二兩。餘作每年修葺及每課造冊、試卷之費，由協領按季呈報查考。每月初二日官課、十六日師課，山長閱卷，協領具束，延師訂正。院務皆由署將軍札仰管理，協領固勒洪阿、札木丹等協助。②

[2]（同治十年十二月初二日，軍機大臣奉旨：該部知道。欽此）：此奉旨日期與內容，據録副補。

○六○ 奏報夷眾滋事抗拒官兵現經誘擒地方安靜情形摺

同治十年十一月二十二日（1872年1月2日）

頭品頂戴四川總督兼署成都將軍臣吳棠跪奏，為逆夷糾眾滋事，抗拒官兵，現經設法誘擒，地方安靜，恭摺仰祈聖鑒事。

竊維川省幅員遼闊，介在羌夷、番猓之間。臣重寄忝膺，日以察吏籌邊為急務，查有逆夷普得猖，向充會理州所屬者保土司祿恩錫頭人，貪狼性成，擅作威福。前因團首彭汶沅協差捕獲，中道脫逃，

---

① 中國第一歷史檔案館藏：《録副奏摺》，檔號：03-5005-021。
② 季嘯風：《中國書院詞典》，浙江教育出版社1996年版。其中，"吳棠捐銀一千兩"，《中國書院詞典》誤為"八百兩"，茲據録副校正。

遂於同治三年正月間，糾約夷眾，仇殺彭汶沅全家暨親戚人等男女二十九名口，並砍斃、燒傷彭先沅等十三人，由州詳報前督臣駱（秉章）通飭勒緝。該逆竄入川滇毗連夷地，深藏若虛，復冒充會理村土婦祿祿氏之義子，改名祿克昌，自為土司，與大橋夷地居住之民人胥國祥互爭雄長，積不相能。九年十二月間，率領野夷，仇殺胥國祥家男婦老幼四十餘命。祿恩錫有管轄之責，因其子祿福糠與普得猖狼狽為奸，知情容隱。當經臣會同前任成都將軍臣崇（實），批令該署州鄧仁垣，勘驗情形，填格錄供詳報，並飭准補州楊昶，迅赴新任，會同鄧仁垣，密訪嚴拏。仍一面大張示諭：如有能捆獻普得猖者，賞銀一千兩。蓋自古制夷之道，未嘗輕言用兵。懾之以威，不若誘之以計也。正在籌辦間，旋據稟報：胥國祥之子胥萬和逃出在外，忿激復仇。本年正月二十九夜，邀集不識姓名漢夷多人，將福糠戮傷，割落頭顱，身死，並殺斃雇工劉鬥垣等四命。胥、普兩姓各集濫練、野夷千餘人，分紮紅果、賒租地方，兩下攻擊，迭有殺傷，一時恐難解釋，且有土匪藉端焚掠。已由署會川營參將鄧全勝帶領兵團，前往鰺魚汛一帶彈壓等情。經臣飛檄建昌鎮總兵劉寶國，會商寧遠府知府許培身，酌帶制兵募勇，迅往查辦。並飭會理州知州楊昶等，添調得力鄉團，扼防隘口，保護城垣。復密札劉寶國等，先令驅除土匪，解散脅從。尤須設法鉤致該土司祿恩錫來城，以孤其勢。乃逆夷普得猖於三月初七日，乘大兵未到之先，膽敢糾黨出巢，直撲參將鄧全勝營壘。經該參將派隊擊退，轟斃馬賊數名，殺斃賊匪數十名，隨即遁去。查點兵團，陣亡九名，受傷三十五名。劉寶國抵州後，遴派土司安平康、都鎮國，多方勸戒，已將祿錫恩帶來謁見，並經官軍將普得猖圍困觀音洞。臣以該地林密箐深，困獸猶鬥，慮其走險生心，札飭駐防越嶲之副將李忠恕，抽撥武安軍勇丁數百名，帶往助剿。該逆普得猖被圍後，復敢內結夷目侯添受、侯添幅兄弟為腹心，外通雲南木期古土司祿世魁，邀集涼山野夷為羽翼，意在乘機竄突，狡詐多端。

該總兵等會商定計，添調現操精兵五百名、府勇五百名、土練一千名,交署中營遊擊麥熾昌統帶,於十月初十日,馳抵防所,協同副將李忠恕等,各就大小松林、黃水塘、古柏樹等處,面面埋伏,步步為營。十一日,傳餐畢後,直趣麥了口,先以親兵小隊誘之。該逆見我軍單薄,大聲疾呼,賊黨蜂擁而出。李忠恕佯為卻退。時近黃昏,伏兵四起。李忠恕等麾軍回擊,鎗礮齊施,轟斃野夷數百名,陣斬逆黨侯添幅、侯添受。惟普得猖攀藤附葛,躍入山梁。土司都鎮國等親率土練,跟蹤追剿,立將普得猖生擒,解府拘禁,地方一律肅清。由該鎮、守等先後稟報前來。臣伏念逆夷普得猖怙惡不悛,久稽顯戮,復敢糾集醜類,抗拒官兵,實屬罪大惡極。臣深恐夷情叵測,禍結兵連,案無了期,重蹈昔年故轍,是以懸立重賞,指授機宜,不惜以全力制之,防其奔逸。茲幸仰賴聖主威福,士卒用命,數月之間,竟能驅夷兵為嚮導,涉險縋幽,掃穴擒渠,為邊陲除一巨患。除批令該鎮、守等,將逆夷普得猖就地凌遲處死、傳首犯事地方以昭炯戒,並妥議善後章程、稟候察辦外,此次異常出力人員,合無籲懇天恩,先行鼓勵。記名提督建昌鎮總兵劉寶國,擬請賞給該員三代一品封典。道員用甯遠府知府許培身,擬請賞加鹽運司銜。副將李忠恕,擬請遇有總兵缺出,開列在先,請旨簡放。遊擊麥熾昌,擬請以參將儘先補用。會理州知州楊昶,擬請以同知直隸州在任候升。土司都鎮國,擬請賞給土遊擊銜花翎。其餘在事出力弁兵,容臣查明,彙入理番廳等處剿匪案內,核實請獎,出自逾格鴻慈。所有逆夷糾眾滋事、抗拒官兵,現經設法誘擒、地方安靜緣由,理合恭摺馳陳,是否有當。伏乞皇太后、皇上聖鑒訓示。再,查逆夷普得猖焚殺彭汶沅一案,早經照例參處。又,普得猖殺斃胥國祥及胥萬和戮斃祿福糠各一案,現在元惡就擒,應參之土司祿恩錫業經病故,擬請敕部議結。合併聲明。謹奏。(同治十年十一月二十二日)。[1]

同治十年十一月二十二日,由驛恭摺具奏。於同治十一年正月初一日,准兵部火票遞回原摺,後開軍機大臣奉旨:另有旨[2]。欽此。
(P479-494)

校證

【案】此摺原件與錄副均無下落,《清實錄》亦無載。茲據前後摺件校勘。

[1]（同治十年十一月二十二日）：此日期原稿缺，茲推補之。

[2]【案】此事《同治朝上諭檔》與《清實錄》隻字未載，不知何故。

○六一　奏報查明川省辦團防剿滇髮各逆出力官紳擇尤酌保摺

同治十年十二月十三日（1872年1月22日）

（頭品頂戴四川總督兼署成都將軍臣吳棠跪）[1]奏，為查明四川通省歷年辦理團練，防剿滇、髮各逆出力官紳，遵旨擇尤酌保，恭摺仰祈聖鑒事。

竊臣於同治九年十一月間，會同前任成都將軍臣崇（實），具奏川省各府廳州縣歷年辦理團練尤為出力官紳懇請核實彙獎一摺。嗣於十二月十二日，准兵部火票遞回原摺，後開軍機大臣奉旨：著准其擇尤酌保，毋許冒濫。欽此。仰見聖明，於甄人材之中，仍寓慎重名器之意，下懷感悚難名。維時，各該府州等已陸續送到清冊，雖查照歷屆批准成案，核減過半，約計紳團仍不下數千（人）[2]。臣凜遵毋許冒濫之慈訓，會同將軍臣崇（實），再三駁飭，責令該管府州等，旁咨輿論，參考事功，擇其勞績最優者，量加獎勵。其勞績稍次者，概予刪除，或改為咨獎及存記外獎。遲至一稔，經臣逐細清釐，秉公核定，共計七十六州縣，共擇尤酌保官紳五百四十五員名。以一州一縣而論，每處僅保十餘人及三、五人不等。蓋分之則祇形其少，合之則頓覺其多也。

溯查咸豐九年，滇逆藍潮鼎、藍潮柱、李泳和自雲南牛皮寨倡亂，竄擾川疆，賊焰既張，賊情尤狡。迨同治元年，髮逆石達開初由湖北利川入蜀，繼復分股賴裕新由甯遠、越巂窺伺川邊。石達開率黨踵至，加以土匪朱二九、譚滌魁等聞風起事，處處戒嚴。雖有征剿之師，不敷分布，蹂躪幾遍通省，首尾將及五年，全賴各州縣地方官紳士庶，敵愾同仇，卒能次第蕩平，剪除元惡。成都將軍臣崇（實）在任時，每與臣語及當年危困情狀，未嘗不慷慨欷歔，念蜀事之多艱，知民情之足恃也。今追敘其爭城奪地、毀家紓難之功，固非若尋常團練可比。以視募勇制兵之例支糧餉，素習戰爭者，此中甘苦難易之分，人所共見。即與前次請獎同治四年以後省垣團防出力官紳，亦迥不相侔。現當鄰患未平，臣因節餉恤民起見，屢經裁撤勇丁，不得不為此激揚士氣、鼓舞人心之請。謹遵照部臣奏定章程，凡克復城（池）[3]、斬擒要逆及固守待援、克保危城並率師救援、力解城圍者，准越級保陞、免補、免選各條，繕具清單，恭呈御覽。籲懇恩施立沛，俾退陬僻壤咸知十餘年血戰成勞，渥荷朝廷軫念，無遠弗周。其踴躍奮興，邊圉益臻底定矣。除將出力稍次官紳咨部議敘、營弁團丁由臣核實存記以千、把總、外委拔補及酌給軍功頂戴、列冊咨部外，所有查明四川通省歷年辦理團練防剿出力官紳、遵旨擇尤酌保緣由，理合繕摺具陳。伏乞皇太后、皇上聖鑒訓示。謹奏。（十年十二月十三日）。[4]

（同治十一年正月初二日，軍機大臣奉旨：該部議奏，單併發。欽此）。[5]

同治十年十二月十三日，由驛具奏。於同治十一年正月二十一日，准兵部火票遞回摺。後開軍機大臣奉旨：該部議奏，單併發[6]。欽此。（P495–504）

校證

【案】此摺缺原件，錄副現藏於中國第一歷史檔案館①。茲據錄副校補。另，錄副首開署"單一同抄繳"字樣。

---

① 中國第一歷史檔案館藏：《錄副奏摺》，檔號：03-4747-002。

[1]（頭品頂戴四川總督兼署成都將軍臣吳棠跪）：原稿無此前銜，茲據補。

[2]數千（人）：錄副作"數千人"，似確。

[3]城（池）：錄副作"城池"，原稿奪"池"無疑。

[4]（十年十二月十三日）：此日期原稿無載，茲據補。

[5]（同治十一年正月初二日，軍機大臣奉旨：該部議奏，單併發。欽此）：此奉旨日期與內容，據錄副補。

[6]【案】隨摺所附之四川通省歷年辦理團練防剿各逆出力官紳擇尤酌保清單。茲補錄如下：

謹將四川通省歷年辦理團練，防剿滇髮各逆出力官紳擇尤酌保，繕列清單，恭呈御覽。

計開成都縣：雙月選用府經歷蔡光亨，試用訓導張映南，藍翎鹽大使銜劉瑞圖。查咸豐十年，滇逆竄擾鄰縣，並分股突來蘇家碾焚掠。該紳等督帶鄉團，隨同官軍追剿，殺斃賊匪多名，並奪獲旂幟、鎗礮、刀矛多件。蔡光亨請仍以府經歷遇缺前先選用，並賞加六品銜。張映南請仍以訓導遇缺前先即選，並賞加國子監學正銜。劉瑞圖請賞戴五品花翎。

華陽縣：雙月選用州同范宗儒，州同銜賴登道，五品軍功徐玉堂，都司銜藍翎外委張萬育。查咸豐十年、十一年，藍李諸逆圍攻彭縣、圖撲井研縣及同治元年遊勇滋事。該紳等總辦鄉團，隨同地方官馳赴鄰縣，剿除踞賊，力解城圍，並拏獲滋事首犯，解散脅從。范宗儒請仍以州同不論雙單月，遇缺前先選用，並賞加五品銜。賴登道請以縣丞不論雙單月選用，並賞加六品銜。徐玉堂請以從九品不論雙單月儘先補選用。張萬育請以千總收標，儘先拔補，並請賞換花翎。

雙流縣：舉人劉廷揚，候選縣丞鄭方南、彭陽照，從九品銜晏鳴崗、張克斾，監生帥定邦。查咸豐十一年，藍逆竄擾察耳巖地方，與縣城相距甚近，岌岌可危。該紳等率領團練，分途迎剿，與賊接仗，斬馘無算。劉廷揚請以知縣即選。鄭方南請俟選缺後，以知縣用。彭陽照請分缺前先選用，並賞戴藍翎。晏鳴崗、張克斾均請以巡檢不論雙單月，遇缺即選。帥定邦請賞加國子監典簿銜。

溫江縣：布理問銜在任候選縣丞典史竇文智，武舉王開泰，藍翎武監生郭安邦。查咸豐十年、十一年，藍逆分股竄擾縣境，並由舒家渡屢撲城垣。該官紳等激勵團丁，登陴固守，以待官軍援應，轉危為安。竇文智請俟選缺後，以知縣補用，並賞戴藍翎。王開泰請以守備儘先補用，並賞戴藍翎。郭安邦請以千總收標，遇缺即補，並賞加守備銜。

新繁縣：候選訓導周之翰，候選從九品周光澤，監生何鴻圖，候選巡檢姜駿章，附生黃進瓊，貢生甯肇封，監生余開基，前署汛弁都司江思山。查咸豐十年，滇逆竄擾。該紳弁等屢在嚴家橋、清流場、蒙陽場、羊馬渡各隘口，督團擊賊，手刃騎馬賊數人，生擒數十人，並拏獲奸細邊保華、沈倫文、張信如等九名，就地正法，克保危城。周之翰等三名均請賞戴六品翎頂。姜駿章、黃進瓊均請賞給六品頂戴。甯肇封、余開基均請以從九品選用，甯肇封並請賞戴藍翎，余開基並請賞給六品頂戴。江思山請以遊擊儘先升用。

金堂縣：教諭趙樹萱，監生梁開甲。查咸豐十年，粵逆藍潮鼎竄踞趙家渡地方。十一年，藍潮鼎與女賊謝花妖合股復擾及淮口鎮土橋溝、仔高寺一帶，乘夜偷犯天王關。該官紳等督團堵剿，殺賊多名，逆眾始行遁去，全境肅清。趙樹萱請以教授在任遇缺，前先選用。梁開甲請以從九品不論雙單月即選。

郫縣：附貢生鄭澍昌，附生李覲龍，從九品銜彭振基，監生鄧經元、藍鍾秀、宋人傑，職員鄧紳元，理問銜李含英，武舉尹光增。查咸豐十年、十一年，藍逆竄近龍家灣、普興橋、竹影寺、太和場、大禹廟、羅家寺等處，勢甚猖獗。又，土匪朱二九等從彭縣黑寫子起事，肆擾鄰封。該紳團督率練丁，衝鋒陷陣，斃賊不計其數。並越境助剿土匪，解散脅從。鄭澍昌請以訓導不論雙單月選用，李覲光、彭振基均請以巡檢分發省分，歸候補班儘先補用。鄧經元、鄧紳元均請賞戴六品藍翎。藍鍾秀、宋人傑均請以從九品未入流，不論雙單月儘先選用，並均請賞戴藍翎。李含英請賞給五品頂戴。尹光增請賞給守備銜，並請賞戴藍翎。

灌縣：舉人陳炳魁，廩生董用威，州同銜易芳廷，貢生張樹銘，增生吳國珍，附生高翔、周郁文，監生王鈞，六品軍功張汝暈、唐友仁，從九品張朝鈞。查咸豐十年，藍逆竄擾鄰境。該紳團等督率練丁，扼要堵剿，並會合官軍攻克崇慶州屬之元通場。十一年，藍逆復由彭什蘭入縣境，蒲陽場駕虹橋、太平場等處。該紳團分領河東、河西各團隨時擊退，地方賴以無虞。陳炳魁請以教諭不論雙單月選用。董用威請以訓導不論雙單月，遇缺前先即選，並賞加國子監典簿銜。易芳廷請以州同即選。張樹銘等六名均請以從九品不論雙單月選用。張樹銘、周郁文並賞戴藍翎。唐友仁並賞戴藍翎。張朝鈞請賞戴六品藍翎。

彭縣：候補知縣約敦，主事楊奉昌，六品銜藍翎知縣用分缺先用府經歷劉玉慶，慶符縣教諭謝寶森，候選教諭李培堃，訓導胡德鑫，貢生許必達，弓文教，附生方鳳垣，監生弓思進，世襲雲騎尉陳得祥。查咸豐十一年，藍逆勾結山匪，圍困縣城，嗣復分股竄擾。同治二年，髮逆上犯，擾及縣境。該官紳等調集丁壯，倡捐口糧，或苦守以待援，或出奇而制勝，均屬深明大義，保衛地方。約敦請賞加同知銜。楊奉昌請以知州不論雙單月，儘先選用，並賞加運同銜。劉玉請以知縣仍留四川補用。謝寶森請以知縣儘先前補用。李培堃請選缺後以知縣不論雙單月選用，並賞給五品頂戴。明德鑫請賞加國子監學正銜。許必達等三名均請以從九品，不論雙單月遇缺前先選用。弓思進請賞加六品銜。陳得祥請以守備儘先補用，並賞戴藍翎。

崇寧縣：委員候補知縣國璋，江西永興縣縣丞楊定魁，盡數選用從九品鄧長耀，試用未入流宋澐，從九品職銜韓錫侯、林耀緇，附生霍鎮衡，文童張萬治。查咸豐十年，藍逆由丹棱上竄，旁擾縣境。經該官紳等調團集練，屢挫凶鋒，賊匪始行敗退。十一年，朱二九、譚濚魁直撲縣城。該紳等率眾固守，並設法剪除黨羽，解散脅從。譚濚魁情急自縊，遂將首逆朱二九生擒，解省正法。國璋俟補缺後，以同知直隸州知州儘先補用。楊定魁請以知縣不論雙單月在任候選，並賞加同知銜。鄧長耀請選缺後，以府經歷縣丞用，並賞戴藍翎。宋澐請以典史遇缺前先用。

韓錫侯等四名均請以從九品選用。

簡州：委員在任候選同知按司獄湯臣鳩，舉人田昌樕，廩生蔣先聲，附生汪恕。查咸豐十年、十一年，滇逆四次犯境，並踞擾施家壩、禾豐場等處，直撲州城。均經該官紳等親督練丁，屢戰皆捷，斃賊三百餘名，生擒要逆陳玉隆等七名，賊始敗退，全境賴以保全。湯臣鳩請賞加知府銜。田昌樕請以知縣不論雙單月，儘先選用。蔣先聲請以訓導不論雙單月儘先選用。汪恕請以巡檢不論雙單月儘先選用。

崇慶州：吏部主事周盛典，訓導李世瑛，候選從九品趙登華，指發江西縣丞黃際中，前任江西萍鄉縣蘆溪巡檢周宗濂，附生彭兆炳、蕭壽蘭、朱萼，九品軍官孔昭恕。查咸豐十年，藍逆竄踞元通場。十一年，逆匪何螞蟻子攻撲州城，並分竄白塔山、三鶴頂等處。又，藍逆另股擾及懷遠鎮山邊。該官紳等率團助剿，先後斃賊多名，並生擒偽都統胡大刀、偽先鋒陳麻山、護法道人劉飛升等百餘名，棄械投誠者三千二百餘人。周盛典請以知州分發省分，歸候補班前先用。呂世瑛、趙登華請各以本班不論雙單月，遇缺先選用。黃際中請俟到省補缺後，以知縣用。周宗濂請以府經歷縣丞仍歸江西原省，遇缺儘先補用。李世瑛等四員並請賞戴藍翎。彭兆炳請以巡檢遇缺前先選用。蕭壽蘭等三名均請以從九品。不論雙單月遇缺前先選用。

新津縣：知縣用候選縣丞吳敦培，監生楊治平，附生林椿、李如松、倪含章，職員曾勤政，武舉田家祿。查咸豐十年，藍、李二逆竄擾眉、彭，距縣境三十餘里，嗣又分股直撲西城。該官紳等督率團練，會合官軍，在廣會橋、平崗志等處與賊鏖戰三時之久，迭有斬擒，立解城圍，厥功甚偉。十一年，越境剿匪，復攻破大邑縣連界韓場賊巢。吳敦培請免選本班，以知縣分發省分，歸候補班前先補用，並賞加同知升銜。楊治平等五名均請以從九品不論雙單月，遇缺前先選用。楊治平並請賞戴藍翎。田家祿請以營千總補用，並賞戴藍翎。查咸豐十年、十一年，藍逆大股四次紛擾，州城戒嚴。該官紳等倡練同仁、敬字、威鎮、仁和、忠義數大團，以守以戰，並會同官軍屢挫凶鋒，所向皆捷，俾地方危而復安，其功績自不可沒。平心孚請俟補缺後，以同知直隸州用。趙國璽請以府經歷縣丞升用。劉楨請以訓導儘先前即選，並賞加光祿寺署正銜。黃春霖等六名，均請以巡檢，不論雙單月遇缺儘先即選。黃春霖、劉清宇並賞戴藍翎。黃俊昌請以從九品儘先選用。

什邡縣：教諭陳偉元，附生趙祿、張履端，貢生史青雲，武生嚴太平。查咸豐十一年，土匪朱二九聚眾起事，圍困縣城，教諭陳偉元等督團苦守，勿懈始終。同治二年，髮逆賴裕新等屢次犯境，勢甚披猖。貢生史青雲等帶練堵剿，斬擒逆匪多名，勤勞倍著。陳偉元請以知縣在任儘先即選，並賞給五品頂戴。趙祿等三名均請以巡檢遇缺即選，趙祿、史青雲並請賞戴藍翎。嚴太平請以外委收標，儘先拔補，並賞戴六品藍翎。

資州：附生鄭必達、林貽謀、王孔遺，監生鄭欽模，候選州判何懋愷，府知事銜張宏瑜、曾英，鹽運使銜湖北候補知府何應鐘，守潔所千總周能敏。查咸豐十年，李逆竄踞蘇家灣。該紳團等督同城練、鄉兵多方攻剿，竭七十餘日之力始將該逆擊退，保全上游。嗣藍逆由趙家渡竄入州境，該紳團率領練丁二萬餘人，始而分路橫沖，使該匪首尾不能相顧，既而整齊隊伍從上壓下，斬獲極多，肅清全境。鄭必達等四名均請以從九品不論雙單月選用。鄭必達、鄭欽模並請賞戴藍翎。何懋愷請以州判遇缺前先選用，並賞加鹽提舉銜。張宏瑜、曾英均請賞加布經歷銜。何應鐘擬請俟補缺後，以道員用。周能敏請賞加都司銜，並賞戴藍翎。

仁壽縣：委員藍翎同知用候補知縣沈蘊榮，提舉銜試用通判祝士荼，副榜陳粹明，附生范星雲、劉菜芳、胡照炳，五品軍功胡琛、孔興泰，文童江宜仁、馬德培，監生陳以新、楊鐘麟，六品軍功陳精明、楊灼、林秉江。查咸豐十一年，李逆攻陷縣城。該紳團等督率練丁，協同楚勇親冒矢石，奮不顧身，克復城池斬擒要逆。嗣後屢遭賊擾，復隨同官軍助剿解圍，剷除餘匪。沈蘊榮請賞換花翎。祝士荼請賞戴花翎。陳粹明請以訓導不論雙單月遇缺前先選用，並賞加六品銜。范星雲等三名均請以從九品不論雙單月遇缺前先即選，並均請賞加六品銜。胡琛、孔興泰均請以州吏目不論雙單月遇缺前先即選。江宜仁、馬德培均請以從九品未入流留川遇缺前先補用。陳以新等五名均請以巡檢、典史不論雙單月遇缺前先選用。

資陽縣：同知銜前任雲南祿豐縣知縣陳國器，教諭楊作楨，歲貢生劉正鈞，廩生賴超倫，藍翎五品銜駐省提塘黃英。查咸豐十一年，李逆竄入縣境，攻撲城池。該官紳等督團擊退，克保危城，並於縣屬南津驛、伍隍場、丹山鎮各隘口迭次接仗，均有斬擒，洵屬奮勇爭先，戰功卓著。陳國器請賞給四品頂戴。楊作楨請賞加內閣中書銜。劉正鈞、賴超倫均請以訓導不論雙單月儘先選用。黃英請以銜守備遇缺前先補用，並賞加都司銜。

內江縣：典史范汝誠，即補典史李國柄，揀選知縣舉人晏鴻業，琪縣訓導郭肇林，廩生晏思洛，附貢生晏作霖，雲騎尉增貢生李沛霖。查咸豐十年、十一年，李逆大股竄入縣境賈家場、便民場等處，直抵對河東銜，偷渡撲城，勢甚危急，況該縣為富榮鹽廠，北面要隘一經攻破，則井灶悉遭蹂躪，大局不堪設想。該官紳等或登陴固守，或督隊先驅，卒能保衛有功，肅清全境。范汝誠請以縣丞在任，遇缺儘先前補用，並賞戴藍翎。李國柄請俟補缺後，以縣丞用。晏鴻業、郭肇林均請以知縣遇缺儘先前選用，並均請賞加知州銜。晏思洛請以訓導不論雙單月選用，並賞加國子監助教銜。晏作霖、李沛霖均請以巡檢不論雙單月遇缺儘先前即選，並均請賞戴藍翎。

綿州：前任綿州學正在籍翰林院待詔范德淵，訓導徐興甲，候選從九品梁成彥，新班盡數選用訓導何天祥，州同銜候選教諭孫秉吉，六品銜貴州銅仁府經歷李本棠，儘先訓導陳鼎，職員梁進祿。查藍逆率領悍黨十萬之眾，圍困州城五月之久。該紳團等內籌守備，外禦凶鋒，卒能使全境解嚴，妖氛迅掃。范德淵請賞加內閣中書銜。徐興甲、梁成彥均請賞給六品頂戴藍翎。何天祥請賞加翰林院待詔銜，並賞戴藍翎。孫秉吉、李本棠均請賞給五品頂戴藍翎。陳鼎請以訓導，遇缺前先即選。梁進祿請以從九品不論雙單月，儘先選用。

德陽縣：揀選知縣冉正域，崇慶州訓導蕭登恕，候選直隸州州判劉開緒，貢生陳良貴，武舉楊逢春。查咸豐十年，藍逆竄入縣境之柏社鎮、孝泉場、大漢鎮，相距縣治盡十餘里，渡河撲城。該紳團等帶練堵剿，奮不顧身，將賊匪立時擊退，並越境攻破略平場、隆興場賊巢，擒斬無算。冉正域請仍以本班不論雙單月遇缺前先選用。蕭登恕請以知縣不論雙單月遇缺前先在任候選。劉開緒請仍以直隸州州判不論雙單月遇缺前先選用。陳良貴請以從九品不論雙單月遇缺即選。楊逢春請以千總收標，儘先前補用，並賞戴五品藍翎。

綿竹縣：訓導張登蓬，蒲江縣訓導蕭柏青，舉人唐天爵，附生帥捷，從九品李傳綸，廩生李錫銘、朱光烈，團首仲三魁。查咸豐十年，藍逆大股竄擾縣境，逼近城池，官軍未及赴援，全賴該紳團踴躍用命。其守城也，則荷戈達旦，戒備綦嚴；其擊賊也，則執挺爭先，殲除殆盡。洵屬急公好義，保衛地方。張登蓬、蕭柏青均請賞加光祿寺署正銜。唐天爵請以知縣遇缺即選。帥捷請以巡檢不論雙單月，儘先選用。李傳綸等四名均請賞給六品翎頂。

羅江縣：訓導劉憲，縣丞銜江津典史寸聯級，新班遇缺選用教諭張翼，候選州判馮舉，新班遇缺選用訓導唐懋德，廩生鄧英，附生范祖堯，五品藍翎三等武舉李楷，團總范鵬飛。查咸豐十年，藍張兩逆先後分竄綿竹、德陽等縣，與該縣唇齒相依，賊焰既張，賊股甚眾。十一年，該逆合股圍困綿州，並踞擾略坪場。該官紳等苦守危城，嚴防隘口，復於慧覺場與賊接仗，斃匪多名，會合鄰團克復略坪場，肅清全境。劉憲請賞加內閣中書銜。寸聯級請以縣丞歸候補班前儘先補用，並賞戴藍翎。張翼請賞加國子監學正銜。馮舉請仍以本班遇缺前先選用。唐懋德請賞加國子監典簿銜。鄧英請以訓導不論雙單月儘先選用。范祖堯請賞戴六品藍翎。李楷請以守備儘先補用。范鵬飛請賞戴五品藍翎。

南部縣：委員同知銜安岳縣知縣查文瀚，新鎮壩縣丞周埔，候選訓導孫式訓，富村驛巡檢馬德霖。查咸豐十一年五月，滇逆由鹽亭、西充竄踞縣境之鎮江廟、花牌樓。該官紳等督團迎剿，斃匪數百名，立時擊退。十二月，藍逆分股四竄，該官紳等復於盤龍場與賊接仗，大挫凶鋒，奪獲馬匹、旗幟、刀矛無算。查文瀚請賞戴藍翎。周墉等三名均請賞戴六品翎頂。

昭化縣：增生王懋修，藍翎千總昭化汛把總王啟春，六品軍功何運升、王懷仲。查同治元、二年間，滇逆、髮逆竄擾縣境蔡溪河、白水河等處，正值官軍跟追未及之時。該官紳等督率兵團，以少擊眾，擒斬多名。該逆力絀計窮，亡命北竄，邊境一律肅清。王懋修請以巡檢不論雙單月遇缺即選。王啟春請免補千總，以守備遇缺拔補，並賞加都司銜，賞換花翎。何運升、王懷仲均請以外委儘先拔補，並均請賞戴五品翎頂。

巴州：運同銜升用同知直隸州巴州知州陳洪緒，大挑知縣喻秉淵，截取知縣羅星暉，候選訓導余潔，候選府經歷陳振綱，試用通判錢乃鉁，知縣用試用縣丞江繼祖，歲貢生苟旁邊、喻介祉，附生趙思閔，貢生李卓然、王友正，花翎儘先補用守備苟耀先。查咸豐十一年，賊匪朱、劉二逆由達縣竄擾州境岳家寺、得勝山一帶。該官紳等率領兵團迎頭截剿，所向皆捷，掃蕩妖氛。同治二年，髮捻諸逆攻陷漢郡州縣，游匪潰勇囂然不靖。該官紳等籌辦防堵、轉運事宜，為時最久，備著勤勞。陳洪緒請俟補直隸州後，以知府用。喻秉淵請賞加同知銜。羅星暉請仍以本班儘先選用，並賞加同知銜。余潔請賞加光祿寺署正銜。陳振綱請賞加州同銜。錢乃鉁請俟補缺後，以知州歸候補班前先用，並賞戴藍翎。江繼祖請賞戴六品翎頂。苟旁邊、喻介祉均請以訓導遇缺即選。趙思閔、李卓然均請以巡檢遇缺即選。王友正請賞加州判銜。苟耀先請賞加都司銜。

南江縣：儘先前補用知州南江縣知縣金鳳洲，候選教諭舉人徐炳唐，選用訓導傅文濤、陳春暄，廩生包輯五，附生石宗海。查咸豐十一年，逆匪竄擾巴州得勝山，與縣境相距甚近，經該官紳等團練設防。同治元年春，鄧逆踞擾漢南，窺伺邊界。是年冬，郭逆回竄。二年，髮逆大股陷漢郡州縣，震動鄰疆。均經該官紳隨方堵禦，俾地方得以人安。金鳳洲請賞給四品頂戴。徐炳唐請仍以教諭不論雙單月儘先選用，並賞加光祿寺署正銜。傅文濤、陳春暄均請賞加中書銜。包輯五請以訓導不論雙單月儘先選用。石宗海請以巡檢不論雙單月儘先選用。

劍州：同知銜高縣知縣前署劍州知州王煌，六品藍翎新班遇缺先選訓導譚體迨，候選從未王炯，團首高鳳鳴、田硯豐，千總王鑣。查咸豐十一年，藍逆分股竄踞武連驛。該官紳等帶練擊退，保全地方。同治元年，藍逆餘黨鄧添亡由平武、昭化闌入州境。該官紳等復由馬鹿坪迎頭截剿，並越境攻堅奪壘，擒斬要逆多名。王煌請以同知直隸州在任候選，並賞戴花翎。譚體迨請俟選缺後，以知縣不論雙單月在任候選，並賞給五品頂戴。王炯請以縣丞遇缺前先選用。高鳳鳴、田硯豐均請以從九品不論雙單月遇缺儘先選用。王鑣請以衛守備不論雙單月，遇缺前儘先即選。

南充縣：戶部員外郎胡輯瑞，試用同知楊儀成，揀選知縣蕭應元，分發直隸試用知縣文邦從，舉人曾開忠，廩生弋翰舉、林遇春，附生保奠川，州吏目銜徐炳然，增貢生鄧慶元，附生李英、林聚瑞、曾殿鑌，增生陳炳南。查咸豐十一年，逆首何國梁糾黨數萬，由牛腹渡晝夜狂奔，直赴順慶圍攻，志在必得。該官紳等於援軍未到之先，且戰且守，力保危城。賊匪敗遁下游，紮筏數百，圖竄河東地方。東岸團民上下游聯絡，扼守近三百里，相持幾及一月，卒未能偷渡，地方賴以無虞。胡輯瑞請賞加道銜。楊儀成請歸候補班前先補用。蕭應元請以知縣不論雙單月，遇缺前先選用。文邦從請以知縣歸候補班前先補用，並賞加同知銜。曾開忠請以教諭不論雙單月，儘先選用。弋翰舉、林遇春均請以訓導不論雙單月，遇缺選用。保奠川、徐炳然均請以州吏目不論雙單月，遇缺儘先選用。鄧慶元等五名，均請以從九品不論雙單月，遇缺即選。

營山縣：候選知縣蔡文鈺，教諭張運春，提舉銜候選通判李玉荼，候選訓導于騰蛟，教諭陳全模，訓導羅培榮，附生王澤垓、王敬銘，監生官肇修，署把總向陽春。查咸豐十一年，張、郭二逆由蓬州青石鎮間道夜馳，突臨城下，屢用雲梯、地雷，四面環攻。該官紳等督率勇丁，挖通地道數處，復相機出戰，於援兵未到之先，將近城逆匪擊退，焚毀賊營二十餘座，重圍遂解。蔡文鈺請不論雙單月遇缺前先即選。張運春請以府教授在任候選，並賞加國子監學正銜。李玉棻、于騰蛟均請賞戴藍翎。陳全模、羅培榮請各以本班不論雙單月遇缺儘先即選。王澤垓、王敬銘均請以巡檢不論雙單月，遇缺儘先選用。官肇修請以從九品不論雙單月選用。向陽春請以千總儘先拔補，並賞加守備銜，賞戴藍翎。

岳池縣：典史錢丙，同知銜顧宗煋，布經歷羅書雲，州同職銜嚴嘉績，候選訓導蔡克猷，廩生黃煦，增生董垣、董培。查咸豐十年、十一年，滇逆竄擾遂甯、南溪。該官紳等籌辦防剿，歷久弗懈。嗣值大股賊匪接踵而至，圍攻縣城，晝夜登陴固守，並兩次迎剿獲勝。該逆始膽寒潰退。錢丙請以府經歷縣丞儘先，在任候升。顧宗煋請以同知不論雙單月，儘先選用。羅書雲請賞加鹽提舉銜。嚴嘉績請以州同不論雙單月儘先選用。錢丙等四名並均請賞戴藍翎。蔡克猷、黃煦均請以訓導不論雙單月儘先選用。董垣、董培均請以州吏目不論雙單月選用。蔡克猷等四名並均請賞給六品頂戴。

宜賓縣：前署敘州府知府候補道李祐，試用按經歷李璠，先用府經歷錢炳塏，廩生陳先柱，增生朱恕，附生尹照垣、鄧覲光，監生蔣受龍，文童韓貞俊。查同治元年，李、卯二逆先後竄至縣境八角寨，擁眾萬餘，勢極鴟張，為恃險久踞之計。該官紳等督同團練，會合官軍，剗除悍黨多名，解散脅從無算。繼後合圍困之，絕其糧道，將堅寨多方攻克，全境乂安。李祐請交部優敘。李璠請免補本班，以知縣歸候補班前先補用，並賞加知州銜。錢炳塏請以知縣用。陳先柱請以訓導選用。朱恕等五名均請以從九品選用。

富順縣：鹽運使銜選用道王余照，雙月選用知府顏懷珍，附貢生歐陽文俊，候選巡檢何占輔。查咸豐十年，李逆股匪竄擾自流井。該紳團等激勵練丁，會合官軍攻剿，屢有斬擒。復捐資創築大安、久安兩圩寨。十一年，卯先鋒周足拜先後復竄自流井。該紳團等募勇殺賊，並焚毀堅巢，招撫逆首郭安邦數萬之眾。王余照請以道員儘先選用，並賞加按察使銜。顏懷珍請以知府不論雙單月選用，並請賞加鹽運使銜。歐陽文俊請賞加光祿寺署正銜。何占輔請選缺後，以府經歷縣丞升用，並賞戴藍翎。

　　南溪縣：候選從九品伍培文，候選教諭鄔國瑛，增貢生溫以奎，從九品銜李長吉。查咸豐九年，滇匪倡亂，縣境戒嚴，籌剿籌防，殆無虛日。迨十年冬，該逆分股數千人直撲城寨，幸賴紳團得力，立解重圍，遂退踞離城七里之瀛洲閣。復乘機進剿，斃匪百餘名，始行遠遁。伍培文請賞戴六品翎頂。鄔國瑛請賞加國子監學正銜。溫以奎、李長吉均請以從九品不論雙單月儘先選用。李長吉並請賞戴藍翎。

　　筠連縣：藍翎遇缺即選教授教諭張紹蘭，遇缺即選訓導陳世輔。查同治元年，縣城失守，該紳等分調川滇團練，約期克復。迨後滇匪、夷匪三次窺伺邊境，復經招募勇丁，並力擊退，實屬始終勤奮，著有成勞。張紹蘭請賞加光祿寺署正銜。陳世輔請仍以訓導遇缺儘先前選用。

　　隆昌縣：廩生郭人澍、匡宗鼎、彭達謀，監生曾廣升，附生王章、劉宗蘭、鄧忠國，從九品銜李時春、薛肇端。查咸豐十年、十一年，滇逆竄踞牛腹渡，距縣城不及百里，屢次分遣悍黨四面圍攻。經該紳團等防剿兼施，始終弗懈，幸克殲除巨寇，保守危城。郭人澍請以訓導選用。匡宗鼎等三名均請賞加布理問銜。王章等五名均請以從九品不論雙單月選用。王章、劉宗蘭、鄧忠國並請賞戴藍翎。

　　巴縣：陝西候補知府前任巴縣知縣張秉堃，委員提舉銜四川候補通判繆嘉譽，候補知縣廖葆恒，試用縣丞蕭升梧，四品銜升用同知候選知縣金含章，四品銜傅益，前署汛弁藍翎千總劉鑒。查咸豐十年至同治元年，滇匪張五麻子由永川、璧山竄擾縣西老關口、歐家壩、大啞口等處，王刀刀、曹偽統領竄擾縣南走馬崗、銅罐驛等處。又滇、髮各匪復竄縣南鐵瓦寺、分水嶺、觀音橋等處。該官紳等分任防剿，迭著戰功，斬擒要逆多名，奪獲馬匹、器械無算。張秉堃請以知府歸候補班前遇缺補用，並賞加道銜。繆嘉譽請免補本班，以知州歸候補班前儘先補用。廖葆恒請俟補缺後，以同知直隸州補用。繆嘉譽、廖葆恒並請賞戴藍翎。蕭升梧請俟補缺後，以知縣升用。金含章請以同知直隸州遇缺儘先前選用，並賞戴花翎。傅益請賞加三品銜。劉鑒請賞加守備銜。

江津縣：同知銜前代辦江津縣事珙縣知縣吳羹梅，候選直隸州判鍾濤，監生何子玲、彭紹南，都司銜張澍，營千總楊懋功。查該官紳等於咸豐十年五月，在牛門口與滇逆接仗獲勝，賊退踞昆羅場，復奮勇追擊，擒斬頗多。十一年五月，在陡甌子地方，又與滇逆接仗，生擒賊黨數十名，奪獲大旗十四面。同治元年四月，督練移扎獅頭河。髮逆造筏搶渡對岸，開礮轟斃賊匪無算。賊始遠遁，合邑賴以保全。吳羹梅請以同知直隸州在任候補，並賞加升銜。鍾濤請賞加提舉銜。何子玲請以從九品未入流不論雙單月儘先選用。彭紹南請賞給六品頂戴。張澍請賞戴藍翎。楊懋功請俟補缺後，以守備升用，並賞戴藍翎。

長壽縣：前任長壽縣教諭蔣茂齡，候選道胡允林，選用州同周焯，已滿吏葉春和。查同治元年，滇匪周逆、朱逆分股攻撲縣城，援兵未至。經該官紳等督率練丁，同心固守，並調附近鄉團數千名，抄襲賊尾，斃匪尤多。該逆大受懲創，敗竄菩提山葛蘭場，重圍遂解。蔣茂齡請以知縣儘先選用。胡允林請賞加鹽運使銜。周焯請賞加知州銜。葉春和請賞給六品頂戴。

永川縣：增生張莽臣，把總曾祥萱，團總蔡昌海、李必珍、張仁懷。查咸豐十年十一月，滇匪張逆竄陷縣城，分擾場鎮。該紳等倡義集團，先後殺斃匪首趙四統領等多名。十二月，殲賊於候家溝。十一年正月，追賊於太平鎮。十月，擊賊於跳石河。克復城池，斬擒要逆。張莽臣請以從九品儘先選用。曾祥萱、蔡昌海均請賞給六品翎頂。李必珍、張仁懷均請以外委儘先補用，並均請賞給六品翎頂。

綦江縣：典史王杏林，候選州判饒履豐，舉人霍會昌、李英萬，六品頂戴附貢生廖承熙，附貢生翁武齡，增貢生戴文熙，選用巡檢吳光曦。查該縣界連黔疆，為川東門戶。自苗、號各匪滋事以來，賊蹤飄忽。貴州之銅仁、正安各州縣相繼失陷，千里為墟，而綦邑安堵如故，皆在事官紳苦守血戰、不避艱危之所致。王杏林請以縣丞在任補用。饒履豐、霍會昌、廖承熙均請賞給五品頂戴。翁武齡、戴文熙均請賞加國子監典簿銜。李英萬請以鹽大使不論雙單月儘先選用。吳光曦請仍以巡檢不論雙單月即選。

南川縣：舉人韋燦，貢生唐銳、鮮國棟，增生唐櫄，附生謝璜，職員韋才柏。查咸豐十一年，髮逆闌入縣境，直撲城垣，意圖抵隙，乘虛為窺伺渝城之計。幸賴紳團同心協力，以剿為防，立將逆首黃偽丞相轟斃，大挫凶鋒，兼之各鄉赴援勇丁接踵而至，內外夾攻，該逆奪路狂奔，我軍跟蹤追剿，重圍遂解，全境獲安。韋燦請以知縣選用。唐銳等五名均請以巡檢遇缺前先即選。

合州：合州學正文代言，候選布經歷黃錫爵，布經歷銜雲南候補府經歷陳騫，六品頂戴歲貢生潘一崙，附生唐遇清、蔚德輝，六品軍功朱湘，理問銜杜炳銓，儘先選用鹽大使禹滍，附貢生王中相，增生石國權，衛守備銜石中瑛。查咸豐十年起至同治元年止，滇匪張、藍二逆及李逆、何偽統領，又周足拜、曹逆等先後圍竄州境，並竄入州屬地方。該官紳等率領團丁與賊接仗，迭有斬擒，俾逆匪受創遠揚，不致蔓延為患。文代言請賞加國子監典簿銜，並賞戴藍翎。黃錫爵請俟選缺後，以知州用，先換頂戴。陳騫等六名均請賞戴藍翎。禹滍請以知縣分發省分，歸候補班儘先補用。王中相、石國權均請以巡檢不論雙單月遇缺儘先選用，石國權並請賞戴藍翎。石瑛請賞加都司銜。

涪州：委員候補知府余隆廷，前新津縣教諭高伯楷，運同銜孟光裕，附生陳頌，從九品陳實錄。查咸豐十一年，滇匪周逆竄踞州之鶴遊坪，為時最久，北岸一帶蹂躪已深。同治元年，黔匪擾及南川之水江石等處，緊與州境毘連。三年，黔匪復擾及州屬之龍洞場，勢尤狡捷，均經該官紳等激勵團丁，多方堵剿，斬擒要逆，規復鄉場。余隆廷請俟補缺後，以道員用，並賞戴花翎。高伯楷請賞加國子監助教銜，並賞戴藍翎。孟光裕請賞戴花翎。陳頌請以巡檢選用。陳實錄請賞戴六品藍翎。

銅梁縣：湖北即用知縣向時鳴，拔貢生李鐘白，附生劉學愚、白嘉綬，職員劉秉鉞、魏崇儉，藍翎都司銜儘先守備前任銅梁汛外委羅占彪。查咸豐十年、十一年，李、藍二逆先後竄境。該官紳等督率團丁嬰城固守，並乘間出奇制勝，力解重圍。復於陡溝子、平灘場、磚坰等處與賊接仗，三戰三捷，均屬奮勇異常。向時鳴請歸候補班前先即補。李鐘白請以教諭遇缺即選。劉學愚等四名均請以從九品儘先選用。羅戰彪請以都司儘先即補。

大足縣：歲貢生廖沛霖，廩生舒榮先，附生陳新柏、江坦，監生羅鈞，從九品職銜胡汝觀、周志潔、劉百川。查咸豐十年，逆匪彭紹幅隨同藍、張諸逆，糾眾數萬，攻陷隆昌、永川兩城，轉入該縣，蟻聚附郭之東關場，在於西郊北山分布賊壘，環伺縣城。該紳糧等誓眾堅守，鎗礟齊施，轟斃賊匪千餘名。復邀集鄉團，前後夾擊。該逆潰退狂奔，陣斬偽統領謝大順等多名，生擒要逆彭紹幅，解營訊明正法。廖沛霖、舒榮先均請以訓導不論雙單月前先選用，並均請賞戴藍翎。陳新柏請以州吏目不論雙單月選用。江坦等五名均請以從九品不論雙單月遇缺儘先即選。江坦、羅均、胡汝觀並請賞戴藍翎。

璧山縣：同知銜前任璧山縣、富順縣知縣張煥祚，教諭饒有成，增生邱瑞蘭，監生張大任，附生譚正淦，藍翎把總張光門。查咸豐十年、十一年，滇匪張五麻子、曹偽統領王刀刀前後三次竄擾縣境，逼近縣城。該官紳等督團固守，扼要嚴防，並屢次擊退股匪，親冒矢石，卓著戰功，生擒要逆王刀刀及偽統領袁邦學、羅勝風等多名。張煥祚請以同知直隸州升用，並賞戴花翎。饒有成請賞加國子監學正銜。邱瑞蘭等三名，均請以巡檢不論雙單月儘先前即選，並均請賞戴藍翎。張光門請免補千總，以守備儘先拔補，並賞換花翎。

定遠縣：舉人范母音，候選訓導劉照慕，監生李志仁、馮如登、蔣汝濤，遇缺盡數選用巡檢李映奎。查咸豐十年、十一年，何逆率悍黨數萬之眾圍攻縣城，勢甚猖獗，經該紳團等會合楚軍，上下夾擊，擒斬殆盡，危城賴以保全。范母音請以教諭不論雙單月儘先選用。劉照慕請免選本班，以教諭不論雙單月儘先即選，並賞加六品銜。李志仁等三名均請以從九品不論雙單月儘先即選，並均請賞戴藍翎。李映奎請賞戴六品翎頂。

江北廳：照磨彭永年，州同職銜王紹槐、賴余安，廩生吳秉中，從九品銜何濟川、童治平，監生蕭志中。查咸豐十年至同治元年，滇逆、髮逆屢次竄擾川東廳境，水陸各隘處處戒嚴。該官紳等籌辦團防，始終弗懈，並於天池、白巖漕、大面坡等處與賊接仗，斬首極多，肅清全境。彭永年請以府經歷縣丞在任儘先升用，並賞戴藍翎。王紹槐、賴余安均請以州同不論雙單月選用。吳秉中請以訓導不論雙單月遇缺即選，並賞戴藍翎。何濟川請賞加州同銜，並賞給六品封典。童治平、蕭志中均請賞給六品翎頂。

秀山縣：前署秀山縣事提舉銜候補通判吳學曾，布理問銜從九品王道凝，四川試用縣丞吳楚玉，鹽大使銜候選鹽知事吳西成，五品銜候選通判吳文升。查同治三年，黔匪包毛仙與另股悍賊羅放榜率眾萬餘，竄擾川境。該官紳招勇練團，會同楚軍追剿出境，計大小數十戰，均獲全勝。其濫橋汛之役，陣斬偽將軍敖大進、要逆楊滿四等多名，餘匪潰退，全境肅清。吳學曾請俟補缺後，以知州歸候補班前補用。王道凝請俟補缺後，以府經歷縣丞歸候補班前先補用。吳楚玉請免補本班，以知縣歸候補班前先補用。吳西成請免選本班，以鹽大使不論班次，遇缺即選。吳文升請以同知直隸州知州，分發省分，歸候補班前先補用。

石砫廳：江蘇補用鹽大使馬光勳，石砫世襲土通判馬駕，拔貢生馮興潔，廩生李釗明，附生張福宜，選用未入流陳家奡，已滿吏陳家祥，守備銜武舉馬政德。查同治元年，髮逆由楚北越竄，廳城失陷。經該紳糧、土司等督率團丁，分路進剿，轟斃賊匪多名，生擒偽統領俞二亡等，即於軍前正法，累戰皆捷，遂將賊匪驅除，城池克復。馬光勳請俟補缺後，以知縣用。馬駕請賞加五品銜，並賞戴藍翎。馮興潔請以教諭不論雙單月選用，並賞加光祿寺署正銜。李釗明請以訓導不論雙單月儘先選用，並賞加國子監典簿銜。張福宜請以巡檢不論雙單月選用，並賞加六品銜。陳家奡、陳家祥均請以從九品不論雙單月選用。馬政德請以守備儘先選用，並賞加都司銜。

達縣：藍翎候選同知達縣知縣李銘書，新選龍安府教授楊振緒，綏定府訓導焦桐，達縣訓導楊鳴岐，試用訓導李培仁，廩生李治，附生劉雄、吳逢源，監生龍彰德。查咸豐十一年，藍、張各逆股匪先後竄擾縣境之石橋河、羅江口、蒲家場、苦竹溪等處，逼近郡城。該官紳等督率團丁，分頭堵剿，躬冒矢石，迭有擒斬，與曲相持數月之久，未敢少懈，危城賴以保全。李銘書請賞換花翎。楊振緒請賞加光祿寺署正銜。焦桐、楊鳴岐均請賞加國子監學正銜。李培仁請以教諭不論雙單月遇缺即選。李治請以訓導不論雙單月，遇缺選用。劉雄、吳逢源均請以巡檢不論雙單月，遇缺選用。龍彰德請以典史不論雙單月，遇缺選用。

渠縣：渠縣知縣張鐘瑛，教諭艾存陽，訓導羅鳳藻，拔貢生金傳培，從九品銜雷金音，廩生李儒林、王步唐、蕭漢裔。查咸豐十一年，朱逆、曹逆大股賊匪與藍逆、張逆股匪相繼而至。該官紳等督同團練，力保危城，並於新市鎮、大堰口、高石坎各要隘與賊接仗，擒斬僞軍師趙滔瀧及賊目官大興、鄭頭魁等多名，立解大寨坪、文峰寨、鳳頭寨之圍。張鐘瑛請以同知直隸州知州用，並賞戴花翎。艾存陽、羅鳳藻均請賞加國子監助教銜。金傳培請以教諭選用。雷金音請以從九品選用，並賞加六品銜。李儒林等三名均請以訓導，遇缺即選，並均請賞戴藍翎。

大竹縣：在籍候選知府江都定，軍功李本廉、陳定邦、王從道。查咸豐十一年，周逆全股竄撲縣城。該紳團等招募練丁，捐給口食，馳赴黃沙坎地方，設奇埋伏，乘賊擁至，奮力攻擊，擒斬擊斃賊匪多名。該逆不敢攻城，紛紛逃竄，地方賴以保全。江都定請以知府分發省分，歸候補班前先即補，俟補缺後，以道員用，先換頂戴。李本廉、陳定邦均請以把總收標補用，並均請賞戴藍翎。王從道請賞戴五品藍翎。

江油縣：委員捐升同知夏福昌，試用訓導羅青選，候選訓導段湘，廩生王丕振，附生袁萬寶，監生李啟元，武生李廷瑞、母自培、牛崇先，團首許天佐，軍功羅文富。查咸豐十一年三月，藍逆大股犯境，縣城與綿州連界之中壩場先後失陷。該紳等深明大義，志切同仇，募勇聯團，不旬日間，即將城池克復。該逆退踞中壩場，復經該紳團招降僞統領姜百黨即姜蓋臣，會合練丁，累戰皆捷，遂能規取鄉場，廓清縣境。夏福昌請賞戴花翎。羅青選、段相均請以本班遇缺前先選用。羅青選並請賞戴藍翎。王丕振請以訓導不論雙單月，遇缺即選。袁萬寶、李啟元均請以從九品不論雙單月，遇缺即選。李啟元並請賞戴藍翎。李廷瑞等三名均請以把總收標補用，並均請賞戴六品翎頂。許天佐請以經制外委收標，儘先拔補，並賞戴六品翎頂。羅文富請賞戴藍翎。

彰明縣：選用縣丞吳瓊，教諭李運，歲貢生楊大任，廩生曾溥，增生洪錫惠。查咸豐十一年，滇逆竄踞縣城。該紳團等奮勇爭先，誓滅此賊，並力攻取，一鼓克之。該逆被剿狂奔，我軍跟蹤追殺，斃賊無算，奪獲器械甚夥，並分赴漫坡渡、青野壩、觀音橋、張家坪等處，與賊接仗，大獲全勝。吳瓊請俟選缺後，以知縣用，並賞戴藍翎。李運請以教諭儘先選用，並賞加國子監典簿銜。楊大任請以訓導用，並賞戴藍翎。曾溥請以訓導不論雙單月選用。洪錫惠請以巡檢不論雙單月選用，並賞給六品頂戴。

射洪縣：舉人于紹謙、楊濤，歲貢生許貽穀，廩生李翔，附貢生吳森棠，附生劉體心、廖本安、湯之銘，軍功廖安仁、湯思化。查咸豐十一年，謝逆闌入縣城，與圍撲潼郡之藍逆大股相為犄角，勢頗披猖。經該紳團等合力圍攻，遂將城池克復。嗣又有朱逆分股由綿州竄擾天仙寺，復經該紳團等扼要嚴防，相機兜剿，斬擒逆匪多名。于紹謙、楊濤均請以知縣儘先選用，並均請賞加五品銜。許貽穀、李翔均請以訓導不論雙單月，儘先選用。吳森棠等四名均請以巡檢不論雙單月儘先選用。廖安仁、湯思化均請以外委拔補，並均請賞戴藍翎。

鹽亭縣：典史金熙治，分缺先用教諭馬來寶，即選府經歷縣丞楊三升，候選從九品寇安平、王謙吉，廩生何文瀚，從九品銜樊學津、康文松，附生李開第、王淦清，武舉毛治仁。查咸豐十一年，滇逆屢犯縣境。該官紳等督團固守，扼隘嚴防，並於泥壩橋、馮家河、大碑埡一帶與賊接仗，冒險衝鋒，迭有斬擒，俾不至闌入為患。金熙治請以府經歷縣丞在任遇缺儘先升用，並賞戴藍翎。馬來寶請俟選缺後，以知縣補用。楊三升請俟選缺後，以知縣儘先前補用。寇安平、王謙吉均請免選本班，以府經歷縣丞不論雙單月遇缺儘先前選用。何文瀚請以訓導不論雙單月儘先選用。樊學津等三名均請以從九品不論雙單月儘先選用。樊學津、康文松並請賞戴藍翎。王淦清請賞給六品頂戴。毛治仁請賞加守備銜，並賞戴藍翎。

遂寧縣：縣丞銜典史郝萬章，選用縣丞盧紹曾，訓導田逢吉，廩生樂安和、張鴻基，增貢生冉謙光，增生胡錕，附貢生田逢春，附生劉世煥，從九品銜伍祥慶、余長澤，訓導李若蘭，縣丞職銜吳楨，候選縣丞潘璜，監生邱邦泰，已滿吏劉錫嘏，藍翎守備錢國英。查咸豐十年，滇逆藍潮鼎、藍潮柱、謝大德三股眾逾二十餘萬，先後竄至縣境，圍撲城池。該官紳等協力同心，誓死固守。該逆屢次安放地雷，偷挖地道，並修築土山及呂公車，百計環攻，均經設法擊退，使賊無所施其伎倆，並縋勇焚毀賊巢。迨援兵至後，復內外截剿，賊匪潰竄，得以保全危城，厥功甚巨。郝萬章請以縣丞在任儘先前即補，並賞戴藍翎。盧紹曾請免選本班，以知縣遇缺前儘先即選，並賞戴藍翎。田逢吉等三名均請以訓導不論雙單月，遇缺儘先前即選。田逢吉、樂安和並請賞戴藍翎。張鴻基並請賞給六品頂戴。冉謙光等六名均請以巡檢不論雙單月，遇缺即選。冉謙光、劉世煥、余長澤並請賞戴藍翎。李若蘭請以直隸州州判不論雙單月，遇缺即選。吳楨請以縣丞不論雙單月，儘先選用。潘璜請歸遇缺前儘先即選。邱邦泰、劉錫嘏均請以從九品不論雙單月，儘先選用。劉錫嘏並請賞戴藍翎。錢國英請以守備遇缺即補，並賞加都司銜。

蓬溪縣：前署蓬溪縣事藍翎知州用南充縣知縣李璲，五品藍翎教諭譚光廷，分發貴州通判譚克明，從九品黃祖培，附貢生申用霖，附生龍純玨。查咸豐十年，滇逆竄踞縣境蓬萊鎮。經該官紳等奮力圍攻，隨時克復。十一年，藍逆大股由遂寧直撲縣城。該官紳等密遣得力團丁，設法招降偽統領夏三春率領賊眾去逆，效順作為內應。復親督鄉兵分途進剿，夏三春倒戈殺賊，鏖戰一晝夜，奮不顧身。該逆力不能支，遂披靡而遁，縣城得以保全。李璲請賞加同知銜，並賞換花翎。譚光廷請以知縣不論雙單月在任候選，並請賞換花翎。譚克明請歸候補班前先用，並賞戴藍翎。黃祖培請俟選缺後，以縣丞遇缺前先即選。申用霖、龍純玨均請以巡檢遇缺即選,並均請賞加六品銜。

樂至縣:委員候選縣丞劉縈勳,候選巡檢江九如,復設訓導羅孝敦,增貢生楊風點,縣丞職銜蔣邦彥,候選從九品鄧耀昆、吳先典,貢生張載綸、林文連,附生鄭仕範,監生余恩溥。查咸豐十年,藍逆股匪攻撲縣城。該紳糧等督帶團丁,奮力擊退。十一年,張逆久困遂寧,重圍不解,奉調率練赴援,掃蕩而前,直薄城下,焚毀賊壘多座,擊斃賊眾多名,鄰縣危城賴以保全無事。劉縈勳請免選本班,以知縣儘先選用。江九如請仍以本班遇缺儘先前即選,俟選缺後,以縣丞升用。羅孝敦請仍以本班遇缺前先即選。楊風點請賞加國子監典簿銜。蔣邦彥請以縣丞儘先前選用,並請賞戴藍翎。鄧耀昆請賞加六品銜。吳先典等五名,均請以從九品不論雙單月選用。吳先典、張載綸並請賞戴藍翎。

安嶽縣:附生蔡紹襄,監生童開泰。查咸豐十年,滇逆張五麻子率悍黨萬餘,竄擾縣城北門,築壘附郭諸山,居高臨下,俯視猛攻。該紳糧等督率團丁,晝夜苦守,迭用滾木擂石擊斃賊匪無算,力保危城。蔡紹襄請以巡檢選用。童開泰請賞給布經歷銜。

眉州:舉人焦山鼎,廩生張錫琳,廩貢生楊春暉,恩貢生李重光,附生石璧、劉啟周,監生黃建光,分發從九品余文輝,武舉胡安邦。查咸豐十一年,滇匪李逆分股由青神竄擾州境,圍撲城池,晝夜環攻,意在必得。該紳團等志切同仇,會合官軍堵剿,歷時七月之久,冒險衝鋒,不遺餘力,始克驅除逆匪,保護地方。焦山鼎請以知縣選用。張琳、楊春暉請以訓導不論雙單月選用。李重光請以直隸州州判遇缺即選。石璧等三名均請以從九品不論雙單月儘先選用。余文輝請仍以從九品歸候補班,遇缺前儘先補用。胡安邦請以守備用。

彭山縣:分發訓導李從先,廩生劉作楨,增生管澤,附生張步青,縣丞劉樂塤。查咸豐十年,滇逆竄擾縣治,經該紳團等倡舉義兵,立時克復。迨十一年,李逆大股上擾青、眉,逼近縣境。該紳團等激勵練丁,分頭堵剿,屢次與賊接仗,斬首頗多,並會合官軍攻破眉州之快活山賊巢。李從先請仍以訓導遇缺儘先選用,並賞加六品銜。劉作楨請以訓導不論雙單月即選，並賞加六品銜。管澤、張步青均請以巡檢，不論雙單月即選。劉樂塤請仍以縣丞遇缺儘先選用。

青神縣：候選府經歷王汝明，候選從九品聶平章，廩生段文敦、吳世驄。查咸豐十年、十一年，滇逆兩次闌入縣治，分遣夥黨四出焚掠，紳民慘遭蹂躪，苦不堪言，猶能於危困之中疏財仗義，聯絡鄉兵，作為官軍嚮導，並力截剿，奮勇爭先，卒能所向有功，恢復全境。王汝明請免選本班，以知縣不論雙單月遇缺前先選用。聶平章請免選本班，以縣丞不論雙單月遇缺前先選用。王汝明、聶平章並請賞戴藍翎。段文敦、吳世驄均請以訓導不論雙單月遇缺即選，並均請賞加國子監學正銜。

樂山縣：委員藍翎同知銜候補知縣苗本植，樂山縣典史方性淦，候選直隸州州判嚴柄寅，候選訓導羅士鐸，就職訓導魏紹萬，從九品銜黃文馥，分發湖南試用知縣唐步瀛，附生張精一，分發湖北補用巡檢謝含春。查咸豐十一年，藍、周各逆圍攻郡城百有七日。該官紳等督率團丁，出奇制勝，計大小數十仗，擊斃要逆多名，始克力保危城，肅清全境。苗本植請俟補知縣後，以同知直隸州歸候補班，前先補用，並換花翎。方性淦請賞戴六品藍翎。嚴柄寅請賞加知州銜。羅士鐸請仍以訓導遇缺儘先即選。魏紹萬請以訓導不論雙單月儘先即選。黃文馥請以從九品不論雙單月儘先即選。羅士鐸、黃文馥並請賞戴藍翎。唐步瀛請俟補缺後，以同知直隸州用。張精一請以巡檢不論雙單月儘先即選。謝含春請賞戴六品藍翎。

峨眉縣：委員候補知縣王樽，分發省分補用縣丞茅樾，升用知縣試用府經歷楊其浩，試用從九品熊英才，廩生鄖謨，附生李耀林，增生李國英，文童夏奇勳，前署峨右守備普安左營守備王登華。查咸豐十年，藍逆率眾竄擾縣境，攻撲城垣，瀕於危者屢矣。幸賴該紳團等同心殺賊，俾得化險為夷，立解重圍，戰功卓著。王樽、楊其浩均請以知縣歸候補班前補用。茅樾請以鹽大使留川補用。熊英才請免補本班，以府經歷縣丞儘先補用。王樽、楊其浩、熊英才並賞戴藍翎。鄖謨請以訓導即選。李耀林、李國英均請以巡檢儘先即選，並請賞加六品銜。夏紫勳請賞戴六品藍翎。王登華請以都司遇缺即補，並賞換花翎。

洪雅縣：夾江縣訓導張維銑，試用從九品袁經湘，試用府經歷解元斌，前任長寧縣教諭鄧敏修，候選訓導傅大經，附貢生李耀奎，峨邊右營千總余殿華。查咸豐九年，藍逆由高家場、牛喜土扁上竄，分股圍攻縣城，倏往倏來，賊蹤靡定。該紳等督同團練，防剿兼施，勿懈始終，俾賊匪無從闌入。張維銑請以教授在任候升，並賞給五品頂戴。袁經湘請以同知照磨歸候補班前先補用。解元斌請仍以府經歷歸候補班，遇缺前先補用，並賞戴藍翎。鄧敏修請賞戴六品頂翎。傅大經請仍以本班遇缺儘先前選用。李耀奎請以巡檢不論雙單月選用。余殿華請以守備儘先即補，並賞加都司銜，賞戴藍翎。

夾江縣：訓導蕭景楚、王秉衡，就職復設教諭王嘉錫，附生鄧琳，增生江承誥，監生薛治勳。查咸豐十年，藍逆兩次攻撲城垣，勢甚危急。該官紳等督同團練，力遏凶鋒，復親燃大礮，轟斃賊匪多名，帶勇追剿出境。蕭景楚請以訓導遇缺前先即選。王秉衡請賞加光祿寺署正銜，並賞戴藍翎。王嘉錫請以復設教諭不論雙單月儘先選用。鄧琳、江承誥均請以巡檢不論雙單月，遇缺即選。薛治勳請賞戴六品翎頂。

威遠縣：訓導魏源普，同知職銜蕭吉亨，候選道顏懷惺，府經歷銜蕭平榘，從九品銜歐陽鏞，監生周大鵬，附生夏謙言，委員同知銜分缺先用知縣杜瑞征。查咸豐十一年，李逆大股及張偽統領先後率眾二萬，由資仁竄踞縣境高石橋，直撲城池。該官紳等督率團丁登陣固守，並懸賞募敢死之士，破其地道，奪其雲梯，使賊匪無隙可乘，始行退去。復出隊追剿，接仗數次，擊斃逆目多名，救出難民五千餘人。魏源普請賞加國子監學正銜。蕭吉亨請賞戴藍翎。顏懷惺請賞加鹽運使銜。蕭平榘請以府經歷即選，並賞戴藍翎。歐陽鏞、周大鵬均請賞戴六品藍翎。夏謙言請以巡檢不論雙單月選用，並請賞加六品銜。杜瑞征請俟補缺後，以直隸州歸候補班前先補用。

邛州：附生徐翰昭、劉興和，監生李耀文，武生李錫川。查該州地方咸豐十年、十一年間，滇逆股匪竄擾，循去環來，共計六次。該紳團等督率練丁，在於十里橋、三通碑、東嶽鎮、馬湖營等處與賊接仗，殲斃賊匪多名，並擊拏獲何逆分股首匪孔昭存，廓清全境，迭著戰功。徐翰昭等三名均請以從九品不論雙單月遇缺即選。李耀文並請賞戴藍翎。李錫川請以把總歸標補用，並賞戴藍翎。

　　大邑縣：候選知縣陶鴻淦，教諭王煦，儘先選用訓導汪瀎，新班遇缺盡數選用教諭牟廷勳，湖南儘先補用州判康敷盛，廩生何炳靈，增生查體仁，附生楊蔭堂，貢生楊鳳國。查咸豐十一年，何逆、藍逆率領悍黨，迭次攻撲縣城。經該紳團等分督練丁，以守以戰，奮勇殺賊，立解重圍，生擒要逆多名，奪獲偽印、旗幟、鎗礮、刀矛無算。陶鴻淦請仍以知縣遇缺即選。王煦請賞加內閣中書銜。汪瀎請仍以訓導儘先前選用，並賞加內閣典籍銜。牟廷勳請賞加國子監典簿銜。康敷盛請賞加鹽提舉銜。何炳靈等四名，均請以巡檢不論雙單月，遇缺即選。

　　蒲江縣：候選從九品李東陽，附生杜澂清，武生盧三剛。查咸豐十年，滇逆竄擾縣境，闌入縣城。當經該紳團等倡舉鄉兵，隨時克復。嗣復分防隘口，堵剿兼施，並會同官軍越境，在於邛州平樂壩及丹棱縣石橋場擊賊獲勝，斬首極多。李東陽請免選本班，以縣丞不論雙單月，遇缺即選。杜澂清請以從九品不論雙單月，遇缺即選，並均請賞戴藍翎。盧三剛請以把總儘先拔補，並賞戴藍翎。

　　瀘州：雲南提餉委員知府用直隸州知州覺羅明圖，江安縣知縣賈鑫，典史管鏞，試用縣丞葉紹范、黃平熙，選用教職熊開先，候選教諭陳超然，從九品鍾基。查咸豐十年、十一年，李周王曹諸逆竄踞石峰山等場，窺伺州城，勢甚猖獗。全賴該官紳等督率練丁，四面兜剿，立將賊匪殲除殆盡，克復鄉場。覺羅明圖請以知府分發省分補用。賈鑫請以直隸州升用，並賞戴花翎。管鏞請仍以本班遇缺前先即補，並賞戴藍翎。葉紹先、黃平熙均請歸候補班前先補用，並均請賞加六品銜。熊開先請免選本班，以知縣分發省分，歸候補班，遇缺前先用，並賞加五品銜。陳超然請仍以教諭不論雙單月，遇缺前先選用，並賞戴藍翎。鍾基請賞戴藍翎。

納溪縣：候選訓導丁成剛、李天祚，廩生羅全璧，從九品蕭金聲，從九品銜羅文富、蘇聊雲，州同銜成國材，監生陶以隆。查咸豐十年至同治元年，髮逆、滇逆迭次竄擾縣境。經該紳團等在於合面場、紹壩場、超禪寺等處激勵練丁，多方擊退，並生擒要逆，救出難民多人，咨送回籍。丁成剛等三名均請以訓導不論雙單月，遇缺儘先選用。蕭金聲等三名，均請以從九品不論雙單月，儘先選用。陶以隆請以未入流選用。

榮經縣：拔貢生俸尹德，歲貢生閻相和，都司銜邱秉義。查咸豐十年、同治二年，滇匪、髮逆兩次攻陷縣城。經該紳糧等聯絡鄉團，屢戰屢捷，斬擒多名，會合官軍立將城池克復，並選帶得刀練丁越境，克復天全州城。俸尹德請以教諭不論雙單月，儘先前遇缺即選。閻相和請以訓導不論雙單月，儘先前遇缺即選。邱秉義請以都司儘先前選用，並賞加遊擊銜。軍機大臣奉旨：覽。欽此。①

〇六二　奏為續撥同治十年九十月分協黔餉委解起程日期摺

同治十一年正月二十二日（1872年3月1日）

（頭品頂戴四川總督兼署成都將軍臣吳棠跪）[1]奏為續撥同治十年九、十月分協黔餉委解起程日期，恭摺仰祈聖鑒事。

竊臣欽奉寄諭：周達武所需餉銀五萬八千兩，由川按月籌撥，解赴貴陽省城等因。欽此。遵將同治九年冬季應撥餉銀十四萬五千兩及同治十年正月起至八月止應撥餉銀四十六萬四千兩，先後具奏、解交，各在案。查川省防邊戍卒，迭經汰弱留強，就一歲軍需計之，所入仍不敷所出。蓋以鄰氛未靖，協餉過多，而黔餉尤形吃重，遂至偏災偶值，竭蹶經營，實有兼顧不遑之勢。惟時方歲暮，周達武進剿苗

---

① 中國第一歷史檔案館藏：《錄副奏摺》，檔號：03-4747-003。

疆，懸釜待炊，軍士異常艱苦，不得不多方籌畫，以救燃眉。先於各屬解到釐金項下，湊撥銀五萬八千兩，作為同治十年九月分協黔的餉，飭委候補知縣黃沛翹、楊奐章管解，於同治十年十一月二十五日，自省起程，解赴貴州。嗣因十月分協黔的餉，必須於年內設法騰挪，隨時接濟，續又在於省庫湊集銀二萬兩，並酌提川東道庫銀二萬兩、富榮局鹽釐銀一萬八千兩，作為解司之款，飭委候補直隸州知州張鑒澂、教習知縣白楣守催管解，於同治十年十二月二十四日自省起程，統交周達武軍營，專供馬步全軍之用。據藩司王德固具詳前來。所有續撥同治十年九、十月分協黔的餉委解起程緣由，除分咨外，理合恭摺馳陳。伏乞皇太后、皇上聖鑒。再，查派赴貴州助剿之武字副前營、經武左營楚勇一千名，所需餉銀，均經臣按月專款撥解。合併聲明。謹奏。（正月二十二日）。[2]

同治十一年正月二十二日，由驛具奏。（P506-510）

校證

【案】此摺原件與錄副，兩岸各檔案機構查無下落。茲據前後摺件推補。

[1]（頭品頂戴四川總督兼署成都將軍臣吳棠跪）：此前銜係屬推補。

[2]（正月二十二日）：此日期亦係推補。

卷　四
同治十一年（1872）

○六三　奏報暫緩出省查閱川省營伍片
同治十一年二月初六日（1872年3月14日）

再，上年四月間，接准部咨，奉旨派臣查閱川省營伍[1]。其時，因兼攝軍篆，事務較繁，曾將暫緩辦理緣由專摺奏明在案[2]。嗣屆三年述職之期，亦未敢拘於成例，冒昧瀆陳。茲已交卸將軍印務[3]，應即出省校閱。惟川中糧價高翔，民情竭蹶，昨經奏請，動撥銀兩，以資賑濟。所有放粥、平糶各事宜，必得悉心經理，實力舉行。兼之俗尚浮囂，人多強悍，非尋常無事之時可比，撫綏彈壓，尤不可不因地制宜。臣擬乘此春操之際，先將省標十營弁兵認真校閱。仍一面督催，發碾倉穀，無誤粥廠要需；一面委員帶銀，前往貴州遵義等處，採買米石，以為接辦平糶之用。一俟救荒諸務漸有成規，體察情形，邊地窮黎不至藉災生事，即行出省閱兵，以期兼顧。理合附片陳明。伏乞聖鑒。謹奏。

（同治十一年三月初七日，軍機大臣奉旨：知道了。欽此）。[4]

同治十一年二月初六日，專弁附片具奏。於本年四月十六日，專弁賫回原片，內開軍機大臣奉旨：知道了。欽此。（517-520）

校證

【案】此摺查無原件，錄副現藏於中國第一歷史檔案館①。茲據錄副校補。

[1]【案】同治十年二月十一日，清廷飭令四川等五省督撫，查閱營伍，以資防剿。《同治朝上諭檔》：

同治十年二月十一日，內閣奉上諭：本年輪應查閱直隸、山西、陝西、甘肅、四川、五省營伍之期。直隸著即派李鴻章，山西即派何璟，陝

---

① 中國第一歷史檔案館藏：《錄副奏摺》，檔號：03-4679-053。

西即派蔣志章，甘肅即派左宗棠，四川即派吳棠，逐一查閱，認真簡校。如查有訓練不精，軍實不齊，即將廢弛之將弁據實參奏。現在甘肅尚有剿匪事宜，尤須隨時加意整頓，毋得視為具文。欽此。

【案】《清實錄》記載亦然[1]。

[2] 曾將暫緩辦理緣由專摺奏明在案：同治十年五月二十二日，川督吳棠具陳請恩准暫緩查閱四川營伍緣由一摺，並得允准。茲補錄之：

頭品頂戴四川總督兼署成都將軍臣吳棠跪奏，為本年輪應查閱川省營伍，懇恩暫緩辦理，恭摺仰祈聖鑒事。竊臣於同治十年四月三十日准兵部咨：內閣抄出二月十一日奉上諭：本年論應查閱直隸、山西、陝西、甘肅、四川五省營伍之期等因。欽此。仰見我皇上軫念邊陲、慎重營伍之至意，當即分別移行遵照在案。惟查川省腹地雖已肅清，而鄰氛未靖，各標營將弁兵丁或出師近省，或分防邊陲，催調回營，尚需時日。且成都將軍崇實現已進京陛見，係臣兼署軍篆，事務較繁。又當餉需奇絀之時，督同防剿局司道等兼顧統籌，未便遽行出省。所有四川本年查閱營伍，合無仰懇天恩准予暫緩，擬俟成都將軍回任有期，容臣察看情形，再行遵旨親往查閱，以昭慎重。理合恭摺具陳。伏乞皇太后、皇上聖鑒。謹奏。五月二十二日。同治十年六月十一日，軍機大臣奉旨：著照所請，兵部知道。欽此。[2]

[3]【案】同治十年六月，清廷任命成都將軍崇實為鑲白旗蒙古都統，調江甯將軍魁玉為成都將軍。吳棠於二月初六日交卸成都將軍篆務，並具摺奏報，茲補錄如下：

頭品頂戴四川總督兼署成都將軍臣吳棠跪奏，為微臣交卸成都將軍印務日期，恭摺奏聞，仰祈聖鑒事。竊臣前於同治三月初三日，遵旨兼署成都將軍印務，當經恭摺奏報在案。嗣准兵部火票遞到兵部清字咨文，內開內閣抄出同治十年六月二十一日奉旨：成都將軍員缺，著魁玉

---

[1] 《穆宗毅皇帝實錄》卷三百五，同治十年二月中，《清實錄》第51冊，第44頁。
[2] 臺北"故宮博物院"藏：《軍機及宮中檔》，文獻編號：107988。

调補等因。欽此。茲新任成都將軍魁玉於同治十一年二月初五日，行抵成都省城。臣當即於初六日，委員將幹字第五百六十七號成都將軍印信一顆並敕書等件，恭賫移交魁玉，祗領任事。所有微臣交卸成都將軍印務日期，理合恭摺具奏。伏乞皇太后、皇上聖鑒。謹奏。二月初六日。同治十一年三月初七日，軍機大臣奉旨：知道了。欽此。①

【案】新授成都將軍魁玉於二月初六日接受軍篆，並具報接受成都將軍印務日期及謝恩一摺，曰：

新補成都將軍奴才魁玉跪奏，為接受成都將軍印務日期，恭摺具奏，叩謝天恩事。竊奴才前准兵部咨開：同治十年六月二十一日，奉旨：成都將軍員缺，著魁玉調補等因。欽此。欽遵咨行前來。當即具摺謝恩，並請入覲天顏，跪聆聖訓。欽奉諭旨：毋庸來見。欽此。嗣於同治十年十月初九日，交卸江寗將軍印務，並將起程日期恭摺馳報在案，即由長江邐行。時值冬令，風雪阻滯，於十一年二月初六日行抵成都。當經兼署成都將軍四川總督臣吳棠差委印房協領吉祥、中軍副將貴成，將欽頒幹字第五百六十七號成都將軍印信一顆並敕書等件，賫送前來。奴才恭設香案，望闕叩頭謝恩，祗領任事，訖。伏念奴才滿洲世僕，受恩深重，方懼無以報稱，茲復調補成都將軍，愈深悚惕。查成都將軍有管理滿漢官兵、統轄松建文武之責，奴才惟有倍加勤慎，竭盡愚忱，以期仰副高厚生成於萬一。所有奴才接受成都將軍印務日期，除另行恭疏題報外，理合恭摺，叩謝天恩。伏乞皇太后、皇上聖鑒。謹奏。同治十一年二月初六日。原件：軍機大臣奉旨：知道了。欽此。②

[4]（同治十一年三月初七日，軍機大臣奉旨：知道了。欽此）：此奉旨日期與內容，據錄副補。

【案】中國第一歷史檔案館館藏錄副目錄以此片奉旨日期，即"同治十一年三月初七日"為具奏日期，未確。原稿所署具奏日期，即"同治十一年二月初六日"，當是。

---

① 中國第一歷史檔案館藏：《錄副奏摺》，檔號：03-4748-010。
② 中國第一歷史檔案館藏：《硃批奏摺》，檔號：04-01-16-0194-137。

○六四　奏報川勇歷經撤遣存營無多現仍設法隨時裁減摺

同治十一年三月初四日（1872年4月11日）

（頭品頂戴四川總督臣吳棠跪）[1]奏，為川省勇丁歷經撤遣，現在鄰氛未靖，存營無多，仍設法隨時裁減，恭摺覆陳，仰祈聖鑒事。

竊臣於同治十一年正月初一日，承准軍機大臣字寄：同治十一年十二月初八日，奉上諭：吏部左侍郎胡家玉奏時局艱難，宜豫籌挽救一摺[2]。該侍郎請將各省防勇陸續裁汰，多不過暫留七八千人，少或酌留三四千人，自為節餉起見。著各督撫體察情形，奏明辦理[3]等因。欽此。伏查同治初年，前督臣駱秉章以楚軍定蜀亂，招募勇丁，需餉甚鉅。迨同治七年，內患既平，尚存勇百餘營，共計五萬四千五百人。前兼署督臣崇（實）曾經開列清單，奏報有案。是年，臣奉命移督四川。抵任後，留心察看，深悉軍需繁重、民力拮据情形，首建練兵裁勇之議。其時，雲貴、陝西等省賊焰方張，各有助剿之軍，故不得不斟酌損益，汰弱補強也。嗣值昭魯援師凱旋，畢節潰勇遣散以後，大局粗定，甫能逐漸清釐。九年冬間，會議改撥協黔的餉，復將安定、果毅二十餘營，概行遣散。統計陸續裁勇已逾三萬人。

臣忝領專圻，苟為心力所可及，何敢意存瞻徇，事涉虛糜。惟蜀為用武之邦，幅員遼闊，在在與秦、隴、滇、黔接壤，兼界連土司住牧地方，無事之時，迥非若他省情形可比。現在鄰氛未靖，尤不可無良將重兵，以資捍衛。截至十年底止，存勇不足二萬人。內有廳勇、土練近三千人，專為備夷而設，已不能如昔日之星羅棋布，節節嚴防。但分緩急重輕，統籌兼顧，及酌留勁旅作為遊擊之師，隨方策應而已。近因籌辦春賑，軍餉愈艱。於奉到此次諭旨後，又抽減達字、裕字等營勇丁二千人，力求節省。仍一面督飭綠營鎮協，將挑選精兵勤加訓練，制兵日強，而募勇即可隨時裁汰，庶克副臣練兵裁勇本意。第念川省餉項，耗於四鄰，如黔之苗疆，自改撥協餉以來，每歲尚需銀七十餘萬，源源解濟。目前勢已不支，日後恐難為繼。其餘甘餉、滇餉各款，亦復不少。所盼及時戡定，不惟防勇宜裁，且得省此協撥重資，藉以少紓民力。此誠日夕籌維，有志未逮者也。除將弁勇數目、駐防處所另行造冊咨部外，所有川省勇丁歷經撤遣、現仍設法隨時裁減緣由，理合恭摺覆陳。伏乞皇太后、皇上聖鑒訓示。謹奏。（三月初四日）。[4]

（同治一年三月二十二日，軍機大臣奉旨：知道了。欽此）。[5]

同治十一年三月初四日，由驛具奏。於本年四月十一日，准兵部火票遞回原摺，後開軍機大臣奉旨：知道了。欽此。（P521-529）

校證

【案】此摺缺原件，錄副現藏於中國第一歷史檔案館①。茲據錄副校補。

[1]（頭品頂戴四川總督臣吳棠跪）：原稿無此前銜，茲據補。

[2]吏部左侍郎胡家玉奏時局艱難，宜預籌挽救一摺：此摺奏於同治十年十二月初八日，得允行（見注釋[3]）。茲補錄：

> 吏部侍郎臣胡家玉跪奏，為世局艱難，宜預籌挽救，謹就管見所及，恭摺仰祈聖鑒事。竊維為政之道，用人與理財並重。我皇上登極以來，求賢若渴，或以戰功顯，或以保舉擢，破格錄用，拔十不止得五，稱極盛焉。至若大道生財，著於《大學》，今皆反其道以行之。兵勇無數則生者寡，食者眾而為者不疾，入不敷出則用不舒，亦何怪度支日絀也。自古言，理財者不外開源節流。於今日則莫大於核勇數、汰勇營，苟且補苴，非開源而似開源，又莫要於一捐納。謹螯稅請為我皇上約略陳之：咸豐年間，粵匪鴟張，東南財賦之邦，米欄殆盡，徵兵募勇，需餉甚鉅，司農仰屋，往往空文指撥，無救燃眉。於是，各督撫、統兵大臣就地勸捐抽

---

① 中國第一歷史檔案館藏：《錄副奏摺》，檔號：03-4703-086。

釐，提正供，截京帑。勇自外募，餉自外籌，部臣皆不暇過問。今幸髮捻各逆一律蕩平，凡軍營餉項，部中皆有案可稽，所不得知者勇數耳。不知勇數，但於奏銷時憑各省冊報，勇八萬則銷八萬之餉，勇十萬則銷十萬之餉，在各督撫、大臣受恩深重，公忠體國，斷不肯稍有浮冒，要難保管官、哨官不虛張勇數以少報多也。兵部司員李陽華從陝西軍營來言，各營勇丁多不過七八成，少則不及五六成，憤恨形於辭色，該司員前年故有嚴查營勇之疏。近見營弁因勇不足數，被劾者亦往往而有是。李陽華之說信而有征。同治元年，兵部奏奉上諭：嗣後，各統兵大臣限三個月將現存兵勇之名數，分晰報部。如敢玩延不報者，著該部嚴參等因。欽此。杜浮冒而除隔閡，聖諭煌煌，至嚴至切，而恪遵諭旨按限造報者，甚屬寥寥。節經兵部奏催咨催，竟有始終無隻字回報者。竊計各營勇餉，按月支銷數目無難立查，名冊亦無難立繕，乃一味遷延，匿不造報，直至奏銷，始將花名送部，並有奏稱冊報勇丁盡屬假名者。夫勇丁口糧為報銷一大宗，花名既不可憑，報銷從何稽核？揆其流弊，不可勝言。應請敕下各督撫、大臣，嚴核各營勇數，務令一勇一餉，毋浮毋濫，如查有虛冒情弊，即按軍法從事，不稍姑容，並飭取各勇丁花名，遵照元年諭旨，限三個月造冊，分送戶兵兩部。此後有無增減，仍隨時咨報，以備查核。如再抗違，即由戶兵兩部將辦理糧台及軍餉局大員指名劾參，從重懲處，肅功令而重儲胥端在是矣。至各省留防之勇，多者數萬，少則萬餘，最少數亦近萬，綜計不下一二十餘萬。查十八省綠營兵額，尚不過五十餘萬，今額兵之外增一二十萬坐食之勇，又加以軍務省分無數征戰之勇，國家經費有常，閭閻物力有限，而欲民不窮、財不匱，得乎？上年侍郎錢寶廉有請裁營勇之奏，諭旨允行。兩年以來，各省報裁者甚少，誠部庫一大漏卮，不可不預塞其流者。或謂此項勇丁皆百戰之餘，能殺賊，能致勝，一經裁撤，設有緩急，招之未必遽來，何所恃而不恐？臣曰不然。咸豐四五年間臣在籍時，賊氛正熾，目擊地方官及各軍營招募勇丁，一呼而至，輒數千人。今日成軍，明日即令禦賊，蓋自行軍用火器，而後長鎗大戟失其技，孟賁、烏獲失其勇。接仗時但有三五有膽力者，於礮聲既絕後，戰隊不動，與賊相持，不惟不敗，往往獲勝。況兵與勇同是中國民人，同此五官百體，同此三綱五常，忠義之氣、殺敵致果之忱，兵未必獨優，勇未嘗獨絀。今綠營提鎮將備，類皆從勇隊出身，誠以養勇之費養兵、治勇之法治兵，則即兵即勇。安見節制之兵不逮招募之勇？或又謂勇丁多不逞之徒，一經遣撤，必相率為匪。馴至攻城刮邑，重煩兵力，不如豢養之，使不滋事。臣又曰，不然。向者洪逆倡亂，竊據東南數大省，捻匪蠭起回應，蹂躪皖、豫、兗、鄂、京城，又適有洋人之哄，其勢岌岌，不可終日，無何而洪逆伏冥，誅韋、楊兩逆，自相殘殺，石逆遁回粵西，張洛刑、苗沛霖相繼授首，張總愚及任賴各逆聚殲於一隅，數十萬跳梁之群醜，不數年消歸無有。斯時稍有知識者，孰敢萌窺伺覬覦。其什百成群，朝搶暮劫，私立名號，煽惑鄉愚，特不識時務之妄人，不過如道光年間趙金龍、藍正樽輩，兵到即滅耳。如慮勇散為匪，不惜無數帑金，養其身，贍其家，年復一年，竟成額男。即以湘軍餉章計之，千勇月需銀五千八百兩，萬勇月需銀五萬八千兩，若數至二十萬，則歲需銀一千四百五萬兩。天地生財，祇有此數，此贏則彼絀。現在西北各軍營餉不時至，後患尚可言哉？輾轉籌思，應請敕下各督撫，體察各省情形，將水陸留防之勇統於一年半內，陸續裁汰，多不過暫留七八千人，少或酌留三四千人，作為遊擊之師，遇盜賊竊發，會官兵克日掩捕，可期有備無患矣。至長江添設水師二十二營，劃分汛地，布置周密，上下數千里，匪徒斂跡，行李晏然。而自瓜洲口上至漢陽鎮一帶，沿江尚有留防之淮揚水勇，未免重出，亟應議裁。前據兩江總督曾國藩奏，里河既設五營，應將李朝斌所帶之太湖七營勇船並省。近見江蘇冊報，該水勇尚在蘇州城內外及無錫、常熟、平望等處屯紮，並請敕下該督速籌並省，以專里河營汛之責成，而節糜費。籌餉事例，因餉無可籌，不得已而為之。前因道路梗阻，各督撫、大臣請發給部照，就近收捐。然悉照例定銀數，間收錢米，亦無甚出入。嗣黔捐、皖捐委員四出，互相攘擠，減價出售，較戶部捐銅局約少一半。陝捐、甘捐復踵而行之，捐銅局漸漸減色。譬如市粟，北市石二金，南市石一金，故無怪趣市者舍近而就遠、舍北而趨南也。不獨此也，收捐雖減成，而報部仍未嘗稍減，每百萬約計短收三四十萬。此短收之數委員不能賠償也，督撫不能貼補也，勢必由報銷局多列款目，浮開用費以彌縫之，殊非核實辦公之道。且同一事例、同一職銜、同一官階，而收捐之數中外懸殊，亦非政體。應請敕下軍務省分督撫，將派赴各省勸捐之員迅速撤回，統歸各省藩司收捐上兌，如捐監然，每月將捐數報部，聽候部撥，不復有四省捐輸名目。如此則捐納畫一，名器亦不致濫邀，報銷亦不必粉飾矣。釐金始於揚州仙女廟濫觴，於杭州盛行，於江楚繼，遂遍於天下，銖積寸累，無損於商賈，有益於軍需，論者莫不詫為善政。而自臣思之，其病民較甚於加賦，賦有田則加，無田則已，窮民猶或有漏網者。釐金則凡米鹽瑣屑、日用所必須之物，無不抽收。商賈操奇贏，權子母，抽一分釐金即增一分市價，以故百物昂貴，倍於往時，名為征商，實則取之於民，鰥寡孤獨窮而無告者，亦莫不陰受其朘削。局員之薪水，吏胥之工食，護局卡兵勇之口糧，皆小民之膏血也。而且層層網羅，處處陷阱，東里收西里之租，路經釐卡則收之，南鄉借北鄉之粟，路經釐卡亦抽之。取之盡錙銖，用之如泥沙，浚民生而傷元氣，莫甚於此。方今軍務未平，軍餉不繼，驟議停止，勢必不能。應請敕下各督撫，罷苛細之征，輕漏報之罰，毋令局員需索卡員，毋令卡員掊克百姓，毋藉善後之名，而營不急之務。所收實數按月報部，盡行提撥軍需，俾士馬飽騰，軍務得以速竣，釐局得以早撤，天下幸甚！以上四者，皆理財之急務，而最要關鍵尤在於嚴核營勇，戶部周知天下勇數，然後綜計天下地丁、錢糧，漕折、關稅、洋稅，歲入若干萬，捐款、釐金約計又若干萬，除提充部庫外，各路征勇、各省防勇、各藩庫留支，歲出共若干萬，通盤計算。不足則惟有將各處征勇、防勇大加裁汰，總期歲入之數有餘於歲出之數而後已。禮曰：以三十年之通制國用，量入以為出，道不外此矣，不此之務但斤斤焉。裁百官之廉俸，減八旗之糧餉，折扣各衙門吏役之工費，奚救度支匱乏哉？臣愚慮所及，言之不覺悗縷。伏乞皇太后、皇上俯賜，採擇施行。謹奏。同治十年十二月初八日。①

[3]該侍郎請將各省防勇陸續裁汰，多不過暫留七八千人，少或酌留三四千人，自為節餉起見。著各督撫體察情形，奏明辦理：此節文字存於原稿，錄副缺，應為手民故略之。

【案】此"軍機大臣字寄"《同治朝上諭檔》未載，而《清實錄》署之甚詳：

> 癸亥，諭軍機大臣等，吏部左侍郎胡家玉奏時局艱難，宜豫籌挽救一摺。軍營勇丁隨時招募立營，自應核實辦理，方能兵歸實用，餉不虛縻。若如所奏，各營勇數多不過七八成，少不及五六成，捏報虛額，冒支軍糧，此等情弊殊堪痛恨。當此經費支絀之時，豈可任令陋習相沿，漫無稽察！著各直省督撫，於現有各營認真查核，務按實在數目，歸併立營。如查有營官以少報多情事，立即從嚴懲辦，以儆效尤。此外陝甘、貴州等省現有他省派往助剿之營，如有勇額不足情事，各該督撫訪有確據，亦著隨時奏聞，並著遵照兵部奏定章程，每屆三月，將勇數造冊報部，不得任意遲延，消涉含混。其現無軍務省分，留防之勇，為數尚屬不少，歲糜帑項甚巨。該侍郎請將各省防勇陸續裁汰，多不過暫留七八千人，少或酌留三四千人，自為節餉起見，著各督撫體察情形，奏明辦理。至所稱長江既添設水師，分布汛地，而自瓜洲口上至漢陽鎮一帶，沿江尚有留防之淮揚水勇，未免重複。李朝斌所帶之水勇，尚在蘇州等處屯紮，請一併裁撤等語。著曾國藩等妥籌辦理。各省抽收釐金，因軍餉孔亟，未能概行停止，第恐局卡各員假公濟私，額外需索，藉飽私囊，流弊不可勝言，著各督撫隨時訪察，有犯必懲，毋稍徇縱。其有可以裁減局卡之處，並著酌量情形，分別辦理。原摺均著摘鈔給閱看。將此各諭令知之。②

---

① 中國第一歷史檔案館藏：《錄副奏摺》，檔號：03-4655-038。
② 《穆宗毅皇帝實錄》卷三百二十五，同治十年十二月上，《清實錄》第51冊，第299—300頁。

[4]（三月初四日）：此日期原稿未署，茲據補。

[5]（同治一年三月二十二日，軍機大臣奉旨：知道了。欽此）：此奉旨日期與內容，據錄副補。

○六五　奏請教民案件會同成都將軍魁玉辦理片
同治十一年三月初四日（1872年4月11日）

再，查同治元年十一月間，欽奉上諭[1]：四川、貴州兩省教民案件，均著交成都將軍崇實，秉公辦理，駱秉章著毋庸會辦，以專責成。欽此。嗣於同治九年十二月間，前任湖廣總督臣李鴻章會同前任成都將軍臣崇實暨臣，奏結酉陽教案[2]，於十二月十九日奉上諭：酉陽、重慶等處民教仇隙已深，今雖將此案辦結，而日後民教雜處，崇（實）、吳（棠）必須設法防維。吳（棠）身任地方，更屬責無旁貸，所有該處牧令等官，著隨時認真遴選，務令妥為整頓，不可稍存偏袒[3]等因。欽此。臣當即凜遵，刻刻以慎選牧令、整飭地方為急務。而於川東民教雜處之區，尤必盡心撫馭，設法維持。自上年春間兼攝軍篆以來，於今一稔，民教均屬相安，堪以上紓慈注。茲新任成都將軍臣魁（玉）[4]抵省視事，臣接見之餘，相與議論民教交涉案件，實屬老成持重，深識大體。惟事關重大，係奉特旨交辦，在臣身任地方，固屬[5]責無旁貸，應否會同將軍臣魁（玉）辦理之處，未敢擅專。理合附片陳明。伏乞聖鑒訓示。遵行。謹奏。

（同治十一年三月二十二日，軍機大臣奉旨：嗣後遇有教民案件，著吳棠會同魁玉辦理。欽此）。[6]

同治十一年三月初四日，由驛附奏。於同治十一年四月十一日，准兵部火票遞回摺，內開軍機大臣奉旨：嗣後遇有教民案件，著吳（棠）會同魁（玉）辦理。欽此。（P531–535）

校證

【案】此片原件兩岸查無著落，録副現藏於中國第一歷史檔案館，又收於該館編《清末教案》一書①，茲據校勘。

[1]【案】據《同治朝上諭檔》，此"上諭"之發布時間為"同治元年十月初五日"。②

[2]【案】李鴻章會同崇實、吳棠，具報酉陽教案議結情形一摺，曰：

協辦大學士湖廣總督一等肅毅伯臣李鴻章、成都將軍臣崇實、頭品頂戴四川總督臣吳棠跪奏，為遵旨查明酉陽州教案，擬議辦結，恭摺仰祈聖鑒事。竊川省酉陽民教仇殺情形，經臣崇實等於七年十二月間奏明在案。嗣因州城教堂被毀，各鄉積怨方深，紛紛打教，州屬紙房溪教堂覃司鐸，後糾眾殺斃鄉民多命。兩造聚訟，礙難即時拏辦。先派知縣田秀栗，馳往接署州牧，會同委員曾傳道，解散團眾，遣逐黔匪，商令覃司鐸拆毀教堂礮臺及附近寨堡，撫恤被難民教。嗣經總理衙門會飭川東道錫佩往酉查辦，復因主教范若瑟他往，無從議商。迨法使羅淑亞所派主教梅西滿來川，八月始到。又飭錫佩與之會議，始終狡展，致未能迅速完結。該使臣藉口在京曉瀆，並欲帶兵如川要脅，上煩宸廑。迭蒙諭旨，訓誡嚴切。臣崇實、臣吳棠曷勝惶悚，焦慮之至。臣李鴻章於九月十八日行抵成都，奉旨會查。當因另有查辦要件，未便會商，先行咨取案卷核閱。十月初三日，先將大概情形會奏。嗣迭奉十月初三、十六、二十等日寄諭，遵即會同臣崇實、臣吳棠復查。該州初稟打毀教堂，並未指明係何兇犯。田秀栗今春履任後，拏獲劉幅，據供與何彩糾眾打教，而何彩業經逃逸，故將劉幅先行議辦。臣等又飛飭該地方官，懸賞勒限，務獲何彩解訊。臣鴻章於十月二十一日，由成都啟行，十一月初七日，抵重慶暫住，就近督飭川東道錫佩，與該主教梅西滿妥速議辦。

---

① 中國第一歷史檔案館，福建師範大學歷史系編：《清末教案》第二冊，中華書局1996年版，第9頁。

② 中國第一歷史檔案館編：《同治朝上諭檔》，同治元年十月初五日，廣西師範大學出版社1998年版。

梅西滿迭次面謁,並函呈酉陽州民教滋事原委節略,指控多人。臣調集人證案卷並酉陽官民先後稟控,各執一詞。核其實在情節,由於同治四年酉陽民人冉老五等毆斃馮教士後,該主教勒賠多金,勢焰益張。本地痞匪入教者,倚勢欺壓平民。該處界連黔處,民風素悍,積不相能,激成巨案。法使羅淑亞前與總理衙門議明,先辦李教士被殺事件。嗣又以張佩超為主謀,楊楨庭為下手,劉幅為頂凶。臣等切實根究,適據張佩超遣其幼子張玉璞,赴臣鴻章行轅,稟訴冤屈。訊據張玉璞供稱,伊家素與教民張添興等有隙,四年馮教士案內,被教堂牽控,將伊父張佩超、伊兄張玉珖解往重慶羈押。經紳董勸令,出錢脫累。伊父認罰銀二萬兩,分年繳清。七年四月,正在籌繳,被張添興等糾眾來家,藉欠索為名,強姦婦女,搶去銀二萬餘兩並衣物等件,殺害雇工吳昌林等三人,並將伊兄張玉珖扭送重慶管押,至本年八月二十日斃命。伊父張佩超現年七十七歲,憂憤成疾。去冬,西城打教,相離二百餘里,委無主使情事等語。又,楊楨庭即楊怔亭,查係已革武生,派充屯弁,與教民結訟被押。是日團民何彩等入城打教,將伊放出。該犯乘亂入教堂報復,下手殺斃司鐸李國屬實。旋逃至貴州思南府所屬黃泥坡,經該州訪聞,派差拏獲。詎該犯病重身故,飭起屍棺回州,帶同屍親鄰約及教堂管事人等,驗明填格,取結在卷。臣鴻章接晤梅西滿,即將以上情節詳細告之。該主教偏信教民之言,總以張佩超為主謀,並謂楊楨庭即係病斃,何彩日久未獲,其已獲之劉幅等皆非正凶,礙難完案。正在籌議間,據酉陽州知州曾傳道、署酉陽營遊擊范承先飛稟,懸立重賞,設法兜拏,已於十一月十四夜,將首犯何彩擒獲,起解來渝。臣督同川東道及印委各員,親提研訊。據何彩供:因教民龍秀元捆毆其母,又逼勒朱永泰退婚,是以懷忿起意,糾眾焚毀教堂。劉幅、曾占敖等亦均入夥,張佩超並未與謀等情。又提訊劉幅、曾占敖、趙三、簡弗祥等,均各供認隨同何彩打教,惟情節微有重輕,自應分別擬辦。臣等復查羅淑亞、梅西滿等必謂張佩超主謀者,一由張佩超係該州紳富,與教中仇隙素深。四年,馮教士案誣攀勒罰二萬金,除已繳八千兩外,尚欠一萬二千兩。一由此案真正首犯未獲，彼得任意妄指，以為要脅。茲首犯何彩解到，梅西滿意氣稍平。殺人者抵，律有明條。何彩雖因教民欺淩，膽敢糾眾入城毀堂，致斃法國教士李國及教民多人，實屬法無可貸，應照例擬以斬立決。緣法使藉詞生釁，不任稍稽顯戮，業於十一月三十日訊明正法，以儆效尤。楊楨庭係下手正兇，業經病故，應毋庸議。劉幅隨同打教後，又與教民馬國應仇殺，擬以斬監候，勿庸歸入秋審，隨時酌辦。曾占敖係何彩從犯，擬以流二千里。趙三、簡弗祥隨同助勢，龍秀元捆辱何彩之母，勒逼朱永泰退婚，致激眾忿均擬滿徒。以上各犯，分別懲辦。錫佩、田秀栗等先後開導梅西滿，允將張佩超上年尾欠銀兩，先行籌墊，並告以張佩超主謀既無證據，即何彩等供，亦無主使之說。該主教已無異辭。至法國條約第三十六款，向應行追賠，著賠者賁償。該教堂既被焚燒，若不議賠，必不甘服。梅西滿初欲索銀五萬兩，臣等再三計較，斷給銀一萬八千兩，彼已願照完案。臣鴻章已於二十九日將此案議結情形，飛速札行漢口法領事，轉達該公使知照矣。至覃司鐸殺斃團民多命，據梅西滿迭次訴稱，因被團圍困缺食，其買糧教民，被匪阻截，護糧情急，互有傷亡，趙二亦斃等語。顯係飾詞庇護，曲為開脫。臣飭交司鐸覃輔臣，來轅質訊，伊又云：奉教皇令，出洋議事。無從究詰。惟團民被害甚慘，檢查指控案據，訪問酉陽官紳，皆以教民王學鼎、張添興、易得揚、周得政、何奉祥、劉勝耀六人，同惡相濟。既係中國人民，應由地方官設法拏辦。臣等已援照約章及羅使復總理衙門原函，明白諭知梅西滿，暨檄飭川東道，督同該州，上緊密拏，訊明後，酌照此次辦理何彩等罪名，分別重輕，立予懲辦，以昭平允，而服民心。所有酉陽教案擬議辦結緣由，除咨總理衙門外，謹合詞繕摺，由驛六百里覆陳。伏乞皇太后、皇上聖鑒訓示。謹奏。（同治八年十二月初二日）。①

[3] 今雖將此案辦結，而日後民教雜處，崇（實）、吳（棠）必須設法防維。吳（棠）身任地方，更屬責無旁貸。所有該處牧令等官，著隨時認真遴

---

① 臺北"中央研究院"近代史研究所編：《教務教案檔》第二輯第二冊，第1189—1192頁。

280　游蜀疏稿校證

選，**務令妥為整頓，不可稍存偏袒**：此節文字存於原稿，《清末教案》缺，疑為手民故略。

[4]魁（玉）：空名諱"玉"。茲據前後摺件補，以下同。

[5]固屬：《清末教案》作"因屬"，未確。

[6]（同治十一年三月二十二日，軍機大臣奉旨：嗣後遇有教民案件，著吳棠會同魁玉辦理。欽此）：此奉旨日期與內容，據《清末教案》校補。據此，錄副以奉旨日期作為具奏日期，未當。

【案】此片於同治十一年三月二十二日獲清廷允准，《清實錄》："四川總督吳棠奏，民教案件，應否會同將軍辦理。得旨：嗣後遇有民教案件，著吳棠會同魁玉辦理。"①

〇六六　奏報續撥同治十年十一十二月協黔的餉委解起程日期摺

同治十一年四月初七日（1872年5月13日）

（頭品頂戴四川總督臣吳棠跪）[1]奏，為續撥同治十年十一、十二月分協黔的餉委解起程日期，恭摺馳陳，仰祈聖鑒事。

竊臣欽奉寄諭：周達武所需餉銀五萬八千兩，由川按月籌撥，解赴貴陽省城等因。欽此。遵將同治九年冬季應撥餉銀十四萬五千兩，及同治十年正月起至十月止應撥餉銀五十八萬兩，先後具奏解交，各在案。查川省軍需，以捐輸為大宗。上年，剔災從熟[2]，損之又損，派數已迥不如前。現值青黃不接之交，舉辦賑粥平糶，當務為急。庫儲搜括無遺，不敷尚巨，是進款以災荒而頓減，用款因賑濟而轉增[3]。入少出多，倍形竭蹶。時已春暮，各屬報解寥寥，本省防兵僅放過一關月餉。統觀全局，實覺兼顧不遑。而提督周達武進剿苗疆，軍事尚

---

① 《穆宗毅皇帝實錄》卷三百三十，同治十一年三月丙午，《清實錄》第51冊，第372頁。

稱得手，不得不勉籌接濟，以策全功。前於各屬解到釐金項下，湊撥銀五萬八千兩，作為同治十年十一月分協黔的餉，飭委試用同知吳述亨、候補府經歷韓楨管解，於同治十一年二月初八日，自省起程，解赴貴州。茲距撥餉之期，又逾匝月，遠征士卒，待哺嗷嗷，未便稍存膜視。續擬將上年十二月分協黔的餉，酌撥川東道庫銀三萬兩，並檄提富榮局鹽釐銀二萬八千兩，作為解司之款，飭委候補知縣宋棟、試用知縣吳寶善，守催管解，定期於本年三月十五日，自省起程，統交周達武軍營，專供馬步全軍之用。

再，查派赴貴州助剿之武字副前營、經武左營，復經續撥月餉一批，委員協同解往，以資散放。合併聲明。據藩司王德固具詳前來。所有續撥同治十年十一、十二月分協黔的餉委解起程緣由，除分咨外，理合恭摺馳陳。伏乞皇太后、皇上聖鑒。謹奏。（四月初七日）。[4]

（同治十一年四月二十五日，軍機大臣奉旨：知道了。欽此）。[5]

同治十一年四月初七日，由驛具奏。於五月十二日，准兵部火票遞回原摺，後開軍機大臣奉旨：知道了。欽此。（P537–543）

校證

【案】此摺缺原件，錄副現藏於中國第一歷史檔案館①。茲據錄副校補。

[1]（頭品頂戴四川總督臣吳棠跪）：原稿無此前銜，茲據補。

[2] 剔災從熟：錄副作"剔災征熟"，存疑。

[3] 進款以災荒而頓減，用款因賑濟而轉增：錄副作"進款以災荒而減，用款因賑濟而增"。

[4]（四月初七日）：原稿未署日期，茲據補。

[5]（同治十一年四月二十五日，軍機大臣奉旨：知道了。欽此）：此奉旨日期與內容，據錄副補。

---

① 中國第一歷史檔案館藏：《錄副奏摺》，檔號：03-49498-052。

〇六七　奏為遵旨查明川省歷年防剿尤為出力人員彙案酌保摺

同治十一年四月二十四日（1872年5月30日）

（頭品頂戴四川總督臣吳棠跪）[1]奏，為遵旨彙案酌保，恭摺仰祈聖鑒事。

竊臣前於同治十年十月間，由驛具奏川省歷年防剿秦隴回逆並援黔之達字營剿辦上游股匪尤為出力員弁，懇恩俯准彙案酌獎，以勵戎行一摺[2]。嗣於十一月二十一日，由兵部火票遞回原摺，後開軍機大臣奉旨：著准其擇尤，彙案酌保，毋許冒濫。欽此。當即恭錄，檄行各將領，欽遵查照。旋據開送清單，呈請核獎。雖積時既久，而為數實多，往返駁查，旁咨博採，期於無濫無遺，以仰副朝廷策勵戎行、慎重名器之至意。

伏查川軍之出紮漢南也，記名提督李輝武提一旅之師，扼方張之寇，疾馳隴上，轉戰關中，一捷於縣頭鎮而規復鄉場，再捷於周原而踏平巢穴，迫掃兩當、唐藏之踞匪，更趨武功、醴泉以赴援。全賴提督李有恆督率虎威寶軍，嚴守邊陲，為之後勁。總兵李忠楷、副將陳順理等督率裕字親兵各營，確覘賊勢，助以先聲。故能所向有功，每戰必克。於是西北之藩籬漸固，東南之烽燧猶驚。前督臣駱秉章建議先黔後滇，具有老謀勝算。臣與前將軍臣崇實，踵而行之。其時，統領達字全軍提督陳希祥，派赴貴州上游剿辦股匪，亦有攻克定南汛城、收降狆苗七十餘寨之報。至今安定士民、不為寇擾者，援師之力居多。若非該將士等竭誠合謀，出奇制勝，安得同時奏凱、越境論功乎？渥荷聖明，錄及成勞，准予酌獎，罔弗歡欣鼓舞，感頌同聲。茲謹擇其尤為出力員弁，彙列清單，恭呈御覽。籲懇恩施立沛，以孚眾志，而固邊防。除擬保千總以下循例造冊咨部核辦外，所有查明川省歷年防剿秦隴回逆並援黔之達字營剿辦上游股匪尤為出力員弁、遵旨彙案酌保緣由，理合恭摺具奏。伏乞皇太后、皇上聖鑒訓示。謹奏。（同治十一年四月二十四日）。[3]

同治十一年四月二十四日，由驛具奏。於本年五月二十五日，准兵部火票遞回原摺，後開軍機大臣奉旨：另有旨。欽此。（P545-552）

校證

【案】此摺原件與錄副均下落不明，僅據前後摺校補，或推補。

[1]（頭品頂戴四川總督臣吳棠跪）：此前銜原稿缺，茲據推補。

[2]【案】指同治十年十月十三日所陳之摺，詳見〇五八號摺件。

[3]（同治十一年四月二十四日）：此日期以原件推補。

【案】此摺於同治十一年五月十二日，得清廷允准，《清實錄》：

乙未，以四川官軍防剿陝西回匪並剿辦貴州上游股匪出力，予提督李輝武優敘。賞總兵官賴錫光、副將鄭學德巴圖魯名號，同知李輝聯、參將賀曙堂等花翎，守備談嘉祥等藍翎。餘加銜升敘、開復有差。①

〇六八　奏為請旨將李錦貴鄒紹南等照例從優議恤片
同治十一年四月二十四日（1872年5月30日）

再，查統領達字全軍提督陳希祥，自派貴州上游剿辦股匪，攻克定南汛城，收降狆苗七十餘寨，悉賴將士血戰之功。而要其陷陣衝鋒，克敵致果，存者固應獎敘，歿者尤足矜憐。所有打仗陣亡之副將李錦貴，參將徐成旇，花翎遊擊蘇根生、徐大起，都司陳明耀、李猷貴、李洪順、王興基、張占超，守備曾連元、劉到春、蔡輔廷，藍翎守

---

① 《穆宗毅皇帝實錄》卷三百三十三，同治十一年五月上，《清實錄》第51冊，第410頁。

（備）[1]劉光慶、唐貴保、賀德福，把總蕭榮耀、辜仕海。又，積勞病故之花翎總兵鄒紹南，副將銜參將文德備，花翎遊擊孫鼎臣，藍翎守備鄧錫光、謝連魁、郭寶臣，守備銜千總陳周紹，把總陳大海，陝西補用州判董錫猳，擬保縣丞附生劉經鎔，均屬勤勤卓爾，志節凜然。雖死事不同，而殉身則一。合無籲懇天恩，敕部將副將李錦貴等照陣亡例、總兵鄒紹南等照軍營立功後病故例，分別優恤，以慰忠魂。理合附片陳明。伏乞聖鑒訓示。謹奏。

　　同治十一年四月二十四日，附驛具奏。於本年五月二十五日，准兵部火票遞回原片，後開軍機大臣奉旨：李錦貴等均著照所請，交部分別優恤。欽此。（P553-557）

校證

　　【案】此片原件、錄副查無下落。茲據前後摺件校勘。

　　[1]藍翎守（備）：原稿奪"備"，茲推補。

　　【案】同治四年五月，此片得清廷批復。據《清實錄》："予貴州定南陣亡副將李錦貴等十七員祭葬，世職加等。"①

〇六九　奏請將簡用總兵何行保遊擊謝思友等留川酌量備補片
同治十一年四月二十四日（1872年5月30日）

　　再，查提督銜簡用總兵何行保，升用參將湖南儘先遊擊謝思友、費三春，因在川黔等省剿賊立功，洊升今職。又，儘先補用總兵雲南普洱營遊擊陳澤久、升用總兵儘先副將雲南景蒙營遊擊張旭升，曾於淮揚各路軍營統帶兵勇，熟諳戎機，由升任漕臣張之萬[1]咨送來川。

---

① 《穆宗毅皇帝實錄》卷三百三十三，同治十一年五月上，《清實錄》第51冊，第410頁。

以上五員，均經臣留心察看，或令其帶隊防邊，或責以練兵捕盜，於茲數載，尚能勤奮有為，樸誠自矢。此次查辦歷年防剿秦隴回逆並援剿黔省上游股匪酌保一案，何行保等皆在行間，著有勞績。現值川省鄰氛未靖，亟應儲備將材，為異日干城之選。合無籲懇天恩，俯准將該員等留於四川。何行保請遇有副參將缺出，按照新章，酌量備補。謝思友、費三春請以遊擊、都司儘先補用。陳澤久、張旭升籍隸雲南，其所得升階，例應迴避本省，並請各開遊擊底缺，遇有相當缺出，分別借補。統俟補缺後，再行送部，帶領引見。臣為整頓營伍起見，是否有當。伏乞聖鑒訓示。謹奏。

　　同治十一年四月二十四日，附驛具奏。於本年五月二十五日，准兵部火票遞回原片，後開軍機大臣奉旨：著照所請，兵部知道。欽此。（P559-563）

校證

【案】此片原件、錄副均無下落。茲據前後摺件校。

[1] 張之萬（1811—1897），張之洞兄，字子青，號鑾坡，直隸南皮人。道光十七年（1837）拔貢，二十年（1840）中舉。二十七年（1847）中狀元，授翰林院修撰。二十九年（1849），任湖北鄉試副考官。咸豐二年（1852），任河南學政，遷內閣學士。同治元年（1862），擢禮部侍郎。四年（1865），任河道總督。五年（1866），移漕運總督。六年（1867），賜花翎、頭品頂戴。九年（1870），調補江蘇巡撫，遷閩浙總督。光緒八年（1882），擢兵部、刑部尚書。十年（1884），入軍機處，兼署吏部，充任上書房總師傅、協辦大學士。十五年（1889），授體仁閣大學士、東閣大學士，因病致仕。二十二年（1897），卒。贈太保，諡文達。其畫承家學，山水用筆綿邈，骨秀神清，為士大夫畫中逸品。初與戴熙討論六法，交最相契，時稱南戴北張。書精小楷，唐法晉韻，兼擅其勝，有《張文達公遺集》行世。

○七○ 奏請允准李有恆在湖南新化建祠將亡故弁勇一併入祀片
同治十一年四月二十四日（1872年5月30日）

　　再，據統領虎威寶營簡用提鎮奇車博巴圖魯李有恆稟稱：竊惟捨生取義，原臣下盡職之常，而崇德報功，乃朝廷教忠之典。蓋推恩不遺微賤，故群力益以奮興。該統領自咸豐二年，效力行間，管帶寶勇，隨剿湖南湘潭、岳州、江西九江等處股匪，克復湖北武昌、漢陽、黃州、蘄水等府縣城。迨充幫帶，援剿荊州、襄陽，固守湖南寶慶，遂統軍馳赴貴州大定、畢節，再平夷、槓、土、教各匪，歷援安順、黔西、平遠、郎岱各城。同治三年，奉調入川，剿辦滇黔交界逆賊及越嶲夷匪，恢復普雄舊制，並紮防川北之龍安、平武、江油、廣元等縣與陝西陽平關、大安驛各隘口，截擊竄回，迭有斬獲。計先後轉戰六省，閱時廿載，剿平賊匪十餘股。或以寡敵眾，或以步當騎，皆賴所部弁勇心一氣定，肉薄血鏖，幸立微功。其中策勳受賞者，固不乏人，而身膏鋒刃、血灑郊原者，正復不少。每念此等死事弁勇，歿而有覺，嵇紹之死原甘，生且無家，若敖之鬼將餒，宜使憑依得所，庶幾觀感有資。茲查得該營死事將弁勇丁，共七百九十六名，擬於湖南寶慶府新化縣本籍地方，捐建寶勇昭忠祠。凡該營及同邑出征亡故弁勇，一體附祀等情。臣伏查近年用兵省分各營陣亡將士，呈請捐建昭忠祠，均邀俞允。實聖朝破格之隆施，為戰士難逢之殊遇。今該統領所請，係為激揚士氣起見。合無籲懇天恩，俯准簡用提鎮李有恆，在於原籍湖南新化縣地方捐資建祠，凡該營及同邑出征亡故弁勇一併入祀，以妥忠魂。除將送到清冊咨送禮、兵二部暨湖南撫臣查照外，理合附片陳明。伏乞聖鑒訓示。謹奏。

　　（同治十一年五月十六日，軍機大臣奉旨：著照所請，兵部知道。欽此）。[1]

　　同治十一年四月二十四日，附驛具奏。於本年五月二十五日，准兵部火票遞回原片，後開軍機大臣奉旨：著照所請，兵部知道。欽此。
（P565-571）

校證

【案】此片缺原件，錄副現藏於中國第一歷史檔案館①，茲據校勘。

[1]（同治十一年五月十六日，軍機大臣奉旨：著照所請，兵部知道。欽此）：此奉旨日期與內容，據錄副補。

【案】中國第一歷史檔案館館藏錄副目錄以"同治十一年五月十二日"為此片具奏日期，即把奉旨日期作為具奏日期，顯誤。而手稿則為"同治十一年四月二十四日"，確。茲據校正。

〇七一　奏為續撥同治十一年正二月分協黔的餉委解起程日期摺
同治十一年六月初三日（1872年7月8日）

（頭品頂戴四川總督臣吳棠跪）[1]奏，為續撥本年正、二月分協黔的餉，委解起程日期，恭摺仰祈聖鑒事。

竊臣欽奉寄諭：周達武所需餉銀五萬八千兩，由川按月籌撥，解赴貴陽省城等因。欽此。遵將同治九年冬季應撥餉銀十四萬五千兩，及同治十年正月起至十二月止應撥餉銀六十九萬六千兩，先後奏明解交，各在案。查本年自春徂夏，賑糶兼施，用款較繁，實有自顧不遑之勢。惟迭據貴州提督周達武來咨，暨續派助剿之武字副前營、經武左營提督胡國珍等稟報，已將牛角坡、香爐山苗逆老巢及興義府久踞回匪次第蕩平。川省大舉援黔，於今數稔，固已不遺餘力，獨任其難。當此功虧一簣之時，更不得不多方籌畫，加意維持，以期上慰慈廑，下安邊徼。先於各屬解到釐金項下，動撥銀五萬八千兩，作為本年正月分協黔的餉，

---

① 中國第一歷史檔案館藏：《錄副奏摺》，檔號：03-4749-027。

飭委試用知縣蔣尊典、候補知縣何清傑管解。據報於同治十一年四月二十六日，自省起程。茲復檄提川東道庫銀三萬兩、富榮局監釐銀二萬八千兩，作為本年二月分協黔的餉，飭委候補知縣翁植、蕭濟川，定期於同治十一年五月二十八日自省起程，分投守領，解赴貴州，統交周達武行營，專供馬步全軍之用。再，武字副前營、經武左營餉銀，均由川省按月委員協同解往，以資飽騰，而利遄征。合併聲明。據藩司王德固具詳前來。所有續撥本年正、二月分協黔的餉委解起程日期，除分咨外，理合恭摺馳陳。伏乞皇太后、皇上聖鑒。謹奏。（六月初三日）。[2]

（同治十一年六月二十二日，軍機大臣奉旨：知道了。欽此）。[3]

同治十一年六月初三日，由驛具奏。於本年七月十二日，准兵部火票遞回原摺，後開軍機大臣奉旨：知道了。欽此。（P573-579）

校證

【案】此摺缺原件，錄副現藏於中國第一歷史檔案館①，茲據校勘。

[1]（頭品頂戴四川總督臣吳棠跪）：原稿無此前銜，茲據補。

[2]（六月初三日）：原稿無此日期，茲據補。

[3]（同治十一年六月二十二日，軍機大臣奉旨：知道了。欽此）：此奉旨日期與內容，據錄副補。

〇七二　奏請將武字營改為律武營馬步川軍仍交李輝武統帶片
同治十一年六月二十四日（1872年7月29日）

再，查漢中鎮總兵李輝武，本係蜀將。上年，貴州提督周達武調黔助剿，經臣以帶隊得力，懇恩暫留。嗣經前任陝西撫臣蔣志章請旨，敕回漢中本任，各在案。昨據李輝武牘稱，奉旨補授甘肅提督。臣深

---

① 中國第一歷史檔案館藏：《錄副奏摺》，檔號：03-4750-033。

以北路邊防一時乏員接手，又未便越俎代謀。正在籌畫間，適准署陝撫臣邵亨豫[1]咨送疏稿[2]，奏請暫留李輝武，仍署漢中鎮任。臣伏念蜀秦唇齒相依，同一防隴，必應濟以和衷。今邵亨豫所見，與臣不約而同。聖明燭照無遺，定邀俞允。臣擬將武字營現改律武營馬步川軍，仍交該提督統帶，以固邊防。理合附片陳明。伏乞聖鑒。謹奏。

（同治十一年七月十三日，軍機大臣奉旨：知道了。欽此）。[3]

同治十一年六月二十四日，由驛附奏。於本年七月二十七日，准兵部火票遞回原片，後開軍機大臣奉旨：知道了。欽此。（P581-584）

校證

【案】此摺缺原件，錄副現藏於中國第一歷史檔案館①，茲據校勘。

[1] 邵亨豫（1818—1883），字子立，一字汴生，江蘇常熟人，寄籍順天府宛平縣。道光十九年（1839），中順天鄉試副榜。二十四年（1844），中舉人。三十年（1850），中式進士，改庶吉士。咸豐二年（1852），授翰林院編修。四年（1854），補授實錄館纂修，充國史館協修。八年（1858），充河南鄉試正考官、安徽學政。同治二年（1863），授國子監祭酒、實錄館纂修官。三年（1864），補日講起居注官。次年（1855），補授翰林院侍講、侍讀、右春坊右庶子。七年（1868），授內閣學士兼禮部右侍郎。十年（1871），補禮部右侍郎，兼吏部右侍郎、倉場侍郎。十一年（1872），補授陝西巡撫，兼兵部侍郎。後乞病開缺。光緒三年（1877），調湖北巡撫。次年，再調湖南巡撫。五年（1879）任禮部左侍郎。次年，充會試復試閱卷大臣、庶吉士散館閱卷大臣，調吏部左侍郎。七年（1881），兼署戶部右侍郎兼管錢法堂事務，是年，任考試大臣。九年（1883），卒於任。著有《願學堂詩存》二十二卷、《雪泥鴻爪》等。生平事蹟見俞樾《誥授光祿大夫頭品頂戴吏部左侍郎邵公墓誌銘》（《續碑傳集》卷一三），邵亨豫自編，邵松年、邵椿年續編《誥授光祿大夫頭品頂戴吏部左侍郎汴生府君自訂年譜》。②

---

① 中國第一歷史檔案館藏：《錄副奏摺》，檔號：03-4751-037。
② 譚正璧編：《中國文學家大辭典》，上海書店出版社1981年版。

[2]【案】同治十一年五月二十九日，署陝西巡撫邵亨豫具陳"奏請將李輝武仍留署漢中鎮總兵統帶所部各營事"一摺，曰：

　　署理陝西巡撫臣邵亨豫跪奏，為暫留升任總兵，並請仍留署漢中鎮任，以固邊防，恭摺仰祈聖鑒事。竊臣於五月初三日准兵部咨：同治十一年四月初十日，內閣奉上諭：甘肅提督著李輝武補授。欽此。當即恭錄咨會。旋據該署鎮咨稱：感戴天恩，敬即恭摺謝恩，並請北上陛見等情前來。臣覆查李輝武律武一軍，係因漢南賊擾，由川督臣派令，駐防漢南，即固四川門戶。旋即蒙恩補授漢中鎮總兵，復經前撫臣蔣志章、翁同爵先後奏請，添募六營，專辦陝南防務。李輝武自受任以後，一切軍務悉心籌畫，邊境回匪憚其聲威，蹤跡日遠，偶有竄擾，即撥隊窮追，迭加懲創。且駐紮漢中日久，地方情形熟悉，緝匪籌防各事宜，均能認真整頓，軍民愛戴殊沈，實屬川陝兩省屏蔽不可暫離之員。可否仰懇天恩，令李輝武仍留署漢中鎮任，統帶所部各營駐紮陝南，藉資熟手，實於川陝兩省邊防大有裨益。一俟邊境肅清，即行北上陛見後，迅赴本任，以重職守。謹會同陝甘總督臣左宗棠，合詞恭摺具奏。伏乞皇太后、皇上聖鑒。謹奏。五月二十九日。同治十一年六月初六日，軍機大臣奉旨：著照所請。欽此。①

[3]（同治十一年七月十三日，軍機大臣奉旨：知道了。欽此）：此奉旨日期與內容，據錄副補。

【案】關於此片具奏日期，中國第一歷史檔案館館藏錄副目錄為"同治十一年七月十三日"，即把奉旨日期作為具奏時間，顯誤。應以手稿所載"同治十一年六月二十四日"為是。

〇七三　奏報議結酉陽教案應給銀兩現已掃數交清摺

同治十一年六月二十四日（1872年7月29日）

　　（四川成都將軍臣魁玉、頭品頂戴四川總督臣吳棠跪）[1]奏，為議

---

① 中國第一歷史檔案館藏：《錄副奏摺》，檔號：03-4750-008。

結酉陽教案應給銀兩，現已掃數交清，民教均屬相安，恭摺仰祈聖鑒事。

竊查同治八年冬間，調任直隸總督臣李鴻章暨前任成都將軍臣崇（實），會同臣吳（棠），議結酉陽教案，斷給銀、票兩項共三萬兩。嗣經臣李鴻章回鄂面晤法國公使羅淑亞，必將已收銀票專為賠堂恤教之用，張佩超舊案尾欠銀一萬二千兩，另行著追，咨商川省，轉飭妥辦，均經臣李鴻章先後奏明，各在案。臣吳（棠）當即轉飭藩司、川東道，妥為辦理。節據稟報：自八年十二月十六日起，至十年六月二十一日止，分次給撥銀三萬兩，均已如數支清[2]，並將前發銀、票陸續收回。惟張佩超舊案尾欠銀一萬二千兩，一時實無此鉅款現銀，似未便任其藉故羈留，另生枝節。祇得以田產作抵，俾速遷移。臣吳（棠）又恐民教雜居，爭界搶割之事後患滋多，批飭該司道將田產丈量歸公，由道庫先行籌墊銀兩。茲據詳報，如數動支。飭傳經理教務局紳金含章，當面彈兌，於本年五月初三日，領交渝城主教范若瑟查收，取具收清字據[3]備查。並據范若瑟聲稱：張佩超當日並未立有欠約，祇有服約一張，未便退還，即在收據內分晰登明[4]。再，查張佩超前於丈清田畝時，飭令酉陽州，迅速勸諭，徙居出境。已於同治九年九月望間，攜子搬移湖北咸豐縣[5]地方居住。刻下川東一帶，民教均屬相安，堪以上紓慈廑。所有議結酉陽教案應給銀兩現已掃數交清緣由，謹合詞恭摺具陳。伏祈皇太后、皇上聖鑒。謹奏。（六月二十四日）。[6]

（同治十一年七月十三日，軍機大臣奉旨：知道了。欽此）。[7]

本督部堂會同成都將軍魁（玉），於同治十一年六月二十四日由驛具奏。於同治十一年七月二十七日准兵部火票遞回原摺，內開軍機大臣奉旨：知道了。欽此。（P585–591）

校證

【案】此摺原件無著，錄副現藏於中國第一歷史檔案館，又見之於《清末教案》一書①，茲據校勘。

[1]（四川成都將軍臣魁玉、頭品頂戴四川總督臣吳棠跪）：原稿無此前銜，茲據補。

[2] 支清：《清末教案》作"交清"，非是。

[3] 字據：《清末教案》作"字樣"，實誤。

[4] 登明：《清末教案》作"言明"，未確。

[5] 咸豐縣：《清末教案》作"咸豐州"，誤無疑。

[6]（六月二十四日）：此日期原稿與《清末教案》均未署。茲推補。

[7]（同治十一年七月十三日，軍機大臣奉旨：知道了。欽此）：此奉旨日期與內容，據《清末教案》校補。

〇七四　奏請允准提督陳希祥回藉守制葬親移交軍務片

同治十一年八月十三日（1872年9月15日）

再，統領達字營川軍提督陳希祥，前於同治九年七月間，稟報丁生母憂，懇請回藉，守制葬親等情。維時，黔省苗疆正當軍事倥傯之際，經臣會同前任成都將軍臣崇實奏准，留營統兵，以資臂助[1]。嗣因請旨敕下貴州提督周達武，馳赴本任，接辦軍務，並聲明將達字等營調回川省，以固邊防[2]，各在案。該提督陳希祥樸誠果毅，練習戎機。自前督臣駱秉章由營官擢居將領，累著戰功，近年移紮廣元、平武兩縣地方，防剿秦隴回逆，查拏游匪，綏靖巖疆，深得其展布從容之力。茲以鄰氛漸息，復請給假葬親，遴員暫行代理營務，情詞迫切，出於至誠。臣伏查河回撫局初定，此後安排降眾，遣散勇（丁）[3]。蜀隴唇齒相依，彈壓稽查，在在均關緊要，似未便遽議撤防。該提督陳希祥將居服闋之

---

① 中國第一歷史檔案館、福建師範大學歷史係：《清末教案》第二冊，中華書局1996年版，第15頁。

期，母喪未葬，情實堪矜。合無籲懇天恩，俯准賞假三個月，俾提督陳希祥得以迅速歸葬，並補行穿孝。（即）[4]在湖南原籍地方報明起服，仍回川省，接統營務。其所部達字營勇丁，擬交後營副將田應豪暫行代理，以專責成。理合附片陳明。伏乞聖鑒訓示。謹奏。

（同治十一年九月初二日，軍機大臣奉旨：著照所請，兵部知道。欽此）。[5]

同治十一年八月十三日，由驛附奏。於本年九月十六日在隆昌縣途次准兵部火票遞回原片，後開軍機大臣奉旨：著照所請，兵部知道。欽此。（P593–597）

校證

【案】此摺缺原件，錄副現藏於中國第一歷史檔案館①。茲據錄副校補。

[1] 請參見〇二三號奏片。

[2] 請參見〇二五號奏摺。

[3] 遣散勇（丁）：原稿顯奪"丁"。茲據補。

[4] （即）：原稿缺，茲據補。

[5]（同治十一年九月初二日，軍機大臣奉旨：著照所請，兵部知道。欽此）：此奉旨日期與內容，據錄副補。

【案】此片具奏日期，中國第一歷史檔案館館藏錄副目錄為"同治十一年九月初二日"，即把奉旨日期作為具奏時間，顯誤。手稿所載"同治十一年八月十三日"，當是。

〇七五　奏請賞還道員唐炯頂戴片
同治十一年八月十三日（1872年9月15日）

再，道員唐炯前辦黔省軍務，因擅自移師，經臣會同前成都將軍

---

① 中國第一歷史檔案館藏：《錄副奏摺》，檔號：03-4676-054。

臣崇實，專摺奏參[1]，奉旨：著先行摘去頂戴，以示薄懲等因。欽此。當即恭錄、行知在案。惟查川軍援黔之始，上游烏江一帶，號匪、教匪與逆苗勾結橫行，邊疆震動。唐炯累戰皆捷，次第削平，俾周達武得以專力下游，亟圖掃蕩，似未便以一眚而遽掩成勞。刻當苗疆戡定之時，各將領迅奏膚公，同膺懋賞。合無籲懇天恩，俯准將道員唐炯賞還頂戴，出自逾格鴻慈，理合附片陳明。是否有當。伏乞聖鑒訓示。謹奏。

同治十一年八月十三日，由驛附片具奏。於本年九月十六日在隆昌縣途次，准兵部火票遞回原片，後開軍機大臣奉旨：唐炯著賞還頂戴，該部知道。欽此。（P595-602）

校證

【案】此片原件、錄副兩岸查無下落，茲據前後摺件校。

[1] 專摺奏參：請參見〇二四號奏摺。

〇七六　奏報援黔川軍戡定苗疆籌議酌補欠餉以資撤遣摺
同治十一年八月十三日（1872年9月15日）

（頭品頂戴四川總督臣吳棠跪）[1]奏，為援黔川軍戡定苗疆，現在籌議酌補欠餉，以資遣散，恭摺馳陳，仰祈聖鑒事。

竊臣前於同治九年九月間，會奏改撥協黔的餉，請旨敕下貴州提督周達武，馳赴本任，接辦軍務。旋蒙俞允，並准令列銜奏事。迨十年夏秋之交，兵力不敷分布。由臣奏明，酌撥川軍、楚勇一千人，交久歷行陣之提督胡國珍等管帶，赴黔助剿。迭經周達武咨呈，自統師入黔以來，收撫八寨降苗，平定都勻全境，以及攻拔麻哈州[2]、清平、黃平、重安江諸城，並會剿牛角坡等處賊寨各情形，均經會同貴州撫臣曾璧光，縷晰陳明，各在案。茲據貴州提督周達武暨續派赴黔助剿之提督胡國珍等先後馳報：剿除牛角坡逸匪，攻拔香爐山堅巢，並生擒首逆高禾歐、保降等，分別凌遲斬決，下游一律肅清等情。所有詳細戰狀，業經周達武會同曾璧光，由驛奏報，無俟瀆陳。

惟查苗教各匪倡亂黔南，於今十有八年。郡縣不守，兵餉兩窮。自同治初年，前四川督臣駱秉章有先黔後滇之議。六年，前成都將軍臣崇實於蜀督任內，遂大舉援黔。至七年秋，臣持節來川，相與殫思竭慮，調餉徵兵。計抽撥楚營，招撫降眾，不下二萬人。督飭道員唐炯等，剿除教匪，將烏江北岸一律廓清。九年，奏請提督周達武，接辦軍務，統帶武字馬步川軍五千九百人，月協的餉五萬八千兩，並咨會添募新軍，補其不足。十年，復檄派提督胡國珍等，率領楚勇一千人，赴黔助剿。竭一省之財力，專注苗疆，前後出師至數萬之眾，用餉至數百萬之多。今幸仰賴聖主福威，始克收此寸效。臣忝膺疆寄，萬目時艱，竊念蜀民之困於轉輸非一日矣。雖屢有裁勇節餉之舉，而四鄰之望助於川者，則尤以黔餉為大宗。上年，偶值偏災，辦理倍形竭蹶，仍不得不多方籌畫，如數供支。誠以功在垂成，棄之可惜故也。茲值苗疆戡定，上游興義府城，經川軍將領何世華等約會滇軍，一鼓克之，僅餘蕞爾新城，不難克期規復。曾璧光等則請催四月以前欠餉，以為遣撤兵勇之用。戶部則請將五月以後協餉，仍按原撥數目，源源報解。俟貴州兵勇裁撤，邊情大定之後，再行停協。欽奉諭旨飭催，依議。恭錄，飛咨，欽遵辦理前來。臣愚以為川之於黔，援兵協餉，盡心力而為之，非他省可比。即以月協的餉五萬八千兩而論，從九年冬季起解至本年三月底止，連續派助剿兩營勇糧已解過銀一百餘萬兩，並無積欠。所謂欠餉者，則係周達武駐川防邊之日歷年欠撥月餉，亦有二十三萬零。刻下既須裁撤勇丁，即不能不酌補欠餉。而補餉裁勇之後，即無須月協的餉銀五萬八千兩之多。細繹曾璧光等疏內所稱各省協餉，惟四川源源籌撥，及裁留勇丁數目，言之甚詳。部臣亦謂貴州兵勇裁撤之後，再行停協，於今日事情均屬不謀而合。

臣權衡緩急，酌劑盈虛，擬請將四月分協黔的餉五萬八千兩，仍饬司照章籌撥，並將周達武在川欠發月餉內，先行酌補銀五萬兩，共計湊撥銀十萬八千兩，即日委員解黔，以資遣散。此後月協的餉，縱不能全停，亦應量為核減，俾可騰出餉項，清還周達武舊欠。再有餘力，擬請查照部臣續議月協黔餉二萬之數與西征糧台及淮餉、滇餉，一體均勻撥解。蓋黔省善後事宜，業經曾璧光於催撥江西專餉內劃出，並由四川等省各代還銀四萬兩，以備開辦。其餘留防兵勇二、三萬人，有各省協餉作抵，逐加裁汰，可望飽騰。臣於黔省軍情尚為曉悉，周達武又係舊時部將，何能漠不相關？故當逆苗猖獗之時，不惜精兵重餉，速其成功。今捷報頻聞，邊地瞬將大定，更何敢稍有推諉，有誤事機？惟當畛域不分，始終無間，激揚士氣，掃蕩餘氛，以冀仰酬高厚於萬一。所有援黔川軍戡定苗疆，現在籌議酌補欠餉、以資撤遣緣由，理合恭摺馳陳。伏乞皇太后、皇（上）[3]聖鑒訓示。再，續派赴黔助剿之武字副前營、經武左營川軍一千人，現值苗疆戡定，裁撤勇丁，擬請檄調回川。合併聲明。謹奏。（同治十一年八月十三日）。[4]

同治十一年八月十三日，由驛具奏。於本年九月十六日，准兵部火票遞回原摺，後開軍機大臣奉旨：知道了。欽此。（P603-616）

校證

【案】此摺原件與錄副均缺，茲據前後摺件校補。

[1]（頭品頂戴四川總督臣吳棠跪）：此前銜係推補。

[2]【案】同治十一年五月二十七日，貴州巡撫曾璧光會同貴州提督周達武，具摺奏請獎敘克復麻哈州城尤為出力文武官紳，並開具應獎文武清單各一，旋於六月二十二日得清廷允准。其摺曰：

貴州巡撫臣曾璧光、貴州提督臣周達武跪奏，為克復麻哈州城，肅清全境，尤為出力，今開單懇恩獎勵，恭摺奏祈聖鑒事。竊臣等奏報克復麻哈州城池，廓清州屬圩寨，直抵下司，扼河而軍一摺，同治十年九月初十日，奉上諭：剿辦尚屬得手，其餘出力員弁准由曾璧光擇尤保獎，毋許冒濫等因。欽此。仰見聖恩高厚，不沒微勞，臣屬戎行莫不同深欽感。伏查麻哈州，界接都勻，旁連丹凱，地險城堅，久為逆匪盤踞。而境內屯寨林立，賊股尤繁，縱橫數百里，蠻屯蟻聚，均與城賊聯為一氣，互作黨援。欲復苗疆，必須先拔此城，方能以次進取。當經臣等籌定機宜，督飭各軍，分道並進，合力攻剿，於轉旬間立將州城克復，逆酋授首，遠近各寨巢悉就平毀，群賊殄滅殆盡，州境一律肅清。各營將士當暑盛瘴作之時，乃能不避艱險，衝鋒冒鏑，奮力圖功，均各著有微勞。據各營屬將在事出力員弁、勇丁查明開報前來。臣等詳加覆核，除總兵鄧千勝等業經隨摺聲明、仰邀恩獎[1]，其出力稍次者已酌予記功不敢濫列外，謹將尤為出力文武官紳擬請升階、班次、勇號、衔翎、封典，繕具清單，恭呈御覽，並將請以千總、外委拔補之員兵練團另行開單，咨部註冊，合無籲懇天恩，俯准分別獎恤，用昭激勸。所有遵保復城平賊尤為出力之文武官紳彙單請獎緣由，謹合詞恭摺具奏。伏乞皇太后、皇上聖鑒訓示。謹奏。五月二十七日。同治十一年六月二十二日，軍機大臣奉旨。欽此。[2]

[3]皇（上）：原稿奪"上"無疑。茲補之。

[4]（同治十一年八月十三日）：此日期係推補之。

〇七七　奏為續撥同治十一年三四月分協黔的餉委解起程日期摺

同治十一年八月十三日（1872年9月15日）

（頭品頂戴四川總督臣吳棠跪）[1]奏，為續撥本年三、四月分協黔

---

① 《清實錄》：以克復貴州麻哈州城，賞總兵官鄧千勝、鍾開蘭黃馬褂，鄧千勝、副將黃正久、周蓮生、周定堃、羅芳林、熊復元巴圖魯名號，守備趙祖德等花翎，縣丞顧玉成等藍翎。余加銜升敘，開復有差。予陣亡參將周文和等祭葬、世職加等。(《穆宗毅皇帝實錄》卷三百五十九，同治十年九月上，《清實錄》第51冊，第221頁。)

② 中國第一歷史檔案館藏：《錄副奏摺》，檔號：03-4750-036。

的餉委解起程日期，恭摺仰祈聖鑒事。

竊臣欽奉寄諭：周達武所需餉銀五萬八千兩，由川按月籌撥，解赴貴陽省城等因。欽此。遵將同治九年冬季起至同治十一年二月止，應撥餉銀一百零一萬五千兩，先後具奏解交。各在案。嗣據周達武函稱：剿辦下游苗疆，正在得手，並須抽撥兵勇，馳赴上遊興義府屬之新城地方，助剿逸回，需餉萬分吃緊，情迫詞真。當經督飭藩司王德固，於左支右絀之時，作移緩救急之計，即在鹽貨釐金項下，預提銀五萬八千兩，作為同治十一年三月分協黔的餉，檄委試用通判吳壽檩、大挑知縣鄭廷卿管解，於七月初十日自省起程。茲復接周達武來緘[2]，據稱苗疆戡定，下游一律肅清。各省俱無餉到，惟川省關懷大局，接濟源源。現計陸續遣撤黔勇近四十營，所留之新老各營，一俟降眾安排就緒，當視協餉之豐歉，分別撤留，亟盼早為撥餉等語。臣維新城未下，徵兵待餉固殷，而苗疆善後事宜，則在撫而不在剿。其傷殘將弁與羸弱勇丁，多為一月之留，即多糜累萬之餉。必得迅籌鉅款，酌量遣歸。蜀中雖庫款空虛，亦不得不設法騰挪，始終其事。復飭據藩司詳請，籌撥同治十一年四月分協黔的餉銀五萬八千兩，委員試用同知邵秉文、候補通判楊鴻藻，定期於八月十一日，自省起程，解赴貴州，統交周達武軍營，以為撤遣勇丁之用。除分咨外，所有續撥本年三、四月分協黔的餉委解起程日期，理合恭摺具陳。伏乞皇太后、皇上聖鑒。謹奏。（八月十三日）。[3]

（同治十一年九月初二日，軍機大臣奉旨：知道了。欽此）。[4]

同治十一年八月十三日，由驛具奏。於本年九月十六日，在隆昌縣途次准兵部火票遞回原摺，後開軍機大臣奉旨：知道了。欽此。（P617–623）

校證

【案】此摺原件查無著落，錄副現藏於中國第一歷史檔案館①，茲據校勘。

---

① 中國第一歷史檔案館藏：《錄副奏摺》，檔號：03-4950-031。

[1]（頭品頂戴四川總督臣吳棠跪）：原稿無前銜，茲據補。

[2] 來緘：錄副作"來函"。

[3]（八月十三日）：原稿未署此日期，據錄副補。

[4]（同治十一年九月初二日，軍機大臣奉旨：知道了。欽此）：此奉旨日期與內容，據錄副補。

〇七八　奏報川北川東地方民情困苦情形片
同治十一年九月二十六日（1872年10月27日）

再，臣此次查閱川北、川東營伍，兼以巡視地方，問民疾苦。川北人情樸實，田少山多。上年旱潦並臻，元氣至今未復。臣於途次見有窮黎乏食，鵠面鳩形，自慚撫字未周，惻焉心動。川東商賈輻輳，習近紛華，而生齒過繁，亦有庶而不富之患。每乘紳士、屬僚來謁，兢兢焉[1]以撫植善良，挽回風氣，互相勸勉，冀可有成。地方印官有不稱職者，立予撤任，未敢稍有姑容。至瘠地當沖及邊瘠各州縣，查看情形，物力實有不給，所有應派捐輸，並即飭司核議減免。惟餉源所在，民困得以少紓，經費愈形不足。各省應協餉項，祇能量力維持，隨時接濟，實難拘定款目，依限報解。此又臣目擊民艱，不敢不據實陳明者也。所有川北、川東地方大概情形，理合附片陳明。伏乞聖鑒。謹奏。

（同治十一年十月十五日，軍機大臣奉旨：知道了。欽此）。[2]

同治十一年九月二十六日，由驛附片具奏。於本年十一月初一日，准兵部火票遞回原片，後開軍機大臣奉旨：知道了。欽此。

（P625-628）

校證

【案】此摺缺原件，錄副現藏於中國第一歷史檔案館①，茲據校勘。

---

① 中國第一歷史檔案館藏：《錄副奏摺》，檔號：03-4979-074。

[1] 兢兢焉：錄副作"兢焉"。

[2]（同治十一年十月十五日，軍機大臣奉旨：知道了。欽此）：此奉旨日期與內容，據錄副補。

【案】關於此片具奏日期，中國第一歷史檔案館館藏錄副目錄以"同治十一年十月十五日"，即奉旨日期作為具奏時間，顯誤。茲據手稿所載，應以"同治十一年九月二十六日"為是。

○七九　奏為交部從優議恤恭謝天恩摺
同治十一年九月三十日（1872年10月31日）

（頭品頂戴四川總督臣吳棠跪）[1]奏，為恭謝天恩，仰祈聖鑒事。

竊臣查閱川東營伍途次，准貴州撫臣曾璧光、提臣周達武咨稱：同治十一年七月十三日，內閣奉上諭：又，另片奏[2]，四川總督吳棠、前任成都將軍鑲白旗蒙古都統崇實，援黔籌餉，不分畛域等語。吳棠、崇實均著交部，從優議恤等因。欽此。臣跪誦之餘，莫名惶悚。當即恭設香案，望闕叩頭謝恩。伏念臣才疏豹略，誚凜鵜濡，屬當邊事之殷，忝領專圻之任。滇氛未靖，隴寇方張，而蠢茲逆苗，竄擾黔境，既屬比鄰之患，難為畛域之分。徵兵則屢易將材，轉饟則全資民力。仰賴天威遠播，秉承聖訓周詳，梟獍潛蹤，鶺鴒戮力，遂得以擒渠掃穴，納款輸誠。舞干戈於兩階，重看苗格。聽鐃歌於萬里，共樂兵銷。

臣志切同仇，責司守土。裹糧饗士，祇循分供職之常。越境出師，本救災恤鄰之義。方愧涓埃鮮效，乃蒙甄敘優加，功級頓增，感慚交集。現在新城[3]未復，殘賊猶存，昨准曾璧光等來咨：以前派赴黔助剿之武字副前營、經武左營與原部武字馬步川軍，出力頗多，請仍暫留黔境，迅掃餘氛。臣已分檄飭遵，兼籌接濟。惟有多方指授，壹意匡扶，期無間於始終，庶永清乎邊徼，上酬高厚，藉免愆尤。所有臣感激下忱，理合恭摺，叩謝天恩。伏乞皇太后、皇上聖鑒[4]。謹奏。（九月三十日）。[5]

（同治十一年十一月初二日，軍機大臣奉旨：知道了。欽此）。[6]

同治十一年九月三十日，專差具奏。（P629-634）

校證

【案】此摺缺原件，錄副現藏於中國第一歷史檔案館①。茲據錄副校補。

[1]（頭品頂戴四川總督臣吳棠跪）：原稿無此前銜，茲據補。

[2]【案】同治十一年六月，貴州巡撫曾璧光、提督周達武會銜奏請獎敘成都將軍崇實與川督吳棠，曰：

再，四川總督臣吳棠、前任成都將軍臣崇實，公忠體國，事不辭難，素以平黔自任。前因黔事日棘，機不可失。始則特派道員唐炯等援剿，徵兵籌餉，頗費經營。繼則奏奉諭旨，復飭臣達武赴黔接辦，月需軍餉，仍慨然力任，源源撥解。迨崇實卸任北上，吳棠當川中水旱為災自顧不遑之時，每必督飭司局竭力轉輸，從無違誤。平日書信往來，深恐黔中稍有掣肘，致誤戎機。勉慰殷殷，忠愛溢於言表。而苗人宜剿宜撫，亦知無不言，籌策悉當，臣所獲良多。計自前年冬間以來，該省月撥將及百萬，臣等方得以團結軍心，節節掃蕩，深入苗疆，全賴此款之協濟。現在苗疆底定，下游全境一律肅清。推其所由，若非吳棠等之不分畛域，實力籌維，何以克成厥勳？臣等立志由人情難緘默，相應據實奏聞。惟吳棠、崇實係疆圉大吏，應如何分別加恩以示優異，恭候聖裁。謹合詞附片具陳。伏乞聖鑒訓示。謹奏。同治十一年七月十三日，軍機大臣奉旨。欽此。②

[3] 新城：錄副奪"城"。

---

① 中國第一歷史檔案館藏：《錄副奏摺》，檔號：03-4661-006。
② 中國第一歷史檔案館藏：《錄副奏摺》，檔號：03-4832-090。

[4] 伏乞皇太后、皇上聖鑒:《望三益齋存稿・謝恩摺子》作"伏乞聖鑒"①。

[5] （九月三十日）:原稿無此日期，茲據補。

[6] （同治十一年十一月初二日，軍機大臣奉旨:知道了。欽此）:此奉旨日期與內容，據錄副校補。

〇八〇　奏報籌撥同治十一年五六月分協黔餉銀委解日期摺

同治十一年十月十三日（1872年11月13日）

（頭品頂戴四川總督臣吳棠跪）[1]奏，為籌撥本年五、六月分協黔餉銀、委解起程日期，恭摺仰祈聖鑒事。

竊臣於同治十一年八月十三日，由驛具奏援黔川軍戡定苗疆，現在籌議酌補欠餉以資撤遣一摺，聲明此後月協之餉，縱不能全停，亦應量為核減，擬請查照部臣續議月協黔餉二萬之數，與西征糧台及淮餉、滇餉一體均匀撥解等情。嗣准兵部火票遞回原摺，後開軍機大臣奉旨:知道了。欽此。當經恭錄轉行，欽遵查照辦理。

茲據藩司王德固詳稱:協黔的餉，據貴州提督周達武咨報:自同治九年閏十月十五日接防起，至十一年四月底止，先後由司局共解過銀一百零七萬三千兩，加以續派助剿之武字副前營、經武左營月餉及酌補欠餉，款目繁多，實已筋疲力盡。今幸苗疆底定，黔省已裁撤勇丁近四十營，前撥之協餉欠餉十萬兩有奇，計此時當已解到，更可將楚黔各勇汰弱留強，務求核實。而川省荒年之後，民困未紓，津貼捐輸征解，難期踴躍。且各省協餉本無畸輕畸重之分，尚須匀撥，不得不權衡緩急，酌劑盈虛。謹遵照戶部續議月協黔餉二萬之數，湊集銀四萬兩，作為同治十一年五、六月分協餉，飭委試用同知郭鳳鳴、候

---

① 吳棠:《望三益齋存稿・謝恩摺子》，同治十三年成都使署刊。

補知縣錢炳塏管解，定期於十月十八日，自省起程，解赴周達武軍營交收，以濟要需等情。正在批飭撥解間，適准貴州撫臣曾璧光、提臣周達武咨送摺稿[2]，內稱的餉一項，原為楚軍籌撥，現在所裁者黔軍，並非楚軍，川餉斷難節省，仍請如數撥解等語。

臣查周達武原部武字川軍五千九百人內，官弁勇丁五千八百名，馬勇一百名。按照楚軍餉章，每月約僅支銀三萬二三千兩。方入黔之始，軍械、軍火皆一一寬為籌備，縱應添補所需，亦正無多。而當日議定月協的餉五萬八千兩，原欲令其增募黔軍，俾資進剿。今周達武等以的餉專為楚軍籌撥，則每月多解銀二萬數千兩，計十八個月零十五日，統共溢解銀四十餘萬兩。現仍按月撥解銀二萬兩，截長補短，自不難從容展布。若謂川餉如期而至，他省撥解寥寥，遂將征防黔楚各軍專望川省接濟。殊不知川省應協餉需，並不止貴州一省，必須兼顧統籌。況蜀民之財力已窮，似未便再加朘削。是以臣於釐捐等款，有減無增，實為深體時艱起見，第黔省軍事正在得手，新城亦克日[3]可平。惟有就心力所能為，源源撥解，期[4]於川黔兼顧，以彌鄰患，而慰慈廑。所有籌撥本年五、六月協黔餉銀委解起程緣由，理合恭摺具奏。伏乞皇太后、皇上聖鑒。謹奏。（十月十三日）[5]

（同治十一年十一月初一日，軍機大臣奉旨：知道了。欽此）。[6]

同治十一年十月十三日，由驛具奏。於本年十一月十八日，准兵部火票遞回原摺，後開軍機大臣奉旨：知道了。欽此。（P635-644）

校證

【案】此摺缺原件，錄副現藏於中國第一歷史檔案館①，茲據校勘。

[1]（頭品頂戴四川總督臣吳棠跪）：原稿無此前銜，茲據錄副校補。

[2]【案】同治十一年九月三十日，貴州撫臣曾璧光、提臣周達武具奏仍請川省如數撥餉，曰：

---

① 中國第一歷史檔案館藏：《錄副奏摺》，檔號：03-4833-063。

貴州巡撫臣曾璧光、貴州提督臣周達武跪奏，為黔省下游鎮撫需軍，上游軍務未竣，專望川餉接濟，勢難核減，懇恩敕下四川督臣，仍照原數，按月撥解，以全大局，恭摺奏祈聖鑒事。竊臣等接准四川督臣吳棠來咨並抄奏，內稱黔省苗疆戡定，上游新城不難克期規復。刻下既須裁減勇丁，即不能不酌補欠餉。而補餉裁勇之後，即無須月協的餉五萬八千兩之多。擬將四月分餉項並先行酌補臣達武在川欠餉五萬兩，共擬解銀十萬八千兩，以資遣撤。此後應量為核減，俾可騰出餉項，清還舊欠，再有餘力，請照部臣續議月協二萬之數，與甘、淮、滇餉，均勻撥解等因。自係為清還舊欠、裁軍節餉起見。臣等但可勉強支持，無不力求節減，以期稍疏蜀民之力。惟臣達武所帶楚勇五千九百名，原係駐川防軍，前因黔中軍務吃緊，經吳棠會同前成都將軍臣崇實奏調，來黔援剿。臣達武深知黔中事事棘手，非餉自可，斷難成功。當經吳棠督同防剿局司道，再三酌議，核實籌度，每月撥解實款銀五萬八千兩，專供臣達武馬步全軍之用。又慮始終□□議持鄭重而名之曰，的餉以欠必不可少、決不能緩之意。查道員唐炯等前帶兵來黔，月需川餉近十萬兩。嗣川省僅撥給臣營五萬八千兩，乃臣等得此實款，以為憑藉之基，濟以各省協餉，始得稍資捆注。統計川省前後力籌撙節，以事騰挪。由今視昔，援鄰之費始覺較為寬舒，臣達武到黔後，體察全省情形，斷非數千楚勇所能剿辦，遂陸續易黔軍，添募新勇，檄集降眾，至本年春季，楚黔各軍共計三萬八千餘名，月需實餉二十萬有奇。內楚軍五千九百名，原有川餉可支。黔軍三萬數千名，則係江西、福建、廣東、浙江、江蘇、湖南、湖北、山東八省，東海、九江各關，每月共撥銀十四萬兩，以濟軍用。使各省亦如四川撥解無欠，則楚黔各軍各有專餉，何致時形竭蹶？無如自上年二月以來，有一兩月無解者，有月解數千或一二萬至四五萬者，統年牽算，每月所入不過二三萬。以之供支數萬黔軍，焉能有濟？本年四、五、六、七等月，糧餉兩窮，尤為窘迫。各軍皆採野菜為食，奄奄一息，情實堪憐。臣等統籌全局，不能不將楚軍應得的餉，分濟黔軍，以均若藥。計楚軍餉項自到黔至今，僅支至九年冬季及十年春季，一復全米支給。所積欠款連川中舊欠，已至七十餘萬之多。前因苗疆已靖，籌餉維艱，已將零星營哨擇其成軍未久、欠餉較少者，陸續裁撤一萬一千數百名，月省餉銀僅四五萬兩。現存黔軍，共計尚有二萬一千數百名，月餉積欠一百數十萬。各營將士困苦從征，延頸側耳，以待餉需。而糧台月獲餉銀均勻散放，尚不敷米糧、鹽菜、軍裝、藥餌之需，積日愈久，所欠愈多。為今之計，必得鉅款，以清還積欠，或可補救彌縫。若於原撥之數遽議更張，竊恐乘機起釁，為禍甚速。現在下游雖報肅清，而降苗甚眾，鎮撫巡防，在在需軍駐紮。前因餉項無濟，各路防營頗有浮言，古州一帶苗人遂蠢蠢欲動。經武右營兵勇竟敢在省噪索欠餉，勢甚洶洶。多方開導，均不能禁其囂競。臣達武立將出頭滋鬧弁勇三名正法軍前，眾心始定。現復派總理各營務湖北道員周康祿馳赴都勻、麻哈、清平一帶，以溫言慰諭，力轉危機。至上游興郡復後，新城賊悍巢堅，城內外建有碉樓，環以深壕。賊皆死力固守，屢攻未下。總兵文德盛因開地道攻碉，被賊礟傷殞命，弁勇亦傷亡不少，因役思還，正不知規復何日。而各營勇丁亦因索餉，時有爭鬧。當此攻剿吃緊之際，尤難以枵腹荷戈。其興貞、安普等處，降人亦眾，夷性犬羊，更恐與新城逆回互相勾結，響應為患。臣等復於下游抽調四營，派總兵龔生環等，帶往上游，協力防剿。臣達武現將各路布置周妥，即統一軍親赴新城一帶，周歷彈壓，親督各軍，設法攻擊，以冀迅掃餘寇，免致別滋事端。惟上下游情形如此，後患方深，皆非實有餉濟，不能顧此全局。臣等前因積欠過多，曾經奏蒙恩諭，飭催各省協餉。詎數月以來，仍解到無幾，此時稍可團結軍心，惟賴川撥的餉耳。凡屬軍用，無一不取給於此。若遽以核減，非但楚軍餉需歸於無名，必至哄而解體，即黔軍亦無從分潤，難資撫循。萬一相率嘩潰，則上下游局勢一反，勢必竟（盡）棄前功，於大局實所關匪輕。查楚軍向食川餉，今由川援黔一日不能撤，川撥即一日不能停。蓋的餉一項，原為楚軍籌撥，現在所裁者黔軍，並非楚軍。川省但知裁軍即可節餉，不分楚軍欠累數十萬，非一時所能裁動，川餉斷難節省。此督臣吳棠通籌本省，鄰封之緩急，伏廩權衡。前此黔民屢遭塗炭，故轉蜀中之財力，以共濟艱危。今問黔省下游肅清，上游亦指日可期戡定，並聞陸續裁撤勇丁，故量減援軍之餉需，以紓蜀民之窮困，殫精竭慮，可謂調劑得宜。而臣等身肩巨任，目擊時艱，責無旁貸。當此全功將竟之會，若不瀝陳近況，一旦潰裂頻仍，上負君恩，下辜鄰誼，將來收拾愈難，轉貽鄰省無期之累。再四思維，惟有籲懇天恩，敕下四川督臣，仍將協黔的餉按照原數，每月籌撥銀五萬八千兩，並將五月至八月共銀二十三萬二千兩先後解黔，以後仍如數源源接濟。俟全省平定，楚軍能撤若干，川省即酌減若干。至全數撤後，再行停協，俾臣等籌辦不致掣肘，自不難及早竣事矣。所有川撥的餉未便核減，仍請如數撥解緣由，謹合詞恭摺，由驛具奏。伏乞皇太后、皇上聖鑒訓示。謹奏。九月三十日。同治十一年十月十七日，軍機大臣奉旨。欽此。①

【案】此摺得清廷允准，並飭令吳棠照數撥解，源源接濟，以資攻剿，不得稍有蒂欠，《宮中檔》：

軍機大臣字寄：四川總督吳、貴州巡撫曾、傳諭貴州提督周達武：同治十一年十月十七日，奉上諭：曾璧光、周達武奏川省協黔的餉，請飭仍照原數撥解一摺。周達武一軍入黔，剿辦賊匪，川省原議每月撥解銀五萬八千兩，現在黔省下游軍務雖就肅清，鎮撫巡防，在在需軍駐紮，上游新城未克，尤當攻剿吃緊之時，師行餉隨，勢難遽行核減。值此全功將竟，若餉項稍不應手，深恐貽誤大局。吳棠仍當督飭藩司，將每月協黔的餉五萬八千兩設法照數撥解，不得稍有蒂欠，並將五月至八月共銀二十三萬二千兩，先行解黔，嗣後仍著源源接濟。俟全黔平定，即行酌議停減。曾璧光、周達武務將下游各地方妥為鎮撫。一面督軍迅復新城，蕩平群醜，是為至要。將此由五百里諭知吳棠、曾璧光、並傳諭周

---

① 中國第一歷史檔案館藏：《錄副奏摺》，檔號：03-4833-043。

達武知之。欽此。遵旨寄信前來。①

又,《清實錄》記述與《宮中檔》一致:"又諭:曾璧光、周達武奏川省協黔的餉,請飭仍照原數撥解一摺。周達武一軍入黔,剿辦賊匪,川省原議每月撥解銀五萬八千兩……將此由五百里諭知吳棠、曾璧光、並傳諭周達武知之。"②

[3] 克日:錄副作"克期"。

[4] 期:錄副缺"期",疑奪。

[5]（十月十三日）:原稿無此日期,茲據補。

[6]（同治十一年十一月初一日,軍機大臣奉旨:知道了。欽此）:此奉旨日期與內容,據錄副補。

〇八一　奏報川省歷辦團練官紳分別查核請獎片
同治十一年十一月二十四日（1872年12月24日）

再,准吏部咨:川省歷年辦理團練,防剿滇、髮各逆出力官紳、核與例案及奏定章程不符、應行駁正各員,奏奉諭旨:依議。欽此。粘單知照,令其分別詳查,另核奏明請獎等因。遵即轉飭防剿局司道,暨該管府廳州縣查照去後。茲據陸續詳報前來。臣覆核無異。理合恭繕清單[1],附片具奏。伏乞聖鑒,敕部議復施行。謹奏。

同治十一年十一月二十四日,附片具奏。（P645-646）

校證

【案】此片原件、錄副,查無下落。茲據前後摺件校。

[1]【案】此片附清單一份,查無下落。

---

① 臺北"故宮博物院"藏:《軍機及宮中檔》,文獻編號:408018129。
② 《穆宗毅皇帝實錄》卷三百四十三,同治十一年十月下,《清實錄》第51冊,第516頁。

〇八二　奏報查明迭次剿匪出力弁兵紳團彙案核實請獎摺

同治十一年十一月二十七日（1872年12月27日）

（四川成都將軍臣魁玉、頭品頂戴四川總督臣吳棠跪）[1]奏，為遵旨查明拏獲糾眾滋事匪徒並理番廳等處迭次剿匪出力弁兵紳團，彙案核實請獎，恭摺仰祈聖鑒事。

竊臣吳（棠）於同治十一年正月初一日，奉到同治十年十二月十二日內閣奉上諭：吳（棠）奏拏獲糾眾滋事匪徒正法一摺。所有尤為出力之總兵劉寶國，著賞給該員三代一品封典。知府許培身，著賞加鹽運使銜。副將李忠恕，著遇有總兵缺出，儘先提（題）奏[2]。其餘出力弁兵，著准其查明，彙案請獎等因。欽此。遵即[3]恭錄，轉行建昌鎮總兵劉寶國等，宣布恩綸。凡在將士無不同聲感激，益見奮興。臣魁（玉）於本年二月間抵任視事，與臣吳（棠）講求邊備，整飭戎行。伏念松潘、建昌兩鎮所轄地方，界連番猓，往往越疆肆擾，易構釁端，惟懾之以威，孚之以信，全在運籌之盡善，庶幾彌患於未形。治軍禦寇之方，正不可不隨時加意也。查同治四年，理番廳屬下孟地方，即有屯弁穆租索朗擁眾滋事之案，經前任將軍臣崇（實）、督臣駱（秉章）調集兵團，立時撲滅，當將該管廳營等，奏請鼓勵，並聲明其餘出力弁兵紳團，容即查明、核實請獎在案[4]。建昌一帶猓民，自同治七年西昌縣所屬交腳地方大捷後，犬羊之性漸就範圍，而雷馬諸邊荷戈戍卒，日驅逐於密林大壑，雪嶺淩崖，迭有斬擒，備嘗艱險。臣等以尋常戰績，未敢瀆陳。其尤著者，則逆匪普得倡蓄謀已久，集黨甚多。幸叨聖主威福，兵行神速，故得以克期掃蕩，設法驅除。臣吳（棠）體察情形，就此日廓清之效，憶頻年征戍之功，類多鶱澗注坡，手胼足胝，與腹地軍營難易不同，是以隨摺乞恩，確查彙獎。渥

卷四　同治十一年（1872）　309

荷朝廷有勞必錄，無遠弗周。茲據總兵劉寶國等具稟請獎前來。臣魁（玉）等詳加查核，擇其尤為出力官弁紳團，開具清單[5]，恭呈御覽。籲懇鴻施立沛，以作士氣而固民心。除擬保千總以下照案另冊咨部外，所有查明拏獲糾眾滋事匪徒並理番廳等處迭次剿匪出力弁兵紳團彙案核實請獎緣由，謹合詞恭摺具陳。伏乞皇太后、皇上聖鑒訓示。謹奏。（十一月二十七日）。[6]

（同治十一年十二月十六日，軍機大臣奉旨。欽此）。[7]

同治十一年十一月二十七日，由驛具奏。（P647-654）

校證

【案】此摺原件查無下落，錄副現藏於中國第一歷史檔案館①，茲據錄副校補。另，錄副首開"隨旨交，單一同抄繳，十二月十六日"等字樣。

[1]（四川成都將軍臣魁玉、頭品頂戴四川總督臣吳棠跪）：原稿無此前銜，茲據補。

[2]所有尤為出力之總兵劉寶國，著賞給該員三代一品封典。知府許培身，著賞加鹽運使銜。副將李忠恕，著遇有總兵缺出，儘先提（題）奏：此節文字，錄副缺，疑為手民故略之。"提奏"當為"題奏"。

[3]遵即：錄副作"欽遵。即"。

[4]【案】同治四年四月十一日，成都將軍崇實會同四川總督駱秉章具陳"奏請獎勵署理番廳同知吳羹梅、都司李耀龍等員撲滅屯弁蓄意滋事"一摺，曰：

　　四川成都將軍臣崇實、督辦四川軍務頭品頂戴四川總督臣駱秉章跪奏，為屯弁潛蓄逆謀，聚眾滋事，抗拒官兵，當即撲滅，所有五屯現已安靖，恭摺具奏，仰祈聖鑒事。竊查理番廳屬下孟屯之增設守備穆租索朗，因屢次管帶屯兵從征廣西各省，於咸豐十年撤兵歸屯，漸形驕縱，與其子穆裕寬暨心腹札太沙甲、余開文等把持屯務，同惡相濟，侵吞屯

---

① 中國第一歷史檔案館藏：《錄副奏摺》，檔號：03-4661-165。

餉，迫脅屯眾。穆租索朗復於咸豐十一年，將屯守備缺解退，潛行進京，改名穆澤周，冒理番聽民籍，朦捐監生，加捐道員，旋復回屯，嚇逼各屯丁，意欲將額設屯備各缺盡行改為增設，強索各屯額設鈐記，遍植私黨，謀為不軌，逼令各屯弁兵聽其調撥。雜穀屯赤六、格十等不肯附從，被責斃命。並將雜穀屯外委日黑納耳吉並屯兵十二名捉拏鎮禁，將額設把總木耳吉，額設外委楊飛熊，屯兵沙甲、王受春等，棄河溺斃，復將額設屯守備沙達耳吉之侄沙成金中途攔截捆去，搶劫馬匹、財物。迭經沙達耳吉暨屯守備包國梁，額設千總札承恩、安定國，額設把總科文泰婁諸，額設外委更卓澤部、古大貴，暨屯兵乃之文喜、麻思甲等，前後赴省，聯名具陳控告。臣等於上年遴委試用知縣吳羹梅，接署理番廳同知，密為查辦，並札飭署茂州知州塞闓，會同理番廳維州協審辦。今年二月間，塞闓等至新保關，傳集原告、各屯弁兵，以待質審。而穆租索朗竟敢抗不到案，且挾雜谷屯兵索餉之嫌，私傳木刻，擅調屯兵，欲將雜穀屯眾□毀，並集黨羽六百餘名，分紮理番廳城東西兩門，挾制地方官，剿辦雜穀屯眾，以洩私忿。署同知吳羹梅恐廳城被其蹂躪，陽許以調團派兵前往雜穀查辦，以安其心。吳羹梅調團三百名，並招勇四百名，以作准備。穆租索朗復私調屯兵一千二百名，添札城內，預謀抗拒。吳羹梅恐眾寡不敵，派候選從九任寶謙、文生莫如德，前往雜穀、幹堡兩屯添調屯兵一千二百名，星馳入城，於三月十九日四更，部署既定。穆租索朗知事機敗露，遂擁眾為亂。吳羹梅暨署都司李耀龍、守備楊先登督同任寶謙、莫如德等，分帶團勇屯兵，圍攻穆租索朗住宅。維時，兩城門所紮穆租索朗私調之屯兵始知穆逆有意謀叛，該屯兵等為其愚騙，不敢與官抗拒，紛紛解散。惟穆租索朗率死黨二百餘人，以鎗礮拒敵，團勇屯兵陣亡十三名。吳羹梅、李耀龍、楊先登等揮軍奮力攻撲，鎗斃逆黨七十餘名，立將該逆住宅踏毀，並將逆黨余開文、楊滿大、張泗洪、卓廷彪、松松日吉、納耳際色朗等擒斬。穆租索朗率黨百餘人突圍，竄踞幹溝。李耀龍、楊先登、任寶謙等督兵跟追，於二十二日將穆逆圍困老林。該逆拼命衝突，立被兵勇陣斬，割獲首級，傳示五屯。餘賊悉被殄滅。二十三日，新保關照磨汪嘉謨親督團練，將逆黨札太沙甲、桑吉格什、楊忠朋、施文斌等擒獲，解至廳城，訊明正法。穆逆之子穆裕寬率死黨二百餘人，據守下孟屯。吳羹梅、李耀龍等派兵團圍攻三晝夜，於二十七日將逆寨攻拔，生擒穆裕寬暨逆黨鄧傳號等十三名，押解回廳，訊明正法。餘逆悉數殄除，五屯現俱安靖。伏查穆租索朗及其子穆裕寬，包藏禍心，怙惡不悛，克扣屯餉，威逼屯眾，濫斃多命，擅傳木刻，私調屯兵，挾制地方官，復敢盤踞廳城，擁眾抗拒。若非署同知吳羹梅、署都司李耀龍等審機應變，剿辦迅速，則禍起倉卒，不但廳城可危，且恐憑險肆擾，不免重煩兵力。乃旬日之間，首惡殲除，黨羽撲滅，全屯悉臻底定，洵足以彰國威，而懾邊徼。臣等現飭理番文武，妥辦善後一切事宜，務期革除積弊，永杜爭端。此次吳羹梅辦理妥速，實屬異常出力。可否仰懇天恩，請將署理番廳同知四川試用知縣吳羹梅仍以知縣，歸遇缺前先補，並加同知銜，賞戴花翎。都司李耀龍以遊擊儘先補用，守備楊先登以都司儘先補用。以上二員均請賞戴花翎。照磨汪嘉謨以縣丞補用。候選從九品任寶謙以州吏目留川，遇缺前先補。文生莫如德以訓導不論雙單月選用，以示鼓勵，出自格外鴻慈。其餘出力弁兵紳團，容臣等查明，核實請獎。所有屯弁潛蓄逆謀，擁眾滋事，抗拒官兵，立就撲滅，五屯現已安靖緣由，謹合詞恭摺由驛具奏。伏乞皇太后、皇上聖鑒訓示。謹奏。四月十一日。①同治四年四月二十七日，軍機大臣奉旨②。欽此。

[5]【案】此清單查無下落，待考。

[6]（十一月二十七日）：此日期原稿未署，茲據錄副校補。

---

① 中國第一歷史檔案館藏：《錄副奏摺》，檔號：03-4716-196。
② 又諭：崇實、駱秉章奏，屯弁聚眾滋事，當即撲滅，全屯底定各摺片。理番廳屬下孟屯增設守備穆租索朗及其子穆裕寬潛蓄逆謀，克扣屯餉，遂脅屯兵謀叛，濫斃多命，復擅調屯兵，盤踞廳城，擁眾抗拒，實屬罪大惡極。現經署同知吳羹梅等調集屯兵團勇，將首逆穆租索朗及其子穆裕寬擒斬正法，殲除黨與，五屯一律定靖，辦理尚為妥速。仍著崇實、駱秉章飭令理番文武各員，將應辦善後事宜妥為籌辦，務期永杜爭端，以弭後患。（《穆宗毅皇帝實錄》卷一百三十七，同治四年四月下，《清實錄》第48冊，第222頁。）

[7](同治十一年十二月十六日，軍機大臣奉旨。欽此）：此日期據錄副補。

〇八三　奏報續撥七月分協餉委解日期並酌補欠餉凱撤援兵摺
同治十一年十一月二十七日（1872年12月27日）

（頭品頂戴四川總督臣吳棠跪）[1]奏，為續撥本年七月分協黔餉銀委解起程日期，並現籌酌補欠餉，凱撤援兵各事宜，恭摺馳陳，仰祈聖鑒事。

臣前准貴州撫臣曾璧光、提臣周達武來咨，以前派赴黔助剿之武字副前營、經武左營與原部馬步川軍出力頗多，仍請暫留黔境，迅掃餘氛。當即一面飛檄飭遵，一面隨摺陳明。嗣接周達武函稱：督帶經武左營總兵文德盛，在興義新城一帶攻剿甚急，中鎗陣亡，應將經武左營改為經武中營，委令總哨顏佑勝暫行接管，並請寬籌餉項，以策全功，等語。業經臣督飭藩司籌撥本年五、六月分協黔餉銀四萬兩，克期解交，由驛奏報，各在案。茲據查探黔省軍務委員稟稱：十月初二日，川滇各路官軍奮勇齊進，陣擒首逆，餘眾投誠，當將新城攻克。並據周達武咨呈：總兵顏佑勝隨同收復新城，戰功卓著等情。伏念川省以全力援黔，已逾六稔，先將教匪、號匪次第廓清，俾周達武得以大舉征苗，迅圖戡定，同時並有興義郡城之捷。而蠢爾逆苗，困獸猶鬥，輒敢拒傷良將，竊踞孤城。臣憤懣之餘，倍增焦灼。每於批答蜀將稟牘中，多方激勵，加意撫循。今幸仰賴聖主福威，元惡授首，全黔軍務可告肅清。約計犒賞遣散所需，為數甚巨。復督同藩司王德固，於左支右絀之時，作移緩救急之計，續撥銀二萬兩，作為同治十一年七月分協黔餉銀，飭委候補同知宋玉瑞管解，定期於十一二十九日自省起程。又酌補武字馬步全軍欠餉銀五萬兩，飭委妥員，一併解往，統交周達武軍營查收濟用。並檄調武字副前營提督胡國珍、經武中營總兵顏佑勝等，先行凱撤回川，駐紮敘永廳境，以固邊防。至克服興義新城詳細戰況及應獎應恤各員，應由貴州撫臣、提臣查明具奏。所有續撥本年七月分協黔餉銀委解起程日期及現籌酌補欠餉，凱撤援兵緣由，理合恭摺馳奏。伏乞皇太后、皇上聖鑒訓示。謹奏。（十一月二十七日）。[2]

（同治十一年十二月十六日，軍機大臣奉旨：知道了。欽此）。[3]

同治十一年十一月二十七日，由驛具奏。（P655-662）

校證

【案】此摺缺原件，錄副現藏於中國第一歷史檔案館①，茲據校勘。

[1]（頭品頂戴四川總督臣吳棠跪）：此前銜原稿未署，茲據補。

[2]（十一月二十七日）：原稿未署此日期，茲據補。

[3]（同治十一年十二月十六日，軍機大臣奉旨：知道了。欽此）：此奉旨日期與內容，據錄副補。

〇八四　奏請允准陳希祥在原籍捐資建祠並將亡故弁勇入祀片

同治十一年十一月二十七日（1872年12月27日）

再，據統領達字楚軍記名提督達春巴圖魯陳希祥稟稱：竊以同仇敵愾，人臣效死事之勤；取義成仁，聖代有昭忠之典。達字一軍，自同治四年由甘肅階州振旅回川，經前督臣駱秉章飭委陳希祥接統以來，陸續添募勇丁八營，扼防蜀北，兼顧甘南。七年，奏調援黔，剿辦

---

① 中國第一歷史檔案館藏：《錄副奏摺》，檔號：03-4834-038。

上游苗、教各匪，披荆斬棘，轉戰而前，遂克定南汛城，降賊酋賀興仁，解平遠州圍，收撫狆夷百二十寨，旋破黃金印巨股於區擔山，焚其巢穴。嗣復檄調下游，會辦苗疆，立破冷水、龍頭、黃貓嶺等處逆匪，進駐清平屢寨洞。該將弁勇丁等荷戈殺賊，奮不顧身，委性命於交鋒，塗脂膏於邊地。加以蠻煙瘴雨，疫癘頻仍，積勞累功，卒以身殉，共計陣亡、病故三千四十一員名。雖捐軀有異，而致命則同，節經分別優恤在案。伏查以死勤事則祀之例，得於死事及原籍地方立祠致祭。惟現在貴州上下兩游軍務初平，人民、城郭率多凋敝，未能建立專祠，且官弁中重在擇材，籍貫不一，亦未能按冊分修。若任其湮沒無聞，似非仰體國家勵節表忠之意。伏念達字營兩次駐防廣元，先後已逾數載，綏邊禦寇，薄有片長，輯眾和民，別無異議。度忠魂毅魄，必當依戀是鄉，不忍輕去。爰率闔營將弁，捐集經費，在於廣元縣城內購買隙地，建立昭忠祠，將死事將弁勇丁一律入祀，並置田畝歲時致祭，由地方印官公舉紳耆代為經理等情。臣查軍興以來各營陣亡將士，呈請建立昭忠祠，均邀俞允。今該提督所稟，係為表揚忠烈起見。合無籲懇天恩，俯准提督陳希祥在於廣元縣地方捐資建祠，將達字營出征亡故將弁勇丁等一併入祀，以彰藎節，而慰忠魂。除將送到清冊咨送禮、兵二部查照外，理合附片陳明。伏乞聖鑒訓示。謹奏。

（同治十一年十二月十六日，軍機大臣奉旨：著照所請，該部知道。欽此）。[1]

同治十一年十一月二十七日，附驛具奏。（P663-669）

校證

【案】此片缺原件，錄副藏於中國第一歷史檔案館①，茲據校勘。

[1]（同治十一年十二月十六日，軍機大臣奉旨：著照所請，該部知道。

---

① 中國第一歷史檔案館藏：《錄副奏摺》，檔號：03-4661-169。

欽此）：此奉旨日期與內容，據錄副補。

【案】關於此片具奏日期，中國第一歷史檔案館館藏錄副目錄即以奉旨日期"同治十一年十二月十六日"作為具奏時間，顯誤。茲據手稿，應以"同治十一年十一月二十七日"為確。

〇八五　奏為吏部候補主事周盛典助剿卓著勞績請旨獎勵片

同治十一年十一月二十七日（1872年12月27日）

再，吏部候補主事周盛典[1]，前在籍時率團助剿，卓著勞績。經臣於通省團防案內，請以知州分發省分，歸候補班前先用。嗣因該員志切觀光，請將保案註銷，照舊當差，以便應試。第念該員衝鋒陷陣，生擒偽都統等百餘名，厥功甚偉。復於辦理茂州夷務，擒斬酋首，力保危城，似未便沒其微勞。合無仰懇天恩，俯准將主事周盛典賞給五品銜，並賞戴花翎，以示鼓勵。（理）合[2]附片陳明。伏乞聖鑒訓示。謹奏。

（同治十一年十二月十六日，軍機大臣奉旨：吏部知道。欽此）。[3]

同治十一年十一月二十七日，附驛具奏。（P671-673）

校證

【案】此片缺原件，錄副藏於中國第一歷史檔案館①。茲據錄副校補。

[1] 周盛典（1845—1897）：字雅堂，四川灌縣人。咸豐十一年（1861）拔貢。光緒二年（1876）進士，授編修。告假回籍省親，主講岷江書院、少城書院，學士追隨者甚多。其教人則以修身接物為大端。凡當代人才風俗之盛衰，國家內政、外交之得失，亦反覆詳盡講述，以開拓生徒胸懷，增長才

---

① 中國第一歷史檔案館藏：《錄副奏摺》，檔號：03-4661-163。

智。凡經其指授者，無不蜚聲場屋。

　　[2]（理）合：錄副作"理合"，原稿顯奪"理"。

　　[3]（同治十一年十二月十六日，軍機大臣奉旨：吏部知道。欽此）：此奉旨日期與內容，據錄副補。

　　【案】關於此片之具奏日期，中國第一歷史檔案館館藏錄副目錄以奉旨日期"同治十一年十二月十六日"作為具奏時間，顯誤。茲據手稿所載，應以"同治十一年十一月二十七日"為是。

〇八六　奏為副將何行保等將來送部引見請准免其射箭片

同治十一年十一月二十七日（1872年12月27日）

　　再，提督銜簡用總兵留川借補副參將何行保，自咸豐七年以義勇投效，援剿貴州，於克服古州一股，首先登城，被賊矛傷穿左手四指。十年，功（攻）[1]剿貓貓山號匪，矛傷右手、肘膊二處。同治元年，進剿石頭寨盉鱗甲回匪，石傷頭頂、胸前、右膊、左右腳等處。是年六月，攻剿平越州尚大坪，鎗子穿右肩胳子骨，幸醫治得法，未至殘廢。偶值舊創舉發，手腕運掉不靈。又，留川借補儘先補用總兵陳澤久，於咸豐二年以守兵隨征湖北、安徽、江南等省。五年，進攻安徽舒城，右膊受鎗子傷穿過，直入右肋、右臀旁，後受鎗傷一處。七年，進剿和州，左肘受矛傷一處。八年，仍在和州身受火蛋燒傷。十年，攻克僧道橋、菱塘橋等處，右膀、右肋均受矛傷一處。同治二年，援剿蒙城，左膝受石傷一處。每交節氣，酸痛異常。又，副將銜升用參將留川補用遊擊都司謝思友，自咸豐十年以藍翎千總帶隊入川，追剿李逆，進攻青神縣城，被賊鎗子擊損左目，登時失明，僅存右目，審視未能得力。查咸豐八年，准兵部咨[2]：湖北儘先都司陸得勝，進攻蔡甸，左臂受傷，難以挽運，經前湖廣督臣官文奏奉上諭：陸得勝著於帶領引見（時）[3]，免其騎射。嗣後送部引見武職，遇有因傷不能射箭者，即由各該督撫奏明辦理等因。欽此[4]。今簡用總兵留川借補副參將何行保、留川借補儘先補用總兵陳澤久、留川借補遊擊都司謝思友，出師貴州、安徽、江南、四川等省，迭著戰功，受傷深重。現在逐加查驗，傷痕雖平，而何行保左手四指屈伸不克自如，陳澤久右肋、右膀，骨損筋攣，均難挽強運重。謝思友左目成廢，亦難命中。合無仰懇天恩，俯念該員等均係打仗出力受傷，將來送部引見時，免其射箭，以示體恤，出自逾格鴻慈。除分咨外，理合附片陳明。伏乞聖鑒訓示。謹奏。

（同治十一年十二月十六日，軍機大臣奉旨：著照所請，兵部知道。欽此）。[5]

同治十一年十一月二十七日，附片奏。（P675–681）

校證

【案】此片缺原件，錄副現藏於中國第一歷史檔案館①，茲據校勘。

[1] 功（攻）剿：錄副作"攻剿"，原稿顯誤。茲據改。

[2]【案】咸豐八年七月十五日，兵部尚書全慶等具奏都司陸得勝打仗受傷不能射箭事，得允，即咨明各省督撫查照，摺曰：

兵部尚書臣全慶等謹奏，為請旨事。據湖廣總督官文咨稱：儘先都司陸得勝，於咸豐五年粵逆竄擾楚北，分股盤踞德安府城，官兵進剿時，密派辦理內應。是年十月初三日夜，該員首先斬卡殺賊，逆眾奔潰，克復德安府城。奏奉諭旨，賞給四品頂戴，並賞戴花翎。旋於進攻蔡甸，奮勇爭先，匹馬沖陣，被賊鎗傷左臂，子由肩甲穿透，猶復手刃數賊，大獲勝仗。乘勝移紮沌口，進圍漢陽，密辦間諜，使賊自戕者千餘，望風

---

① 中國第一歷史檔案館藏：《錄副奏摺》，檔號：03-4661-162。

投誠者數百。嗣於大兵進攻漢陽府城，督勇在西門外三里坡地方一帶，進撲賊營，被悍賊刀傷左膀，首先進攻，破壘拔幟，殺斃賊目多名，克復漢陽府城。奏奉諭旨：軍功陸得勝著以都司儘先選用等因。欽此。欽遵。各在案。該員赴部候選，膀臂受傷，難以挽強運重，各情屬實等因。咨部前來。查陸得勝，湖北人，祖籍江蘇，由投誠義勇軍功賞給四品頂戴，並賞戴花翎。因在湖北節次打仗出力，以都司儘先選用，選補江西臨江營都司。臣部堂考時，臣等公同驗看，該員左肩鎗傷、刀傷疤痕四處。雖尚能開引軟弓，實不能挽強命中。查武職各官，引見射箭，係屬定例。該員既不能射箭，於引見定制未符。惟查該員，係軍營迭次打仗出力受傷，臣部自應奏明，伏候訓示。再，查武職以弓馬為重，即打仗受傷，亦所時有。嗣後各該督撫必應據實奏明，候旨遵行。若僅以咨文報部，惟恐紛紛效尤，不足以昭體制，而杜規避。為此謹奏，請旨。咸豐八年七月十五日。兵部尚書臣全慶，太子少保尚書臣朱鳳標，左侍郎臣宗室載堪選□，左侍郎臣萬青藜留署，右侍郎臣宗室春佑，右侍郎臣徐樹銘差，頭品頂戴署右侍郎臣陳孚恩。①

[3] 引見（時）：錄副作"引見時"，原稿脫"時"無疑。

[4]【案】此"上諭"尚有節略之處，茲補足：

　　咸豐八年七月十五日，內閣奉上諭：兵部奏例應引見之都司不能射箭，請旨遵辦一摺。儘先都司陸得勝既據官文咨明兵部，因在湖北打仗，鎗傷膀臂，難以挽強運重。該部驗看屬實。陸得勝著於帶領引見時，免其騎射。嗣後送部引見武職員弁，遇有因傷不能射箭者，即由各該督撫奏明辦理，不得僅以咨文報部，以符定制。欽此。②

[5]（同治十一年十二月十六日，軍機大臣奉旨：著照所請，兵部知道。欽此）：此奉旨日期與內容，據錄副校補。

---

① 中國第一歷史檔案館藏：《錄副奏摺》，檔號：03-4213-028。
② 中國第一歷史檔案館編：《咸豐朝上諭檔》，咸豐八年七月十五日，廣西師範大學出版社1998年版。

〇八七　奏請將袁復清留川遇缺按章借補再行送部引見片

同治十一年十一月二十七日（1872年12月27日）

再，記名總兵彰勇巴圖魯袁復清，湖北武昌縣人。咸豐九年，以義勇投效江南大營，屢獲勝仗。十年，於鎮江二次解圍案內奏保，奉上諭：著賞給三品頂戴花翎，以示鼓勵。欽此。嗣經前湖廣督臣官文奏派[1]，招募督標精銳左、右兩營，帶赴山西軍營，聽候差遣，積功洊升今職。同治九年，臣魁（玉）兼署兩江總督任內，委帶親兵水師，奏明留於兩江差遣。十年，調任四川將軍，隨帶來川，由臣吳（棠）檄委省垣總巡。臣等留心察看，該總兵袁復清，勤慎趨公，不辭勞瘁，洵屬將備中有用之才。合無籲懇天恩俯准，將記名總兵袁復清留於四川，遇有相當缺出，按照新章，酌量借補。俟補缺後，再行給咨，送部引見，以資臂助。謹合詞附片陳明。是否有當。伏乞聖鑒[2]訓示。謹奏。

（同治十一年十二月十六日，軍機大臣奉旨：著照所請，兵部知道。欽此）。[3]

同治十一年十一月二十七日，會同四川成都將軍魁（玉）附片具奏。（P683-686）

校證

【案】此片係成都將軍魁玉與吳棠會銜，原件查無下落，錄副現藏於中國第一歷史檔案館[①]，茲據校勘。

[1]【案】同治二年正月二十日，湖廣總督官文會同湖北巡撫嚴樹森片陳

[①] 中國第一歷史檔案館藏：《錄副奏摺》，檔號：03-4781-075。

由副將袁復清等自晉回楚募勇並籌辦協餉事，旋於二月初一日得允，片曰：

再，奴才等接奉寄諭：前據官文等奏，山西所需壯勇已就襄、黃兩屬招募千人，派副將袁復清等管帶赴省。茲據英桂奏稱，晉疆四面籌防，兵力仍虞單薄，請飭官文等仍行添募壯勇二千，派員管帶赴晉。所需行裝、口糧，由湖北於應解多隆阿月餉內墊發，歸山西就近補解，等語。著官文等字商毛鴻賓，酌量情形，如能添募，即照所請辦理等因。欽此。遵查湘勇，因南北風氣異宜，不願應募赴晉，奴才等前已縷晰覆陳在案。山西逼處秦豫，四郊多壘，兵力不敷分防，情形岌岌。奴才等深知保晉疆即所以衛畿輔，關係綦重，決不忍稍分畛域，致貽君父之憂。惟招勇必先選將，將不得人，勇焉用之？此時若以不堪統率之將領，驟令再招二千人，勉強成軍，徒縻經費，萬難期其得力。輾轉思維，惟有仍請查照奴才等原奏，俟袁復清等到晉後，由英桂察看該二員，如果打仗得力，再令帶銀來楚添募，以收實效。至多隆阿軍餉，前已奏明，自同治二年正月為始，由鄂按月協濟一半餉銀三萬五千兩，欽奉諭旨允准。除本年正月分協餉三萬五千兩已於正月初二日如數委解外，以後仍由鄂省按月解濟。英桂請以募勇之費，抵解多隆阿協餉，徒滋輟輗，恐有誤征糈，應請毋庸置議。所有袁復清等成軍後行糧，擬由鄂省籌撥銀數千兩，以資口食，即作鄂省協濟晉餉，毋須籌還。謹合詞附片覆陳。伏乞聖鑒。謹奏。①

軍機大臣奉旨：另有旨②。欽此。

---

① 中國第一歷史檔案館藏：《硃批奏摺》，檔號：04-01-01-0877-039。

② 《清實錄》："又諭：官文等奏，遵籌募勇赴晉，現無堪以統率之將，請仍俟袁復清等到晉後，察看如果得力，再令來楚添募。多隆阿協餉仍由楚省按月報解，英桂請以募勇之費，抵解多隆阿協餉，徒滋輟輗，轉恐有誤征糈，應請無庸置議。袁復清等成軍後行糧，擬籌撥銀數千兩，以資口食，即作鄂省協濟晉餉，無須籌還等語。湘勇因南北風氣異宜，不願應募赴晉，此時將領未得其人，即令勉強召募，亦屬難資得力。著照所請，毋庸添募，俟袁復清等到晉，由英桂察看，該二員如果打仗得力，再令攜銀赴晉添募，以免輟輗。多隆阿月餉三萬五千兩，仍由楚省按解，毋庸抵作募勇經費，以免輟輗。楚省既籌袁復清等行糧作為協濟晉餉，所為鄰省計者，已屬周到，英桂即派員迎接，令袁復清等赴晉防剿，仍隨時察看，再行具奏。"（《穆宗毅皇帝實錄》卷五十七，同治二年二月上，《清實錄》第46冊，第67—68頁。）

【案】同治三年十二月初八日,山西巡撫沈桂芬附片曰:

　　再,副將袁復清、羅承勳管帶楚勇,於同治二年四月到晉,駐紮何干,操防均屬認真。今奉調帶勇赴甘,合無仰懇天恩,俯念該員等在晉著有微勞,袁復清、羅承勳兩員均敕部從優議敘,以昭激勸,出自鴻施。為此,附片具陳。伏乞聖鑒。謹奏。同治三年十二月十二日,議政王軍機大臣奉旨:袁復清、羅承勳均著交部從優議敘。欽此。[①]

 [2] 聖鑒:錄副作"聖見",顯誤。

 [3](同治十一年十二月十六日,軍機大臣奉旨:著照所請,兵部知道。欽此):此奉旨日期與內容,據錄副校補。

---

① 中國第一歷史檔案館藏:《錄副奏摺》,檔號:03-4612-104。

卷 五
同治十二年（1873）

〇八八　奏為川軍防剿滇省逆回懇恩彙獎出力員弁紳團摺

同治十二年二月初二日（1873年2月28日）

（成都將軍臣魁玉、頭品頂戴四川總督臣吳棠跪）[1]奏，為川軍防剿滇省逆回，閱時最久，現在大理郡城攻克，軍務漸平，懇恩彙獎出力員弁兵團，以昭激勸，恭摺仰祈聖鑒事。

竊查川省建南、敘南地方，迤邐千有餘里，與滇疆唇齒相依。自逆回倡亂以來，土匪復因之起事。川東之匪李永和[2]、藍潮鼎等，則從高、珙、筠連一帶冢突入川，蹂躪幾及通省。滇西之匪先陷木里土司所管境內，土司項札史剿賊陣亡。繼又有另股逆匪楊矮子、文翠等，各率悍黨，竄踞鹽井，直撲鹽源縣城。節經官軍設法剿除，不致蔓延為害。而鄰氛愈熾，邊患方殷，於是川滇接壤之區，徵兵調練，蓋未嘗一日少休矣。同治七年，雲貴督臣劉嶽昭率果後川軍二千五百人，赴滇視事，志在先克尋甸，而後解省圍。無如賊勢鴟張，邊陲震動。雲南撫臣岑毓英來咨，以昆垣內外戒嚴，力難兼顧東路，請由川省撥餉撥兵，等語。維時，正值臣吳（棠）涖任之際，殫慮竭思，似覺遠防不如近剿。當即檄催道員劉嶽曙，統帶果後川軍二千八百人，星夜馳援。八年二月，奏派前雲南提督唐友耕，統領振武全軍，由迤東掃蕩而前，克復魯滇廳城，擒斬逆首李本終[3]等，而敘南之門戶始安。旋又奏派記名提督建昌鎮總兵劉寶國，添募定邊軍練勇千人，益以武安軍楚勇兩營歸其節制，扼守會鹽邊界。九年八月，越疆擊賊，遂乘勝直抵永北廳城下，會同滇軍，再戰再捷，攻克廳城，而建南之藩籬亦固。臣吳（棠）據實奏陳，並隨摺聲明，仍督飭將士相機進取，冀可擒渠掃穴，同奏膚公在案。迭據署雲南鶴麗鎮總兵楊玉科[4]、建昌鎮總兵劉寶國等，稟報克復麗江、劍川、鄧州、永昌、雲趙、蒙化各府廳州縣城池情形。十一年三月至十月，接據劉寶國稟稱：遴委右營營官胡德成，率隊進征，隨同楊玉科，奪回上下兩關，圍攻大理郡城，及該鎮親旅行間，督師境上，以資策應，而固根本各等情。臣等深恐因恤鄰之切，滋越俎之嫌。故凡戰勝攻克事宜，必多方指授，未敢遽登奏牘，但求無失戎機而已。茲據建昌鎮總兵劉寶國、甯遠府知府許培身馳報：杜逆伏誅，克復大理府城，餘黨殲除淨盡。並據劉寶國稟稱：定邊川軍營官胡德成，隨同楊玉科首先入城，奮勇出力。復截剿竄回，搜獲偽印九顆，呈繳備查。與楊玉科所稟大略相同。楊玉科兼以劉寶國籌辦江防，歷久不懈。方杜逆傾巢出寇，圍困省城。該鎮以一旅之師取道會理州，渡江抄襲賊後，攻克武祿、元羅各城，以及進攻六井、二姚等處，均屬滇事危迫之秋，懸軍深入。悉賴劉寶國助以聲援，周其緩急，得免瞻前顧後之虞。其於川滇兩省，不為無功，懇請具奏前來。

臣等伏念滇省逆回之變，自雲貴督臣劉嶽昭振旅啟行，以迄大功底定，計先後出師二萬人，月餉均係川省供支，共撥過銀八十餘萬兩。臣吳（棠）督蜀以來，深悉雲南撫臣岑毓英知兵任戰，應協滇餉必得寬為籌備，共解過銀四十餘萬兩。臣等忝膺邊寄，祇循職分所應為，期於共矢和衷，早清疆圉。此次大理之捷，楊玉科驍勇冠軍，厥功甚偉，總因劉嶽昭、岑毓英運籌決勝、戮力同心所致。其詳細戰況，應由雲貴督臣、雲南撫臣奏報，無俟臣等再為瀆陳。[5]惟川軍防剿滇省逆回，閱時最久，實屬始終無間，畛域不分。而劉寶國調度有方，勳勤尤著。即民國[6]、土練禦寇綏邊，亦有成勞足錄。現在大理郡城攻克，軍務漸平，可否籲懇天恩，俯准臣等將出力員弁兵團，核實彙獎，以昭激勵之處，出自逾格鴻慈。所有川軍防剿滇省逆回，閱時最久，懇恩彙獎出力員弁紳團緣由，謹合詞恭摺具奏。伏乞皇上聖鑒訓示。謹奏。（同治十二年二月初二日）。[7]

同治十二年二月初二日由馹具奏。茲於同治十二年三月初八日准兵部火票遞回原摺，後開奉硃批：著准其擇尤保獎，毋許冒濫。欽此。
（P689-701）

校證

【案】此摺原件與錄副查無下落。茲據前後摺件校補。

[1]（成都將軍臣魁玉、頭品頂戴四川總督臣吳棠跪）：原稿無前銜，茲推補。

[2]李永和：一作"李詠和"。

[3]李本終：應為"李本忠"。

[4]楊玉科（1838—1885）：字雲階，白族。其先居湖南善化，寄籍雲南麗江。同治初，從和耀曾鎮壓回民暴動，積功至守備。同治四年（1865），署維西協，克麗江、鶴慶，旋被杜文秀擊敗。六年（1867），從攻鎮雄，晉遊擊，於家鄉營盤鎮創辦滄江書院。七年（1868），襲元謀、馬銜、武祿、羅次。八年（1869），占柯渡、可郎，遷副將。克嵩明、尋甸、大姚、浪鄧，解省城圍，擢總兵。次年，攻姚州，擢提督，主大理、麗江軍事，權開化鎮總兵。十年（1871），克賓川，署提督。十一年（1872），克大理。十二年（1873），克錫臘、順寧、雲州。光緒元年（1875），還署開化鎮總兵，會邊民殺英人馬嘉理，鎮壓鄧川義軍。二年（1876），移廣西右江鎮，剿平騰越義軍。明年，調廣東高州鎮總兵。六年（1880），署陸路提督。十年（1885），率師出關抗法，守觀音橋。十一年（1886），於鎮南關中礮陣亡。清廷追贈太子少保，諡武湣。

[5]【案】同治十一年十二月十九日，劉嶽昭、岑毓英具奏克復大理府城，首逆伏誅，全郡肅清一摺，可參見《岑襄勤公遺集》（岑春蓂刻）。①

【案】劉嶽昭、岑毓英奏克復大理府城，首逆伏誅，全郡肅清一摺，於同治十二年正月二十四日，得清廷批復，並獲嘉獎，《清實錄》：

甲辰，諭內閣：劉嶽昭、岑毓英奏克復大理府城，首逆伏誅，全郡

---

① 岑毓英：《岑襄勤公遺集》，載沈雲龍主編：《近代中國史料叢刊》續編第三十八輯，第773—791頁。

肅清一摺。逆首杜汶秀盤踞大理府城十有八載，地險城堅，負嵎抗拒。上年五月間，官軍攻克上下兩關，賊勢漸蹙。雲南巡撫岑毓英先將近省及東南各郡次第廓清，督兵前赴迤西，規取大理。十一月初十至二十等日，總兵楊玉科及派出各將弁開挖地道，轟陷大理東南城隅，乘勢擁入城內之土城，晝夜鏖戰，共斃賊二千餘名，奪據蓮花池一帶賊壘，官軍攻偪土城西北隅。楊玉科復約束各軍，四面合擊，自率親兵策應，施放開花大礮，轟毀賊營碉樓木柵。逆首杜汶秀見事勢危迫，於二十五日親率死黨萬餘接仗，楊玉科督軍兜剿，至二十六日，斃賊五六千名。該逆敗入土城內之偽城，情急服毒。其黨將杜逆獻解軍前正法。岑毓英督軍至五里橋地方，環城審視，探知餘酋楊榮、蔡廷棟等仍形負固，會商楊玉科，先期密派將弁暗入偽城，分投設伏。十二月初七日，楊玉科率同太和縣知縣譚席珍，直至縣署駐紮。初九日，潛入偽府，督令伏兵奪據該逆碉樓，賊眾驚亂。岑毓英復親率各軍，與楊玉科內外夾擊，連日血戰，殺賊萬餘，賊分股由東南北三門狂竄，我軍跟蹤追擊，生擒偽大塚宰馬仲山等多名，殲賊三千餘名，生擒偽大司衡楊榮、偽大經略蔡廷棟等，盡法懲治。並擒獲杜逆子女杜淙揚等，分別收禁。悍黨悉數殲除，大理全郡肅清。覽奏，實深欣慰。逆酋杜汶秀首級即著於犯事地方懸竿示眾，無庸獻馘來京。其年未及歲之逆子杜淙揚、杜賡揚、杜城揚三名及幼女一人，著在該省嚴行監禁，並著刑部查明例案，咨行該督撫，照例辦理。雲南巡撫岑毓英當兵餉支絀之時，激勵眾心，親臨前敵，攻克堅城，渠魁授首，實屬謀勇兼裕，調度有方，深堪嘉尚，著賞穿黃馬褂，並賞給騎都尉世職。雲貴總督劉嶽昭與岑毓英和衷共濟，克奏膚公，著開復革職留任處分，交部從優議敘。記名提督開化鎮總兵楊玉科，著賞給騎都尉世職，並賞給白玉翎管一支、白玉搬指一個、小刀一柄、大荷包一對、小荷包兩個。所有單開之總兵段瑞梅等，均著交軍機處記名，遇有提督缺出，請旨簡放。①

---

① 《穆宗毅皇帝實錄》卷三百四十八，同治十二年正月，《清實錄》第51冊，第596—597頁。

又諭軍機大臣等：杜逆自倡亂以來，流毒十有八載，攻陷五十三城，踞險負嵎，其勢甚熾。岑毓英於兵單餉絀之時，激勵眾心，堅忍耐苦，先將東南各郡次第蕩平，然後專事迤西，卒使全境肅清，渠魁授首，實屬謀勇兼裕，功績懋昭；劉嶽昭遇事和衷，克濟成績，均堪嘉尚。本日已明降諭旨，分別加恩，並將出力陣亡各員照所請獎恤，俟該省全境肅清，再行普沛恩施。大理既復，其未復之順寧、雲州及所屬之小猛、統猛、郎錫臘，又騰越廳城及所屬之烏土寨、馬家村，並蒙化廳屬之大小圍埂，自應乘勝掃蕩，俾全省一律廓清。即著岑毓英督同楊玉科，將圍埂賊巢迅速攻拔，一面料理大理善後事宜，務臻妥善。順寧、雲州兩城前有旨，令馬如龍前往攻取，該提督以餉絀尚未起程，所派頭隊官兵僅五百名，亦嫌單薄。岑毓英現擬就近分軍，相機進取，仍著傳知馬如龍，懍遵前旨，克日帶兵，徑赴順寧、雲州一帶，合兵會剿，以竟全功。應需餉項即著劉嶽昭妥籌接濟，毋令缺乏。至騰越地方，即責成總兵李維述，帶領所部前往辦理，毋稍遲誤。將此由六百里各諭令知之。①

[6]民國：應為"民團"，疑形似而誤。

[7]（同治十二年二月初二日）：原稿無此日期，茲據原件推補。

〇八九　奏報籌撥同治十一年八九月分協黔餉銀委解起程日期摺

同治十二年五月十九日（1873年6月13日）

（頭品頂戴四川總督臣吳棠跪）[1]奏，為籌撥上年八、九月分協黔餉銀委解起程日期，恭摺仰祈聖鑒事。

竊查貴州協餉，據提督周達武咨報：自同治九年閏十月十五接辦軍務之日起，至十一年四月底止，先後由司局共解過銀一百零七萬

---

① 《穆宗毅皇帝實錄》卷三百四十八，同治十二年正月，《清實錄》第51冊，第597—598頁。

三千兩。嗣於戡定苗疆之後，奏明減為月協銀二萬兩。復接解上年五、六、七月分餉銀六萬兩，而續派助剿之武字副前營、經武中營月餉及補還周達武在川欠餉，款目繁多，不在其內，均經專摺報明在案。本年春間，臣以黔省軍情大定，正當凱撤之時，需餉甚殷，督同藩司王德固，於左支右絀之中，作移緩濟急之策，復撥解上年八月分協餉銀二萬兩、欠餉銀三萬兩，飭委試用知縣熊士英、候補縣丞廖松年領解。於同治十二年二月二十九日，自省起程。尚未具奏，旋准貴州撫臣曾璧光、提臣周達武咨送疏稿，以全黔軍務將竣，楚軍欠餉過多，奏奉諭旨，飭催趕解。伏念黔省自香爐山掃穴擒渠，苗疆底定。臣愚以為傷殘將弁、羸弱勇丁，多為一月之留，即多糜累萬之餉。周達武亦稱，陸續遣散黔勇近四十營，楚軍專食川餉，尚難節省，等語。是以迅籌鉅款，俾凱撤有資，為一勞永逸之計，共撥解協黔欠餉各十數萬。救災恤鄰，未敢稍留餘力。乃不早為之計，輒以楚軍欠餉過多，又撥出黔勇四千一百人，責令川省補足原協之數，殊不思軍興十餘稔，蜀民久困，輸將正賦、津捐征解，難期踴躍。奉撥京餉，已形竭蹶不遑，更何能於匝月之中，籌此鉅款？惟黔蜀相依唇齒，正值功虧一簣之時，豈容膜視？謹就心力所能及，善保始終。茲復督同藩司王德固，在於各屬解到釐金項下，湊集銀二萬兩，作為同治十一年九月分協黔餉銀。飭委候補知縣陸鎔，協同貴州催餉委員平越州吏目薛華堯等，定期於五月十八日，自省起程，解赴貴州，統交周達武行營，專供馬步全軍之用。又另籌欠餉銀三萬兩，由司遴委妥員，一併解往。計舊欠僅餘數萬兩，協款亦解至上年九月，已屆新城克復之期。此後仍當與西征糧台以及淮軍、滇軍應協各餉，一體均勻撥解，以綏鄰圉，而慰慈廑。所有續撥上年八、九月分協黔餉銀委解起程緣由，理合恭摺馳奏。伏乞皇上聖鑒。謹奏。

（同治十二年六月初七日，奉硃批：知道了。欽此）。[2]

同治十二年五月十九日，由馹具奏。於本年六月十六日，奉硃批：知道了。欽此。（P703–710）

校證

【案】此摺原件、錄副均藏於中國第一歷史檔案館,茲據原件①、錄副②校補。

[1](頭品頂戴四川總督臣吳棠跪):原稿無此前銜,茲據補。

[2](同治十二年六月初七日,奉硃批:知道了。欽此):此奉旨日期與內容,據錄副校補。

【案】同治十二年閏六月,清廷以連年籌撥滇省軍餉不遺餘力,下令嘉獎崇實、吳棠等,《清實錄》:

> 以籌備雲南軍需,予前任成都將軍崇實、四川總督吳棠、兩廣總督瑞麟暨江蘇、江西、浙江、湖北、湖南各督撫藩司,並雲南道員韓錦雲等優敘。③

○九○ 奏報續撥同治十一年十月十一月協黔餉銀委解日期摺

同治十二年閏六月十六日(1873年8月8日)

(頭品頂戴四川總督臣吳棠跪)[1]奏,為續撥上年十月、十一月協黔餉銀委解起程日期,恭摺仰祈聖鑒事。

竊查協黔的餉,自同治九年閏十月十五日起,截至十一年四月底止,先後共撥解過銀一百零七萬三千兩。嗣於戡定苗疆之後,奏明減為月協銀二萬兩。復接解上年五、六、七、八、九月分餉銀十萬兩。又有續派助剿之武字兩營月餉,及補還武字全軍在川欠餉,均經專摺馳報在案。臣維四川餉項,以捐輸、釐金為大宗。此數年中普裁募勇,勤恤邊氓,守量入為出之經,定因時制宜之用,先籌京餉,次瞻防軍,核司庫之盈虛,權鄰疆之緩急,隨時挹注,勉力支持。竭蹶下情,屢形奏牘,諒在聖明洞察之中。

---

① 中國第一歷史檔案館藏:《硃批奏摺》,檔號:04-01-35-0974-090。
② 中國第一歷史檔案館藏:《錄副奏摺》,檔號:03-4951-108。
③ 《穆宗毅皇帝實錄》卷三五十四,同治十二年閏六月,《清實錄》第51冊,第680頁。

贵州撫臣曾璧光、提臣周達武，以餉需奇絀，一再瀆陳。款巨限嚴，雖竭蜀民之財力，斷難如願以償。而大局所關，悉心擘盡（畫）[2]，固未能以追呼之迫，致涉偏私。亦何敢因饋運之艱，稍存推諉？茲督同藩司王德固，於各局解到釐金項下，撥出銀二萬兩，並酌提富榮局鹽釐銀二萬兩，作為同治十一年十月、十一月分協餉，飭委候補同知張邦傑、試用縣丞祝鶴年領解，定期於閏六月十四日，自省起程，前赴貴州軍營，交提督周達武查收，以助飽騰，而資凱撤。除分咨外，所有續撥上年十月、十一月協黔餉銀委解起程緣由，理合恭摺馳陳。伏乞皇上聖鑒。謹奏。（同治十二年閏六月十六日）。[3]

（知道了）。[4]

同治十二年閏六月十六日，由馹具奏。茲於本年七月二十八日，准兵部火票遞回原摺。奉硃批：知道了。欽此。（P711-716）

校證

【案】此摺缺錄副，原件現藏於中國第一歷史檔案館①。茲據原件校補。

[1]（頭品頂戴四川總督臣吳棠跪）：原稿無此前銜，茲據原件校補。

[2] 悉心擘盡（畫）：原稿誤"盡"為"畫"。茲據原件校正。

[3]（同治十二年閏六月十六日）：此日期原稿未署，茲據補。

[4]（知道了）：此原件署於原摺，茲據補。

〇九一　奏報提督陳希祥假滿回川接統營務飭赴峨邊籌辦招撫片
同治十二年七月初六日（1873年8月28日）

再，統領達字川軍提督陳希祥，前經臣於同治十一年八月間，附片奏請給假，回籍葬親，並將所部勇丁暫交副將田應豪代理在案。迭據該

---

① 中國第一歷史檔案館藏：《硃批奏摺》，檔號：04-01-35-0975-015。

提督稟報：於十一年九月二十日，由廣元縣防次買舟東下，取道湖北宜昌、湖南澧州。十一月初一日，甫抵寶慶府新寧縣原籍，趕將喪事辦畢。於本年正月二十四日，自籍起程，沿途陰雨耽延，至三月十二日，馳抵廣元，接統原部達字營川軍各等情。查建南邊境猓夷，性多反覆，自同治七年熱水、交腳之捷，望風乞降，軍威為之一振。近值峨邊蠻匪故智復萌，當飭副將田應豪，帶隊駐防，以資震懾。適陳希祥假滿回川，接統營務，復檄令前往峨邊督辦。據報內嚴戒備，外示羈縻，已將招撫事宜悉心擘畫，漸有端倪。仍擬仿照寧遠、越巂原定章程，凡建碉築堡，看路保哨，以及添設土司分管，責令頭目上班數大端，均應次第舉行，為一勞永逸之計。所有提督假滿回川接統營務，並出飭令前赴峨邊，籌辦招撫緣由，理合附片陳明。伏乞聖鑒。謹奏。

（同治十二年八月初六日，奉硃批：知道了。欽此）。[1]

同治十二年七月初六日，由馹附奏。茲於八月二十二日，准兵部火票遞回原片。奉硃批：知道了。欽此。（P717-721）

校證

【案】此片原件現藏於中國第一歷史檔案館[①]，錄副藏於臺北"故宮博物院"[②]。茲據原件、錄副校補。

[1]（同治十二年八月初六日，奉硃批：知道了。欽此）：此奉硃批日期與內容，據錄副補。

〇九二　奏報川滇邊界練匪為患經合力剿除現在地方靜謐情形摺
同治十二年七月初六日（1873年8月28日）

（頭品頂戴四川總督臣吳棠跪）[1]奏為川滇邊界散練游匪勾結為

---

① 中國第一歷史檔案館藏：《硃批奏摺》，檔號：04-01-16-0198-122。
② 臺北"故宮博物院"藏：《軍機及宮中檔》，文獻編號：111021。

患，迭經兩省兵團合力剿除，現在地方靜謐，恭摺仰祈聖鑒事。

竊查川省敘州府屬之高、珙、筠連等縣地方，與滇之大關、鎮雄等廳州接壤，時有散練游匪，勾結為患，臣心切隱憂。同治八年，提督唐友耕援滇事竣，凱撤回川，即檄令統率所部振武軍，扼要駐防，曾經附片奏明在案。數年以來，邊圍尚稱安堵。惟九年冬杪[2]，巴夷勾串土匪出巢，立時擊退。此外流亡之輩雖聚散靡常，尚不敢越疆肆擾。臣以根株未淨，屢飭該管府縣等，清查保甲，訓練團丁，為安內攘外之計。本年正、二月間，迭據敘州府知府宜成稟報：滇省大關廳屬興隆場、蒿枝壩等處，距川省高縣所屬之可久場、羅家場僅二三十里，現有匪徒諸緊塵即郭心齋，糾同散練，晝伏夜動，搶掠居民糧食、銀錢，意圖窺擾，已督飭各該縣，整齊鄉練，扼守邊疆等情。當經咨令提督唐友耕，嚴督營官張占鰲等，撥隊助防，相機進剿。旋據馳報：賊首郭心齋於正月二十六日，帶匪數百人，勾結蒿枝壩賊首王三大頁、板欖山賊首馬二和尚，攻破滇民蕭本愚山寨，分列三營，勢甚猖獗。經振武軍營哨將弁黃仕明、羅超、艾爾鴻、耿得勝等各率隊伍，亦分三路並進，鎗礮齊施。該匪力不能支，紛紛潰退。奪獲劈山大礮二尊、紅令旂一杆、白旂六杆、小鎗、刀矛十餘件。生擒賊匪多名，割獲耳記二十餘副，奪回蕭子安幼女一名。當將蕭姓山寨克復，交其領回。時方薄暮，細雨溟濛，未便窮追，暫行擇要屯紮。二十八日黎明，激勵勇丁，跟蹤兜剿。賊勢愈形窮蹙，逃入樂雁一帶老林。昭通兵團迎頭夾擊，遂將賊首郭心齋拏獲，驗明斬梟示眾。仍一面責令振武軍將弁，搜查餘匪；一面札飭敘州府縣，綏輯邊氓去後。茲據提督唐友耕、知府宜成等先後馳報：六月十一、十二等日，川滇邊界長官司、郭家墳等處，突有土匪數百人，四出分擾，為首者係林學東，即林宗遂。十五日，該匪竄入長寧縣洪洞場、興文縣石碑口等處地方。十七日，唐友耕飭提督張占鰲，率同營官羅超、王萬奎、耿得勝、張開吉等，帶隊馳至，與匪接仗，殺斃二十餘人，生擒十餘人，奪獲鎗礮、馬匹多件。該匪向花灘橋一帶敗竄。二十一日，張占鰲等會合長、珙兩縣兵團,緊躡其後,直撲賊營。生擒首匪林宗遂一名、匪黨三十餘名,墜巖落澗者,不計其數。該匪愈敗愈少,逃匿白巖鋪、白皎坪深山密箐中。復由長寧縣知縣席樹馨、珙縣知縣范懋遴派幹役團丁,作為嚮導,分投搜捕,以絕禍萌各等情。伏念蜀地幅員遼闊,介在滇黔秦隴之間,自軍興以來,援師四出,未敢稍分畛域,倖免愆尤。迨夫大憨(憨)[3]漸平,邊防未靖,所患者不在逆氛之衝突,而在游匪之縱橫。成都府知府朱潮前在敘州任內,籌練丁保甲事宜,久著成效,地方克保無虞。今川滇接壤之區,屢聞寇警,均賴兵團戮力,悉數殲除。近得滇省來咨,前次土匪郭心齋聚眾滋事一案,已由雲貴督臣劉嶽昭、雲南撫臣岑毓英專摺奏報[4]。仰蒙聖訓周詳,既示以彌盜之方,復許以賞功之請。凡在紳民將士,欽感難名。臣惟有督飭提督唐友耕、知府宜成等,實在巡防,盡心緝捕,以期消患未萌。並飭令唐友耕,將首匪林宗遂解交宜成,訊明正法。餘匪身帶重傷,即由唐友耕督同署筠連縣知縣程熙春,就地問供,立時處斬,以昭炯戒。至歷次剿匪出力員弁紳團,可否容臣補防剿滇省逆回案內,擇尤彙獎,出自逾格鴻慈。所有川滇邊界散練游匪勾結為患,迭經兩省兵團合力剿除,現在地方靜謐緣由,理合恭摺馳奏。伏乞皇上聖鑒訓示。謹奏。(同治十二年七月初六日)。[5]

(另有旨)。[6]

(同治十二年八月初六日,奉硃批。欽此)。[7]

同治十二年七月初六日由馹具奏。茲於本年八月二十二日,奉硃批:另有旨[8]。

同日奉上諭:准由吳(棠)彙案擇尤酌保,毋許冒濫。欽此。(P723-736)

校證

【案】此摺原件現藏於中國第一歷史檔案館①,錄副現藏於臺北"故宮博

---

① 中國第一歷史檔案館選編,黃建明等整理:《清代皇帝御批彝事珍檔》,四川民族出版社2000年版,第1405頁。

物院"。茲據原件、錄副校補。

[1]（頭品頂戴四川總督臣吳棠跪）：此前銜原稿未署，茲據補。

[2] 冬杪：原件亦作"冬杪"，確。錄副作"年底"，誤。

[3] 大憨：原件、錄副均作"憨"，是。

[4]【案】同治十二年四月十三日，雲貴總督劉嶽昭會同雲南巡撫岑毓英具陳"會奏川滇邊界游練土匪聚眾滋事，兵團剿辦獲勝摺子"，並得清廷批復[①]。其摺曰：

> （革職留任雲貴總督臣劉嶽昭、雲南巡撫臣岑毓英跪）奏，為川滇邊界游練土匪糾眾滋事，兵團剿辦獲勝情形，現在一律肅清，恭摺仰祈聖鑒事。竊據昭通鎮李家福、署昭通府知府衍謙稟稱：據署大關同知華國清、署左營游擊王銓義稟報，探獲鹽井渡所屬之仁富鄉、興龍場等處，現在外來游練勾結本地土匪郭心齋，即朱井沉，自稱大元帥，糾聚匪黨千餘名，勢甚猖獗，大有分竄之虞，飛稟前來。臣等查大關一帶為迤東各屬往來要道，鹽井渡釐金必由之路，乃滇省一線餉源。正值西路軍務得手之際，萬一該匪蔓延，不特入川大道為之梗阻，亦且蹂躪完善，全局攸關。飛飭昭通鎮李家福、署昭通府知府衍謙，調集兵團，約會川軍，克期進剿去後。旋據李家福等稟稱：該鎮等聞報，即派左營游擊王銓義等督率兵團，星夜開拔，約會川省筠連防軍，兩面夾攻，並派前營游擊涂開科，挑帶鎮標勁勇一千名，馳往接應。把總李玉美、團紳彭廷訓

---

① 《清實錄》曰："（同治十二年五月）庚寅，諭軍機大臣等：劉嶽昭、岑毓英奏，官軍攻克雲州城池，勦辦川滇邊界匪徒情形各一摺。記名提督楊玉科等於克復順甯後進攻雲州，力戰月餘，先後斃賊甚多，旋於四月初二日攻破城池，逆酋悍賊，悉數殲除，勦辦甚為出力。現在雲州既克，軍威愈振，騰越等處之賊，自必聞風膽落。著劉嶽昭、岑毓英督飭李維述等，迅速攻勦，力圖掃蕩。一面飭楊玉科統軍繼進，合力圍攻，以期早日蒇事。其小猛統等處賊黨，並著嚴飭官軍一律勦除，毋任久踞。川滇邊界游練勾結土匪郭心齋，在仁富鄉等處聚眾滋事，經昭通兵團會同川省防軍進勦，當將首匪擒獲，並斃餘黨數百名，地方業已肅清，辦理尚為迅速。惟川滇連界地方崇山密箐，路徑紛歧，賊黨此拏彼竄，難保無漏網餘匪，復行嘯聚。著吳棠、劉嶽昭、岑毓英飭令該地方文武，舉辦團練，編查保甲，隨時認真緝捕，消患未萌，不可稍涉大意。此次在事出力文武員弁兵團，著准其附入興義府城案內，擇尤保奏，毋許冒濫。將此由五百里各諭令知之。"（《穆宗毅皇帝實錄》卷三百五十二，同治十二年五月，《清實錄》第51冊，第656—657頁。）

率兵團駐紮鹽井渡，以扼該匪下竄之路。千總王定國、團紳陳有章率兵團由分水涵一路，抄襲興龍場股匪。都司施文質、府經歷褚衍慶各率兵團，分扼臨江溪、寶龍場，以防該匪後路。王銓義馳抵底坪壩，探知匪黨已攻破蒿枝壩職員蕭本愚寨堡，即約施文質、褚衍慶等，由仁富鄉西路前進。都司吳嗣華、軍功王安邦帶團埋伏左近要道。王銓義於二月初二日，親督隊伍，直搗仁富鄉賊巢。大隊甫抵後山，該匪遙見，即分股迎拒。兵團奮勇直前，鎗礮刀矛更番迭進，陣斃紅衣賊目四名、執旗賊三名。該匪正驚潰間，適川軍隊伍分路而來，涂開科接應亦到。該匪腹背受敵，鼠竄狼奔。吳嗣華等伏兵四起，立擒首匪朱井沉、從賊王金榜、王定川、馬老麼、曹松柏、林管事等多名，斬於軍前。餘匪被剿窮蹙，翻山越嶺而逃。各營隨分隊，沿山搜剿。次日，追至興龍場，該匪遂由荷麻溝一帶奔竄。把總張炳銓、馮順等率隊分擊，復擒悍賊羅獨手、劉大呀、陳洪興、伍老久等多名，就地正法，零匪竄逸山洞。該處均係深山老林，大霧迷漫，兵團四路搜捕，先後斃匪四百餘名，救出難民老小八十餘名，分別遣散回籍。王銓義酌留兵勇駐紮仁富鄉，以資鎮壓等情。臣等伏查昭通府屬，幅員遼闊，在在與川境毗連，其地皆崇山密箐，最易藏奸。雖地方文武隨時查拏，而路徑分歧，此拏彼竄，大為地方之患。除飭李家福、衍謙認真舉辦團練，編查保甲，搜捕山箐，以靖奸宄外，此次王銓義等約會川軍剿辦，數日之間，擒斬首要，全股肅清，辦理尚屬妥速。其在事出力文武員弁紳團，不無微勞足錄，合無仰懇天恩，俯准附入興義府城案內獎勵之處，出自逾格鴻慈。所有川滇邊界游練土匪聚眾滋事，兵團剿辦獲勝情形，謹合詞繕摺由驛馳奏。伏乞皇上聖鑒訓示。謹奏。①

[5]（同治十二年七月初六日）：原稿未署此時間，茲據原件校補。

[6]【案】此為皇帝手書，據原件補。

[7]（同治十二年八月初六日，奉硃批。欽此）：此奉旨日期，據錄副補。

---

① 劉嶽昭著：《滇黔奏議》，載沈雲龍主編：《近代中國史料叢刊》一編第五十一輯，第829—834頁。

[8]【案】同治十二年八月初六日，此摺得清廷允准，並飭令吳棠等督飭防軍，實力會剿，以絕亂萌。《清實錄》：

又諭：……吳棠奏川滇邊界散練游匪為患，迭經剿除各摺片。……川省敘州府屬地方，與滇之大關等處接壤，時有散練游匪，句結為患。本年春夏間，匪首郭心齋、林淙遂等糾眾擾掠，經提督唐友耕等督兵剿捕，悉數殲除。所有川省歷次剿匪出力員弁紳團，准由吳棠彙案擇尤酌保，毋許冒濫。仍著吳棠、劉嶽昭、岑毓英各飭防軍，會同地方文武，實力巡防，搜捕餘匪，以絕亂萌。將此由四百里各諭令知之。①

〇九三　奏報酌擬武員月課章程試行有效即當仿照辦理摺

同治十二年七月二十三日（1873年9月4日）

（頭品頂戴四川總督臣吳棠跪）[1]奏，為酌擬武員月課章程，試行有效，以後即當仿照辦理，恭摺仰祈聖鑒事。

竊准兵部咨內開：查江南月課歸標員弁章程[2]，曾經原任臣督曾國（藩）[3]奏稱，月課所費銀兩，較之概給俸銀，不及百分之一。所有各省歸標員弁，自應令其仿照江南月課籌給賞銀章程辦理，於同治十一年十月十九日具奏，奉旨：依議。欽此。行文知照等因。當經臣一面咨會兩江督臣，將原任督臣曾國（藩）所定月課歸標學習武員章程，錄送過川；一面檄飭中軍副將，查造歸標候補員弁銜名清冊，呈候核辦。臣詳加參酌，量予變通。應以總兵、副將、參將、遊擊為一班，計收標九十六員。都司、守備、武進士為一班，計收標一百六十六員。千總、把總、外委、武舉為一班，計收標二百八十九員。於查看春操之次，定期三月十六七八等日，在東較場及臣署箭道

---

① 《穆宗毅皇帝實錄》卷三百五十六，同治十二年八月，《清實錄》第51冊，第707—708頁。

逐名考驗，以馬步箭為程式、方略[4]，仿書院課士之法，分列超、特、壹三等。除世職例支全俸、差員向有薪糧勿庸與考外，計取入月課副、參[5]等二十九員，都、守等五十六員，千、把等八十三員。每名給予獎賞，自副、參[6]考列超等給錢十六千文起，以次遞降，至千、把考列壹等給錢四千文而止。其中箭四枝者，作為副課，遇有月課內題補委署之員，即行按班填補，核定榜示，將取入月課之副、參等移交提督，都、守等札委中軍副、參將，千、把等札委五營遊擊。按月考課，隨課升降。仍由臣分期調考，以別勤惰，而示勸懲。並飭據防剿局詳報：自同治十二年三月分起，查照等第，分別給獎。每月約需錢一千三百數十千文，應請在於釐金項下動支。惟釐金向係解銀，以銀易錢，未免煩瑣。該司道等會同核議，以錢一千八百文作市平銀一兩，申合庫平，按月詳明支給，統俟年終彙銷等情。伏查川省為用武之邦，素多良將。軍興十餘稔，以功績洊升者，尤不可勝數。臣久膺疆寄，營伍邊材，尚為曉悉。每年開篆之始，必傳齊歸標候補武員，當場考驗，視技能之優劣，定補署之先後。而員多缺少，位置殊難，亟思鼓舞振興，以作其勇敢有為之氣，即以戢其囂淩不靖之風。今酌擬武員月課章程，試行有效，給獎款目亦大略相同，以後即當仿照辦理。臣惟有會商提臣胡中和，督同中軍副將等，申明紀律，講習韜鈐，務期費不虛糜，事有實濟，以仰副皇上馭將綏邊之至意。所有酌擬武員月課章程緣由，理合恭摺具陳。伏乞皇上聖鑒。謹奏。（同治十二年七月二十三日）。[7]

（同治十二年八月二十七日，奉硃批：兵部知道。欽此）。[8]

同治十二年七月二十三日，恭摺具奏。茲於本年十月初六日，差弁賫回原摺。奉硃批：知道了[9]。欽此。（P737–745）

校證

【案】此摺原件現藏於中國第一歷史檔案館①，錄副藏於臺北"故宮博物

---

① 中國第一歷史檔案館藏：《硃批奏摺》，檔號：04-01-01-0919-070。

院"①。茲據原件、錄副校補。

[1]（頭品頂戴四川總督臣吳棠跪）：此前銜原稿未署，茲據補。

[2]【案】同治七年十一月初三日，大學士調任直隸總督曾國藩具陳"酌擬武職借補章程事"一摺，並附"江南月課歸標員弁章程"清單，旋得允行，曰：

　　大學士調任直隸總督一等侯臣曾國藩跪奏，為酌擬武職借補章程，恭摺聖鑒事。竊准兵部咨：會議具奏，嗣後曾經軍務省分綠營各缺，暫准奏請通融借補。提鎮准借至副、參，副、將准借至遊擊，以次遞借，不得借至三級以下。其已經借補實缺之員，即以本銜在任候補，不得照借缺品級，再行升借他缺。至已經借補一缺，每項不准接續借補。年終開單奏明借補成數，統計至多不准過五成。如逾此數，仍於次年將序補人員補還。至長江水師各缺，亦應按此次定章，以三級為限。統俟十年後，再察情形，應否仍復舊例，奏明酌核辦理等因。於同治七年五月初三日欽奉諭旨：著照所議辦理。欽此。查部臣所議章程，斟酌時宜，仍不背乎古法，極為周妥，自應遵照辦理。惟與現在情形不能不再求變通者，約有數端：一在借補官階，部議不得逾三級。查軍營出力人員，洊保崇階者太多，不得不推廣借補，以為安插之計。擬請嗣後各項補缺，提鎮借至副、參遊止，副、參遊借至都、守止，都、守借至千、把止。如此明示限制，雖與部議稍有不符，而品級不甚懸殊，體制亦無窒礙。惟千、把補缺，向歸咨案。現以大銜借補，擬請改歸奏案，以示區別。其本班擬補千、把者，則仍歸咨案辦理。一在借補人數，部議不得逾五成。查十餘年來，各路軍營搜拔人才，稍有才略者，斷不致沉淪未弁。循例應補之員，較之降格借補之員，才具之優劣迥殊，人數之多寡亦異。即使借補人數十居八九，亦不致令本班之人頓形觖望。惟部臣慮及借補太多，易滋流弊，擬請嗣後各項補缺，借補者三缺得二，挨補者三缺得一，借補則分考試、當差兩班，擇其技藝嫻熟、差事勤奮者，按班借補。挨

---

① 臺北"故宮博物院"藏：《軍機及宮中檔》，文獻編號：111379。

补则分候补、应升两班，核其名次在前、历俸较深者，按班挨补。如此明定班次，既可超拔人才，亦颇限以资格，似与部议尚相吻合。一在借补后升转之途，部议祗准照本衔候补，自属简便良法。惟尚有未能限定者，如提镇借补参游之后，本班额缺较少，断难冀幸简放，而著有功绩亦不能不循例升转。以下递推，本班之难于得缺情形相同。嗣后借补各官，如遇升转，拟请随时酌量，奏明请旨定夺，仍照部议以十年为限，十年之后，应否仍复旧制，再行体察情形，奏明酌办。臣所以鳃鳃过虑者，实因三江、两湖用兵太久，武职保举大员太多，姑存借补小缺之途，以为安插闲将之地。臣今奉命调任直隶，该省募勇无多，武职保举之员较少，本可不再置议。然东南、江楚等省遣撤将弁惶惶无所依归者，实不乏人。臣不敢以身离两江，遂不谋一安置之法。且处处可以收标，省省可以考试，技高者固可考补实缺，技劣者亦可稍沾薪粮，庶渐少游荡无归之员，亦足戢嚚凌不靖之气。谨将江南近年考试武职章程，录呈御览。至长江水师初次拟补各缺，尚未明定章程，即第二次、三次出缺酌补，亦尚难期画一。臣今议奏江苏外海水师，应俟部议允准，暨闽粤等省水师次第议定后，再由部臣议一水师班次迁补章程，与陆军画分两途。而疆臣亦各参末议，庶为可久之道。所有酌拟武职借补章程，恭摺具奏，伏乞皇太后、皇上圣鉴训示。谨奏。十一月初三日。同治七年十一月十七日，军机大臣奉旨：兵部知道，单并发。钦此。[1]

谨将江南近年考试武职章程分别四条，恭呈御览。

一、校阅弓箭、技艺。初定章时，每月于二十五日考核一次，试以射步箭、挽大弓、演鸟鎗、习长矛、马上放鎗五事。各员弁报名时，听其自行注明愿考何技。五事中以能试两技为合格，仅一技者，不准与考。届期由臣自行阅看，如一人不能遍阅，或咨提督，或札司道，随同阅看。嗣改为马箭、步箭、鸟鎗三项，先马后步。本年五月，乃改为先射步箭，以中三矢为合式，予考马箭、鸟鎗。若中箭不及三矢，免考马箭、鸟鎗。

---

[1] 中国第一历史档案馆藏：《录副奏摺》，档号：03-4739-046。又见李瀚章、李鸿章编纂：《曾文正公全集·奏稿》，光绪三年传忠书局刊本。

屆臘月封印以後，經前署督臣李鴻章定免考一次，仍照章酌給賞項，俾資度歲，而示體恤。

一、分定班次、額數。軍營遣撤人員，官階大小不一，同治四年二月初定考試章程，係列兩班，遊擊以上者為一班，都司以下者為一班。丁卯年武闈鄉試後，又有武生稟求附考，因再酌分班次，遊擊以上仍為一班，都守、千把、世職、武舉另立一班，外委、武生又為一班，共分三班。其考取之額數，初定章時並未限定取數，數年來，報名者不下三百人。現定遊擊以上每二名取一名，都守、千把、世職、武舉等項五名取二名，外委、武生兩項三名取一名。武生一項，求收考者極多，上年十月收錄三十餘人後，旋即停止，不准預考。他省若行此法，則武生宜概不收考。

一、酌給薪水、獎賞。初定章時，遊擊以上列為一榜，超等月給薪水錢十二千文，特等月給錢十千文，一等月給錢八千文。都司以下列為一榜，超等月給薪水錢八千文，特等月給錢六千文，一等月給錢四千文。嗣因營中哨弁及隨轅當差人等有願與考試者，該員弁等本有月支之薪水，略給獎賞。由司道等酌議，遊擊以上一班無薪水者，超等給洋錢十二元，特等八元，一等六元。都司以下至武舉一班無薪水者，超等給洋錢八元，特等六元，一等四元。遊擊以上本有薪水者，如取超等一名，給獎賞銀五兩，二名以下，給銀四兩，特等給銀三兩，一等給銀二兩。都司以下至武舉本有薪水者，超等第一名給獎賞銀三兩，二名以下給銀二兩，特等給銀一兩五錢，一等給銀一兩。其外委、武生一班無薪水者，超等給洋錢四元，特等三元，一等二元。有薪水者減半。此項月需經費，均由善後局籌款動放，統歸外銷，業經咨明戶兵二部有案。

一、酌量補缺、委署。初定章程時，略仿書院月課之式，專為鼓勵人才起見，本擬屢次前列者，即准儘先拔補。各員弁等人人奮興，每日自赴校場，練習功課甚密。無如缺少人多，四、五兩年，考班拔補者，甚屬寥寥。六、七年間，始酌量拔補、委署。其中如陳勝輝，五次列超等第一，委署松江城守營遊擊。楊治三次超等第一，補京口左營都司。黃炳恒三次超等第一，補江陰營把總。譚新益兩次超等第一，補安徽宿州營守備。馬祺華兩次超等第一，補淮安城守營守備。其餘一次超等第一者，如鞠登櫺署安慶協副將，顏連玉署泗州營都司，王步雲補柘林營都司，劉傳愈署江甯城守營都司，陳瑞麟補蘇松鎮中營千總，陳得順補金山營千總。其列於超等二名以後者，如劉玉堂署洪湖營都司，劉青山署葦蕩右營守備，劉得勝署鎮江營把總，奎秀補吳淞營參將，向從龍補溧陽營都司，張鵬程補蘇州營右軍守備，王占鰲補提標右營把總，略足以示獎勵，由是考班始有欣欣向榮之意。惟勇丁出身撤營投標者，尚多技藝出眾之材，嗣後仍不得不隨時遴選，或酌補，或委署，以慰將士之心。①

[3] 曾國（藩）：空名諱"藩"，茲據補，以下同。

【案】曾國藩（1811—1872），初名子城、子成、子誠，字居武、伯涵、滌生，湖南長沙府湘鄉縣人。道光十四年（1834），中舉人。十八年（1838），中式第三甲第四十二名進士，改庶吉士。二十年（1840），授檢討。二十三年（1843），任試講，充四川鄉試正考官，補文淵閣校理。次年，授侍讀。二十五年（1845），任左、右庶子，充會試同考官、侍講學士、日講起居注官。次年，任文淵閣直閣事。二十七年（1847），授內閣學士，兼禮部侍郎銜。次年，任稽察中書科事務。二十九年（1849），調禮部右侍郎，署兵部左侍郎。次年，兼署工部左侍郎。咸豐元年（1851），署刑部右侍郎，充順天武鄉試正考官。次年，兼署吏部左侍郎，充江西鄉試正考官。是年，丁母憂。四年（1854），賞三品頂戴，旋晉二品頂戴，並賞戴花翎，以兵部右侍郎署湖北巡撫。七年（1857），丁父憂。次年，辦理浙江軍務。十年（1860），署兩江總督，加兵部尚書銜。同年，旋授欽差大臣、兩江總督。十一年（1861），封太子少保。同治元年（1862），擢協辦大學士。三年（1864），晉太子太保，封一等毅勇侯。五年（1866），補授兩江總督。次年，遷大學士，轉體仁閣大學士，賞雲騎尉。七年（1868），調武英殿大學士、直隸總督管巡撫事。

---

① 中國第一歷史檔案館藏：《錄副奏摺》，檔號：03-5002-092。又見李瀚章、李鴻章編纂：《曾文正公全集・奏稿》，光緒三年傳中書局刊本。

九年（1870），以兩江總督充任辦理南洋通商事務大臣。十三年（1874），薨于位。贈太傅，謚文正。主要著述有：《十八家詩鈔》二十卷，《三十家詩鈔》六卷，《求闕齋日記類鈔》二卷，《古文四象》五卷，《江西全省輿圖》十四卷、首一卷，《克復金陵生擒偽王》三卷、附奏稿二卷、上諭一卷，《求闕齋讀書錄》，《孟子要略》五卷、附錄一卷，《長江圖說》十二卷，《曾文正公書札》三十三卷，《曾文正公手書日記》，《曾文正公文鈔》四卷，《曾文正公四種》，《曾文正公兵事手札》，《曾文正公批牘》六卷，《曾文正公奏稿》三十六卷，《曾文正公重定營規》一卷，《勸誡淺語十六條》，《曾文正公家書》十卷，《曾文正公家訓》二卷，《曾文正公詩集》三卷，《曾文正公雜著》四卷，《湘軍水陸戰紀》十六卷，《經史百家簡編》二卷，《經史百家雜鈔》二十六卷，《遊後湖記》一卷，《遊麻姑山記》一卷，《鳴原堂論文》二卷，《勸誡淺語》一卷，《讀儀禮錄》一卷等。

[4] 方略：原件亦作"方略"。錄副作"亦略"，顯誤。

[5] 副、參：原件亦作"副、參"。錄副作"副將"，非是。

[6] 副、參：錄副作"副將"，亦誤。原稿、原件確。

[7]（同治十二年七月二十三日）：原稿缺署日期，茲據原件校補。

[8]（同治十二年八月二十七日，奉硃批：兵部知道。欽此）：此奉旨日期與內容，茲據錄副補。

[9] 知道了：原件、錄副均為"兵部知道"，確。稿本誤。

〇九四　奏為彙獎川軍防剿逆回並附獎歷次剿匪出力員弁兵團摺
同治十二年九月十九日（1873年11月8日）

（四川成都將軍臣魁玉、頭品頂戴四川總督臣吳棠跪）[1]奏，為遵旨彙獎川軍防剿滇省逆回，並附獎歷次剿匪尤為出力員弁兵團，恭摺仰祈聖鑒事。

竊臣等前於同治十二年二月間，由馹具奏川軍防剿滇省逆回閱時最久，現在大理郡城攻克，軍務漸平，懇恩彙獎出力弁員兵團以昭激勸一摺。於三月初八日，准兵部火票遞回原摺，後開奉硃批：著准其擇尤保獎，毋許冒濫。欽此。嗣因川滇邊界散練游匪勾結為患，迭經兩省兵團合力剿除。復由臣吳（棠）據實奏陳，並聲明歷次剿匪出力員弁紳團，可否補防剿滇省逆回案內，擇尤彙獎。於同治十二年八月二十二日，承准軍機大臣字寄：八月初六日，奉上諭：所有川省歷次剿匪尤為出力員弁紳團，准由吳（棠）彙案，擇尤酌保，毋許冒濫等因。欽此。仰見皇上有勞必錄、無遠弗周之至意，下懷欽佩實深。節經臣等恭錄，分別轉行該將領、郡守等，欽遵查照，各在案。伏念滇省逆回倡亂十有八年，川省建南、敘南地方與之接壤者，千有餘里，脣齒相依之勢，岌岌可危。中間轉饟出師，救災捍患，均經臣吳（棠）隨時奏報，久在聖明洞鑒之中。惟大理郡城地居奇險，為形勝之所必爭，久攻不下。臣等心切憂之，以為此患未除，恐無以收廓清之效。而蜀之鹽源、會理等州縣逼近賊氛，正未可苟安無事也。是以密飭建昌鎮總兵劉寶國、甯遠府知府許培身等，內嚴戒備，外度機宜，與雲南署鶴麗鎮總兵楊玉科秣馬厲兵，臥薪嚐膽，誓滅此而朝食者，殆數稔於茲矣。今幸堅巢告拔，元惡成擒，順甯、騰越諸城再戰再捷，以次削平。洱蒼之階闥既清，巴蜀之藩籬亦固，而散練游匪混跡軍營，與結交寇黨者，遂有不克自存之勢，遊蕩無歸。敘州府屬之高、珙、筠、長邊界地方，土匪郭心齋、林宗遂等糾眾滋事，迭經統領振武軍提督唐友耕等，會同兩省兵團，設法剿除，不致蔓延為害。此皆仰賴聖主德威遠播，俾僻壤遐陬共有升平之慶。臣等忝膺邊寄，欣忭難名。遇缺先簡提督建昌鎮總兵劉寶國，久居專閫，懋著勳勤，屢蒙賞給勇號、封典。茲復綏邊禦寇，戮力同心，有志竟成，厥功甚偉，可否懇恩賞穿黃馬褂，以示優異之處，出自逾格鴻慈。其餘尤為出力弁員兵團，或越疆助戰而協克城池，或保境聯團而生擒逆要，閱時最久，人數逐增。經臣等往返駁查，再三核減，實未敢稍滋冒濫，致涉浮多。謹繕清單[2]，恭呈御覽。籲求皇上恩施立沛，以作士氣，而固民心。除擬保千總以下循例造冊咨部外，所有彙獎川軍防剿滇省逆回，並附獎歷次剿匪尤為出力員弁兵團緣由，謹合祠恭摺具陳。伏祈皇上聖鑒訓示。謹奏。（九月十九日）。[3]

（同治十二年十月初五日，奉硃批：另有旨。欽此）。[4]

同治十二年九月十九日，由馹具奏。茲於本年十月二十四日，准兵部火票遞回原摺，後開奉硃批：另有旨。欽此。同日，奉到同治十二年十月初五日內閣奉上諭：魁（玉）、吳（棠）奏遵保川軍防剿滇回並歷次剿匪出力員弁開單請獎一摺。逆回滋擾雲南十有餘年，四川防剿各軍，或協克城池，或生擒要逆，現在全省肅清。其敘州府屬邊界土匪郭心齋等股，亦經設法剿除，在事各員弁著有微勞，自應量予獎勵。記名提督建昌鎮總兵劉寶國，著賞穿黃馬褂。單開之提督唐友耕、總兵何行保，均著交部從優議敘等因。欽此。（P747-757）

校證

【案】此摺缺原件，錄副現藏於臺北"故宮博物院"①，其首開署"隨旨交，單一同抄繳，十月初五日"等字樣。茲據錄副校補。

[1]（四川成都將軍臣魁玉、頭品頂戴四川總督臣吳棠跪）：原稿無此前銜，茲據補。

[2]【案】為褒獎歷年防剿出力員弁紳團，吳棠等隨摺開列清單，曰：

謹將彙獎川軍防剿滇省逆回，並附獎歷次剿匪尤為出力員弁兵團繕列清單，恭呈御覽。計開：統領振武軍前雲南提督額坿莫克依馬圖魯唐友耕，督帶忠字營提督銜簡用總兵堅勇馬圖魯何行保。該提督等統兵剿賊，調度有方，均擬請旨交部，從優議敘。

防剿滇省逆回尤為出力員弁兵團：花翎副將銜湖北儘先參將管帶定邊軍左營營官司靳勝正，花翎遊擊銜儘先守備管帶定邊軍右營營官胡

---

① 臺北"故宮博物院"藏：《軍機及宮中檔》，文獻編號：111902。

得成，花翎儘先遊擊蕭鳴炳、鄧衍秩，花翎儘先都司吳全禮、李春山，花翎儘先都司穆德沛。以上七員，越疆勦賊，克復城池。靳勝正請以副將仍留原省，無論題推缺出，儘先前即補。胡得成請免升都司，以遊擊留於湖北，無論題推缺出，儘先前即補，並請賞加副將銜。蕭鳴炳請以參將，無論題推缺出，儘先前即補。鄧衍秩請以參將留川，遇有題推缺出，儘先前即補。吳全禮等三員均請以遊擊留川，遇有題推缺出，儘先前即補。遇缺開列在先簡放總兵定長，署會川營參將薛占超，署建標左營遊擊越寯營參將德綏。以上三員，分防邊境，謀勇兼優。定長請賞加提督銜，薛占超請賞加總兵銜，德綏請賞加副將銜。花翎留川儘先守備柳相治、包映桂、楊映桂、冒幹中、王兆炳，藍翎儘先守備曹永臨，儘先千總梁成棟。以上七員，勇往直前，陣擒要逆。柳相治等六員均請以都司留川，無論題推缺出，儘先前即補。梁成棟請以守備留於湖北，遇缺儘先前即補，並請賞戴花翎。

　　六品藍翎儘先千總單松和、陶玉春、馬復興、單育和、楊得霖，儘先千總馬中麟，六品藍翎儘先把總姚綽、張榮魁、韓春選、馬成舉、李春華、穆德隆、何映瑨、易得勝、郭榮宗、楊映超，武舉馬三元，六品軍功毛應辰、舒世元、李能敏、劉朝暹。以上二十一員名，親冒矢石，拔幟先登。單松和等六員均請以守備留川，遇缺儘先前即補。姚綽等十五員均請以千總儘先拔補。姚綽等六員並請賞換五品花翎。何映瑨等四員並請賞加守備銜。馬三元等五員並請賞戴五品藍翎。六品軍功楊成棟、王渝、高啟榮、陶遠升、湯占魁、廖以福、吳全林、祁兆魁、楊映棣、馬成驥、余之勳、雷之璠、包映槐、蕭昶林、劉殿元、黃得魁、劉文運、陳國詡、楊再福、陳方玉、曾占魁、唐得勝、袁飛龍、袁朝清、王仕德、徐永林、李得林、張正輯、劉運通、邊占勝、王超廷、楊炳忠、范洪發、李開科、袁玉升、朱啟明、劉得勝、李得洪、徐堯臣、張聊芳、吳占彪、徐永祥、高煥文、何洪順、曾占春、萬盛甲、王占彪。以上四十七名，截勦竄匪，奮不顧身。均請以把總儘先拔補，並請賞戴藍翎。

　　同知銜分發省分補用知縣劉朝宗，知府銜安徽候補同知彭祿，候選通判黃喬年，六品藍翎知縣用候選府經歷馬晉錫。以上四員，協克堅城，謀勇素著。劉朝宗請免選本班，以同知直隸州分發省分，歸候補班前遇缺儘先即補。彭祿請賞戴花翎。黃喬年請免選本班，以同知直隸州不論雙單月，遇缺前先選用。馬晉錫請免選府經歷，以知縣不論雙單月歸部，遇缺前先即選，並請賞加同知銜。即選巡檢施鴻鈞，藍翎即選巡檢鄧衍藩，候補從九品劉朝陽，從九品蘇鏊元，俊秀劉朝愷、胡雲鵍、胡鵬蘭。以上七員名，攻堅奪壘，迭有斬擒。施鴻鈞等四員均請以府經歷縣丞不論雙單月歸部，遇缺儘先前即選。劉朝愷等三名均請以從九品不論雙單月歸部，遇缺儘先前即選，並均請賞戴藍翎。

木瑞安撫司項松朗札什，土舍項公秋齊典，頭目偏錯札什、嚕藏千則、阿翁群增。以上土司等五名，督帶土兵隨同剿賊，項松朗札什請賞加宣慰司土職。項公秋齊典等四名均請賞戴四品藍翎。協項塔斯杭阿，儘先協項佐領札木丹，防禦塔爾哈、本文炳、文熙，領催多斯歡，前鋒慶升。以上七員，帶兵剿賊，謀勇兼優。塔斯杭阿請以副都統記名簡用，先換頂戴。札木丹請賞加副都統銜。塔爾哈、本文炳均請以佐領儘先補用，先換頂戴。文熙請賞戴花翎。多斯歡、慶升均請以驍騎儘先補用。

花翎副將銜補用遊擊何鑒，花翎補用遊擊松玉，升用參將儘先遊擊范承先，副將銜升用參將留川用遊擊謝思友，升用都司張忠祥，花翎都司銜儘先前守備浦廷貴，儘先守備楊三級、徐得功、滕成明，藍翎留川補用千總徐興。以上十員，克城殺賊，所向有功。何鑒、松玉均請以參將仍留四川，儘先前補用。范承先請免補遊擊，以參將儘先前補用，並請賞加副將銜。謝思友請以副將仍留四川，儘先補用。張忠祥請免補都司，以遊擊留於兩江督標，遇缺儘先補用。浦廷貴等四員均請免補守備，以都司遇缺儘先前補用。徐興請免補千總，以守備仍留四川，儘先前補用，並請賞加都司銜。儘先參將輕車都尉向忠，升用參將留川補用遊擊費三春，貴州古州鎮都司匡元斌，騎都尉周天桂，藍翎儘先都司慶甯營守備馬元珍，藍翎都司銜儘先選用衛守備王廷硅，藍翎都司銜儘先守備陳文炳，藍翎儘先守備鍾圻，儘先守備張祖純。以上九員，練兵剿匪，果敢有為。向忠請賞戴花翎。費三春請賞加副將銜。匡元斌請開缺，以遊擊留川，儘先前補用。周天桂請以都司留於四川，儘先前補用。馬元珍等四員均請賞換花翎。張祖純請賞加都司銜。

藍翎建昌鎮中營千總楊鳴皋，五品藍翎靖遠營千總胡耀廷，五品藍翎提標右營千總張志麟，五品藍翎儘先千總提標左營把總劉炳坤，守備銜儘先千總喇應魁、李廷弼、嵇百年，儘先千總金殿鼇、沈經文，馬邊營千總江國安，五品藍翎城守右營把總楊正超，儘先守備龔開明，提標中營把總王藩，儘先把總劉士傑，儘先外委楊光雲，外委陶昆。以上十六員名，屢殲巨寇，驍勇冠軍。楊鳴皋等九員均請以守備儘先前補用。江國安請以守備仍留四川，儘先前補用。楊正超請俟升補千總後，以守備儘先前補用。龔開明等五員均請賞戴藍翎。

三品銜建昌道黃雲鵠，奏調四川差委分發省分候補班前先補用道魏邦慶，雙月候選員外郎蔣善謨，不論雙單月遇缺前先選用知州李希鄴，四川候補班前先補用知縣艾耀廷，試用知縣周瀚。以上六員，克敵致果，規復城池。黃雲鵠請賞加二品頂戴，並請賞戴花翎。魏邦慶請賞加按察使銜，並請賞換花翎。蔣善謨請免選本班，以知府留於四川，歸候補班前先補用。李希鄴請俟選缺後，以知府用。艾耀廷請俟補缺後，以同知用，先換頂戴，並請賞換花翎。周瀚請歸候補班補用。試用州判鄒放，知縣用試用縣丞來祖鯤，藍翎知縣用候補縣丞王豫之，候補縣丞周兆慶，補用鹽大使黃道榮，候補縣丞茅樾，藍翎候補從九品勝昌。以上七員，衝鋒陷陣，協克堅城。鄒放等五員均請免補本班，以知縣留川，歸候補班前先補用。茅樾請免補本班，以知縣分發省分，歸候補班前先補用。勝昌請免補本班，以主簿留川，歸候補班前遇缺儘先補用。

布政使銜試用道鍾肇立，候選道前綏定府知府顧開第，監運使銜補用道甯遠府知府許培身，鹽運使銜補用道儘先題奏知府彭毓菜，補用道候補班前先即補知府鄧承彬，分發省分候補班前補用知府龔寶英，知府銜分發省分候補班前先補用同知直隸州知州邱慶生，五品銜不論雙單月候選知縣李汝南，分發省分候補班前先補用知縣周錫鎣，舉人靈明，候選州判葉寶昌，歲貢生儘先選用訓導李維馥，文童袁敬廷。以上十三員名，折衝禦侮，防剿兼資。鍾肇立請無論何項道員缺，儘先前題奏。顧開第請賞加按察使銜。許培身、彭毓棻均請俟歸道員後，賞加二品頂戴。鄧承彬、龔寶英均請賞加監運使銜。邱慶生請賞給該員父母從四品封典，並將本身妻室封典貤封祖父母。李汝南請賞給該員父母從五品封典，並將本身妻室封典貤封祖父母。周錫鎣請賞加同知銜。靈明請以知縣不論雙單月選用。葉寶昌請俟選缺後，以知縣用。李維馥請歸歲貢生本班，遇缺儘先前即選。袁敬廷請以從九品留川，歸候補班，遇缺前先補用。

舉人李昌言、趙長庚，舉人候選復設教諭姚埔。查該舉人等自同治五年起至八年止，先後投效建南軍營，隨同剿賊，卓著戰功。據報：上年四月、十月、十二月，聞訃丁艱，請假回籍。惟立功在先，丁憂在後。現值邊情大定，綜核成勞，按照部定章程，例得邀獎。李昌言、趙長庚均請俟服闋後，以知縣不論雙單月選用。姚埔請俟服闋後，賞加內閣中書銜。花翎總兵用留川補用副將白岐山，花翎留川儘先補用都司陳秉柯、陳士林，花翎儘先補用守備馬榮武，藍翎留川補用儘先守備劉紹成，藍翎儘先千總費成志。以上六員，出奇制勝，力固藩籬。白岐山請免補副將，遇有總兵缺出，儘先題奏。陳秉柯、陳士林均請免補都司，以遊擊仍留四川，儘先補用。馬榮武、劉紹成均免補守備，以都司留川，儘先補用。費成志請免補千總，以守備仍留四川，儘先補用。

候選郎中楊玉書，升用同知直隸州會理州知州楊昶，在任候升同知直隸州西昌縣知縣黃成採，同知銜四川候補知縣俞圻、范文彬，西昌縣教諭章繼遠。以上六員，督團剿匪，迭著勤勞。楊玉書請免選郎中，以知府歸部選用。楊昶、黃成採均請俟補同知直隸州後，以知府用。俞圻、范文彬均請賞戴花翎。章繼遠請賞戴五品藍翎。試用道庫大使張禮辛，雙月選用從九品羅景星，鹽大使銜朝烈、胡大炳，西昌縣典史陳延澤，四川試用府經歷胡家珍，候選從九品謝三錫、楊光耀，四川試用未入流陳元植、馬興祚。以上十員，帶隊隨征，屢殲要逆。張禮辛請免補本班，以布庫大使仍留四川，歸候補班前補用。羅景星請免選本班，以縣丞不論雙單月，儘先即選。朝烈、胡大炳均請以鹽大使遇缺即選。陳延澤請以府經歷縣丞，在任候補。胡家珍請仍以府經歷歸候補班，前先即補。謝三錫、楊光耀均請免選本班，以府經歷縣丞留川，歸候補班，前先補用。陳元植、馬興祚均請仍以未入流歸候補班，前先補用。未入流銜章乃椿，廩生車朝楨、梁炳珪，附生宋華清，監生徐鳳詔，俊秀孫桐、馮雲錦。以上七名，冒險運糧，始終不懈。章乃椿請以未入流不論雙單月，儘先選用。車朝楨、梁炳珪均請以訓導不論雙單月，儘先選用。宋華清、徐鳳詔均請以巡檢不論雙單月，儘先即選。孫桐、馮雲錦均請以從九品分發補用。

統領虎威寶軍先簡提督李有恆，提督銜記名總兵劉道宗，花翎儘先補用總兵晏忠發，花翎留川儘先即補參將李鳳友，花翎儘先補用參將袁冠儒，藍翎儘先補用遊擊陳洪升、鄒春祺、彭發祥，花翎儘先題補都司朱殿昌，藍翎留川補用都司袁玉勝，花翎儘先補用都司余騰龍，藍翎儘先補用都司吳桂林，藍翎都司銜儘先守備劉國政、游名揚。以上十四員，久歷邊疆，生擒首逆。李有恆請賞給該員三代一品封典。劉道宗請以提督記名，遇有提督、總兵缺出，開列在先，請旨簡放。晏忠發請賞給該員祖父母二品封典。李鳳友請免補參將，以副將仍留四川，儘先前補用。袁冠儒請免補參將，以副將儘先補用。陳洪升等三員均請賞換花翎。朱殿昌請免補都司，以遊擊儘先前補用。袁玉勝請免補都司，以遊擊仍留四川，儘先補用。余騰龍、吳桂林均請免補都司，以遊擊留於四川，儘先前補用。劉國政、游名揚均請免補守備，以都司儘先補用。

藍翎儘先補用都司李連發、方榮升、劉洪貴、賀元林、呂玉發、王慶雲，藍翎儘先守備伍坤泰、劉得發、王朝清、鄒隆源、張綏之、張和裕，藍翎儘先千總聶秀芝、樊鳳岡、劉道祥、袁貽燕、王朝槐，把總徐廷龍。以上十八員名，披堅執銳，深入逆巢。李連發等六員均請賞換花翎。伍坤泰等六員均請免補守備，以都司儘先補用。聶秀芝等五員均請免補千總，以守備儘先補用。徐廷龍請免補把總，以千總儘先補用，並請賞戴藍翎。

　　候選主事文庚，花翎知府銜留川補用同知直隸州知州李嶽恒，知府銜試用直隸州知州曹紹樾，同知直隸州用候選知縣李光岳，同知銜四川候補知縣繆庸，四川候補知縣陳世彬，六品銜知縣用四川候補府經歷時守忠，知縣用四川候補按經歷王德潤，六品頂戴知縣用候選府經歷縣丞黃景漢，知縣用候選府經歷縣丞余維嶽，候選府經歷劉良洪、吳瑛、姜贊廷。以上十三員，攻城克敵，卓著戰功。文庚請以直隸州知州分發省分，歸候補班前儘先補用。李嶽恒請名補同知直隸州知州，以知府仍留原省，遇缺前先補用。曹紹樾請歸候補班前，遇缺補用。李光岳請免選知縣，以同知直隸州遇缺即選。繆庸、陳世彬均請俟補缺後，以直隸州知州仍留原省，歸候補班前儘先補用。時守忠請免補本班，以知縣仍留原省，歸候補班補用，並請賞戴藍翎。王德潤請免補本班，以知縣仍留原省，歸候補班前遇缺儘先補用，並請賞戴藍翎。黃景漢請免選本班，以知縣分發省分，歸候補班前遇缺儘先補用。余維嶽等三員均請免選本班，以知縣遇缺，前先選用。姜贊廷請免選本班，以按經歷分發省分，歸候補班前遇缺儘先補用，俟補缺後，以知縣用。

　　候選府經歷縣丞龔啟明，候選縣丞王樹，府經歷用候選從九品李建候、林鼎臣，候選從九品伍春溁、李道涵、李綸珏、熊瑞、江國華、孫培之，文生易震恒、李承渤、張和秋、劉炳南。以上十四員名，截剿援賊，力挫凶鋒。龔啟明請選缺後，以知縣用。王樹請賞給六品藍翎。李建候請免選本班，以府經歷儘先選用。林鼎臣請免選本班，以府經歷分發省分，歸候補班前遇缺儘先補用。伍春溁請免選本班，以縣丞分發省分，歸候補班前遇缺儘先補用。李道涵等五員均請俟選缺後，以府經歷縣丞用。易震恒、李承渤均請以縣主簿不論雙單月，遇缺即選。張和秋、劉炳南均請以從九品不論雙單月，遇缺前先選用。

　　歷次剿匪尤為出力員弁兵團：儘先遊擊敘馬營都司王圻，遊擊銜花翎儘先都司陀浚安，花翎儘先都司峨邊左營千總王孝，花翎儘先都司胡燦章、石文沛、王萬奎，遊擊銜藍翎儘先都司劉國斌，藍翎儘先都司雲騎尉唐秉璋，花翎儘先都司劉玉興，江南督標儘先都司孫明泰，都司銜藍翎守備艾爾鴻，都司銜藍翎儘先守備慶甯營千總馬文楨，藍翎儘先守備鄭星文、侯遇春、唐仕德，守備銜藍翎儘先千總林春芳，藍翎儘先千總楊仕清。以上十七員，擒斬要逆，力保嚴疆。王圻請賞加參將銜。陀浚安等七員均請以遊擊留川，儘先前補用。劉玉興請以遊擊留川，無論題推缺出，儘先前即補。孫明泰請仍歸江南督標，遇有水陸都司缺出，儘先前即補。艾爾鴻請免升都司，以遊擊儘先補用。馬文楨請以都司無論題推缺出，儘先前即補。鄭星文等三員均請以都司儘先前補用。林春芳、楊仕清均請免升守備，以都司儘先補用。五品藍翎儘先千總李志國、王增榮、胡秀章，儘先千總王榮國、龔華、鄧宗奎、羅金鼇，藍翎儘先千總普安左營把總黃萬興。以上八名，攻堅歷險，踏毀賊巢。均請以守備儘先前補用。

藍翎儘先把總行榮、雷立勳，綏甯右營把總曾海龍，藍翎儘先把總邑梅營外委冶世泰，藍翎儘先把總趙明訓、竇均幸、聯升、黃朝紱、高占鶴、王登雲、王世潔、劉祖芳、唐玉龍、譚光華、史偉、周明山、黃憲武、呂春榮、章飛龍、楊國棟、何兆翼、卓勝春，儘先把總王朝英、龔知祿、蔣煥祿、李正榮、潘正升、竇金揚、李廷忠、胡士祥、李榮先、李春泉，八品監唐秉桓，五品藍翎儘先把總袁廷楹，五品藍翎儘先外委柏瑞淳，儘先外委黃開泰、胡仕元、王超運。以上三十八名，擒斬無算，奮不顧身。行榮等十七名均請以千總儘先拔補，並請賞加守備銜。呂春榮十六名均請以千總儘先拔補，並請賞戴藍翎。袁廷楹請以千總儘先拔補，並請賞給該員父母五品封典。柏瑞淳等四名均請以把總儘先拔補，柏瑞淳並請賞加守備銜。黃開泰等三名並請賞戴藍翎。

運同銜花翎選用同知直隸州知州劉螢光，不論雙單月選用同知唐紹昌，藍翎分發省分候補班前先用通判章振椿，四川候補州判費秉寅，藍翎分發省分候補班前先用知縣雷鈞，分發省分候補班前先用府經歷唐翼，藍翎四川候補班前先用縣丞龔壽渤，藍翎四川候補本班儘先前補用縣丞于啟珪，遇缺先用典史前渠縣典史沈秉鈞。以上九員，每戰必先，攻克圩寨。劉螢光請以同知直隸州分發省分,歸候補班前先用。唐紹昌請仍以同知留川,歸候補班前先補用。章振椿請以知州分發省分,歸候補班前先用。費秉寅請以知縣歸候補班前先用。雷鈞、唐翼均請賞給五品頂戴。龔壽渤、于啟珪均請俟補缺後,以知縣補用。沈秉鈞請以縣丞補用,並請賞戴藍翎。四川試用從九品蔡鶴書,藍翎儘先前選用從九品阮奎,儘先選用從九品黃成仕、袁文忠,字識雷載銘、雷載鏻、萬國清、章灝、雷鎮、唐錫恩。以上十員名,襄理文卷,勤奮有為。蔡鶴書請以縣丞歸候補班前先用。阮奎請以縣丞選用。黃成仕、袁文忠均請以本班分發省分,歸候補班前先用。雷載銘等六名均請以從九品不論雙單月,儘先前選用。

　　花翎儘先參將何得勝,花翎留川儘先遊擊楊洪坤、朱輝龍,遊擊銜花翎都司宋寅,花翎留川儘先都司郭建祥,藍翎儘先都司何朝良、王仕才、楊恒祿、王桂林,藍翎儘先守備林得勝,儘先千總毛得勝、徐邦鳳、何有香、朱有勝。以上十四員,率隊前驅,陣擒要逆。何得勝請免補參將,以副將歸部儘先推補。楊洪坤、朱輝龍均請免補遊擊,以參將歸部儘先推補,楊洪坤並請賞加副將銜。宋寅請仍以都司留川,儘先補用。郭建祥請免補都司,以遊擊仍留四川儘先補用。何朝良等四員均請免補都司,以遊擊歸部儘先推補,並請賞換花翎。林得勝請免補守備,以都司儘先補用。毛得勝等四員均請賞戴藍翎。儘先參將川北中營守備趙連升,儘先參將川北左營把總楊茂林,參將銜儘先遊擊賈定邦,湖南藍翎儘先補用遊擊陳茂林,儘先都司四川平番營千總劉占超,遊擊銜儘先補用都司譚炳忠,藍翎儘先補用守備呂調鼎。以上七員,分防邊隘,迭有斬擒。趙連升、楊茂林均請以參將留川,儘先補用。賈定邦請俟補缺後,以參將儘先升用。陳茂林請賞換花翎。劉占超請俟補都司後,以遊擊儘先升用。譚炳忠請仍以都司留於四川,儘先補用。呂調鼎請賞加都司銜。

　　二品銜永寧道延祜,調補成都府知府前敘州府知府朱潮,敘州知府宜成,分發省分候補班前先補用道薛華垣。以上四員,督團禦寇,調度有方。延祜請賞加布政使銜。朱潮請開缺以道員留川，歸候補班前先補用。宜成、薛華垣均請賞加鹽運使銜。署筠連縣事儘先補用同知直隸州候補知縣程熙春，署高縣事同知銜儘先補用知縣邵坤，同知銜慶符縣知縣孫定揚，同知銜長寧縣知縣席樹馨，同知銜興文縣知縣徐顯清，同知銜署珙縣事岳池縣知縣范懋，署宜賓縣事候補同知沈械，高縣典史吳東，捐升縣丞候補典史陸炘，候選從九品吉勒明阿。以上十員，籌防籌剿，悉合機宜。程熙春請俟補同知直隸州後，以知府歸候補班前先補用，並請賞戴花翎。邵坤請俟補缺後，以知州儘先升用，並請賞戴藍翎。孫定揚等四員均請以知州在任候升。沈械請俟補缺後，以知府歸候補班前先補用，先換頂戴。吳東請以府經歷縣丞在任候升，並請賞加布理問銜。陸炘請俟補縣丞後，以知縣用，並請賞加六品銜。吉勒明阿請以縣丞歸部選用，並請賞加六品銜。

　　揀選知縣文爾炘，候選鹽大使吳西成，候選教諭陳世輔，候選縣丞徐國慶，指發湖北試用同知魏鳴皋，候選從九品邵澤民，歲貢生劉清忠，俊秀黃廷詔、童炳、吳乃焱。以上十員名，帶練隨征，克復圩寨。文爾炘請以知縣不論雙單月，遇缺前先選用，並請賞加同知銜。吳西成等三員均請俟選缺後，以知縣遇缺前先補用，並均請賞加六品銜。魏鳴皋請賞加運同銜。邵澤民請以府經歷縣丞歸部儘先選用。劉清忠請以訓導不論雙單月，遇缺前先選用。黃廷詔等三名均請以從九品不論雙單月，歸部儘先前選用。升用知縣候選訓導周允森，歲貢生分發試用訓導周國佐，歲貢生宋懋揚，廩生伍世芳，縣丞銜吳培榮，候選鹽知事張楫，鹽大使銜張汝舟，候選從九品趙樹心，監生龐作霖，從九品銜馮心誠。以上十員名，隨辦團練，剿匪有功。周允森請以知縣不論雙單月，歸部選用。周國佐、宋懋揚均請仍以訓導歸歲貢生本班，前先選用。伍世芳請以訓導不論雙單月，分發試用。吳培榮請以縣丞不論雙單月，分發省分，儘先補用。張楫、張汝舟均請以鹽大使歸部選用。趙樹心請仍以從九品不論雙單月，分發省分，歸候補班，前先補用。龐作霖請以從九品不論雙單月，分發省分，儘先補用。馮心誠請作為監生，以從九品不論雙單月，分發省分，儘先補用。

　　國子監學正銜候選訓導易寶林，候選教諭嚴錫琪，候選從九品孫吉臣，俊秀薛增仁、吳祖希，藍翎儘先千總曾樹勳，署高縣汛儘先把總劉家榮，把總王廷川，武生陳據亭，戰兵薛輔朝。以上十員名，越疆堵剿，力扼賊蹤。易寶林請以州學正歸部，不論雙單月儘先選用。嚴錫琪請賞加國子監學正銜。孫吉臣請免選本班，以鹽大使歸部儘先選用。薛增仁、吳祖希均請作為監生，以未入流歸部，不論雙單月儘先選用。曾樹勳請以守備儘先補用，並請賞換花翎。劉家榮、王廷川均請以千總儘先拔補，並均請賞戴藍翎。陳據亭、薛輔朝均請以把總儘先拔補，並均請賞給六品翎頂。書識儘先選用府經歷縣丞寇安平，不論雙單月選用從九品張學升、何修文、范萬選，已滿吏候選未入流劉資儀，監生李恭寅、朱清熙。該書識等隨辦文案，久著辛勤。寇安平請賞加六品銜。張學升、何修文請以府經歷縣丞不論雙單月，儘先即選。范萬選請免選本班，以府經歷縣丞分發省分，歸候補班，前先補用。劉資儀請仍以未入流本班，不論雙單月，遇缺前先即選。李恭寅請以州吏目，不論雙單月即選，並請賞加州同銜。朱清熙請以從九品，不論雙單月即選。覽。①

[3]（九月十九日）：原稿無此日期，茲據錄副補。

[4]（同治十二年十月初五日，奉硃批：另有旨。欽此）：此奉旨日期與內容，據錄副補。

【案】同治十二年十月初五日，此摺及所附清單獲清廷批復，並對劉寶國、李有恆等賞敘有加，《清實錄》：

　　庚辰，諭內閣：以四川官軍防剿雲南逆回暨歷次剿匪出力，賞總兵官劉寶國黃馬褂，提督李有恆一品封典，參將向忠、同知彭祿等花翎，守備龔開明等藍翎。餘加銜升敘有差。②

---

① 臺北"故宮博物院"藏：《軍機及宮中檔》，文獻編號：111902-2。
② 《穆宗毅皇帝實錄》卷三百五十八，同治十二年十月，《清實錄》第51冊，第736—737頁。

〇九五　奏報原保候選通判張世康等員遵照部咨另核請獎片
同治十二年九月十九日（1873年11月8日）

　　再，准吏部咨，臣等奏保防剿秦隴回逆及拏獲會理州糾眾滋事匪徒案內，核與章程不符應行駁正各員，奏奉諭旨：依議。欽此。行文知照。計單開：鹽提舉銜候選通判張世康[1]、候選訓導李芳，係何項候選？四川候補府經歷楊鏡山、候補府經歷縣丞宋兆基，係何項候補？礙難辦理，應令查明。俟覆奏到日，再行核辦。儘先即選從九品馬中良請留湖北，係指省名目，應令另核請獎各等因。當經轉行查照去後。茲據該將領等先後稟稱：張世康係遵例報捐雙月候選通判，仍請照原保，以通判不論雙單月，儘先前選用，並請賞戴花翎。楊鏡山係四川試用府經歷，誤寫候補字樣，懇請更正，仍照原保，歸候補班，前先補用。李芳係灌縣廩生，同治九年，經前學臣鍾駿聲考取歲貢生，咨部註冊，以訓導候選。前次擬保漏敘，仍請照原保，以歲貢生本班前儘先補用。宋兆基係保舉分發省分歸候補班前先補用人員，擬請改獎免補本班，以知縣分發省分，歸候補班前先補用，並請賞加同知銜。馬中良擬請改獎以巡檢分發省分，歸候補班，前先補用，並請賞戴藍翎各等情。臣等覆核無異。又，查有奏調陝西差委候選知府張秉堃，前在巴縣時，分任防剿，斬擒要逆多名。經臣吳（棠）於彙保團防出力案內，擬請以知府歸候補班前遇缺補用，並請賞加道銜，奉旨允准在案。嗣因陝西撫臣奏請留陝之案，經部臣議駁，並查明川省原保清單內，誤作陝西候補知府，應一併撤銷，咨令另核請獎。正在查辦間，適接陝西撫臣邵亨豫來咨，現已瀝情覆奏[2]，奉旨敕部核議覆准，應令該員張秉堃，補交三班分發指省銀兩，以知府留於陝西試用等因。臣等伏查，知府張秉堃前在四川，當髮、滇各逆交訌之際，練兵禦寇，俻著勤勞，刻既奉准留陝試用，可否仍照原保以知府歸候補班前遇缺補用，並賞加道銜之處，出自逾格鴻慈。謹合詞附片陳明。伏乞聖鑒，敕部議覆施行。謹奏。

（同治十二年十月初五日，奉硃批：吏部議奏。欽此）。[3]

同治十二年九月十九日，由馹附奏。茲於本年十月二十四日，准兵部火票遞回原片。奉硃批：吏部議奏。欽此。（P759—766）

校證

【案】此片原件現藏於中國第一歷史檔案館①，錄副藏於臺北"故宮博物院"②。茲據原件、錄副校補。

[1] 張世康：貴州遵義縣人，四川候補知府。光緒十一年，四川總督丁寶楨具陳"為候補知府張世康勤勞過度在營病故請旨賞恤"一摺，可知其大略：

太子少保頭品頂戴降三級留任四川總督臣丁寶楨跪奏，為候補知府張世康在營積勞病故，請予議恤，恭摺具奏，仰祈聖鑒事。據籌餉報銷局司道詳稱：統帶達子左副兩營道員用儘先補用知府張世康，籍隸貴州遵義縣，自束髮受書，即知大義，為鄉里重。同治元年，黔匪倡亂，髮逆石達開相繼入黔，遵郡適當其鋒。鄉里舉其充當里正，築堡自衛，未就而賊至，攻堡甚急，而堡內僅數百人。該員晝夜設法守禦，並出奇攻擊，以助官兵。相持六日，賊匪敗逃。於是府縣知其能，委帶鄉勇，扼要防剿，鄉里賴以稍安。七年，入川，管帶越巂土勇，旋帶安吉前營，赴黔援剿。由桐梓、遵義節節掃蕩，遂克清、黃、平、越等城。嗣改安吉前營為達子左營，隨同達子全軍，進紮清平，轉戰苗疆，事竣旋川。該員先於貴州捐局由監生加捐雙月候選通判，加鹽提舉銜，經前任貴州撫臣於援剿桐梓等縣出力案內，保以通判儘先選用，並戴花翎。十年，防堵陝甘竄匪。十一年，剿辦峨邊夷務。該員不畏險阻，督隊先驅，連戰皆捷，夷眾折服。經前督臣吳棠保以直隸州知州留川補用。十三年，進攻

---

① 中國第一歷史檔案館藏：《硃批奏摺》，檔號：04-01-02-0515-087。
② 臺北"故宮博物院"藏：《軍機及宮中檔》，文獻編號：111908。

滇邊九絲寨踞匪，該員先斷外援，以孤其勢。繼謀攻取，立破堅巢。復保知府，留川即補。至光緒元年，雷波夷匪大股出巢，恃險不服。該員督勇，披荊進剿，奪其險要，殲其渠魁，使其畏威乞降。又經保奏，賞給富龍阿巴圖魯勇號，並加鹽運使銜。嗣後剿辦穆坪土匪，撫綏松峨番夷，出沒於蠻煙瘴雨。此轉歷年餘，始獲蕆事。六年，峨邊夷匪復行蠢動。因其路險巢深，負隅抗拒。該員設法解其脅從，一面縋幽鑿險，深入不毛，痛加懲創，於是邊境各夷聞風歸服。經臣彙案保奏，俟補缺後，以道員用。迄今雷、馬各夷畏威帖服，不敢復叛，滇邊各匪聞其巡防，亦皆斂蹤。現經委辦天全礦務，該員防微杜漸，部署精詳，合廠亦極清肅，祇以歷年勤勞過度，獲疾已深，於光緒十一年四月初九日病故等情。詳請奏咨議恤前來。臣覆查該員張世康，樸誠勇往，辦事認真，二十年來，身經百戰。雖堅巢悍匪，靡不親臨前敵，所向克捷。正當為國宣勤之日，詎其久經戰陣，遇事辛勞。近年從事夷疆，又多戰於冰天雪地之中，以致積勞成疾，日益增劇，遂致不起。伏念該員戰功素著，均經奏明有案。今因積勞病故，核與軍營立功後病故之例相符。合無仰懇天恩俯准，敕部將已故道員用儘先補用知府張世康照軍營立功後病故例議恤，以彰藎績，出自逾格鴻慈。除咨部外，理合恭摺具奏。伏乞皇太后、皇上聖鑒訓示。謹奏。光緒十一年十月二十九日，軍機大臣奉旨：張世康著照軍營立功後病故例議恤。該部知道。欽此。①

[2]【案】同治十二年四月，邵亨豫"奏請候選知府張秉堃等仍留陝補用"摺片，曰：

再，候選知府張秉堃、張惟訓，候選知縣許縉，山東候補知縣韓惠洵，前經臣奏請留陝補用。嗣准部咨：山西並非軍務省分，所請將該四員留於陝西補用，並免交分發銀兩之處，應毋庸議等因。具奏，奉旨：依議。欽此。欽遵轉行在案。茲據軍需局司道詳稱：陝省各府州縣元氣未復，甘氛又未大定，防務孔亟，必得明幹穩練、熟悉耐勞人員治理。前將委署州縣及年例奏銷，詳奏變通辦理，欽奉諭旨，由部覆准等情。

---

① 中國第一歷史檔案館藏：《錄副奏摺》，檔號：03-5836-055。

請將張秉堃等四員仍行奏懇留陝補用。前來。臣查陝省各屬，先遭髮捻蹂躪，繼被逆回焚殺，地方殘破，其受害最深。剿辦數年，其用兵亦最久。現雖腹地肅清，而毗連甘境，防範委難鬆懈。兼之轉運供支，撫恤賑墾，並緝捕游勇土匪各事宜，在在緊要，實難與平定省分相提並論。臣前請留張秉堃等，原因地方儲才起見，迨奉部駁後，與司道迭加籌商，陝省軍務尚未悉平，一切既難驟照舊章，則盤錯需才不得不稍為變通，以期整頓，而復瘡痍。查張秉堃，係同治九年經前撫臣蔣志章奏調來陝，管理軍需局事務，兩年以來，深資得力。張惟訓由知縣薦保遇缺知府，隨仁勝營來陝，現領防軍駐紮宜君。許縉前任陝西知縣多年，韓惠洵亦係由陝回避，改發山東，現無應行回避親屬。該二員辦事認真，情形熟悉，且均札調來陝，委令分辦賑撫、墾荒及捕匪，一切著有成效。合無仰懇天恩，俯念陝省凋敝，需才孔殷，仍請暫照軍務省分，通融辦理，准將候選知府張秉堃、張惟訓，候補知縣許縉、韓惠洵，留陝補用，俾資臂助。如蒙俞允，張秉堃係雙月知府，仍令補足三班銀兩。張惟訓、許縉、韓惠洵三員，仍令補繳分發銀兩，留於陝西，以原官原班補用，實於地方有裨，亦與部章相符。謹附片覆陳。伏乞聖鑒訓示。謹奏。同治十二年四月十一日，奉硃批：吏部議奏。欽此。①

[3]（同治十二年十月初五日，奉硃批：吏部議奏。欽此）：此奉旨日期與內容，據錄副校補。

〇九六　奏請將多文開復銷去永不敘用並免繳捐復銀兩片
同治十二年九月十九日（1873年11月8日）

再，開復花翎按察使銜已革貴東道多文，前因辦理黔省遵義教案

---

① 中國第一歷史檔案館藏：《錄副奏摺》，檔號：03-4664-138。

九起，仍照原議歸結，異常出力，經調任成都將軍臣崇實會同貴州撫臣曾璧光保奏，請銷去永不敘用，開復翎銜原官，並免繳捐復銀兩[1]。奉旨：加恩，著開復翎銜原官等因。欽此。嗣接吏部來咨：以所請銷去永不敘用，並奉旨允准，應照永不敘用人員得有勞績，開復翎銜。至開復原官之處，應請撤銷，於同治十年二月二十四日，奏奉諭旨：依議。欽此。行文知照，各在案。維時，同治十年夏間，臣吳（棠）在兼署成都將軍任內，該革員多文籌辦黔案事竣，來川銷差。接見之餘，查其人氣度雍容，談言曉暢。及詢以地方公事，復能規畫周詳，瞭若指掌。當經檄委前赴建南一帶，會辦邊防。上年，滇軍攻克大理郡城，該革員督率川軍，互相策應，生擒逆要，協克堅城。洵屬異常出力。

臣等伏查該革員前因田興恕被參案[2]內，經前任雲貴督臣勞崇光[3]、貴州撫臣張亮基[4]奏參，永不敘用[5]。旋經張亮基奏留黔省當差，並聲敘該革員在黔垂二十年，官聲甚好。訪之紳士，僉稱為有用之才。前次奏參祇為折服遠人起見，實則該革員別無昭著劣跡，辯之甚明[6]。崇實、曾璧光亦謂其濯磨日久，練達安詳，良非虛譽。且該革員始以贊襄洋務而致起怨尤，繼因綏輯教民而卓著勞績，功過已足相抵，章程稍有未符。茲復能越境遄征，克城殺賊，亟思自効，奮勉可嘉。合無籲懇天恩，俯准將開復花翎按察使銜已革貴東道多文，銷去永不敘用，開復原官，留川補用，並免繳捐復銀兩。川中民教雜處，易涉猜嫌，軍事雖平，而游匪時虞竊發。臣等為邊地需才起見，謹合詞附片陳明。伏乞聖鑒訓示。謹奏。

（吏部議奏）。[7]

（同治十二年九月十九日，奉硃批：吏部議奏。欽此）。[8]

同治十二年九月十九日，由馹附奏。茲於本年十月二十四日，准兵部火票遞回原片。奉硃批：吏部議奏[9]。欽此。（P767-773）

校證

【案】此摺原件[1]現藏於中國第一歷史檔案館，錄副[2]現藏於臺北"故宮博物院"，茲據原件、錄副校補。另，錄副首開署有"另抄交吏部，總理衙門"等字樣。

[1]【案】同治十年正月，前任成都將軍崇實會同貴州巡撫曾璧光，因多文會辦貴州教案異常出力具保，請旨開復原官原銜，得允，片曰：

　　再，已革花翎按察使銜貴東道多文，經原任雲貴督臣勞崇光、前署貴州巡撫張亮基以昏庸乖謬等詞，奏參革職。復於田興恕被參各款案內，奏參永不敘用。已革藍翎知府銜補用同知直隸州王維翰，經勞崇光以該革員前署永甯州任內拏解州役金忠遲延，奏參革職，永不敘用。旋經張亮基於攻克大定等城案內彙保，並聲明已將金忠緝獲，奏奉諭旨，開復永不敘用處分，留營效力，由部核准。已革試用知縣劉登瀛，經勞崇光、張亮基於隨時甄別案內，以舉動粗鄙，奏參革職。該革員等奉委辦理遵義等處教案，開導教士，措置得宜，王維翰、劉登瀛隨同司道議結奏案九起條分縷細，無枉無縱。馳赴遵義。料理設堂行教，清查被搶各案，秉公核辦，力杜爭端。逮教士任國柱以未經出結為詞，各案皆至中翻。多文奉委來黔，堅執條約，與任國柱往復辯論，盡釋猜嫌，使接辦之教士李萬美等心悅誠服。仍照原議，與司道委員等共立合同、議單，出具結狀，永敦和好，照會銷案，密運潛移，蕆事妥速，維持大局，銷患未形。上慰宸廑，綏輯中外，實非尋常勞績可比。查該革員等被參原案，並無實犯贓私，亦非大計六法。因黔省教案初起，勞崇光、張亮基從重參劾，意在折服遠人，曾經張亮基迭次奏陳在案。該革員等此次辦結九案，既異常出力，且沉淪日久，爭自濯磨，疏達安詳，均經堪任使。合無仰懇天恩，俯准將多文銷去永不敘用，與王維翰、劉登瀛均開復翎銜、

---

[1] 中國第一歷史檔案館藏：《硃批奏摺》，檔號：04-01-12-0515-066。
[2] 臺北"故宮博物院"藏：《軍機及宮中檔》，文獻編號：111909。

原官。多文歸部選用，王維翰、劉登瀛仍留黔省補用，並各免繳捐復銀兩，出自逾格鴻慈。謹合詞附片具奏。伏乞聖鑒訓示。謹奏。同治十年正月二十三日，軍機大臣奉旨：前因多文鑽營求保，未允曾璧光所奏，列入保案。茲覽崇實等所奏，多文辦理結案異常出力，加恩著開復翎銜原官。王維翰、劉登瀛著開復翎銜原官，仍留貴州補用，並免繳捐復銀兩。該部知道。欽此。①

[2] 田興恕（1836—1877）：字忠普，湖南鎮筸人。行伍出身，曾參與鎮壓太平軍和貴州苗民暴動。咸豐八年（1858），以青州鎮總兵署貴州提督，督辦貴州軍務。十一年（1861），兼署貴州巡撫，旋被免職，專任軍事。次年，因殺死法國傳教士，論罪遣戍新疆，至甘肅途中，被左宗棠奏留秦州防營效力。同治十二年（1873），獲釋回籍②。詳見《清史稿·田興恕傳》③。

【案】關於田興恕被參案，或參其目不知書，不達政體④。或參其擁兵玩寇，縱吏殃民⑤。或參其意氣驕盈，行為乖謬，濫殺無辜教民，以致釀成教

---

① 臺北"故宮博物院"藏：《軍機及宮中檔》，文獻編號：105825。
② 湖南省地志編纂委員會編：《湖南通鑒》上，湖南人民出版社2007年版。
③ 趙爾巽等：《清史稿》卷四百二十，列傳二百七。
④ 《清實錄》："又諭：……再前有人奏，田興恕目不知書，不達政體。其前後左右皆讒諂面諛之人，憑藉權勢，請托公行。該提督趾高氣揚，毫無顧忌。其奏報勝仗，種種不符等語。田興恕驍勇善戰，自屬可取，若如所參聽信左右之人，顛倒是非，不辨賢否，豈復堪膺節鉞重任。如果目不知書，則奏牘一切假手於人，尤難保無弊竇。駱秉章於田興恕之為人自屬深悉，是否因驟居高位，肆無忌憚。其奏報軍情，有無不實。該督諒亦必有聞見，均著秉公查奏，毋稍徇隱。"（《穆宗毅皇帝實錄》卷十二，咸豐十一年十二月上，《清實錄》第45冊，第305頁。）
⑤ 《清實錄》："又諭：前據巡撫毛鴻賓、御史華祝三先後奏，貴州提督田興恕奏報不實，縱寇殃民等情。當經降旨交駱秉章秉公查奏。嗣據該督奏稱，田興恕自接任欽差大臣、署理巡撫印務後，意氣驕盈，行為乖謬，被參各款，定非無因等語。田興恕從前由湖南轉戰入黔，歷著戰功，其過人之才，良可愛惜，是以僅令其繳回欽差大臣關防，毋庸署理巡撫，仍以提督剿辦貴州苗教各匪。被參各情，悉置不問，原冀保全始終，使知悛改。該提督如果感激殊恩，自應奮勉圖功，力贖前愆，方不負訓誨成全之意。乃自上年十二月間，諭令帶兵出省，迄今半載有餘，而銅仁、石阡等府，匪蹤遍地，竟未派兵攻剿。該提督安駐省垣，養尊處優，不復親歷行間，並不遵諭旨，殺害外國傳教並內地民人多命，虐及無辜，如此任性乖張，總由田興恕恃恩驕恣，年少志滿，不可不嚴行懲創。田興恕著先行交部議處，即著馳赴四川，交駱秉章差遣。仍一面聽候駱秉章會同崇實等秉公查辦。"（《穆宗毅皇帝實錄》卷三十五，同治元年七月下，《清實錄》第45冊，第938—939頁。）

務巨案,中外震動①。於是清廷飭令駱秉章等查辦,核實具奏。同治元年正月十八日,四川總督駱秉章具摺曰:

> 督辦四川軍務頭品頂戴四川總督臣駱秉章跪奏,為遵旨查明,據實覆奏,仰祈聖鑒事。竊臣於咸豐十一年十二月二十九日,准兵部火票遞到議政王軍機大臣字寄:咸豐十一年十二月十八日,奉上諭:前因田興恕督辦貴州軍務,所有貴州兼署巡撫恐難兼顧,等因。欽此。並准抄錄原摺前來。查臣前奉諭旨,飭查田興恕被參各情,業經據實覆奏在案。兹復欽奉前因,謹就原摺所參各節,逐一查詢,據稱田興恕自授為欽差大臣,志得意滿,日吸洋藥,荒淫無度,不以剿賊為事。並信任劣員,刻意鼇捐。如所保錢登選、冷超儒,均為市儈小人。謝葆齡以跛足殘疾冒稱打仗受傷,張心培以劣幕專事,攬權納賄,為所欲為。趙國澍以團練為名,肆行殘擾。該五員毫無戰功,均皆保至監司大員,總由田興恕年

①《清實錄》:"又諭:據總理各國事務衙門奏稱,接據法國照會,內稱貴州提督田興恕,起意凌辱教人。去年,屢次帶兵攻擊貴陽等處天主堂,並派團務道趙畏三等往青巖等處,攻壞學堂,將該處習教張如洋等並不審問,即行處斬。何冠英與田興恕有致府縣公信,內雲驅逐教人,並藉故處之以法。本年正月間,開興夾沙龍地方,因逼脅教人,共祭龍燈。知州戴鹿芝將傳教之文乃耳及中國人吳貞相等拏去,用極刑處死,仍派團首搜尋奉教之人,拏獲嚴辦。現署巡撫韓超又不將和約張貼,知府多文、知州戴鹿芝語言悖妄,駭人聽聞。請飭駱秉章等,派員密查各等語。天主教弛禁,本係不得已之舉。第目前軍務孔殷,督撫大吏自當通籌利害,不僅為洩憤一時之舉。人命至重,即使傳習天主教,而其人並未犯法,亦何得不加審問,遽行斬決?田興恕本屬武夫,或不能無鹵莽之處,而戴鹿芝素稱循吏,何亦忽有是舉?韓超不將和約張貼,何冠英有驅逐天主教人之信,是否均有其事?多文等口出狂悖之語,是否係法國傳教人及中國之習教者捏造激怒之詞,抑或實係不知檢點,信口而道。著駱秉章、勞崇光分派滿漢慎密妥靠大員,前往貴州,訪查確實,即行覆奏。西人喜勝好爭,外仗信義,設所查或有不實,必至增多口舌,務飭派往之員,詳細據實查明,秉公聲覆,斷不可一字含混,稍涉偏袒。田興恕為專閫大員,趙畏三等亦係道府,即使實有其事,朝廷亦必持平辦理,斷不肯稍徇外國之情,有損國體。該督等其各妥為查辦,毋許遲誤。西人既住京師,全在外省權宜辦理,調停妥洽。若各該省大吏不體此意,一時之忿,頻起大波,西人豈肯干休,亦惟有向京師饒舌,轉致辦理為難。即如此次總理各國事務衙門向哥士耆往返辯論,幾至決裂。而哥士耆狡詐百出,總欲將田興恕、戴鹿芝等逮治其罪。若使田興恕接到勞崇光代哥士耆函商時,即設法斟酌妥辦,何至釀成不了之局。至田興恕保冠英公函,何以入西人之手?是否該省胥吏人等有在其教中者,為之轉送?嗣後遇有關涉此等事件之書札文移,宜一體秘密防閒,毋稍疏略。原摺並照會申陳各一件。信函三件。均著鈔給閱看。將此由六百里密諭故之。"(《穆宗毅皇帝實錄》卷二十九,同治元年五月下,《清實錄》第45冊,第782—783頁。)

少志滿，目不識丁，故劣幕奸商得售鑽營之術，各款均屬實在情形。而臣近接探報，清真縣團首何山門因在黔省逼捐未遂，田興恕執而戮之。該處百姓積憤已深，遂將釐金局委員戕斃。現聞聚眾數萬，豎貴州十三府總團旂號，聲稱要圖省城，殺趙國澍方休。田興恕現委前署韓超馳往辦理等語。臣查田興恕辦捐抽釐，自為籌備軍餉起見。而委員肆其苛虐，百姓蓄其怨恨，所取諸民者，又未必歸於實用，未有殄除寇盜、保衛地方之功。並聞比在省城拆毀民房，大興土木，起造欽差大臣府第。當軍餉支絀、賊蹤擾攘之際，尚圖營建第宅，朘削膏脂，則亦實無以誠服人心，無怪乎群情之怨憤不平矣。諭旨：如果黔省軍務不遇土苗等匪，能得賢能巡撫，將地方整頓等因。欽此。竊查黔省苗教各匪，尚非悍黨，比歲擾亂日久，民力凋殘，即各亂民亦幾於無可擄掠。誠得賢明巡撫，撫循善良，兼委勇敢提臣，掃除凶醜，計其勢尚易收功。而田興恕既已斂怨於民，若非痛加裁抑，責令討賊自贖，亦似無以平服該省士民之心。將來督臣潘鐸辦理雲貴軍務，若非朝廷善為處置，俾有馭將職權，亦慮無以卒收討賊之效。伏祈聖明裁酌。至於都勻、思南、石阡各府賊氛密布，臣以恭錄諭旨，咨行該提臣迅速統兵出省，早圖收復，並剴切勸諭，冀其及早悔悟，力圖補救。所有遵旨查明緣由，謹據實附馹覆奏。伏祈聖鑒訓示。謹奏。正月十八日。同治元年正月二十六日，議政王軍機大臣奉旨。欽此。①

【案】駱秉章此摺已於同治元年正月二十六日，奉旨允准，《清實錄》：

又諭：駱秉章奏，遵查田興恕年少意滿，目不識丁，故劣幕奸商得售鑽營之術。所辦捐釐係為籌備軍餉，而委員肆其苛虐，百姓蓄為怨恨。其所取於民者，又未必能歸實用，並聞比在省城拆毀民房，大興土木，起造欽差大臣府第。若非痛加裁抑，無以平服該省士民之心。將來督臣潘鐸辦理雲貴軍務，必得使有馭將之權，方可以收討賊之效等語。現在都勻、思南、石阡各府賊氛密布，雖由該督咨令田興恕迅速統兵出省，

---

① 中國第一歷史檔案館藏：《錄副奏摺》，檔號：03-4596-104。

早圖收復,並剴切勸諭。未知能否及時悔悟,力圖補救。該提督自被人參劾。曾經屢次寄諭,嚴加訓誡,儻知警省,或能改過自新。潘鐸道出川中,與駱秉章會晤,著即將黔省軍務妥為面商,應作如何辦理之處,迅速奏聞。其探聞清鎮縣團首何山鬥,因在黔省勒捐被戮,該處百姓積憤,將釐金局委員戕斃,聚眾數萬,暨貴州十三府總團旂號,聲稱要圍省城,殺趙國澍方休一節。事關官激民怨,恐致滋生事端,韓超現已有旨,令署貴州巡撫,業經寄諭,妥為辦理。仍著駱秉章隨時偵察,如有可兼顧之處,毋令激成事端。①

【案】至審辦田興恕被參各款及赴川延遲、濫殺教民之案,清廷飭令雲貴總督勞崇光會同貴州巡撫張亮基,逐款查核,確切審明,據實覆奏。此案於同治三年八月二十五日審結具奏。其摺名為"奏報審辦已革貴州提督田興恕被參各款及赴川遲延殺害教民案"②,並於同治三年九月二十四日批復,由總理衙門妥議具奏。同治三年十月十四日,總理衙門王大臣奕訢等具奏"妥議密行奏聞遵議勞崇光等奏結田興恕案由"③。同日,得允④。

---

① 《穆宗毅皇帝實錄》卷十七,同治元年正月下,《清實錄》第 45 冊,第 483 頁。
② 臺北"故宮博物院"藏:《軍機及宮中檔》,文獻編號:099390。
③ 臺北"故宮博物院"藏:《軍機及宮中檔》,文獻編號:099851。
④ 《清實錄》:"(同治三年十月)辛巳,諭議政王軍機大臣等:前因勞崇光、張亮基奏,將已革提督田興恕等審明,分別定擬,當諭令總理各國事務衙門議奏。茲據該衙門奏稱,此案上年與柏爾德密辯論時,該使臣曾言將田興恕監禁後照中國例辦理,給予照會,以便寄回本國,即可辦結。嗣因此事遷延時日太多,難免該使不藉口翻悔前議,因先與面晤,重申上年之議,並酌給一函,告知遇恩減等辦法。乃該使於辦法雖無異詞,而覆信內仍有必須告知本國,俟覆到再行知照辦理等詞。揣其用意,該國素崇奉天主教,此案從寬議結,恐各教士退有後言,故不得不藉本國一言,以杜教士之口。惟中國距該國甚遠,往返總需數月,恐勞崇光等暨崇實等未悉此間辦理情形,因先各寄一函,告知原委。請飭崇實、駱秉章仍將田興恕妥為看管等語。此案辦理總以結實為主,自應照該衙門所請,稍寬時日,以免後來別生枝節。惟田興恕現在秀山,該處距鎮算甚近,賊氛未淨,崇實、駱秉章遠在成都,有鞭長莫及之勢。計法國覆到,至速亦在三四個月以外,恐田興恕因日久案懸莫結,自懷疑懼,設滋他故,則傳教人等浮言又起,恐致波折橫生,柏爾德密亦將藉口翻悔。著崇實、駱秉章酌量情形。如秀山可以無虞,即仍將田興恕在該處羈禁。若秀山相距較遠,防範難周,即著設法將田興恕解省,妥為安置。一俟該國覆信到時,即可照中國遇赦減等之例辦理。該將軍、督撫等務當悉心籌畫,計出萬全,毋得稍有疏虞。總理各國事務衙門摺一件,並給法國使臣信一件,均著鈔給閱看。"《穆宗毅皇帝實錄》卷之一百十八,同治三年十月中,《清實錄》第 47 冊,第 609—610 頁。)

[3] 勞崇光（1802—1867）：字辛階、辛皆，湖南善化人。道光五年（1825），中舉人。十二年（1832），中式進士，選庶吉士，散館授編修。十九年（1839），任河南鄉試副考官。次年，任湖北鄉試正考官。二十一年（1841），補山西平陽知府。次年，調山西太原府知府，署山西冀寧道。二十六年（1846），遷山西冀寧道，署山西按察使。二十八年（1848），調補廣西按察使，署廣西布政使。是年，任宣封越南國王差。次年，補湖北布政使。三十年（1850），授廣西布政使，署廣西巡撫，會辦廣西軍務。咸豐二年（1852），擢廣西巡撫，署廣西提督，督辦廣西軍務。九年（1859），調補廣東巡撫，署兩廣總督。同年，實授兩廣總督，會同辦理通商事務。十一年（1861），兼粵海關監督。同治元年（1862），兼廣東巡撫。次年，調補雲貴總督。六年（1867），卒於任。贈太子太保銜，諡文毅，卹如例。著有《易圖詳說》、《常惺惺齋詩文稿》、《讀書日記》、《居官自省日記》、《奉使越南日記》等行世。參見《清史稿·勞崇光傳》[①]。

[4] 張亮基（1807—1871）：字採臣，號石卿，江蘇銅山人。道光十四年（1834），中式舉人。十七年（1837），捐內閣中書。二十年（1840），補文淵閣校閱。二十二年（1842），加侍讀銜，賞戴花翎。二十五年（1845），授內閣侍讀。二十六年（1846），補雲南雲南府遺缺知府。次年，調雲南臨安府知府。二十八年（1848），補雲南永昌知府。次年，升雲南按察使。三十年（1850），遷雲南布政使，擢雲南巡撫，署雲貴總督。咸豐二年（1852），調補湖南巡撫，署湖廣總督。三年（1853），兼署湖北巡撫，旋調補山東巡撫。八年（1858），補授雲南巡撫，升雲貴總督。同治元年（1862），兼署貴州巡撫。二年（1863），改以總督銜署貴州巡撫兼署提督。後因被劾褫職。十年（1871），卒，追諡惠肅。有《張大司馬奏稿》四卷、《河防平議記程》、《退思齋日記》、《自治瑣言》存世。參見《清史稿·張亮基傳》[②]。

[5]【案】同治二年七月二十日，勞崇光會同張亮基參奏多文等庸劣不職之摺。曰：

---

① 趙爾巽等：《清史稿》卷三百九十三，列傳一百八十。
② 趙爾巽等：《清史稿》卷四百二十四，列傳二百十一。

雲貴總督臣勞崇光、署貴州巡撫臣張亮基跪奏，為特參庸劣不職之員，請旨即行革職，以肅吏治，恭摺奏祈聖鑒事。竊黔省軍興十載，地方殘破，滿目瘡痍，小民顛沛困窮，不堪言狀。今欲圖補救之術，軍務固亟需整頓，尤當於吏治加意講求。若不將庸劣之員嚴加澂汰，無以挽回積習。臣張亮基到任後，當經查明補用道魯經芳等十三員，恭摺奏參在案。臣勞崇光奉命來黔，查辦事件，旋奉旨補授雲貴總督，於接見各員時，留心察看，並訪其官聲，考其行事。復查有按察使銜貴東道多文，才識昏庸，性情乖謬，習氣太重，能讒能驕。前在署貴陽府任內，聲名狼藉。道銜補用知府繆煥章，投效軍營，辦理文案，捏敘戰功，屢次濫膺保舉，輕狂浮誕，無知妄作。補用知府黃紹贄，心術不正，專意鑽營，無心公事。前在署貴築縣任內，軍民皆嘖有煩言。卸署黎平府事補用同知直隸州知州袁鴻基，嗜好太重，俾晝作夜，不能振作。開復知縣續保同知直隸州知州彭瀾，巧詐性成，慣走聲氣，並無實在勞績，濫膺優獎，眾心不服。捐升通判陳光銛，抽釐苛擾，不愜輿情。補用知縣王楨，操守不謹，聲名平常。補用知縣朱憙昌，貪鄙見小，被控有案。以上各員，臣勞崇光博採輿論，實係尤為惡劣之員。復密商臣張亮基，訪查無異。相應據實奏參，請旨將該員多文、繆煥章、黃紹贄、袁鴻基、彭瀾、陳光銛、王楨、朱憙昌，一併即行革職，以肅官方。臣等仍不時留心訪查，如此外尚有庸劣之員，仍隨時據實參劾，不敢姑容。至上年奉旨查辦各案，竊查明另摺奏參。除飭司查明該員等經受錢糧有無虧短分別核辦外，謹合詞恭摺，附驛具奏。伏乞皇太后、皇上聖鑒訓示。再，貴東道係苗疆題調要缺，容臣等另行揀員請補。合併聲明。謹奏。七月二十日。同治二年八月二十三日，軍機大臣奉旨。欽此。①

【案】此摺旋於同治二年八月二十三日獲准，將多文等革職，《清實錄》：

又諭：勞崇光等奏請將庸劣不職各員革職一摺。貴州按察使銜貴東道多文，昏庸乖謬，能諂能驕，前署貴陽府任內，聲名狼藉。道銜補用

---

① 臺北"故宮博物院"藏：《軍機及宮中檔》，文獻編號：090731。

知府繆煥章，辦理軍營文案，捏敘戰功，屢次濫膺保舉，輕浮妄作。補用知府黃紹贇，心術不正，專意鑽營，前署貴築縣任內，軍民嘖有煩言。補用同知直隸州知州袁鴻基，嗜好太重，不能振作。保升同知直隸州知州彭瀾，巧詐性成，慣走聲氣，濫膺優獎，眾心不服。捐升通判陳光銛，抽釐苛擾，不愜輿情。補用知縣王楨，操守不謹，聲名平常。補用知縣朱德昌，貪鄙見小，被控有案。以上各員，均著即行革職。其多文一員，尚有應行查辦案件，仍著勞崇光、張亮基飭令歸案，聽候查辦。①

【案】時隔五年，即同治七年二月十三日，貴州巡撫張亮基片奏，請將革員多文等賞還翎銜頂戴，襄辦黔省教案，片曰：

再，黔省教民事件，前經臣奏明專委候補道蔡興槐辦理在案。本年五月間，據該員稟稱：接到家信，得悉原籍湖北被兵，父母為賊沖散，請假赴楚省親。臣已批准給假，並以教民與漢民牽涉各案，亟須遴員接辦，非精明幹練而兼為主教所欣佩者，不能勝任。當即飭令署藩司曾璧光、臬司葆亨偕赴天主堂，面詢主教胡縛理、司鐸任國柱，令其酌舉所知。該主教等面稱，請派已革按察使銜前貴東道多文、已革知府銜補用同知直隸州知州汪維翰先行試辦。該署司等隨即據情詳請檄委。臣查汪維翰本係奏明留營效力之員，惟多文前於四年冬間，經臣奏懇效力當差，奉旨著不准行，理應懍遵，何敢任意差遣。第臣悉心訪查，該主教等近年採聽輿論，頗知多文從前被參，皆為田興恕所累，而田興恕之與教民為難，多文實未贊助。該主教等心中不無悔悟。汪維翰辦事勤能，則又為該主教等素所喜悅，是以欲令該二員試辦教案。若不允其所請，另行委員接手，不特事多扞格，且恐因此另啟猜嫌，輾轉籌畫，祇可從權札委。半年以來，該革員等任怨任勞，實心經理，已將教民要案連結數起，辦理均臻妥協，與主教等亦稱浹洽。茲據主教胡縛理以多文、汪維翰奉委後，首將青巖、畢節二處每年積案次第辦結，現在趕辦興義、貴定各案，亦有端倪。似此辦事認真，不致如前積壓，實屬中外悅服，應請奏

---

① 《穆宗毅皇帝實錄》卷七十七，同治二年八月下，《清實錄》第46冊，第564—565頁。

明，從優獎敘，俾期奮勉而示鼓勵等情。照會前來。可否仰懇天恩，俯准主教胡縛理所請，即將已革花翎按察使銜前貴東道多文與留營效力之已革藍翎知府銜補用同知直隸州知州汪維翰，一併賞還原銜頂翎，以示懷柔而昭優獎之處，出自聖裁。謹附片具奏。伏乞聖鑒訓示。謹奏。①

【案】此片亦未獲允行。《同治朝上諭檔》：

同治七年二月十三日，軍機大臣奉旨：多文於田興恕案內革職，永不敘用。前據張亮基奏請留該革員辦理籌餉帶練等事，不准干預教民事件。當因該革員前案情節較重，未經允准，何得顯違諭旨，仍令干預教務？所奏前後矛盾。汪維翰亦係革職永不敘用之員，張亮基輒以委辦教民案件為詞，為該革員等瀆請，實屬乖謬。且督撫委員辦理教務，係屬地方公事，何得先向主教面商，成何政體？所稱經理教案中外悅服等語，顯有鑽營請托情弊。所請著不准行。多文、汪維翰並著勒回旂籍，不准仍留黔省。欽此。②

[6]【案】同治七年十二月間，貴州巡撫曾璧光以多文人素正派，辦事實心，襄辦教案著績，密片再保，然仍未獲允准，片曰：

再，已革貴東道多文，經成都將軍臣崇實奏委來黔，會辦遵義等處教案，悉心開導，籌畫詳明，使教士悅服，乃（仍）照原議歸結，出具結狀照會，以杜翻異，輯睦中外，實屬異常出力。查該革員，因田興恕案內為前署撫臣張亮基奏參革職，永不敘用。張亮基曾兩次奏明，暫事（時）參革，藉以折服遠人，實即田興恕之與教民為難，多文並未贊助，即後此教士胡縛理代請優獎，該員亦並不知其事，委無鑽營情弊。臣到省數年，採之官評輿論，均稱該革員人素正派，辦事實心，竟予淪廢，殊為可惜。此次結案微（勞），容臣與崇實隨案請獎，謹克附片密陳。伏乞聖鑒。謹奏。同治十年正月初五日，軍機大臣奉旨。欽此。③

【案】同治十年正月初五日，曾璧光褒獎多文之奏，亦未獲允准，《清

---

① 中國第一歷史檔案館、福建師範大學歷史係編：《清末教案》第一冊，第602—603頁。
② 中國第一歷史檔案館：《同治朝上諭檔》，同治七年二月十三日。
③ 臺北"故宮博物院"藏：《軍機及宮中檔》，文獻編號：105521。

實錄》：

　　　　（曾璧光）又另片密陳已革道員多文結案微勞等語。多文係永不敘用之員，且經教士胡縛理代請優獎。其為鑽營教士以圖進身，顯而易見，實屬卑鄙無恥，著不准其保獎。將此由六百里諭知曾璧光，並傳諭周達武知之。①

　　[7]（吏部議奏）：此"硃批"據原件補。

　　[8]（同治十二年九月十九日，奉硃批：吏部議奏。欽此）：此奉旨日期與內容，據錄副補。

　　[9]【案】此摺清廷飭交吏部議奏。據光緒元年十月初二日，吳棠復奏懇將多文銷去永不敘用，開復原官，留川補用，片中署"同治十二年十月，復經臣等於援滇各軍收復大理郡城案內在事出力，保請開復原官，留川補用。奉旨：交部議奏。核以未經銷去永不敘用字樣，致與章程不符，未蒙議准"②。可斷，此次具保仍未獲俞允。

〇九七　奏撥同治十一年十二月十二年正月協黔餉銀委解日期摺

同治十二年九月十九日（1873年11月8日）

　　（頭品頂戴四川總督臣吳棠跪）[1]奏，為續撥上年十二月分、本年正月分協黔餉銀委解起程日期，恭摺仰祈聖鑒事。

　　竊查協黔的餉，自同治九年閏十月十五日起，截止十一年四月底止，先後共撥解過銀一百零七萬三千兩。嗣於勘定苗疆之後，奏明減為月協銀二萬兩。復接解上年五月起至十一月止餉銀十四萬兩，均經專摺馳報在案。伏念黔省協餉，前經貴州撫臣曾璧光等奏請，先撥銀五十萬兩，務於一月內飛速解黔，以濟眉急。維時，滇省督撫亦有請

---

　　①《穆宗毅皇帝實錄》卷三百二，同治十年正月上，《清實錄》第51冊，第6頁。
　　② 中國第一歷史檔案館藏：《錄副奏摺》，檔號：03-5771-038。

將積欠新餉先行籌撥一半之奏[2]，計又需銀五十萬兩。臣不得已瀝陳川省民力艱難、餉源支絀情形，奏奉硃批：知道了。欽此。並准戶部咨：據浙江巡撫奏陳速籌雲貴協餉一摺，欽奉硃批：即著咨行雲南督撫，毋庸派員守提等因。四川事同一律。恭錄咨行，欽遵查照。仰見聖明，洞矚無遺，部臣權衡悉當。凜遵之下，敬佩難名。先是應協滇省餉需，甫經報解，署鶴麗鎮總兵楊玉科派弁持文，接踵而至。當即婉言峻拒[3]，允以續籌，自行委員批解。而黔省協餉，自閏夏撥過，至今已將三月，屢有文移催索。其望濟之情，迫於滇省。即以臣前請通籌勻撥，亦當有後先緩急之分，何敢因具奏在前，稍存推諉？茲督同藩司王德固，於左支右絀之中，為挹彼注茲之計。庫款現存無幾，不敷動支。即在川東道庫釐金項下，酌提銀四萬兩，作為同治十一年十二月分、十二年正月分協黔餉銀，飭委大挑知縣徐樹錦、試用通判談廷楨，協同管解，定期於同治十二年九月二十日，自省起程，解赴貴州提督周達武軍營交收，以資接濟。所有續撥上年十二月分、本年正月分協黔餉銀緣由，除分咨外，理合恭摺馳陳。伏乞皇上聖鑒。謹奏。（九月十九日）。[4]

（同治十二年十月初五日，奉硃批：知道了。欽此）。[5]

同治十二年九月十九日，由馹附奏。茲於本年十月二十四日，准兵部火票遞回原片。奉硃批：知道了。欽此。（P775-781）

校證

【案】此摺原件查無著落，錄副現藏於臺北"故宮博物院"①，茲據校勘。

[1]（頭品頂戴四川總督臣吳棠跪）：原稿無此前銜，茲據錄副校補。

[2]【案】同治十一年八月初四日，雲貴總督劉嶽昭會同雲南巡撫岑毓英，具陳"奏請飭催各省協滇軍餉"一摺。茲補錄，摺曰：

革職留任雲貴總督臣劉嶽昭、雲南巡撫臣岑毓英跪奏，為滇省軍務

---

① 臺北"故宮博物院"藏：《軍機及宮中檔》，文獻編號：111907。

得手，需餉孔急，請旨飭催各省協餉，以濟要需，恭摺仰祈聖鑒事。竊臣等於上年六月，因軍餉奇絀，復遇水災，情形危急，曾將各省欠解協餉開單具奏，欽奉諭旨：著各該督撫督飭藩司，將前欠滇餉無論何款，趕緊先解一半等因。欽此。欽遵在案。迄今一年之久，不惟舊欠餉銀，各省俱未起解，即按月應撥協餉，祇江西一省撥解過半，其餘各省所解均不及三分之一。計自上年六月起，至本年五月底止，四川省解到銀十萬兩，湖北省解到銀二萬八千六百零六兩，廣東省解到銀四萬兩，江蘇省解到銀三萬兩，浙江省解到銀六萬兩，江西省解到銀十三萬八千二百一十餘兩，通共僅收到銀三十九萬六千八百數十兩，欠解之數甚鉅，以致左支右絀，萬分掣肘。現雖東南兩迤軍務漸次肅清，迤南克復多城，俱兵燹之餘，民力凋敝。辦理善後各事、分撥留防兵勇，需用更覺浩繁。而杜逆久踞大理，且有順寧、騰越、雲州各處城池尚未克復，根深蒂固，未易殄滅。刻下官軍雲集，分投進剿，掃穴擒渠，在此一舉。若協餉仍前疲滯，稍有貽誤，關係匪輕。伏思各督撫臣，仰體朝廷軫念邊陲，莫不顧持大局。而滇省軍饑民困，亦各省所盡知，當不至意存膜視，但未將應解滇餉劃定有著之款，按月撥解，每至臨時酌籌，或不免先後彼此，遂致兼顧難周。迨積數月之久，始獲撥解一次，杯水車薪，萬難分潤。當此搗穴吃緊、需餉孔殷之際，若不另籌長策，屢次奏瀆聖聽，亦覺有失體制。據軍需局司道宋延春等會詳前來。除將各省欠解餉銀數目繕具清單、恭呈御覽外，合無仰懇天恩，敕下四川、湖北、浙江、江蘇、江西各督撫臣，於此次奉旨飭催後，務將每月應解滇餉在於各該省釐金、稅課、有著款項，按月如數劃存，發交滇省坐催協餉委員，源源彙解來滇，俾濟急用。如有原撥餉銀為數較多，未能全數籌撥，究竟能撥若干，亦宜劃定實數，一面即行起解，一面迅速奏明。其不敷之數，或改撥別省有著之款，或仍飭該省添撥足數，應由部臣核明辦理。其四川一省距滇最近，尤賴緩急相通。查該省每月籌解貴州提臣周達武軍餉銀五萬八千兩，係由川東釐金局就近撥解，並無蒂欠。滇省事同一律，所有川省每月應解協餉銀三萬兩，擬請亦由川東釐金項下，按月劃扣存局，交重慶轉運滇餉委員吳寶森，就近催提解滇，務期餉如時至，庶得激勵士卒，早竟全功。至協濟滇餉之各省督撫、藩司，既有督催籌解之責，倘能籌解無誤，俟全滇軍務肅清，應否隨摺聲明候旨施恩之處，出自逾格鴻慈，臣等未敢擅便。所有滇省軍務得手，需餉孔急情形，謹合詞恭摺具陳。伏乞皇太后、皇上聖鑒訓示。謹奏。八月初四日。同治十一年九月初二日，軍機大臣奉旨。欽此。①

[3] 婉言峻拒：錄副缺"峻"，疑奪。

[4]（九月十九日）：原稿無此日期，茲據補。

[5]（同治十二年十月初五日，奉硃批：知道了。欽此）：此奉旨日期與內容，據錄副補。

〇九八 奏報教士被毆致斃請旨將黔江縣知縣桂衢亨摘頂撤任摺

同治十二年十月初五日（1873年11月24日）

（四川成都將軍臣魁玉、頭品頂戴四川總督臣吳棠跪）[1]奏，為教士被毆致斃，兇犯已獲，請旨將該管知縣摘頂撤任，以肅功令，恭摺仰祈聖鑒事。

竊照本年七月二十六日，據川東道姚覲元稟稱：法國主教范若瑟密遣教士張紫蘭，潛赴黔江縣地方，私買民房，遽招司鐸余克林、教士戴明卿，前往建堂傳教。奈黔邑地偏民瘠，素無習教之人，眾議沸騰，恐致激而生變。經該道迭飭紳董往晤，范若瑟匿不見面，一味支吾。似此情形，顯有構釁之意。臣等當即會函，致復川東道，以天主教勸人為善，聽民自便，中國不能禁民之不習教，外國亦不能強民之

---

① 中國第一歷史檔案館藏：《錄副奏摺》，檔號：03-4950-030。又，《滇黔奏議》此摺後所附記曰："同治十一年九月二十九日，准兵部火票遞迴原摺，後開軍機大臣奉旨：另有旨。欽此。又准軍機大臣片開：貴督撫具奏，請請催各省協餉一摺，已奉有寄信諭旨，令廣東等省督撫，按照單開各數撥解矣。為此諮會。"（劉嶽昭：《滇黔奏議》，第717—723頁）。

必從教。令其婉屬范若瑟，將教士張紫蘭等撤回，暫緩建堂，徐圖傳教。並飭署酉陽州知州羅亨奎，督同[2]黔江縣知縣桂衢亨，妥為彈壓，毋使黔民為首禍之人，以消邊患去後。旋據川東道酉陽州轉據黔江縣知縣桂衢亨馳報：七月十四日，天將曙時，突有縣民百餘人，在司鐸余克林等所寓屈永順店房門首，適值該司鐸等出外遇見，即將司鐸余克林、教士戴明卿抓住毆擊。該縣聞信，親往諭禁，不意人多勢眾，將該司鐸等扭至城外河邊毆斃。迨該縣趕到，已紛紛解散。立將毆打至城外河邊正兇陳宗發、謝裁縫等六名拏獲，餘犯仍飭差嚴緝。幸張紫蘭一人，乘間躲入縣署得免。當將司鐸余克林等屍身暫為妥殯。至此案實係在店外毆打，並未進店。該司鐸等衣物、銀錢絲毫未動，所置房屋亦未拆毀等情。復經臣等批飭署酉陽州知州羅亨奎，督同黔江縣知縣桂衢亨，照例相驗，填格通詳，親提獲犯陳宗發、謝裁縫等，秉公研訊，究出下手正兇，稟候察辦。並由川東道遴委熟諳教案、邊情之卸署彭山縣事同知張超，前往查勘情形，會籌妥辦。嗣據川東道續稟：范若瑟於事後連番進謁，語言均極和平。迨令局紳往返晤商，則又情形迥異，並以此案由該縣桂衢亨相驗，必有弊竇，嘵聒不休。該道與之辯論再三，固執莫解，已就近飭委涪州知州濮文升，帶同刑仵，迅赴黔江，會同前委之同知張超，提集人證，如法覆驗。並據司鐸常保祿、梁樂益等呈控前來。

　　臣等伏查，黔江縣距省二千餘里，距川東道駐紮之重慶府亦千里而遙，逼近苗疆，民風質樸。兼以山高灘險，驛站不通，文報往還，動輒經旬匝月。方川東道具報教士張紫蘭潛赴黔江之日，已在教士被毆致斃數日之後。今核該司鐸常保祿等所遞呈詞，以主謀歸之縣令，以協謀歸之紳糧，無非張大其詞，擇肥而噬。此主教范若瑟歷辦重慶、酉陽舊案，遇事要求，已成慣技。臣等惟有督同川東道姚覲元，設法維持，悉心補救。應俟覆驗通詳，至日究出正兇，按律擬抵，方足以懲邊氓之失，而服教士之心。知縣桂衢亨既未能先事預防，又不克隨機應變，釀成巨案，咎無可辭。且司鐸余克林，查係洋人，情節較重，自未便因兇犯已獲，免予開參，相應請旨將黔江縣知縣桂衢亨摘頂撤任，以為辦理不善者戒。除將詳細情形隨時函致總理衙門[3]外，所有教士被毆致斃、兇犯已獲緣由，謹合詞恭摺具陳。伏乞皇上聖鑒訓示。謹奏。（同治十二年十月初五日）。[4]

（原件：另有旨）。[5]

同治十二年十月初五日，由馹具奏。茲於本年十一月初八日，准兵部火票遞回原摺，內開奉硃批：另有旨。欽此。（軍機大臣字寄：成都將軍魁、四川總督吳）[6]：同治十二年十月二十三日，奉上諭：前據總理各國事務衙門奏，川省黔江縣民人毆斃法國司鐸教士，請飭查辦。當諭令魁（玉）等，將此案詳細實情先行具奏，並將案內正兇及從犯嚴緝務獲，訊明懲辦。茲據魁（玉）等奏稱：法國主教范若瑟遣教士張紫蘭，潛赴黔江縣，私買民房，建堂傳教。該縣民人將司鐸余克林、教士戴明卿毆斃，與總理各國事務衙門前奏情形大略相同。現已拏獲正兇陳宗發等六名，飭令酉陽州知州羅亨奎等，提犯研究下手正兇，稟候查辦，餘犯仍飭嚴緝。並飭涪州知州漢文升，前赴黔江，會同覆行相驗等語。此案究竟因何起釁？該將軍等並未敘明。如謂買房建堂，以致民教不和，滋生事端，該地方官事前豈毫無見聞？已獲之陳宗發等六名，是否實係下手正兇？亦應確切根究，不得遷就了事。桂衢亨辦理不善，咎無可辭。著即行摘去頂戴，撤任，仍著魁（玉）、吳（棠），懍遵前旨，將起釁實情迅速查明具奏。並嚴究下手正兇，躧緝幫毆從犯，訊明分別懲辦，毋得一味拖延，任令該地方官含糊了事。並將現在辦理情形，隨時咨明總理各國事務衙門，毋稍延緩！將此由五百里各諭令知之。欽此。（遵旨寄信前來）。[7]（P783-796）

校證

【案】此摺缺錄副，原件現藏於中國第一歷史檔案館，又見於《清末教案》。茲據《清末教案》校補。另，摺後附記據《同治朝上諭檔》[①]校補。

[1]（四川成都將軍臣魁玉、頭品頂戴四川總督臣吳棠跪）：此前銜據原件補。

[2]姚覲元（1826—1891）：浙江歸安人，道光舉人，同治十年（1871），由戶部郎中奉旨補授四川川東道員。同治十二年（1873），加布政使銜。光緒四年（1879），補授湖北臬司。次年，署湖北藩篆。六年（1881），補授廣東藩司。十六年（1892），未及赴部，卒。

【案】中國第一歷史檔案館藏其履歷一紙，曰：

姚覲元，現年四十五歲，係浙江歸安縣人，由監生中式道光癸卯科舉人，遵例報捐內閣中書。咸豐五年三月到署，六月補缺。八月，因前在本籍勸捐出力，奉旨以主事即升。七年十一月，丁母憂，回籍。十年二月，服闕。五月，湖州守城出力案內，奉旨免補主事，以員外郎分部，遇缺即補，並賞戴花翎。同治元年二月，籤分戶部行走。四年，通州驗收海運米石出力案內，奉旨俟補缺後，以本部郎中遇缺即補，並賞加三品銜。五年四月，因隨吏部尚書文祥赴奉天剿捕馬賊出力案內，奉旨免補員外郎，以郎中遇缺即補。六年五月，天津驗收海運米石出力案內，奉旨俟補缺後，作為歷俸期滿，十一月，經玉牒館保奏，奉旨以本部郎中無論題選咨留，遇缺即補。八年六月，補雲南司郎中。八月，截取，奉旨記名，以繁缺知府用。十一月，奉旨記名，以御史用。九年，京察一等，奉旨記名，以道府用。是年，戶部捐銅局出力案內，奉旨專以道員用。十年十月初一日，奉旨：四川川東道員缺，著姚覲元補授。[②]

[3]【案】"十月二十二日，成都將軍魁玉文稱：竊照本將軍於同治十二年十月初五日，由驛具奏教士被戕致斃，兇犯已獲，請旨將該管知縣摘頂撤任，以肅功令一摺。除俟奉到原件另行恭錄咨呈外，所有摺稿合先抄錄咨明，為此，咨呈貴衙門，謹請查照施行。摺稿見二十三日軍機處交片。"[③]

---

① 參見中國第一歷史檔案館編：《同治朝上諭檔》，同治十二年十一月二十三日。
② 中國第一歷史檔案館藏：《硃批奏摺》，檔號：04-01-13-0320-048。
③ 臺北"中央研究院"近代史研究所編：《教務教案檔》第三輯第二冊，第1052頁。

[4]（同治十二年十月初五日）：此日期，據原件推補。

[5]（另有旨）：此據《清末教案》補。

[6]（軍機大臣字寄：成都將軍魁、四川總督吳）：原稿缺署，茲據《同治朝上諭檔》校補。

[7]（遵旨寄信前來）：此句見於《同治朝上諭檔》，茲補錄之。

【案】此摺批復内容，《清實錄》記述與《上諭檔》一致："諭軍機大臣等：前據總理各國事務衙門奏……將此由五百里各諭令知之。"①

〇九九　奏報酌裁楚勇黔勇改募川勇片
同治十二年十一月十一日（1873年12月30日）

再，准户部咨：據臣吳（棠）奏，川省勇丁陸續裁撤已逾三萬人。截止同治十年底止，存勇不足二萬人，内有廳勇、土練三千人。此次又裁減達字、裕字等營勇丁二千人等語。務將先後裁勇數目注明營分，詳晰造報。其已經裁撤之武字、副前等營兵勇一千名，應將裁撤日期先行咨報備查等因。伏查廳勇、土練三千人内，係越嶲廳四營、峨邊聽二營，曾經前署督臣崇（實）奏報在案。其裁減達字、裕字等營勇丁二千人内，係達字營一千名、裕字營五百名、酉陽州勇丁五百名，均係找欠裁遣。至武字、副前等營兵勇一千名，本年正月，自黔回川，駐紮敘永廳境，續又調赴彭水縣一帶，現在並未裁撤。惟川庫萬分支絀，楚黔勇餉每營每月需銀二千餘兩，較諸川勇加增一倍。在當日援鄰剿賊，楚勇尤為得力之師，而今日禦寇備邊，川勇亦足資綠營之助。現值滇黔軍務以此肅清，秦隴邊防亦臻靜謐，復將律武營楚勇一千名、振武軍楚勇一千名、新字營黔勇一千名，找發欠餉，陸續遣散，計又裁撤楚黔勇三千名。而邊境地方尚需留營鎮守，川東之西

---

① 《穆宗毅皇帝實錄》卷三百五十八，同治十二年十月，《清實錄》第51册，第741—742頁。

陽州，界連三省，民教雜處，照舊補募川勇一營。敘州府屬之馬邊、雷波兩廳，近接涼山，時有蠻匪出沒，又各募川勇一營，分紮要隘，以期周密。計共添募川勇一千五百名。除將各營起止日期查照部咨另行分年造報外，所有酌裁楚勇黔勇改募川勇緣由，理合附片陳明。伏乞聖鑒。謹奏。

（知道了）。[1]

（同治十二年十一月二十九日，奉硃批：知道了。欽此）。[2]

同治十二年十一月十一日，由馹附奏。茲於本年十二月十五日，准兵部火票遞回原片。奉硃批：知道了。欽此。（P797-802）

校證

【案】此奏片原件藏於中國第一歷史檔案館①，錄副藏於臺北"故宮博物院"②。茲據原件、錄副校補。

[1]（知道了）：此"硃批"據原件補。

[2]（同治十二年十一月二十九日，奉硃批：知道了。欽此）：此奉旨日期與內容，據錄副補。

【案】關於此片的具奏時間，原件為"同治十三年"。茲據原稿和錄副，原件之具奏日期顯誤，原稿當是。

一〇〇　奏報峨邊廳境蠻匪經官軍剿撫出降現在地方靜謐摺
同治十二年十一月十一日（1873年12月30日）

（四川成都將軍臣魁玉、頭品頂戴四川總督臣吳棠跪）[1]奏，為峨

---

① 中國第一歷史檔案館藏：《硃批奏摺》，檔號：04-01-03-0010-008。
② 臺北"故宮博物院"藏：《軍機及宮中檔》，文獻編號：112734。

邊廳境蠻匪滋事，經官軍剿撫兼施，次第出降，現在地方靜謐，恭摺仰祈聖鑒事。

竊臣吳（棠）於本年七月間，曾將提督陳希祥假滿回川，接統營務，並飭令前赴峨邊籌辦招招（撫）[2]緣由，附片奏明在案。先是臣吳（棠）於上年九月，查閱川東營伍行次，接據署峨邊通判于騰稟報：蠻匪漸形蠢動，邊地戒嚴。即經批飭該廳營等，添募土練六百名，並會商臣魁（玉），飛調駐紮越巂之總兵李忠恕，抽撥勇丁一營，馳往助防會辦。旋據該廳營等稟稱，梯子巖汛把總蕭逢春、軍功李嘉榮帶兵巡哨，猝遇蠻匪四百餘人，因眾寡不敵，力竭陣亡。兵丁八名、勇丁二十名，亦同時遇害。邊氛漸熾，兵力尚單，恐不足以資控馭等情。復經一面批令總兵李忠恕，續募川軍五百名，一面檄調代統達字營副將田應豪，督率中、左、後三營楚勇，由省垣遄發，指授機宜，總期懾以聲威，使之就撫。詎料該蠻匪自梯子巖戕斃弁兵之後，兇焰愈張，糾合梁山大股約數千人，分途出擾。一聚華林坪，一聚牛心山，意圖襲取官軍，並自擇其狡悍者，潛伏隘口，阻截援兵。迭經副將田應豪督同通判張世康等，率隊先驅。總兵李忠恕、署參將霍名升會同署通判于騰等，督師續進，且搜且剿。數月之間，凡大小十餘仗，計先後陣斬悍目六人、蠻匪二百餘人，生擒紅衣悍目二人，奪獲刀矛、牌弩、氊衣二百餘件。我軍陣亡把總姜金安、廖洪順二名、勇丁十三名。直至本年春抄（杪）[3]，該蠻匪力不能支，始遁匿於深山窮谷之中。官軍得以占其沃壤，扼其要衝，並縱令前擒悍目一人回巢，持諭招安，再三開導，乃先遣哈什三家、別挖家二支來營乞降。膽巴、白魁等二支，亦接踵而至。此剿辦蠻匪之實在情形也。適提督陳希祥假滿回川，接統營務。臣吳（棠）會商臣魁（玉），以猓民反覆靡常，相持既久，深慮師疲餉匱，變故滋多，當即飭令酌帶所部楚勇千餘人，親赴峨邊督辦。節據馳報：因撫局將成，未便遽加撻伐，預示進兵之期，而密遣已降各支，互相鉤致，復有紮家、哈吶、雅札七支納款來歸。於是峨邊所屬十三支猓民之眾，僅餘胃扭、蚩爪二支恃險懷疑，尚難诚服。提督陈希祥察看地形，以石门槛为猓民出入必由之道，遂统率全军，移紮於此，层层築壘，步步為營。該猓民咸懷畏懼，冒扭一支亦願捆獻凶酋革都詣營，聽候發落。即由陳希祥訊明正法，以快人心。與蜇爪一支，均交黑骨酋目，照例上班當差。約期於八月初六日，大會十三支猓民，於熱水地方，刑性（牲）歃盟[4]，誓不復叛。並選得雅札酋目使租，人尚樸誠，素能服眾，更名楊誠忠，令充總千戶。其餘各支，擇其忠實可靠者，令充副千百戶。設立夷兵夷約，統由防剿局支給口食、銀兩，以及建碉修堡、通商保哨各事宜，次第興舉。仍留副將田應豪，督帶楚勇一營，會合土練，暫資彈壓。提督陳希祥率隊，回顧北防。此招撫猓民之實在情形也。

臣等伏念四川邊地，猓民支蕃族眾，專工劫奪，鮮知生計之謀，全在地方文武等撫馭得宜，俾不至公然叛亂。此昔人所為首重羈縻也。此次蠻匪滋事，募練徵兵，剿撫兼施，計閱一年之久，卒能次第出降，地方靜謐。該將領弁兵等於瘴煙蠻雨之天、積雪堅冰之地，長驅深入，艱險備嘗。所有異常出力將弁，合無籲懇天恩，先行鼓勵。記名提督達春巴圖魯陳希祥，擬請旨交部，從優議敘。花翎補用副將壯勇巴圖魯田應豪，擬請記名，以總兵遇缺簡放，並請賞換清字巴圖魯勇號。署峨邊營參將廣元營遊擊勃勇巴圖魯霍名升，擬請以參將儘先補用，並賞加副將銜。花翎都司李極光，擬請免補都司，以遊擊儘先補用，並請賞加勇號。花翎守備曾仕璋，擬請免補守備，以都司留川，儘先補用，並賞加遊擊銜。千總楊朝清，擬請免補千總，以守備儘先補用，並賞加都司銜。花翎候選通判張世康，擬請免補通判，以直隸州知州留川，歸候補班補用，並賞給該員父母五品封典。陣亡之把總蕭逢春、姜金安、廖洪順，擬請敕部，從優議敘。其餘在事出力員弁，可否容臣等查明，擇尤併案彙獎，出自逾格鴻慈。謹將峨邊廳境蠻匪滋事，經官軍剿撫兼施，次第出降，現在地方靜謐緣由，合詞恭摺馳陳。伏乞皇上聖鑒訓示。謹奏。（同治十二年十一月十一日）。[5]

（另有旨）。[6]

（同治十二年十一月二十九日，奉硃批。欽此）。[7]

同治十二年十一月十一日，由馹具奏。茲於本年十二月十五日，准兵部火票遞回原摺。奉硃批：另有旨。欽此。同日，又准軍機大臣字寄：成都將軍魁、四川總督吳：同治十二年十一月二十九日，奉上諭：魁（玉）、吳（棠）奏蠻匪滋事，官軍剿撫兼施，地方現在已靜謐一摺。四川峨邊廳境蠻匪蠢動，經魁（玉）等派兵剿捕，殲擒悍目數人。該蠻眾窮蹙畏懼，先後投誠。該將軍、總督擇其朴誠可靠之人，令充千百戶，設立夷兵夷約，並將建碉修堡等事宜，次第舉行，辦理尚為妥協。所有出力陣亡員弁，本日已明降諭旨，照所請獎恤矣。惟猓民支蕃族眾，全在地方官撫馭得宜。魁（玉）、吳（棠）務當督飭所屬，將善後各事妥為籌辦，並隨時撫循防範，以杜亂萌，勿稍大意。將此由四百里各諭知知之。欽此。遵旨寄信前來。[8]（P803-819）

校證

【案】此摺原件現藏於中國第一歷史檔案館，又見於該館所編、黃建明等整理之《清代皇帝御批彝事珍檔》[①]。錄副現藏於臺北"故宮博物院"[②]。茲據原件、錄副校補。另，此摺附記所載"軍機大臣字寄"，據《同治朝上諭檔》[③]校勘。

[1]（四川成都將軍臣魁玉、頭品頂戴四川總督臣吳棠跪）：原稿無前銜，茲據補。

[2] 招招（撫）：原件、錄副均作"招撫"，確。原稿誤。

[3] 春抄（杪）：原件、錄副均作"春杪"。原稿訛誤無疑。

[①] 參見中國第一歷史檔案館選編，黃建明等整理：《清代皇帝御批彝事珍檔》，四川民族出版社2000年版，第1414頁。

[②] 臺北"故宮博物院"藏：《軍機及宮中檔》，文獻編號：112726。

[③] 參見中國第一歷史檔案館編：《同治朝上諭檔》，同治十二年十一月二十九日。

[4]刑性（牲）歃盟：原件、錄副皆作"刑牲歃盟"，確。原稿疑為誤寫。

[5]（同治十二年十一月十一日）：茲據原件校補。錄副僅署月日。

[6]（另有旨）：茲據原件補。

[7]（同治十二年十一月二十九日，奉硃批。欽此）：此奉旨日期與內容，據錄副補。

[8]此節文字，據《同治朝上諭檔》校。

【案】同治十二年十一月二十九日，此摺得清廷允准，寄諭魁玉、吳棠，務當督飭所屬，將善後各事妥為籌辦，並隨時撫循防範，以杜亂萌，勿稍大意。並予出力陣亡之員弁從優獎敘。《同治朝上諭檔》：

> 同治十二年十一月二十九日，內閣奉上諭：魁玉、吳棠奏蠻匪滋事，官軍剿撫兼施，地方現已靜謐，請將出力陣亡各員弁分別獎恤一摺。上年九月間，四川峨邊廳境蠻匪蠢動，經魁玉等派兵剿捕，先後殲斃多名，並將匪首拏獲正法，蠻眾畏懼投誠，地方現已一律安靜，在事各員尚屬著有微勞，自應量予獎勵。提督陳希祥著交部，從優議敘。副將田應豪著記名，以總兵遇缺簡放，並請賞換繃僧額巴圖魯名號。遊擊霍名升著以參將儘先補用，並賞加副將銜。都司李極光著免補都司，以遊擊儘先補用，並賞給壯勇巴圖魯名號。守備曾仕璋著免補守備，以都司留於四川，儘先補用，並賞加遊擊銜。千總楊朝清著免補千總，以守備儘先補用，並賞加都司銜。通判張世康著免補通判，以直隸州知州留於四川，歸候補班補用，並賞給該員父母五品封典。陣亡之把總蕭逢春、姜金安、廖洪順，均著交部，從優議敘。其餘出力員弁，著魁玉等擇尤彙案請獎，毋許冒濫。欽此。①

【案】《清實錄》之記述與《上諭檔》一致："甲戌，諭軍機大臣等：魁玉、吳棠奏蠻匪滋事，官軍剿撫兼施，地方現已靜謐一摺。……將此由四百里各諭令知之。"②

---

① 中國第一歷史檔案館編：《同治朝上諭檔》，同治十二年十一月二十九日。
② 《穆宗毅皇帝實錄》卷三百五十九，同治十二年十一月，《清實錄》第51冊，第764頁。

一〇一 奏報提督唐友耕陛見請旨以記名提督張占鰲代統營務片

同治十二年十一月十一日（1873年12月30日）

再，據統領振武軍前雲南提督唐友耕咨呈：竊友耕以愚魯武夫，自咸豐九年投效戎行，帶勇剿辦各匪，經前將軍臣崇（實）、前督臣駱（秉章）迭次保薦，洊升重慶鎮總兵[1]。同治二年，粵逆石達開全股蕩平，仰荷天恩補授雲南提督[2]。旋於同治四年十二月，丁生母憂，呈請開缺終制[3]。七年三月，服闋，又經前兼署督臣崇實，以川北邊防吃重，奏留帶勇[4]。臣吳（棠）涖任後，復檄派督師援滇，剿辦昭通回匪，克復魯甸廳城，凱撤回川，駐紮敘南邊境。數歲以來，查拏川滇交界游匪，累戰皆捷，倖免愆尤。現值滇黔軍務肅清，肅州亦克，天威遠震，寰海澂清。友耕屢沐殊施，擢膺專閫，未獲趨叩闕廷，依戀下忱，與時俱積，懇請代奏赴京陛見，並將所部振武軍勇丁，遣撤歸農，俾得料理北上，稍伸犬馬之誠等情。臣查提督唐友耕，知兵任戰，驍勇冠軍。係曾任實缺提督、丁憂服闋之員，例應入都陛見。其原部振武一軍，現當冬令，敘南與雲南接壤地方，時有游匪出沒，且川軍萬分支絀，欠餉較多，一時亦無力找此鉅款。擬令該營營官記名提督張占鰲，暫行代統，以專責成。除給咨外，理合附片陳明。伏乞皇上聖鑒。謹奏。

（知道了）。[5]

（同治十二年十一月二十九日，奉硃批：知道了。欽此）。[6]

同治十二年十一月十一日，由馹附奏。茲於本年十二月十五日，准兵部火票遞回原片。奉硃批：知道了。欽此。（P821-825）

校證

【案】此片原件現藏於中國第一歷史檔案館[①],錄副藏於臺北"故宮博物院"[②],茲據校勘。

[1]【案】同治元年七月二十三日,清廷任命唐友耕為四川重慶鎮總兵,《清實錄》:"以候補總兵官唐友耕為四川重慶鎮總兵官。"[③]唐友耕即於是年八月二十八日具摺謝恩曰:

> 新授四川重慶鎮總兵奴才唐友耕跪奏,為叩謝天恩,仰祈聖鑒事。竊奴才承准四川督臣駱秉章行知:接准兵部火票遞到同治元年七月十七日內閣奉上諭:四川重慶鎮總兵員缺,著唐友耕補授。欽此。欽遵行知前來。奴才在於重慶府江津縣行營,捧讀之下,當即恭設香案,望闕叩頭謝恩,訖。伏思奴才一介庸愚,毫無知識,戎行效力,屢荷隆恩,重鎮旋膺,益深自惕。當茲髮逆未靖,奴才帶兵追剿,一切均皆稟請督臣駱秉章,指授機(宜),得有遵循。惟有益加黽勉,迅掃妖氛,以期仰報高厚鴻慈於萬一。所有奴才感激下忱,理合恭摺叩謝天恩,籲請陛見。伏乞皇上聖鑒訓示。謹奏。再,奴才現在帶兵進剿,尚未接印。其紮營江津處所相近渝城,是以借用重慶鎮總兵關防。理合聲明。八月二十八日。同治元年九月二十日,軍機大臣奉旨:知道了。欽此。[④]

[2]【案】同治二年十二月十六日,清廷以雲南提督福升謬妄糊塗,將其革職,飭令唐友耕補授雲南提督,《清實錄》:

> 又諭:雲南提督福升謬妄糊塗,本日已明降諭旨,將其革職,並授唐友耕為雲南提督矣。滇省全局糜爛,將來籌辦進剿機宜,非借川省兵力,無從措手。唐友耕在川帶兵向稱得力,本日將其簡放,正以該員近在川省,可與駱秉章、賈洪詔等籌商進取之方,為後來規復雲南地步,著駱秉章於接奉此旨後,即傳知該員,令其馳赴昭通駐紮,會商賈洪詔,

---

① 中國第一歷史檔案館藏:《硃批奏摺》,檔號:04-01-16-0199-120。
② 臺北"故宮博物院"藏:《軍機及宮中檔》,文獻編號:112728。
③ 《穆宗毅皇帝實錄》卷三十四,同治元年七月中,《清實錄》第45冊,第920頁。
④ 中國第一歷史檔案館藏:《錄副奏摺》,檔號:03-4707-074。

將滇省進兵事宜豫籌布置。其昭通練頭李芝順，現在聚眾滋事，並即設法彈壓解散。唐友耕舊隸駱秉章麾下，該督尤當飭令奮勉圖功，以副委任，一切剿辦機宜，亦即詳為指示。該提督現在駐紮何處，並著駱秉章迅速揀員接替，以重防務。將此由五百里諭令知之。①

【案】同治三年三月十二日，新授雲南提督唐友耕具陳"補授雲南提督謝恩由"一摺，曰：

新授雲南提督奴才唐友耕跪奏，為恭摺叩謝天恩事。竊奴才於同治三年正月二十五日，在南川營次准四川督臣駱秉章咨：同治二年十二月十六日，內閣奉上諭：雲南提督著唐友耕補授。欽此。奴才當即恭設香案，望闕叩頭謝恩，訖。伏念奴才滇南下愚，忝列戎行，自隸督臣駱秉章部下數載以來，馳驅戰陣，時思力圖報稱。念自偏裨，屢蒙朝廷拔擢，洊至方鎮，撫躬循省，未報涓埃，乃荷殊恩，畀以雲南提督重任。自維愚鈍，益切悚惶。伏念提督有管轄全省營務之責，雲南為奴才桑梓之地，自漢回構釁以來，反側未安，幾於通省糜爛。奴才仰邀異數，倘稍有隕越，即深負特簡之恩。既懼弗勝，愈思自奮，一俟黔南軍務接替有人，交卸重慶鎮篆，即先赴成都省城，謁見四川督臣駱秉章，兼與雲南撫臣賈洪詔籌商滇事。此後，凡遇應辦之件，固不敢稍存畏難之心，亦萬不敢偏執一己之見。惟有虛衷商辦，竭盡駑駘，以冀仰報鴻慈於萬一。所有奴才感激下忱，理合具摺叩謝天恩。伏乞皇上聖鑒訓示。謹奏。三月十二日。同治三年四月十五日，軍機大臣奉旨：知道了。欽此。②

[3]【案】同治四年十二月，唐友耕聞訃丁母艱，呈請成都將軍崇實、四川總督駱秉章據情代奏，開缺守制，未獲允行，仍飭令署理雲南提督，《清實錄》："改丁憂雲南提督唐友耕為署理，飭即赴任。"③摺曰：

暫行兼署四川總督成都將軍臣崇實、督辦四川軍務頭品頂戴四川總督臣駱秉章跪奏，為據情代奏，仰祈聖鑒事。竊臣等據雲南提督唐友耕

---

① 《穆宗毅皇帝實錄》卷八十八，同治二年十二月中，《清實錄》第46冊，第858—859頁。
② 臺北"故宮博物院"藏：《軍機及宮中檔》，文獻編號：096381。
③ 《穆宗毅皇帝實錄》卷一百六十七，同治五年正月下，《清實錄》第49冊，第30頁。

呈稱：同治四年十二月十八日，在江津行營聞訃，親母龔氏於本月十五日在成都省寓病故。伏念唐友耕自幼失怙，全賴母氏鞠養。咸豐年間，因滇回滋事，隨母流離川省，嗣以效力戎行，屢蒙天恩，洊升雲南提督。方愧未報涓埃，又以四川邊防吃緊，帶勇防堵，歷年身在行間，未遑探母，遂聞訃信，痛不欲生。軍務關係匪輕，倘有貽誤，更恐有負朝廷高厚之恩，應請揀員接統振武全軍，並懇據情代奏，開缺守制，俾犬馬下情，稍報劬勞於萬一等因。臣等查唐友耕係屬親子，例應丁艱。現值江津、合江等處邊界，均有黔匪窺伺，防堵未便稍松，業經札飭該營參將唐大有，暫行管帶振武各營，以便唐友耕奔喪回省。惟該提督係鄰省專閫大員，應否准其開缺守制，伏候命下飭遵。所有雲南提臣唐友耕現丁母憂，呈請據情代奏緣由，謹合詞恭摺由驛具奏。伏乞皇太后、皇上聖鑒。謹奏。正月初八日。同治五年正月二十三日，軍機大臣奉旨。欽此。①

【案】同治五年三月二十五日，成都將軍崇實會同四川總督駱秉章，復具陳提督唐友耕補請終制一摺，並於四月初七日，附片密陳唐友耕即赴雲南，署理提督篆務，於雲南大局利少害多，懇請允准其開缺終制，以遂其願②，旋得清廷允准，《清實錄》："准丁憂雲南提督唐友耕回籍守制，以雲南鶴麗鎮總兵官馬如龍署提督。"③其摺曰：

暫行兼署四川總督成都將軍臣崇實、督辦四川軍務頭品頂戴四川總督臣駱秉章跪奏，為據情代奏，仰祈聖鑒事。竊臣等據雲南提督唐友耕呈稱：同治五年二月十二日，欽奉上諭：雲南提督唐友耕歷年效力戎

---

① 中國第一歷史檔案館藏：《錄副奏摺》，檔號：03-4720-023。
② 附片曰：再，臣等竊維馬如龍現署雲南提督，駐紮省城，雖經雲貴督臣勞崇光多方駕馭，如聞唐友耕即赴提督本任，馬如龍不免復懷疑忌，且唐友耕籍隸雲南，一旦督兵入境，滇省散練勢將紛紛投營，不獨糧餉難籌，並恐漢回形跡未盡銷融，不但與馬如龍勢不相能，且恐與督臣勞崇光意見稍有參差，辦理尚涉兩歧，於滇省大局轉覺無益。唐友耕年力正強，俟服闋之後，倘蒙朝廷錄用，正可力圖報效。合無仰懇天恩，准其開缺終制，既以廣聖朝錫類之深仁，即以示始終成全之至意，且於雲南軍務亦不致有礙。臣等愚昧之見，是否有當。謹合詞附片密陳。伏乞聖鑒。謹奏。（中國第一歷史檔案館藏：《錄副奏摺》，檔號：03-4622-035。）
③ 《穆宗毅皇帝實錄》卷一百七十四，同治五年四月上，《清實錄》第49冊，第139頁。

行，戰功卓著。現在該員在川聞訃丁親母憂，呈請開缺守制，情詞懇切，本應俯如所請。惟刻下雲南軍務未平，該員係專閫大員，久歷行間，深資得力。古人墨絰從戎，亦移孝作忠之義，唐友耕著毋庸開缺，改為署理雲南提督，即行赴任，勉圖報效。一俟軍務稍平，再行回籍，補行守制，以遂孝思。欽此。跪聆之下，感激涕零。伏念唐友耕一介武夫，仰荷天恩，自應力圖報效，曷敢烏鳥私情，再三瀆請。惟唐友耕自幼失怙，母子相依，流離困苦。入營以來，又復歷年身在軍中，未遑定省。方冀滇寇殄平，乞假孝親，不意遽遭母喪，現因塋兆未蔔，哀痛之忱，迫難自已。如再勉赴戎行，誠恐瘠毀之軀稍有貽誤，轉致仰負九重矜念至意，用敢呈請再疏，代懇聖恩，准令開缺守制，俾苫塊餘息，少報效勞。一俟服闋，即當求賞差事，藉效馳驅等情。伏查唐友耕力求終制，情詞懇切，不敢壅於上聞，謹據情合詞代奏。伏乞皇太后、皇上聖鑒。謹奏。三月二十五日。同治五年四月初十日，軍機大臣奉旨。欽此。①

[4]【案】同治七年閏四月二十四日，兼署川督成都將軍崇實附片奏派唐友耕招募勁勇，馳赴陽平關，扼要嚴防，旋得允行，片曰：

再，前雲南提督唐友耕丁憂服闋，例應陛見。本年三月，滇省軍務吃緊，業經臣奏留該提督在川練勇，以備緩急，尚未奉到批示。嗣因甘回大股蔓延陝西，勢極猖獗。前有記名提督李輝武所部六營，力扼寶雞，而徽文、兩當處處與漢南接壤，萬一繞出我軍之後，則褒沔諸軍未免受敵。前已迭奉諭旨，飭即添派數營，駐防大安，以固川北門戶。臣遂令唐友耕招募勁勇三千二百人，督帶員弁，趕緊訓練，馳赴秦蜀邊界之陽平關，扼要嚴防，以為各軍援應。惟援兵四出，凱撤需時，加以本省防剿所需，籌餉殊不容易。當此國計艱難之際，此間竭蹶情形，實有不忍以瑣瑣者，更煩聖慮。臣但當竭盡心力，以圖稍酬高厚於萬一耳。理合附片陳明。伏乞聖鑒。謹奏。同治七年五月十六日，軍機大臣奉旨：知道了。欽此。②

---

① 中國第一歷史檔案館藏：《錄副奏摺》，檔號：03-4622-034。
② 中國第一歷史檔案館藏：《錄副奏摺》，檔號：03-4774-041。

[5]（知道了）：此據原件補。

[6]（同治十二年十一月二十九日，奉硃批：知道了。欽此）：此奉旨日期與內容，據錄副校補。

【案】此片原件標注具奏日期為"同治十三年三月十八日"，而錄副所載奉旨日期為"同治十二年十一月二十九日"，原件所標時間謬誤無疑，應以手稿所載"同治十二年十一月十一日"為確。

一〇二　奏報續撥同治十二年二三月分協黔餉銀委解起程日期摺

同治十二年十二月初三日（1874年1月20日）

（頭品頂戴四川總督臣吳棠跪）[1]奏，為續撥本年二、三月分協黔餉銀委解起程日期，恭摺仰祈聖鑒事。

竊查協黔的餉，自同治九年閏十月十五日起，截止十一年四月底止，先後共撥解過銀一百零七萬三千兩。嗣於戡定苗疆之後，奏明減為月協銀二萬兩。復接解自上年五月起，至本年正月止，共計餉銀十八萬兩。均經專摺馳報在案。伏念川省協撥京外各款，悉取資於民力之輸將。舊欠未清，新捐又辦，已不勝其竭蹶之情。臣蒞任五年，務在輕徭薄賦，休息邊氓。因入少出多，司庫動形支絀，是以本省戍邊士卒，截止歲除，積欠餉銀至十五六個月之多。而應協黔省餉需，業經報解至本年正月底止。雖有征勇防軍之別，初無此疆彼界之分。蓋大局所關，豈容膜視！苟有裨於鄰事，期共濟夫時艱也。茲復督同藩司王德固，於萬無可籌之中，多方挪措，湊集銀四萬兩，作為同治十二年二、三兩個月協黔餉項，內應扣除貴州撫臣曾璧（光）咨調四川儘先副將馬宗駿赴黔差委支過行裝銀三百兩，實解銀三萬九千七百兩，飭委候補知縣周開甲、分缺間用府經歷謝霖川管解，定期於十一月二十九日，自省起程，解赴貴州提督周達武軍營交收，以為度歲犒師之用。據藩司王德固具詳前來。所有續撥本年二、三月分協黔餉銀委解起程緣由，除分咨外，理合恭摺具陳。伏乞皇上聖鑒。謹奏。（十二月初三日）。[2]

（同治十二年十二月二十二日，奉硃批：知道了。欽此）。[3]

同治十二年十二月初三日，由馹具奏。（P827–832）

校證

【案】此摺缺原件，錄副現藏於臺北"故宮博物院"[1]。茲據錄副校補。

[1]（頭品頂戴四川總督臣吳棠跪）：原稿無此前銜，茲據補。

[2]（十二月初三日）：此具奏日期，據錄副補。

[3]（同治十二年十二月二十二日，奉硃批：知道了。欽此）：此奉旨日期與內容，據錄副補。

一〇三　奏報道員蹇闓因公勞瘁病歿懇恩准予優恤摺

同治十二年十二月二十七日（1874年2月13日）

（四川成都將軍臣魁玉、頭品頂戴四川總督臣吳棠跪）[1]奏，為道員因公勞瘁，病歿中途，懇恩准予優恤，恭摺仰祈聖鑒事。

竊臣等前將教民被毆致斃、兇犯已獲情形，專摺奏明在案[2]。嗣於十月中旬，接准總理衙門來函，有應行查辦事件。臣等因案關緊要，非遴派監司大員，不足以昭慎重。即經檄委布政使銜候補道蹇闓，前往黔江，確查妥辦。茲據川東道姚覲元稟稱：道員蹇闓由黔江查案回省，於十二月初一日戌刻，行抵渝城，因沿途感冒風寒，染患冬溫時症。次日，猶手繕會稟，與該道酌定發行。詎料積勞過深，竟於初六

---

① 臺北"故宮博物院"藏：《軍機及宮中檔》，文獻編號：113186。

日辰刻，在重慶府城客舍病故等情。臣等伏查道員寨閭，現年四十三歲，貴州遵義縣人，以書生從事戎行，得保知縣，分發來川。歷任彭山縣知縣、茂州直隸州知州。所至瘠區邊地，卓著政聲。彭山縣城即該員於髮滇各逆圍困之時竭力搶築者也，至今彭山民誦之。於克復修文縣迭溪營及剿辦馬邊教匪案內，遞保知府。同治六年，奏派帶勇援黔，因剿辦貴州上游教、號各匪出力，洊升今職。告假回籍，病痊後，督練征苗，經貴州撫臣曾璧光奏蒙賞加布政使銜。十一年十月間，請咨入都，由禮部帶領引見，奉旨發往四川，本年四月到省。臣等接見之餘，詢悉該道員，自遊庠食餼後，出入於軍旅之間乘（垂）二十年[3]，未嘗少息。察其人樸誠精細，大可有為。時值貴州古州、丹江地方，寇尚未全靖，酉陽與黔疆接壤，邊境戒嚴。當即檄調凱撤回川之武字等營，馳往扼紮，以道員寨閭諳熟營務，統領其軍。迨黔江教案有應行查辦事件，復經密飭就近會同川東道查復，回省面稟機宜，心力交瘁，一病不起。悼惜殊深！查吏部奏定請恤新章內稱，與接壤軍務省分防堵各員積勞病故，仍照例辦理並軍務甫竣未逾三月，旋即因傷身故，仍照傷亡例議給世職等語。今該員寨閭在蜀在黔，戰功久著，又係原派接壤軍務省分防堵之員，因公積勞，歿於中道，與請恤之例相符。合無籲懇聖主逾格恩施，准予優恤，以資激勸，而憫辛勤。除將查辦黔江教案情形隨時函致總理衙門外，所有道員因公勞瘁，病歿中途，懇恩准予優恤緣由，謹合詞恭摺具陳。伏乞皇上聖鑒訓示。謹奏。（同治十二年十二月二十七日）。[4]

（吏部議奏）。[5]

同治十二年十二月二十七日，具奏。（P833-840）

校證

【案】此摺原件現藏於中國第一歷史檔案館[①]，缺錄副。茲據原件校補。

[①] 中國第一歷史檔案館藏：《硃批奏摺》，檔號：04-01-12-0515-038。

[1]（四川成都將軍臣魁玉、頭品頂戴四川總督臣吳棠跪）：原稿無此前銜，茲據原件補。

[2] 詳見〇九八號摺件。

[3] 乘（垂）二十年：原件作"垂二十年"，確。原稿訛誤。

[4]（同治十二年十二月二十七日）：此日期據原件校補。

[5]（吏部議奏）：此"硃批"據原件補。

【案】同治十三年十月二十九日，川督吳棠具陳"為已故知縣蹇誾功德在民懇恩准予建祠緣由"一摺，旋獲允准，摺曰：

　　頭品頂戴四川總督臣吳棠跪奏，為故員功德在民，輿情追感不置，懇恩准予建祠，以彰忠藎，恭摺仰祈聖鑒事。竊查已故布政使銜候補道前署茂州知州彭山縣知縣蹇誾，係貴州遵義府遵義縣廩生，以軍功保舉訓導，改捐縣丞，分發到川。復由籍保升知縣，仍留原省補用，引見到省。前於咸豐十年署理彭山縣任內，值滇匪李泳和擁眾數萬，竄擾敘、瀘、資各屬，上游震動，土匪蜂起，該縣向無城垣，民心惶惶。蹇誾創築土城，捐廉募勇，防扼要隘，縣境肅然。十一年三月，李逆股匪由眉州分竄彭山之回龍場。該員親率勇丁，馳往堵禦，督戰截擊，屢有斬獲。而賊愈麇至，蹇誾慮其分股撲城，乃令各團分紮各場，而自入城防守。時城內已一日數驚，紛紛遷徙，僉謂賊將大至。有勸蹇誾暫避者，蹇誾叱之曰：各鄉團練星布，賊未必遽來，如力不勝，則城亡亦亡耳！遂登城日夜巡警，而守具亦大備，覆議建石城三百八十餘丈，親自規畫，且防且築，六閱月而工竣，民心遂定。賊知有備，退至境外之快火山。該員簡練丁勇、民團，以寡擊眾，直搗巢穴，破其壘。賊倉皇遁，與青神、丹稜、眉州諸股合，相戒勿犯彭山境。眉州之民將彭山界石移入眉州界內以詟賊。該員旋奉委兼辦眉州團練，與賊相持累月，剿撫兼施，散其脅從，眉州圍亦旋解。時眉屬勇目陳祥興率眾數萬屯聚郊外，四處騷擾，官不敢制。蹇誾親至其營，曉以利害，反覆開導，祥興感動流涕，遂散其眾。眉、彭之民始獲安堵。十一年冬，該員委署茂州直隸州知州。時值接壤之松潘廳城先被逆番攻陷，附近各營汛亦俱失守。潰兵土匪勾結煽亂，州城危在旦夕。蹇閶蒞任，率自練勇丁擊散土匪，安撫難民，布置城守，號令嚴肅，番不敢犯。同治元年，越剿匪首方自聞，於綿竹境內平之。五月，川東突被水災。該員捐資散賑，全活甚眾。旋親督勇練，規復松潘，連克迭溪營城及龍池、梭多、石碉樓諸隘。招撫難民，給糧資遣者以千計。復助大軍收復松潘廳城，遂回州籌辦善後，平減糧價，儲倉麥以備不虞，由是州民無恐。該員歷任各處，雖軍務倥傯，於民間利病尤悉心講求。去年，彭山、眉州、新津三州民人控爭堰水，累訟不決。該員奉委勘斷明晰，釐定章程，民賴其利。事畢後，差委赴渝查辦教案，於十二年十二月初六日歿於旅寓。官民同聲悼惜。茲據茂州知州張祺暨署彭山縣知縣朱仁基，各據紳民公稟，追念該故員保衛民生，遺愛不忘，臚列功跡，懇請於茂州、彭山兩處，建祠展祀，以抒追慕之忱。先後詳請具奏前來。臣查該故員蹇閶，歷任川省州縣，卓著循聲。剿匪平番，功績甚偉。去歲，委辦黔江教案，積勞病故，經臣奏請旌恤在案。茲據茂州、彭山士民以該故員守城攘寇，保衛一方，咸願建祠展祀，情出至誠。合無仰懇天恩俯准茂州、彭山各紳民就地捐建專祠，以順輿情而彰蓋績，出自鴻慈。理合恭摺具奏。伏乞皇上聖鑒訓示。謹奏。十月二十九日。同治十三年十二月初四日，奉硃批：著照所請，該部知道。欽此①。

---

① 臺北"故宮博物院"藏：《軍機及宮中檔》，文獻編號：118132。

卷　六
同治十三年（1874）

一〇四　奏撥同治十二年四五六月協黔餉銀委解日期並請寬籌摺
同治十三年三月十八日（1874年5月3日）

（頭品頂戴四川總督臣吳棠跪）[1]奏，為續撥協黔餉銀委解起程日期，並瀝陳川省民力愈艱，餉源奇絀，未能刻期全解，仍請盡力寬籌，恭摺仰祈聖鑒事。

竊臣於同治十二年十二月二十五日，承准軍機大臣字寄：十二月初八日，奉上諭：曾璧光奏，川省欠解楚軍的餉過多，請飭迅解[2]。著吳（棠）飭令藩司，於欠解餉內無論何款，先撥銀五十萬兩，交委員領解回黔等因。欽此[3]。時值臘尾年頭，釐金不旺，捐輸征解寥寥，無款可籌。正深焦灼，復於本月初八日，欽奉諭旨飭催，跪誦之餘，莫名惶悚。臣於黔事，加意顧持，匪伊朝夕。乃以庫儲支絀，撥解稍稽，致勞聖主厪念邊陲，彌增懷惕。查協黔的餉[4]，自同治九年閏十月十五日起，截至十一年四月底止，先後共撥解過銀一百零七萬三千兩，嗣於勘定苗疆之後，奏明查照部議，改為月協銀二萬兩。復自十一年五月接解至十二年三月，共計銀二十二萬兩，均經專摺馳報在案。茲復督同署藩司英祥[5]等於無可設法之中，多方挪措，寬籌銀六萬兩，作為同治十二年四、五、六月分[6]協黔餉項，飭委候補通判裕秀、試用縣丞劉鈞，會同黔省來川催餉委員補用通判恩彬，承領管解，定期於同治十三年三月二十五日，自省起程，解赴貴州提督周達武行營交收，以供馬步全軍之用。伏念四川僻在西陲，正供有限。昔因旂綠台藏之餉缺，尚資接濟於鄰疆。嗣以滇黔秦隴之軍興，翻賴轉輸於本境。同治七年九月，臣奉命調任來川，正值四鄰多事之秋，竊見民力艱難，餉源支絀，有岌岌不可以終日者。首先建議裁汰防營，亟圖補救。而於黔中軍事，則尤助餉助兵，不遺餘力。幸能仰賴朝廷威福，士卒一心，唐炯、劉鶴齡敢戰於前，曾璧光、周達武妥籌於後。蓋自香爐山之捷，而苗疆大致廓清矣。臣於上年兩次出省閱兵，目擊邊氓困苦，經連歲迭遭水旱偏災之後，鵠面鳩形，未可再加朘削。而苗情漸定，羸卒疲兵，久役思歸，必得及時沙汰。屢致書於周達武，囑其將所部勇丁酌量裁減，並隨摺陳明有案。從同治十一年八月起至十二年十一月止，共解過協餉三十三萬六千兩，又陸續酌補在川欠餉銀二十二萬五千三百兩。其時，周達武來函亦稱，撤遣近四十營，惟原部楚勇五千九百人，指食川餉。就勇數餉數核算，每月僅需銀三萬餘兩，擬定月協銀二萬兩。原冀其汰弱留強，截長補短，為從容展布之謀。乃周達武續奏內稱，又添出黔勇四千一百人，湊足一萬人，責令川省照舊月協餉銀五萬八千兩，並咨會曾璧光，奏請先撥銀兩五十萬兩。第未審周達武所謂裁撤近四十營者[7]，究係何項勇丁，即使月撥協餉僅敷支給口糧，而酌補欠餉二十二萬兩有奇，並原部楚勇二、三千人不能撤遣，其誰信之？曾璧光、周達武殆未深悉川中近日民力愈艱，餉源奇絀，而發為是言也。川省祗捐輸、釐金兩款，以供本省防營及各省協餉。捐輸取之於民，本年已遞減至九十餘萬兩。閱時過久，催繳較難，既非若東南財賦之區可比。釐金因川江險阻，並無巨賈富商，亦與洋稅迥異，每歲所收亦不過百萬以上。兩項按年均攤，每月僅能收銀一、二十萬，蓋合通省州縣紳糧、鹽貨、局卡錙銖積累而成之者。以之自贍防營，分濟各省，但形其不足，不見其有餘。如必欲拘定限期，解交鉅款，非惟力多未逮，抑且地有不同也。臣與司道等通盤籌畫，惟有盡心力所能為，從寬勻撥，以免顧此失彼，致誤事機。

至武字一軍[8]，前於請旨敕下周達武統帶赴黔之始，即將勇丁數目，令其會同貴州巡撫，查核奏報。臣於黔事，但有援鄰之義，並無馭將之權。其勇丁應撤應留，屢奉諭旨，著該撫與周達武悉心籌商，妥為辦理，非臣所可越俎代謀。惟就今日事情論之，似應仍照臣前奏所稱周達武原議，視[9]協餉之豐歉，分別撤留，以免嘩潰之虞[10]，而

卷六　同治十三年（1874）　399

收飽騰之效。所有續撥協黔餉銀委解起程日期，並瀝陳川省民力愈艱、餉源奇絀緣由，理合恭摺具奏。伏乞皇上聖鑒。謹奏。（同治十三年三月十八日）[11]

（另有旨）。[12]

（同治十三年四月初六日，奉硃批。欽此）。[13]

同治十三年三月十八日，由馹具奏。茲於本年四月二十三日，奉硃批：另有旨[14]。欽此。（P843-856）

校證

【案】此摺原件現藏於中國第一歷史檔案館①，錄副藏於臺北"故宮博物院"②，茲據校勘。

[1]（頭品頂戴四川總督臣吳棠跪）：原稿無此前銜，茲據補。

[2]【案】同治十二年十一月初八日，貴州巡撫曾璧光具奏"四川欠解楚軍的餉過多萬難減緩現經派員馳往守催懇恩飛飭籌解"一摺，曰：

> 太子少保頭品頂戴貴州巡撫臣曾璧光跪奏，為四川欠解楚軍的餉過多，萬難減緩，現經派員馳往守催，懇恩飛飭該省迅籌撥解，以清積欠，而定撤留，恭摺馳陳，仰祈聖鑒事。竊臣前因新城防軍索餉嘩變，黔中待濟孔殷，奏催四川先撥五十萬兩，欽奉諭旨，飭令照數籌撥，飛速解黔。詎日久尚未報解，臣復由六百里專咨飛催。嗣准四川督臣吳棠咨送覆奏摺稿內稱：本年進款不過三百七十萬兩，撥款共需七百餘萬兩，收支多寡懸絕。凡各省協餉實難拘數定限，仍准盡力籌挪，陸續分解等語。並准另咨內開：川省派兵撥餉，原為剿辦苗疆而設。當下游已平，即陸續解餉三十萬之多，以資凱撤，嗣後僅能月協二萬，與各省協餉均勻撥放各等因。准此，隨咨提臣周達武。覆稱：所部一軍，向有川省月供的餉五萬八千兩，歷經撥解無誤。上年九月間，川省來咨，忽將此項截至

---

① 中國第一歷史檔案館藏：《硃批奏摺》，檔號：04-01-01-0925-066。
② 臺北"故宮博物院"藏：《軍機及宮中檔》，文獻編號：114623。

四月止，五月以後月僅解銀二萬兩，節經黔省將遽難議減實在情形分別奏咨催解，並派辦理營務道員周振瓊赴川，屬陳困苦，該省仍堅挑不搖。詎知此係的實專餉，其不能減之故有六，而難緩者其故有四，用特縷晰陳之：同治九年間，道員唐炯等軍議撤，四川總督吳棠即亟思所代，始奏派周達武來黔，接辦軍務。因原部楚勇十二營兵力尚單，議令添募黔勇四千一百名，共足萬人之數，月解的餉五萬八千兩，專供援黔馬步全軍之用，乃出自吳棠本意。名之曰的，以見必不能少，決不可緩，亦係吳棠自行奏定。非如他省之由部指撥暨由外省奏請協濟可比，豈能與淮、滇、甘肅等省協餉相提並論？此不能減之一也。楚軍十二營原係前四川總督駱秉章久練之師，保境援鄰，素稱勁旅，向係川省給月餉三萬三千五百餘兩。唐炯一軍亦係川供餉，月需銀八萬數千兩。所定達武的餉五萬八千兩，名雖加餉二萬四千數百兩，而唐炯之軍全撤，每月尚省六萬數千兩之多。合計三年，共省二百餘萬金，於川省不無裨益。使唐炯至今未撤，達武所部仍在川防堵，川省能不照常供餉？此不能減之二也。湖南援黔所需軍餉，始終由湘供支。達武一軍原由川調援黔省，師行餉隨，與湖南事同一律。此軍在黔一日，川省即供應一日之餉。此不能減之三也。裁軍必先清餉，川省於上年九月咨黔，即將的餉截至四月底止。斯時欠餉數十萬，果能如數解清，尚可裁軍節餉。無如所撥老餉五萬，原係楚軍以前在川舊欠四月分月餉五萬八千兩，遲至今春始到，並無三十萬之多。積欠分釐未清，焉能遽議裁撤？此不能減四也。達武入黔之時，川中原議方欲先剿上游，次辦苗疆。及苗疆已平，遂置上游於不問，反謂川省派兵撥餉，原為剿辦苗疆而設，豈止上下游同為黔省軍務。如論毗連川疆，上游尤多。未有上游軍務未竣，即可裁撤征軍者。此不能減五也。兵勇從征三年，出生入死，平定全黔，每人能分餉幾何？從未能格外犒賞，而血戰應得之餉，何忍再有短少？此不能減六也。既不能減，即當如數撥解。今至上年五月起至本年九月止，連閏計十八個月，川省共應解的餉一百零四萬四千兩。除解過銀十四萬兩，尚欠銀九十萬四千兩。楚軍十二營，截至本年九月底止，已欠正餉七十餘萬,而添募黔軍四千一百名,尚不與焉。若不迅為清給,必至愈積愈多。無論遲至何日、欠至若干,終為川省之累。此難緩者一。川黔唇齒相依,黔中軍興垂二十年,川省籌餉防剿,費帑何止千百萬?今幸全黔底定,所未完者欠餉耳。果能及早解清,則一勞永逸,從此黔中免征戰之苦,川省省追呼之煩,安黔即所以靖川。此難緩者二。新城叛勇滋事,即因欠餉起釁。楚軍待餉已久,噪索頻聞,倘仍事因循,萬一再起變端,勾匪為患,必至已定之區重煩兵力。此難緩者三。楚軍十二營皆由各省挑選而來,非實有鉅款,清還夙欠,斷難以次遣撤。從前川省之許給的餉,此時之延欠無解,各營無不同知,所望於川者甚殷。數月來,無人不願赴川清餉。其行而覆止者,已非一次。雖經多方開導,僅能暫時相安。設使終無指望,伊等豈肯甘心。一旦相率入川,人多勢眾,禁之不可,阻之不能,勢必至於決裂。在川省為善不終,自貽伊戚。而黔中前功盡棄,後慮方深。此難緩者四。以上皆現在實情,非川省迅解數十萬整餉,斷難挽救等情。咨會奏催前來。查川省欠餉,乃的實專款,與他省協餉迥異。今積欠至九十萬有奇,各軍勢迫情急,決非零星撥解所能濟事。伏念臣待罪黔疆,籍隸川省,但使力所能及,無不設法代籌,何忍作無厭之輩,久累桑梓?無如黔省素稱瘠苦,常年尚需各省撥餉八十餘萬,以供例支。今兵燹之餘,孑遺僅存,史(實)屬無可羅掘。而應支款項楚軍等萬人而外,尚有古州征軍、各處防營、沿途碉兵,合計不下數十營,所欠正餉,無營不盈千累萬,加以善後經費、地方公用,所需浩繁。各省協解無幾,司局支左絀右,危迫情形日甚一日。何能籌此鉅款分顧楚軍?提臣咨內所陳,委係萬不得已之請,不能不專望川省,速籌撥濟。想川省地方富庶,前次唐炯等軍之撤,數十萬整餉立時可措,此時入款雖略形短絀,出款實大於前。無論如何設法,當不難克期而集此急需。除添派委員兼程赴川,會同周振瓊加緊守催外,相應請旨敕下四川督臣,仍遵前旨,督飭藩司於欠解之餉內,無論何款,先撥銀五十萬兩,即交委員等領解回黔,以便清還楚軍欠餉。何營當撤,何營當留,即可分別酌定。以後應如川議,每月解銀二萬兩,即盡此項數,以供留防楚軍。

統俟一二年，全省局勢大定，制兵漸復舊額，再議撤減。所欠尾餉四十萬四千兩，仍應補解清款。倘遽難如數，或分作兩限、三限，定期三月、五月，悉聽川省之便。黔軍積欠如有不敷，另為設法彌補。如此則川省援局大功告成，而籌撥亦有限制，不致漫無底止矣。所有四川的餉萬難減緩，催令速解清款緣由，理合恭摺由驛具奏。伏乞皇上聖鑒訓示。謹奏。十一月初八日。同治十二年十二月初八日，奉硃批。欽此。①

[3]【案】同治十二年十二月初八日，曾璧光所奏飭催川省欠餉一摺，得清廷允准。查考《同治朝上諭檔》，並無此"軍機大臣字寄"，而《清實錄》則載之甚詳：

壬午，諭軍機大臣等：曾璧光奏，川省欠解楚軍的餉過多，請飭迅解，並古州生苗滋事，剿捕殆盡各摺片。古州苗匪潛赴丹江廳屬，糾合黨眾，竄踞雞講地方，經曾璧光派何世華等，帶兵剿辦，會同湖南防營，將雞講攻克，與王文韶前奏大略相同。惟黃茅嶺一帶尚有零匪遊弋，現經周達武酌帶隊伍，馳赴八寨督剿，即著曾璧光、周達武督令官兵，會同湘軍認真搜捕，務將餘匪殄除淨盡，毋任漏網。黔省甫經廓清，曾璧光等務當督飭所屬文武，將善後事宜妥為經理，以靖地方。周達武一軍，向由四川月解的餉，現在欠解甚多，該軍待餉已久，嘩潰堪虞，亟應迅撥鉅款，以資支放。著吳棠飭令藩司，於欠解餉內，無論何款，先撥銀五十萬兩，交該委員領解回黔，以後即照吳棠所議，每月解銀二萬兩。其所欠尾餉四十萬四千兩，仍著補解清款。該督務當顧全大局，力籌接濟。曾璧光、周達武即將各營分別撤留，迅速籌辦，以節餉需。原摺著鈔給吳棠閱看。將此由五百里諭知吳棠、曾璧光，並傳諭周達武知之。②

[4] 的餉：原件亦作"的餉"。錄副奪"的"，誤。

[5]【案】因現任四川布政使王德固請旨進京陛見③，得允。藩司一職

---

① 臺北"故宮博物院"藏：《軍機及宮中檔》，文獻編號：112838。
② 《穆宗毅皇帝實錄》卷三百六十，同治十二年十二月上，《清實錄》第51冊，第768頁。
③ 其摺曰：四川布政使臣王德固跪奏，為籲懇陛見，恭摺仰祈聖鑒事。竊臣前奉四川督臣吳棠行知，於同治十二年三月二十一日，奏明出省查閱建昌、松潘二鎮營伍，將總督衙門日行事件委臣代印代行。各處招審案件，亦令臣代為勘審。又，本年舉行鄉試，公事正繁，仰懇天

由臬司英祥署理。英祥（1823—1876？），正紅旗滿洲萬祿佐領下人，字豪卿，繙譯生員。道光二十一年（1841），任滿票簽行走。二十三年（1843），以本旗貼寫中書分缺間用。二十七年（1847），充學習中書。咸豐元年（1851），任貼寫中書。次年，補軍機章京。四年（1854），授內閣中書。六年（1856），賞加侍讀升銜。次年，候補侍讀。八年（1858），任內閣侍讀，並以理事、同知、通判用。十年（1860），賞四品頂戴。十一年（1861），升實錄館滿總纂官、幫提調官，兼銀庫員外郎、三庫檔房行走。同治元年（1862），署軍機處領班章京、方略館提調官，加道銜。三年（1864），記名以道員用，補三品銜，加三品銜，並賞戴花翎。次年，任軍機處領班章京，兼方略館提調官。六年（1867），調補湖北安襄鄖荊道，晉二品銜。次年，擢四川按察使。九年（1870）署四川布政使。光緒元年（1875），調廣西按察使，卒於任。

【案】相關英祥之履歷，《清代官員履歷檔案全編》云：

英祥，現年四十七歲，係正紅旗滿洲萬祿佐領下人。由翻譯生員於道光二十一年考取中書，在滿票簽行走。二十三年，臣工列傳告成，議敘本旗貼寫中書，分缺間用。二十七年，補學習中書。咸豐元年，補貼寫中書。是年蒙古王公表傳告成，議敘本旗實缺中書，分缺間用。二年七月，記名以軍機章京用。三年二月，補軍機章京。四年十一月，補實缺中書。六年十一月，宣宗成皇帝實錄告成，議敘賞加侍讀升銜。七年十月，經軍機大臣彭蘊章等保，奏請作為候補侍讀，請俟服闋後，遇缺

恩，俯准暫緩進京。一俟文武鄉試完竣，由臣循例陳請陛見一片，奉硃批：著照所請。欽此。欽遵在案。伏念臣中州下士，智識庸愚，由道光戊戌科進士刑部郎中轉補補史，選授江西知府，保升道員。同治六年三月十八日，奉旨補授江西按察使。十二月二十七日，到京，跪請聖安，仰蒙皇太后、皇上召見一次，訓誨周詳，莫名欽佩，旋即請訓，出京回任。八年十二月初十日，奉旨：補授四川布政使，即赴新任，毋庸來京請訓。遵即起程赴川，於九年五月初二日到（川）。受事以來，夙夜競惕。舉凡安民察吏，籌餉備邊，隨時稟商督臣，實心經理。三年歷滿，寸效毫無。幸逢皇上親理萬幾（機），福威廣被，滇黔秦隴軍務胥平，念茲蜀省士庶繁，久困鄰疆之供億，亟應妥籌休養，清釐度支。如臣愚昧，懼弗勝任。現在文武鄉試辦理完竣，惟有籲懇天恩，准臣趨叩闕廷，跪聆宸訓，俾得敬謹遵循，益勤職守，以冀仰酬高厚鴻慈於萬一。所有微臣陳請陛見緣由，理合恭摺具奏。伏乞皇上聖鑒訓示。謹奏。十一月二十七日。同治十二年十二月二十日，奉硃批：著來見。欽此。（臺北"故宮博物院"藏：《軍機及宮中檔》，文獻編號：113121。）

奏補。八年，京察一等，記名以理事同知通判用。七月，補授內閣侍讀。十年十一月，因辦理撫局出力，經恭親王等保奏，奉旨賞給四品頂戴。十一年二月，調補銀庫員外郎，兼三庫檔房行走。同治元年二月，經總理各國事務王大臣等保奏，奉旨賞加道銜。十二月，署軍機處領班章京，兼方略館提調官。三年，京察一等，記名以道府用。四月，經總理各國事務王大臣等保奏，奉旨交部，從優議敍。七月，因克復江甯省城，經軍機大臣等保奏，奉旨專以道員用，並賞戴花翎。八月，因恭修文宗顯皇帝實錄過半，經總裁賈楨等保奏，奉旨賞加三品銜。十二月，調補兵部員外郎。四年十月，充軍機處領班章京，兼方略館提調官。五年七月，經總理各國事務王大臣等保奏，奉旨交部，從優議敍。十二月，恭修文宗顯皇帝實錄全書告成，經總裁賈楨等保奏，奉旨俟簡放道員後，遇有按察使缺出提（題）奏，並賞加二品銜。六年十月，奉旨補授湖北安襄鄖荊道。十一月，因救火出力，奉旨賞加三級。七年十二月，奉旨：四川按察使缺，著英祥補授。①

【案】英祥於同治十三年二月初二日，具摺接署藩篆，八月初一日，奏報交卸署藩篆務，即回臬司本任。此二摺均藏於臺北"故宮博物院"，茲補録。一曰：

二品銜署理四川布政使按察使奴才英祥跪奏，為恭報奴才接印署事日期，叩謝天恩，仰祈聖鑒事。竊奴才於同治十三年正月二十日，接奉四川督臣吳棠行知，四川布政使王德固奉旨陛見，應即交卸起程。所有布政使印務，飭委奴才署理等因。旋於二月初二日，准本任藩司王德固將印信、敕書、文卷委員賫送前來。臣當即恭設香案，望闕叩頭謝恩，祇領任事。伏念奴才滿洲世僕，智識庸愚，由兵部員外郎軍機章京簡放湖北安襄鄖荊道，擢升四川按察使，同治八年十一月到任。九年正月，署理四川布政使，五月，交卸回任。恪勤供職，隕越滋虞。茲復奉署藩篆，益增悚惕。竊惟川省，地稱繁庶，藩司責重。旬宣、用人、理財，均關緊要。矧當臨氛方靖，民力未舒，仕途寬則黜陟須嚴，所貴講求夫治

---

① 秦國經等編：《清代官員履歷檔案全編》第三冊，第586頁。

術。庫藏虛則勾稽宜實，尤應請（清）理夫度支。奴才自顧疏庸，深懼弗克勝任。惟有勉殫智慮，倍矢精勤，將一切應辦事宜隨同督臣，實心經理。固不敢以暫時攝篆，稍涉因循。亦不敢就熟駕輕，偶萌玩忽。冀薄效涓埃之報，以仰酬高厚之施。所有奴才接印署事日期並感激下忱，理合恭摺叩謝天恩。伏乞皇上聖鑒。謹奏。二月初二日。同治十三年三月十三日，奉硃批：知道了。欽此。①

一曰：二品銜署理四川布政使按察使奴才英祥跪奏，為恭報奴才交卸藩篆並回臬司本任日期，叩謝天恩，仰祈聖鑒事。竊奴才於本年七月二十五日，接奉督臣吳棠行知，布政使王德固現已陛見回川，飭令赴任，並飭奴才仍回臬司本任等因。遵於八月初一日交卸布政使印務，即於是日准署按察使臣傅慶貽，將印信、文卷委員賫送前來。奴才當即恭設香案，望闕叩頭謝恩，祗領任事。伏念奴才滿洲世僕，智識庸愚。權理藩司篆務以來，適值庫帑支絀之際。雖盡心籌畫，倖免愆尤。而效力旬宣，毫無報稱。茲當仍回本任，尤應勉力愚誠。查四川為邊要之區，臬司彙刑名之總，安民貴明於治獄，率屬端本於持躬。況當鄰省軍務初平，地方應辦事宜，在在均關緊要。奴才惟有益竭駑駘，倍加勤慎，隨同督臣，實心經理。斷不敢稍涉怠忽，以期仰答高厚鴻慈於萬一。所有奴才交卸藩篆仍回臬司本任日期並感激下忱，謹恭摺叩謝天恩。伏乞皇上聖鑒。謹奏。八月初一日。同治十三年九月二十四日，奉硃批：知道了。欽此。②

[6] 四、五、六月分：原件亦作"四、五、六月分"，與原稿同。錄副作"四月六月分"，顯誤。

[7] 者：原稿與原件均有"者"，錄副脫之，誤。

[8] 至武字一軍：原件與原稿同。錄副作"至武字一營"，未確。

[9] 視：錄副作"現"，誤，無疑。原件同原稿。

[10] 以免嘩潰之虞：錄副作"以免嘩潰之餘"，顯為手民訛抄。

---

① 臺北"故宮博物院"藏：《軍機及宮中檔》，文獻編號：114278。
② 臺北"故宮博物院"藏：《軍機及宮中檔》，文獻編號：117063。

[11]（同治十三年三月十八日）：此日期據原件補。

[12]（另有旨）：此"硃批"據原件補。

[13]（同治十三年四月初六日，奉硃批。欽此）：此奉旨日期據錄副補。

[14]【案】同治十三年四月初六日，此摺得清廷批復，《清實錄》：

又諭：前因四川欠解周達武軍餉甚多，諭令吳棠先撥銀五十萬兩，所欠尾餉仍令補解清款。嗣因黔省需款甚急，復諭該督迅速籌解。茲據奏稱，川省餉源奇絀，未能克期全解等語。所奏自係實在情形，惟黔省甫就肅清，所有裁撤勇營及籌辦善後各事宜，盼餉甚殷。川省近在鄰疆，向來解濟餉需不遺餘力。值此全黔底定，尤當於無可設法之中竭力措解，俾得清還各營欠餉，分別撤留，以為一勞永逸之計。仍著懍遵前旨，力任其難，設法籌解，一濟要需。該督素顧大局，諒不至稍分畛域也。將此諭令知之。①

一〇五　奏報將羅安邦正法並張占鰲艾爾鴻等將為副將守備片

同治十三年五月十八日（1874年7月1日）

再，前據提督唐友耕呈請赴京陛見，當經附片奏陳，並聲明庫款支絀，將所部振武軍勇丁暫委營官張占鰲代統在案。嗣據唐友耕呈稱：散勇難於招勇，必須親往拊循，庶臻妥善。隨即督飭籌餉報銷局司道等，於無可設法之中極力圖維，補給欠餉銀兩，交唐友耕妥為撤遣歸農。茲據唐友耕咨呈：抵防後，平情開導，分起填給路票，添派差員，管押回籍，並備文移知昭通府縣，各歸各團，俾安生業。現已一律遣散完竣，由達字營撥隊接防。惟當帶餉詣營之際，營官張占鰲、艾爾鴻先期躲避。隊長羅安邦、營書胡子謙等造言煽惑，幾釀事端。經唐友耕密拏哨長羅安邦，訊明正法，軍心始克大定，應請從嚴參辦

---

① 《穆宗毅皇帝實錄》卷三百六十五，同治十三年四月，《清實錄》第51冊，第827—828頁。

等情。臣查營官張占鰲、艾爾鴻，擅離營伍，咎無可辭，未便因其久著勳勤，稍存迴護。相應請旨，將記名提督胡松額巴圖魯張占鰲降為副將，花翎儘先遊擊艾爾鴻降為守備，以觀後效。其在逃之營書胡子謙等，已由臣通飭查拏務獲，解省究辦，以肅營規。理合附片陳明。伏乞聖鑒訓示。謹奏。

（同治十三年六月初六日，奉硃批：著照所請，兵部知道。欽此）。[1]

同治十三年五月十八日，由馹拊片具奏，茲於本年六月二十五日，准兵部火票遞回原片。奉硃批：著照所請，兵部知道。欽此。
（P857-861）

校證

【案】此片缺原件，錄副現藏於臺北"故宮博物院"①，茲據校勘。

[1]（同治十三年六月初六日，奉硃批：著照所請，兵部知道。欽此）：此奉旨日期與內容，據錄副校補。

一〇六　奏報川軍防剿逆回成勞久著懇恩彙獎出力員弁紳團摺
同治十三年五月十八日（1874年7月1日）

（頭品頂戴四川總督臣吳棠跪）[1]奏，為川軍防剿秦隴逆回，成勞久著，現在肅州克復，關內肅清，懇恩併案，核實彙獎在事出力員弁紳團，以昭激勸，恭摺仰祈聖鑒事。

竊查秦隴逆回倡亂十有餘年，蹂躪鄰疆，蕩搖邊境。自同治七年正月，前兼署督臣崇（實）奏派提督李輝武，統帶勁旅三千人，迎擊渭北竄回，出紮漢南[2]。臣於是年九月，調任來川，悉心體察，川北之平武、廣元與陝之沔、甯，甘之階、文等州縣，唇齒相依，實有防不勝

---

①　臺北"故宮博物院"藏：《軍機及宮中檔》，文獻編號：115398。

防之患。用是多方籌畫，壹意主持。以漢南為老營，見賊即剿，力挫凶鋒。而以提督李有恆等所部虎威寶營、達字營分防川北，如遇軍情吃緊，即令其越紮於三者接壤之區，往來策應。該提督李輝武等均能戮力同心，克敵致果。不惟川北資其捍衛，抑且秦中賴以保全，蓋用兵貴審機宜，非戰於境外，斷難守於境中也。同治十一年八月，甘軍奇營勇潰[3]，突竄秦州、狄羌一帶地方，與河州逸出之回互相勾結，勢極披猖。經提督李輝武督率所部勇丁，會同虎威寶營、達字營，迎頭截擊，迭有斬擒。又平防地處極邊，散練游匪出沒靡常，並經提督李有恆等設法稽查，隨時搜捕，彌內患以御外侮。積歲累年，厥功頗偉。計自臣涖任至今，北路徵兵戍卒共撥過月餉銀不下三百萬兩。復陸續籌解過陝甘兩省協餉銀一百四十萬兩有奇，以及轉運芻糧、協防要隘，則尤在官紳團練等好義急公，踴躍用命。現在肅州克復，關內肅清，似應綜核成勞，同膺懋賞。況為時已閱二年之久，定章亦屬相符。可否仰懇天恩，俯准由臣將在事出力員弁紳團彙同剿辦峨邊蠻匪，併案核實請獎，以昭激勸之處，出自逾格鴻慈。所有川軍防剿秦隴逆回，成勞久著，現在肅州克復，關內肅清，懇恩併案核實彙獎在事出力員弁紳團，以昭激勸緣由。理合恭摺具奏。伏乞皇上聖鑒訓示。謹奏。（五月十六日）。[4]

（同治十三年六月初六日，奉硃批：准其擇尤保獎，毋許冒濫。欽此）。[5]

同治十三年五月十八日，由馹具奏。茲於本年六月二十五日，准兵部火票遞回原摺。奉硃批：准其擇尤保獎，毋許冒濫。欽此。（P863-870）

校證

【案】此摺原件查無下落，錄副現藏於臺北"故宮博物院"①，茲據校勘。

---

① 臺北"故宮博物院"藏：《軍機及宮中檔》，文獻編號：115394。

[1]（頭品頂戴四川總督臣吳棠跪）：原稿無前銜，茲據補。

[2]【案】崇實奏派李輝武出紮漢南，得清廷允准，《清實錄》：

> 又諭：崇實奏，調撥楚軍，迎擊渭北回匪。劉嶽昭奏苗匪投誠，分別安插，並滇省軍務吃緊，難顧貴陽暨請飭川省協餉各一摺。陝省回匪肆擾，股數較多，兵力難於兼顧。前因回逆竄擾寶雞，諭令崇實派周達武馳赴汧隴扼剿，該署督現已派令周達武所部之提督李輝武，率勁卒三千人，由裦城取道留壩鳳縣，出駐汧陽，仍令周達武統率所部，並增募千人，駐防大安驛一帶。著即飭令與李輝武聯絡聲勢，並兼扼徽文兩當之冲，以固川北門戶。所有該兩營糧米，仍由川省設法轉運，毋令缺乏。……①

[3]甘軍奇營勇潰：同治十一年八月，甘軍奇營勇丁因索餉未遂，隨即嘩潰，經官軍追抵陝疆，由前甘肅提臣曹克忠督軍截剿，全數收撫，並將變亂之路鐘字等五犯查出斬梟，其王士清等九弁訊由迫脅，經奏參革職。同治十一年九月十九日，陝甘總督左宗棠具奏，查明奇營馬隊潰走自請議處緣由，可供參觀。

【案】此奏片錄副現藏於中國第一歷史檔案館，又見於《左宗棠全集》②。茲補錄之：

> 再，奇營馬隊之潰，實由憚於西行。若輩多出自降捻，強悍而不耐寒苦，乃其本性。所稱欠餉將近一年，雖非虛誣，卻較之臣部各營積欠一年零三、四個月者，猶為優矣，胡獨該潰卒以此借日？至統領降補參將楊世俊，平日待將弁勇丁頗有恩誼，人素廉勤，該潰卒無從肆其謗焰。且楊世俊自帶青旂馬隊一營及步隊兩營，均已安靜抵省。各起潰卒各由駐營之地分道赴省，先時不及詳悉開導，致有此變。嗣馳赴前途，亦收輯副白旂一營。雖所部潰走，難辭咎責，而情實可原。合無仰懇天恩，免其置議。惟微臣忝領兵符，平時未能曉以大義，偶爾餉缺，遂致紛紛潰逃。又旬日三次檄催，未及詳察軍情，遽加督責，亦屬思慮不周。疏

---

① 《穆宗毅皇帝實錄》卷二百二十五，同治七年二月下，《清實錄》第50冊，第84頁。
② 左宗棠：《左宗棠全集·奏稿五》，嶽麓書社2009年版。

誤之咎，實無可辭。應請旨交部議處，以昭軍律。伏乞聖鑒。謹奏。（另有旨①）。同治十一年九月三十日，軍機大臣奉旨，欽此。②

[4]（五月十六日）：原稿無此日期，茲據補。

[5]（同治十三年六月初六日，奉硃批：准其擇尤保獎，毋許冒濫。欽此）：此奉旨日期與內容，據錄副校補。

一〇七　奏報同治十二年武員月課獎賞數目並循舊舉行摺
同治十三年五月十八日（1874年7月1日）

（頭品頂戴四川總督臣吳棠跪）[1]奏，為彙報上年武員月課用過獎賞數目，並現在認真考校，循舊舉行，恭摺仰祈聖鑒事。

竊臣前將酌擬武員月課章程專摺奏明在案，計自同治十二年三月分起至十二月分止，共十一個月，陸續用過獎賞錢一萬零四百五十千文。按照定價，以錢一千八百文合市平銀一兩，申合庫平銀五千五百八十四兩九錢六釐一毫，即在釐釐金項下支訖。茲於本年開篆後，飭據中軍副將造送候補將弁銜名清冊，比較上年底冊，鎮將等官續行收標七員，都守等官續行收標十八員，千把等官續行收標四十九員。隨於二月十六、七、八、九等日，即在臣署箭道認真考校，計取入月課鎮將等四十一員、都守等五十七員、千把總等一百十四員。蓋收標之人數，既逐漸加增，斯考課之程途，亦量為推廣也。至每員給予獎賞，仍循舊章，自鎮將考列超等給錢十六千文，以次遞減，至千把總考列壹等給錢四千文而止。計二月分用過獎賞錢

---

① 《清實錄》：楊世俊所部勇丁潰散，情尚可原，著免其置議。左宗棠自請議處，並著加恩寬免。將此由六百里諭知左宗棠、穆圖善、定安，並傳諭張曜、宋慶知之。(《穆宗毅皇帝實錄》卷三百四十一，同治十一年九月下，《清實錄》第51冊，第502頁。)

② 中國第一歷史檔案館藏：《錄副奏摺》，檔號：03-4843-037。

一千七百二十二千文，三月分用過獎賞錢一千二百二十四千文。以錢折銀，在於釐金項下動支給領。嗣後雖視考課之升降，定獎賞之多寡，大約不出上兩月用過之數，統俟年終彙銷。據籌餉報銷局詳報前來。臣伏查該武員等，自上年酌擬月課章程，隨時考校，弓馬愈臻嫻熟，人材日見奮興。即寒苦之家，亦藉獎賞，以資養贍，稍可支援。每於當場閱畢，必勸勉諄諄，既嘉其向上之忱，復勗以致身之義。該武員等尚能恪守營規，一遵約束。臣惟有會同署提臣聯昌[2]，督率中軍副將等，悉心稽察，遇事講求，以期紀律咸明，始終弗懈。所有上年武員月課用過獎賞數目並現在認真考校、循舊舉行緣由，理合恭摺具陳。伏乞皇上聖鑒。謹奏。（五月十八日）。[3]

（同治十三年六月初六日，奉硃批：知道了。欽此）。[4]

同治十三年五月十八日，由馹具奏。茲本年六月二十五日，准兵部火速票遞回原摺。奉硃批：知道了。欽此。（P871—877）

校證

【案】此摺缺原件，錄副現藏於臺北"故宮博物院"①，茲據校勘。

[1]（頭品頂戴四川總督臣吳棠跪）：原稿無前銜，茲據補。

[2]聯昌（1821—1879）：富察氏，滿洲鑲黃旗人。道光十七年（1837），由一等子爵揀發兩江軍營。咸豐四年（1854），補江南河標中軍副將。六年（1856），賞戴花翎。九年（1859），遷四川松潘鎮總兵。同治八年（1869），兼署重慶鎮總兵。十一年（1872），調補重慶鎮總兵。十三年（1874），兼署四川提督。光緒五年（1879），卒於任。

【案】因四川提督胡中和進京陛見，同治十三年三月十八日，川督吳棠奏委重慶鎮總兵聯昌署理四川提督印務一摺，曰：

頭品頂戴四川總督臣吳棠跪奏，為委員接署提鎮印務，恭摺奏聞，仰祈聖鑒事。竊臣接准提督臣胡中和咨：前經具摺，奏請陛見，奉硃批：

---

① 臺北"故宮博物院"藏：《軍機及宮中檔》，文獻編號：115399。

著來見。欽此。所遺提督印務應即委員接署，以便胡中和交卸起程。查有重慶鎮總兵聯昌，歷練老成，堪資表率。以之署理提督印務，可期辦理裕如。其所遺重慶鎮缺，亦關緊要。查有督標中營副將文升，熟悉操防，辦事勤慎。上年歷署鎮篆，堪以委署重慶鎮總兵篆務。所遺督標中軍副將缺，查有總兵銜儘先副將張祖雲，營務夙嫻，堪以委令接署。除分別照會飭遵外，臣謹會同成都將軍臣魁玉，合詞恭摺具奏。伏乞皇上聖鑒。謹奏。三月十八日。同治十三年四月初六日，奉硃批：知道了。欽此。[①]

[3]（五月十八日）：原稿無此日期，茲據補。

[4]（同治十三年六月初六日，奉硃批：知道了。欽此）：此據錄副補。

一〇八　奏報查明黔江民教起釁實情並請將解犯委員印官懲處摺

同治十三年五月十八日（1874年7月1日）

（四川成都將軍臣魁玉、頭品頂戴四川總督臣吳棠跪）[1]奏，為查明黔江民教起釁實情，覆驗訊供，並請將解犯不慎之委員、印官分別懲處，恭摺仰祈聖鑒事。

竊臣等前將教士被毆致斃、兇犯已獲緣由，據實奏陳，欽奉寄諭：仍著魁（玉）、吳（棠）凜遵前旨，將起釁實情迅速查明具奏，並將現辦情形隨時咨明總理各國事務衙門，毋稍延緩等因。欽此。臣等遵即恭錄，行知藩臬兩司，暨飭催川東道姚覲元，督同印委各員，上緊查訊籌辦。嗣據川東道迭次來稟，以黔江民教起釁根由非親至其境，不能得其實情，委署縣事鮑慶係初到之員，無所用其廻護，飭令確切查明，迅速稟覆。該署令於蒞任後，明查暗訪，實係陳宗發、謝家俸等，各將余克林、戴明卿共毆身死，均係死在城外。且訪聞陳宗發踏水過

---

① 臺北"故宮博物院"藏：《軍機及宮中檔》，文獻編號：114625。

河，趕獲余克林毆斃，並非紳耆等主謀。惟撤任知縣桂衢亨，方事起倉卒，未能立時彈壓，咎亦難辭。前委涪州知州濮文升等，會驗黔江縣民陳宗發等共毆司鐸余克林身死傷痕，大致相符。戴明卿因屍身腐化，原告梁樂益等結請免驗，並經署酉陽直隸州知州羅亨奎等提犯訊供，陳宗發與蔡從憘認毆司鐸余克林致斃，謝家倖與鄭雙荃認毆司鐸戴明卿致斃。惟謝家倖倚老作狂，醜抵教中奸搶其女。迨黔江縣將被告紳民甯卜榮等十七名先後解到，提案覆訊。該紳等極口呼冤，委無統凶協謀情事，即犯證亦偽，剖辯甚力。奈原告梁樂益等近在酉陽教堂，延不投質等情。均經隨時函致總理衙門，各在案[2]。臣等查此案經覆驗訊供之餘，眾證確鑿，自無遁飾情弊。惟必須該教原告梁樂益等赴質，方足以折服其心。乃主教范若瑟旋說旋翻，固結莫解，其藉端要脅之意，已屬顯然。近復請將陳宗發等犯專提到渝，使兩地牽絆永無完結之期，以遂其刁難之計。而事關中外交涉要件，不得不委曲求全，飭據川東道將全案人證，提至渝城審辦，復添委熟諳洋務之補用知府呂烈嘉、典史祝俊棻，前往隨同經理。茲據該道轉據署酉陽直隸州知州羅亨奎稟報：飭委候補從九品吳輔元，並多派兵役，協同黔江縣長解各差，管押犯證前進，於四月十二日，據署黔江縣知縣鮑慶稟：陳宗發在途誤食蜂蜜生蔥，中毒身死。時方夏令，未能久延，已專差移請鄰封詣驗，由川東道稟請參辦前來。臣等伏念命案久懸，實因該主教抗不派人赴質，尚非地方官有意耽延[3]，今不得已將全案提渝，勉從所請。該委員、印官等未能小心防護，以至兇犯中途身死，枝節橫生。該教更多所藉口，籌辦愈難，非尋常疏忽可比，相應請旨將管解委員候補從九品吳輔元即行革職，並將簽差不慎之署酉陽直隸州知州候補知府羅亨奎、署黔江縣知縣鮑慶，交部議處。臣等仍當督飭川東道姚覲元暨印委各員，親提解到犯證，再行研鞫，與主教范若瑟妥商辦理。除將籌辦情形隨時函致總理衙門[4]外，所有查明黔江民教起釁實情，覆驗訊供，並請將解犯不慎之委員、印官分別懲處緣由，合詞恭摺具陳。伏乞皇上聖鑒訓示。謹奏。（五月十八日）。[5]

（同治十三年六月初六日，奉硃批：吳輔元著即行革職，羅亨奎、鮑慶均著交部議處。此案為日已久，尚未訊結，著魁玉、吳棠督飭姚覲元等，親提解到犯證，詳細研鞫，迅速持平妥辦，毋再遷延。欽此）。[6]

同治十三年五月十八日，由驛具奏。於本年六月二十五日，奉硃批：吳輔元著即行革職，羅亨奎、鮑慶均著交部議處。此案為日已久，尚未訊結，著魁（玉）、吳（棠）督飭姚覲元等，親提解到犯證，詳細研鞫，迅速持平妥辦，毋再遷延。欽此。（P879-889）

校證

【案】此摺原件存於中國第一歷史檔案館，現僅見之於《清末教案》①。錄副現藏於臺北"故宮博物院"②，茲據校勘。另，錄副首開"另抄交總理衙門，摘抄交吏部"等字樣。

[1]（四川成都將軍臣魁玉、頭品頂戴四川總督臣吳棠跪）：此前銜據錄副補。

[2] 各在案：錄副作"各案"，顯奪"在"。原稿、原件確。

[3] 耽延：錄副脫"延"，誤。原稿、原件確。

[4]【案】關於審理黔江教案情形及要犯陳宗發中途身死緣由，成都將軍魁玉已咨呈總理衙門：

（同治十三年）五月十三日，成都將軍魁玉等函稱：前月十九日，曾肅蜀字七號函，亮邀垂登。嗣據署酉陽州羅守稟稱：被告紳民甯卜榮等十七人，經該署州飭縣設法傳齊解到。該原告梁（樂）益等近在酉陽教堂，屢催不案。因州考為期已迫，恐人心不平，別釀事端，勢難懸案久待，當即會同委員同知張超等，提集被告、犯證，詳加推鞫。該犯陳宗發供認，與蔡從憘將司鐸余克林毆斃。謝家俸即謝裁縫供認，與鄭雙

---

① 參見中國第一歷史檔案館、福建師範大學歷史系合編：《清末教案》第二冊，中華書局1998年版。

② 臺北"故宮博物院"藏：《軍機及宮中檔》，文獻編號：115399。

荃將司鐸戴明卿毆斃。所供下手人情形，歷歷如繪。質之餘犯及案證湯毛，各供相符。並按該教所控各情，逐層研究，該被告人等一一分晰，委無統凶協謀情事，即犯證亦為剖辯甚力，矢口不移。即將正案各犯按律定擬，於三月十九日連證解道審勘，並援引原告無故不案之例，註銷控案，稟由該道核轉等情。維時，已據川東道請將全案提渝審辦，恐主教范若瑟執拗性成，未能折服，復批行姚道，督同印委各員，再行悉心覆訊去後。茲據姚道轉據署酉陽州羅守馳報，該署州與委員張丞等將黔江縣教案審擬成招，諗知該犯陳宗發等狡獪異常，飭委候補從九吳輔元，並多派兵役，協同黔邑長解各差，管押犯證前進。四月十二日，據黔江縣鮑令具稟，陳宗發在途誤食蜂蜜、生蔥，中毒身死。時方夏令，未敢久延，已照例專差移請彭水縣莊令，親身詣驗，請即查照，札委所有謝家倖等犯，已屬吳從九押解前進等語。玉等查此案懸擱半年，未能定讞，實由該主教抗不派人赴質，狡賴多端。今將全案人證解渝，該委員、印官等復不克小心防護，以致要犯中途自盡，枝節橫生，籌辦愈形棘手，刻擬具疏奏請分別懲處，另備公牘抄稿咨呈，並批飭川東道，親提兵役人等，逐一研訊有無勒逼情事，稟候核辦。至江北廳民教交涉案件，據該道轉據委員孔倅稟稱，業經傳質，據供並無擄搶實據。惟藍宗常等因索討帳目，私相鬥毆，致將蔣洪順等打傷，而教民中亦不應恃教為符，欺壓良善挾嫌勒書服約。兩造均有不合。現經張茂濤等公懇，在外自行理處，俟理處明晰，具結完案，再行轉報。合併陳明。肅此布達，恪請弼安。①

[5]（五月十八日）：此日期據原件補。錄副為"五月十八日"。

[6]（吳輔元著即行革職，羅亨奎、鮑慶均著交部議處。此案為日已久，尚未訊結，著魁（玉）、吳（棠）督飭姚觀元等，親提解到犯證，詳細研鞫，迅速持平妥辦，毋再遷延。欽此）：此奉旨日期與內容，據錄副校補，與原件、原稿附記一致。

---

① 臺北"中央研究院"近代史研究所編：《教務教案檔》第三輯第二冊，第1025頁。

【案】此摺抄稿業已咨呈總理衙門：

六月初六日，成都將軍魁玉等文稱，同治十三年五月十八日，由驛具奏查明黔江教民起釁實情，覆驗訊供，請將解犯不慎之委員印官分別懲處一摺。除俟奉到諭旨另行恭錄咨呈外，所有摺稿相應抄錄咨送。為此咨呈貴衙門，謹請查照施行。摺稿詳見六月初七日軍機處交片。[①]

一〇九　奏請准記名總兵董應昌復姓更名並仍以總兵留川補用片
同治十三年六月十八日（1874年7月31日）

再，記名總兵都勇巴圖魯董應昌，原籍浙江嚴州府淳安縣，姓方名成璧。因咸豐四年髮逆竄擾嚴州一帶，該總兵父母殉難，孑然一身，毫無倚靠。適值四川提標右營戰兵董用威出師嚴州，憫其孤苦，收為義子，更名董應昌，隨同打仗出力，拔補戰糧，於咸豐十一年凱撤回川。同治三年，投入武字營，隨征階州、松潘、越嶲、貴州等處，洊保今職。十二年，貴州全省肅清，給咨仍留川省補用。該總兵義父、義母已於同治七、八年間先後病故，現有親子（名）繼昌[1]，早能成立。董姓既有子嗣承祧，而方姓不可無後，呈請復姓更名，以承方氏宗祀，等情。由總統川黔各軍貴州提督周達武咨呈前來。臣伏查無異，相應請旨，敕部更正，將記名總兵都勇巴圖魯董應昌，准其復姓方氏，（更名）成璧[2]，仍以總兵留川補用。理合附片陳明。伏乞聖鑒訓示。謹奏。

（著照所請，兵部知道）。[3]

（同治十三年七月初八日，奉硃批：著照所請，兵部知道。欽此）。[4]

同治十三年六月十八日，由馹附奏。茲於本年七月二十六，准兵部火票遞回原片。奉硃批：著照所請，兵部知道。欽此。（891—894）

---

① 臺北"中央研究院"近代史研究所編：《教務教案檔》第三輯第二冊，第1025頁。

校證

【案】此奏片原件現藏於中國第一歷史檔案館[1]，錄副現藏於臺北"故宮博物院"[2]，茲據校勘。

[1]（名）繼昌：原件、錄副均作"名繼昌"，當是。

[2]（更名）成璧：原稿無"更名"，據原件、錄副校補。

[3]（著照所請，兵部知道）：此"硃批"據原件補。

[4]（同治十三年七月初八日，奉硃批：著照所請，兵部知道。欽此）：此奉旨日期與內容，據錄副補。

一一〇 奏報灌縣山匪滋事經並力查拏殲除現在地方安靜情形摺

同治十三年七月初四（1874年8月15日）

（頭品頂戴四川總督臣吳棠跪）[1]奏，為灌縣山匪滋事，經兵團並力查拏，立即殲除，現在地方安靜，恭摺仰祈聖鑒事。

竊查川省承西藏餘風，夙崇神道。每遇家多疾病，必邀請童子道人，設壇打醮，俗名端公，即古所謂巫是也。向無為匪不法情事，禁革殊難。客秋成熟之期，雨傷禾稼。本年入夏後，糧價較昂。曾於省垣開設平糶局，將臣上年創辦豐豫倉積穀，減價出售，以濟貧民。而外縣勘不成災，未能遍及。灌縣與汶川連界，緊接夷疆，深山窮谷之中，以挖藥、淘金為業者，日食不敷，藉估吃大戶為名，與附近素習端公人等，因歉年技術不行，互相勾結，竊案遂多。臣屢經派隊梭巡，並嚴飭該縣等，認真緝捕。六月初九夜，突有前項匪徒百餘人，從灌縣之熊耳山、趙公山竄出，在於太平場、中興場一帶，乘夜深人靜之

---

① 中國第一歷史檔案館藏：《硃批奏摺》，檔號：04-01-16-0200-105。
② 臺北"故宮博物院"藏：《軍機及宮中檔》，文獻編號：115916。

時，放火行劫。經署灌縣知縣黃毓奎率領鄉團圍捕，格斃山匪六名。該匪勢不能敵，敗竄入山。臣復添調裕字營楚勇五百名、精兵五百名，以參將范承先、劉順望等統帶，星夜赴灌。並飛檄駐防川北之統領虎威寶軍提督李有恆，馳往督剿，暨分飭遊擊高秉元，管帶小隊，會同該縣紳團知縣彭洵、教職陳炳魁、劉輯光、周文謙、吳國楨、武舉陳占鰲、兵部差官黃安邦等，各率民團，作為官軍嚮導。瓦寺宣慰司索諾木世蕃齊集土兵，協同搜捕。據報參將范承先、劉順望等於十二三日，先後馳抵灌境，探知該匪得信潛逃，會同知縣黃毓奎，督率紳團教諭陳炳魁等，趁勢急擊，陣斬山匪五六十名，生擒三十餘名。將依山場鎮村莊次第搜查，已無匪徒蹤跡。遂定議於十六日，參將范承先督同哨弁譚樹勳、鄭懷德、土司索諾木世蕃等，由青雲營走漩口場，抄襲熊耳山之後。參將劉順望率同總兵馮翊翔、遊擊李廷棟、匡元斌、參將費三春等，由太安寺大火地直搗熊耳山之前，會合紳團，節節搜捕。續獲要匪二十餘名。十八日，虎威寶軍亦即趕到，遍山跴緝，一律肅清，現在地方安靜。迭次所獲匪犯均解交灌縣，會同委員收審等語。臣飭提首匪余其滐等，先行解省，發交署臬司傅慶貽[2]，督同成都府知府許培身等，悉心研訊，供認起意夤夜放火行劫不諱。當即恭請王命，將該匪首余其滐、賈幗潰、傅十、竹三、姚獅子五名，綁赴市曹，明正典刑，並傳首犯事地方，以昭炯戒。餘匪分別究辦，其被匪協從者，量予省釋。臣伏查此次滋事山匪，本屬無多，且無火器長矛等件。惟川西一帶山徑崎嶇，民風強悍，若不及時撲滅，恐致蔓延。該將士紳團等竟能於旬日之間，入山搜捕，立即殲除。辦理尚稱妥速，應由臣核明，存記彙獎。卸署灌縣知縣黃毓奎，雖經獲匪，究屬疏防，相應請旨，摘去頂戴，以示薄懲。現在隴患漸平，甘肅提督李輝武已交卸漢中鎮篆務，咨令將所部律武營川軍移防川北，俾提督李有恆騰出兵力，分布川西，為一勞永逸之計。所有灌縣山匪滋事，經官團並力查拏，立即殲除，現在地方安靜緣由，理合恭摺馳陳。伏乞皇上聖鑒訓示。謹奏。（七月初四日）。[3]

（知道了。此次出力各員弁，准其彙案保獎，毋許冒濫！疏防之黃毓奎，著摘去頂戴。該部知道）。[4]

（同治十三年七月二十二日，奉硃批：知道了。此次出力各員弁，准其彙案保獎，毋許冒濫！疏防之黃毓奎，著摘去頂戴。該部知道。欽此）。[5]

同治十三年七月初四，由馹具奏。茲於本年八月十一日，奉到原件：知道了。此次出力各員弁，准其彙案保獎，毋許冒濫！疏防之黃毓奎，著摘去頂戴。該部知道。欽此。（P895-905）

校證

【案】此摺原件藏於中國第一歷史檔案館①，錄副現藏於臺北"故宮博物院"②，茲據校勘。

[1]（頭品頂戴四川總督臣吳棠跪）：原稿無前銜，茲據補。

[2]傅慶貽（1823—？）：直隸清苑縣人，祖籍湖北，廩生。咸豐元年（1851），中舉人。六年（1856）進士。同治六年（1867），交軍機處記名以道府用。八年（1869），任四川鹽茶道。光緒二年（1876），任湖南按察使。五年（1879），調補安徽布政使。同年，護理安徽巡撫。六年（1880），因鹽茶道任內獲咎，奉旨照部議革職。九年（1883），經吏部銓選，任湖南儲糧道缺。同治十三年（1874），因四川布政使王德固赴京陛見，按察使英祥暫署理布政使事，川督吳棠飭令鹽茶道傅慶貽暫署臬司篆務。

【案】中國第一歷史檔案館藏有傅慶貽履歷單一分，可資參考。茲照錄：

傅慶貽，現年六十八歲，係直隸清苑縣人，祖籍湖北。由廩生中式咸豐元年辛亥恩科順天鄉試舉人。六年丙辰科，中式進士，奉旨以部屬用，籤掣吏部，同治二年，補文選司主事。五年，升考功司員外郎。是年十一月，奉旨記名以御史用。十二月，升考功司郎中。六年，京察一等，奉旨

---

① 中國第一歷史檔案館藏：《硃批奏摺》，檔號：04-01-01-0926-045。
② 臺北"故宮博物院"藏：《軍機及宮中檔》，文獻編號：116115。

记名以道府用。是年十月，奉旨補授四川鹽茶道，七年閏四月到任。八年二月，署理按察使，五月回任。十年大計，保薦卓異。十二年，因籌餉出力保奏，奉旨賞加按察使銜。十三年二月，署理按察使，八月回任。光緒元年六月，署理按察使，十一月回任。二年正月，署理按察使。是年三月，奉旨補授湖南按察使，三年十一月到任。是月，署理湖南布政使，四年六月回任。五年正月，奉旨補授安徽布政使。四月，護理安徽巡撫，兼護學政。八月，到藩司本任。六年二月，因鹽茶道任內獲咎，奉旨照部議革職。九年正月，奉旨著來京，交吏部帶領引見。五月二十五日，引見，奉旨以道員用。遵即赴部投供。本年四月，吏部銓選湖南儲糧道缺。五月初五日，經欽派王大臣驗放，初六日，覆奏，堪以補授。奉旨，依議。①

[3]（同治十三年七月初四日）：原稿無此日期，茲據原件校補。錄副署月日，無年分。

[4]（知道了。此次出力各員弁，准其彙案保獎，毋許冒濫！疏防之黃毓奎，著摘去頂戴。該部知道）：此"硃批"據原件補。

[5]（同治十三年七月二十二日，奉硃批：知道了。此次出力各員弁，准其彙案保獎，毋許冒濫！疏防之黃毓奎，著摘去頂戴。該部知道。欽此）此奉旨日期與內容，據錄副補。

一一一　奏報勉籌協黔餉銀兩分批解交周達武軍營以資凱撤摺

同治十三年七月十八日（1874年8月29日）

（頭品頂戴四川總督臣吳棠跪）[1]奏，為遵旨勉籌協黔餉銀五十萬兩，分批解交，以資凱撤，恭摺仰祈聖鑒事。

竊臣欽奉同治十二年十二月初八日上諭：曾璧（光）奏，川省欠解楚軍的餉過多，請飭迅解，著吳（棠）飭令藩司，於欠解餉內無

---

① 秦國經主編：《清代官員履歷檔案全編》第四冊，第274頁。

論何款，先撥銀五十萬兩，交委員領解回黔，等因。欽此。當經瀝陳川省民力愈艱、餉源奇絀情形，奏明聖鑒在案。嗣值貴州提督周達武因清釐餉項，取道入川。臣接晤之餘，當告以蜀事艱難，出多入少，今昔情形不同。周達武在川領隊有年，亦能洞悉。惟以援師久勞於外、勉籌鉅款為請，隨飭署藩司英祥等，將解過協黔的餉及協餉已解未解數目，與周達武查算清晰，往返籌商。至六月中旬，據籌餉報銷局司道等詳稱：川省應解協黔的餉，自同治九年閏十月十五到黔之日起，至十一年四月止，共解過銀一百七萬三千兩，續派助剿之武字副前營、經武中營月餉不在其內。迨苗疆戡定之初，奏明改為月協餉銀二萬兩，陸續又解過銀二十八萬兩。至十二年六月底止，僅欠解上年閏六月至本年五月協餉銀二十四萬兩，飭派成都府知府許培身，並由候補道鄧友仁會同來川催餉之候補道周振瓊，照案轉致周達武。而周達武以該軍欠餉甚多，待餉過玖（久）[2]，非協餉二十餘萬所能遍及。又深知川省庫儲支絀，籌款維難，亦非急切所能湊解。勇丁一日不撤，必須一日口糧。經許培身等與周達武面訂，擬請於川省欠解協餉二十四萬兩外，另籌銀二十六萬兩，共湊足五十萬兩，分批解交，以便隨時遣撤，此後毋庸川省再籌黔餉等語。該司道等因念川省現僅欠解協黔餉銀二十四萬兩的餉項下，並無蒂欠，若於已經停減之外再議補解，不特無此力量，且與從前奏案不符，轉多轇轕。第欽奉諭旨飭撥，不能不量予變通，以符黔省奏請五十萬之數。惟是川中津貼，捐輸，已成強弩之末，鹽貨、釐金，復形減色，急切實難籌措。應請自現在定案之日起，至來年底止，陸續分批解清，俾資周轉。並據周達武咨呈：此項協餉由成都知府許培身、候補道鄧友仁、周振瓊等節次懇切會商，應請將五十萬之數，速為定議。惟此次飭撥之後，毋庸川省再籌黔餉。是以後月餉既無從取給，現議之款，若再曠日持久，該勇丁等懸釜待炊，恐至聚而生變，並望迅飭司局撥解。如庫款一時遽難全撥，即請於省庫撥銀二十萬兩，再於富榮、夔州各釐局酌量分撥，共湊足五十萬之數。至富榮、夔州兩局，經此次指撥之後，他處撥款應即暫行停止，先將此項解清，庶免延擱，各等情。臣查署藩司英祥等所陳庫款空虛，與提督周達武所述兵情急迫，均有不得已之苦衷。惟大局所關，不得不統籌兼顧。況欽奉寄諭，仍著凜遵前旨，力任其難，設法籌解，以濟要需。應即將公同定議遵旨勉籌協黔餉銀五十萬之數，除周達武到川後咨由藩司詳撥協餉銀二萬兩外，在於省庫無論何款，湊撥銀二十萬兩，解赴周達武行營，先將所部武字營楚勇裁去五、六營。其餘銀二十八萬兩，在於富榮釐局鹽釐項下，每月由司指撥銀三萬五千兩，計八個月，計可一律解清，所部勇丁即可一律撤竣。如此通融辦理，在周達武則凱撤有資，在川省雖竭蹷萬分，此後亦免黔省協餉之累。臣惟有督同司道等，如數籌解，力任其難，以仰副聖主厪念邊陲之至意。

再，據周達武呈稱，該提督曾撥用過貴州司局銀十一萬餘兩，擬請據實奏明，由貴州撫臣設法彌補，以竟全功等語。臣伏念貴州苗逆以及興義踞回，全賴周達武所部武字一軍，知兵任戰，次第削平，俾黔省官民重有升平之慶。計先後由川籌解黔餉不下二百萬，今在貴州司局僅用過銀十一萬餘兩，亦係各省協餉所入，即作為犒賞之資，酌理准情，尚稱允協。合無仰懇天恩，敕下貴州撫臣曾璧（光），設法彌補，以竟全功。除咨覆貴州提督周達武、咨明貴州撫臣曾璧光，並行籌餉報銷局司道等查照辦理外，所有遵旨勉籌協黔餉銀五十萬兩分批解交，以資凱撤緣由，理合恭摺馳陳。伏乞皇上聖鑒訓示。謹奏。（同治十三年七月十八日）。[3]

（另有旨）。[4]

（同治十三年八月初五日，奉硃批。欽此）。[5]

同治十三年七月十八日，由馹具奏。本年八月二十四日，奉硃批：另有旨。欽此。（P907-921）

校證

【案】此摺原件現藏於中國第一歷史檔案館[①]，錄副藏於臺北"故宮博物

---

① 中國第一歷史檔案館藏：《硃批奏摺》，檔號：04-01-35-0977-022。

[1]（頭品頂戴四川總督臣吳棠跪）：原稿無此前銜，茲據補。

[2]待餉過玖（久）：錄副作"待餉過玖"，"玖"應為"久"，據原件校改。

[3]（同治十三年七月十八日）：原稿無此日期，茲據原件補。

[4]（另有旨）：此"硃批"據原件補。

[5]（同治十三年八月初五日，奉硃批。欽此）：此奉旨日期據錄副補。

【案】此摺於同治十三年八月初五日得允，《清實錄》：

> 乙亥，諭軍機大臣等：吳棠奏遵籌協黔餉銀，並川省地方靜謐，拏辦匪徒情形各一摺。周達武到川後，川省奉撥協餉銀五十萬兩，業經吳棠如數籌撥。該提督得此鉅款，所有應發該軍欠餉足資應用。即著周達武將應行遣撤各營，妥速辦理，以節餉需。至該提督從前撥用貴州司局銀十一萬餘兩，即著曾璧光設法彌補，以清款項。②

一一二　奏報川省地方靜謐並近歲巡防邊隘拏辦匪徒情形摺

同治十三年七月十八日（1874年8月29日）

（頭品頂戴四川總督臣吳棠跪）[1]奏，為川省地方靜謐，並近歲巡防邊隘、拏辦匪徒實在情形，恭摺覆陳，仰祈聖鑒事。

竊臣於同治十三年六月初九日，承准軍機大臣字寄：五月二十一日，奉上諭：有人奏，近年川省匪徒日眾，請飭防患未萌等語[2]。著吳（棠）派委妥員，會同各該處地方文武，一體實力查拏，嚴行懲辦，以絕根株。原摺著抄給閱看。欽此。臣跪誦之下，仰見聖主鑒空衡

---

① 臺北"故宮博物院"藏：《軍機及宮中檔》，文獻編號：116394。
② 《穆宗毅皇帝實錄》卷三百七十，同治十三年八月，《清實錄》第51冊，第894—895頁。

平、除暴安良之至意，下懷欽佩難名。遵即督飭藩臬兩司，遴委妥員，會同地方文武，密予訪拏，嚴加懲辦，勿留萌蘗，務絕根株。並札飭該管知府，查明崇慶州、鹽亭縣等處有無匪徒嘯聚，據實稟覆，各在案。謹先將川省地方靜謐，並近歲巡防邊陬、拏辦匪徒實在情形，請為我皇上敬陳之[3]。查川省幅員遼闊，民氣浮囂，介在滇黔秦隴之間，夙稱難治，故治蜀自來尚嚴。成都省居全川之西偏，近祇百餘里，遠則數百里，即有羌夷番猓，錯雜其間。同治五年，前督臣駱秉（章）任內，馬邊教匪滋事，旋經剿除。其禍根即伏於夷疆，堪為前鑒。省之西為成都府屬之崇慶、崇甯、溫江、郫、彭、灌等州縣，以及邛州屬之蒲江、大邑等縣，俗悍且強，生長但知傲狠，有帽頂嘓匪諸名目，例禁綦嚴。不獨崇慶州、彭縣為然，亦不自近年始。省之南約七八百里及千餘里，為敘州府屬之高、珙、筠連等縣，敘永廳屬之永寧縣，與滇之大關廳、鎮雄州，黔之畢節縣，唇齒相依。回苗構亂以來，遂多不靖。不自近年始，亦不獨高縣為然。他如省之東南酉陽州屬之黔江、秀山等縣，與湖北之咸豐縣、湖南之永綏廳、貴州之婺川等縣接壤。省之西南寧遠府屬之會理州、鹽源縣，與雲南之永北廳接壤。省之北保寧府屬之廣元縣、龍安府屬之平武縣，與陝西之徽、兩，甘肅之階、文等州縣接壤。間有游匪散練，出沒靡常。惟鹽亭縣在潼川府北，地處腹中。臣上年出省閱兵，曾親至其境，民貧而樸，與川西風氣不同，向無帽頂嘓匪之患。飭據該府查覆，亦大略相符。現在腹地、邊隅均尚安輯。此川省地方靜謐之實在情形也。

臣蒞任之初，正當轄境初平，鄰氛方熾[4]，外而出師援剿[5]，內而留隊設防。兵餉兼權，不遑朝夕，實有左支右絀之虞。幸能仰仗皇上福威，沿邊略定。於是建裁勇之議[6]，計先後撤遣四萬人，每年節省餉需二百餘萬，稍紓民力。同治十年，始旱繼潦，饑饉因之，為蜀中罕有之事，人心震動，亂在目前。奏蒙恩准，撥銀二十萬兩，附省貧民足敷賑濟，而外縣窮黎尤眾，無計可施，悉借資於紳富之家急公好義，全活甚多。遇有藉端滋事之徒，從嚴究治，民遂以安。歷年鄰疆凱撤勇丁多隸川籍，紛紛來歸。禁奸詰暴之方，更不容稍涉疏懈。除州縣命盜案件照例辦理外，其拏獲著名要匪決不待時者，或解省行刑，或就地正法[7]，共計不下三百名。本年六月初六日，即有匪犯沈萬緩等九名，恭請王命處斬之案。此外，如同治十一年，峨邊蠻匪滋事。十二年，川滇邊界散練游匪滋事，以及本年六月灌縣山匪滋事，立即殲除，均隨時奏報有案。現在高、珙、筠連、永寧等處，有達字營、忠字營、經武中營駐防，黔江、秀山、會理、鹽源等處，有武字副前營、安西、定邊等營駐防。川西一帶向以駐紮省垣之裕字營、精兵、親兵等營，梭織巡防。近因灌匪滋事，復移北防提督李有恆所部虎威寶營，分布川西，而以甘肅提督李輝武所部律武營川軍，替防川北。其越嶲、雷波、馬邊、峨邊等處夷地，各有土練駐防。越嶲、峨邊尤為吃緊，並有武安軍、達字後營駐防。仍責成府廳州縣，整飭團丁，力行保甲，以輔官兵之不逮。地方文武有不稱職者，分別撤參。此近歲巡防邊隘、拏辦匪徒之實在情形也。

臣伏念前督臣駱秉（章）以楚師定蜀亂，峻法嚴刑。其勳勤自不容沒。臣忝膺艱巨，承兵燹之餘，民生疾苦，不得不恩威並濟，教養兼施。若必欲於無事之時，矜言苛察，極意搜求，不惟擾累滋多，亦非所以培元氣、重刑章也。夫以川中戶口蕃滋，番夷雜處，臣不敢謂一無盜賊。惟講求吏治，慎選將才，有犯必懲，期於無枉無縱，斷不敢優柔姑息，貽患將來，上負天恩，下幹咎戾。所有川省地方靜謐，並近歲巡防邊隘、拏辦匪徒實在情形，理合恭摺覆陳。伏乞皇上聖鑒。謹奏。（七月十八日）。[8]

（同治十三年八月初五日，奉硃批。欽此）。[9]（P921-934）

校證

【案】此摺缺原件，錄副現藏於臺北"故宮博物院"①，茲據校勘。

---

① 臺北"故宮博物院"藏：《軍機及宮中檔》，文獻編號：116394。

[1]（頭品頂戴四川總督臣吳棠跪）：原稿無前銜，茲據補。

[2]【案】此節文字尚有省略之處，《清實錄》載之甚詳。① 茲據《同治朝上諭檔》校補：

> 軍機大臣字寄：四川總督吳：同治十三年五月二十一日，奉上諭：有人奏，近年川省匪徒日眾，聯名結社，有帽頂、會燈、花教諸名目，聚眾連盟，省垣附近地方，肆行搶劫。崇慶州、崈縣、彭縣、鹽亭等處，均有匪徒嘯聚，恐釀成巨患，請飭防患未萌等語。匪徒糾眾搶劫，實為閭閻之害，且川省與滇黔各省毗連，尤恐勾結各處匪徒，乘機竊發，亟應認真拏辦。著吳棠派委妥員，會同各該處地方文武，一體實力查拏，嚴行懲辦，以絕根株。原摺著鈔給閱看。將此諭令知之。欽此。遵旨寄信前來。②

[3]請為我皇上敬陳之：錄副無"請"，疑奪。

[4]鄰氛方熾：錄副作"鄰分方熾"，顯誤。

[5]援剿：錄副作"援匪"，謬誤。

[6]建裁勇之議：錄副"議"作"義"，誤。

[7]或就地正法：錄副無"或"，疑奪。

[8]（七月十八日）：原稿無此日期。茲據補。

[9]（同治十三年八月初五日，奉硃批。欽此）：此奉旨日期，據錄副補。

【案】此摺上達，旋於八月初五日獲清廷批復，並飭吳棠督同地方文武，整頓團丁，力行保甲，認真籌辦，以期安堵，《清實錄》：

> 川省匪徒，據吳棠奏分派隊伍，拏獲著名要匪甚多。惟該省與滇黔等省接壤，游匪散練，出沒無常。仍應實力整頓，毋徒博寬大之名，毋事姑息以長奸慝。著即督飭派出各營將弁，會同地方文武，將緝捕事宜認真籌辦，並嚴檄該府廳州縣，整飭團丁，力行保甲，以期保衛地方。將此諭知吳棠、曾璧光，並傳諭周達武知之。③

---

① 《穆宗毅皇帝實錄》卷三百六十六，同治十三年五月，《清實錄》第51冊，第852—853頁。
② 中國第一歷史檔案館編：《同治朝上諭檔》，同治十三年五月二十一日。
③ 《穆宗毅皇帝實錄》卷三百七十，同治十三年八月，《清實錄》第51冊，第894—895頁。

一一三　奏報遵旨勉籌協黔餉銀二十萬兩委解起程日期摺

同治十三年八月初十日（1874年9月20日）

（頭品頂戴四川總督臣吳棠跪）[1]奏，為遵旨勉籌協黔餉銀委解起程日期，恭摺仰祈聖鑒事。

竊臣前將遵旨勉籌協黔餉銀五十萬兩分批解交以資凱撤緣由，並聲明除周達武到川後咨由藩司詳撥協餉銀二萬兩外，在於省庫無論何款，湊撥銀二十萬兩，其餘銀二十八萬兩，在於富榮鹽釐局按月由司指撥，專摺奏陳，暨分別移行查照在案。茲據籌餉報銷局司道等詳稱：查司庫津捐、釐金等款，均已旋收旋支，一無存剩。所有此項協餉，係屬緊急要需，無論何款，均可動支。應請在於庫存添扣六分平免搭官票大錢減扣六分平項下，撥銀十六萬兩，內扣提督周達武咨由藩司於本年四月二十一日詳報，撥交該營派弁承領銀二萬兩。又在富榮釐局撥銀六萬兩，現共解銀二十萬兩，飭委候補知州張壽榮、試用同知成學純、候補通判陳順義、補用同知陳昺、補用鹽大使王福誠、補用府經歷韓楨、補用縣丞施蓉、補用知縣伍生輝、候補從九品張承棟、試用鹽茶大使饒向榮承領，於同治十三年八月初十日起程，解赴周達武行營交收，等情。旋據周達武咨呈，以所部楚軍原屬臣舊部，奏派援黔，籌兵籌餉，全賴主持。今茲援局告成，拔營回川，其應如何裁撤以示體恤之處，應請察核定奪，始終成全等語。臣當以周達武勘定全黔，厥功甚偉。惟川省楚軍舊制，遇有裁撤勇丁事宜，向係責成各將領妥為辦理。姑念援兵久勞於外，現當凱撤之時，准將司局詳撥榮局鹽釐銀六萬兩，改歸省庫，發給現銀，以示體恤。飭據藩司王德固詳報：仍在司庫添扣減扣六分平項下，動支銀六萬兩，發交委員張壽榮、成學純等一併領解。其富榮局鹽釐一款，仍由司按月指撥，抵解下餘二十八萬兩之項。再，據該司等轉據委員面稱：現撥之銀業經與周達武商定，分撥各營，以資遣撤。合併聲明。所有遵旨勉籌協黔餉銀委解起程緣由，除分咨外，理合恭摺馳陳。伏乞皇上聖鑒。謹奏。（同治十三年八月初十日）。[2]

（知道了）。[3]

（同治十三年八月二十九日，奉硃批：知道了。欽此）。[4]

同治十三年八月初十日由馹具奏，於九月十九日奉硃批：知道了。欽此。（P935-942）

校證

【案】此摺原件現藏於中國第一歷史檔案館①，錄副藏於臺北"故宮博物院"②，茲據校勘。

[1]（頭品頂戴四川總督臣吳棠跪）：原稿無此前銜，茲據補。

[2]（同治十三年八月初十日）：原稿無此日期，茲據原件校補。

[3]（知道了）：此"硃批"據原件補。

[4]（同治十三年八月二十九日，奉硃批：知道了。欽此）：此奉旨日期與內容，據錄副補。

一一四　奏報遵旨續議籌撥協黔餉銀摺
同治十三年九月十九日（1874年10月28日）

（頭品頂戴四川總督臣吳棠、貴州提督臣周達武跪）[1]奏，為遵旨續議籌撥協黔餉銀，恭摺仰祈聖鑒事。

竊臣等於同治十三年八月二十五日，承准軍機大臣字寄：八月初

---

① 中國第一歷史檔案館藏：《硃批奏摺》，檔號：04-01-01-0924-049。
② 臺北"故宮博物院"藏：《軍機及宮中檔》，文獻編號：116699。

十日，內閣奉上諭：周達武奏川省議籌楚軍欠餉緩不濟急一摺[2]。著吳（棠）與周達武妥為籌商，設法辦理，等因。欽此[3]。當即恭錄，分別咨行欽遵在案。維時，臣達武適據前、左、右各營將領稟稱：奉札以大軍凱撤，川省所定之餉，入不敷出。各營積欠權作七成核算，餘由將領捐補一成，以示體恤。無如軍心渙散，維繫為難。一聞此言，即怨謗交集。應請川省酌量加增，以期全數清給等語。咨由臣吳（棠）設法辦理。臣吳（棠）復查，此項協黔餉銀，前據成都府知府許培身、道員鄧友仁、周振瓊等，再四會商，以勉籌銀五十萬兩定議，當經專摺奏明，欽奉諭旨，飭令妥速辦理。是此項餉銀，但爭遲速，不能再論及多寡。復由臣吳（棠）行司，妥議詳復去後。茲據藩司王德固詳稱：遵查川省勉籌協黔餉銀五十萬兩，先由省庫撥銀二十二萬兩，委員解赴臣達武行營交收。其餘銀二十八萬兩，在於富榮局鹽釐項下，由司按月指撥銀三萬五千兩，以資遣撤。續經該藩司委員試用同知夏世柏、補用州吏目王治，於本年八月二十六日自省起程，赴富榮局提銀三萬五千兩，解往交收。計共解過銀二十五萬五千兩，尚餘未完銀二十四萬五千兩，經該藩司會同道員鄧友仁、周振瓊，督飭成都府知府許培身，會商臣達武，議將原奏協黔餉銀五十萬兩，除由省庫暨富榮釐局先後撥解過銀二十五萬五千兩外，由富榮局自本年九月起至十二月止，撥銀十四萬兩。餘銀改由川東道庫撥銀五萬五千兩，夔郡釐局撥銀五萬兩，以資周展，而足五十萬之數。其應需彌補之餉銀三十餘萬兩，擬再由川省彌補銀八萬兩。其餘二十餘萬兩，即由臣達武率同各將領，盡數報捐。第現擬彌補銀八萬兩一款，省庫既悉索無遺，即省外各局亦斷難立籌巨數，應請仍於富榮釐局陸續提解，以來年四月為止。至各營勇丁停餉待撤，為時過久，並請於富榮釐局另撥銀一萬兩，幫給口食，亦以來年四月為止，等情。所有遵旨續議籌撥協黔餉銀緣由，謹合詞恭摺具陳。伏乞皇上聖鑒訓示。謹奏。（同治十三年九月十九日）。[4]

（知道了）。[5]

（同治十三年十月初七日，奉硃批：知道了。欽此）。[6]

同治十三年九月十九日，由馹具奏。於本年十月二十五日，奉硃批：知道了。欽此。（P943-950）

校證

【案】此摺原件現藏於中國第一歷史檔案館①，錄副藏於臺北"故宮博物院"②，茲據校勘。

[1]（頭品頂戴四川總督臣吳棠、貴州提督臣周達武跪）：原稿無此前銜，茲據原件、錄副校補。

[2]【案】即貴州提督周達武於同治十三年七月二十七日，具奏"為川省欠餉不敷甚巨請飭吳棠遣撤兵勇事"一摺，曰：

> 貴州提督博奇巴圖魯奴才周達武跪奏，為川省議籌楚軍欠餉，入不敷出，緩不濟急，業經拔營回川，應由四川督臣妥為遣撤，恭摺奏祈聖鑒事。竊查奴才所部楚軍各營，向食川餉，今遵照諭旨核算，自同治十一年五月起，至十二年九月止，每月的餉銀五萬八千兩，共應解銀一百四萬四千兩。又自十二年十月起至十三年七月止，每月餉銀二萬兩，共應解銀二十萬兩。除十一年五月以後至十三年三月，陸續解過銀二十八萬兩，暨奴才到川後移司提過銀二萬兩外，川省共實欠解楚軍的協餉銀九十四萬四千兩。奴才自三月二十四日行抵成都省城，節次與督臣暨司道等詳述營中困苦情形，勢難延緩，不惜唇焦舌敝，以迄於今。前因川省有應先停止月協餉項，始能籌還欠餉之議，函商貴州撫臣曾璧光，酌留楚軍，以資鎮防。隨准曾璧光覆稱，黔省籌餉萬難，如川省不能照舊協餉，實難更籌鉅款兼顧楚軍，不如及早裁撤，以免後累等語。奴才體察情形，因先抽調五營，並駐川邊之衛隊老營兩營，拔回綦江、重慶一帶，餉到即撤。餘俟川餉掃數動撥，盡數拔回川中，一律遣

---

① 中國第一歷史檔案館藏：《硃批奏摺》，檔號：04-01-01-0924-083。
② 臺北"故宮博物院"藏：《軍機及宮中檔》，文獻編號：117264。

撤。嗣據吳棠飭派成都府知府許培身曁候補道鄧友仁等，迭次會議，以楚軍欠餉甚鉅，川庫空虛，僅允籌撥五十萬兩。並據許培身、鄧友仁等面議，川省籌還之外所虧餉銀，由吳棠奏明，一面咨會貴州撫臣在於各省協黔項下，指提成數，設法彌補各等語。當各營請餉之稟紛至遝來，情詞急切，隱有嘩潰之虞。不得已咨商吳棠，即就五十萬兩之數，急為定議，以免延累。請將迅速撥解，如庫款遽難全撥，即於省庫撥銀二十萬兩，於富榮局撥銀十四萬兩，於夔關釐局撥銀十五萬兩，於川東道庫撥銀一萬兩，共湊成五十萬兩之數，俾資遣撤。至川省議籌之外尚欠餉銀二十餘萬兩，並撥用過貴州司局銀十一萬餘兩，應如前議，由吳棠據實奏明，一面咨明貴州撫臣設法彌補，以竟全功，備文咨覆去後。准吳棠抄錄奏稿，覆稱籌撥五十萬兩數內，扣除出二萬兩，省庫撥湊二十萬兩，即可先裁五六營。其餘二十八萬兩，在於富榮局每月指撥銀三萬五千兩，計八個月當可解清，所部勇丁即可撤竣。用過貴州司局銀十一萬餘兩，由曾璧光設法彌補，等因。大半未照奴才原咨入奏，故於奏明彌補之款，僅提出撥用黔局一項。其實欠餉銀三十餘萬兩作何彌補，未及提出將來從何取給。且籌定之款，僅允省庫湊撥二十萬兩，實難先裁五六營。其餘專指富榮局按月撥解，而欲眾勇丁停止月餉，火食無資，守候數月，匪特不足以示體恤，且恐無餉之眾，聚而生變，誰能當此重咎？吳棠未曾經手，於營餉虧欠之實情，於營勇索餉之急迫，未由深悉。奴才一面之詞，未足取信。伏思奴才所部楚軍，原屬吳棠舊部，奏派援黔，籌兵籌餉，猶屬吳棠主持。今茲援局告成，拔營回川，應即仍歸部署，始終其事。吳棠素顧大局，必能與防川諸軍妥籌而兼顧之也。奴才恭請陛見之摺業奉恩俞，未便久於羈滯。除檄飭各營仍駐重慶一帶，妥為彈壓，並將餉冊咨送吳棠以憑核奪外，奴才謹俟奉到諭旨，即由成都起身，恭詣闕廷，跪聆聖訓。所有川省議籌楚軍欠餉，入不敷出，緩不濟急，現經拔營回川應由督臣妥為遣撤緣由，理合會同撫臣曾璧光，恭摺具奏。伏乞皇上聖鑒訓示。再，此摺係供用四川提督印信，合併聲明。謹奏。七月二十七日。同治十三年八月初十日，奉硃批。欽此。①

[3] 此處所引"軍機大臣字寄"，即為清廷於周達武奏摺之批復，《同治朝上諭檔》未載。查考《清實錄》，則述之甚詳：

> 又諭：周達武奏川省議籌楚軍欠餉，緩不濟急一摺。川省欠解周達武所部楚軍協餉，昨據吳棠奏稱，在於省庫湊撥銀二十萬兩解往，先將武字營楚勇裁去五六營。其餘銀二十八萬兩，在於富榮局按月撥解。該提督撥用過貴州司局銀十一萬餘兩，即由貴州設法彌補。當經諭令吳棠等，妥為辦理。茲據周達武奏，川省湊撥二十萬兩，實難先裁五、六營，其餘專指富榮局按月撥解，而眾勇丁停餉守候，亦屬為難，請將各營由吳棠遣撤等語。川省庫款支絀，勢不能立籌鉅款，自當設法通融。惟楚軍月餉業已停止，勢難日久守候，亦屬實在情形。但川省業經湊撥二十萬兩，其餘亦有專指款項，則各營自可陸續遣裁，仍著吳棠與周達武妥為籌商，設法辦理。該提督所請於富榮局、夔關等處分撥，共湊成五十萬之數，是否可行，並該軍欠餉，除撥用黔局一項外，其餘三十餘萬兩作何彌補之處，統由吳棠通盤籌畫。至遣撤勇丁，係該提督專責，豈可以餉項為難，即欲置身事外？萬一營勇聚而生變，則吳棠、周達武均不能當此重咎。周達武與吳棠會商籌定後，著一面聯銜具奏，一面將各營分別陸續遣撤，統俟撤勇事竣，再行來京陛見。當此經費支絀，該督等宜如何和衷商榷，共濟時艱。豈得各存意見，致幹咎戾。將此由五百里諭知吳棠，並傳諭周達武知之。②

[4]（同治十三年九月十九日）：原稿無日期，茲據原件校補。

[5]（知道了）：此"硃批"據原件補。

[6]（同治十三年十月初七日，奉硃批：知道了。欽此）：此原件日期與內容，據錄副校補。

【案】此摺旋於十月初七日，得允，《清實錄》：

---

① 臺北"故宮博物院"藏：《軍機及宮中檔》，文獻編號：116457。
② 《穆宗毅皇帝實錄》卷三百七十，同治十三年八月，《清實錄》第51冊，第896—897頁。

尋奏，遵議楚軍餉銀，應照前奏撥足五十萬兩之數。其彌補銀兩，擬由川省籌解八萬兩，餘銀由統領率同各將領盡數報捐。報聞。①

一一五　奏報防勇索饟入城盤踞已平請將協餉暫停先盡勇糧片
同治十三年十一月初二日（1874年12月10日）

再，統領達字楚軍記名提督陳希祥在營積勞病故，現經臣吳（棠）會同將軍臣魁（玉），奏請優恤。查達字一軍，向係分防敘南高、珙、筠連三縣邊界並敘州府城附近金江、橫江要隘及峨邊廳屬夷地。先由臣吳（棠）檄委該營營官總兵鄭學德，就近暫行代統。因川庫異常支絀，積欠勇糧至十七八個月之多，又值主將新歿，鄭德（學）德[1]才略尚短，未能措置裕如，以至該勇丁嘖有煩言，惟恐欠餉無著，乘鄭學德巡閱金江、橫江之際，齊赴敘郡，向其清算餉帳。復經臣吳（棠）檄委總兵銜留川儘先副將達勇巴圖魯張祖雲[2]，馳往查辦，分別撤留。並飭由籌餉報銷局司道等，寬籌餉項，遴委幹員領解，會同散放。該副將到營後，與署敘州知府胡廷柱[3]暨委員等，開誠布公，群情帖服。遣撤者給資還里，酌留者整隊回防。籌辦均臻妥協。應即令接統其軍，以資約束，而專責成。惟念川省餉項，以捐輸、津貼為大宗，頻年有減無增，已成強弩之末。其支款之最要者，莫如京餉及本省旗綠各營額餉。前值滇黔秦隴四鄰多事之時，不得不統籌兼顧，用款愈繁。今歲夏間，貴州提督周達武取道來川，清釐餉項。復經遵旨，勉籌巨餉，及撥還在川欠餉，共銀六十餘萬兩，以至本省防營月餉虧欠過深。茲幸鄰患全平，應將各省協餉分別暫行停減，先盡防勇口糧，酌量補給，冀收飽騰之效，而免嘩潰之虞。理合附片陳明。伏乞聖鑒。

---

① 《穆宗毅皇帝實錄》卷三百七十，同治十三年八月，《清實錄》第51冊，第896—897頁。

謹奏。

（同治十三年十一月二十日，奉硃批：知道了。欽此）。[4]

同治十三年十一月初二日，附片奏。於本年十二月初四，奉硃批：知道了。欽此。（P951-956）

校證

【案】此奏片原件查無下落，録副現藏於臺北"故宫博物院"①。兹據録副校補。

[1] 鄭德（學）德：原稿"鄭德德"，顯誤，兹據校勘。其履歷不詳。

[2] 張祖雲（1834—1898）：湖南麻陽人，因軍功歷任把總、守備、遊擊、參將、副將、署理提督等職，並賞戴花翎，加達勇巴圖魯名號。光緒二十三年（1898），在任病故。

【案】張祖雲之詳細履歷，則有光緒二十三年七月二十二日，四川總督鹿傳霖奏報重慶鎮總兵張祖雲病故請恤一摺，可供參考，摺曰：

> 頭品頂戴四川總督臣鹿傳霖跪奏，為記名提督病故，籲懇天恩，俯賜優恤，恭摺仰祈聖鑒事。竊署四川重慶鎮總兵記名提督張祖雲病故，經臣委員接署，附片奏報在案。復查該故督張祖雲，係湖南麻陽縣人，由湖南鎮標兵丁出師江南、安徽等省，在雨花臺、歇馬廳等處打仗獲勝，左腳左胯等處迭受鎗傷，積功保以守備，儘先補用，並戴花翎，拔補宿州營把總，旋保以都司儘先補用。嗣因剿辦捻匪暨解宿州城圍出力，復保以遊擊，儘先補用，並加達勇巴圖魯名號。同治元年，擒獲捻首何中元，保以參將補用。旋於攻克長城、肅清海州等處案內，保以副將用，加總兵銜。六年，經前督吳棠奏調來川，因防剿滇回出力彙保，經部議覆，嗣補副將後，以總兵記名，請旨簡放。十二年，借補永甯營參將。光緒元年，攻克興文縣九絲寨踞匪，保以免補副將，遇有總兵缺出，開列在先，請旨簡放，隨補馬邊協副將。引見回川，歷署川北、重

---

① 臺北"故宫博物院"藏：《軍機及宫中檔》，文獻編號：117933。

慶等鎮總兵,並護理提督篆務。二十二年,經臣奏請,開去馬邊協副將底缺,仍以提鎮交軍機處記存,留川升用,奉旨允准在案。茲於署重慶鎮總兵任內,因病感發舊傷,於光緒二十三年六月十五日病故。據川東道任錫汾轉據該鎮所屬將士,稟請奏恤前來。臣查該故提督張祖雲,轉戰各省,屢著勳勞。其在署重慶總兵任內,尤能恤兵愛民,眾情感戴。今遽因病傷發不起,殊堪憫惜!合無仰懇天恩,俯准敕部照提督軍營立功後,在任病故,從優議恤,以彰忠藎,出自逾格鴻慈。除將履歷咨部外,謹恭摺具奏。伏乞皇上聖鑒訓示。謹奏。光緒二十三年七月二十二日。①

[3]胡廷柱(1817—?):浙江紹興府山陰縣監生。咸豐二年(1852),遵例報捐雙月知縣。四年(1854),投效軍營。五年(1855)三月,因剿辦桐匪出力,經前貴州巡撫蔣霨遠保奏,奉旨以知縣不論雙單月,遇缺即選,並賞加同知銜。嗣遵例加捐分發,指省雲南。七年(1857),經蔣霨遠奏留貴州軍營差遣,旋奏准留黔補用。十年(1860)閏三月,因鎮遠等處剿匪出力,經前署貴州巡撫海瑛保奏,奉旨免補本班,以同知直隸州知州不論雙單月,遇缺即選。旋准部覆,奏明改歸外補。十二月,因收復修文等城出力,經前貴州巡撫劉源灝保奏,奉旨賞戴花翎。是年,報捐知府,雙月選用。同治二年(1863),加捐知府三班,分發四川試用。三年(1864)七月初十日,經吏部帶領引見,奉旨著照例發往。②是年十月二十九日,抵達川省。因前在黔省辦理防剿善後,出力保奏,十年(1871),奉旨著歸候補班前,儘先補用。十一年(1872),署理敘州府知府③。

[4](同治十三年十一月二十日,奉硃批:知道了。欽此):此原件日期與內容,據錄副補。

【案】此奏片於同治十三年十二月二十日,得批復。清廷飭令兵部尚書

---

① 中國第一歷史檔案館編:《光緒朝硃批奏摺・軍務、人事》,光緒二十三年七月,第896—897頁。
② 中國第一歷史檔案館藏:《硃批奏摺》,檔號:04-01-12-0497-099。
③ 中國第一歷史檔案館藏:《錄副奏摺》,檔號:03-4659-022。

廣壽，率同兵部侍郎夏同善等，嚴查究辦，據實覆奏，《清實錄》：

> 諭軍機大臣等：有人奏①，四川敍州府地方有達字營防勇，索餉入城盤踞，統領官鄭學德等不能約束，署敍州府知府胡廷柱等，漫無防範。宜賓縣添設夫馬，署知縣張那鈞將錢文盡入私橐，並有勒捐等情，請飭查辦等語。似此疏縱勇丁，添設差局，濫刑斃命，實於地方民生大有關係。著廣壽、夏同善按照所參各節，查明參辦，並將添設之兵差局與路不當沖之夫馬局查明，即行裁撤。原片均著鈔給閱看。將此各諭令知之。②

【案】又，光緒元年二月二十八日，兵部尚書廣壽會同兵部右侍郎夏同善奏"為審明四川達字營勇丁索餉滋事，統領官鄭學德不能約束，分別按律定擬"一摺。茲節錄之：

---

① 即指掌雲南道監察御史吳鴻恩之奏。其片曰："再，臣近聞四川敍州府地方，有達字營防勇索領欠餉，於八、九月間直入府城盤踞，統領官鄭學德、管官何榮桂不能約束，聽其肆放鎗礟，搜索民財，居民紛紛逃竄。該勇等燒香結盟，屢欲乘釁起事，均因謀泄未果。署敍州府知府胡廷柱、署宜賓縣知縣張那鈞，漫無防備，貽害地方。且防勇入城之前三日，經營官先騙告警，該署府尚做生演戲，置若罔聞。宜賓自軍興後，每年派設夫馬一萬二千緡，該署縣盡入私橐。復向民間勒捐，不出者，即行枷責，戶口逃亡，怨聲在（載）道。嗣經督臣委員易履泰等到敍，查辦籌款，將欠餉發清，該勇等始行退出。永甯忠字營到筠連代防，聞達字營聞餉事，並欲效尤。城中又復戒嚴，人心惶恐。查敍州府為滇黔門戶，關係匪輕。該統領與地方官疏縱異常，尚復成何事體！相應請旨，嚴查究辦，以儆將來。前因軍務頻興，驛傳改道，各處添設兵差夫馬等局，大為民患，路當孔道之州縣，每年加派至巨萬者。每過兵差，一宿兩尖，動輒冒銷數千緡，或萬緡不等。現在鄰省軍務肅清，所有添設之兵差局與路不當沖之夫馬局，應請敕下一律裁撤，毋得任聽官紳如前苟派。至私種罌粟，久干例禁。上年陝甘總督左宗棠禁種罌粟，責成各地方官以勤惰為黜陟，法至善也。欽奉上諭，飭各省督撫一體嚴禁。臣聞川省私種尤甚，經督臣嚴行禁止，並罷收洋藥稅。而地方官多視為具文，洋藥稅仍復設局私收，希圖肥己。查川省山多田少，戶口殷繁，貧民半賴山糧度日。今因罌粟價倍山糧，小民貪利忘害，舍菽麥而種罌粟。民間少一山之糧，即少數十人之食，為害滋深。擬請旨飭地方官，嚴禁私種罌粟，並查辦地方官私收洋藥稅，庶民食裕而隱患可除矣。再，川省教民迭次滋事，皆緣地方官聽訟不能持平，無賴之徒恃教為護身符，甚至刁生劣監亦入其教，目無官長，欺壓善良。其傳教者稱為司鐸，令生監等分掌其教。鄉民有訟而無理，及欲泄忿報怨者，一入教則訟得理，忿能泄，怨能報。被害之家不得已亦奉其教。地方官遇訟，稍不袒護，教民即慫恿司鐸，挾制地方官。臣聞遂寧一帶地方，教民頻年生事，民間鄉團以資鎮壓，教主即誣民為叛逆，砌詞妄訴，幾至釀成禍端，實為閭閻之害。應請旨飭下督臣，嚴飭各地方官，秉公持平，勿得稍存偏袒，以杜後患。臣為慎重民生起見，謹附片具奏。"（臺北"故宮博物院"藏：《軍機及宮中檔》，文獻編號：116601。）

② 《德宗景皇帝實錄》卷二，同治十三年十二月下，《清實錄》第52冊，第99—100頁。

奏為訊明統帶營官不能約束勇丁……仰祈聖鑒事。竊臣等奉命查辦事件，於本年正月初九日，行至四川廣元縣途次，接准軍機大臣字寄：同治十三年十二月二十三日，奉上諭：有人奏，四川敍州府地方有達字營防勇入城盤踞，等因。欽此。遵旨寄信前來。臣等馳抵四川省城後，當即移咨四川總督將案內應訊人證傳案，並據覆稱：代防筠連之忠字營副將何恒保，於上年十二月裁撤後請假，赴貴州就醫。前任成都府知府朱潮，十二年保升道員，即於是年告病，回浙江原籍，等因。臣等督飭隨帶司員，調齊卷宗，提集案證，逐一詳加研訊。如原奏內稱達字營勇丁索領欠餉，直入府城盤踞，統領官鄭學德、何榮桂不能約束，聽其肆放鎗礮，搜索民財。署敍州府知府胡廷柱、署宜賓縣知縣張那鈞，漫無防備。且防勇入城之前三日，經營官先馳告警，該署府尚做生演戲一節。傳據鄭學德供稱，伊在前統領達子全軍提督陳希祥部下，管帶右營勇丁，與帶前營之副將何榮桂駐紮筠、高各要隘。副將江忠詰率中營，駐宜賓縣屬之橫江。知州張世康率左營駐珙縣。十三年正月，陳希祥病故，伊奉札暫行代統。六月初，提督學使按臨敍州，伊恐遊勇乘空混入，駐敍清查。時糧員從九品夏德英在敍清算各營口糧，因欠餉至十八個月之多，各勇來營年久，大半思歸，有要夏德英到營面算之說。夏德英以無糧補給，畏懼逃避。各營恐欠餉無著，俱欲赴敍，追伊清算。伊得報後，飭各營官開導，許其年請補發欠餉，酌量給假，並親往橫江，與各營官勸諭，莫肯聽從。中營與前、右兩營勇丁，於八月二十一及二十四等日，先後至郡。伊商同文武各員弁，曉諭紳民，毋得驚恐搬徙，並令各勇住城外崇報寺及撫州、陝西各會館，均未佔住民房、客店。百姓知各勇祇為索餉而來，並無他意，又見公買公賣，毫無滋擾，亦遂各安生業。伊復會同府縣，分派團練兵勇巡查，各城門地方安堵。二十六日，敍州府知府胡廷柱之母八十生辰，伊與各營官因勇與民相安，同往祝壽。胡廷柱以地方安靜，亦略備彩筵酬客。二十八日，各營隊目要伊帶至府署，央求幫同請餉。胡廷柱允許，並允於餉未到時，先為就地借墊，各回靜候。先是各勇來敍時，伊以筠連為緊要邊隘，移請張世康由珙撥勇兩哨往防。九月初，該營聞各營不日得領欠餉，亦相率至敘，住城外南華宮，均聽約束，無有滋鬧。蒙總督檄委副將張祖雲往敘接統，並委候補知府易履泰，協同辦理。伊仍管帶右營，幫同妥辦，分別去留。夏德英逃至省城被獲，押解到敘算明，並無侵扣情事。十月，省城解到餉銀及胡廷柱籌墊銀兩，分起散放。遣撤者找足全餉，留營者發給五六月，整隊回防，並無燒香結盟、施放鎗礮、占住民房、搶劫等事。總督以伊駕馭無方，摘去翎頂，並記大過五次，並將夏德英咨革。伊於去冬因病交卸出營等語。質之易履泰、胡廷柱、張那鈞，供俱相符。復調該營該府先後稟報該督案卷，逐一核查，亦無施放鎗礮、搜索民財及燒香結盟情事。臣等查達字營勇入城索餉，雖未別滋事端，惟鄭學德以統帶大員不能約束阻止，實難辭咎。……營官何榮桂未能阻止勇丁，向統領索餉，本有不合。惟查該營官於眾勇欲行赴敘之先，業已再三婉勸。祇因人多口雜，以致難於攔阻。抵敘後，復派哨官，嚴行約束，地方安靜，並未發生事端，且營官非止該員一人，應一併從寬免議。至敘州府知府胡廷柱於勇丁入城之時，分派練勇，巡查各城門，並允先行籌墊餉需，地方得以安靜。其母八十生辰，略備彩筵謝客，當無不合，應毋庸議。……所有遵旨查明參辦緣由，理合恭摺具奏。伏乞皇太后、皇上聖鑒。再，臣等拜摺後，即率同隨帶司員回京。合併聲明。謹奏。二月二十八日。光緒元年三月十六日，軍機大臣奉旨。欽此。①

【案】廣壽、夏同善之摺，旋於三月十六日，得清廷允准，並以總兵鄭學德統兵不力、川督吳棠查處不當，飭令交部議處，《清實錄》：

甲寅，諭內閣……及御史吳鴻恩奏，敘州地方營勇索饟滋事，並署任知縣責押紳士等情。當派廣壽、夏同善前往查辦。……並營勇索饟滋事一案，總兵鄭學德雖無疏縱情事，惟以統領大員未能鎮壓，實屬約束不嚴，鄭學德著交部議處。吳棠於鄭學德帶兵不力，僅止摘頂記過，並不即行參處，亦屬不合，吳棠著交部議處。②

---

① 中國第一歷史檔案館藏：《錄副奏摺》，檔號：03-7229-031。
② 《德宗景皇帝實錄》卷六，光緒元年三月下，《清實錄》第52冊，第149—152頁。

一一六　奏請允准將已故提督陳希祥副將霍名升照例從優賜恤片

同治十三年十一月初二日（1874年12月10日）

　　再，統領達字楚軍記名提督達春巴圖魯陳希祥，因提督唐友耕所部振武軍全行裁撤，調赴敘南一帶替防，師次中途，病勢沉重，即在附省延醫調治。嗣據該家屬稟報，該提督陳希祥因積勞過重，傷病併發，醫藥罔效，於本年五月初五日在營病故，等情。臣等伏查提督陳希祥，由軍功投效前安徽撫臣江忠（源）[1]軍營，隨同援剿江西、安徽髮逆。當廬州被困之時，三突賊圍，屢受礮傷入骨。復奉調援江、援浙，以功洊保總兵。同治三年，前督臣駱（秉章）檄調入川，剿辦甘肅階州蔡、啟二逆，克復州城，奉旨以提督記名簡放。七年，檄調援黔，招降大股苗眾，並擒獲革鎮林自清正法，奉旨賞穿黃馬褂，並賞給達春巴圖魯勇號[2]。十一年，剿撫峨邊廳屬支夷，竭慮殫思，身受瘴癘，傷病纏綿。至今春移師敘南，力疾起行，中途身故，悼惜殊深！合無籲懇天恩，俯准將陳希祥照提督立功後在營積勞病故例，從優賜恤。又，查有副將銜署峨邊營參將儘先參將廣元營遊擊勃勇巴圖魯霍名升，由行伍奉調出師廣西、湖北、江西、安徽、江南等省，屢立戰功，洊升今職。同治十一年八月間，峨邊蠻匪滋事，經臣等調署峨邊營參將，飭令添募練勇，隨同官軍進剿，出紫夷疆，染受煙瘴。客秋，猓民就撫，仍令帶練設防。因積勞過重，（致）[3]新病牽動舊傷，醫調未愈，於本年八月十七日在營病故。應請旨將霍名升照副將立功後在營積勞病故例，一併從優議恤，以慰忠魂。謹合詞附片陳明。伏乞聖鑒訓示。謹奏。

　　（陳希祥、霍名升均著照所請，交部從優議恤）。[4]

　　（同治十三年十一月二十日，奉硃批：陳希祥、霍名升均著照所請,交部從優議恤。欽此)。[5]

　　同治十三年十一月初二日,附片具奏。於本年十二月初四日,奉硃批:陳希祥、霍名升均著照所請,交部從優議恤。欽此[6]。(P957-962)

校證

　　【案】此奏片原件藏於中國第一歷史檔案館①,錄副藏於臺北"故宮博物院"②,茲據校勘。又,原件目錄未署具奏人及具奏日期含混。茲據原稿與錄副,具奏人應為魁玉、吳棠會銜無疑,具奏時間應以原稿為是。

　　[1] 江忠(源):原稿空名諱"源",茲據補,以下同。

　　【案】江忠源(1812—1854),字常孺,號岷樵,湖南新寧人。道光十七年(1837)舉人。二十七年(1847),組織團練鎮壓瑤民雷再浩暴動。二十九年(1849),升署浙江秀水縣知縣。咸豐元年(1851),奉命赴欽差大臣賽尚阿廣西軍營,旋回鄉募勇五百名赴桂,號楚勇,為湘軍之雛形。三年(1853),調任湖北按察使,旋加封二品頂戴。太平軍攻陷安徽省會安慶,調補安徽巡撫兼軍門提督,並授都察院副右都察御使兼兵部侍郎。同年,因戰事失利,投古潭自殺。追授總督,諡忠烈。有《江忠烈公遺集》傳世。詳見《清史稿·江忠源傳》。③

　　[2]【案】曾璧光原摺尚屬暫不開放閱覽之列,無法得其詳請,而清廷批復則見於《清實錄》:

　　又諭:曾璧光奏拏獲不法武員,遵旨正法,請將出力各員獎勵一摺。已革總兵林自清,前在雲南戕官屠民,嗣後擁眾萬餘,滋擾四川,並多攜死黨回籍,焚殺搶擄,擾害閭閻,甚至妄給頂翎,私設釐局,霸佔田地,無所不為。其帶勇由四川繞赴貴州興義縣時,該署知縣陳世鎮因其蓄意叵測,不令入城,竟至挾嫌將陳世鎮及其子陳先洋並家丁二名盡行

---

① 中國第一歷史檔案館藏:《硃批奏摺》,檔號:04-01-16-0200-039。
② 臺北"故宮博物院"藏:《軍機及宮中檔》,文獻編號:117931。
③ 趙爾巽等:《清史稿》卷四百七,列傳一百九十四。

殺斃，並搶去行李衣物，實屬情同叛逆，罪不容誅。經曾璧光密派提督陳希祥等設法搜拏，立在營前正法，並將其隨帶練勇，全行剿殺，洵足以申國法而快人心。該撫等於此事不動聲色，籌畫精詳，卒使積年匪憝首從悉就殲除，實屬辦理迅速。所有出力之提督陳希祥，著賞給達春巴圖魯名號，並賞穿黃馬褂。布政使黎培敬著賞戴花翎。道員林肇元著交部從優議敘。吳德溥著賞加布政使銜。畢大錫著賞給格洪額巴圖魯名號。宣維禮著賞給博奇巴圖魯名號。①

【案】同治九年三月，貴州巡撫曾璧光附片"代奏記名提督陳希祥賞勇號等謝恩事"，可參見〇二三號奏片。

[3]（致）：原件、錄副均有"致"，原稿脫漏無疑，茲據校勘。

[4]（陳希祥、霍名升均著照所請，交部從優議恤）：此"硃批"據原件補。

[5]（同治十三年十一月二十日，奉硃批：陳希祥、霍名升均著照所請，交部從優議恤。欽此）：此奉硃批日期與內容，據錄副校補。

[6]【案】此奏片於十一月二十日得清廷批復，亦見於《清實錄》："予四川軍營病故提督陳希祥祭葬、恤蔭。"②

一一七　奏懇將記名提督李有恆賞穿黃馬褂以示優異片
同治十三年十一月初二日（1874年12月10日）

再，川省防勇頻年有減無增，已裁汰十之七八，將材漸少，兵力較單，必一將而兼諸將之長，一兵而得數兵之用，方足以綏邊御寇，彌患未形。茲查有記名提督奇車博巴圖魯李有恆，自同治三年經前督

---

①《穆宗毅皇帝實錄》卷二百五十四，同治八年三月上，《清實錄》第50冊，第533—534頁。
②《穆宗毅皇帝實錄》卷三百七十三，同治十三年十一月，《清實錄》第51冊，第943頁。

臣駱秉（章）奏留，防堵川邊，歷次攻克滇黔交界之茨藜坳號匪及滇界之沙家巖、五顯壩、和尚寺等處土、摃各匪賊巢，並擒斬賊首張三、大卓、洪堃等多名。又越剿雲南鎮雄州滇匪，生擒偽元帥卿廷配、賈濟春等多名。又奉調會辦越巂夷務，攻克普雄石城，恢復舊制，生擒首逆，有戰必克，無役不從。近歲以來，移防川北，截擊竄回，查拏積匪，地方賴以無虞。本年夏間，灌縣山匪滋事，令率所部楚勇，分布川西，為一勞永逸之計。李有恆以二千勁旅終歲奔馳，毫無倦色。凡旌旗所到之處，士民爭依附之。邊疆風氣浮囂，每遇有民教忿爭之案，飭令督隊，馳往彈壓，亦復能排難解紛，顧令（全）大局[1]。其威望既堪服眾，其志謀更可通權，洵為勇略超群、勳勤卓著、將材中不可多得之員。合無仰懇皇上逾格恩施，賞穿黃馬褂，以示優異。臣等為邊地用人起見，謹合詞附片陳明。伏乞聖鑒訓示。謹奏。

（另有旨）。[2]

（同治十三年十一月二十日，奉硃批。欽此）。[3]

同治十三年十一月初二日，附片具奏。於本年十二月初四日，奉硃批：另有旨[4]。欽此。（P963–967）

校證

【案】此奏片原件藏於中國第一歷史檔案館①，錄副藏於臺北"故宮博物院"②，茲據校勘。再，原件目錄未署具奏人及具奏日期含混。茲據原稿與錄副，具奏人應為魁玉、吳棠會銜無疑，具奏時間應以原稿為是。

[1] 顧令（全）大局：原稿誤"令"為"全"，茲據校改。

[2]（另有旨）：此"硃批"據原件校補。

[3]（同治十三年十一月二十日，奉硃批。欽此）：此日期據錄副校補。

[4]【案】此片於十一月二十日允准，《清實錄》：

---

① 中國第一歷史檔案館藏：《硃批奏摺》，檔號：04-01-30-0184-033。
② 臺北"故宮博物院"藏：《軍機及宮中檔》，文獻編號：117932。

以四川剿平峨邊蠻匪，並防剿逆回出力，賞提督劉道宗、總兵官李忠楷一品封典，提督李有恆黃馬褂，知府王樹漢、參將德綏等花翎，知縣繆延祺等藍翎。餘加銜升敘有差。①

一一八　奏報核實彙獎剿辦峨邊蠻匪及秦隴逆回出力員弁紳團摺
同治十三年十一月初二日（1874年12月10日）

（四川成都將軍臣魁玉、頭品頂戴四川總督臣吳棠跪）[1]奏為遵旨併案核實彙獎剿辦峨邊蠻匪及防剿秦隴逆回尤為出力員弁紳團，恭摺仰祈聖鑒事。

竊臣等前於同治十二年十一月間，由馹具奏峨邊廳境蠻匪滋事，經官軍剿撫兼施，次第出降一摺。嗣准兵部咨，是年十一月二十九日，奉上諭：其餘出力員弁，著魁（玉）等擇尤彙案請獎，等因。欽此。又於同治十三年五月間，臣吳（棠）具奏，川軍防剿秦隴逆回成勞久著，懇恩併案，核實彙獎在事出力員弁紳團，以昭激勸一摺。旋於本年六月二十五日，准兵部火票遞回原摺，奉硃批：准其擇尤保獎，毋許冒濫。欽此。伏查川省地處極邊，與秦隴滇黔接壤，而川西一帶又有番夷羌猓，出沒靡常。故戍卒防兵必得講求於平日，始能應變於臨時。況當內患既除，瘡痍未復，鄰氛初息，烽燧猶驚。整軍經武之方，尤不可不加之意也。此次峨邊蠻匪滋事，臣等會商添募練丁，協同堵御。始則移總兵李忠恕管帶之武安軍，以助守之，繼則調總兵田應豪管帶之達字後營，以雕剿之，最後復益以提督陳希祥所部達字全軍鑿險縋幽，長驅深入。計閱一年之久，卒能次第出降，邊陲漸定。維時，肅州回逆，適值攻剿吃緊之時，臣等慮殘賊遊兵，鋌而走險，乘備多

---

① 《穆宗毅皇帝實錄》卷三百七十三，同治十三年十一月，《清實錄》第51冊，第943頁。

力分之際，窺伺邊疆。全賴提督李輝武、李有恆等，督同將弁勇丁，知兵任戰，歷久不渝。其截擊逆回也，則援鄰志切。其查拏積匪也，則保境功深。以及官紳團練等轉運軍糧，分防邊隘，急公好義，殆亦有年。洎乎蠻匪削平，而肅州之捷音又至，經臣等先後奏請，併案彙獎，渥荷恩俞。茲據該將領具稟，擬保前來。逐加刪減，謹擇其尤為出力者，另繕清單[2]，恭呈御覽。籲懇鴻施立沛，以作士氣，而固民心。除擬保千總以下循例造冊咨部[3]外，所有遵旨併案核實彙獎剿辦峨邊蠻匪及防剿秦隴逆回尤為出力員弁紳團緣由，合詞恭摺具陳。伏乞皇上聖鑒訓示。謹奏。（十一月初二日）。[4]

（同治十三年十一月二十日，奉硃批。欽此）。[5]

同治十三年十一月初二日，由馹具奏。於本年十二月初四日，奉硃批：另有旨[6]。欽此。（P969-975）

校證

【案】此摺缺原件，錄副現藏於臺北"故宮博物院"①，茲據校勘。再，錄副首開署"同片隨旨交，單一同抄繳"字樣。

[1]（四川成都將軍臣魁玉、頭品頂戴四川總督臣吳棠跪）：此前銜據錄副補。

[2]【案】川督吳棠等隨摺附清單，茲補錄之：

謹將官軍剿辦峨邊蠻匪，並歷次防剿秦隴逆回所有在事尤為出力文武員弁、兵團，繕列清單，恭呈御覽。計開：剿辦峨邊蠻匪尤為出力員弁、兵團。提督銜簡放總兵李忠楷，提督銜遇缺簡放總兵世襲三等輕車都尉定長，記名總兵克勇巴圖魯李忠恕，總兵用四川督標中軍副將文升，升用總兵留川儘先副將武勇巴圖魯陳順理，總兵銜儘先副將達勇巴圖魯張祖雲。以上六員，綏邊禦寇，謀勇兼優。李忠楷請賞給三代一品封典。定長請遇有提督缺出，請旨簡放。李忠恕請賞加提督銜。文升等三員，

---

① 臺北"故宮博物院"藏：《軍機及宮中檔》，文獻編號：117935。

均請以總兵交軍機處記名，遇缺開列在前，請旨簡放。

花翎副將銜留川補用參將儘先補用遊擊李錫成，藍領儘先都司汪本立，花翎遊擊銜升用都司儘先補用守備李大英、李忠玉，花翎都司銜留南儘先補用守備張祖純，藍翎升用都司留南儘先守備侯連升，花翎都司銜遇缺儘先補用守備李著獻、張得亮，藍翎都司銜遇缺儘先補用守備朱振元、李國玉，藍翎留川遇缺儘先補用守備楊得霖，建昌左營守備康如陵，藍翎儘先千總譚文秀，儘先千總陳如錦、戴承恩。以上十五員，連營轉戰，懾伏凶酋。李錫成請免補遊擊，以參將仍留四川，儘先前即補。汪本立請免補都司，以遊擊儘先前即補。李大英等三員，均請免補守備，以都司儘先前即補。侯連升請免補守備，以都司仍留湖南，儘先補用。李著獻等五員，均請免補守備，以都司留川儘先，遇缺即補。康如陵請以都司仍留原省，遇缺儘先即補。譚文秀等三員，均請免補千總，以守備儘先即補。

花翎副將銜留川儘先補用參將何鑒，花翎儘先前補用參將松玉，兩江儘先補用遊擊葉化龍，花翎儘先前補用都司馬元珍，藍翎都司銜留川儘先前補用守備徐興，藍翎儘先守備張鵬圖，懷遠營把總周賮，六品軍功熙傑、添泉、鄧治叢。以上十員名，披堅執銳，力挫凶鋒。何鑒請以副將仍留四川，無論題推缺出，儘先前補用。松玉請賞加副將銜。葉化龍請免補遊擊，以參將改留四川，儘先前補用。馬元珍請以遊擊，無論題推缺出，儘先前補用。徐興請以都司仍留四川，儘先前補用，並請賞換花翎。張鵬圖請以都司，儘先補用。周賮請賞戴五品藍翎。熙傑請以驍騎校無論滿蒙，遇缺前先補用，並請賞戴藍翎。添泉請以綠營把總儘先拔補，並請賞戴藍翎。鄧治叢請賞戴藍翎。

花翎儘先副將峨邊左營守備劉紹富，鎮遠營俸滿都司常連，藍翎都司銜儘先守備峨左千總余殿華，藍翎守備魯廷珍，儘先守備張逢源，藍翎守備銜儘先千總劉啟林，藍翎儘先把總徐春發，五品藍翎千總楊均青，署峨左千總鎮遠營藍翎把總陳大文，藍翎儘先千總外委馬正愷，藍翎儘先千總岳廷芳，峨左藍翎外委劉世升。以上十二員名，登陣誓眾，力保危城。劉紹富請俟補副將後，以總兵升用。常連請以遊擊儘先前即補，並請賞戴花翎。余殿華請免補守備，以都司儘先前即補，並請賞換花翎。魯廷珍、張逢源均請免補守備，以都司儘先補用。劉啟林、徐春發均請以守備留川，儘先補用，並請賞加都司銜。陳大文、馬正愷、岳廷芳，均請免補千總，以守備儘先即補。陳大文並請賞換花翎。

副將銜越寓營參將署建昌左營遊擊德綏，鎮遠營藍翎儘先守備雲騎尉署千總馬成麟，儘先千總丁瑞麟，峨邊左營雲騎尉宋久珊，左營外委王五鼎，崇化營外委戴占彪，鎮遠營外委羅正統。以上七員名，帶兵集練，苦守待援。德綏請賞戴花翎。馬成麟請賞換花翎，並請賞加都司銜。丁瑞麟等五名，均請賞戴藍翎。

調川差委按察使銜分省補用道魏邦慶，試用道周廷揆，道銜嘉定府知府玉昆，補用知府四川候補同知署峨邊廳通判楊蔭棠，雙月候補知府樂山縣知縣黎金炬，候選州判田應亨。以上六員，率隊先驅，陣擒要匪。魏邦慶請賞給二品頂戴，並請賞給該員祖父母、父母二品封典，將該員本身妻室應得封典貤封曾祖父母。周廷揆請俟四川無論何項道員缺出，儘先題奏。玉昆請以道員在任儘先補用，並請賞加鹽運使銜。楊蔭棠請免補同知，以知府仍留四川，歸候補班前先補用。黎金炬請以知府不論雙單月，在任候選。田應亨請免選本班，以知縣遇缺儘先選用，並請賞加五品銜。

試用班儘先補用知府慶善，藍翎候選知府楊玉書，本班儘先補用同知劉廷植，藍翎同知用先換頂戴留川歸候補班前先補用知縣艾耀廷，藍翎同知銜候補班前先補用知縣周兆慶，藍翎留川候補班前先補用知縣王豫之，候選府經歷胡登三，候選縣丞聯烺、聯武、陳鼎新，藍翎留川補用班前遇缺儘先補用主簿勝昌，試用主簿陳鴻恩。以上十二員，陷陣衝鋒，蕩平巨寇。慶善請歸知府正班補用，並請賞加鹽運使銜。楊玉書請以本班不論雙單月，分發省分，歸候補班補用。劉廷植請歸候補班，前先補用，並請賞加知府銜。艾耀廷、周兆慶均請賞換花翎。王豫之請俟補缺後，以同知用，先換頂戴，並請賞換花翎。胡登三請免選本班，以知縣不論雙單月，遇缺前先選用。聯烺等三員，均請免選本班，以知縣留於四川，歸候補班前先補用。勝昌請免補本班，以縣丞仍留四川，歸候補班，遇缺前先補用。陳鴻恩請歸候補班，遇缺儘先前補用。

分發省分歸軍功候補班前先補用知州賀祝堯，補用直隸州知州候補知縣潘貽薪，同知銜署越寓廳事候補知縣姚光鼎，花翎同知銜四川候補知縣李忠烺，同知銜試用知縣茅賦熙，分發省分歸軍功候補班前儘先補用知縣胡亨球，雙單月選用知縣吳匡，留川歸候補班前先補用從九品李國駿，候選從九品岳世俊，監生李懋章。以上十員，拔幟先登，斬擒首要。賀祝堯請留於四川，仍歸軍功候補班，前先補用。潘貽薪請俟補直隸州知州後，以知府用。姚光鼎請歸候補班補用，並請賞戴花翎。李忠烺請俟補缺後，以直隸州知州仍留四川，歸候補班，前先即補。茅賦熙請歸候補班補用。胡亨球請留於四川，仍歸軍功候補班前，遇缺儘先補用。吳匡請仍以知縣不論雙單月選用，並請賞加同知銜。李國駿請仍以從九品，歸候補班前先補用。岳世俊、李懋章均請以從九品分發省分，歸候補班前先補用。

知府銜眉州直隸州知州河清，候選知州裘爾珍，同知銜嚴壽昌，藍翎同知銜升用知縣即選縣丞劉榮宗，試用從九品芮福嶸，附生長發。以上六員名，克敵致果，所向無前。河清等三員，均請賞戴花翎。芮福嶸請歸候補班，前先補用，並請賞戴藍翎。長發請以筆帖式不論雙單月，遇缺前先選用，並請賞戴藍翎。

同知銜署鹽源縣事題補蒼溪縣知縣毛隆恩，候補府經歷楊泳修，升用府經歷縣丞鹽源縣典史吳廷鑣，署峨邊沙坪經歷分缺先用縣丞張秉垣，候選吏目李逢春，從九品楊祖蔭、何三樂，拔貢生翟光發，廩生廖鎮鼎，附貢生李融，附生廖能光、黎思成，捐貢生楊文仁，俊秀楊長治。以上十四員名，熟悉邊情，相機剿撫。毛隆恩請以直隸州知州在任候補。楊泳修請免補本班，以知縣仍留四川，歸候補班前先補用。吳廷鑣請俟補府經歷縣丞後，以知縣用。張秉垣請歸候補班前補用。李逢春等三員，均請分發省分，歸候補班前補用。翟光發請以知縣選用。廖鎮鼎請以訓導即選。李融等五名，均請以從九品不論雙單月，儘先選用。

廩生李煌，附生李詩昌、張時敘、吳鳳翔、張錫蕃、朱逢藻，附貢生劉曉溪，俊秀艾承熙、孫懋勳。以上九名，隨營剿匪，備極辛勤。李煌請以訓導不論雙單月，遇缺前先選用。李詩昌請以州吏目留川，歸候補班，遇缺前先補用。張時敘等七名，均請以從九品不論雙單月，遇缺前先選用。

護理河東長官司安都氏，藍翎四品銜土千戶沈光嵩，五品藍翎土百戶池光華，土目李朝元、李貴發、李朝貴。以上六員名，忠義奮發，率練前驅。安都氏請賞給二品封典。沈光嵩、池光華均請賞換花翎。李朝元請賞給五品翎頂。李貴發、李朝貴均請賞給五品頂戴。

防剿秦隴逆回尤為出力員弁、紳團：花翎參將銜江西補用遊擊胡德興，花翎遊擊潘定貴，藍翎都司彭祿源，藍翎都司用儘先守備李得勝，藍翎守備王開泰、李鳳高、王岐山、李良發、藍翎守備用儘先千總袁國棟、尹祖良，藍翎千總胡天興、李國謨，千總夏斯盛。以上十三員，帶隊衝鋒，陣擒要逆。胡德興請免補遊擊，以參將仍留原省，儘先補用。潘定貴請免補遊擊，以參將儘先補用。彭祿源請免補都司，以遊擊儘先補用。李得勝等五員，均請免補守備，以都司儘先補用。袁國棟等五員，均請免補千總，以守備儘先補用。

花翎參將用儘先遊擊吳守本，花翎遊擊岳定邦，守備石雲程，選用衛守備黃國華，漢中鎮標甯陝營把總李祥泰，把總王新桂。以上六員名，攻堅奪壘，擒斬最多。吳守本、岳定邦均請以本班留於陝西，儘先補用。石雲程請以本班留於陝西，儘先補用。黃國華請仍以本班，遇缺儘先前補用。李祥泰請以千總仍留原標，儘先拔補，並請賞加守備銜。王新桂請以千總儘先拔補，並請賞戴藍翎。

外委楊謂春、唐佳才，武生趙魁、趙彩鳳，軍功韓觀成、李國輔、許耀湘、蕭慶馥、陳衍漢、邱開武、尹恩霖、蒲遇春、黃山青、姜福堂、覃玉林、李文龍、段克諒、易文全、胡家玉、夏南榮。以上二十名，隨營打仗，屢挫賊鋒。楊謂春等十六名，均請以把總儘先拔補，均請賞戴藍翎。

段克諒等四名，均請以外委儘先拔補，並均請賞戴藍翎。

選用通判李世琛，光祿寺署正銜即選教諭許陳常，選用府經歷曠經銳，監生譚文鏘，文童劉鴻遇、許海貞、趙安旭、熊延清、鄧鐘秀、周余厚。以上十員名，親冒矢石，屢立奇功。李世琛請賞加同知銜。許陳常、曠經銳均請俟選缺後，以知縣儘先補用。譚文鏘等五名，均請以從九品，遇缺即選選用。鄧鐘秀、周余厚均請以州吏目，遇缺儘先選用。

知縣用遇缺先選教諭呂錫疆，候選布照磨顧高範，選用巡檢蕭崇簡，縣丞銜監生端秀，附生趙作霖、李萃英。以上六員名，率隊前驅，斬擒要逆。呂錫疆請俟知縣選缺後，以直隸州用。顧高範、蕭崇簡均請免選本班，以縣丞分發省分，歸候補班前先補用。端秀請以縣丞留川，歸候補班前補用。趙作霖、李萃英均請以主簿，儘先補用。

儘先遊擊胡俊玖，兩江督標藍翎儘先前即補都司儲坤，藍翎儘先前都司李勝，儘先前補用都司楊三級，留川儘先前補用都司黃國順，藍翎儘先補用守備李廷弼、嵇百年、王大鵬，儘先前補用守備何建章，儘先守備吳致中，藍翎儘先千總顧翰臣，儘先補用千總朱成，藍翎儘先千總李廷標，二等武舉儘先前補用千總借補平安營把總劉冠凱，千總張德春，藍翎儘先把總洪修身。以上十六員，斬擒要逆，奮不顧身。胡俊玖請免補遊擊，以參將留川，遇缺儘先補用。儲坤請以遊擊仍歸本標，儘先前即補，並請賞換花翎。李勝請以遊擊歸兩江督標，儘先前即補，並請賞換花翎。楊三級、黃國順均請以遊擊無論題推缺出，儘先前即補。李廷弼請以都司歸山東撫標，儘先前補用。嵇百年請免補守備，以都司留於兩江，遇缺儘先前補用。李廷弼、嵇百年並均請賞換花翎。王大鵬請以都司，儘先前補用。何建章、吳致中均請以都司，儘先補用。顧翰臣請以守備，儘先前即補。朱成等四員，均請以守備，儘先補用。朱成並請賞戴藍翎。洪修身請免補千總，以守備儘先補用。

花翎儘先遊擊李成齡，儘先都司維州右營守備高紹興，花翎儘先都司黃有貴，藍翎都司銜提標中營守備謝玉，花翎都司銜遇缺前儘先選用衛守備王廷砡，不論雙單月遇缺儘先前即選衛守備范品端，花翎留川儘先補用守備蔣國恩，藍翎儘先前守備余通令，藍翎補用守備松潘左營千總鄭照，儘先補用守備張廷柱、金殿鼇，儘先把總晁順。以上十二員，衝鋒陷陣，驍勇冠軍。李成齡請賞加參將銜。高紹興、黃有貴均請賞加遊擊銜。謝玉請賞換花翎。王廷硅、范品端均請仍以本班前，遇缺儘先即選。范品端並請賞加都司銜。蔣國恩、余通令均請賞加都司銜。鄭照請賞加都司銜，並請賞換花翎。張廷柱請賞戴花翎。金殿鼇請賞戴藍翎。晁順請以千總儘先前拔補，並請賞加守備銜。

候補道寶森，道員用四川候補知府王之同，道銜候補班前先補用知府王樹漢，道銜署保寧府事候補知府宋仕輝，成都府知府許培身，候補知府余瀠廷，道銜補用知府打箭爐同知沈寶昌，同知銜分省即補知縣周錫鋆，同知銜閬中縣知縣孫海，同知銜候補知縣文康，同知銜留川歸候補班補用知縣蔣羹齋，儘先前選用知縣林澤春，即選知縣趙長庚，縣丞用江津縣典史咨補遂寧縣縣丞江瑞芝，試用從九品商翹霖。以上十五員，運籌決勝，共靖巖疆。寶森請賞加按察司銜。王之同請升道員後，賞加二品頂戴。王樹漢、宋仕輝均請俟補缺後，以道員用。王樹漢並請賞戴花翎。許培身等三員，均請賞加軍功隨帶二級。周錫鋆請賞給該員五品封典，並將該員本身妻室應得封典貤封祖父母。孫海請以同知直隸州在任升用。文康、蔣羹齋均請俟補缺後，以同知直隸州用。林澤春請以知縣本班留川，遇缺儘先前補用，並請賞加同知銜。江瑞芝請俟補缺後，在任以知縣補用。商翹霖請以巡檢歸候補班，遇缺前先補用，並請賞加六品銜。

記名提督簡放提督總兵劉道宗，花翎留川補用總兵雷宏發，花翎儘先補用總兵晏忠發，花翎儘先補用副將袁冠儒，揀發參將前署松潘遊擊富廉，花翎儘先都司賀元林，藍翎都司彭玉勝、鄒隆源、張綏之，藍翎守備袁貽燕、劉道祥、劉楚友。以上十二員，治軍嚴肅，謀勇兼優。劉道宗請賞給該員三代一品封典。雷宏發、晏忠發均請賞加提督銜。袁冠儒請賞加總兵銜。富廉請以參將，遇缺儘先即補，並請賞加副將銜。賀元林請仍以都司留於四川，儘先補用，並請賞加遊擊銜。彭玉勝請賞加遊擊銜。鄒隆源、張綏之均請賞換花翎。袁貽燕等三員,均請賞加都司銜。袁貽燕、劉道祥並請賞換花翎。

花翎總兵銜儘先副將伍三勝,花翎留川儘先副將李鳳友,藍翎參將儘先遊擊胡亨清,花翎儘先遊擊陳洪升、鄒春祺、劉必勝、彭發祥、李美善,藍翎儘先遊擊劉耀元,花翎儘先前補用遊擊朱殿昌,花翎留川儘先補用遊擊余騰龍、吳桂林,藍翎留川補用遊擊袁玉勝,藍翎儘先都司游名揚、劉國政,花翎儘先都司李連發。以上十六員,越剿逆回,擒斬無算。伍三勝請免補副將,以總兵記名簡放。李鳳友請免補副將,以總兵仍留原省,儘先補用。胡亨清等七員,均請免補遊擊,以參將儘先補用。朱殿昌請免補遊擊,以參將留川,無論題推缺出,儘先前遇缺即補,並請賞加副將銜。余騰龍等三員,均請免補遊擊,以參將仍留原省,遇缺前先補用。袁玉勝並請賞換花翎。游名揚等三員,均請免補都司,以遊擊留川儘先補用。游名揚、劉國政並均請賞換花翎。

花翎儘先都司方榮升、劉洪貴、呂玉發、鄧昌吉,藍翎都司張和裕、王朝清、劉得發、伍坤泰,花翎儘先都司羅大鵬、王慶雲,藍翎守備李多源,藍翎儘先守備聶秀芝、呂天順、李新德,守備樊鳳岡,藍翎守備銜儘先千總劉利仁,藍翎儘先千總王朝英、曾壹舉、曹必耀,儘先千總楊占春、張祥和、卿祿芳、徐廷龍,五品藍翎把總徐長富。以上二十四員名,帶隊衝鋒,殲除要逆。方榮升等四員,均請免補都司,以遊擊留川儘先前補用。張和裕等六員,均請免補都司,以遊擊儘先前補用。張和裕並請賞換花翎。李多源等五員,均請免補守備,以都司儘先前補用。李多源並請賞換花翎。劉利仁等七員,均請免補千總,以守備儘先前補用。徐廷龍、徐長富均請免補千總,以守備無論推題缺出,儘先前即補。

補用道後加二品頂戴遇缺題奏知府彭毓棻,花翎留川補用知府李岳恒,候選同知直隸州知州李光嶽,花翎補用直隸州知州四川候補知縣繆庸,藍翎同知銜四川候補知縣時守忠,知縣用分發省分補用按經歷姜贊廷,知縣用候選府經歷縣丞龔啟明,候選府經歷縣丞鄒良翰,候選府經歷李建侯,候選縣丞王松,候選府經歷縣丞王載堃,分發省分候補班前遇缺儘先補用府經歷林鼎臣，候選縣主簿易震恒、李承渤，府經歷縣丞用候選從九品李道涵、李綸玨、熊瑞，遇缺前先選用從九品張和秋、劉炳南、李景珩、李春生。以上十一員，斬擒要逆，卓著戰功。彭毓菜、李嶽恒均請免補知府，以道員仍留原省，歸候補班，遇缺前先補用。李光岳請免選本班，以知府不論雙單月，遇缺前先即選。繆庸請俟補直隸州後，以知府用。時守忠請俟補缺後，以直隸州知州歸候補班，遇缺前先補用，並請賞換花翎。姜贊廷請免補本班，以知縣分發省分，歸候補班前補用，俟補缺後，以同知直隸州知州用。龔啟明等四員，均請免補本班，以知縣遇缺前先選用。王松並請賞戴藍翎。王載堃請免選本班，以知縣遇缺前先選用，並請賞加同知銜。林鼎臣請免補本班，以知縣分發省分，歸候補班，遇缺前先即補。易震恒請免選本班，以州判前先選用，並請賞加知州銜。李承渤等八員，均請免選本班，以府經歷縣丞不論雙單月，儘先選用。

　　藍翎龍安府知府王祖源，在任候升道潼川府知府李德良，道員用候補知府綿州直隸州知州文榮，分發省分儘先補用直隸州知州文庚，補用知府同知直隸州知州用平武縣知縣屠天培，同知銜羅江縣知縣趙士英，同知銜候選知縣繆延祺，同知直隸州知州用候選知縣葛樹本，藍翎四川候補知縣王德潤，候選知縣余維岳、劉良洪，舉人分發省分候補班即補知縣繆荃孫，前署彰明縣知縣藍翎提舉銜候補通判江錫齡，候補同知照磨繆揚泰，藍翎分發省分候補班前遇缺儘先選用縣丞伍春溁。以上十五員，集團助戰，冒險運糧。王祖源請賞換花翎，並請賞加三品銜。李德良、文榮均請賞加鹽運使銜。文庚請俟補缺後，以知府用，先換頂戴。屠天培請俟補知府後，以道員用。趙士英請以同知直隸州，在任候補。繆延祺請俟選缺後，以直隸州知州補用，並請賞戴藍翎。葛樹本請仍以知縣留川，歸候補班前補用。王德潤請賞加同知銜，並請賞換花翎。余維嶽請賞加同知銜，並請賞給該員祖父母正五品封典。劉良洪請仍以知縣留川，儘先前補用，並請賞加同知銜。繆荃孫請賞加同知銜。江錫齡請賞換花翎。繆揚泰請賞戴藍翎。伍春溁請仍以縣丞歸候補班，前先補用，俟補缺後，以知縣用。

儘先前選用知縣畢承恩，提舉銜平武縣青川縣丞賀紹榮，本班儘先選用教諭段家達，候選縣丞陳綬，試用鹽大使文懋，分發四川試用府經歷趙信芳，試用縣丞鄭言昌，新補峨邊廳沙坪經歷平武縣大印山主簿馬晉，石泉縣典史金煐，署綿州吏目試用從九品劉維清，試用從九品胡浚，試用未入流喻瀛洲，廩生陳科建，監生吳德善，俊秀錫庚、李恭仁、馬承禧、易英華、李班祿、楊紹儀、嚴先溢、袁樹藩、王存義、唐柏騰、李澤滋、章鑾、楊春榮。以上二十七員名，分防悅剿，艱險備嘗。畢承恩請仍以知縣分發省分，歸候補班，遇缺補用，並請賞加同知銜。賀紹榮請以知縣儘先補用。段家達請免選本班，以知縣不論雙單月，儘先選用。陳綬請免選本班，以知縣分發省分，歸候補班，前先補用。文懋請歸候補班前先補用，並請賞戴藍翎。趙信芳請免補本班，以知縣仍留原省，儘先補用。鄭言昌請歸候補班補用，補缺後，以知縣用。馬晉請以知縣在任，儘先升用。金煐請以府經歷縣丞，遇缺在任候升。劉維清、胡浚均請以同知照磨，歸候補班前先補用。喻瀛洲請以典史歸候補班，前先補用。陳科建請以訓導不論雙單月，儘先選用。吳德善請以典史分發省分，歸候補班前先即補，並請賞戴藍翎。錫庚請作為監生，以鹽茶大使分發省分，歸候補班前，儘先補用。李恭仁等十二名，均請以從九品不論雙單月，遇缺前先選用。

五品藍翎儘先千總川北左營馬兵劉均安，川北左營外委丁裕富，川北左營馬兵六品軍功田炳爐，川北右營馬兵六品軍功岳高軒，川北右營馬兵劉應洪。以上五員名，設卡巡邊，成勞久著。劉均安請以守備儘先補用。丁裕富請以把總儘先拔補，並請賞戴藍翎。田炳爐等三名，均請以外委儘先拔補，並均請賞戴藍翎。

書識遇缺前先選用府經歷馮余慶，候選府經歷縣丞胥端方，雙月選用縣丞李長芳，遇缺即選從九品楊三錫，升缺升用儘先即選從九品梁步雲，遇缺即選從九品何文郁、杜榮升，候選從九品田硯豐、楊仕舉、陳宗俊，從九品銜黃鳳鳴，典史陳懷川，書識何建璧、岳鳳鳴、趙聯升、劉天澤。以上十六員名，隨辦文案，備歷辛勤。馮余慶等三員，均請以知縣不論雙單月，遇缺前先即選。楊三錫請以府經歷不論雙單月，遇缺儘先即選。梁步雲等七員，均請以縣丞不論雙單月，遇缺儘先選用。陳懷川等五名，均請以從九品不論雙單月，儘先前選用。

籌餉報銷局司書候選州判彭熙、曾龍章，六品頂翎候選州判萬邦典，遇缺儘先即選巡檢譚光宗，本班儘先選用從九品舒鳳儀，候選從九品董虞琴、周恩溥，即選從九品未入流王秉衡、劉光廷、李含喜，書識帥釗、何安江、劉顯志、徐文德、張森榮、彭履謙、李世章。以上十七員名，轉餉運糧，勾稽詳慎。彭熙請免選本班，以知縣用。曾龍章、萬邦典均請仍以州判不論雙單月，遇缺前先即選。譚光宗等四員，均請免選本班，以縣丞不論雙單月，遇缺儘先前即選。王秉衡、劉光廷均請以縣主簿不論雙單月，遇缺前先選用。李含喜請以巡檢不論雙單月，遇缺前先即選。帥釗等七名，均請以從九品不論雙單月，遇缺前先即選。覽。①

[3] 咨部：錄副作"咨送"，疑誤。

[4]（十一月初二日）：此日期原稿未署，茲據補。

[5]（同治十三年十一月二十日，奉硃批。欽此）：此日期據錄副校補。

[6]【案】此摺及所附清單，於同年十一月二十日批復，《清實錄》：

以四川剿平峨邊蠻匪，並防剿逆回出力，賞提督劉道宗、總兵官李忠楷一品封典，提督李有恆黃馬褂，知府王樹漢、參將德綏等花翎，知縣繆延祺等藍翎。餘加銜升敘有差。②

一一九　奏請將署理灌縣知縣黃毓奎賞還頂戴片
同治十三年十一月二十日（1874 年 12 月 28 日）

再，前署灌縣知縣黃毓奎[1]，經臣據實奏參，欽奉硃批：疏防之

---

① 臺北"故宮博物院"藏：《軍機及宮中檔》，文獻編號：117935-2。
② 《穆宗毅皇帝實錄》卷三百七十三，同治十三年十一月，《清實錄》第 51 冊，第 943 頁。

黄毓奎，著摘去頂戴，等因。欽此。當經（恭）錄[2]行知在案。該員黃毓奎被參後，即留於該縣地方，協緝餘匪。迭據該將領印官稟報：續獲匪犯孫抱雞婆、楊夏、侯登等多名，當即批令分別正法懲辦。查該匪犯等均係黃毓奎協同弋獲，尚知愧奮。現在附省川西一帶民情，均屬安恬。合無籲懇天恩，俯准將知縣黃毓奎賞還頂戴，以觀後效。理合附片陳明。伏乞聖鑒訓示。謹奏。

（同治十三年十二月初八日，軍機大臣奉旨：黃毓奎著賞還頂戴。欽此。）[3]

同治十三年十一月二十日，由馹片奏。於本年十二月二十六日，准軍機大臣奉旨：黃毓奎著賞還頂戴。欽此。（P977–979）

校證

【案】此奏片缺原件，錄副現藏於臺北"故宮博物院"①，茲據校勘。

[1] 黃毓奎（1835—?）：湖北鍾祥縣人，廩生，道光己酉科拔貢。咸豐丙辰科，中式正紅旗官學漢教習。三年期滿，以知縣用，籤掣四川。咸豐十一年（1861），捐加同知銜。因在防剿局籌撥貴州軍餉出力，保准補缺後，以直隸州知州用。光緒元年（1875），補授峨眉縣知縣。旋因胞弟毓恩補授夔州府知府，遵例回避，開缺，改指山東，歸回避即用班補用。六年（1880），題補嘉祥縣知縣。七年（1881），調補單縣知縣。嗣經調署益都、歷城等縣篆務。八年（1882），代理滕縣知縣。

[2]（恭）錄：錄副作"恭錄"。據前後摺，原稿脫"恭"，茲據補。

[3]（同治十三年十二月初八日，軍機大臣奉旨：黃毓奎著賞還頂戴。欽此）：此奉旨日期與內容，據錄副校補。

---

① 臺北"故宮博物院"藏：《軍機及宮中檔》，文獻編號：118219。

一二〇　奏報遵旨彙獎殲除灌縣山匪出力員弁紳團摺

同治十三年十一月二十日（1874年12月28日）

（頭品頂戴四川總督臣吳棠跪）[1]奏，為遵旨彙獎殲除灌縣山匪出力員弁紳團，恭摺仰祈聖鑒事。

竊臣前將灌縣山匪滋事，經兵團並力查拏、立即殲除緣由，專摺奏報。旋於本年八月十一日，奉硃批：知道了。此次出力各員弁，准其彙案保獎，毋許冒濫，等因。欽此。荷恩綸之特貴，增欽感以難名。當經恭錄傳諭，將弁紳團無不歡欣鼓舞，爭效馳驅。臣伏查川省民多強悍，界接蠻夷。自軍興以來，遊手好閒之輩，半趨賊黨，半附勇營，邊圍地方風氣轉因之稍變。今鄰疆全定，散練殘氛意存窺伺。苟防閑之未備，斯禍亂以相尋。臣督蜀六年，時虞隕越，以團丁保甲責之有司，以禁暴詰奸責之將領，初未敢因邊陲無事苟且偷安也。此次灌縣山匪滋事，變起須臾，臣不惜以重兵剿之，蓋恐邅陬僻壤，伏莽尚多，蔓引株連，其勢遂難復製。幸賴聖主威福，將士一心，不旬日間而掃穴擒渠，殲除淨盡。該員弁紳團等，觸暑遄征，入山搜捕，備嘗艱險，迅致廓清。臣仰體朝廷錄及微勞之至意，謹擇其尤為出力者，繕具清單[2]，恭呈御覽。籲懇鴻施立沛，以勵戎行，而孚眾志。除擬保擬千總以下照例另冊咨部外，所有遵旨彙獎殲除灌縣山匪出力員弁紳團緣由，理合恭摺具陳。伏乞皇上聖鑒訓示。謹奏。（十一月二十日）。[3]

（同治十三年十二月初八日，奉硃批。欽此）。[4]

同治十三年十一月二十日，由馹附奏。於本年十二月二十六日，准兵部火票遞回原摺，內開軍機大臣奉旨：另有旨[5]。欽此。

（P981-986）

校證

【案】此摺缺原件，録副現藏於臺北"故宮博物院"[1]，茲據校勘。另，録副首開署"隨旨交，單一合抄繳"等字樣。

[1]（頭品頂戴四川總督臣吴棠跪）：原稿無此前銜，茲據補。

[2]【案】隨摺附保奬清單，曰：

謹將官兵殲除灌縣山匪尤為出力員紳團繕列清單，恭呈御覽。計開：發往四川差遣補用總兵勤勇巴圖魯馮羽翔，副將銜儘先参將范承先，副將銜升用参將留川儘先遊擊劉順望，江南淮揚鎮標花翎儘先題補遊擊胡錦榮，花翎儘先補用遊擊李廷棟、王端恭、喬獻廷、匡元斌。以上八員，督隊衝鋒，陣擒首要。馮羽翔請賞加提督銜，范承先請以副將仍留四川遇缺儘先前補用，並請賞加總兵銜。劉順望請免補参將，以副將仍留四川，無論題推缺出，儘先前補用。胡錦榮以参將仍留原省，無論題推缺出，儘先前補用。李廷棟、王端恭均請以参將儘先前補用。喬獻廷、匡元斌均請免補遊擊，以参將留於四川遇缺儘先補用。

留川儘先前補用副將謝思友，儘先副將黄廷旂，兩江督標儘先補用遊擊張忠祥，花翎儘先遊擊督標左營千總馮治，花翎儘先都司提標左營把總彭占國，督標中營藍領儘先守備喇應魁，藍翎儘先前補用守備提標左營把總劉炳坤，儘先守備城守左營千總李文魁，儘先守備城守右營千總張世傑，留川儘先守備馬中麒，儘先千總李文龍。以上十一員，所向克捷，英勇異常。謝思友請賞加總兵銜。黄廷旂請仍以副將留於四川，遇缺儘先前補用。張忠祥請賞給該員祖父母、父母二品封典，並將該員本身妻室應得封典貤封曾祖父母。馮治請賞加参將銜。彭占國請賞加遊擊銜。喇應魁等四員，均請賞加都司銜。馬中麒請賞給四品藍翎。李文龍請賞戴藍翎，並請賞加守備銜。

遊擊用儘先都司高秉元，花翎遊擊銜儘先都司鄭懷德、謝樹勳，花翎儘先都司滕成明、朱學海，藍領儘先守備龔開明，四品銜藍領儘先守

---

[1] 臺北"故宮博物院"藏：《軍機及宮中檔》，文獻編號：118216。

備阜和右營千總王瑞麟，綏甯右營守備張連升，藍領儘先守備章臘營千總馬升泰，藍領儘先守備建昌中營千總楊鳴皋，藍翎守備銜淮揚鎮標儘先千總張保清，雲騎尉署灌縣汛把總吳從周，雲騎尉劉聯升，花翎守備銜儘先千總楊治臧，藍領儘先千總胡玉林、薛東方，儘先千總劉賢珍、馬凝祥、程廣德、馮振標，督標中營儘先千總武舉廖昌奎，兵部差官藍翎千總黃安邦。以上二十二員，攻堅奪壘，迭有斬擒。高秉元請免補都司，以遊擊仍留漕河兩標儘先前遇缺即補，並請賞加參將銜。鄭懷德請以遊擊儘先補用。謝樹勳請免補都司，以遊擊留於湖南儘先補用。滕成明、朱學海均請以遊擊留於四川儘先前補用。龔開明請以都司留於四川儘先補用。王瑞麟等四員均請以都司儘先補用。張保清請以守備仍留原標儘先補用。吳從周等十一員均請以守備儘先補用，吳從周、劉聯升並請賞戴藍翎。

武舉陳占鰲，儘先千總曾佐賢，六品軍功蘇萬成，武生李三超，武童饒銘章。以上五員，集團助戰，奮不顧身。陳占鰲請以把總發標拔補，並請賞六品藍翎。曾佐賢、蘇萬成均請賞戴藍翎。李三超請賞戴六品藍領。饒銘章請以外委儘先拔補，並請賞戴六品藍翎。

瓦寺宣慰司索諾木世蕃，上目劉福新。以上二員，率同土練，奮勇先驅。索諾木世蕃請賞給二品頂戴。劉福新請賞給五品花翎。

鹽運使銜儘先補用道勞文翻，候補知府于宗綬，署崇慶州知州事藍領候補知州繆嘉譽，運同銜花翎補用直隸州遇缺即補知州署灌縣知縣胡圻，補用同知直隸州知州大邑縣知縣林嘉澍，知府用補用直隸州知州大挑前先知縣李吉壽，知州用候補知縣李連生，同知銜試用知縣耿士偉、孫尚錦，候選知縣署灌縣教諭朱汝霖，署懷遠鎮州同候補州判沙宗萬，署灌縣學訓導陳世昌，灌縣典史王兆熊。以上十三員，克敵致果，力保巖疆。勞文翻請賞加布政使銜。于宗綬請俟補缺後，以道員用，並請賞加鹽運使銜。繆嘉譽請賞加運同銜，並請賞換花翎。胡圻請俟補直隸州後，以知府留川，歸候補班前先補用。林嘉澍請俟補同知直隸州後，以知府用。李吉壽、李連生均請賞加軍功二級。耿士偉請俟補缺後，以同知直隸州用。孫尚錦請歸候補班補用。朱汝霖請俟選缺後，以直隸州知州歸候補班前先補用。沙宗萬請仍以本班儘先補用。陳世昌請賞加國子監典簿銜。王兆熊請賞加理問銜。

同知銜分省補用知縣彭洵，候選主簿劉秉琛，同知銜軍功班前先選用知縣饒克勤，揀選知縣候選教諭陳炳魁，分發省分候補班前先補用府經歷縣丞范萬選，統選教諭訓導劉輯光，候選訓導周文謙、李芳，候選訓導歲貢生劉慎。以上九員，擒斬要匪，捍衛鄉閭。彭洵請俟補缺後，以直隸州知州用，並請賞戴花翎。劉秉琛請免補本班，以知州不論雙單月遇缺前先選用。饒克勤請賞戴藍翎。陳炳魁請免選教諭以知縣不論雙單月歸本班前先即選。范萬選請仍以縣丞留於四川，歸候補班前先補用。劉輯光請賞加國子監典簿銜。周文謙請免選本班，歸軍功班前先選用，並請賞加國子監典簿銜。李芳請仍以本班，歸軍功班，遇缺前先選用，並賞加國子監典簿銜。劉慎請仍以本班儘先前遇缺即選。

新班選用巡檢繆昂，候選從九品吳國楨，廩生傅林，增生楊澍，文生楊秉鈞、高鵬元、鄒灝、王邦昌、李登瀛、王恩照，監生王玉池。以上十一員名，督率練丁，斃匪甚夥。繆昂請俟選缺後，以縣丞用。吳國楨請免選本班，以縣丞不論雙單月前先選用。傅林請以訓導不論雙單月前先即選。楊澍等八名，均請以從九品不論雙單月前先選用。軍機大臣奉旨：覽。欽此。①

[3]（十一月二十日）：此日期原稿未署，茲據補。

[4]（同治十三年十二月初八日，奉硃批。欽此）：此奉旨日期，據錄副補。

[5]【案】此摺及褒獎清單，得邀清廷允准。《同治朝上諭檔》：

同治十三年十二月初八日，內閣奉上諭：吳棠奏遵保殲除山匪出力員弁，開單請獎一摺。四川灌縣山匪滋事，經吳棠派出兵團，並力查拏，殲除盡淨。在事出力文武員弁，均屬著有微勞，自應量予獎勵。所有單

---

① 臺北"故宮博物院"藏：《軍機及宮中檔》，文獻編號：118219-2。

開之總兵馮詡翔著賞加提督銜。參將范承先，著以副將仍留四川，遇缺儘先前補用，並賞加總兵銜。遊擊劉順望，著免補參將，以副將仍留四川，無論題推缺出，儘先前補用。胡錦榮著以參將，仍留原省，無論題推缺出，儘先前補用。李廷棟等，均著以參將儘先前補用。喬獻廷等，均著免補遊擊，以參將留於四川，遇缺儘先補用。副將謝思友，著賞加總兵銜。黃廷旂著仍以副將，留於四川，遇缺儘先前補用。遊擊張忠祥，著賞給該員祖父母、父母二品封典，並將該員本身妻室應得封典貤封曾祖父母。千總馮治，著賞加參將銜。把總彭占國，著賞加遊擊銜。守備喇應魁等，均著賞加都司銜。馬中麒著賞給四品藍翎。千總李文龍，著賞戴藍翎，並著賞加守備銜。都司高秉元，著免補都司，以遊擊仍留漕河兩標，儘先前遇缺即補，並著賞加參將銜。鄭懷德著以遊擊，儘先補用。謝樹勳著免補都司，以遊擊留於湖南，儘先補用。滕成明等，均著以遊擊，留於四川，儘先前補用。龔開明著以都司，留於四川，儘先補用。千總王瑞麟等，均著以都司，儘先補用。張保清著以守備，仍留原標，儘先補用。把總周等，均著以守備，儘先補用。吳從周等二員，並賞戴藍翎。武舉陳占鰲，著以把總發標拔補，並賞戴六品藍翎。曾佐賢等，均著賞戴藍翎。武生李三超，著賞戴六品藍領。武童饒銘章，著以外委，儘先拔補，並賞戴六品藍翎。藍翎宣慰司索諾木世蕃，著賞給二品頂戴。土目劉福新，著賞戴五品花翎。道員勞文翶，著賞加布政使銜。知府于宗綏，著俟補缺後，以道員用，並著賞加鹽運使銜。知州繆嘉譽，著賞加運同銜，並賞換花翎。胡圻著俟補直隸州知州後，以知府留於四川，歸候補班，前先補用。林嘉澍著俟補同知直隸州知州後，以知府用。李吉壽等，均著賞加軍功二級。耿士偉著俟補缺後，以同知直隸州知州用。孫尚錦著歸候補班補用。朱汝霖著俟選缺後，以直隸州知州歸候補班，前先補用。州判沙宗萬，著仍以本班，儘先補用。教職陳世昌，著賞加國子監典簿銜。典史王兆熊，著賞加理問銜。知縣彭洵，著俟補缺後，以直隸州知州用，並賞戴花翎。主事劉秉琛，著免補本班，以知州不論雙單月，遇缺前先選用。知縣饒克勤，著賞戴藍翎。教諭陳炳魁，著免選教諭，以知縣不論雙單月，歸本班前先即選。補用府經歷縣丞范萬選，著仍以縣丞，留於四川，歸候補班，前先補用。教職劉輯光，著賞加國子監典簿銜。周文謙著免選本班，以教諭不論雙單月，歸軍功班，前先選用。李芳著仍以本班，歸軍功班，遇缺前先選用，並賞加國子監典簿銜。劉慎著仍以本班儘先前，遇缺即選。巡檢繆昂，著俟選缺後，以縣丞用。從九品吳國楨，著免選本班，以縣丞不論雙單月，前先選用。傅林著以訓導不論雙單月，前先即選。楊澍等均著以從九品不論雙單月，前先選用。餘著照所議辦理。該部知道，單併發。欽此。①

一二一　奏委熟諳洋務之縣丞鄒宗灝迎護法國參贊速辦教案片
同治十三年十二月二十四日（1875年1月31日）

再，臣魁（玉）等承准總理衙門來咨，轉准法國使臣羅淑亞照稱：該館參贊赫捷德，現有川省之游，跟帶學習漢話生白藻賫為伴，請發護照[1]，並另備節略，請派委員不是川省官、川省人，法國方能信其公平等語。咨行到川等因[2]。當經臣等會商，查有按察使銜前貴東道多文，精明穩練。上年，經調任將軍臣崇（實）奏派，辦理貴州教案，妥速蕆功，為該教之所敬服，堪以委令會同川東道，迅籌妥辦。並飭據川東道姚覲元稟稱：轉據委員將提到各犯證，訊取確供，出具甘結，毫無疑似。惟因該教原告延不投到，未便議結，致使有所藉口。現聞法國參贊赫捷德，有十一月二十三日由漢口乘船赴渝之信，已派委熟諳洋務之候補縣丞鄒宗灝，前往楚境迎護，暨飭沿途經過州縣，從優接待等情。除隨時咨呈總理衙門查照外，謹合詞附片陳明。伏乞聖鑒。謹奏。

---

① 中國第一歷史檔案館編：《同治朝上諭檔》，同治十三年十二月初八日，廣西師範大學出版社1998年版。

（光緒元年二月初三日，軍機大臣奉旨：該衙門知道。欽此）。[3]
同治十三年十二月二十四日，具奏。（987–990）

校證

【案】此奏片缺原件，錄副①現藏於臺北"中央研究院"近代史研究所，茲據校勘。

[1]【案】同治十三年十月十七日，總理衙門致川督吳棠、將軍魁玉文，法國赫參贊前往四川，已發給護照，務須按月從優接待，並予保護，曰：

本年十月初八日，准法國羅公使照稱：本館參贊大臣現有川省之遊，跟帶本國學習漢話生白藻賚為伴，即請飭發護照一紙給領，以便陸程有靠。此一行可保兩國和好往來，益加篤厚等因前來。除繕發護照由羅公使轉給赫參贊收執外，合再咨行貴總督，札飭川東道轉飭所屬一體遵照。俟法國赫參贊到川時，務須按照護照，從優接待，以保平安，而敦睦誼。切切！須至咨者。照錄給參贊大臣赫護照底。為給發護照事。同治十三年十月，據大法國署全權大臣羅照稱：本館參贊大臣赫現有川省之遊，跟帶本國學習漢話生白藻賚為伴，請飭發護照，以便陸路有靠，等因。查法國和約第八款所載，凡大法國人欲至內地，皆准前往，等情。現在羅大臣特派本館參贊赫，前往四川，相應備具護照，交順天府鈐印，給赫參贊收執。凡有經過地方，務須從優接待，庶得道路之平，而見睦誼之厚。切切！須至護照者。右照給參贊大臣赫收執。②

[2]【案】同治十三年十月初八日，總理衙門收法國翻譯官師克勤面遞節略，希中國派賢員與法國專員，前往川省，查辦黔江教案，以期公允。曰：

十月初八日，法國翻譯官師面遞節略內稱：大法署欽差羅大人特派師翻譯赴總理衙門，轉達諸位大人，該當請派中國委員前往四川，專辦于教士案內兇犯並一切案件。此事除此法，實在不能辦理妥當。四川官

---

① 臺北"中央研究院"近代史研究所編：《教務教案檔》第三輯第二冊，第1052頁。
② 臺北"中央研究院"近代史研究所編：《教務教案檔》第三輯第二冊，第1039頁。

與范主教不能和衷商辦，是各有回護心意。如此光景有礙惜顏面，故不能辦理妥當。欲保護兩邊顏面，該當請執政另派中國賢員，專辦此事。中國辦理此事，公平完結。今派去赫大臣專責，是能令范主教悅服。四川離北京路甚遠，教案係要緊之事，非往來文函能辦，請派文員不是川省官、川省人到川，並無朋友仇恨法國，方能信其公平。如照此辦法，法國執政知道，可顯中國與法國友誼和好，必定感此厚情，將來必有答謝。若不另換此辦法，現今情形，川省官說東，范主教說西，實難分誰是誰非。今不但法國，總理衙門亦要查明好處，以期無枉無縱。①

[3]（光緒元年二月初三日，軍機大臣奉旨：該衙門知道。欽此）：此奉旨日期與內容，據檔案校補。

【案】總理各國事務衙門清檔載：正月十一日，四川總督吳棠等文稱：

竊照本將軍部堂於同治十三年十二月二十四日，專弁附片具奏按察使銜前夔東道多文，精明穩練，堪以委令會同川東道姚覲元迅籌妥辦一摺。除俟奉到原件另行恭錄咨呈外，所有摺稿相應抄錄咨呈。為此合咨貴衙門，謹請查照施行。照錄片奏。

---

① 臺北"中央研究院"近代史研究所編：《教務教案檔》第三輯第二冊，第1038頁。

卷　七
光緒元年（1875）、二年（1876）

一二二　奏報酌裁楚勇選用團丁緣由片
光緒元年正月二十日（1875年2月25日）

　　再，達字營勇丁前赴敘州索餉，經臣派委總兵銜儘先副將張祖雲，馳往查辦，分別撤留。即檄令接統其軍，附片奏明在案[1]。嗣據副將張祖雲會同署敘州府知府胡廷柱稟報，共裁撤勇丁八百名，仍留存勇丁一千二百名。復將駐防峨邊之達字後營勇丁五百名一併裁撤，僅飭令張祖雲另募親兵三百名，藉資鈐束。並責成隨時整飭，加意清釐，以肅軍令。旋據督帶忠字營總兵何行保稟稱，以所部勇丁久役思歸，求餉請撤，等情。當由籌餉報銷局找清欠餉，妥為資遣歸農，計又裁楚勇六百名。惟自臣督蜀以來，共陸續裁撤勇丁五萬人，僅存楚黔各勇及防夷、防邊川練萬餘人。川省幅員遼闊，素稱用武之邦，與腹地情形有間，加以成都府屬居全省之西偏，接壤番夷，時有土匪竊發，此拏彼竄，防範宜嚴。現經督同司道等，酌議變通，在於崇、灌、溫、郫一帶，由各該州縣率同紳董等，挑選質樸團丁一千名，造冊保送。以三百人為一營，分督中、左、右三營，札委副將銜儘先參將范承先統帶。其餘一百名作為親兵小隊，均按照黔勇章程，支給口糧，以之查拏土匪，較為得力，且可無五方雜處舊習，將來地方安靜，撤遣亦易。所有酌裁楚勇、選用團丁緣由，理合附片陳明。伏乞聖鑒。謹奏。

　　（光緒元年二月初八日，軍機大臣奉旨：知道了。欽此）。[2]

　　光緒元年正月二十日，附片具奏。於本年二月二十五日，准兵部火票遞回原片，後開軍機大臣奉旨：知道了。欽此。（P993-998）

校證

【案】此片缺原件，錄副現藏於中國第一歷史檔案館[①]，茲據校勘。

---

① 中國第一歷史檔案館藏：《錄副奏摺》，檔號：03-5767-051。

[1] 參見一一五號奏片。

[2]（光緒元年二月初八日，軍機大臣奉旨：知道了。欽此）：此奉旨日期與內容，據錄副校補。

一二三　奏請吳華燦等員仍照原保官階核准註冊片
光緒元年三月二十日（1875年4月25日）

再，准吏部咨，臣等彙獎挐獲糾眾滋事匪徒案內，候補府經歷吳華燦，並未聲敘係何省候補人員，駁令查明覆奏。又，臣等遵保官軍防剿滇回案內，署宜賓縣事候補知縣沈械，查知府、直隸州，均係知縣本管上司銜，應將沈械請俟補缺後，以知府歸候補班前先補用註冊。該員所請先換頂戴，應毋庸議。捐升縣丞候補典史陸炘，查官冊內該員係試用典史，並無捐升縣丞案據，應令詳細覆奏，各等因。當即飭據司局等先後詳稱，吳華燦等係同治十一年在捐銅局，報捐府經歷選用，並未指發省分。沈械係四川試用同知，委署宜賓縣知縣。該員本班並非知縣，所請先換知府頂戴，核與定章，尚屬相符。陸炘係於同治十二年四月二十二日，在皖捐局上兑，捐升縣丞。應請奏咨，仍照各該員等原保，核准註冊，等情。臣等覆查無異。謹合詞附片陳明。伏乞聖鑒。敕部議覆，施行。謹奏。

（光緒元年四月初七日，軍機大臣奉旨：吏部議奏。欽此）。[1]

光緒元年三月二十日，由馹附片具奏。於本年四月二十三日，准兵部火票遞回原片，後開軍機大臣奉旨：吏部議奏。欽此。（P995-1002）

校證

【案】此片為吳棠、魁玉會銜具奏，缺原件，錄副現藏於中國第一歷史檔案館①，茲據校勘。

[1]（光緒元年四月初七日，軍機大臣奉旨：吏部議奏。欽此）：此奉旨日期與內容，據錄副校補。

【案】關於此奏片具奏時間，中國第一歷史檔案館館藏目錄為"光緒元年四月初七日"，即以奉旨日期為具奏日期，顯誤。而原稿具奏日期為"光緒元年三月二十日"，確，茲據校正。

一二四　奏報峨邊游勇誤傷主將當經設法殲除地方靜謐情形摺
光緒元年三月二十日（1875年4月25日）

（四川成都將軍臣魁玉、頭品頂戴四川總督臣吳棠跪）[1]奏，為峨邊游勇誤傷主將，當經設法殲除，地方靜謐，恭摺仰祈聖鑒事。

竊查簡用總兵田應豪所部駐防峨邊一軍，本係安吉後營，改隸達字後營，方上年八、九月間，達勇齊集敘郡索餉。該營前派援黔剿賊，戰苦年深，積欠亦多，本有久役思歸之志。十月初旬，有游勇徐彬山即徐樹霖，混入峨邊防營，勾結在營勇丁等，以索餉為名，意圖滋事。初八日向晚，田應豪探悉實情，自領親兵往捕。時方昏夜，誤中鎗傷，移時殞命。署峨邊廳通判候補知府楊蔭棠、提督銜記名總兵峨邊營參將倪天元，聞警帶隊，馳赴防所。一面以好言安撫眾勇，各令回營。一面稟請籌撥餉需，查拏兇犯前來。先是臣等因達勇在敘郡索餉，檄委統領虎威寶軍簡用提督李有恆，選帶得力勁旅千人，暫赴嘉定府地方駐紮，以為控制之謀，與峨邊相距三日程，足資彈壓。當即札飭籌餉報銷局，將達字後營積欠餉項，全行核算找清，飭委妥員，解交提督李有恆，會同嘉定府知府玉崑，經收經放，並飭嚴拏首犯，以肅營

---

① 中國第一歷史檔案館藏：《錄副奏摺》，檔號：03-5097-096。

規。李有恆等於十一月十二日，派令營官遊擊李連發，帶勇五百名，將餉項轉解赴峨，會同署通判楊蔭棠、參將倪天元，照數包封，按名散放。責令捆獻兇犯，以贖前愆。乃游勇徐彬山等自知惡跡昭彰，難逃法網，以大言恐嚇眾勇，藉口防身，阻令勿繳軍械。復經署通判楊蔭棠訪有不法勇丁翁銀山、劉定幗、鄢正富、黃在任、袁長青等，自稱新管事，令合營悉聽指揮，勢殊兇悍。遂飛報提督李有恆等，會商參將倪天元、遊擊李連發，密派素與該營熟識之花翎都司李飛龍、巡檢王廷珍、外委王之臣等，佯為附和。並令所部川練與虎威寶軍勁勇及該營親兵哨弁等，暗中埋伏。徐彬山等果於二十五日夜，糾眾結盟，約期舉事。楊蔭棠等遂傳令，於二十六日黎明，率領川練勁勇，一齊攻入營盤。徐彬山、翁銀山等猶敢抗拒官兵。都司李飛龍等作為內應，達字後營哨弁等激於義憤，亦爭效馳驅，先將尤為兇悍之劉定幗刺殺，並將翁銀山、鄢正富、黃在任[2]、袁長青次第殲除，復生擒游勇徐彬山即徐樹霖，就地正法，懸首梟示。隨即曉諭，脅從罔治，以安眾心。該勇丁等環跪哀求，均各呈繳軍械，派弁押送回籍，地方一律肅清。由提督李有恆等稟報前來。臣等伏查總兵田應豪，久經戰陣，驍勇冠軍。自同治元年，以藍翎外委隨同剿辦松潘番務，攻克小關子迭溪營城。六年，率隊援黔，克復湄潭縣城、定南汛城。十一年，剿辦峨邊蠻匪，異常出力，洊保今職。即留所部一軍，駐防峨境，於茲二稔，猓民震懾兵威，相安無事。上年追敘，該總兵督師川北，著有成勞，擬保提督記名，未及具奏，乃因遊勇猝爾相乘，竟以身殉，失此健將，悼惜殊深。全賴李有恆等久歷戎行，素有膽略，得以先機布置，悉數殲除。使造言擾亂之徒，不至蔓延為害，擾累地方，籌辦極為妥速。

簡用提督奇車博巴圖魯李有恆、提督銜簡用總兵峨邊營參將倪天元、署峨邊廳通判候補知府楊蔭棠，均擬請旨交部，從優議敘。遊擊李連發，擬請以參將儘先補用。都司李飛龍，擬請以遊擊儘先補用。巡檢王廷珍，擬請仍以本班留川，歸候補班前先補用。外委王之臣，擬請以千總儘先拔補。王廷珍、王之臣並均請賞戴藍翎。簡用總兵繃僧額巴圖魯田應豪，迭著戰功，因公殞命，與捕匪被戕者，事同一律。視積勞病故者，情更可矜。並懇天恩，俯准照陣亡例，從優議恤，以慰忠魂。所有峨邊游勇誤傷主將、當經設法殲除、地方靜謐緣由，謹合詞恭摺馳陳。伏乞皇太后、皇上聖鑒訓示。謹奏。（三月二十日）。[3]

（光緒元年四月初七日，軍機大臣奉旨。欽此）。[4]

光緒元年三月二十日，由馹具奏。於本年四月二十三日，准軍機大臣奉旨：另有旨[5]。欽此。（P1003-1015）

校證

【案】此摺缺原件，錄副現藏於中國第一歷史檔案館①，茲據校勘。

[1]（四川成都將軍臣魁玉、頭品頂戴四川總督臣吳棠跪）：原稿無前銜，茲據錄副補。

[2] 黃在任：錄副作"黃再任"，未確。

[3]（三月二十日）：原稿無此日期，茲據補。

[4]（光緒元年四月初七日，軍機大臣奉旨。欽此）：此奉旨時間據錄副補。

[5]【案】此摺於光緒元年四月初七日，得清廷允准，《清實錄》：

又諭：魁玉、吳棠奏峨邊遊勇滋事，現已殲除一摺。上年十月間，四川峨邊廳有遊勇勾結防營勇丁滋事，誤傷總兵田應豪殞命。經魁玉等督飭營員，將滋事匪犯一律殲除，地方安謐，辦理尚為妥速。所有出力之提督李有恆、參將倪天元、知府楊蔭棠，均著交部，從優議敘。遊擊李連發，著以參將儘先補用。都司李飛龍，著以遊擊儘先補用。巡檢王廷珍，著以本班留於四川，歸候補班前先補用，並賞戴藍翎。外委王之

---

① 中國第一歷史檔案館藏：《錄副奏摺》，檔號：03-6006-042。

臣，著以千總儘先拔補，並賞戴藍翎。總兵田應豪，著照總兵陣亡例，從優議恤。①

一二五　奏請敕部仍照貴州撫臣原奏改撥協黔餉銀片
光緒元年五月初八日（1875年6月11日）

　　再，准戶部咨：議覆貴州巡撫曾璧（光）奏請另撥貴州軍餉一摺[1]。內稱黔省肅清後，辦理善後事宜，經費太絀，貴州軍餉原撥四川之五萬八千兩，現因提督周達武赴川清釐欠餉，遣撤武字全軍，須明年春夏，始能蕆事，擬令四川將原協黔餉五萬八千兩，減去三萬兩，仍協二萬八千兩，照數籌撥，等因。於光緒元年二月初七日，具奏，奉旨：依議。欽此。咨川行司，遵照辦理。茲據藩司王德固詳稱：查貴州軍餉，在同治九年以前，司庫原有協款，彼時本省支撥雖繁，而各省協撥無多，是以尚能勉力籌濟。迨派撥安定等營大舉援黔，月餉、軍火由川供支。嗣復奏調武字全軍，赴黔援剿，由川按月籌給的餉銀五萬八千兩。其原協黔餉每月銀二萬兩，即經奉文停止。計自同治九年閏十月起至十二年六月止，先後撥解武字營援黔的餉銀一百三十五萬三千兩。去年，周達武來川，清釐餉項，又議給銀五十九萬兩。不惟司庫悉索無遺，即省外釐局亦搜羅殆盡。所有民艱餉絀情形，節經詳細奏陳在案。貴州撫臣曾璧（光）深知川庫之難，原奏內聲明四川協款，不能責以另籌，請由別省改撥，茲戶部仍以責之川省。夫川黔為切近省分，但凡力所能為，無不勉盡恤鄰之誼。今黔氛已靖，僅須籌辦善後事宜，且有他省協款，不難酌其緩急，次第舉行。而川庫空虛，所入不敷所出。近年於奉撥京餉、固本餉，及各項工程之外，月

---

①《德宗景皇帝實錄》卷七，光緒元年四月上，《清實錄》第52冊，第165—166頁。

协则有淮军、云南与甘肃、新疆。专饷则有乌台之欠款、山东之河工、西征之指筹、指提,淮军江海防之提拨,并应行解还部库拨给景廉军营之饷,解还山东、福建拨给贵州之饷。以上各项,似皆急於黔省,所需分筹匀济,已极为难,若再增以黔省协拨,实属无从措手。况川省前解的饷,系专供武字营援师勇粮、军火等费。今该营业经裁撤,则的饷亦应停止,似未便留此名目。改协黔饷,使川库左支右绌,虚有其名,而黔中盼望徒殷,仍无实济。拟请仍照黔省原奏,更正办理,等情。臣伏查川省饷项,耗於四邻。贵州助饷助兵,尤形吃重。虽统筹兼顾,已将本省防军裁汰十之七八,而酌留楚勇因口粮积欠过多,致有索饷离防之事。今邻疆大定,不能不力固本根,清还积欠口粮,整饬留防弁勇,为绥边御寇之谋。百计图维,实无力再筹黔饷。合无仰恳天恩,俯准敕下户部,仍照贵州抚臣原奏,改拨办理,以纾民力,而保岩疆。除分咨外,理合附片陈明。伏乞圣鉴训示。谨奏。(吴棠。五月初八日)。[2]

(光绪元年五月二十六日,军机大臣奉旨:户部议奏。钦此)。[3]

光绪元年五月初八日,由驷附片具奏。於本年六月十二日,准兵部火票递回原片,内开军机大臣奉旨:户部议奏。钦此。(P1017-1025)

校證

【案】此摺缺原件,录副现藏於中国第一历史档案馆①,兹据校勘。

[1]【案】同治十三年十二月十八日,贵州巡抚曾璧光奏请饬催协饷,曰:

太子少保头品顶戴贵州巡抚臣曾璧光跪奏,为黔省军饷支绌,善后筹款维艰,请旨敕部严催,恭摺奏祈圣鉴事。窃臣承准军机大臣字寄:同治十三年八月十三日,奉上谕:前因丁宝桢奏,黔省筹办善后,经费维艰。当经谕令户部酌筹款项,等因,钦此。仰见圣主垂念边疆,恩施优渥。臣跪聆之下,与合省军民无不同深钦感。遵即恭录咨行。兹据布

---

① 中国第一历史档案馆藏:《录副奏摺》,档号:03-6055-092。

政使黎培敬會同善後局按察使林肇元等詳稱：黔省肅清後，辦理善後事宜，經費太絀，致難克期奏效。該司等統籌全局，以為當今急務，宜立籌鉅款者，約有四端。現在軍務初平，而上游之興義、普安、大定，下游之都勻、銅思、黎古等處，餘孽潛蹤，遊勇甚眾。搜捕彈壓，在在尚須兵力。兼之川楚各軍援局告成，川既陸續撤還，楚亦大半裁撤，必須添募勁旅，調遣填防，是舊部未可遽裁，而新營又增支發之費。此宜急籌者一。自軍興以來，人戶離析，田野荒蕪。近雖廣示招徠，妥為安置，修圩築堡，保衛多方，而窮民無力耕耘，又須貸以牛隻、籽種，俾有開墾之工資，並予平日之食用。今流亡已漸歸來，而飲助尚難臆計。此費之宜籌者二。各屬地方克復已久，城垣衙署毀敗無存。若不趕緊興修，何以資辦公而謹防衛？加之倉廠壇廟，塘汛營房，種種經費，均難稍緩。工程既已重大，支發亦極浩繁。此費之宜急籌者三。全省驛站久毀於兵，今幸驛道已通，一切文報差使例支，宜照舊辦理。迭據各屬稟請，置買馬匹，雇養站夫，修復傳舍，以及橋樑道路，俱以資費無出，未能一律進行。此費之宜急籌者四。即以四項所需，月支已不下十餘萬。此外文武各員之廉俸乾綠營、制兵之餉乾，各屬之驛費、公費、津貼、採買，與各路諸局委員之薪工，亦不下七八萬。合計每月應支之項，總在十八九萬。而清還舊餉，補發賞恤，制辦軍火、器械及一應不時之需，尚不在此數內。本省丁糧既未能全繳，釐稅亦所收無幾，各省捐輸勢成弩末，非專待外省協濟，不能補救艱難。迭據轉運各局文報，已收餉銀業經解盡，而外省續撥之款未聞報解，籌思無計，大局堪虞。詳請具奏添撥前來。臣維黔省瘠苦，甲於天下，承平尚賴各省協撥八十萬金有奇，軍興後，例撥全停，專倚月餉為生。前此項匱乏，以致久無成功。今幸各疆吏力顧大局，協濟稍多，臣得以仰仗威福，重率文武，粗定軍事。刻值籌辦善後，其事雖異，需餉則同。若不及早籌維，微特積欠難以清償，事廢難以具興，而遺黎無安集之期，防營有饑嘩之慮，支左絀右，在在可危，上負國恩，下慚民望，並大負各省始終恤鄰之意。為此輾轉焦思，寢饋並廢。查部臣原議，貴州軍餉原撥湖北、山東、福建、江蘇、兩浙，每月各協撥銀二萬兩。湖南、廣東、九江關、東海關,每月各協撥銀一萬。四川協撥銀五萬八千兩。使能全解來黔,則月撥銀十九萬八千兩,自堪分布,早圖竣事。就中扣四川之五萬八千兩,現因提臣周達武赴川清釐欠餉,遣撤全軍,聞須明年春夏,始能蕆事。湖南防營在黔,均不能責以另籌。此外月餉僅十三萬,即如數以期解到,黔用尚形不敷,況解數之多寡及批解之有無,各省皆自行奏報,俱在聖明洞見之中。臣再四思維,惟有瀝懇天恩,嚴催各省督撫轉飭藩司、關道等,將專協各餉勒限籌解,不准絲毫蒂欠,並請敕下部臣,將四川、湖南兩省月餉約六萬八千兩,另撥別省,趕緊措解,俾得月集鉅款,將應辦事宜及早完竣,以期一勞永逸,勉(免)致另滋他虞。臣無任惶恐迫切待命之至。所有據詳催餉緣由,僅恭摺由驛馳奏。伏乞皇上聖鑒訓示。謹奏。同治十三年十二月十八日。光緒元年正月十六日,軍機大臣奉旨。欽此。①

【案】曾璧光此摺於光緒元年正月十六日,得邀清廷允准,並飭戶部迅速另撥,俾濟急需,《清實錄》:

> 諭軍機大臣等:曾璧光奏餉項支絀,請飭催專協各餉一摺。貴州辦理善後事宜,情形萬緊,亟須各省專協各餉,源源接濟。所有湖北、山東、福建、江蘇、兩浙每月各協撥銀二萬兩,及廣東、九江關、東海關每月各協撥銀一萬兩,自應迅速籌解。著李宗羲、李瀚章、李鶴年、英翰、劉坤一、丁寶楨、吳元炳、王凱泰、楊昌濬、翁同爵、張兆棟、劉秉璋,飭令各該藩司、關道,迅將奉撥該省專協各餉勒限籌解,不准稍有蒂欠。其所請將四川、湖南兩省月餉,共六萬八千兩,飭部另撥別省措解等語。著戶部迅速另撥,俾濟急需。②

[2](吳棠。五月初八日):此落款、日期,據錄副校補。

[3](光緒元年五月二十六日,軍機大臣奉旨:戶部議奏。欽此):此奉旨日期與內容,據錄副補。

---

① 中國第一歷史檔案館藏:《錄副奏摺》,檔號:03-6054-015。
② 《德宗景皇帝實錄》卷三,光緒元年正月,《清實錄》第52冊,第110頁。

一二六　奏報匪徒竄踞興文縣九絲寨業經調兵集練設法殲除情形摺

光緒元年五月初八日（1875年6月11日）

（頭品頂戴四川總督臣吳棠跪）[1]奏，為邊界匪徒竄踞興文縣九絲寨，當即調兵集練，設法殲除，恭摺馳陳，仰祈聖鑒事。

竊[2]查川省高、珙、筠連等縣地方，與滇黔接壤，游匪散練，出沒靡常。自同治初年藍逆削平之後，遂以大枝勁旅碁（棋）布星羅[3]，而不逞之徒時虞竊發。近歲，因庫儲奇絀，裁汰勇丁，兵力漸單，然亦未嘗一日弛其防也。茲據統領達字營簡用總兵張祖雲、布政使銜永寧道延祜等稟稱：川滇邊界突有大股匪徒，以黃巾、白旗為號，於四月初五日四更後，由滇屬蘿葡坎竄至威信州城外，抵天蓬寨紮住。初七日清晨，竄至白坭林土門子，抵緣木溝紮住。興文縣知縣徐顯清移會營汛，督帶兵團，扼守城鄉各隘口。正在布置間，初八日五鼓，該匪由滇屬長官司、一碗水偷渡白坭林小河，乘大霧迷漫之際，竄入興文縣九絲寨地方，勢頗猖獗。現已派令副將何榮貴、知州張世康，率領所部前、左兩營，馳往堵剿，等情。臣得報之餘，以滇境甫經勘定，伏莽尚多，倘鬼蜮生心，聞風嘯聚，其勢恐難復製，不得不以全力掃除之。當即添調裕字前、右兩營，副將劉順望、謝思友、團勇右營遊擊夏如斌等，各率所部勇丁，並檄令提督李有恆，抽撥得力楚勇一千人，分起赴援，以資策應。迭據總兵張祖雲、永寧道延祜等續稟：四月十三日，筠連、高縣一帶，復有土匪數百人，乘機肆擾。經該總兵等督同駐防達字中營副將江忠詰，會合筠、高兩縣紳團，並力擊退。十四日，興文縣知縣徐顯清懸立重賞，募奮勇敢戰團丁，兩路夾攻，直撲九絲寨，斃匪二十餘名。已將前寨門踏破，而該匪鎗礮雨下，團勇返奔，功敗垂成，殊為可惜。幸達字左、前等營，亦即於次日馳抵建武營，與九絲寨僅一溪之隔，聲威既壯，攻剿有資。十六七等日，達字前營副將何榮貴、知州張世康，會同興文縣知縣徐顯清等，各率小隊，先將寨下守卡零匪節節剪除，並密察地形，確覘賊勢。竊意九絲寨，居高臨下，專務仰攻，易傷精銳，蓋可以智取而難與力爭也。十八日辰刻，副將何榮貴率前營從正路以趨寨之前，知州張世康率左營從間道以襲寨之後。興文縣知縣徐顯清、建武營守備高聯升等，分領兵團，互相策應。前營幫帶游擊鄒仁宇，自帶勁勇二十人，越嶺前驅，以洋鎗擊傷賊匪四名。副將何榮貴趁勢督師，附葛攀藤而上。該匪一面持矢石，據寨門亂擊，一面出悍黨，與我軍交鋒。自巳至酉，鏖戰四時之久，計傷斃賊匪數十名，官軍與團勇帶石傷、矛傷者十餘人。時天色已晚，該匪紛紛退入寨內。前營勇丁亦結為團陣，扼紮寨前。

先是知州張世康率左營，繞出寨之後門，猛撲數次，均被該匪拋擲火罐、火彈，且卻且前。知其守禦甚嚴，遽難得手。因留心查勘，見山之西北角，去寨門里許之燒香坡，概係古藤箭竹，可以攀援。峭壁懸崖，且為人跡罕經之地。乃退至山坡，伏兵露處，伐竹縛梯二十餘架，並製繩梯六條，部署甫定。適長、珙、筠、高等縣撥團助剿，相距約十餘里、數里不等，遂緘催團首鄒元標等，來營會商。知縣徐顯清、守備高聯升等，將兵團分作四班，自初更至三更，輪流在山下吶喊，並多燃火繩、麻秸。於山半叢草間，時放冷鎗，使該匪徹夜驚擾。四更後，撤去兵團，移紮東南山腳。知州張世康傳令右營幫帶章世榮等，挑壯勇百人，銜枚疾走，超距先登，伏於寨垛之旁，竊聽該匪梆鑼聲歇，即將從後寨門劈開。知州張世康帶同把總田錦德、外委李鴻順等，勇往直前，士氣百倍，火箭齊發，茅舍盡焚。該匪甫入室休息，忽聞嘈雜之聲，各持兵器，奔赴後寨門，拼死抗拒。副將何榮貴於前寨枕戈以待，瞥見火光燭天，率領前營斬關而入，連斃守賊十餘名，電掣風馳。我軍兩面抄殺，共計斃匪五六十名，陣斬偽先鋒王新大，生擒偽大亡楊貫一、偽大將軍李映堂、偽先鋒洪二娃。興文、建武兵團陸續拏獲匪目范正榮等二十餘名，均訊明，就地正法。落澗墜崖，死者甚眾。搜獲妖書二本、偽示十張、旂幟、器械不計其數。救出難民六十餘名，遞解回籍。餘匪亦間有由老林曲徑奪路狂奔者。當將九絲寨全行拆毀，連日搜捕竄匪。前、右兩營勇丁在石牌口獲匪八名、郭家墳獲匪二名，興文縣團丁獲匪十餘名，亦即訊明處斬，現在地方安靜。此次在事出力員弁紳團，擬請擇尤酌保，以獎其勞，各等情。伏查九絲寨，背山臨水，為富順縣紳糧積穀之區，素稱天險。該匪乘（垂）涎[4]已久，以防守乏人，致為竊踞。臣有鑒於滇逆藍潮鼎之亂，蔓延引株連，踩躪幾及通省。前車已覆，後患宜防，權餉視師，正殷懸盼。茲幸仰叨聖主威福，士卒一心，兵團協力，甫經旬日，即將全股設法殲除。該將士紳團等奮勉圖功，尚有微勞足錄。可否容臣擇尤請獎之處，出自逾格鴻慈。所有邊界匪徒竄踞興文縣九絲寨，當即調兵集練設法殲除緣由，理合恭摺馳陳。伏乞皇太后、皇上聖鑒訓示。謹奏。（五月初八日）。[5]

（光緒元年五月二十六日，軍機大臣奉旨。欽此）。[6]

光緒元年五月初八日由馹具奏。本年六月十二日，准軍機大臣奉旨：另有旨。欽此。同日，承准軍機大臣字寄：四川總督吳，光緒元年五月二十六日，奉上諭：吳（棠）奏邊匪竄擾，設法殲除一摺。本年四月間，川滇邊界突有大股匪徒，由滇屬蘿葡坎竄至威信州城外天蓬寨等處，復竄踞興文縣九絲寨地方。筠連、高縣一帶，復有土匪肆擾，經副將何榮貴等督帶營伍，前往會剿，擒斬多名，餘匪由老林曲徑奔逃，當將九絲寨克復，地方現已安靜。仍著吳（棠）督飭文武各員，將竄逃餘匪悉數殲除，毋留遺孽。此次在事出力員弁紳團，著准其擇尤酌保，毋許冒濫。將此由四百里諭令知之。欽此。遵旨寄信前來。[7]（P1027-1044）

校證

【案】此摺缺原件，錄副現藏於中國第一歷史檔案館①，茲據校勘。

---

① 中國第一歷史檔案館藏：《錄副奏摺》，檔號：03-5507-034。

[1]（頭品頂戴四川總督臣吳棠跪）：原稿無此前銜，茲據錄副補。

[2]竊：錄副奪。原稿當是。

[3]綦（棋）布星羅："棋"錄副亦作"綦"，疑誤。

[4]乘（垂）涎：應為"垂涎"，據錄副校改。

[5]（五月初八日）：原稿無此日期，據錄副補。

[6]（光緒元年五月二十六日，軍機大臣奉旨。欽此）：此據錄副校補。

[7]【案】此節文字，據《光緒朝上諭檔》校①。

【案】《清實錄》所載與原稿記述及《光緒朝上諭檔》一致：

諭軍機大臣等：吳棠奏邊匪竄擾，設法殲除一摺。本年四月間，川滇邊界突有大股匪徒，由滇屬蘿葡坎竄至威信州城外天蓬寨等處，復竄踞興文縣九絲寨地方，筠連、高縣一帶，復有土匪肆擾，經副將何榮貴等督帶營伍，前往會剿，擒斬多名，餘匪由老林曲徑奔逃，當將九絲寨克復，地方現已安靜。仍著吳棠督飭文武各員，將竄逃餘匪悉數殲除，毋留遺孽。此次在事出力員弁紳團，著准其擇尤酌保，毋許冒濫。將此由四百里諭令知之。②

一二七　奏報將積欠達字營餉需解交張祖雲散放以資遣撤片

光緒元年六月十五日（1875年7月17日）

再，臣吳（棠）查達字營楚軍，自上年給餉回防之後，仍存中、左、前、右四營勇丁一千二百名，責令將領等加意拊循，終恐軍心不固。該營欠餉尚巨，原擬俟有款可籌，即行陸續撤換。本年，攻克九絲寨之役，左、前兩營奮勉圖攻，未便再行議撤。經臣吳（棠）札飭

---

① 中國第一歷史檔案館編：《光緒朝上諭檔》，光緒元年五月二十六日，廣西師範大學出版社1996年版。

② 《德宗景皇帝實錄》卷十，光緒元年五月下，《清實錄》第52冊，第202頁。

左營管帶直隸州知州張世康,添募勇丁,補足五百人為一營,帶赴雷波,會同籌辦,已於正摺內聲明。其前營管帶副將何榮貴,亦即暫留建武營地方,搜捕餘匪。惟中、右兩營勇丁六百人,悉心體察,必得另行撤換,方足以示勸懲。已札飭籌餉局,將積欠餉需核明找發,解交統領達字營總兵張祖雲,按名散放,撤遣歸農,並由張祖雲另募楚勇四百人,又抽撥向駐省垣裕字前營勇丁五百人,交副將劉順望管帶,填紮敘南舊壘,統歸張祖雲調遣,以固邊防。理合附片陳明。伏乞聖鑒。謹奏。

（光緒元年七月初五日,軍機大臣奉旨:知道了。欽此）。[1]

光緒元年六月十五日,附片具奏。於本年七月十九日,准兵部火票遞回原片,內開軍機大臣奉旨:知道了。欽此。（P1045-1048）

校證

【案】此奏片缺原件,錄副現藏於中國第一歷史檔案館①,茲據校勘。

[1]（光緒元年七月初五日,軍機大臣奉旨:知道了。欽此）:此奉旨日期與內容,據錄副補。

【案】關於此奏片具奏時間,中國第一歷史檔案館館藏目錄為"光緒元年七月初五日",即以奉旨日期為具奏日期,顯誤。茲據原稿及錄副,應以"光緒元年六月十五日"為是。

一二八　奏報遵旨原議續議協黔的餉現已勉力籌撥全完摺
光緒元年六月十五日（1875年7月17日）

（四川成都將軍臣魁玉、頭品頂戴四川總督臣吳棠跪）[1]奏,為遵

---

① 中國第一歷史檔案館藏:《錄副奏摺》,檔號:03-5749-015。

旨原議、續議協黔的餉銀，現已勉力籌撥，一律全完，恭摺馳陳，仰祈聖鑒事。

竊臣前於同治十二年十二月間，欽奉上諭：曾璧（光）奏，川省欠解楚軍的餉過多，請飭迅解。著吳棠飭令藩司，於欠解餉內無論何款，先撥銀五十萬兩，交委員領解回黔，等因。欽此。當將川省民力愈艱、餉源奇絀情形，據實奏明在案。旋於同治十三年夏間，貴州提督周達武來川，清釐餉項，檄飭司局，會督成都府知府許培身並候補道鄭友仁、周振瓊等，往返籌商，至六月中旬，甫經定議，請於川省欠解協餉二十四萬兩外，另籌銀二十六萬兩，共湊足五十萬兩。自定案之日起至來年年底止，陸續分批解清，以資周轉。隨經前署藩司英祥在於庫存添扣六分平項下，撥銀十萬兩，免搭官票大錢減扣六分平項下，撥銀十二萬兩，委員解交。餘銀二十八萬兩，擬由富榮局鹽釐項下，按月撥解。復由委員候補同知夏世柏等，於同治十三年八月二十六日，自省起程，前赴當富榮局，提鹽釐銀三萬五千兩，解赴周達武行營交收。嗣因貴州提督周達武具奏，川省議籌楚軍欠餉，緩不濟急。欽奉上諭：著吳（棠）與周達武，妥為籌商，設法辦理，等因。又經臣吳（棠）飭據藩司王德固詳稱：會同道員鄭友仁、周振瓊，督飭成都府知府許培身，與周達武會商，議將原奏協黔餉銀五十萬兩，除由省庫暨富榮釐局先後撥解過銀二十五萬五千兩外，由富榮釐局自本年九月起至十二月止，撥銀十四萬兩，餘銀改由川東道庫撥銀五萬五千兩，夔州釐局撥銀五萬兩，以資周轉，而足五十萬之數。其應需彌補之餉銀三十餘萬兩，擬再由川省彌補銀八萬兩，並幫給勇丁待餉口食銀一萬兩，應請仍於富榮釐局陸續提解，以來年四月為止，各緣由，均經臣先後具奏在案。茲據富榮釐局委員候補道黃澐具報：於抽收鹽釐項下，將奏撥原議、續議協黔餉銀二十三萬兩，陸續發交周達武行營委員分發補用知縣周仁壽、候補知縣曠經鐘、知府戴斐章、知州周頌昌，悉數管解，回營交收。並據川東道姚覲元具報：在於貨釐項下，撥銀一萬五千兩，鹽釐項下撥銀四萬兩，共銀五萬五千兩。又據夔州釐局委員候補道周廷撰具報：在於抽收貨釐項下，撥銀五萬兩。各發交周達武行營提餉委弁及委員知縣周瑞麟等，如數管解，回營交收，均摰有印領收文備查。共解過銀三十三萬五千兩，連前司庫撥解過銀二十二萬兩，富榮釐局撥解過銀三萬五千兩，統共實解過協黔餉銀五十九萬兩。計原議、續議應撥之項，一律全完。由藩司王德固詳請奏咨前來。臣覆查無異。所有遵旨原議、續議協黔餉銀現已勉力籌撥、一律全完緣由，理合恭摺具陳。伏乞皇太后、皇上聖鑒。謹奏。（六月十五日）。[2]

（光緒元年七月初五日，軍機大臣奉旨：知道了。欽此）。[3]

光緒元年六月十五日，由馹具奏。於本年七月十九日，准兵部火票遞回原摺，後開軍機大臣奉旨：知道了。欽此。（P1049–1059）

校證

【案】此摺缺原件。錄副現藏於中國第一歷史檔案館①，茲據校勘。

[1]（四川成都將軍臣魁玉、頭品頂戴四川總督臣吳棠跪）：原稿無此前銜，茲《清實錄》校補。

[2]（六月十五日）：此具奏日期，據錄副補。

[3]（光緒元年七月初五日，軍機大臣奉旨：知道了。欽此）：此奉旨日期与內容，據錄副補。

一二九　奏報同治十三年武員月課獎額並認真考校推廣舉行摺

光緒元年六月十五日（1875年7月17日）

（頭品頂戴四川總督臣吳棠跪）[1]奏，為彙報上年武員月課用過

---

① 中國第一歷史檔案館藏：《錄副奏摺》，檔號：03-6056-002。

獎賞數目，並現在認真考校，推廣舉行，恭摺仰祈聖鑒事。

竊臣前將酌擬武員月課章程，並同治十二年分用過獎賞數目，及仍請循舊舉行各緣由，先後奏明在案。茲計自同治十三年二月分起，按期考校，至十二月分止，共陸續用過獎賞錢一萬五千一百六十六千文。按照市價以錢一千八百文合市平銀一兩，共合市平折庫平銀八千一百五兩三錢七分二釐一毫，即在釐金項下支訖。本年開篆後，飭據中軍副將造送候補將弁銜名清冊，比較上年底冊，副將等官續行收標十四員，都守等官續行收標二十四員，千把總等官續行收標八十六員。隨於二月初九、初十、十三等日，在臣署箭道認真考校，計取入月課鎮將等四十三員，都守等九十六員，千把總等二百五名。每員名仍循舊章，給予獎賞。自鎮將考列超等給錢十六千文，以次遞減，至千把總考列一等給錢四千文而止。計二月分用過獎賞錢二千七百三十六千文，三月分用過獎賞錢一千八百四十二千文。以錢易銀，在於釐金項（下）[2]動支給領。嗣後按期校閱，視考課之升降，定獎賞之多寡，大率不出兩月用過之數，統俟年終彙銷。據籌餉報銷局詳報前來。臣伏查自考試月課至今，已逾二稔。該武員等專心騎射，頓覺改觀，加以收標人數日增，互相摩厲。方酌擬章程之始，限制綦嚴。近來，有箭中全紅而不獲同登超等者，未免向隅。由提臣胡中和議增課額十數名，臣悉心體察，不得不量為推廣，酌予變通。計一歲約需獎賞萬餘金，既克講求夫弓馬，兼資養贍其身家，所費無多，所裨不少。臣惟有會同提督臣胡中和，督率中軍副將等，申明紀律，指授韜鈐。以興其忠義之忱，而輯其浮囂之氣，庶可豫儲將略，永靖邊疆。所有彙報上年武員月課用過獎賞數目，並現在認真考校、推廣舉行緣由，理合恭摺具陳。伏乞皇太后、皇上聖鑒。謹奏。（六月十五日）。[3]

（光緒元年七月初五日，軍機大臣奉旨：知道了。欽此）。[4]

光緒元年六月十五日，由馹具奏。於本年七月十九日，准兵部火票遞回原摺，後開軍機大臣奉旨：知道了。欽此。（P1061-1068）

校證

【案】此摺缺原件，錄副現藏於中國第一歷史檔案館①，茲據校勘。

[1]（頭品頂戴四川總督臣吳棠跪）：原稿無前銜，茲據補。

[2]鳌金項（下）：原稿缺"下"，茲據錄副校補。

[3]（六月十五日）：原稿未署此日期，茲據補。

[4]（光緒元年七月初五日，軍機大臣奉旨：知道了。欽此）：此奉旨日期與內容，據錄副補。

一三〇　奏報雷波蠻匪滋擾已調兵擊退仍飭各軍妥籌鎮撫摺
光緒元年六月十五日（1875年7月17日）

（四川成都將軍臣魁玉、頭品頂戴四川總督臣吳棠跪）[1]奏為雷波蠻匪出巢滋擾，現已調集官兵，乘機擊退，仍飭各軍妥籌鎮撫，以靖邊疆，恭摺仰祈聖鑒事。

竊查雷波廳境，僻處敘州府屬西偏，為猓民出沒之區，素稱難治。歷年設有練丁扼守，並額給賞需，以示羈縻之意。仍責令各支酋目，上班當差。遇有蠻匪出巢，藉資約束。然安分者輸誠慴伏，桀驁者拘釁紛爭。歲以為常，未敢稍形大意也。同治十一年，有吼普支內猓民格曲，出巢生事，經團民捉獲，送廳訊明收押。客冬，因與上班猓酋口角，自縊身死，當給布銀，由彼族領回埋葬。而著名剽悍吳奇一支蠻匪，蓄謀已久，遂藉口為格曲報仇，互相勾結，囂然不靖，浸為亂階。本年三月間，據敘州府知府史崧秀稟報：雷波廳通判徐浩於本年正月杪，探聞蠻匪有大股出巢之信，當即商同署普安營參將馬懷珍，調派兵團，嚴加堵禦。旋據土司楊德祿稟稱：出巢蠻匪係吳奇一

---

① 中國第一歷史檔案館藏：《錄副奏摺》，檔號：03-5769-068。

支，糾約巴姑梁逆鐵之等支，約有千餘眾，從三棱崗竄至牛吃水地方，肆行滋擾。復經徐浩會商馬懷珍，添調製兵一百名，連舊存防勇，交千總毛廷魁管帶，前往策應。詎該蠻匪毫不畏懼，敢於抗拒官兵。幸我軍進扼蓮花石地方，鎗礮齊施，轟斃蠻匪多名，餘眾退入老林。我軍紮營因（固）守[2]，未敢窮追。查點陣亡營兵七名、練丁三名。該蠻匪復分股竄擾白鐵壩、中興場等處。先經派撥兵練，在彼扼防，均各隨時擊退。惟大股屯紮山梁，屹立不動。該廳僅有防勇五百名，不敷分布。擬請添募勁勇六百名，交遊擊徐步雲統帶，等情。當即由臣等如稟照准，並檄調總兵邵永齡所部經武中營、提督胡國珍所部武字副前營，先後馳往會辦。嗣又札委記名提督王聚蘭，接署普安營參將，招募親兵楚勇一百名、黔勇五百名。王聚蘭本係提臣胡中和部將，仍以湘果營為名存其舊制。迨九絲寨踞匪削平之後，復飭達字左營直隸州知州張世康，添募勇丁，補足五百人為一營，迅赴雷波，相機堵剿。並添委知縣國璋，親臨前敵，贊畫機宜。茲查總兵邵永齡，率領所部，於四月初二日從敘郡橫江開拔。初八日，馳抵黃螂，乃都司巡檢分駐地方，為廳城屏蔽。正擬率同行隊，掃蕩而前，忽於初九日黎明探報：另股蠻匪五六百人，由谷谷鄉一路竄來，徑撲黃螂營壘。邵永齡親督隊伍，會同都司徐步雲、巡檢沈彬，各帶兵團，迎頭截擊。該蠻匪遂改向大田壩旁竄，我軍跟蹤追捕，鎗斃蠻匪二十餘人，餘匪潰退。陣亡軍功吳正成、勇丁董貴喜、賀世忠三名。旋即收隊。於是，逐日均有蠻匪數百成群，在於唐家山、天門陣一帶，晝伏夜出，竄擾無休，愈聚愈多，道路為梗阻。徐浩所部練丁與邵永齡所部楚勇，更番轉戰，互有傷亡。臣等體察情形，於批牘中隨時指授。竊謂籌邊之策，不在勇而在謀。惟深溝高壘以固我藩籬，間諜奇兵以擒其酋目，庶可長摻勝算，早定巖疆。總兵邵永齡等翻然變計，募敢死壯士百人，會商安阜營都司徐步雲、試用訓導徐星漢，選調兵團，各帶鎗礮。令其分赴隘口，伏於碉寨兩旁，乘該蠻匪竄擾之時，出其不意，鎗斃多名。又於黑夜密探匪蹤，酌派兵勇，以二、三十人為一起，潛至唐家山、天門陣等處，齊燃火蛋，大隊尾之而進，吶喊以助其聲威。該蠻匪不辨虛實，倉促奔逃，為火蛋所傷及墜崖落澗死者，不計其數。匪勢因之大卻，遁入核桃林菁密山深之地，適提督胡國珍率所領武字副前營，馳抵黃螂，會同經武中營總兵邵永齡，疏通大道，進紮雷波廳城。並據達字左營直隸州知州張世康、湘果營提督王聚蘭稟報：各率所部，分起赴援，正值大軍齊集之時，籌辦易於得手。臣等已批令該將領，以雷波廳城及黃螂三棱崗為老營，而進兵亦分三路，層層扼紮，直逼老巢，使其窮蹙乞降，終歸撫局。第念此次蠻匪出巢滋擾，兇悍較勝於前。該士民生長荒陬，屢遭蹂躪，是以聯名具控，大率以增兵痛剿為詞。

臣等蒞蜀有年，於邊事尚為曉悉，固不敢含糊塞責，姑息養奸，亦何能冒昧貪功，致禍結兵連，事無了日？惟有督飭將領等，以防為捕，寓勇於謀，加意圖維，及時戡定，以仰副聖主安內攘外、一視同仁之至意。雷波廳通判徐浩[3]，職司邊地，未能撫馭咸宜，已飭布按兩司將該員調省察看，另委候補同知吳之桐[4]接署。合併聲明。所有雷波蠻匪出巢滋擾、現已調集官兵、乘機擊退、仍飭各軍妥籌鎮撫、以靖邊疆緣由。謹合詞恭摺馳陳。伏乞皇太后、皇上聖鑒訓示。謹奏。（光緒元年六月十五日）。[5]

（光緒元年七月初五日，軍機大臣奉旨。欽此）。[6]

元年六月十五日，奏。七月十九日，奉旨。（P1069-1082）

校證

【案】此摺原件與錄副俱缺，茲據前後摺件及《清實錄》①校補。

[1]（四川成都將軍臣魁玉、頭品頂戴四川總督臣吳棠跪）：原稿無前銜，茲據前後摺件推補。

[2] 因（固）守：應為"固守"。原稿疑誤。

[3] 徐浩（1829—？）：順天大興縣人，祖籍浙江，由監生遵籌餉事例報

---

① 《德宗景皇帝實錄》卷十三，光緒元年七月上，《清實錄》第52冊，第234頁。

捐知縣，指發四川。補授西充縣知縣，旋准吏部咨，請俟補缺後，以應升之缺升用。復捐雙月同知，在任候選。同治十年（1871），大計保薦卓異，調署涪州知州。十一年（1872），升補雷波廳通判。詳見吳棠"奏請徐浩升補雷波廳通判摺"。①

[4]吳之桐（1839—?）：河南固始縣人，附貢生，同治四年（1865），報捐同知，六年（1867），加捐不論雙單月，指發四川試用。十二年（1873），以知府補用。光緒二年（1876），題補敘永直隸廳同知，遂加捐正三品銜。二十二年（1896），補石砫直隸廳同知。

[5]（光緒元年六月十五日）：此日期據原稿及《清實錄》補。

[6]（光緒元年七月初五日，軍機大臣奉旨。欽此）：此奉旨日期據《清實錄》校補。

【案】此摺旋於七月五日獲允，著魁玉、吳棠督飭各軍，剿撫兼施，相機

---

① 其摺曰：頭品頂戴四川總督臣吳棠跪奏，為揀員升補要缺通判，以資治理，恭摺仰祈聖鑒事。竊查敘州府屬雷波廳通判楊澤溥，邊俸三年期滿。前經臣奏請撤回，遇有同知直隸州題調缺出，保題升用。聲明所遺雷波廳通判缺係要缺，應在外揀員請補，已於同治十年十一月十七日接准部覆，自應照例揀員請補。伏查該廳地居邊要，漢夷雜處，彈壓撫綏，均關緊要。非精明幹練、熟悉夷情之員，不足以資控馭。臣督同藩臬兩司在於通省現任通判及候補班儘先通判暨現任知縣勞績應升各員內逐加遴選，非員缺緊要，即人地未宜，實無堪升調之員。惟查有西充縣知縣徐浩，年四十三歲，順天大興縣人，祖籍浙江，由監生遵籌餉事例報捐知縣，指發四川。咸豐六年十一月初八日到省，補授西充縣知縣，九年九月二十五日到任。十二月，准吏部咨：該員前次管解京餉銀兩無誤，請俟補缺後，以應升之缺升用。咸豐九年十一月初三日，奉旨：依議。欽此。復捐雙月同知，在任候選。同治十年，大計保薦卓異，調署涪州知州，交卸。因西充縣知縣任內已屆十年俸滿，併案請諮赴部。十年二月十六日，引見，奉旨：著准其卓異加一級，仍註冊回任候升。欽此。於五月初十日回省。該員年強才裕，素著循聲，在川多年，熟悉邊境夷情。以之升補雷波廳通判，實堪勝任。以前正署各任內並無積案五十起以上、承緝盜案五起以上、經征錢糧不及七分已起降調革職參限。其在西充縣任內，雖有承緝不力降級留任處分，向不扣除升調。此外因公處分，例免核計。罰俸銀兩，飭催完繳。歷俸已滿十年，又經大計卓異，引見，回任候升。雖未請銷試俸，例得請升。據藩司王德固、臬司英祥會詳前來。合無仰懇天恩俯念員缺緊要，准以西充縣知縣徐浩升補雷波廳通判，洵於邊地有裨。該員係甫經引見回任候升之員，今請升雷波廳通判，毋庸再行引見。所遺西充縣知縣缺係專繁簡缺，應歸部選。川省現有應補人員，容俟接准部覆，另行揀員請補。是否有當。理合恭摺具陳。伏乞皇太后、皇上聖鑒訓示。再，此案應以同治十年十二月三十日截缺之日限限，扣至三月十一日限滿。合併陳明。謹奏。三月二十八日。同治十一年五月初三日，軍機大臣奉旨：吏部議奏。欽此。（中國第一歷史檔案館藏：《錄副奏摺》，檔號：03-4658-026。）

妥辦，以策全功，《清實錄》：

  己亥，又諭：魁玉、吳棠奏擊退雷波蠻匪，仍飭各軍妥籌鎮撫一摺。本年正月間，四川雷波廳境突有大股蠻匪吳奇一支，糾約巴姑梁逆鐵之等支，從三棱崗竄至牛吃水地方滋擾，復分股竄擾白鐵壩、中興場等處，均經我軍先後擊退。其大股屯紮山梁，並有另股蠻匪於四月間竄撲黃螂營壘，及在唐家山等處滋擾。總兵邵永齡等督隊攻剿，斃匪多名，餘匪向核桃林逃竄。魁玉等現已派令各將領分路扼紮，直逼老巢，著督飭各軍剿撫兼施，相機妥辦，毋任匪蹤滋蔓，為患地方。雷波廳通判徐浩職司邊地，未能撫馭咸宜，即著調省察看，據實具奏，毋稍徇庇。將此由五百里各諭令知之。①

一三一　奏報裡塘僧俗藉端聚眾經遴委幹員究辦解散摺

光緒元年六月十五日（1875 年 7 月 17 日）

（四川成都將軍臣魁玉、頭品頂戴四川總督臣吳棠跪）[1]奏為裡塘僧俗藉端聚眾，經臣等遴委幹員，酌調漢土弁兵，馳往查辦，現已分別懲治解散，恭摺馳陳，仰祈聖鑒事。

  竊查番官膨饒巴，自西藏派令駐紮瞻對以來，恃其地遠兵強，侵漁土戶。上年秋間，因向曲登土司烏金曉爭索年規銀五十兩，輒敢率同番眾，將該土司住牧地方立時攻破，並將其子女取回為質，勒罰茶銀，以至裡塘僧俗不服。復有素不安分喇嘛更登培結、仁青熱舟等，籍端煽惑，聚眾至一萬餘人，紮營於藏里一帶。臣等深恐久而生變，狡啟戎心，釀成邊釁。一面咨會駐藏大臣，轉行商上，力為鈐制，或立予撤換，或嚴加查辦。一面檄行藩臬兩司，遴委明幹大員道銜候補

---

① 《德宗景皇帝實錄》卷十三，光緒元年七月上，《清實錄》第 52 冊，第 234 頁。

知府馬玉堂,馳往裡塘,會籌妥辦。嗣因打箭爐廳同知沈寶昌交卸甯遠府篆,飭回本任。該員久任邊要,素得邊氓之心。又查有卸署打箭爐廳事同知鮑焯,於邊事亦稱熟悉。添委會同知府馬玉堂[2],虛衷商榷,實力維持,以期蠻觸銷爭,退荒率服。茲迭據知府馬玉堂、同知沈寶昌、鮑焯等馳稟,該知府於客冬,馳抵打箭爐廳城,旋派隨員驛丞張錦帆、縣丞伍什杭阿、都司邵成宗等,各帶兵丁二三十名,分往瞻對、裡塘等處,密予訪查,妥為開導。該番官膨饒巴隨即撤去番兵,各安住牧。繼又將曲登土司子女易換放回。惟裡塘喇嘛、百姓人等屯聚未散,並牽涉裡塘老土婦與土司堪布,訐訟不休。頭緒紛繁,辦理殊形棘手。迨沈寶昌回任後,鮑焯交卸廳篆,與知府馬玉堂訂期於本年二月二十日起程,由阜和協副將丁鳴岐揀派右哨千總馬文英,管帶精壯兵丁六十名。又由明正土司挑選土兵三百六十名,揀派頭目管領,隨同馬玉堂等統帶,啟行出口。至二十八日,始抵中渡,探得裡塘喇嘛、百姓,聚於藏里地方,勢甚洶洶。以防備番兵攻打為名,實則欲覘委員動靜,以遂其要脅之謀。非懾以兵威,難望帖然聽命。遂於中渡就近札飭各土戶,添調土兵二百四十名,沿途安靜行走。惟山高雪厚,暮春猶似嚴冬,霜宿風餐,辛苦莫名言狀。至三月初八日,馳抵裡塘。當將漢土官兵星羅棋布,分紮山阿,並多豎旂幟,虛增灶壘,藉以張我軍聲,震茲殊俗。仍一面多繕札諭,四處張貼,解散其眾。一面派員密往藏里,查悉該喇嘛更登培結、仁青熱舟等,聚眾紮營,周圍約四十里,背山臨水,深塹長濠。營房千有餘間,概用土築,每間可住十餘人。該喇嘛建立碉樓,居中調度,勒令三大鄉、六小鄉、二十一村百姓,按戶出丁,聚眾至萬餘人,悉將應納土司糧石、牲畜,囤積其中。有不從者,輒捆縛投河,受害已數十家。故百姓畏其兇焰,惟命是從。復將距紮營十里之大橋摺毀,派人防守,以禁往來。而且道路紛歧,與雲南中甸野番連界,意圖勾結,抗拒官兵。知府馬玉堂等反覆籌商,若遽行攻擊,恐被挾良民甚眾,適以堅其困守之心。因先將所控一百餘案,摘傳僧俗人證,秉公質訊,當堂發給斷牌。諭令各回本村，兩造無不悅服。計月餘之久，約遣散二千餘人。竊以為該喇嘛更登培結等，具有天良，自必翻然改悔。乃委員一再飭傳，不惟有心藐抗，抑且任意刁難。馬玉堂等體察情形，未可以空言鎮撫。適偵知該喇嘛更登培結、勒凹洛朱等潛回裡塘，寺內亦集有僧俗二千餘人，以之自衛，且將牽制我軍。藏里一帶，仍留悍黨喇嘛仁青熱舟、登舟彭錯、丹己達結等，紮營固守，遙為聲援。知府馬玉堂、同知鮑焯密為部署，遂定分兵並進之謀，飛移巴塘文武暨打箭爐廳同知沈寶昌，會同阜和協將弁，帶兵嚴扼各隘，以防奔竄。四月十一日，馬玉堂督同裡塘糧員陸法言、都司邵成宗、縣丞伍什杭阿等，帶隊進攻喇嘛寺。甫至寺前，該喇嘛等施放鎗礮，轟斃土兵二名。該兵丁等憤激之餘，層層築壘，步步為營，環攻七晝夜之久，絕其水道。該僧俗因馬渴漸不能支。馬玉堂遂揚言：專拏首惡，罔治脅從。民心本不固結，一聞是言，紛紛潰散來歸。該道惡喇嘛更登培結等，知事不可為，火寺自焚。馬玉堂見寺中煙焰暴發，即麾兵撲入，擒獲喇嘛勒凹洛朱等，將火救滅。灰爐中尋得更登培結屍身，半體焦爛。餘眾全行解散。先是，同知鮑焯等同時整隊，進攻藏里。行至雅曨地方，該喇嘛仁青熱舟等率領二千餘眾，前往裡塘策應，途遇官軍，即來拒戰。鮑焯當飭各軍，排立以待，鎗轟矛刺，力挫凶鋒。該僧俗等潰退反奔，我軍尾之，涉澗登山，直至藏里。該僧俗等遁伏壘中，阻卡以拒。我軍猛撲十餘次，未能得手。鮑焯等以該僧俗等負隅自若，非分道出奇，恐無以掃其巢穴。爰檄令土舍甲木參旺恪，帶土兵一百五十名，從更登工小路繞出藏里後山，據上游以擊其背。把總桂扶朝及土目甲承祥、包光華，帶土兵一百名，從右路貓窩山橫截而出，以扼其吭。鮑焯自率千總馬文英，帶漢兵六十名，由爐城解餉來裡塘之照磨蕭沛霖等，帶土兵一百名，及巴塘糧員趙光燮派來策應之土舍札祥呵忒，帶土兵一百名，從中路雄壩進趨，直搗其前。並先派驛丞張錦帆，帶同投誠喇嘛，親至營盤，妥為開導。該僧俗等初猶抗拒，礮石紛如雨下，土兵陣亡五人，受傷十二人。我軍三面合圍，士氣百倍，攀援而上，迭有斩擒。该僧俗等投戈伏地，悔罪乞降，并捆献悍党喇嘛仁青热舟、登舟彭错等十馀名，呈缴鎗礟、刀矛，不计其数。复于军前椎牛饮血，誓不再叛。均交土司，遣归各村，安插当差。所筑营垒，一律平毁，牛马粮食，概由土司分散，百姓承领，抚局既成。随于五月初六日，撤师回驻裡塘，会同知府马玉堂等，将首恶喇嘛仁青热舟、登舟彭错讯明，就地正法。馀党分别拟罪。勒凹洛朱、夺奇格弄充至明正土司所辖孔至地方，安置为奴。丹巴达结充至察木多地方，交仓储巴安置。成勒松隆、克曾江错充至巴塘，交土司堪布，择地发配，充当苦差。又查有正土司管事头人阿格登舟、呷吗念札二名，平日藉公营私，鱼肉百姓，应革去头目。将阿格登舟遣法察木多，呷吗念札遣发明正地界，转交该管土目，定地编籍，散放牲畜。至伤亡汉、土官兵，已扰（攉）加抚恤[3]。现在筹办善后事宜，以冀一劳永逸，共保巖疆，各等情。

臣等伏查，番官膨饶巴系归藏中管辖，应留应撤，非川省所能越俎代谋。近准驻藏大臣函称：勒限噶布伦等，拣派戴琫、汪青洛布，前往瞻对更换。而该喇嘛更登培结、仁青热舟等藉端煽惑，聚众紮营，擅自作威福之权，为包藏祸心之计。以至僧不归寺，俗不务农，日事干戈，嚣然四起。臣等窃谓欲清外患，必先靖边氛。加意筹商，多方指授。该委员知府马玉堂、同知沈宝昌、鲍焯等，熟谙军事，掺纵得宜。故能将首恶殱除，协从解散。惟有督饬委员等，申明禁约，酌定章程。除土司非分之苛求，杜番官越疆之骚扰。庶可潜消外患，永息边氛，以期仰副朝廷厪念西陲、除暴安良之至意。此次劳绩最著员弁，合无籲恳天恩，量予奖励。道衔候补知府马玉堂，拟请俟补缺后，以道员用。道衔补用知府打箭炉同知沈宝昌，拟请旨交部，从优议叙。知府衔卸署打箭炉厅事试用同知鲍焯，拟请归候补班，前先补用。署阜和协副将先补副将丁鸣岐，拟请赏加总兵衔。裡塘粮员候补知州陆法言，拟请赏加运同衔。儘先都司邵成宗、儘先都司署千总马文英，均拟请以游击儘先补用。巴塘粮员候补直隶州知州赵光燮，拟请赏加知府銜。縣丞伍什杭阿，擬請俟補缺後，以知縣用。打箭爐廳照磨蕭沛霖，擬請遇有府經歷縣丞缺出，在任候升。驛丞張錦帆，擬請俟補缺後，以府經歷縣丞補用。儘先守備把總桂扶朝，擬請以都司儘先補用。六品銜土舍甲木參旺恪，擬請賞給五品花翎。土舍甲祥呵忒、土目甲承祥、包光華，均擬請賞給六品翎頂，以為盡心邊事者勸。所有裡塘僧俗藉端聚眾，經臣等遴委幹員，酌調漢、土官兵馳往查辦，現已分別懲治解散緣由，謹合詞恭摺馳陳。伏乞皇太后、皇上聖鑒訓示。謹奏。（光緒元年六月十五日）。[4]

（光緒元年七月初五日，軍機大臣奉旨。欽此）。[5]

光緒元年六月十五日，奏裡塘僧俗藉端聚眾遴委幹員酌調漢土官兵馳往查辦分別懲治解散一摺。於本年七月十九日奉旨：另有旨[6]。欽此。（P1083-1108）

校證

【案】此摺原件、錄副查無下落，茲據《清實錄》校補。

[1]（四川成都將軍臣魁玉、頭品頂戴四川總督臣吳棠跪）：此前銜茲推補。

[2] 馬玉堂（1820—?）：順天大興縣監生，原籍陝西，遵例報捐縣丞，指發四川試用，咸豐七年（1857），保奏免補本班，以知縣留川補用。旋保准俟補缺後，以同知直隸州知州用，並戴花翎。同治元年（1862），保加知府銜。因辦理廓爾喀事竣，以四川知府，儘先題補，並賞加道銜。

[3] 擾（優）加撫恤：當為"優加撫恤"。原稿疑為筆誤。

[4]（光緒元年六月十五日）：此日期係推補。

[5]（光緒元年七月初五日，軍機大臣奉旨。欽此）：此奉旨日期係推補。

[6]【案】此摺於光緒元年七月初五日，得邀清廷批復，《光緒朝上諭檔》：

軍機大臣字寄：成都將軍、四川總督吳、駐藏大臣松、幫辦大臣希：

光緒元年七月初五日，奉上諭：魁玉、吳棠奏裡塘僧俗藉端聚眾，查辦完竣一摺。本日已明降諭旨,將出力各員弁照所請獎勵矣。番官膨饒巴恃其地遠兵強,侵漁土戶,以致裡塘僧俗不服,素不安分之喇嘛更登培結、仁青熱舟等,藉端煽惑,聚眾萬餘人,紮營於藏里一帶,裡塘寺內亦集有僧俗二千餘人。經魁玉等派知府馬玉堂等,前往查辦,竟敢有心藐抗。該委員等分兵剿辦,解散脅從,首惡喇嘛更登培結等先後焚斃正法,辦理尚為迅速。番官膨饒巴現已由駐藏大臣另行更換,即著魁玉、吳棠、松溎、希凱,悉心會商,將善後事宜妥為籌辦,並督飭該委員等申明禁約,嚴定章程,除土司非分之苛求,杜番官越疆之騷擾,務令僧俗人等各安本業,毋任滋生事端。將此由五百里各諭令知之。欽此。遵旨寄信前來。①

《清實錄》記述與《上諭檔》一致:"諭軍機大臣等:魁玉、吳棠奏裡塘僧俗藉端聚眾,查辦完竣一摺。……將此由五百里各諭令知之。"②

【案】同日,又諭令內閣,予剿辦裡塘僧俗聚眾滋事一案在事出力各員弁,賞敘有加。《光緒朝上諭檔》:

光緒元年七月初五日,內閣奉上諭:魁玉、吳棠奏裡塘僧俗藉端聚眾,查辦完竣,請將出力各員弁分別獎勵一摺。西藏裡塘喇嘛更登培結等,因番官膨饒巴侵漁土戶,聚眾萬餘人,駐紮藏里一帶,狡焉思逞。經魁玉等派委知府馬玉堂等前往瞻對、裡塘等處,查訪開導,裡塘喇嘛及百姓人等屯聚未散,勢甚洶洶。馬玉堂等率領漢土官兵,馳抵裡塘,進攻藏里喇嘛營壘,更登培結被擊自焚,擒獲首惡仁青熱舟等正法,勒凹洛朱等分別懲治,辦理尚為妥速,在事出力員弁,自應量予獎敘。知府馬玉堂著俟補缺後,以道員用。同知沈寶昌著交部從優議敘。鮑焯著歸候補班前先補用。副將丁鳴岐著賞加總兵銜。知州陸法言著賞加運同銜。都司邵成宗等均著以遊擊儘先補用。直隸州知州趙光燮著賞加知府銜。縣丞伍什杭阿著俟補缺後,以知縣用。打箭爐廳照磨蕭沛霖著遇有府經歷縣丞缺出,在任候升。驛丞張錦帆著俟補缺後,以府經歷縣丞補

---

① 中國第一歷史檔案館編:《光緒朝上諭檔》,光緒元年七月初五日。
② 《德宗景皇帝實錄》卷十三,光緒元年七月上,《清實錄》第52冊,第233—234頁。

用。把總桂扶朝著以都司儘先補用。六品銜土舍甲木參旺恪,著賞給五品花翎。土舍札祥呵忒、土目甲承祥、包光華,均著賞給六品翎頂,以示鼓勵。該衙門知道。欽此。①

一三二　奏陳川省吏治民風實在情形現仍隨時整頓摺

光緒元年七月十九日（1875年8月19日）

（頭品頂戴四川總督臣吳棠跪）[1]奏,為瀝陳川省吏治民風實在情形,現仍隨時整頓,恭摺仰祈聖鑒事。

竊臣前經駐藏大臣松（溎）[2],傳奉皇太后懿旨:著於地方一切事務,認真整頓,等因。欽此[3]。當即會同將軍臣魁（玉）合詞覆奏在案[4]。惟念疆臣之職,首重察吏安民。所謂察吏者,不外乎舉劾之公。所謂安民者,祇視乎勸懲之當。臣奉命蒞川,今已七年。當軍興以後,用法尚嚴,苛刻武斷之吏,不免殘民以逞。經臣屢加參劾,並擇其守潔才優者,調拔要地,氣習為之一變。第日久生玩,人情之常。全在督同藩臬兩司,隨時考察。無如川省仕途混雜,攻訐為能。遇有彈章,輒復造言生事,臚陳多款,以為反噬之謀。雖照例立案不行,而此風業已浸長。臣渥蒙高厚,由牧令洊歷封圻,每虞吏事不修,致滋貽誤,斷不敢以積習難挽,稍事姑容。至川省民風,有帽頂、嘓匪諸名目,為害地方,殆猶東南數省之凶惡棍徒也。然他省大都無賴貧民,相率糾結。而川省土豪糧戶,曾列武庠,往往比周為黨,或夥同行劫,坐地分贓。或銷毀製錢,鑄私漁利。一經拏獲到案,堅不吐供,而良善疾首痛心,惟恐若輩漏網,致滋巨患。但能遇事訪查,秉公聽斷,情真罪當,立正典刑,群匪即因之斂戢。臣於蜀民拊循備

---

① 中國第一歷史檔案館編:《光緒朝上諭檔》,光緒元年七月初五日。

至，亦必猛以濟寬也。以上兩端，均於吏治民風大有關係。臣為整頓地方起見，不敢不敬陳於聖主之前。臣自今春銷假後[5]，舊疾仍未遽全。惟有竭力從公，任勞任怨，勤加整飭，藉免疏虞，以仰副朝廷澄敘官方、輯綏邊圉之至意。所有瀝陳川省吏治民風實在情形，現仍隨時整頓緣由，理合恭摺具陳。伏乞皇太后、皇上聖鑒。謹奏。（七月十九日）。[6]

（光緒元年八月初七日，軍機大臣奉旨：覽奏，均悉。所陳吏治、民風情形，仍著隨時認真整頓，毋稍疏懈。欽此）。[7]

光緒元年七月十九日，由驛具奏。於本年八月二十五日准奉旨。（P1109-1115）

校證

【案】此摺缺原件，錄副現藏於中國第一歷史檔案館①，茲據校勘。

[1]（頭品頂戴四川總督臣吳棠跪）：原稿無此前銜，茲據錄副校補。

[2]松（溎）：原稿空名諱"溎"，茲據補，以下同。

【案】松溎（？—1907），滿洲鑲藍旗人，字壽泉。咸豐朝翻譯進士，累遷詹事府詹事、內閣學士。同治十三年（1874），任駐藏大臣。光緒九年（1883），命在毓慶宮行走，任諳達，負責教授光緒帝滿文。後歷任吏部左侍郎，戶部、刑部尚書，西安、荊州將軍等職。②

[3]同治十三年十二月十九日，清廷諭令各督撫必須共矢公忠，各盡厥職，任用賢能，與民休息，《清實錄》：

又諭：朕欽奉兩宮皇太后懿旨：封疆大吏受國厚恩，當此時事艱難，必須共矢公忠，各盡厥職。現在各省時有偏災，瘡痍未復，民生凋敝，良用惻然。該督撫當仰體朝廷愛民之心，勤求閭閻疾苦，加意撫恤。如清訟獄，勤緝捕，並辦賑積穀等事，均宜飭地方官實力奉行，大吏以

---

① 中國第一歷史檔案館藏：《錄副奏摺》，檔號：03-5663-012。
② 廖蓋隆等主編：《中國人名大詞典·歷史人物卷》，上海辭書出版社1990年版。

此考察屬員，朝廷即以此考察大吏，慎勿視為具文。各省營伍屢經飭令整頓訓練，以備不虞，雖關隴滇黔漸臻安靖，而西北各路正煩兵力。即內地莠民土匪，亦未淨絕根株，亟應修明武備，將各營積習悉心湔除，庶一兵可得一兵之用，而餉亦不至虛糜。至吏治之清濁，全在大吏之激揚，近來各省督撫，亦時甄別屬員，加以舉劾。第恐耳目未固，或以好惡為是非，即無以示勸懲而端表率。著各直省督撫，秉公考核，隨時認真整飭，以挽頹風。牧令為親民之官，得人則治，尤宜留心選擇，任用賢能，與民休息，不得以濫竽充數，貽誤地方。經此次訓諭後，各該督撫益當實心任事，共濟時艱，毋得以粉飾塞責，致負委任。①

[4]【案】光緒元年六月二十二日，成都將軍魁玉、四川總督吳棠會銜覆奏"謹遵懿旨慎辦地方政務情形摺"，曰：

四川成都將軍臣魁玉、頭品頂戴四川總督臣吳棠跪奏，為臣等欽奉懿旨，茲謹會同覆奏，恭摺仰祈聖鑒事。竊本年六月二十一日，欽差駐藏大臣臣松溎奉俞來川，行抵省垣。臣魁玉、臣吳棠等率屬出郊，賫詣公所，跪請聖安。松溎□□：面奉皇太后懿旨：魁玉、吳棠等，著於地方一切事務（認）真整飭，毋許懈弛。欽此。臣等跪聆之下，感悚難名。俯念臣等恭承恩命，簡調來川，巨任久庸，常懷警惕。川省幅員既廣，生齒日繁。民情之浮動堪虞，屬吏之查核尤甚。撫綏彈壓，均應悉力講求。兼之連年以來邊防、夷務，倍費籌維，亟宜弭患於未萌，曷敢因循以誤事！茲復上厪宸念，訓誡周詳。臣等惟有益竭駑駘，同心共濟，勤思整飭，共懍疏虞，以期仰副聖朝綏境安民、永靖邊陲之至意。所有臣等欽奉懿旨、敬謹會同緣由、覆奏緣由，恭摺具陳。伏乞皇太后、皇上聖鑒。謹奏。六月二十二日。光緒元年七月二十八日，軍機大臣奉旨：知道了。欽此。②

[5]吳棠於同治十三年八月初十日，奏報"舊疾未愈新添頭眩諸症懇恩賞假調理"一摺，得賞假兩個月，摺曰：

---

① 《德宗景皇帝實錄》卷二，同治十三年十二月下，《清實錄》第52冊，第94頁。
② 中國第一歷史檔案館藏：《錄副奏摺》，檔號：03-5099-093。

头品顶戴四川总督臣吴棠跪奏，为微臣旧疾未痊，新增头眩足软诸证（症），籲恳天恩赏假调理事。窃臣旧患胫疮每年举发，上年武闱，深恐精力不支，经臣奏派枲司英祥帮同监射。迨武闱事竣，又奏明旧疾未愈，趁紧调理，不敢陈请假期在案。自去年十月至今年四月，旧疾举发甚于往年。胫疮遍体，昼夜爬搔，气血日渐损虧，精神弥形困惫。多方医治，尚冀日渐就痊。入夏以来，疮疾稍减，而脾胃衰竭，饮食减少。交秋后，又患阳肝上冲。稍涉筹思，即觉头目眩晕，加以两足无力，步履维艰。每值拜跪，须人扶掖方起，实形衰病日增之象。臣受恩深重，但能勉力支持，何敢稍耽安逸！惟病势日久，根蒂已深，若不趁紧医治，难以望痊。合无仰恳天恩赏假两月，俾得安心调理，出自逾格鸿慈。臣不胜悚惶待命之至。至紧要公事，臣仍力疾照章办理，无庸委藩司代拆代行。合并声明。所有微臣旧疾未痊，新添诸症，请假调理缘由，恭摺籲陈。伏乞皇上圣鉴训示。谨奏。八月初十日。同治十三年八月二十九日，奉硃批：吴棠著赏假两个月。钦此。①

[6]（七月十九日）：原稿无此日期，兹据录副校补。

[7]（光绪元年八月初七日，军机大臣奉旨：览奏，均悉。所陈吏治、民风情形，仍著随时认真整顿，毋稍疏懈。钦此）：此奉旨日期与内容，据录副校补。

【案】此摺于八月初七日，得允，《清实录》：

辛未，四川总督吴棠奏，前经驻藏大臣松溎传奉皇太后懿旨，著于地方一切事务，认真整顿，等因。钦此。当即会同将军魁玉覆奏在案。查川省仕途混杂，攻讦为能，遇有弹章。辄敢造谣生事，胪陈多款，以为反噬之谋。土豪粮户，曾列武库，往往比周为党，或夥同行劫，坐地分赃；或销毁制钱，铸私渔利。以上两端，均于吏治民风大有关系。惟有竭力从公，任劳任怨，以免疏虞。得旨，所陈吏治民风情形，仍著随时整顿，毋稍疏懈。②

---

① 台北"故宫博物院"藏：《军机及宫中档》，文献编号：116698。
② 《德宗景皇帝实录》卷十五，光绪元年八月上，《清实录》第52册，第259页。

一三三　奏為黔江教案現已商擬懇准議結並請將知縣革職摺

光緒元年七月十九日（1875年8月19日）

（四川成都將軍臣魁玉、頭品頂戴四川總督臣吳棠跪）[1]奏，為黔江教案現已籌商定擬，懇恩准予議結，並請旨將辦理乖謬、業經摘頂撤任之知縣革職，永不敘用，恭摺仰祈聖鑒事。

竊臣等曾將教士被毆致斃、兇犯已獲，並查明黔江民教起釁實情，覆驗訊供各緣由，先後奏明在案。嗣准總理衙門來咨，轉准法國使臣羅淑亞照稱：該館參贊赫捷德，現有川省之遊，跟帶學習漢話生白藻賽為伴等語。復經奏派按察使銜前貴東道多文，會同川東道姚覲元，訊籌妥辦。該參贊赫捷德於正月二十三日，由委員候補縣丞鄒宗灝迎護抵渝，與該道多文、姚覲元，再四會商。該參贊仍堅持主教范若瑟原議，必欲定知縣桂衢亨發遣罪名，且索銀十五萬兩，繼又減為十萬兩。該道等反覆辯論，據約力爭，伊終固執如初，迄無成說，至二月二十九日，起身下船。前貴東道多文等先期進省，參贊赫捷德等溯流而上，於四月初旬，甫抵省垣。主教范若瑟為之前導，各處教士亦皆接踵而來。川中民氣浮囂，每於該參贊出門之際，觀者如堵，勢頗洶洶。臣等一面諭飭成都府縣嚴行禁止，一面派兵彈壓巡查，幸獲相安無事。而范若瑟暗中主持，以官紳罪名為辭，必饜其欲而後已。又經臣等添委妥員，再三開導，赫捷德置若罔聞，四月二十六日，忽來函道謝辭行，意似怫然而去。次日，范若瑟邀請委員，再行面議，明為昭雪，暗實要求。因權其利害重輕，從中區處。二十九日，赫捷德等登舟後，該委員等與范若瑟同至舟中，甫得公同議定，酌給埋葬銀一千五百兩。此外，尚有應用款項，擬請在外籌銷。三十日，赫捷德等隨即解縴開行。當飭委員等與之偕往，令其仍在渝城結案，和好永敦。茲據前貴東道多文、川東道姚覲元稟報：五月初七日，該參贊等舟抵渝城，先遣學習漢語生白藻賫為伴等，前來道謝，聲稱案已議結。參贊赫捷德亦即互相過從。初十日，遂揚帆東下。主教范若瑟遣教民郭懷仁、麥忠廷等，赴署請領銀兩，取具洋字圖記、收條存案。茲據委員候補同知呂烈嘉[2]、巴縣知縣李玉宣[3]等稟稱：遵即提集犯證，逐加審訊。緣該縣附生楊萬象，會遇該縣在逃之貢生李淵樹，談及司鐸余克林、教士戴明卿、張紫藍來縣置買房屋，建堂傳教，心不甘願。楊萬象起意將余克林痛毆一頓，使知畏懼，不敢再來。李淵樹允從，糾約陳宗發、謝家俸、蔡從愾、鄭雙荃，同往幫毆。陳宗發、謝家俸各將余克林、戴明卿毆斃，蔡從愾、鄭雙荃均在場，各有毆傷。再三研詰，矢口不移。並非預謀致死及起釁別故。將陳宗發照故殺律，擬斬監候，業已畏罪自盡，應無庸議。謝家俸按照下手致命傷重律，擬絞監候。附生楊萬象謀同貢生李淵樹，糾毆致斃二命，一門一故，情節較重，應請量加問擬，革去附生，按照原謀滿流上量加一等，擬發附近充軍。據供親老丁單，請飭該縣查明取結，另文詳辦。李淵樹不候解審，在途潛逃，將來拏獲，應照原謀律滿流上加逃罪二等，擬發近邊充軍。蔡徒愾、鄭雙荃均依餘人律，擬杖一百。其餘無干人證，應請省釋，兩造人等均皆悅服，具結完案，稟乞核轉，等情。該道多文、姚覲元覆核無異，並由川東道覆提招犯謝家俸、楊萬象，親訊咨解臬司審轉前來。臣等當即親提覆訊，與原供相符，應即照所擬辦理。惟黔江縣知縣桂衢亨，於民教交涉事件，並不細心籌畫，以致釀成巨案，實屬辦理乖謬。相應請旨，將摘頂撤任黔江縣知縣桂衢亨革職，永不敘用。仍勒令回籍，不准逗留川省，以示懲儆。除將全案供招咨呈總理衙門暨咨刑部外，所有黔江教案現已籌商定擬、懇恩准予議結緣由，謹合詞恭摺具陳。伏乞皇太后、皇上聖鑒訓示。謹奏。（光緒元年七月十九日）。[4]

（光緒元年八月初七日，軍機大臣奉旨：依議。該衙門知道。欽此）。[5]

光緒元年七月十九日，由驛具奏。茲於光緒元年八月二十五日，

准兵部火票遞回原摺，後開軍機大臣奉旨：依議。該衙門知道。欽此。（P1117–1129）

校證

【案】此摺缺原件，錄副應藏於中國第一歷史檔案館，見於該館編《清末教案》[①]，茲據校勘。

[1]（四川成都將軍臣魁玉、頭品頂戴四川總督臣吳棠跪）：原稿無前銜，茲據《清末教案》補。

[2] 呂烈嘉（1836—?）：安徽旌德縣人，由貢生遵例報捐同知，時任候補同知。《清代官員履歷檔案全編》：

呂烈嘉，現年五十九歲，安徽旌德縣人，由貢生遵例報捐同知，指省雲南試用。咸豐六年（1856），分發到滇。十一年（1861）十二月內，遵例捐離雲南原省，改指四川使用，同治元年（1862）到川。四年（1865），因辦理城防團練案內出力，奏保俟補缺後，以知府用，先換頂戴。九年（1870），因甘肅克復渭城案內出力，奏保俟補知府後，以道員用。十一年（1872），因防剿秦隴回逆並剿辦貴州上游股匪案內出力，奏保歸候補班前先補用。（光緒）十四年（1888），題補理番廳同知，十八年（1892）四月到任。十月，丁母憂，開缺。二十一年（1895）正月，服滿，領咨赴部，呈請歸知府班。本月二十四日，經吏部帶領引見，奉旨著照例用。

[3] 李玉宣（1819—?）：河南祥符縣人，由吏員投效軍營，因功保知縣，戴藍翎。咸豐十年（1860），奉旨以直隸州知州用。同治五年（1866），戴花翎。七年（1868），調補巴縣知縣。八年（1869），署瀘州知州。十三年（1874），保以知府用。光緒四年（1878），保以道員用，加鹽運使銜。旋題補邛州知州。七年（1881），調署資州知州。

[4]（光緒元年七月十九日）：原稿無此日期，茲據補。

---

① 中國第一歷史檔案館、福建師範大學歷史系編：《清末教案》第二冊，第84—86頁。

[5]（光緒元年八月初七日，軍機大臣奉旨：依議。該衙門知道。欽此）：此奉旨日期與内容，據《清末教案》校補。

【案】此摺於光緒元年八月初七日得允，《清實録》："四川黔江縣民教起釁，毆斃教士案議結。革知縣桂衢亨職，永不敍用。"①

一三四　奏報敍永匪徒滋事現辦堵禦請飭下雲貴督撫派兵會剿摺
光緒元年八月二十四日（1875年9月23日）

（頭品頂戴四川總督臣吳棠跪）[1]奏為敍永邊界匪徒滋事，現經調隊集團，嚴加堵禦，請旨飭下雲貴督臣、撫臣派兵會剿，以靖嚴疆，恭摺馳陳，仰祈聖鑒事。

竊查川南之敍永廳境，與敍州府屬之興文、長寧、筠連、高、珙等縣僻處邊隅，綿亘數百里，毗連貴州之畢節縣、雲南之鎮雄州、大關廳等處地方。滇黔大亂初平，餘氛未靖，往往有散練游匪，嘯聚其間，川中遊手好閒之徒，亦從而附和。自藍逆削平之後，敍郡以南均派有重兵扼守，而跳樑小丑無歲無之，以界連三省旋起旋經撲滅，究未能净絶根株也。本年七月二十一、二等日，據布政使銜永寧道延祜、統領達字營總兵張祖雲稟稱：雲南鎮雄州所屬篙枝壩巨、邵二姓有械鬥之案，互相殺傷。土匪乘機蜂起，並有逸匪洪鈞伯、袁華美等，暗中勾結，意圖窺伺川邊等語。當即札派駐省之副將謝思友，率領裕字右營，馳往助防，並批令署永甯參將馮詡翔，添募練勇三百名。復飭據總兵張祖雲，調撥駐防橫江遊擊夏如斌所部團勇右營，抽撥駐防敍南都司張祖純所部達字新中營。又飭據署瀘州直隸州知府余隆廷，派委九姓土司任光閬，選帶土練三百名，團總姚大興選帶得力團丁八百名，分途遄發，就近赴援。兹迭據永寧道延祜、總兵張祖雲馳報：該匪巨二卯等

---
① 《德宗景皇帝實録》卷十五，光緒元年八月上，《清實録》第52册，第259頁。

竄入黑泥凹，遂將鎮雄州所屬墳壩易增元堡寨佔據。八月初四、五等日，該匪突出大股，約有二、三千人，漫山遍野，蜂擁而來。經敘永廳同知張煥祚[2]、署永甯營參將馮詡翔，分頭截擊。奈賊眾兵單，陣亡練丁三十餘人，勢難抵敵。該匪奪占落木河、清水河各隘口，相距廳城僅三十餘里。正在危急之時，適九姓土團趕到，團勇、裕字、達字等營勇丁亦先後進紮廳城，及扼守大壩門戶。初六日，土司任光閣、團總姚大興等，會合官軍，探悉賊蹤所向，猛攻海瀛，斃匪多名。初七日黎明，出隊。該匪竄近敘永大廟地方，途遇接仗，鏖戰多時，又斃匪三十餘名，奪獲旂幟、鎗礟、器械等件，賊勢稍卻，跟蹤追剿三十餘里。初八、九等日，該匪突竄清水河，直撲大壩。裕字營副將謝思友、達字營都司張祖純，各率隊伍，趨上山坡，作居高馭下之勢。該匪見我軍有備，不戰而退，改由清水河芭茅灣，竄出雲南長官司所轄境內，肆行焚掠，仍折回天蓬寨往宿，有悍賊十餘人，手執大旂，將匪眾調回墳壩，各等情。伏查此股匪徒以墳壩堡寨為老巢，雖在滇界，實逼川邊。臣於未接續報之先，以敘永廳境調集官軍、土練，約有二千人，益之廳境民團，言守則有餘，言戰則不足。而賊情凶狡，非設法剿除，恐無以遏禍萌而綏邊圉。即經檄調駐防崇灌之統領虎威寶營提督李有恆，率同勁旅二千人，以移緩濟急之謀，為搗穴掐渠之計。已於八月十四日，取道省垣，徑趨敘永，相機督辦，迅掃寇氛。並因邊境處處戒嚴，此拏彼竄，後路亦關緊要，不可不密為之防，仍留總兵張祖雲駐紮敘南，督飭達子等營將弁勇丁，確探賊情，嚴加堵禦。相應請旨飭下雲貴督臣、雲南撫臣、貴州撫臣，派兵會剿，以成夾擊之功，而收聚殲之效，洵於三省邊防均有裨益。理合恭摺馳陳。伏乞皇太后、皇上聖鑒訓示。謹奏。

　　光緒元年八月二十四日，由馹具奏。於本年九月二十三日，准兵部火票遞回原摺，後開軍機大臣奉旨：另有旨[3]。欽此。（P1131-1142）

校證

　　【案】此摺原件、錄副俱未開放閱覽，故僅以《清實錄》校補。

[1]（頭品頂戴四川總督臣吳棠跪）：原稿無此前銜，茲據《清實錄》補。

[2]張煥祚：字延甫，山東蓬萊人，道光副貢，官璧山知縣。咸豐十年（1860），以抗太平軍有功，擢敘永同知。刻《聽秋館吟草》二卷存世。

[3]【案】此摺於光緒元年九月十一日，得獲清廷批復，並飭令雲貴督撫一體派兵，會同剿辦。《光緒朝上諭檔》：

> 軍機大臣字寄：四川總督吳、雲貴總督劉、兼署雲貴總督雲南巡撫岑、貴州巡撫曾：光緒元年九月十一日奉上諭：吳棠奏敘永邊界匪徒滋事，調隊堵禦一摺。四川敘永廳境界連雲南鎮雄州屬，時有游匪嘯聚。本年七月間，匪徒巨二卯等佔據鎮雄州屬墳垻及落木河等處，並竄近敘永大廟地方，迭經川軍分投剿擊，該匪由清水河等處竄出雲南長官司轄境肆掠，仍踞墳垻。雖吳棠添調勁旅前往，分路防剿，惟該處界連滇黔，路徑紛歧，誠恐該匪此拏彼竄，益肆蔓延，亟應合力兜剿，以收夾擊之功。著吳棠督飭李有恆等隨時偵探，盡殄賊氛，並著劉嶽昭、岑毓英、曾璧光一體派兵，會同剿辦，務期搗穴擒渠，迅圖殲滅，毋任貽患邊疆。將此由四百里各諭令知之。欽此。遵旨寄信前來。①

【案】清廷又於九月二十九日，諭令吳棠、劉嶽昭等，督撫等務當督飭官兵，將此股匪徒迅速撲滅，毋任蔓延為患。《光緒朝上諭檔》：

> 軍機大臣字寄：四川總督吳、雲貴總督劉、兼署雲貴總督雲南巡撫岑、廣西巡撫劉、貴州巡撫黎：光緒元年九月二十九日，奉上諭：前據吳棠奏敘永邊界匪徒滋事，當經諭令吳棠等會同剿辦，迅速殲除。茲據岑毓英奏，永寧、鎮雄等處游勇土匪勾結滋擾，與吳棠前奏情形大略相同。該處係川滇黔三省接壤地方，亟應會合兜剿，盡殄賊氛。吳棠、岑毓英已分飭李有恆、吳永安等，帶兵馳往該處。著黎培敬一體派兵堵剿。各該督撫等務當督飭官兵，將此股匪徒迅速撲滅，毋任蔓延為患。所有失守地方之署威信州判猛戞經歷衛道行、署分防威信鎮雄營左軍外委千總候補守備花占魁，著一併革職提訊，如有聞警先逃等項情弊，即行從嚴參辦。另片奏，粵軍攻克河陽，黃逆就擒，餘匪竄入滇境，剿除淨盡

---

① 中國第一歷史檔案館編：《光緒朝上諭檔》，光緒元年九月十一日。

等語。本年五月間。劉長佑奏，進攻河陽黃逆老巢，尚未據奏報攻克情形，著該撫即行詳悉具奏。將此由五百里各諭令知之。欽此。遵旨寄信前來。①

又，據《清實錄》："諭軍機大臣等：前據吳棠奏敘永邊界匪徒滋事，當經諭令吳棠等會同剿辦，迅速殲除。茲據岑毓英奏……即行從嚴參辦。"②

一三五　請將儘先題奏總兵李忠恕照例從優議恤片
光緒元年十月初二日（1875年10月30日）

再，查提督銜遇缺儘先題奏總兵克勇巴圖魯李忠恕，由行伍出師江西、湖南、貴州等省，屢立戰功，洊升副將。同治七年，經前兼署督臣崇（實）奏留四川[1]，管帶武安兩營勇丁，防堵會理州、鹽源縣邊境。臣蒞任後，剿辦建南夷匪，一律肅清，必須得力之師，隨時鎮撫。檄飭李忠恕，率同所部，移駐越嶲。嗣於拏獲會理州糾衆滋事匪徒案內奏保，奉旨：著遇有總兵缺出，儘先題奏。欽此。又於剿辦峨邊蠻匪案內保奏，奉旨：賞加提督銜。欽此。該總兵李忠恕自留川以來，已逾六稔。駐師逼近夷疆，鈐束羈縻，爲猓夷之所敬服，地方賴以無虞。乃因夙受重傷，兼染瘴癘，積勞（過）甚[2]，醫治未瘥，據報於本年正月十五日，在營病故。當即札委該營營官參將李錫成，接管武安軍營務，固守邊陲。合無仰懇天恩，俯准將提督銜總兵李忠恕，照提督立功後在營積勞病故例，從優議恤，以慰忠魂。理合附片陳明。伏乞聖鑒。訓示。謹奏。（頭品頂戴四川總督臣，十月初二）。[3]

（光緒元年十月十七日，軍機大臣奉旨：李忠恕著交部，照提督立功後在營積勞病故例，從優議恤。欽此）。[4]

光緒元年十月初二日，由馹附奏。於本年十一月初一日，准兵部

---

① 中國第一歷史檔案館編：《光緒朝上諭檔》，光緒元年九月二十九日。
② 《德宗景皇帝實錄》卷十八，光緒元年九月下，《清實錄》第52冊，第296—297頁。

火票遞回原片，內開軍機大臣奉旨：李忠恕著交部，照提督立功後在營積勞病故例，從優議恤。欽此。（P1149–1153）

校證

【案】此奏片缺原件，錄副現藏於中國第一歷史檔案館[①]，茲據校勘。

[1]【案】同治七年五月十六日，因先辦防剿，成都將軍崇實奏請已補湖南常德協副將李忠恕，暫緩赴任，允行，片曰：

> 再，查已補湖南常德協副將李忠恕，前經臣派赴建南，管帶武安兩營，分布鹽源一帶，防剿滇匪。正值邊防吃緊，未便令其赴任，遽易生手。合無仰懇天恩，准將李忠恕仍留川省，管帶武安營，暫緩赴任，以重邊防。除咨湖南外，理合附片陳明。伏乞聖鑒。謹奏。同治七年六月初三日，軍機大臣奉旨：著照所請，兵部知道。欽此。

[2]積勞（過）甚：原稿奪"過"，茲據錄副校補。

[3]（頭品頂戴四川總督臣，十月初二）：此據錄副補。

[4]（光緒元年十月十七日，軍機大臣奉旨：李忠恕著交部，照提督立功後在營積勞病故例，從優議恤。欽此）：此奉旨日期與內容，據錄副補。

【案】此片奏上達，旋為清廷允准，《清實錄》："以積勞病故，予四川提督李忠恕優恤如例。"[②]

一三六　奏報遵旨擇尤酌保攻克九絲寨踞匪在事員弁紳團摺

光緒元年十月初二日（1875年10月30日）

（頭品頂戴四川總督臣吳棠跪）[1]奏，為遵旨擇尤酌保攻克興文縣九絲寨踞匪在事出力員弁、紳團，恭摺仰祈聖鑒事。

---

① 中國第一歷史檔案館藏：《錄副奏摺》，檔號：03-5771-037。
② 《德宗景皇帝實錄》卷二十，光緒元年十月下，《清實錄》第52冊，第314頁。

竊臣承准軍機大臣字寄：光緒元年五月二十六日，奉上諭：吳（棠）奏邊匪竄擾，設法殲除一摺。此次出力員弁、紳團，著准其擇尤酌保，毋許冒濫[2]，等因。欽此。當經恭錄，行知該將領道府，欽遵辦理在案。伏查九絲寨之為匪所踞也，猝不及防。其時邊境不逞之徒，聞風嘯聚。幸敘南一帶尚有酌留達字楚軍，經統領總兵張祖雲先派左營知州張世康、前營副將何榮貴等，帶同所部勇丁，馳往攻剿，而自率親兵及中營副將江忠詁等，截擊筠連、高縣竄匪，斷賊外援，以孤其勢。永寧道延祜復督飭興文縣知縣徐顯清，激勵團丁，猛撲九絲寨，斃匪甚夥（夥）[3]，以挫其鋒。俾知州張世康、副將何榮貴等得以專心克敵，並力圖功。一攻於寨之前，一攻於寨之後。確覘賊勢，密定軍謀，方振旅初臨，則有鄉團為之嚮導。迨運籌既定，更資眾練助以聲援。用能超距先登，斬關直入，盡殲悍黨，立拔堅巢。該員弁、紳團等同心戮力，好義急公，臣未敢沒其微勞，據情陳請，仰邀俞允，欽感同深。茲據總兵張祖雲、永寧道延祜開單請獎前來。臣因敘永廳邊界地方，現有匪徒竄擾，調兵集練，堵剿兼施，正在用人之際，不得不隨時給獎，鼓勵將來。謹擇其尤為出力員弁、紳團，秉公酌擬，減之又減，另繕清單[4]，恭呈御覽。籲懇恩施立沛，以作士氣，而固民心。除擬保千總以下照案另冊咨部外，所有遵旨擇尤酌保攻克興文縣九絲寨踞匪在事出力員弁、紳團緣由，理合恭摺具陳。伏乞皇太后、皇上聖鑒訓示。謹奏。（十月初二日）。[5]

（光緒元年十月十七日，軍機大臣奉旨。欽此）。[6]

光緒元年十月初二日，由馹具奏。於本年十一月初一日，准兵部火票遞回原片，後開軍機大臣奉旨：另有旨[7]。欽此。（P1155–1161）

校證

【案】此摺缺原件，錄副現藏於中國第一歷史檔案館①。茲據錄副校補。

---

① 中國第一歷史檔案館藏：《錄副奏摺》，檔號：03-5771-035。

再，錄副首開署"隨旨交，單一仝抄繳"等字樣。

[1]（頭品頂戴四川總督臣吳棠跪）：原稿無此前銜，茲據補。

[2]此次出力員弁、紳團，著准其擇尤酌保，毋許冒濫：此句錄副缺，疑為手民故略。

【案】此節文字詳見一二六號摺件。另《清實錄》記述亦較詳盡：

諭軍機大臣等：吳棠奏邊匪竄擾，設法殲除一摺。本年四月間，川滇邊界突有大股匪徒，由滇屬蘿葡坎竄至威信州城外天蓬寨等處，復竄踞興文縣九絲寨地方，筠連、高縣一帶復有土匪肆擾。經副將何榮貴等督帶營伍，前往會剿，擒斬多名，餘匪由老林曲徑奔逃，當將九絲寨克復，地方現已安靜，仍著吳棠督飭文武各員，將竄逃餘匪悉數殲除，毋留遺孽。此次在事出力員弁紳團，著准其擇尤酌保，毋許冒濫。將此由四百里諭令知之。①

[3]甚顆（夥）：錄副作"甚夥"，確。原稿因形近而誤。

[4]【案】隨摺附酌保清單，呈覽定奪，曰：

謹將酌保官軍攻克興文縣九絲寨踞匪尤為出力員弁、紳團，繕列清單，恭呈御覽。計開：達字等營尤為出力員弁勇丁。花翎簡用總兵留川儘先副將永甯營參將達勇巴圖魯張祖雲，花翎儘先總兵前留湖南副將黃漢章，總兵銜儘先副將何榮貴，儘先補用副將利勇巴圖魯江忠詰。以上四員，攻堅奪壘，謀勇兼優。張祖雲請免補副將，遇有總兵缺出，開列在先，請旨簡放。黃漢章請交軍機處記名，遇有總兵缺出，請旨簡放。何榮貴請仍以副將留於四川儘先前補用，俟補副將後，以總兵記名，請旨簡放。江忠詰請賞給該員三代二品封典。

儘先遊擊鄒仁宇、朱成章，儘先都司張康泰、羅澤樹、章世榮、李得勝、鄒珍林，藍翎都司龔開明。以上八員陣擒首要，驍勇冠軍。鄒仁宇、朱成章均請以參將，遇缺儘先即補。張康泰請免補都司，以遊擊留於湖南，儘先前補用。羅澤樹等四員，均請免補都司，以遊擊儘先推補。龔

---

① 《德宗景皇帝實錄》卷十，光緒元年五月下，《清實錄》第52冊，第202頁。

開明請賞換花翎。花翎總兵銜留川補用副將馬勝泰，儘先即補遊擊楊三級、楊洪清，留川儘先前都司督中世，襲騎都尉加一雲騎尉周天柱，儘先補用守備馮振標，漕河兩標儘先千總顧汝柏，儘先千總陳鶴松。以上七員，累戰皆捷，掃穴擒渠。馬勝泰請仍留原省以副將儘先前即補，並免繳捐復銀兩。俟補缺後，再行送部引見。楊三級請以參將留川，無論題推缺出，儘先前遇缺即補。楊洪清請仍以遊擊留川，儘先前即補。周天柱請以遊擊留川，儘先前補用。馮振標請以守備，歸江南徐州鎮標補用，並請賞戴藍翎。

補用都司遇缺儘先守備李著獻，儘先守備張玉銘、蔣玉貴、邱希勝、胡得魁、王朝槐，藍翎守備珙縣汛把總馬保受，已革藍翎都司銜儘先守備熊應舉，守備銜淮揚鎮標千總王治平。以上九員，身先士卒，攻克堅巢。李著獻等三員，均請以都司留川，儘先前補用。邱希勝、胡得魁請以衛守備分發漕標，不論題推缺出，儘先前即補。馬保受請賞換花翎。熊應舉請開復原官，並免繳捐復銀兩。王治平請以守備，仍歸淮揚鎮標補用。儘先千總曾佐賢、李文光、譚坤、劉仕傑、顧禮賓、胡向榮、陶正明、林文清、張錡、趙洪得，儘先千總永甯營額外外委尹丞緒。以上十一名，率隊前驅，斬擒要匪。曾佐賢請免補千總，以守備留川儘先補用。李文光請以衛守備，儘先前即選。譚坤等九名，均請免補千總，以守備儘先補用。儘先把總吳榮培、賈得貴，儘先外委李鴻順，六品軍功田錦德、胡聯芳、駱宗保，外委陳運隆、陳興裕、陳希爵，六品軍功張加勝、沈坤山、華萬福、蔣永升、何鐘楚，軍功謝榮增、李建屏。以上十六名，克服山寨，奮不顧身。吳榮培等六名，均請以千總儘先拔補，並均請賞戴藍翎。陳運隆等十名，均請以把總儘先拔補，並均請賞戴藍翎。

知府銜留川補用直隸州知州張世康，同知職銜徐敏吾，舉人吳鏡沆，雙月候選縣丞吳豫，候補鹽茶大使鍾鋆。以上五員，陷陣衝鋒，擒斬首要。張世康請免補本班，以知府留川補用。徐敏吾請以同知，雙月選用。吳鏡沆請以知縣不論雙單月，遇缺選用。吳豫請免選本班，以知縣不論雙單月，遇缺選用。鍾鋆請免補本班，以鹽課大使仍留原省補用。工部郎中葉毓榮，藍翎直隸州用候補知縣陳世彬，同知銜候補知縣沈全修，試用知縣錢璋、錢保塘，雙月選用布經歷徐學勤，舉人楊恂，知縣用候補府經歷張毓崧，候選直隸州州判許顯鈞，國子監典簿銜候選教諭周道鴻。以上十員，披堅執銳，攻克山寨。葉毓榮請以知府即選。陳世彬請賞換五品花翎。沈全修請賞換花翎。錢璋、錢保塘均請以知縣歸候補班補用。徐學勤請仍以布經歷不論雙單月，遇缺選用，並請賞戴藍翎。楊恂請以知縣不論雙單月選用。張毓崧請免選本班，以知縣留川補用。許顯鈞、周道鴻均請以知縣不論雙單月，分發省分，歸候補班補用。

候補通判趙土貢，舉人姚墉，五品銜候選知縣田應亨，不論雙單月選用縣丞葉春榮，候選縣丞薛華封，即選府經歷縣丞寇安平，選用縣丞田硯豐，分缺先前選用教諭羅長澐。以上八員，斬擒首要，奮勇爭先。趙土貢請免補本班，以同知仍留原省，歸候補班補用。姚墉請以知縣不論雙單月選用，並請賞加同知銜。田應亨請仍以知縣留川補用，並請賞戴花翎。葉春榮請免選本班，以知縣留川，歸候補班補用。薛華封請免選本班，以知縣分發省分，歸候補班，遇缺儘先補用。寇安平、田硯豐均請免選本班，以知縣不論雙單月，遇缺儘先前即選。羅長澐請免選本班，以教授不論雙單月，遇缺儘先前選用。

候補通判茹漢章，候補知縣張龍甲、洪錫彝，試用知縣畢獻，分發候補班補用知縣周德耕。以上五員，隨營審案，聽斷持平。茹漢章請賞加運同銜。張龍甲、洪錫彝均請賞給軍功加二級。畢獻請俟補缺後，以直隸州升用。周德耕請以知縣留川補用。試用布經歷余煦堂，補用鹽大使吳震翮，試用府經歷凱順，候選縣丞何沅藝、陳秀昌、張星明、候選訓導謝炳靈，廩生薛華均，從九品職銜李宗範。以上九員，隨隊接仗，冒險運糧。余煦堂請俟補缺後，以知州用。吳震翮、凱順均請俟補缺後，以知縣用。何沅藝請仍以縣丞分發省分補用，俟補缺後，以知縣用。陳秀昌請仍以縣丞留川補用。張星明請仍以縣丞不論雙單月選用。謝炳靈請仍以訓導不論雙單月，遇缺儘先選用。薛華均請作為貢生，以訓導不論雙單月選用，並分發試用。李宗範請以巡檢分發省分，歸候補班前先補用。

府經歷縣丞用試用未入流陳開第，候補從九品張慎修，候選從九品黃興第、王土青，藍翎候選從九品李汝南，六品軍功試用典史徐德雲，試用未入流張志道，候選未入流胡松年，藍領六品軍功書識張修倫，監生任樹遠，六品軍功書識張錫恩，文童雷定遴，書識李崇正。以上十三員，隨辦文案，久著辛勤。陳開第請免補本班，以府經歷縣丞留川補用。張慎修請俟補缺後，以府經歷用，並請賞加六品銜。黃興第請免補本班，以部照磨分發省分補用。王土青、李汝南均請以從九品留川補用。徐德榮請仍以典史歸候補班補用。張志道請仍以未入流歸候補班補用。胡松年請仍以未入流，留川補用。張修倫請以典史留川補用。任樹遠請以巡檢留川補用。張錫恩、雷定遴均請以從九品，不論雙單月選用。李崇正請以未入流留川補用。

已革運同銜候補直隸州直隸天津縣知縣楊國杞，已革知州銜貴州儘先補用知縣張維權。查楊國杞前於同治五年在天津縣任內，失察捕役吳英奎誣良為盜案內，部議革職。張維權前於同治九年經貴州撫臣補年終甄別案內，奏參革職。該革員等被參後，先後投效四川軍營，隨同防剿。此次攻克九絲寨踞匪，陣擒首要，攻克堅巢，實屬異常出力。楊國杞請開復原官、原銜，並免繳捐復銀兩。張維權請開復原官、原銜，留於四川，歸候補班儘先補用，並免繳捐復銀兩。

敘南等廳縣尤為出力官弁紳團。花翎二品布政使銜永寧道延祜，三品銜補用道敘州府知府史崧秀。以上二員，靖邊御寇，調度有方，均請旨交部，從優議敘。敘永廳同知張煥祚，同知銜升用知州興文縣知縣徐顯清，署永寧縣事試用知縣張思憲，調署長寧縣事灌縣知縣柳宗芳，候補直隸州知州署筠連縣知縣印啟祥，同知銜署珙縣事即用知縣謝庭鈞，同知銜升用知州慶符縣知縣孫定揚，同知直隸州用高縣知縣黃錦生。以上八員，督團助剿，共保巖疆。張煥祚請開缺，以知府用。徐顯清請以同知直隸州知州在任，遇缺前先補用，並請賞戴花翎。張思憲請仍以知縣歸候補班補用。柳宗芳請以直隸州知州在任，遇缺補用，並請賞戴花翎。印啟祥請俟補缺後，以知府儘先補用。謝庭鈞請俟補缺後，以同知直隸州升用。孫定揚請以直隸州知州在任候補。黃錦生請俟補同知直隸州後，以知府用。

委員候補知縣吳楚玉，筆帖式勳懋、清泰，試用從九品沈國鈞，候選未入流張樹森，試用未入流許懋忠。以上六員，帶團剿賊，攻克堅巢。吳楚玉俟補缺後，以同知用，先換頂戴。勳懋請賞戴六品藍領。清泰請俟補缺後，以知縣用。沈國鈞請免補本班，以縣丞歸候補班補用。張樹森請仍以未入流分發省分，歸候補班前先補用。許懋忠請以典史歸候補班，儘先補用。

光祿寺署正銜筠連縣教諭遇缺即選教授張紹蘭，高縣教諭牟晉豐，珙縣訓導郭肇林，布理問銜升用府經縣丞高縣典史吳東，興文縣典史劉斯泌，長寧縣典史孫璜，筠連縣典史趙廣善，珙縣典史陳慶雲。以上八員，帶團接仗，迭有斬擒。張紹蘭請賞加五品銜。牟晉豐、郭肇林均請賞加國子監助教銜。吳東請俟升用府經縣丞後，以知縣在任候補。劉斯泌請以府經縣丞，儘先前在任升用。趙廣善請以府經歷縣丞，在任候升，並請賞加布理問銜。陳慶雲請以府經縣丞，在任候升。

儘先都司建武營守備高聯升，儘先都司永甯營守備聶正品，儘先守備署筠連汛千總李余龍，守備銜候補千總梁正邦，永甯營儘先千總鄧雲山、黃國祥，留永差操夔州左營把總楊啟祥，武舉揀選千總周朝俊。以上八員，率領兵團，擒斬首要。高聯升請免補都司，以遊擊儘先補用。聶正品請俟補都司後，以遊擊儘先升用。李余龍請賞加都司銜。梁正邦請免補千總，以守備收標補用。鄧雲山等三名，均請免補千總，以守備儘先補用。周朝俊請以千總遺缺拔補，並請賞戴藍翎。

同知銜遇缺前先選用知縣文爾炘，劉品藍領候選直隸州州判鄧桂林，五品藍翎儘先候選訓導鄒元標，六品銜指發雲南試用府經歷李紹衡，候選按經歷黃學厚，前任江西廣豐縣縣丞黃世英，候選縣丞孫起（吉）士，國子監學正銜候選州學正易寶林，候選教諭唐鐘英，候選訓導李應辰、嚴塋。以上十一員，集練赴援，屢殲要匪。文爾炘請賞戴藍翎。鄧桂林、鄒元標均請賞換五品花翎。李紹衡請俟補缺後，以知縣補用。黃學厚請俟選缺後，以知縣補用。黃世英請仍歸原省，俟補缺後，以知縣用。孫起士請免選本班，以知縣不論雙單月選用。易寶林請以州學正前先選用，並請賞加五品銜。唐鐘英請仍以教諭，遇缺即選。李應辰請免選本班，以州判不論雙單月，遇缺儘先選用，並請賞加五品銜。嚴塈請賞加國子監學正銜。

廩貢生周之翰，增生龐大成、杭克繩，附貢生劉兆槐、毛國璋，廩生李世倫、應方漢，附生吳其浚、傅鴻賓、鄧永延，監生董文星，從九品銜薛之羲，文童朱英、吳德泳。以上十四名，激勵鄉團，攻克山寨。周之翰等四名，均請以府經歷縣丞，不論雙單月選用。毛國璋請賞加按經歷銜。李世倫、應方漢均請以訓導不論雙單月選用。吳其浚等三名，均請以從九品，不論雙單月選用。董文星請賞戴六品藍翎。薛之羲請以從九品，分發省分補用。朱英請作為監生，以從九品不論雙單月，遇缺儘先補用。吳德泳請作為監生，以典史不論雙單月，遇缺儘先選用。

儘先守備陳子貴、朱照成，儘先千總胡應昌、馮國良、劉得玉、楊再雄、潘玉堂、王安邦、王鴻鼇，儘先把總羅占魁、胡學富、薛占鰲、孫廷魁、聶東林。以上十四員名，斬關奪寨，每斬必先。陳子貴、朱照成均請免補守備，以都司用。胡應昌等七名，均請免補千總，以守備用，並均請賞戴花翎。羅占魁等五名，均請免補把總，以千總儘先拔補，並均請賞戴藍翎。軍機大臣奉旨：覽。欽此。①

[5]（十月初二日）：原稿無此日期，茲據補。

[6]（光緒元年十月十七日，軍機大臣奉旨。欽此）：此奉旨日期據錄副補。

[7]【案】此摺及襃獎清單，旋得清廷俞允，並予張祖雲等在事出力員弁從優議敘，《光緒朝上諭檔》：

光緒元年十月十七日，內閣奉上諭：吳棠奏遵保殲除邊匪出力員弁、紳團，開單請獎一摺。本年四月間，川滇邊界突有匪徒竄踞四川興

---

① 中國第一歷史檔案館藏：《錄副奏摺》，檔號：03-5771-036。

文縣九絲寨地方，經吳棠督飭總兵張祖雲等，並力攻克堅巢，盡殲醜類。在事出力員弁等尚屬著有微勞，自應量予鼓勵。所有單開之副將張祖雲，著免補副將，遇有總兵缺出，開列在先，請旨簡放。黃漢章著交軍機處記名，遇有總兵缺出，請旨簡放。何榮貴著仍以副將留於四川，儘先前補用，俟補副將後，以總兵記名，請旨簡放。江忠詰著賞給該員三代二品封典。遊擊鄒仁宇等，著以參將，遇缺儘先即補。都司張康泰著免補都司，以遊擊留於湖南，儘先前補用。羅澤樹等均著免補都司，以遊擊儘先推補。龔開明著賞換花翎。副將馬勝泰著仍留原省，以副將儘先前即補，並免繳捐復銀兩。俟補缺後，再行送部引見。遊擊楊三級著以參將留於四川，無論題推缺出，儘先前遇缺即補。楊洪清著仍以遊擊留於四川，儘先前即補。都司周天柱著以遊擊留於四川，儘先前補用。守備馮振標著以守備，歸江南徐州鎮標補用，並著賞戴藍翎。千總顧如柏著免補千總，以守備歸原標，儘先前補用。陳鶴松著以守備儘先補用，並賞戴藍翎。守備李著獻等，均著以都司留於四川，儘先前補用。邱希勝等均著以都司，儘先推補。王朝槐著以衛守備分發漕標，不論題推缺出，儘先前即補。馬保受著賞換花翎。熊應舉著開復守備原官，並免繳捐復銀兩。千總王治平著以守備，仍歸淮揚鎮標補用。曾佐賢著免補千總，以守備留於四川，儘先補用。李文光著以衛守備，儘先前即選。譚坤等，均著免補千總，以守備儘先補用。把總吳榮培等，均著以千總儘先拔補，並賞戴藍翎。外委陳運隆等，均著以把總儘先拔補，並賞戴藍翎。

　　直隸州知州張世康，著免補本班，以知府留於四川補用。同知銜徐敏吾，著以同知雙月選用。舉人吳鏡沅，著以知縣不論雙單月，遇缺選用。縣丞吳豫著免選本班，以知縣不論雙單月，遇缺選用。鹽茶大使鍾鎏，著免補本班，以鹽課大使仍留原省補用。郎中葉毓榮，著以知府即選。知縣陳世彬，著賞換五品花翎。沈全修著賞換花翎。錢璋等均著仍以知縣，歸候補班補用。布政司經歷徐學勤，著仍以布經歷不論雙單月，遇缺選用，並著賞戴藍翎。舉人楊恂，著以知縣不論雙單月選用。府經歷張毓崧，著免選本班，以知縣留於四川補用。直隸州州判許顯鈞等，均著以知縣不論雙單月，分發省分，歸候補班補用。通判趙士貢，著免補本班，以同知仍留原省，歸候補班補用。舉人姚墉，著以知縣不論雙單月選用，並賞加同知銜。知縣田應亨，著仍以知縣，留於四川補用，並賞戴花翎。縣丞葉春榮，著免選本班，以知縣留於四川，歸候補班補用。薛華封著免選本班，以知縣分發省分，歸候補班，遇缺儘先補用。府經歷縣丞寇安平等，均著免選本班，以知縣不論雙單月，遇缺儘先前即選。教諭羅長澐，著免選本班，以教授不論雙單月，遇缺儘先前選用。通判茹漢章，著賞加運同銜。知縣張龍甲等，均著賞給軍功加二級。畢獻著俟補缺後，以直隸州知州升用。周德耕著以知縣，留於四川補用。

布政司經歷余煦堂，著俟補缺後，以知州用。鹽大使吳震翻等，均著俟補缺後，以知縣用。縣丞何沅藝，著仍以縣丞，分發省分補用，俟補缺後，以知縣用。陳秀昌著仍以縣丞，留於四川補用。張星明著仍以縣丞，不論雙單月選用。訓導謝炳靈，著仍以訓導，不論雙單月，遇缺儘先選用。生員薛華均，著作為貢生，以訓導不論雙單月選用，並分發試用。從九品職銜李宗範，著以巡檢分發省分，歸候補班前先補用。未入流陳開第，著免補本班，以府經歷縣丞留於四川補用。從九品張慎修，著俟補缺後，以府經歷用，並著賞加六品銜。黃興第著免補本班，以部照磨分發省分補用。王士青等均著以從九品，留於四川補用。典史徐德榮，著仍以典史，歸候補班補用。未入流張志道，著仍以未入流，歸候補班補用。胡松年著仍以未入流，留於四川補用。軍功張修倫，著以典史，留於四川補用。監生任樹遠，著以巡檢，留於四川補用。軍功張錫恩等，均著以從九品，不論雙單月選用。書識李崇正，著以未入流，留於四川補用。已革運同銜候補直隸州直隸天津縣知縣楊國杞，著開復原官、原銜，並免繳捐復銀兩。已革知州銜貴州儘先補用知縣張維權，著開復原官、原銜，留於四川，歸候補班儘先補用，並免繳捐復銀兩。道員延祐等，均著旨交部，從優議敘。敘永廳同知張煥祚，著開缺，以知府用。興文縣知縣徐顯清，著以同知直隸州知州，在任遇缺前先補用，並賞戴花翎。知縣張思憲，著仍以知縣，歸候補班補用。灌縣知縣柳宗芳，著以直隸州知州，在任遇缺補用，並賞戴花翎。直隸州知州印啟祥，著俟補缺後，以知府儘先補用。知縣謝庭鈞，著俟補缺後，以同知直隸州知州升用。慶符縣知縣孫定揚，著以直隸州知州在任候補。同知直隸州知州用黃錦生，著俟補同知直隸州知州後，以知府用。知縣吳楚玉，俟補缺後，以同知用，先換頂戴。筆帖式勳懋，著賞戴六品藍翎。清泰著俟補缺後，以知縣用。從九品沈國鈞，著免補本班，以縣丞歸候補班補用。未入流張樹森，著仍以未入流，分發省分，歸候補班前先補用。許懋忠著以典史，歸候補班，儘先補用。教授張紹蘭，著賞加五品銜。教諭牟晉豐等，均著賞加國子監助教銜。升用府經歷縣丞高縣典史吳東，著俟升用府經縣丞後，以知縣在任候補。興文縣典史劉斯泌，著以府經縣丞，儘先前在任升用。典史孫璜，著以縣丞升用。筠連縣典史趙廣善，著以府經歷縣丞，在任候升，並賞加布政司理問銜。珙縣典史陳慶雲，著以府經縣丞，在任候升。都司高聯升，著免補都司，以遊擊儘先補用。聶正品著俟補都司後，以遊擊儘先升用。守備李余龍，著賞加都司銜。千總梁正邦，著免補千總，以守備收標補用。鄧雲山等，均著免補千總，以守備儘先補用。周朝俊著以千總，遺缺拔補，並著賞戴藍翎。

知縣文爾炘，著賞戴藍翎。直隸州州判鄧桂林等，均著賞換五品花翎。府經歷李紹衡，著俟補缺後，以知縣補用。按察司經歷黃學厚，著俟選缺後，以知縣補用。前任江西廣豐縣縣丞黃世英，著仍歸原省，俟補缺後，以知縣用。縣丞孫起士，著免選本班，以知縣不論雙單月選用。州學正易寶林，著仍以州學正，前先選用，並著賞加五品銜。教諭唐鐘英，著仍以教諭，遇缺即選。訓導李應辰，著免選本班，以州判不論雙單月，遇缺儘先選用，並賞加五品銜。嚴堃著賞加國子監學正銜。貢生周之翰等，均著以府經歷縣丞，不論雙單月選用。毛國璋著賞加按察司經歷銜。生員李世倫等，均著以訓導，不論雙單月選用。吳其浚等均著以從九品，不論雙單月選用。監生董文星，著賞戴六品藍翎。從九品薛之義著以從九品，分發省分補用。童生朱英，著作為監生，以從九品不論雙單月，遇缺儘先補用。吳德泳著作為監生，以典史不論雙單月，遇缺儘先選用。守備陳子貴等，均著免補守備，以都司用。千總胡應昌等，均著免補千總，以守備用，並賞戴花翎。把總羅占魁等，均著免補把總，以千總儘先拔補，並賞戴藍翎。單內試用典史徐德雲名字前後不符，並著查明咨部更正。著照所議辦理，該部知道，單併發。欽此。①

【案】此摺所保在事出力各員獎敘事，亦略載於《清實錄》：

又諭：以剿除川滇邊匪出力，予四川副將張祖雲以總兵開列在前簡放，黃漢章以總兵記名簡放，都司龔開明等花翎，守備馮振標等藍翎。餘升敘加銜有差。②

一三七　奏報川軍越境攻剿巢匪跟蹤追捕務盡根株摺

光緒元年十月初二日（1875年10月30日）

（頭品頂戴四川總督臣吳棠跪）[1]奏，為川軍越境攻克賊巢，剿除股匪，現仍跟蹤追捕，務盡根株，恭摺馳陳，仰祈聖鑒事。

竊臣前將敘永邊界匪徒滋事，調隊集團，嚴加堵禦緣由，專摺奏明在案。迭據統領虎威寶軍提督李有恆、統領達字軍總兵張祖雲、布政使銜永寧道延祜馳稟：該匪自竄回墳壩老巢後，寨首易增元以滇屬邊氓素習邪教，造言惑眾，招集流亡，遂有狡焉思逞之志。八月十四、五至十八、九等日，不時出匪黨一二百人，潛入川境，擄掠焚燒，均被兵團擊退，迭有擒斬，未敢鴟張。總兵張祖雲因敘永望援甚切，統率防軍，馳往助剿。提督李有恆督催所部，漏夜趲行，均於二十一、二十三等日進紮敘永廳城。虎威寶軍前營管帶提督劉道宗、中營管

---

① 中國第一歷史檔案館編：《光緒朝上諭檔》，光緒元年十月十七日。
② 《德宗景皇帝實錄》卷二十，光緒元年十月下，《清實錄》第52冊，第314頁。

帶總兵李鳳友等先於二十日抵永，即於次日五鼓，開拔至兩河口，協同團勇營遊擊夏如斌、瀘衛土司任光閥、團總姚大興、廳境團總張夢梧、李國珍等，於二十二日，移師木廠尖山子地方，距賊巢僅七、八里許。是夜，雨聲不輟，詰朝，大霧彌漫，該匪忽來七、八百人，猛撲大營。我軍出隊迎剿，鎗斃執大旗賊目一人，士氣百倍，奮勇爭先。鏖戰逾時之久，斬首二十餘級，受創致命者甚多，賊勢不支，紛紛敗遁。我軍亦即收隊回營。二十四日，提督李有恆與總兵張祖雲會籌定議，張祖雲飭裕字右營副將謝思友、團勇右營遊擊夏如斌、達字新中營都司張祖純，會合署參將馮詡翔、敘永廳團總張樹森等，督率兵團，從東南兩路攻入。李有恆飭虎威寶軍前營提督劉道宗、中營總兵李鳳友，會合任光閥土練、姚大興鄉團，從西、北兩路攻入，直搗匪首易增元賊寨。該匪鎗礮齊施，由寨之西北突出悍黨千餘人，異常兇猛。提督劉道宗、總兵李鳳友、土司任光閥、團總姚大興等率隊，分途迎戰。遊擊夏如斌復由東南角繞至賊前，隨同接仗，縱橫蕩決，所向無前，斃賊五十餘人。勇練受傷三十餘人。奪獲偽印一顆、鎗礮、旂幟多件，生擒匪黨易麼大一名，供稱逸匪洪鈞白等聞官軍猝至，悉皆望風膽落，鎮雄夥匪已於二十二三兩日，連夜竄回，洪鈞白等不能阻遏，亦即偕行等語。該匪智窮力竭，棄寨狂奔，逃入對山三大巖洞，施放劈山礮，拼死抗拒。虎威等軍暫駐寨中，逼近對山而壘，並分隊追捕逃竄之匪。總兵張祖雲親督達字全軍，並裕字右營副將謝思友、前營副將劉順望、團勇右營遊擊夏如斌、署永甯營參將馮詡翔、敘永廳同知張煥祚、署永甯縣（知縣）[2]張思憲、土司任光閥、團總姚大興等，各帶兵團，徑趨巖洞。適虎威寶軍前、中兩營追賊折回，與護衛軍知府李光岳、後營參將李連發，會合各軍，更番苦戰，晝夜環攻。該匪喘息未定，瞥見大兵，礮石紛如雨下。我軍奮不顧身，梯巖而上，當將兩道洞口踏破，生擒賊匪多名，訊明正法。惟第三石洞既厚且堅，必得用火攻之法。乘該匪深藏不出，亟飭各營，搬運柴薪木植，堆積於洞口之旁。至二十六日五鼓，拋擲火蛋、火罐，煙焰蔽天。該匪石洞燒枯，破其堅卡，斬首數十級，搜獲偽印四顆、妖書三十餘本，生擒匪首易增元一名、匪黨七名，解交敘永廳，研訊究辦。救出協從難民百餘人。該匪家屬、黨羽昏夜中莫能辯認，墜巖落澗者，不計其數，賊洞一律燒毀。派隊搜捕，巢穴全空。現在地方平靜。我軍陣亡三名，受傷六十餘名。提督李有恆等於未經攻克巖洞以前，一面緘詢鎮雄州竄匪情形，一面遴選健丁，前往偵探。據探丁回稱：逸匪洪鈞白等率黨三、四百人，由墳壩逃出，竄至鎮雄州南，攻破毛姓民寨，盤踞其中。又有鎮雄州屬大馬圈噉匪王二大耶即王新大，率匪黨五六百人，相助為虐。並據鎮雄州復函，以鎮屬兵團力薄，請飭各營跟蹤追剿各等語。李有恆與張祖雲悉心商酌，隨飭虎威寶軍前營提督劉道宗、總兵李鳳友、後營參將李連發等，率隊馳赴鎮雄州境，覘賊所向，會合該處兵團，相機兜剿。李有恆率護衛軍及親兵哨隊，扼紮分水嶺，互為聲援，兼顧川省門戶。張祖雲督飭所部達字、裕字等營，回駐敘南，嚴加堵緝各等情。

伏查此次川軍越疆剿匪，總兵張祖雲因邊患方殷，能知緩急，自告奮勇，率隊前驅。提督李有恆督同所部勇丁，當羽檄紛馳之際，水陸兼程，於旬日之中，師行千五六百里，與張祖雲統籌全局，共濟和衷，用能攻克賊巢，剿除股匪，功成迅利，洵足以彰天討而快人心。而土司任光閥、團總姚大興於各軍未集，力挫凶鋒，保護廳城，其功尤不可掩。惟逸匪巨二卯、洪鈞白等尚未就擒，日後必為邊患。似未便稍分畛域，坐失事機。臣刻又飛咨雲貴督臣、撫臣，派兵會剿，共靖巖疆。並檄飭提督李有恆，隨方策應，並力掃除，務將竄出匪徒全行殄滅，勿任幸逃法網，貽害地方。其異常出力人員，合無籲懇天恩，先行鼓勵。提督劉道宗擬請賞給勇號，總兵李鳳友，擬請以提督記名簡放。參將李連發，請以副將儘先補用。知府李光嶽，擬請以道員前先補用。副將謝思友、劉順望，均擬請以總兵記名簡放。遊擊夏如斌，擬請以參將儘先補用。都司張祖純，擬請以遊擊儘先補用。五品軍功儘先把總姚大興，擬請以守備儘先補用，並請賞戴花翎。四品藍翎土司任光閥，擬請賞戴三品花翎。其餘出力將士、紳團，應俟追剿鎮雄州境竄匪一律肅清後，再為彙案請獎。可否之處，出自逾格鴻慈。所有川軍攻克賊巢，剿除股匪，現仍跟蹤追捕，務盡根株緣由，理合恭摺馳陳。伏乞皇太后、皇上聖鑒訓示。謹奏。（十月初二日）。[3]

（光緒元年十月十七日，軍機大臣奉旨。欽此）。[4]

光緒元年十月初二日，由馹具奏。於本年十一月初一日，准兵部火票遞回原摺，後開軍機大臣奉旨：另有旨[5]。欽此。（P1163–1181）

校證

【案】此摺缺原件，錄副現藏於中國第一歷史檔案館①，茲據校勘。

[1]（頭品頂戴四川總督臣吳棠跪）：原稿無此前銜，茲據錄副補。

[2] 署永甯縣（知縣）：原稿缺"知縣"，茲據補。

[3]（十月初二日）：原稿無此日期，茲據補。

[4]（光緒元年十月十七日，軍機大臣奉旨。欽此）：此奉旨日期，據錄副補。

[5]【案】此摺於十月十七日得清廷允准，並令吳棠等分飭諸軍，協力兜剿，以竟全功，《清實錄》：

　　諭軍機大臣等：吳棠奏川軍越境剿除股匪一摺。本日已明降諭旨將出力各員弁照所請獎勵矣。四川敘永邊界匪徒滋事，迭經諭令吳棠等督軍會剿，現經提督李有恆等於木廠尖山子地方，會同土司、團總將該匪巢穴攻克，並將石硐匪賊搜捕，生擒匪首易增元及匪黨多名，剿辦尚為迅速。惟餘匪竄逃鎮雄州屬，盤踞民寨，亟宜殄除淨盡，著吳棠、劉嶽昭、岑毓英、黎培敬分飭諸軍，協力兜剿，務將逸匪巨二卯、洪鈞白、嚼匪王新大及竄出匪徒盡數擒獲，毋使一名漏網，致貽後患。將此由五百里各諭令知之。以剿除敘永廳邊匪出力，賞四川提督劉道宗巴圖魯名

---
① 中國第一歷史檔案館藏：《錄副奏摺》，檔號：03-0771-034。

號，總兵李鳳友以提督記名簡放，副將謝思友等以總兵記名簡放，把總姚大興等花翎。餘升敘有差。[①]

一三八　奏懇恩准提督周達武在四川省城捐建武軍昭忠祠片
光緒元年十月初二日（1875年10月30日）

再，准前貴州提督周達武咨呈：達武所部武字楚軍，自咸豐九年由湖湘招募成軍，轉戰粵西、楚、蜀、秦、隴之間，始則解圍湖南寶慶府城，旋攻克廣西富川、賀縣，削平髮逆石達開巨股，又克復湖南會同縣及湖北來鳳縣各城池，入川殄滅逆匪周紹湧、郭幅潰、宋仕傑各大股悍賊，剿撫松潘番寨、建南猓夷。越境則有甘肅階州之捷，並解徽縣城圍。各將士敵愾同仇，罔不爭先周（用）命[1]，所向克捷，迅告成功。其間畢命疆場，以死勤事，固在在有之。同治九年，奏派援黔，復添募黔軍，以資分布。黔地懸崖峭壁，賊悍巢堅。我軍每攻一城、破一寨，肉石相薄，死傷尤多。且時值夏秋之交，瘴癘大作，日有死亡。幸賴朝廷威福，自九年至十二年，節節掃蕩，元惡授首，餘孽剪除。兩游以次廓清，黔疆一律底定。綜計統兵以來，凡陣亡、傷亡、病故文武員弁兵勇，不下一萬五六千人。或摧堅破銳，臨陣捐軀。或受傷積勞，移時殞命。或感受煙瘴，因病身亡。凡茲死事情形，均堪憫惻，節經奏咨請恤，並由各統帶營官呈請捐資建祠，會同貴州撫臣，附片奏明，在於貴州省城及湖南甯鄉縣建立忠義祠，各在案。茲查四川為各員弁立功死事省分，且其中籍隸川省者，亦不乏人，自應一律建祠，以溥血食，咨請查照，將捐資建祠入祀歷年死事員弁兵勇緣由，據情代奏，由地方官春秋致祭等情。臣伏查，近歲用兵省分，各營陣

[①] 《德宗景皇帝實錄》卷二十，光緒元年十月下，《清實錄》第52冊，第314—315頁。

亡將弁勇丁呈請捐資建祠，均邀俞允在案。今提督周達武所請，事同一律。合無籲懇天恩，俯准前統武字川軍提督周達武，在於四川省城捐資建立武軍昭忠祠，由地方官春秋致祭，以垂久遠，而慰忠魂。理合附片陳明。伏乞聖鑒訓示。謹奏。

（頭品頂戴四川總督，十月初二）。[2]

（光緒元年十月十七日，軍機大臣奉旨：著照所請，該部知道。欽此）。[3]

光緒元年十月初二日，由馹附奏。於本年十一月初一日，准兵部火票遞回原片，後開軍機大臣奉旨：著照所請，該部知道。欽此。（P1183-1189）

校證

【案】此摺缺原件，錄副現藏於中國第一歷史檔案館①，茲據校勘。

[1] 爭先周（用）命："用"原稿誤作"周"。茲據錄副校改。

[2]（頭品頂戴四川總督，十月初二）：此據錄副補。

[3]（光緒元年十月十七日，軍機大臣奉旨：著照所請，該部知道。欽此）：此奉旨日期與內容，據錄副校補。

【案】此奏片得邀俞允，亦載之於《清實錄》："又奏，前貴州提督周達武請在川省捐建武軍昭忠祠。允之。"②

一三九　奏懇將前貴東道多文銷去永不敘用開復原官留川補用片
光緒元年十月初二日（1875年10月30日）

再，開復按察使銜花翎已革貴東道多文，前於貴東道任內，經原

---

① 中國第一歷史檔案館藏：《錄副奏摺》，檔號：03-5771-039。
② 《德宗景皇帝實錄》卷二十，光緒元年十月下，《清實錄》第52冊，第314頁。

任雲貴督臣勞（崇光）、貴州撫臣張（亮基）於尋常甄別案內，奏參革職。旋因在署貴陽府任內駕馭天主教，不能折服教中之人，奏參永不敘用。同治四年十一月，經貴州撫臣張（亮基）片奏，前將該員兩次奏參，祇為折服遠人起見，實則並無昭著劣績，請仍留原省效力。時因原案初結，未蒙俞允。同治十年正月，經成都將軍臣崇（實）奏派，赴黔辦理遵義等處教案事竣，會同貴州撫臣曾（璧光）奏保，請旨銷去永不敘用，開復銜翎原官，並免繳捐復銀兩。奉上諭：著加恩開復銜翎原官，並免繳捐復銀兩。欽此。嗣經部議，以銷去永不敘用，並未明奉諭旨，僅照永不敘用人員得有勞績，准其開復銜翎。其開復原官之處，應毋庸議，等因。覆奏，奉旨：依議。欽此。同治十二年十月，復經臣等於援滇各軍收復大理郡城案內在事出力，保請開復原官，留川補用。奉旨：交部議奏。核以未經銷去永不敘用字樣，致與章程不符，未蒙議准。茲因辦理黔江縣教案，復經臣會同成都將軍臣魁（玉），奏調來川，派委會辦，案經辦結，復先後派赴川邊一帶，督軍剿辦匪徒，攻克九絲寨等處。所有出力人員欽奉恩旨，准臣擇尤保奏。查該革員承辦黔江教案及川邊各路軍務，擒斬要匪，實屬始終奮勉，異常出力。核其原參永不敘用，祇為一時折服遠人起見，既非大計六法[1]，亦非實犯貪污。前此迭著勤勞，功過已足相抵。今復力圖報稱，誠為國家有用之才。合無仰懇聖主逾格鴻施，念其累次積功，明降諭旨，銷去永不敘用，開復原官，留川補用，並免繳捐復銀兩，出自格外天恩。臣為遴選人材、冀助指臂起見。是否有當。伏乞聖鑒訓示。謹奏。（頭品頂戴四川總督臣，十月初二）。[2]

（光緒元年十月十七日，軍機大臣奉旨：所請著不准行。欽此）。[3]

光緒元年十月初二日，由馹附奏。於本年十一月初一日，准兵部火票遞回原片，後開軍機大臣奉旨：所請著不准行。欽此。（P1191-1197）

校證

【案】此摺缺原件，錄副現藏於中國第一歷史檔案館，茲據校勘。

[1]大計六法：大計是清政府於順治初年在承襲明代"外察"制度基礎上建立起來的地方官定期考核制度，是與"京察"（京官定期考核）和"軍政"（武官定期考核）相並行的清代"激揚大典"之一，每三年舉行一次，"冊報責在撫按，考察責在部院，糾拾責在科道"。並且，但凡大計，均評定等差，"優者列為卓異，劣者分別輕重，置於八法"。八法即指通過考績處分官員之貪、酷、罷軟、不謹、年老、有疾、浮躁、才力不及八種情形。乾隆時，因貪、酷二法改為不拘定限，隨時參劾，於是，計入大計懲戒的原八法就變成六法。八法或六法官員的處分具體為：貪、酷皆革職提問，不謹、罷軟俱革職，年老、有疾者均休致，浮躁者降三級調用，才力不及者降二級調用。而"奉旨准其卓異者即以加一級註冊，令回原任候升"。①

[2]（頭品頂戴四川總督，十月初二）：此據錄副補。

[3]（光緒元年十月十七日，軍機大臣奉旨：所請著不准行。欽此）：此奉旨日期與內容，據錄副校補。

一四〇　奏請將承爵楊光坦許成鼇留於川省借補片
光緒元年十一月初二日（1875年11月29日）

再，承襲一等昭勇侯楊光坦[1]，於同治八年二月赴部引見，奉旨以二等侍衛用，准其承襲一等侯爵，在大門上行走，分入正黃旗當差。是年九月，在本旗陳情乞養，告假回籍。承襲三等壯烈伯許成鼇[2]，同治十二年八月赴部引見，奉旨：著准其承襲，仍回本省，投標學習。欽此。臣查楊光坦係原任陝甘總督楊遇春[3]之曾孫，許成鼇係原任廣西提督許世亨[4]之曾孫。均因家道清貧，無力留京供職，而蓋臣之後必應曲予保全，是以札委幫統精兵，遇有邊防不靖，派令隨同官軍堵剿，俾於隊伍進止機宜，藉資練習，在營日久，著有成勞，照例應以副

---

① 陳一容：《道光朝大計官員處分人數考》，《近代史研究》2007年第1期。

將、參將用。惟楊光坦等籍隸四川，副、參將等缺例應回避本省。合無籲懇天恩，俯准將承襲一等昭勇侯楊光坦、承襲三等壯烈伯許成鼇，以副將、參將用，並留於川省，以遊擊借補。俟補缺後，再行送部引見，仍按副將、參將原銜升轉，以示體恤。理合附片陳明。伏乞聖鑒訓示。謹奏。（頭品頂戴四川總督臣，十月初二）。[5]

（光緒元年十月十七日，軍機大臣奉旨：兵部議奏。欽此）。[6]

光緒元年十一月初二日，由馹片奏。於本年十一月初一日，准兵部火票遞回原片，後開軍機大臣奉旨：兵部議奏。欽此。（P1143-1147）

校證

【案】此奏片缺原件，錄副現藏於中國第一歷史檔案館①，茲據校勘。

[1] 楊光坦：履歷未詳，待考。

[2] 許成鼇：履歷未詳，待考。

[3] 楊遇春（1760—1837）：四川成都府崇慶州人。乾隆五十年起，由四川龍安營把總升任青雲把總、茂州營千總、成都城右營守備、都司銜、雲南督標中營都司、四川松潘鎮標中營遊擊、四川普安營參將。嘉慶元年起，歷任廣東羅定協副將、甘肅西寧鎮總兵官、甘肅提督、加雲騎尉、騎都尉、固原提督、二等輕車都尉、陝西甯陝鎮總兵、陝西提督。嘉慶二十五年（1820），晉太子少保。道光六年（1826），任陝甘總督、欽差大臣、參贊大臣、加太子太保。十五年（1835），封一等昭勇侯，賞換花翎，賞勁勇巴圖魯、紫禁城騎馬、賞穿黃馬褂、賞戴雙眼花翎、光祿大夫。十七年（1837），卒。諡忠武，追贈太子太傅。詳見《清史稿·楊遇春傳》。②

[4] 許世亨（？—1789）：四川成都府新都縣人。乾隆二十年起，歷任越巂營把總、千總、中軍守備、建昌鎮標右營都司、賞戴花翎、封勁勤巴圖魯名號、越巂前營參將、江南漕標中軍副將、江南河標左營副將、雲南開化鎮

---

① 中國第一歷史檔案館藏：《錄副奏摺》，檔號：03-5771-033。
② 趙爾巽等：《清史稿》卷三百四十七，列傳一百三十四。

總兵、雲南騰越鎮總兵、貴州威甯鎮總兵，賞堅勇巴圖魯名號。乾隆五十三年（1789），任浙江提督、廣西提督，賞一等子、三等壯烈伯。詳見《清史稿·許世亨傳》。①

［5］（頭品頂戴四川總督臣，十月初二）：原稿無此銜名、日期，據錄副補。

［6］（光緒元年十月十七日，軍機大臣奉旨：兵部議奏。欽此）：此奉旨日期與內容，據錄副校補。

一四一　奏報川軍跟蹤追剿會合滇軍聚殲墳壩股匪並請彙獎摺
光緒元年十一月十五日（1875年12月12日）

（頭品頂戴四川總督臣吳棠跪）[1]奏，為川軍跟蹤追剿，迭有斬擒，會合滇軍，將墳壩竄出股匪聚殲於鎮雄州大寨地方，恭摺馳陳，仰祈聖鑒事。

竊臣前將川軍攻克賊巢，剿除股匪，現仍跟蹤追捕，務盡根株緣由，專摺奏明在案。先是統領達字營簡用總兵張祖雲等生擒匪首易增元一名、匪黨魏老六等七名，解交敘永廳，寄禁訊辦。即據呈送供摺，內有匪黨陳元貴，供稱逸匪袁華美面帶鎗傷，死在洞中等語。嗣據敘永廳同知張煥祚稟報：兵團協會勇丁，嚴加搜捕，先後在老鴉刁、苦膽林等處截獲夥匪楊文秀、吳寶成等十一名，當即提同質訊，據匪首易增元供稱，易增元即易照臨，鎮雄州墳壩人，與洪鈞白、巨二卯等素識，同學神打。七月間，洪鈞白等糾黨六七百人，到易增元寨內，約會起事。質之匪黨魏老六等，簽（僉）稱[2]易增元是其小名，與洪鈞白等潛蓄逆謀，已非一日。眾供確鑿，罪不容誅。餘與原供大略相同等情。經臣批令將易增元即易照臨，就地正法，其餘匪黨分別懲治、

---

① 趙爾巽等：《清史稿》卷三百三十四，列傳一百二十一。

省釋。方川軍之跟蹤追剿[3]也，統領武威寶營簡用提督李有恆派令前、中、後三營，馳赴鎮雄州境。後營管帶參將李連發，先於九月初六日從分水嶺拔隊啟行，越三日，至苦膽林，詳加偵探，賊悉逃歸散處，並無定蹤。初十日，復由苦膽林前進，跬步皆山，盡是半（羊）腸鳥道[4]。午刻，行至香壩。據該處團總陳洪發面稱：墳壩逃回[5]之賊，分股狂奔。洪鈞白帶有百餘人，竄至四寨，將寨攻破。旋又竄踞大寨，招集流亡，意圖復逞。巨二卯帶有二百餘人，竄伏黑洞，與香壩相去甚近。李連發率同所部勇丁，直搗黑洞，鍋甑之飯猶溫，並有熬造硝磺之桶，環列洞壁，遍地皆人馬足跡。起獲鎗礮、刀矛多件，搜獲帶傷落後夥匪萬洪順四名，探悉巨二卯聞官軍緊躡其後，邀同死黨數十人，連夜向大寨合股。李連發、賈勇先驅，竭一晝夜之力，疾行一百八十里，至木著，尚距大寨六十餘里。前營提督劉道宗、中營總兵李鳳友於九月初七日，自防所開拔[6]，掃蕩而前。十一日寅刻，三營會合並進，至大寨之落尾壩地方，沿途竄匪或十餘人，或數人為一起，紛紛逃散。我軍四路截殺，共斃匪三十餘名，生擒悍匪張志順等五名，均於軍前正法。奪獲紅、白賊旂八杆、小令旂四杆、鎗礮、刀矛三十餘件，旋即馳抵大寨。鎮雄營守備楊萬才等已於十一日五鼓，督同官練鄉團，並力攻克，生擒賊匪四十餘名，內有要匪巨二卯等。惟逸匪洪鈞白接仗受傷，於大寨未破之先，乘間逃脫，向濫泥溝一帶竄去。臣前於削平巖洞之餘，即飭統領達字營總兵張祖雲，回顧敘南。蓋以敘永廳與高、珙、筠連等縣綿亙千餘里，接壤滇疆，有唇齒相依之勢。此拏彼竄，事所必然。總兵張祖雲回防後，派令裕字前營副將劉順望、達字前營副將何榮貴，各率所部，分頭巡緝。九月初九日，劉順望等探知墳壩逸匪洪鈞白等，竄踞大寨，離防營不遠，各出五成隊，偃旂息鼓，分三路襲取之，迭有斬擒。初十日，行至大水井、濫泥溝一帶，天色將晚。劉順望等傳令，擇隘設伏，步步為營。是夜二更，果有竄匪數人，倉皇疾走。該勇丁等齊出盤查，拏獲匪黨何長興、何長順、陳世春三犯。瞥見洪鈞白兇猛異常，先以利刃戳傷勇丁文道貴、徐秉忠及團丁二名。合營憤激向前，立將該匪殺斃，割取首級，同獲犯三名，由總兵張祖雲派弁，押解來省，發交成都府知府許培身，督同讞局委員，確切訊明。供認為洪鈞白逼脅同逃，內有何長順一名，曾犯搶劫，投入匪黨，委係甘心從賊。經臣提勘屬實，恭請王命，明正典刑。並將洪鈞白首級懸竿示眾，餘匪分別究辦。是役也，提督李有恆、總兵張祖雲，當寇焰方張之日，越境遄征，率師深入，一克之於墳壩，再克之於巖洞，逸匪袁華美鎗斃於前，首匪易增元生擒於後。賊鋒既挫，賊勢漸衰。茲復以得勝之軍跟蹤追剿，使該匪智窮力絀，計無所施。適滇省兵團踵至，協力兜拏，將要匪鞠占能即巨二卯等，悉行弋獲。而逸匪洪鈞白最稱狡健，竄近川疆，又為總兵張祖雲督同將弁勇丁，查拏格殺。其王新大一股，據提督李有恆探報，復經兼署雲貴總督雲南撫臣岑毓（英）檄派署昭通鎮總兵吳永安，督師會剿，設法殲除。計倡首作亂之徒，無一幸逃法網者，洵足以伸天討而快人心。提督李有恆於大功將蕆之時，經永寧道延祐因瀘州境內鹽梟滋事，並有另股匪徒踞擾永川縣朝陽山寨，移請赴援。雖民練齊心，登時撲滅。而李有恆、延祐兼顧通籌，分兵扼隘，並拏獲竄匪多名，辦理均臻妥速。現在貴州撫臣黎培（敬）[7]檄派提督何雄輝，統領黔軍，已抵川黔交界赤水河地方。李有恆仍折回敘永，與何雄輝、吳永安會籌善後事宜，以冀一勞永逸，共靖邊陲。

此次越境剿匪尤為出力員弁、兵團，可否容臣查明併案彙獎之處，出自逾格鴻慈。除滇軍戰勝攻克情形，應由兼署雲貴總督雲南撫臣岑毓（英）奏報外[8]，所有川軍跟蹤追剿，迭有斬擒，會合滇軍將墳壩竄出股匪聚殲於鎮雄州大寨地方緣由，理合恭摺馳陳。伏乞皇太后、皇上聖鑒訓示。謹奏。（十一月十五日）。[9]

（光緒元年十二月初三日，軍機大臣奉旨，欽此）。[10]

光緒元年十一月十五日，由驛具奏。本年十二月十八日，准軍機大臣奉旨：另有旨[11]。欽此。（P1199–1215）

校證

【案】此摺缺原件，錄副現藏於中國第一歷史檔案館①，茲據校勘。

[1]（頭品頂戴四川總督臣吳棠跪）：原稿無前銜，茲據補。

[2] 簽（僉）稱：錄副作"僉稱"，確。茲據改。

[3] 跟蹤追剿：錄副作"跟蹤剿"，顯奪"追"無疑。

[4] 半（羊）腸鳥道："羊"原稿誤寫為"半"，據錄副校改。

[5] 逃回：錄副作"跳回"，非是。

[6] 開拔：錄副作"開跋"，未當。

[7] 黎培（敬）：原稿空名諱"敬"，茲據補，以下同。

【案】黎培敬（1826—1882），字簡堂，一字開周，湖南湘潭人。咸豐十年（1860），中式進士，選翰林院庶吉士，授編修。同治三年（1864），任貴州學政。翌年，署理貴州布政使，參與鎮壓苗民暴動，實授布政使職。光緒元年（1875），擢貴州巡撫。五年（1879），因奏請解除前雲貴總督賀長齡處分，降職調任四川按察使。後經四川總督丁寶楨疏薦，六年（1880），出任漕運總督。次年，補江蘇巡撫。旋因病返湘。八年（1882），卒於鄉里。著有《黎培敬文集》。② 詳見《清史稿·黎培敬傳》。③

[8]【案】兼署雲貴總督雲南巡撫岑毓英已於光緒元年十月十五日，具摺奏報"攻克鎮雄踞匪州境肅清摺"，於十一月初五日得允行，清廷飭令吳棠等分飭各軍，會同進剿，以靖嚴疆④。摺曰：

奏為官軍攻克鎮雄州屬大寨賊營，擒斬首要各匪，邊境肅清，恭摺

---

① 中國第一歷史檔案館藏：《錄副奏摺》，檔號：03-5772-003。
② 禹舜主編：《湖南大辭典》，新華出版社1995年版。
③ 趙爾巽等：《清史稿》卷四百四十八，列傳二百三十五。
④ 《清實錄》："諭軍機大臣等：岑毓英奏官軍攻克鎮雄州屬大寨，擒斬首要各匪一摺。因滇黔交界之敘永等處匪徒滋擾，自川軍攻克場壩後，匪黨竄入鎮雄州屬大寨，經岑毓英督飭官兵進剿，當即攻破，生擒匪首鞠占能即巨二卯等正法，剿辦尚為迅速。惟該處係三省毗連，尚多伏莽，亟應認真搜捕，以淨匪蹤。著吳棠、岑毓英、黎培敬分飭各軍會同兜剿。所有此股為首滋事之洪鈞白並此外著名匪黨，務當悉數殲除，毋任餘燼復燃，致為邊境之患。將此由五百里各諭令知之。"（《德宗景皇帝實錄》卷二十一，光緒元年十一月上，《清實錄》第52冊，第327頁。）

仰祈聖鑒事。竊查雲南威信地方，前被川黔游匪竄擾。據署鎮雄州知州宋德基、署鎮雄營參將朱文德等稟報到省，當經臣檄飭署昭通鎮總兵吳永安統帶官兵，馳往鎮雄州，督同剿辦，於光緒元年九月二十日具奏在案。嗣於九月三十日，准軍機大臣字寄：光緒元年九月十一日，奉上諭：吳棠奏敘永邊界匪徒滋事，調隊堵禦一摺。四川敘永廳境界連雲南鎮雄州屬，時有游匪嘯聚。本年七月間，匪徒巨二卯等佔據鎮雄州屬墳壩及落木河等處，並竄近敘永大廟地方，迭經川軍分投剿擊，該匪由清水河等處竄出雲南長官司轄境肆掠，仍踞墳壩。著派兵會剿，務期搗穴擒渠，迅圖殲滅，毋任貽患邊疆，等因。欽此。當即恭錄轉行，欽遵辦理。查長官司係威信古名，前竄擾威信之賊，即係此股匪徒。現據署鎮雄州知州宋德基、署鎮雄營參將朱文德稟稱：於八月二十四、五等日，先後派署守備楊萬才、李長清、把總黃茂章等，挑帶兵團，分紮矣勒、扎西、法貢各要隘，相機進剿。並將鎮雄土匪王添貴一股先行收服，內顧無憂，然後直搗墳壩。時墳壩賊營已為川軍攻克，匪首鞠占能即巨二卯，同易照臨之子易紹顯等，帶匪黨三四百人，由罐子口竄入距羅坎關二十里之大寨，焚擄附近居民，勢復猖獗。宋德基、朱文德聞警，督飭楊萬才、李長清及團首席占標等，共帶兵團二千餘人，馳往圍攻。查看賊踞大寨，原係該處民堡，山高而險，三面懸巖，僅一路可通出入，而寨外復還築礮臺，遽難攻拔。該員等於九月初四五等日，誘賊出戰，陣斬數十名，餘賊退入寨中，負嵎拒守。初八九等日，將各礮臺次第掃除，逼巢而壘，斷其汲道，用雲梯併攻，賊礮石如雨，兵團多有損傷，未能得手。至初十日三鼓，楊萬才募敢死之士，督領前進，由間道攀附而上，首先登埤。李長清、席占標等復率領兵團，蟻附前進，破入大寨，巷戰至十一日黎明，斃匪一百餘人，生擒匪首鞠占能、易紹顯等六十八名。逸匪被伏兵截殺，及墜巖跌斃，無一漏網。點驗擒獲活賊，內有易紹顯等二十一名，帶傷甚重，即在軍前正法。其鞠占能等四十七名，均解至州城，聽候審辦。州屬地方現已肅清各等情。並據署昭通鎮總兵吳永安在途接據稟報，會同署昭通府知府吳怡，轉稟前來。臣查此股賊匪，始則窺伺敘永，逼近廳城，繼則襲入威信，焚燒衙署。追川軍既克墳壩，復敢奪踞大寨，豕突狼奔，實非尋常土匪可比。今署鎮雄州知州宋德基、署鎮雄營參將朱文德督飭署守備楊萬才等，於總兵吳永安未到之先，即將賊匪撲滅，辦理尚屬奮勉。擒獲匪首鞠占能即巨二卯等四十七名，本應飭解昭通，交該府審辦。因鎮雄距昭通七站，沿途恐有疏虞，臣以批飭該州就近訊取確供，分別懲辦。如有著名匪黨漏網逃匿，務須隨時搜捕，淨絕根株，並查明受害難民，妥為撫恤，以仰副朝廷綏靖邊陲之至意。此次尤為出力之宋德基、朱文德、楊萬才等，前於同治十二年隨同克復騰越廳城，著有微勞，茲已彙案奏保，毋庸另行請獎。其餘出力員弁團首，擬擇尤記功獎敘，以昭激勸。至署威信州判衛道行、署威信汛弁花占魁，前經奏參革職，提省審辦。俟提到，臣即督同臬司，訊明辦理。此案竄擾威信之匪，未及一月，即行撲滅。其專兼統轄各職名，免邀查議。所有官軍攻克鎮雄州屬大寨賊營，擒斬首要各匪，邊境肅清緣由，理合恭摺具奏。伏乞皇太后、皇上聖鑒訓示。再雲南巡撫係臣本任，毋庸列銜。合併陳明。謹奏。①

[9]（十一月十五日）：原稿無此日期，茲據補。

[10]（光緒元年十二月初三日，軍機大臣奉旨，欽此）：此據錄副補。

[11]【案】此摺於十二月初三日得清廷批復，令吳棠等飭各將領搜捕餘匪，務絕根株，並將善後事宜悉心妥籌，以期一勞永逸，綏靖邊陲，《清實錄》：

丙寅，諭軍機大臣等：吳棠奏剿除墳壩竄出股匪一摺。匪首鞠占能等竄踞鎮雄州屬大寨地方，提督李有恆等帶隊躡剿，會合滇軍將首要各匪殄除殆盡，辦理尚為妥速。此次尤為出力各員弁，准其彙案請獎，毋許冒濫。其王新大一股，據稱經滇軍總兵吳永安督隊會剿，設法殲除。此股匪徒是否業經撲滅，著岑毓英查明，詳細具奏。並著吳棠、岑毓英、黎培敬，飭令各將領搜捕餘匪，務絕根株。其瀘州境內滋事鹽梟及踞擾永川朝陽山寨之另股匪徒，雖經撲滅，仍著吳棠將餘匪盡數殲除，

---

① 黃盛陸等標點：《岑毓英奏稿》，第420—422頁。

並將善後事宜悉心妥籌，以期一勞永逸，綏靖邊陲。將此由四百里各諭令知之。①

一四二　奏報川省添募練丁裁撤勇丁並將裕字前營調回省垣片
光緒元年十一月十五日（1875年12月12日）

再，查雷波夷匪滋事，馬邊廳係屬鄰封，舊有練丁一百八十名，不敷分布。據該廳同知林之洛[1]稟准，添募練丁三百二十名，查照川勇章程，支給口食。又，達字前營副將何榮貴，前在敘郡索餉時，裁存勇丁三百餘名，屢經剿匪立功，究恐軍心不固，已札行籌餉報銷局找清欠餉，遣撤歸農，並檄令統領達字營總兵張祖雲，另募楚勇三百名，交副將劉順望管帶，以固邊防。仍將裕字前營勇丁調回省垣，歸副將范承先統帶，俾專責成。理合附片陳明。伏乞聖鑒。謹奏。（頭品頂戴四川總督臣吳棠跪，十一月十五日）。[2]

（光緒元年十二月初三日，軍機大臣奉旨：知道了。欽此）。[3]

光緒元年十一月十五日，附片具奏。本年十二月十八日，准兵部火票遞回原片，內開軍機大臣奉旨：知道了。欽此。（P1217–1219）

校證

【案】此奏片缺原件，錄副現藏於中國第一歷史檔案館②，茲據校勘。

[1] 林之洛（1824—？）：安徽鳳陽人，時任雷波廳同知。其履歷曰："安徽鳳陽府懷遠縣拔貢，年四十五歲，前任山西天鎮縣知縣，卓異未陛，服滿候補。今籤掣四川嘉定府犍為縣知縣缺，敬繕履歷，恭呈御覽。謹奏。"③

---

① 《德宗景皇帝實錄》卷二十三，光緒元年十二月上，《清實錄》第52冊，第346—347頁。
② 中國第一歷史檔案館藏：《錄副奏摺》，檔號：03-6058-003。
③ 秦國經主編：《清代官員履歷檔案全編》第二十七冊，第57頁。

[2]（頭品頂戴四川總督臣吳棠跪，十一月十五日）：此銜名、日期據錄副補。

[3]（光緒元年十二月初三日，軍機大臣奉旨：知道了。欽此）：此奉旨日期與內容，據錄副補。

一四三　奏報川軍剿辦雷波廳匪殲除要逆並酌保尤為出力員弁摺
光緒二年正月十五日（1876年2月9日）

（四川成都將軍臣魁玉、頭品頂戴四川總督臣吳棠跪）[1]奏，為剿辦雷波廳蠻匪，迭克堅巢，殲除要逆，現已及時戡定，全境肅清，恭摺馳陳，仰祈聖鑒事。

竊臣等前將雷波蠻匪出巢滋擾，調集官兵，乘機擊退緣由，專摺奏明在案。嗣於光緒元年七月十九日，欽奉寄諭：著督飭各軍，剿撫兼施，相機妥辦，毋任匪蹤滋蔓，為害地方，等因。欽此[2]。臣等跪誦再三，莫名敬服。節經飭催各將領等，分道進兵，妥為籌辦。查武字副前營、經武中營、達字左營、湘果營各軍，自齊集廳城後，會議定謀。雷波廳城為根本要區，黃螂汛係運糧後路。提督胡國珍所部武字副前營暫留駐守，以壯聲援。而該蠻匪雖暫憚兵威，依然負固，苟非深入其阻，捌背搗吭，難望其俯首服從，久安無事。總兵邵永齡率經武中營、知府張世康率達字左營，從夾夾石、大火地直抵三棱崗扼紮。署普安營參將提督王聚蘭率湘果營，從烏角汛、野豬氹直抵馬頸子扼紮。署雷波廳通判事同知吳之桐，會同前梁山縣知縣國璋，督率廳練鄉團，分防隘口，往來策應，兼辦軍糧。於七月二十二三等日，布置甫定。提督胡國珍亦即抽撥勇丁，帶赴三棱崗前敵，會籌進剿事宜。該蠻匪突由田家灣一帶，糾眾來犯，並於馬臥槽溝內埋伏千人。我軍各出五成隊伍，分頭迎擊，轟斃蠻匪十餘人，步步為營，且戰且進，相持半日之久。伏賊猝乘，適提督王聚蘭派令守備王仕明等，從馬頸子帶勇赴援，兩路夾攻，軍威益壯，殺斃悍匪數名，轟斃三十餘名，燒毀蠻棚十餘處，奪獲弓矢、器械多件。該匪力竭狂奔，退踞田家灣要隘。田家灣與三棱崗對峙，漢彝界址井然，素稱天險。若劃疆而守，終無以制伏凶頑，不得不合分防之師為進攻之計。於是，披荊開徑，掃蕩而前。八月初四日辰刻，我軍會隊從馬臥槽抵官窯子。該匪膽敢四出抗拒，銳不可當。戰至日中，總兵唐珊峰陷陣，手刃悍匪數名，始行卻退。我軍乘勝疾趨，迭有斬擒，未刻收隊。初五日寅刻，該蠻匪復糾大股，直撲我營。提督胡國珍等以正兵禦之，並約會提督王聚蘭，從馬頸子督隊迅馳合擊，作為奇兵。各營弁勇踴躍爭先，鎗礮齊施，刀矛並舉，轟斃蠻匪三十餘名，格殺十餘名。縱橫蕩決，賊勢不支。時日已西沉，傳令暫為休息，每營各挑選奮勇百餘人，多帶利刃、火器。並派定民團為嚮導。是夜初更後，由馬臥槽銜枚急走，轉入黃泥坳，附葛攀藤，螺旋而上，直至田家灣山頂，於箐密林深之處，扼隘伏兵。初六日，天色將明，提督胡國珍率武字副前營、知府張世康率達字左營，從中路直沖山坳，賈勇先登。經武中營總兵邵永齡陣於田家灣之右，雷波廳練丁副之。湘果營提督王聚蘭陣於田家灣之左，普安右營制兵副之。面面合圍，層層逼壘，搖其（旗）吶喊[3]，聲震林谷。該蠻匪瞥見我軍，呼號失措，以滾木礧石拋擲紛紛。我軍施放洋礮，百發百中，兼用噴筒、火箭，乘勢猛攻，蠻匪棚悉被焚燒，四山皆赤。自卯至午，該匪所存無多，拼死潛逃，又為伏兵截剿始（殆）盡[4]，遂將田家灣攻克。計轟斃、格殺蠻匪不下千人，奪獲器械三百餘件。陣亡兵勇二十餘名。初七至十三等日，各督隊伍，將附近田家灣之牛滾氹一帶夷巢次第廓清，俾與馬頸子紮營地段，聲息相通。其原扎三棱崗各營，亦即移進田家灣，挖濠築寨，分立營盤。匝月之間，甫得星羅棋布，壁壘一新。該蠻匪經大加懲創之餘，門戶已失，猶復負嵎自若，抗不投誠。因即一面設法招徠，一面整軍進取。至九月初九日，有阿六猓民頭目曲租等來營乞降。該頭領等優加犒賞，並細詢該蠻匪等，何以絕無悔過之心。據稱恩札恃強不服，且有丁姓一支相助為虐，把持煽惑，不准各支出降等語。查恩札即巴姑梁逆鐵，住牧涼山，散居野處。自恃族蕃地險，兵力難施。而丁姓一支附近牛滾氹，地名負主寨，必先加撻伐，方足以寒賊膽，而快人心。隨即分隊移紮牛滾氹，將投誠各支蠻房悉行標記，免致玉石俱焚。知府張世康等移營丁家坪子，察看形勢，應分兩路進兵。二十八日亥刻，提督胡國珍親率所部，督同普安右營守備鄧必超，管帶制兵，由雙河溝涉水過河，直搗負主寨之前。知府張世康會同總兵邵永齡，督率副將蔣畢雋等，於底阿腳搭造浮橋，潛襲負主寨之後。署參將王聚蘭率守備王仕明等，攻其左。署雷波廳通判吳之桐，會同知縣國璋，攻其右。四更後，大霧彌漫。各軍魚貫而上，甫及山半，天色黎明。匪眾驚覺，木石弩矢齊下。前敵頗有傷亡，後隊繼進，以鎗礟向上轟擊。計斃守卡悍匪百餘名，賊勢少卻。知府張世康率千總李鴻順、田錦德等，麾軍血戰，一鼓克之。餘匪退入第二坉老巢。正擬乘機掃蕩，乃該蠻酋丁哈噠由涼山邀集生番二千餘眾，從後路掩至。該將領等能料敵情，豫為准備，乘匪眾未集之時，迎頭截剿，使其首尾不能相顧，以挫其鋒。而丁哈噠身穿皮甲鐵鐶，先驅督戰，兇悍異常。副將蔣畢雋率洋鎗隊環擊之，中其要害，猶能以利刃戳傷士卒數人，始行撲地。我軍割取首級，復陣斬悍匪十餘名，轟斃三百餘名，奪獲檔牌、盔甲、器械三百餘件。蠻匪大敗，互相攜抱，並用氈衣裹頭，翻山而遁，墜崖落澗者，不計其數。天色將晚，遂將第二坉老巢一律平毀，振旅而還。即有長河磧猓民半月租，肉袒牽羊，哀求免剿。而母狗坡蠻酋木慈哥雞由、羅崗蠻酋朱刷子、蔥子坪蠻酋楊黑挪等，皆羅跪馬前，叩頭請罪。當經該將領等曉以利害，諭以恩威。責令各派頭目聽差，藉資鈐束。由是吳奇、丁世貴、盧里苟等支，相率來歸。至十一月中旬，計內九支、外十二支，均經次第投誠。惟恩札一支因道途窵遠，一時未克傳齊。迨十二月初四日，蠻酋恩札即鵲率同巴姑梁逆鐵二百餘人，親詣營盤，輸忱納款。遂飭令與就撫阿六等支猓民，飲血歃盟，誓不再叛。雷波廳上下十八地，一律肅清。由該將領提督胡國珍會稟前來。

　　伏查雷波廳蠻匪，自搆兵倡亂以來，瞬將一稔。經臣等先後檄調經武中營總兵邵永齡、武字副前營提督胡國珍、達字左營知府張世康、湘果營提督王聚蘭，各率所部，分起赴援。每於批牘中三令五申，以黷武窮兵為戒，無如蠻匪性同梟獍，欲結以恩，必先怵以威，殆未有不剿而能撫者也。該將領等初不過暗加防範，明示羈縻。苟能受我範圍，銷其桀驁，亦何事縋幽鑿險，深入不毛？乃寇勢鴟張，直犯營壘。累戰皆捷，斬馘已多，且奪據田家灣門戶。而該蠻匪釜魚阱獸，苟且偷生。我軍境外孤懸，殊非勝算，不得已而有進攻負主寨之舉。查負主寨峭壁懸崖，乃涼山咽喉重地。犬羊之眾，咸麕集於斯，抗阻官兵。道光年間，以大枝勁旅圍攻，日久未下。此時，兵力不及昔年十分之二，更有蠻酋丁哈噠，驍健絕倫，遠近皆能號召，實為禍首，擒斬尤難。幸得仰叨聖主福威，士卒用命，剿撫兼施，迭克堅巢，殲除要逆，使內外二十一支蠻眾動魄警心[5]，復先歸附。即住牧涼山之生番恩札等，亦皆率眾乞降，及時戡定，全境肅清。臣等惟有督飭將領廳營等，仿照越嶲、峨邊辦過成案，凡建碉築堡，看路保哨，並責令黑骨上班勒繳，難民安業，以及遴派土目，添設土兵數大端，均應次第舉行，為一勞永逸之計。

　　此次在事將領弁勇，屢瀕危險，備歷艱辛，出師於蠻煙瘴雨之天，奏凱於積雪堅冰之地。功深戰苦，與用兵腹地不同。謹擇其異常出力者，籲懇天恩，先行鼓勵。花翎候補知府張世康，擬請賞給清字勇號，並請賞加鹽運使銜。固勇巴圖魯簡用提督胡國珍，擬請賞換清字勇號，並請賞給該員三代一品封典。簡用總兵邵永齡，擬請以提督記名簡放，並請賞給該員三代一品封典。署雷波廳通判事同知吳之桐，擬請賞換花翎。署普安營參將事毅勇巴圖魯簡用提督王聚蘭，擬請賞換清字勇號。降調知縣國璋，擬請開復降調處分，仍以知縣留川，歸候補班補用，並免繳捐復銀兩。提督銜簡用總兵唐珊峰，擬請賞給勇號，並請賞給該員三代一品封典。花翎儘先副將蔣畢雋，擬請以總兵記名簡放，並請賞給勇號。降補守備王仕明，擬請開復遊擊，留川儘先補用。藍翎千總李鴻順、田錦德，均擬請免補守備，以都司儘先補用，並請賞換花翎。把總向華廷、六品軍功彭祖年，均請以千總儘先拔補，並均請賞戴藍翎。其餘尤為出力員弁、兵團，可否容臣等查明，彙案請獎，出自逾格鴻慈。再，查雷波廳通判徐浩，既未能彌衅於前，復不克防閑於後。實屬咎無可辭。惟該員年力正強，且於未交卸之先，隨同官軍進剿，尚知愧奮。相應請旨，將雷波廳通判徐浩，開缺留省，酌量另補，以示薄懲。合併聲明。所有剿辦雷波廳蠻匪、迭克堅巢、殲除要逆，現已及時勘定、全境肅清緣由，謹合詞恭摺馳奏。伏乞皇太后、皇上聖鑒訓示。謹奏。（光緒二年正月十五日）。[6]

光緒二年正月十五日，具奏。（P1221-1249）

校證

【案】此摺件於中國第一歷史檔案館屬尚未開放閱覽之列。茲僅據《光緒朝上諭檔》、《清實錄》及前後摺件校補。

[1]（四川成都將軍臣魁玉、頭品頂戴四川總督臣吳棠跪）：原稿無此前銜，茲據《清實錄》推補。

[2]【案】此節文字尚有省略之處，茲據《光緒朝上諭檔》補：

軍機大臣字寄：成都將軍魁、四川總督吳：光緒元年七月初五日，奉上諭：魁玉、吳棠奏，擊退雷波蠻匪，仍飭各軍妥籌鎮撫一摺。本年正月間，四川雷波廳境突有大股蠻匪吳奇一支，糾約巴姑梁逆鐵之等支，從三稜崗竄至牛吃水地方滋擾，復分股竄擾白鐵壩、中興場等處，均經我軍先後擊退。其大股屯紮山梁，並有另股蠻匪於四月間竄撲黃螂營壘，及在唐家山等處滋擾。總兵邵永齡等督隊攻剿，斃匪多名，餘匪向核桃林逃竄。魁玉等現已派令各將領分路扼紮，直逼老巢，著督飭各軍剿撫兼施，相機妥辦，毋任匪蹤滋蔓，為患地方。雷波廳通判徐浩職司邊地，未能撫馭咸宜，即著調省察看，據實具奏，毋稍徇庇。將此由五百里各諭令知之。欽此。遵旨寄信前來。①

[3] 搖其（旂）吶喊："旂"原稿誤為"其"，茲改正。

[4] 截剿始（殆）盡："殆"原稿誤為"始"，茲校正。

[5] 動魄警（驚）心：當為"動魄驚心"，原稿疑誤。

[6]（光緒二年正月十五日）：此日期據推補。

【案】此摺於光緒二年正月二十九日，得清廷允准，並予張世康等在事出力員弁獎敘。《光緒朝上諭檔》：

光緒二年正月二十九日，內閣奉上諭：魁玉、吳棠奏剿辦蠻匪肅清，請將出力員弁獎敘一摺。四川雷波廳蠻匪恃眾滋事，經吳棠派兵剿辦，猶敢負嵎抗拒。上年秋間，提督胡國珍等帶兵，分道進攻，迭克堅巢，殲除首逆，蠻眾一律收撫，全境肅清，剿辦尚為妥速。仍著督飭該將領等，即將善後事宜妥籌辦理，以竟全功。此次出力之知府張世康著賞給富隆阿巴圖魯名號，並賞加鹽運使銜。提督胡國珍，著賞換喀幫莽阿巴圖魯勇號，並賞給該員三代一品封典。總兵邵永齡，著以提督記名簡放，並賞給該員三代一品封典。同知吳之桐，著賞換花翎。提督王聚蘭，著賞換圖真阿巴圖魯勇號。降調知縣國璋，著開復降調處分，仍以知縣留川，歸候補班補用。總兵唐珊峰，著賞給勃勇巴圖魯名號，並賞給該員三代一品封典。副將蔣畢雋，著以總兵記名簡放，並賞給銳勇巴圖魯名號。降補守備王仕明，著開復遊擊原官，留於四川，儘先補用。千總李鴻順、田錦德，均著免補守備，以都司儘先補用，並賞換花翎。把總向華廷、軍功彭祖年，均請以千總，儘先拔補，並賞戴藍翎。其餘尤為出力員弁、兵團，著准其擇尤，彙案保獎，毋許冒濫。雷波廳通判徐浩，於蠻匪滋事未能先事防範，例有應得之咎。惟隨同官軍進剿，尚知愧奮。著開缺留省另補，以示薄懲。該部知道。欽此。②

又，《清實錄》亦略載之曰："以剿辦四川蠻匪肅清，賞知府張世康、提

---

① 中國第一歷史檔案館編：《光緒朝上諭檔》，光緒元年七月初五日。
② 中國第一歷史檔案館編：《光緒朝上諭檔》，光緒二年正月二十九日。

督胡國珍、王聚蘭、總兵唐珊峰、副將蔣畢雋等巴圖魯名號,同知吳之桐、千總李鴻順、田錦德等花翎。餘升敘、加銜、開復有差。"①

一四四　奏報提督李有恆探悉賊蹤派員迅馳會剿情形片
光緒二年正月十五日（1876年2月9日）

再,臣吳(棠)查,統領虎威寶軍提督李有恆,會同滇軍於大寨地方剿除墳壩竄匪後,探悉另股匪首楊大老五,即楊大桿子,招集流亡六七百人,與匪首李秉終分作兩股。楊大老五踞畢節縣屬之黑松林,李秉終踞畢節縣屬之毛家屯,急欲竄擾威甯州屬之旗號山,再圖起事。當經該統領一面給諭在黔素識得力團總都司朱光明,一面札飭遊擊張綏之、方榮升,督帶勇丁,馳赴黔境,會同畢節縣知縣鄒元吉、畢赤營遊擊李德良,並密商威甯鎮、貴西道各防軍,暨貴州派出統領復字營提督何雄輝,各率隊伍,圍攻黑松林。鏖戰多時,將楊大老五殺斃,割取首級,搜獲偽示、偽札等件,又殺斃悍賊二十餘人,餘匪悉向毛家屯逃竄。團總朱光明復率得勝之師,跟蹤追剿,沖入賊巢,將李秉終殺斃,生擒悍賊徐老七等多名,帶傷墜巖死者甚夥。由提督李有恆稟報前來。臣伏念川滇黔三省毗連,邊界最易藏奸。全在地方文武畛域不分,隨時搜捕,庶免養癰滋蔓,為害地方。今提督李有恆探悉賊蹤,即派令遊擊張綏之等,帶隊迅馳會剿。而知縣鄒元吉等復能共濟和衷,顧全大局,率同團總朱光明等,將匪首楊大老五、李秉終[1]等,立時撲滅,籌辦尚稱妥速。除詳細戰狀應由貴州撫臣黎培敬奏報外[2],理合附片陳明。伏乞聖鑒。謹奏。

(光緒二年正月二十九日,軍機大臣奉旨。欽此)。[3]

光緒二年正月十五日,具奏。（P1251-1255）

---

① 《德宗景皇帝實錄》卷二十五,光緒二年正月,《清實錄》第52冊,第385頁。

校證

【案】此奏片原件、錄副俱缺，緣於《剿捕檔》尚未開放閱覽。茲僅據《清實錄》及前後摺件校補。

[1] 李秉終：原作"李秉忠"。原稿易"忠"為"終"，蔑稱者也。

[2]【案】貴州巡撫黎培敬即於光緒元年十一月初七日，將剿平竄擾川邊著名逸匪地方肅清情形具報清廷，於十一月二十日得允[①]。其摺曰：

> 奏為剿平竄擾川邊著名逸匪，地方肅清，恭摺由驛具奏，仰祈聖鑒事。竊臣於光緒元年十月三十日，承准軍機大臣字寄：光緒元年十月十七日，奉上諭：四川敘永邊界匪徒滋事，迭經諭令吳棠等督軍會剿，現經提督李有恆等於木廠尖子山地方，會同土司、團眾，將該匪巢穴攻克，並將石洞逆賊搜捕，生擒匪首易增元及匪黨多名，剿辦尚為迅速。惟餘匪竄逃鎮雄州屬，盤踞民寨，亟宜殲除盡淨。著吳棠、劉嶽昭、岑毓英、黎培敬，分飭諸軍，協力兜剿，務將逸匪巨二卯、洪鈞白、啯匪王新大及竄出匪徒，悉數擒獲，毋使一名漏網，致滋後患，等因。欽此。遵查四川敘永邊界匪徒滋事，經臣分飭貴西道威甯鎮總兵及地方文武各員，嚴密防御，並派平遠協副將何雄輝帶練，馳往會剿。所有川軍擒斬首逆，並黔軍拏獲逸匪情形，於十月二十八日附片奏報在案。茲據何雄輝並畢節縣知縣鄒元吉稟稱：前接川軍提督李有恆來文，以逃竄鎮雄逆匪一股，業經越境剿平。惟楊大老五即楊大桿子、李秉忠即李老猩等，帶領敗賊，竄往畢節境內，仍分兩股，楊逆竄踞黑松林，李逆竄踞毛家屯，意在召集匪類，兼踞威甯屬之旗號山，再圖起事。經川軍派令遊擊張綏之、方榮升，率領隊伍，來黔會剿。何雄輝、鄒元吉等當即密商威甯鎮貴西道各防軍，並畢節營遊擊李德良，派選精銳，分投兜剿。密飭團首朱光明、楊益昌等，暗齊團丁，許以重賞，於十月十七日黎明，我軍齊抵黑松林賊巢，出其不意，合力環攻。該匪負隅抗拒，礟石如雨。我

---

① 《清實錄》："癸丑，諭軍機大臣等：貴州巡撫黎培敬奏，剿平竄擾川邊逸匪，地方肅清。得旨，仍著督飭該地方官，將安撫事宜妥為籌辦。此次出力各員，准其擇尤保獎，毋許冒濫。"(《德宗景皇帝實錄》卷二十二，光緒元年十一月下，《清實錄》第52冊，第338頁。)

军带伤多人，奋不顾身，施放火器，燃烧贼棚，乘势猛攻，毙贼甚众。杨大老五力不能支，突围冲出。参将王佳成等怒马追捕，武生朱明焕驰趋向前，将杨大老五立斩于阵。搜获伪印、札文二件、伪示三张，余匪一律殄除。随率得胜之师，会合川军，进攻毛家屯，正遇该匪来援，中途接战，势甚凶猛。旋见黑松林火起，反奔入巢抵御。我军力攻，冲入虎穴，杀毙贼目李秉忠，生擒悍贼杜老八等多名，当将毛家屯贼巢踏毁。查点我军，兵役受伤十余名，团丁带伤数名。所有生擒悍贼解县，讯明惩办。杨大老五首级解省，呈验枭示，会同禀报前来。臣查该匪杨大老五、李秉忠等，被川军击败后，复敢窜入黔境，分踞险隘，纠聚溃党，谋为不轨，殊属狡悍异常，罪大恶极。幸仗天威，一鼓荡平，俾三省边境著名匪首悉数殄除，洵足大快人心。除饬毕节县知县邹元吉将安抚事宜妥为筹办并咨明四川督臣查照外，所有黔省在事出力文武同仇敌忾，奋迅成功，不无微劳。可否容臣择尤保奖之处，出自鸿慈，以昭激劝。谨将剿平窜扰川边著名逸匪，地方肃清缘由，恭折由驿具奏。伏乞皇太后、皇上圣鉴训示。谨奏。①

[3]（光绪二年正月二十九日，军机大臣奉旨。钦此）：此奉旨日期，据《清实录》、《光绪朝上谕档》推补。

【案】吴棠此奏片上达，旋于正月二十九日得清廷允准，《清实录》："辛酉，谕内阁：……四川总督吴棠奏，毕节县匪徒捕灭情形。报闻。"②

一四五　奏报遵旨确查刘道生等遣抱京控地方官纵匪贻害一案折
光绪二年正月十五日（1876年2月9日）

（头品顶戴四川总督臣吴棠跪）[1]奏，为遵旨确查，据实覆陈，恭

---

① 沈云龙主编，黎成礼编：《黎文肃公（培敬）遗书》，近代中国史料丛刊第三十七辑。
② 《德宗景皇帝实录》卷二十五，光绪二年正月，《清实录》第52册，第386页。

摺仰祈聖鑒事。

竊臣於光緒二年正月初二日，承准軍機大臣字寄：光緒元年十二月十四日，奉上諭：都察院奏[2]，四川民人劉道生等遣抱王永順，以地方官縱匪貽害等詞，赴該衙門呈訴。著吳（棠）按照所訴各情，確查嚴究，據實奏聞，毋稍徇隱。原呈著抄給閱看。將此諭令知之[3]，等因。欽此。查該民人所控各情，兼有涉及臣者。渥荷朝廷，洞矚無遺，不加譴責，仍交臣查辦。臣跪誦之餘，莫名感悚。伏查同治十三年六月間，灌縣山匪滋事、立即殲除一案。當經臣專摺奏明，欽奉硃批：准其彙案保獎。此股山匪本屬無多，共計陣斬五十餘人，先後擒獲六十餘人內，匪首余其瀅等五名，提省訊明，斬首梟示。匪黨孫抱雞婆、楊夏、猴登等十三名，派員前往會審，委屬甘心從賊，亦即就地正法。其餘分別鎖桿管束。實已一律掃除，並無餘孽。惟了空和尚係清規院住持，袁文登係灌縣糧戶，並非賊匪，更不得指為匪首。該紳團等因了空和尚在袁文登家，設壇打醮，致招外匪，乘間而來。了空和尚、袁文登當兵練查拏之流（際）[4]，即已畏罪遠揚。臣一面札行臬司飭屬通緝，一面將袁文登家產估變，賞給被害之家。並密拏伊子袁武義監禁，勒交袁文登訊究。是臣辦理此案，實未敢稍涉大意。事逾一載，灌縣地方安靜。此外，並未據該將領營縣等稟報，有外來積匪程文榜等多名。其為任意誣栽，已可概見。

所稱道路傳聞之語，鄙俚無憑，體制攸關，未能遽登奏牘，上瀆宸聰。紳董彭洵、陳炳魁、劉輯光，均籍隸灌縣，勵志讀書。臣於山匪滋事之初，給諭辦團，奏報有案。迨事竣後，該縣開摺，稟由臣彙核請獎。團總劉用光、楊太平等，未據該縣開送，在事與否，無案可稽。斷非首先出力之人，是以未經列保。最可異者，以連年省局司道等詳請奏明，勸辦備捐，均係解交司庫，用濟餉需。臣雖至愚極陋，亦無從飽其囊橐。凡茲譸張為幻之情，早在聖明洞鑒，更無俟臣置辯者也。除將所控署灌縣知縣胡圻[5]各情，恭錄諭旨，抄發原呈[6]，交藩司文格[7]、臬司杜瑞聯[8]，確查嚴究，另行覆奏外，所有遵旨確查缘由，理合恭摺，據實覆陳。伏乞皇太后、皇上聖鑒。謹奏。（正月十五日）。[9]

（光緒二年正月二十九日，軍機大臣奉旨：知道了。欽此）。[10]

光緒二年正月二十日，具奏。（P1259-1266）

校證

【案】此摺缺原件，錄副現藏於中國第一歷史檔案館①，茲據校勘。

[1]（頭品頂戴四川總督臣吳棠跪）：原稿無此前銜，茲據補。

[2]【案】都察院左都御史景廉會同左都御史賀壽慈、二品銜左副都御史惠泉、左副都御史唐任森、童華，於光緒元年十二月十四日，具報四川民人劉道生遣抱京控一摺，曰：

都察院左都御史臣景廉等跪奏，為奏聞請旨事。據四川民人劉道生等遣抱王永順，以貽害狗冒等詞，赴臣衙門呈訴。臣等公同訊問，據王永順供，年三十六歲，四川灌縣人。劉道生等寫詞遣遞，求閱便悉。查原呈內稱，緣身籍灌縣之天師洞清規院有了空和尚，窩留外來積匪程文榜、余其瀦等，隨廟設壇，借傳清規，計圖叛逆，薰染甚夥。去年二月，余其瀦大會各縣痞棍頭目，在廟結盟，經團總劉用等赴縣稟明，賊黨隱匿太安寺，結連熊耳山匪徒何小帽頂負隅，四出行劫，並不查究。六月初九日午後，余其瀦聚眾，執招賢大旗，從太安寺突出，將太平、中興等場及民房數千家放火焚劫，殺民老小無數。初十日，身等協同土司，直抵賊巢，逐一搜捕，獲匪軍冊，生擒余其瀦等二十二名，均另黏呈，並縛送縣。縣憲黃毓奎堂訊，匪等均供認謀叛，並供出各縣頭目不諱，解省正法。查禍源由射洪、三台、中江等叛黨，蔓延至灌，連遭前任縣憲劉宗芳、黃毓奎養成羽翼。今胡縣憲接任，身等縛送賊匪，不盡誅戮，又揀匪類顏色，納充下陳，竟置元惡不究。身等上控，督批飭縣將匪等家

---

① 中國第一歷史檔案館藏：《錄副奏摺》，檔號：03-7232-006。

產變錢，賞恤被害之民。胡縣憲委紳高鵬元等辦理，殊伊等瞻徇回護，轉展延宕。胡縣憲反株連善類羊宗魁，差鄧順百計搜羅，威逼至死。楚軍李有恆於十八日至縣，賊等已隱。刻下兵屯夫馬、薪米，概係紳糧支應。而胡縣憲藉軍興名，買倉穀七百餘石，又勒合縣民捐一萬餘兩，竟入私囊。督憲向來厚斂，又藉灌匪，派各州縣軍需銀百萬有奇，且奏牘朦朧欺蔽已極。知縣彭洵係督憲幕賓，尚未出省。教諭陳炳魁、文舉劉輯光等，均係灌紳，並未出城禦賊，何得奏稱伊等督率民團，為官兵嚮導？今無功者冒弊，而團總劉用光等無一敘及，何足以昭激勸？況倡亂首逆尚多未獲，現在賊盜蜂起，何得飾稱地方安靜？身等食毛踐土，深恐根株未盡，乘間竊發，貽害地方。為此具詞黏單，呈繳匪冊，遣抱來京瀝訴等語。臣等查核民人劉道生等遣抱控稱：伊藉灌縣，天師洞清規院有了空和尚，窩留積匪程文榜等，隨廟設壇傳教，計圖叛逆。去年二月，匪黨余其濚等在廟大會各縣頭目結盟，勾連熊耳山匪徒何小帽頂等，四出行劫。團總劉用光等稟縣，並不查究。六月，余其濚率隊，突至太平、中興等場，放火焚殺。經劉用光等帶團四面截殺，擒斬多名，奪獲鎗礮、大旂。民人協同土司，搜捕賊巢，獲匪軍冊，一併送縣。該縣胡令不盡誅戮，納匪二女，竟置元惡不究。上控督批飭縣變買匪產，賞恤被害之民。該縣委紳高鵬元辦理，瞻徇延宕，反差鄧順，株連善類羊宗魁至死。迨楚軍李有恆至灌，夫馬薪米，紳民支應，該縣藉買倉穀，又勒民捐。該督復藉灌匪，派各州縣軍需百萬有奇，朦奏彭洵等率團為官兵嚮導，冒民團功。首逆尚多未獲，竟不嚴緝，飾稱地方安靜，深恐貽害，等情。控關地方官縱匪貽害，藉端厚斂，徇情冒功虛實，亟應確查嚴究。謹抄錄原呈，恭呈御覽。伏乞聖鑒訓示。再，據該抱告結稱，劉道生等在何衙門控告，伊不知悉。合併聲明。謹奏。光緒元年十二月十四日。都察院左都御史臣景廉、左都御史臣賀壽慈、二品銜左副都御史臣惠泉（感冒）、左副都御史臣唐任森、左副都御史臣童華（感冒）。[1]

---

[1] 中國第一歷史檔案館藏：《錄副奏摺》，檔號：03-7339-059。

[3] 赴該衙門呈訴。著吳（棠）按照所訴各情，確查嚴究，據實奏聞，毋稍徇隱。原呈著抄給閱看。將此諭令知之：此節文字錄副缺，疑為手民故略。

【案】此"軍機大臣字寄"《光緒朝上諭檔》無載，而《清實錄》述之頗詳：

> 又諭：都察院奏，四川民人劉道生等遣抱王永順，以地方官縱匪貽害等詞，赴該衙門呈訴。據稱灌縣地方，有了空和尚窩留積匪程文榜等，設壇傳教，結盟行劫。該前縣柳宗芳等養成羽翼，經團練獲匪送縣。該縣胡姓竟置首惡不究，並有納匪二女情事。又紳士高鵬元辦理瞻徇，株連善類，藉買倉穀，勒民捐輸等語。如果屬實，殊屬大幹法紀，著吳棠按照所訴各情，確查嚴究，據實奏聞，毋稍徇隱。原呈著鈔給閱看。將此諭令知之。①

[4] 之流（際）：錄副作"之際"，確。原稿屬訛抄無疑。

[5] 胡圻：生卒年未詳，字若川，浙江山陰人，官四川灌縣知縣。嗜篆刻，尤善治黃楊，精製印色。曾牧酉陽，廣搜朱砂，每至一處，闇署均研砂瓏石，若川顧而樂之。善篆、隸，似翟文泉，精鑒賞，尤精刊金石文字，有胡氏印存及各種刀法文法數十種。道光二十三年（1843），精刻《陰鷺文》一冊行世。②

[6]【案】四川灌縣民人劉道生等遣抱王永順，於光緒元年十二月十四日，赴都察院衙門上控之稟狀，曰：

> 具稟狀人：劉道生、王朝楷，四川成都府灌縣人，為叛逆稱尊，邪教焚擄，貽害狗冒，並請徹究事。緣民太平、中興等場生理，遭天師洞太安寺長生宮清規院僧道了空和尚窩留外來積匪程文榜、任四、冒頂、李宗岱、李宗保、李闖王、余其濚、諶朝京、楊光輝、孔廣良、程玉書、程漢書、龐士元等，指稱祺祥王被奸謀廢，潛逃出京。余其濚等作開國

---

① 《德宗景皇帝實錄》卷二十三，光緒元年十二月上，《清實錄》第52冊，第354頁。
② 李毅峰主編：《中國篆刻大辭典》，河南美術出版社1997年版。

之源，串佛道隨廟設壇，借傳清規教，計圖叛逆，薰染官紳、庶民甚夥。去二月，余其瀿大會各縣痞棍頭目，在廟結盟。團總劉用光、楊太平呈稟，祺祥王隱入太安寺埋伏，結連熊耳山匪徒何小帽頂等負隅，四出行劫。去六月初九午後，余其瀿等聚眾，執招賢大旂，從太安寺突出，將太平、中興等場及民房數千家，盡被火焚燒，殺民老小無數。初十，團總劉用光、楊太平、萬維弼、趙萬福、戴永芳、薛壽元、郝秉忠、馬定山、劉崐山、劉吉富、苟思寅等，各帶團丁，四面截殺，戮死賊匪百餘人，奪賊鎗礮、招賢大旂繳案。十一、民等協同土司，直抵賊巢，逐一搜捕，獲匪軍冊，生擒余其瀿等二十二名，均另黏呈，並縛送縣。黃毓奎堂訊匪等，均供保祺祥復國，並供出各縣頭目不諱，解省正法。查禍源由射洪、三台、中江等縣叛逆，貽蔓至灌，慘遭前任知縣劉宗芳諱遷於前，後任知縣黃毓奎承弊於後，養成羽翼。胡縣接任，民等搏（縛）送醜類，不盡誅戮，敢諱祺祥為李三少。又揀醜類顏色，納充下陳，竟置元惡不究。民情上控，督批飭縣將匪等家產變錢，賞恤受害。胡縣委紳高鵬元、王登第、楊長庚等辦理，殊伊瞻徇回護，輾轉延宕。胡縣不惟不行賞恤，反株連善類羊宗魁，差鄧順百計搜羅，威逼宗魁至死，且擅改情節，壅閉上聞。楚軍李有恆十八至縣，賊等已隱。刻下兵屯夫馬、薪米，民與紳糧支應。而胡縣藉軍興，買倉穀七百餘石，分文不發。又勒民捐，合縣銀一萬餘兩，竟入私囊。督憲尤藉灌匪，派各州縣軍需銀百萬有奇，飽其囊橐，繳示可憑。今縣憲不圖所轄地方如磐石之安，乃以教匪蹂躪為生財之藪。蠹國病民，未免摧殘過分。且賞罰國之大權，知縣彭洵屬督憲幕賓，尚未出省，教諭陳炳魁、文舉劉輯光等均係灌紳，並未出城禦賊，何言伊等督率為官兵嚮導？而胡縣與督憲互相各狗，上下交征。現盜賊蜂起，乃朦稟地方安靜，竟令無功者坐享高官，有功者棄同興吏，賞罰不明，異日設有不虞，孰為朝廷捍禦？奏牘朦朧，欺昧已極。況祺祥王袁文登等未獲，不惟民間富紳窩留，即府道司廳文武州縣尚且護蔽，豈能相安無事？倘程文榜、楊光輝等保祺祥復出其勢，不特灌邑生靈受害，則天下亦受害也。民等食毛踐土，見如此貽害，恐一誤再誤，是以具詞赴京,繳匪軍冊,不避斧鉞之誅,願擊登聞之鼓,完懇賞提全案人證,來京質訊,徹底根究。懇祈轉為申奏,以解倒懸。倘發交本省,民等有死無生,萬民沾感。為此呈叩。①

[7] 文格(1821—1893):滿洲正黃旗人,道光進士。咸豐四年(1854),授衡永郴桂道,旋補廣西按察使。五年(1855),轉湖南按察使,升湖南布政使。十一年(1861),署湖南巡撫。同治元年(1862),調廣東布政使。十一年(1872),轉廣西布政使,旋授四川布政使。光緒元年(1875),護理四川總督,授山東巡撫。次年,補雲南巡撫。五年(1879),任庫倫辦事大臣。十二年(1886),任金州副都統。次年,補三姓副都統。十九年(1893),卒。

【案】光緒元年十一月二十七日,川督吳棠因久病難痊,具摺奏請致仕②,得清廷允准,《清實錄》:"壬午,諭內閣:四川總督吳棠因病乞休,調湖廣總督李瀚章為四川總督,以湖北巡撫翁同爵兼署湖廣總督。"③光緒二年二月,吳棠附片奏請以藩司文格護理四川總督,亦得清廷允准,片曰:

再,川省地方遼闊,蠻夷雜處,鄰氛雖靖,游勇土匪到處潛伏。至於仕途擁擠,流品不一,民情復又浮動,一切彈壓撫綏,均應慎重。藩司文格蒞任以來,辦事實心,整飭吏治,其定力足以鎮浮囂,沉毅精詳,堪膺大任,茲當接護督篆。所有地方事宜,臣在蜀日久,尚為瞭悉,連

---

① 中國第一歷史檔案館藏:《錄副奏摺》,檔號:03-7339-060。
② 摺曰:頭品頂戴四川總督臣吳棠跪奏,為微臣病久難痊,籲懇天恩俯准開缺回籍調理事。竊臣於同治十三年十月間,以久疾未痊,籲請開缺回籍調理,蒙恩賞假兩個月。欽此。本年正月間,以病體稍痊,黽勉從公,奏請銷假在案。臣渥蒙恩遇,久任川疆,但能勉力支持,何敢但耽安逸!無如自春至夏,瘴疾甚於往年,元氣既虧,飲食日減。八九兩月,接辦文武兩闈,益形困憊。入冬以來,癣瘡劇發,夜不能眠。每見屬僚,動步即行喘嗽。披閱案牘,常覺神思恍惚,心氣怔忡。實由十數年瘴疾纏綿、氣血耗散所致。竊思微臣所以報稱朝廷者,恃此心與力耳。茲以精神疲散,衰病侵奪,欲竭力而不能,欲盡心而不得。五中抱愧,夙夜難安。川省事務殷繁,臣以病軀久任,既苦精力不逮,尤恐貽誤事機。惟有籲懇天恩俯准開缺,回籍調理。至四川總督印務,即請迅賜簡放,以重職守。臣不勝悚惶待命之至。所有微臣病久難痊籲請開缺回籍調理緣由,理合恭摺具陳。伏乞皇上、皇太后聖鑒訓示。謹奏。十一月二十七日。光緒元年十二月十九日,軍機大臣奉旨。欽此。(中國第一歷史檔案館藏:《錄副奏摺》,檔號:03-5772-036。)
③ 《德宗景皇帝實錄》卷二十四,光緒元年十二月下,《清實錄》第52冊,第359頁。

日詳細籌商，巨細情形，均已洞曉，堪以仰慰宸廑。謹附片具陳。伏乞聖鑒。謹奏。光緒二年三月初一日，軍機大臣奉旨：知道了。欽此。①

[8] 杜瑞聯（1832—？）：山西太原府太谷人，字棣雲、聚五，號鶴田。咸豐進士，授編修，擢浙江道監察御史，調湖南寶慶府知府，遷辰沅永靖道。光緒元年（1875），補四川按察使。次年，轉雲南布政使。光緒三年（1823），升雲南巡撫。

【案】中國第一歷史檔案館藏有杜瑞聯履歷，一為同治五年，一為光緒元年。

一曰：臣杜瑞聯，山西太原府太谷縣進士，年三十四歲，現任掌浙江道監察御史，俸滿截取，同治四年十二月初十日，引見，記名以實缺知府用，今籤掣湖南寶慶府知府缺，敬繕履歷，恭呈御覽。謹奏。同治五年六月二十八日。②

一曰：杜瑞聯，現年四十三歲，係山西太谷縣人，由附生中式道光二十九年己酉科舉人。咸豐二年任子恩科會試，中式進士，改翰林院庶吉士。七月，丁母憂。六年，補行散館，授職編修。歷崇實錄館、武英殿、國史館纂修、協修官。八年戊午科，充湖南鄉試副考官。九年，簡放陝甘學政，因丁父憂，未經到任。十一年，服闋，到京供職。同治元年，補浙江道監察御史。三年，轉掌浙江道監察御史。四年，署吏科掌印給事中，旋署戶科給事中，奉旨巡視東城。俸滿截取，奉旨記名，以繁缺知府用。五年，選授湖南寶慶府知府，十一月到任。七年，經湖廣總督李瀚章明保，奉旨送部引見，旋調署長沙府事。八年，奏補長沙府知府。十年，於撲滅湘鄉會匪案內，經前湖南巡撫劉崐保奏，奉旨賞加鹽運使銜。是年大計，保薦卓異，署理辰永沅靖道。十一年正月，奉旨補授辰永沅靖道。十二年，因積年防剿西路賊匪出力，經湖南巡撫王文韶保奏，奉旨賞戴花翎，以前任長沙府任內大計卓異，並升補辰永沅靖

---

① 中國第一歷史檔案館藏：《錄副奏摺》，檔號：03-6008-023。
② 秦國經主編：《清代官員履歷檔案全編》第二十六冊，第643頁。

道，併案送部引見。光緒元年五月二十五日，吏部以臣帶赴內閣，經欽派王大臣驗放，二十六日覆奏，堪以准其於知府任內卓異加一級，升補辰永沅靖道。奉旨依議。①

[9]（正月十五日）：此日期據錄副校補。

【案】關於此摺具奏時間，原稿署"光緒二年正月二十日，具奏"，而錄副則署"正月十五日"，二者相距五日，因原件無存，無從確核。茲據《軍機處隨手登記檔》：正月二十九日硃批魁玉、吳棠摺，其中即有此摺。而據小楷署"報三百里，正月十五日，成都省城發"等字樣可斷，此摺具奏時間當為"正月十五日"，即錄副記載准確。原稿疑衍"二"字。

[10]（光緒二年正月二十九日，軍機大臣奉旨：知道了。欽此）：此奉旨日期與內容，據錄副補。

【案】光緒二年正月二十六日，吳棠具摺交卸督篆日期，致仕回籍，摺曰：

頭品頂戴四川總督臣吳棠跪奏，為恭報微臣交卸督篆日期，恭摺叩謝天恩，仰祈聖鑒事。竊臣前因病久難痊，奏請開缺回籍。奉旨：另有旨。欽此。現准吏部咨：光緒元年十二月十九日，內閣奉上諭：吳棠著准其開缺，回籍調理。欽此。同日奉上諭：四川總督著李瀚章調補，李瀚章未到任以前，著文格暫行護理。欽此。當即恭設香案，望闕叩頭，祗謝天恩。遵將經手事件趕緊清釐，陸續奏咨，暨辦稿移交。隨於二年正月二十六日，將四川總督關防並王命旂牌、文案、考籍等項，委成都府知府許培身、署督標中軍副將王虎臣賫交暫護督臣文格，祗領任事。除照例恭疏具題，伏思臣以菲材，迭邀四朝特達之知，由州縣擢任封圻，歷官江蘇、閩浙、四川數省，受恩最重，報稱未能。惟兢惕以自持，覺愆尤之時集。茲以濕瘡時發，久患未痊，歷情陳懇，仰蒙矜全逾格，准其回籍調理。自顧何修上荷，仁慈渥逮。跪聆之下，感激莫名。刻下，蜀中夷疆甫靖，而邊防未撤，鄰餉多艱。已將平素籌餉布（置）情形，向暫護督臣文格詳細商述，妥為接辦。臣擬於二月內起程回籍，趕緊調治。

---

① 中國第一歷史檔案館藏：《硃批奏摺》，檔號：04-01-13-0330-021。

倘醫藥得宜，早日獲痊，臣戀闕情殷，仍當泥首宮門，求賞差使，庶仰答高厚鴻慈於萬一。所有微臣交卸督篆日期及感激下忱，理合恭摺叩謝天恩。伏乞皇太后、皇上聖鑒。謹奏。正月二十六日。光緒二年三月初一日，軍機大臣奉旨：知道了。欽此。①

【案】光緒二年四月十五日，掌京畿道監察御史文明以川省官貪吏酷，苛政重征，玩視民瘼，重案不辦等情，奏請秉公嚴密查辦，防微杜漸，消患未萌，並將現查情形據實覆奏。

再，奴才待罪諫垣，忝列首道。近日京控呈辭，川省居多，均來京赴訴。如劉道生黏單內所述四川土匪，以熊耳山為巢穴，聚眾倡亂，逼近省垣，設立偽官，謀為不軌。有冒頂會、清規會之稱，焚劫搶掠，殆無虛日，地方官坐視不問。經大吏刻有告示，各處張貼，勸諭改邪歸正，竟敢視若弁髦，違抗不遵。並抄有匪徒程文榜所呈逆辭。如宋士傑陣亡於馬邊，楊光輝敗走於射洪，諶朝京被擒於三台，曹三泰請兵取川，被余元始阻止等語。狂悖情形，實堪髮指，應請一併飭交川省，秉公嚴密查辦，防微杜漸，消患未萌，並將現查情形據實具奏，勿稍稽延。是否有當。謹附片奏聞。掌京畿道監察御史文明。②

【案】同日，文明此奏片即得允准，並令李瀚章、文格等按所控各情，嚴查究辦，毋稍貽誤，致滋後患，《清實錄》：

丙子，諭軍機大臣等：御史文明奏，川省勸捐，流弊孔多，請飭查禁，並拏辦土匪各摺片。川省現辦捐輸，曾諭令吳棠隨時稽查，嚴禁苛派，並將零戶概予免捐。旋據民人劉道生京控地方官縱匪貽害及勒民捐輸各情，亦已諭令吳棠查辦。茲據該御史奏稱，劉道生呈內羅列捐輸，名色不一，且地丁每兩加征至十二、三兩之多，恐滋流弊等語。著李瀚章、文格留心查察，儻不肖州縣，藉端勒索，即行參辦。如有巧立名目，並著查明革除，以杜弊竇。至匪徒擾害地方，亟應從嚴懲辦，即著按照

---

① 中國第一歷史檔案館藏：《錄副奏摺》，檔號：03-5106-00。
② 中國第一歷史檔案館藏：《錄副奏摺》，檔號：03-7232-045。

劉道生所控各節，確查嚴究。仍督飭各屬，認真緝捕，毋任匪類潛蹤，致貽後患。原摺片均著鈔給閱看。將此各諭令知之。①

【案】此案經暫護四川總督山東巡撫文格提集人證，詳加研鞫，審明定擬，按例究辦結案，於光緒二年十月二十八日覆奏"為遵旨確查灌縣民人劉道生等京控地方官縱匪貽害一案訪獲主唆之人提審訊明分別定擬事"一摺，曰：

> 暫護四川總督山東巡撫奴才文格跪奏，為遵旨確查京控案件，訪獲主唆之人，提省審明，按例分別定擬，恭摺仰祈聖鑒事。竊查前督臣吳棠任內，光緒二年正月初二日，承准軍機大臣字寄：光緒元年十二月十四日，奉上諭：都察院奏，四川民人劉道生等遣抱王永順，以地方官縱匪貽害等詞，赴該衙門呈訴。據稱灌縣地方，有了空和尚窩留積匪程文榜等，設壇傳教，結盟行劫。該前縣柳宗芳等養成羽翼，經團練獲匪送縣。該縣胡姓竟置首惡不究，並有納匪二女情事。又紳士高鵬元辦理瞻徇，株連善類，藉買倉穀，勒民捐輸等語。如果屬實，殊屬大幹法紀，著吳棠按照所訴各情，確查嚴究，據實奏聞，毋稍徇隱。原呈著鈔給閱看。將此諭令知之。欽此。欽遵寄信前來。當經前督臣吳棠將上年剿辦山匪彙核請獎及歷辦備捐以濟餉項等情，先行奏覆。其所控地方官紳各款，遵即行司檄委，覆提集簿卷、人證解省。旋經署灌縣知縣胡圻訪聞，此案係三台縣逃軍程述生即程儒觀，起意主唆，代為京控，現已由京潛逃回川。會營選派兵役前往，協同金堂、廣元、昭化等縣兵役，在昭化縣屬達摩樹地方，將該犯程述生拏獲，並在身上搜獲金堂縣民戴元興、灌縣民劉道生等各京控詞稿二紙，解省。維時，抱告王永順已解回川，由司會督成都府李德良等，核卷訊明，按例議擬。會詳解勘前來。奴才督同署藩司杜瑞聯、署臬司傅慶貽，親提該犯，覆加研訊。緣程述生即程儒觀，籍隸三台縣，與灌縣民劉道生等素相認識。同治七年，程述生在籍代王德珍捏寫呈詞，以滅倫斃命等情，京控審虛，照例擬發近

---

① 《德宗景皇帝實錄》卷二十九，光緒二年四月上，《清實錄》第52冊，第435—436頁。

邊充軍，解勘具奏。八年三月，奉准部覆，解發湖北宜都縣安置，是年八月二十五日到配。程述生又捏誣同縣之朱德文、程文靜等，以修廟惑眾等情作就呈詞，由配所遣雇工胡應發，進京翻控，乘間脫逃回籍，被獲審虛，擬發極邊充軍，刺字枷號。十年九月，奉准部覆加等，調發江西九江府德化縣安置，於是一年正月初九日，由三台縣原籍派撥兵丁何大祥、魏占春、差役游順、左順押解。而程述生因行李乏人照料，令其徒唐庭章挑負。行至中途，程述生陡患寒病，不能前進。查知唐庭章年貌相似，商請頂替解配。唐庭章誼切師生，何大祥等亦與程述生素識交好，且恐在途耽延，亟欲早回銷差，均各允從。何大祥等即將唐庭章解至前途，逐層遞解，經過各州縣，均因年貌箕斗相符，未經查出。程述生病痊後，將刺字用藥起除，逃亡各處躲避。十三年二月間，潛至金堂縣與素識縣民戴元興會遇，談及十二年六月間，戴元興販買洋藥，行至縣屬趙家渡釐局，偷漏釐金，被局紳饒天章等查獲，仍令照章完釐，心懷不甘。程述生起意詐騙得財，唆令京控泄忿，戴元興允從。程述生即捏稱腳夫戴長興，被追落河淹斃，任意捏砌人命，以指官詐搶等情，代作呈詞，並將字跡從前京控挾有訟嫌之程文榜之子程玉書等，一併列為被告，令戴元興赴京呈控，索得謝銀四十兩。時有趙姓因事入都，戴元興即受雇服役進京，自赴提督衙門呈遞。訊供咨解，回川審辦。是年六月間，灌縣山匪滋事，於初九日夜由縣屬熊耳山、趙公山，竄至太平、中興兩場，防火行劫。經署灌縣知縣黃毓奎集團防剿，匪眾敗竄入山。報經前督臣吳棠，調集營勇，並派縣紳彭洵等，率團嚮導，與官軍協力剿捕。其時，事起倉促，籌防籌剿，均不可緩。該縣紳糧公同集議，由富戶自行酌量捐資，募勇剿辦，並供應官軍柴草。稟經接署灌縣胡圻批准示諭，共收捐銀六千二百六十七兩九錢八分，設局支應。不敷之數，由局士借墊銀六百八十七兩，胡圻自行借墊銀二千二百六十八兩零。又因各營兵勇雲集，軍米缺乏，局紳唐友仁等稟經胡圻借碾穀七百五十石，以供軍食。一面會合各軍，將該匪等分別斬擒、解散，地方一律肅清。陣擒各犯，稟委候補知縣李吉壽、孫尚錦，會縣訊供，飭提首犯余其隆等解省，發委前升府許培身等，訊認防火行劫不諱，解經前督臣吳棠提勘。復恭請王命，將余其隆、賈幗潰、傅老十、竹三、姚獅子五名，正法梟示。餘匪孫抱雞婆等十三名，飭縣正法。脅從之眾，分別釋辦。被難各戶，逐一撫恤。將辦理情形奏報，並將疏防之署灌縣知縣黃毓奎請旨摘頂示儆。出力員弁、紳團，擇尤請獎。劉道生等並未在事出力，均未列保，以杜冒濫。所獲匪犯賈幗潰之長女賈長長，先已許字縣民劉庭貴。次女賈佳佳許字王興兆為妻。由縣會同委員訊明，稟奉批飭保釋。經胡圻飭令團保王有慶等具保，分別交夫家領回婚配，並將動碾倉穀如數買補還倉。所用銀兩因係自行捐辦，免其報銷。事定後，又查明清規院了空和尚、李三少等，在袁文登家設壇打醮，以致外匪乘間混跡，聚眾滋事，通飭各屬嚴拏，各在案。光緒元年八月間，程述生潛至太平場，會遇該場團總劉道生、王朝楷、何恒益等，談及山匪滋事緣由，伊等未得保舉。程述生起意唆訟，誆騙銀錢，即稱伊能代人作詞京控，如能格外酬謝，包管在團眾人，俱得獎敘。劉道生等聽唆允從。程述生即捏砌邪教焚擄，該縣納匪二女，動用倉穀不發，勒捐入己，縣紳彭洵等坐享高官，羊宗魁被逼斃命各事，裝點情節，作就詞稿。又憶及初次京控審虛，擬軍解勘時，供詞遊移，曾被前督臣吳棠當堂責懲，心懷忿恨。稔知川省餉源不濟，每年籌辦備捐，以供各餉。即捏稱吳棠將各州縣軍需百萬有奇，私飽囊橐，並因歷次京控所列被告程文榜等，均未受其誣害，一併列入詞內，將詞稿給劉道生等閱看，索謝銀四百兩。劉道生等允許，與團眾人等公同湊給，言明俟京控回川，即行給楚。一面先由劉道生出銀十四兩，王朝楷、何恒益各出銀十三兩，共湊成銀四十兩，交程述生收受。程述生約令何恒益同路進京，何恒益畏累中止。程述生隨雇王永順服役，月給工錢五百文，由灌縣起身。計程述生自三台縣脫逃，潛赴各處躲避，嗣又潛至金堂、灌縣，並由川赴京，深恐被人盤獲，均係日行偏僻小路，夜宿古廟巖洞，不知經過係何地名。到京後，以何恒益畏罪不行，即將其名刪除，僅列劉道生、王朝楷為原告，寫就呈詞，令王永順作抱往控。王永順迫於主命，即赴都察院呈遞。奏奉諭旨，飭查嚴究，等因。欽此。當經前督臣吳棠先行據實覆奏，一面行司委員，前往密查匪女賈長長等，現均夫婦完聚。動用倉穀，早經買補。訊取各結，紳富捐銀係供應防剿，尚有不敷，由官紳借墊，有簿卷可查。該縣胡圻並無納匪二女、收捐入己、碾米不發各情。至羊宗魁查無其人，亦無被逼殞命之事。餘犯了空和尚等業經通飭嚴挐，實在遠颺未獲。附近富紳更無窩匪情事。據實稟覆。提集卷簿、人證，旋經訪獲程述生，搜出詞稿二紙，一併解省審辦。復行據三台縣查提押解程述生之兵役何大祥等，或業已病故，或先經斥革辭退，遠貿未歸，無從傳解。並查明另案京控原稿戴元興現已病故，據其子戴長生、被告程文榜等先後投案備質。由司會督成都府等，詳核卷簿。審擬解勘。經奴才督同藩臬兩司提犯，訊悉前情，詰無起釁別故。程述生並無另犯不法及逃後知情容留之人，解役亦無得賄縱放情弊。當堂令程述生寫字核對，筆跡均與起獲詞稿相符，研詰不移，案無遁飾。

此案程述生即程儒觀，先因唆訟擬軍，在配脫逃，翻控加等，調發倩人頂替潛逃，復敢迭次唆訟得賍，捏砌重情京控，並挾嫌羅織多人，希圖泄忿，實屬不法。查該犯教唆戴元興，赴京誣控，照代人捏寫本狀告人命不實，罪止近邊充軍。至原犯極邊充軍，中途頂替逃脫，例應加等調發。均事犯在光緒元年正月二十日恩赦以前，核其情罪，俱不在不准援免之例，例准援免，並免緝挐。惟現在主唆劉道生等，代為捏詞京控，詞稱程文榜等同謀為匪，雖未將首從切實敘明，其指稱官紳收納匪女，株連善類，買穀勒捐，逼斃人命，並將軍需私飽囊槖各情，均係重事，今審屬子虛。且詞內所列被告全誣，已在十人以上。訊係該犯起意唆訟為首，自應照現犯之罪，按例問擬。程述生即程儒觀，除原犯充軍脫逃，唆使戴元興誣控，罪應擬軍，均得援免，並唆訟所得賍輕不計外，合依誣告人之案，如原告之人並未起意誣告，係教唆之人起意主令者以主唆之人為首，鶩越赴京告重事不實並全誣十人以上者發邊遠充軍例，擬發邊遠充軍，仍盡免罪。復犯本法加一等，發極邊充軍，照例刺字，到配杖一百，折責安置。劉道生、王朝楷除各給程述生銀十數兩與受同科贓輕不計外，合依聽從控告之人為從例，應於程述生所得軍罪上減一等，各擬杖一百、徒三年，定地折責充徒。何恒益聽唆出銀，旋據畏累中止，究屬不合，請照不應重杖八十律，擬杖八十，折責發落。王永順作抱京控，訊係迫於主命，應與鄉愚無知之團眾人等，均免置議。押解程述生兵役何大祥等，聽其中途倩人頂替脫逃，罪有應得，或業已病故，或先經革辭遠出，與簽差不慎之文武及失於查驗之經過各州縣並配所地方官，均事犯赦前，請免置議。程述生逃入金堂、灌縣境內唆訟，業經隨案訪獲究辦。所有贓銀照追入官。了空和尚等緝獲另結。頂替充軍之唐庭章，咨提回川，另行審辦。案已訊明，未到人證，免提省累。除取具各結備查，將戴元興控案另擬咨結並供招咨部外，所有遵旨確查灌縣民劉道生等京控案件，訪獲主唆之人，提省訊明、分別定擬緣由，理合恭摺覆陳。伏乞皇太后、皇上聖鑒。敕部議覆施行。謹奏。光緒二年十月二十八日。光緒二年十一月二十五日，軍機大臣奉旨：刑部議奏。欽此。①

一四六　奏報邱廣生等給假回籍歸標當差片
光緒二年正月二十五日（1876年2月20日）

再，查臣於同治七年，奉命移督來川，奏明隨帶文武員弁，差遣委用。茲臣將次交卸督篆，所有隨帶之知府銜分省補用同知直隸州知州邱廣生[1]及將備弁兵等，歷經差委，均能勤慎趨公，並無經手未完事件，先後呈請給假回籍，歸標當差。除分咨外，理合附片陳明。伏乞聖鑒。謹奏。

（光緒二年，軍機大臣奉旨：知道了。欽此）。[2]

光緒二年正月二十五日，具奏。（P1257–1258）

---

① 中國第一歷史檔案館藏：《錄副奏摺》，檔號：03-7234-019。

校證

【案】此奏片缺原件，錄副現藏於中國第一歷史檔案館[①]，茲據校勘。

[1] 邱廣生：履歷未詳，待考。

[2]（光緒二年，軍機大臣奉旨：知道了。欽此）：此日期與內容據錄副補。

【案】此奉旨時間，月日未確。茲查《軍機處隨手登記檔》[②]，確知其奉旨日期為"三月初一日"。

---

① 中國第一歷史檔案館藏：《錄副奏摺》，檔號：03-5781-021。
② 中國第一歷史檔案館藏：《軍機處隨手登記檔》，檔號：03-0217-1-1202-058。

附　　錄

一、主要人物傳記

清史稿·吳棠傳[①]

　　吳棠，字仲宣，安徽盱眙人。道光十五年舉人，大挑知縣，分南河，補桃源。調清河，署邳州。山東捻匪入境，率團勇擊走之，還清河。咸豐三年，粵匪陷揚州，時圖北竄，棠招集鄉勇，分設七十二局，合數萬人，聯絡鄰近十餘縣，合力防禦，有聲江、淮間。丁母憂，士民攀留，河道總督楊以增疏請令治喪百日後，仍署清河。太常寺少卿王茂蔭疏薦，詔詢以增，亦以治績上，特命以同知直隸州即補，賜花翎。六年，丁父憂，仍留江蘇，以剿匪功，累擢以道員即補。十年，補淮徐道，命幫辦江北團練。皖北捻匪出入，以徐、宿為孔道，山東土匪時相勾結，一歲數擾，棠督軍屢擊走之。

　　十一年，擢江寧布政使，署漕運總督，督辦江北糧台，轄江北鎮、道以下，令總兵龔耀倫等破賊於阜寧、山陽，解安東圍。漕督舊駐淮安府城，棠以清江浦地當衝要，築土城駐之。捻匪大舉來撲，督軍力戰擊退，賊踞眾興集相持，令驍將陳國瑞進攻，戰十日，大破之，賊遁泗州。督屬縣築圩寨，堅壁清野，收撫海州、贛榆土匪，先後遣將擊捻匪，擒李麻子於曹八集，斬何申元於洞裏莊，殲卜里於半截樓，又破山東幅匪於郯城徐家圩、鎰陽集、長城等處。

　　同治二年，實授漕運總督。令陳國瑞進剿沂州，迭殲渠魁，國瑞遂隸僧格林沁軍。苗沛霖叛陷壽州，棠令總兵姚慶武、黃開榜水陸赴援。疏言："欲拯臨淮之急，必須一軍由宿、蒙直擣懷遠，使苗逆急於回顧，臨淮

[①] 趙爾巽等：《清史稿》卷四百二十五，列傳二百十二。

始可保全。削平之策，尤須數道進兵，方能制其死命。"又密陳："皖北隱患，淮北鹽務疲憊，悉由李世忠盤剝把持，其勇隊在懷、壽一方盤踞六年，焚掠甚於盜賊。苗平而淮北粗安，李存而淮南仍困，請早為之計。"詔下僧格林沁等籌辦。

三年，加頭品頂戴，署江蘇巡撫。四年，調署兩廣總督。棠疏陳："江境尚未全平，請收回成命，專辦清淮防剿。"詔嘉其不避難就易，仍留漕督任。軍事初定，即籌復河運。署兩江總督，未幾，回任。五年，調閩浙總督。

六年，調四川總督。時蜀中軍事久定，養兵尚多，而協濟秦、隴、滇、黔，歲餉不貲。棠令道員唐炯剿貴州龍井苗匪，復麻哈州。道員張文玉等克黃平州，疏請遣周達武一軍入黔助剿，即調達武貴州提督，餉仍由四川任之。平苗之役，賴其力焉。

八年，雲貴總督劉嶽昭劾棠赴川時僕從需索屬員饋送，言官亦劾道員鍾峻等包攬招搖，命湖廣總督李鴻章往按。鴻章覆奏："川省習尚鑽營，棠遇事整頓，猾吏造言騰謗。"詔責棠力加整飭，勿稍瞻顧，斥嶽昭率奏失實，惟坐失察鍾峻等薄譴。十年，署成都將軍，奏撥捐輸銀二十萬兩賑饑民。十三年，雲南、貴州軍事先後肅清，以協餉功被優敘。灌縣山匪作亂，令提督李有恆剿平之，斬其渠余其隆。疏言："部章新班遇缺先人員補官較易，服官川省者，報捐不惜重利借貸，其中即有可用之才，夙累既重，心有所分，官債雖清，民生必困。請敕部另議變通，俾試用甄別年滿、歷練較久諸員，得有敘補之期，實於吏治有益。"

光緒元年，剿敘永廳匪及雷波叛蠻，平之。以病乞罷。二年，卒，詔優卹，諡勤惠。

清史列傳·崇實傳①

崇實，完顏氏，滿洲鑲黃旗人。父麟慶，南河河道總督。崇實，道光

---

① 王鍾翰點校：《清史列傳》第十三冊，中華書局1987年版，第4135—4147頁。

三十年進士，改翰林院庶吉士。咸豐三年四月，散館，授編修。六月，升詹事府左贊善。七月，充文淵閣校理，以捐輸軍餉賞戴花翎。十月，奏辦院事。三年二月，充日講起居注官。疏請整頓京師營制，如所請行。三月，升侍講學士。四月，以續捐軍餉，賞加詹事府詹事銜。八月，奏言："國家財賦，漕、鹽其大端也。今湖廣、江西迭被兵燹，萬一江西之賊由廣信入浙江，又加以大水漲溢，來年漕米從何而出？大江不靖，商船阻隔，來年鹽務從何辦起？可慮者一。直隸為天下根本，與山西毗連，其各要隘，更宜加倍防堵。疆臣延綏粉飾，習以為常。稍有疏失，貽誤非輕，可慮者二。陝西據天下形勝，而東北與晉為唇齒。今逆匪肆擾山西，倘渡河勾結刀匪，擾及關中，則西阻甘肅，南連巴蜀。燎原之勢，撲滅無期，可慮者三。山東為直隸屏藩，與淮徐接壤，捻匪、教匪雜處其間。豐、沛、滕、沂一帶，連年河患，啼饑號寒者不絕於途，乘間搶掠者相屬於道。非有卓識偉望之臣，綏定而鎮撫之，此等無辜窮民，豈能束手待斃？可慮者四。夫多一日兵，則多一日餉。奕經、慧成等成師以出，已數月矣，而未見一賊，米糧支放，糜費無窮。與其置之無用之地，何如借為進剿之資。揆諸今日內外情形，即令賊匪已平，而瘡痍之省，凋敝之郡，已壞之河道，重整之鹽、漕，湘勇遣散之難，師旅歸伍之費，駕馭稍失其宜，後患即多不測。矧賊勢方張，而頓兵曠日，萬一遷延既久，兵餉不繼，更將何以應之？可慮者五。為今日計，北軍果振聲威，南氛不難殄滅。惟現在西路之賊，飄忽靡常，乘虛即竄。雖有勝保等竭力追剿，而難於兜擊，尤在各鄰省大吏不分畛域，合力進剿，迅殄西竄之賊，即可並力以靖江南。惟求我皇上舉祖宗以來軍法，踴躍用命者，雖微弁不惜重賞，以作士氣。欺罔昧良者，雖大臣刻即顯戮，以服人心。所謂戰勝於朝廷也。"疏入，留中。次日，崇實入直，上御養心殿西台召見，垂詢家世，溫綸久之。十二月，遷通政司通政使，因各省州縣失守，兼轄之上司各官處分，部議過遲，請明示賞罰，速定去留，以專職守。上韙之。又疏陳變通鈔法，下部議行。四年二月，擢內閣學士，兼禮部侍郎銜。四月，授鑲藍旗蒙古副都統。五月，署戶部左侍郎，兼管三庫事務。七月，以四川學政何紹基奏參總督裕瑞收受陋規，並於鄭懷江謀逆一案辦理錯誤，命偕工部右侍郎宗室載齡，馳往查辦。尋查明覆奏，褫裕瑞職。時黔匪滋事，命辦理川省防剿事宜。五年四月，補工部右侍郎，兼管錢法堂事務。七月，因家人涉訟，向刑部堂官辯論，下部議處，降三級調用。又以回奏失實，再降一級調用。八年，補太僕寺少卿。九年三月，遷詹事府詹事，充日講起居注官。十月，擢內閣學士，兼禮部侍郎銜。旋授駐藏辦事大臣，途次奉旨，馳赴四川查辦事件。十年正月，補鑲黃旂漢軍副都統。七月，查明給事中李培祜奏參四川總督曾望顏，並知府翁祖烈訐告望顏各款，據實入奏。上褫望顏暨祖烈職。崇實旋署理四川總督。

　　滇匪李短搭、藍大順等竄擾川省，提督占泰擁兵冒功，賊勢愈熾。崇實疏劾其罪，並請特簡重臣總督軍務，嚴明賞罰，以勵軍心。詔撤占泰任，交崇實嚴訊，命湖南巡撫駱秉章，督辦四川軍務。時藍逆竄踞崇慶州之元通場，省城戒嚴。崇實檄軍克之。藍逆又竄牛腹渡，與李逆合。崇實遣兵兩路夾擊，賊分其黨，竄仁壽、青神、眉州各境。提督郭相忠等連戰殲之，近省肅清。並飭官軍會合黔兵，剿平貴州土匪，邊境以安。十一年二月，馬邊土匪何老長暨彭縣匪徒朱二九等先後倡亂，均剿平之。六月，攻克牛腹渡賊巢。崇實因粵匪、滇匪紛擾川疆，亟須厚積兵力，疏言："四川據東南上游，為西北關鍵。滇匪雖屢經痛剿，而裹脅甚易，未能遽滅。本省營務廢弛已久，雖極力整頓，無如歷任日淺，難期驟效。駱秉章威望素著，川楚各軍聞而奮興。近因湖北、江西賊氛未靖，駱秉章移援蜀諸軍，分往助剿，自率所部千人，駐紮重慶，不即馳赴上游，誠恐軍心漸懈，賊膽日張。竊計江西有左宗棠一軍，足能制敵，劉嶽昭所部已赴下游，兵力更厚，自可保全。駱秉章宜督率所部，馳赴川省上游，相機兜剿，數月間定可蕆事。彼時再遷得勝之師，規畫東南，蜀疆既靖，餉項易籌。不獨與鄂皖各省均有裨益，即京餉亦可源源接濟。事機所在，遲速輕重，一轉移間，所關匪細。"又疏言："自滇匪擾蜀，皇上特簡駱秉章率師督辦。自維才識，多有不逮，百計圖維，豫儲款項，以待楚師之至，並屢籲天恩，請畀駱秉章重權。自駱秉章抵順慶以後，所有各營徵調，無不先事咨商，不自專主。臣與駱秉章素未謀面，而同肩巨任，即不得稍有異同。成都將軍福濟未入川境，於川省兵單餉絀情形，概未深悉。現據咨催餉銀數萬，轉疑臣故為掣肘。川北剿匪機宜，已統歸駱秉章調度。若福濟頡頏其間，以督兵大臣自任。號令紛歧，不惟軍心無所適從，將士之狡獪者，轉得觀望其間，互相推諉，趨利就便，患不勝言！是福濟不必以進剿川北為急，惟宜扼要駐紮，嚴防陝南，以期有備無患。臣亦惟開誠相待，力顧大局。凡有裨益於軍務者，不敢立異矯同。凡無異於軍務者，亦不敢勉強附和。"奏入，上授駱秉章四川總督，督辦軍務。授崇實成都將軍，接辦川陝防堵事宜。時藍逆竄擾綿州，眾十餘萬。崇實與秉章合兵進剿，連破賊營數十，綿州解圍。適回匪入川，陷會理，圖結滇匪，遣軍擊敗之。同治元年正月，殲藍逆於丹棱。五月，以貴州官民擅殺教民，御史華祝三疏參署巡撫田興恕各款，命崇實派員，前往確查。尋查實，論如律。十月，諭嗣後關涉教民事件，責成崇實妥辦。因言："近來各國教士，無論有無官爵，輒與各省大吏抗衡．地方大吏以合約有'厚待保護'字樣，遂不與之較論尊卑。凡以屬在遠人，自當仰體皇上懷柔之至意。至中國從習彼教，本係齊民，竟亦自居顯貴，遂至道路側目，誹謗橫生。滋事之由，多係乎此。請飭總理各國事務衙門，悉心會議，分別中外習教等威，以昭定制，庶爭端永息，而物議亦平。"上韙之。

　　四年八月，兼署總督。十一月，克松潘廳城，殲匪首歐里哇等，餘黨悉平。十二月，平瞻對逆匪。時雲貴兩省賊勢猖獗，圖竄川疆。崇實分兵嚴防各隘，並遣軍越境助剿，迭克綏陽、鎮雄各城。五年九月，以參革人員每於開復後仍發原省，有礙官常，疏請飭部明定章程，以示限制，從之。十二月，又兼署總督。六年，以京師開設同文館，疏言："天文、演算法，學有專門，請飭各省選舉，以備錄用，不必專取正途人員，入館肄習。"報聞。七年，分遣知府唐炯、道員塞閫、總兵劉鶴齡諸軍，敗黔賊於水源溝，降其眾數萬，斃苗首偽張王。閏四月，進克偏刀水賊巢。時越巂逆匪踞普雄山，築城抗拒。夷酋勒烏立茲煽惑群夷，攻城擄掠。崇實飭提督周達武，攻克普雄石城，斃賊無算，乘勝連毀夷堡，生擒勒烏立茲，餘黨就撫。旋遣唐炯等剿貴州甕安賊，擒偽王何雙福，斬逆首王超凡於陣，拔其城。八月，川師攻尚大坪，克之，擒逆首劉儀順、秦崑崑，賊無脫者。捷入，優詔褒勉，以調度有方，下部議敘。十一月，檄道員唐炯進剿貴州叛苗，克麻哈城，十二月，復黃平。又遣周達武剿平竹黑大木杆叛夷。八年四月，復貴州清平。六月，攻克雲南尋甸，降回酋馬天順。九年八月，飭道員鄧錡等軍進夷苗匪各碉寨。九月，會滇軍，攻克永北廳城。九年，命赴貴州查辦事件。十年六月，入覲，授鑲白旗蒙古都統。九月，充武會試監射大臣。十一年，賜紫禁城騎馬。十二年四月，署理熱河都統。十月，熱河東邊匪徒滋事，崇實飭官軍剿平之。十二月，回京，補刑部尚書，充經筵講官。十三年二月，充會試副考官。先後以雲南、貴州肅清，論功優敘。五月，以羅文峪防禦訥勒和善控山海關協領何盛阿紊壞營務各款，命崇實前往查辦，鞫實，論如律。光緒元年正月，命偕內閣學士宗室岐元查辦奉天事件，旋署盛京將軍。疏劾府尹恭鐣等各款，褫職、褫籍。遣戍有差。六月，查明吉林將軍奕榕等被參各款，請分別治罪。復疏言："奉省各廳州縣，向分滿漢請補，惟調署不拘此例，以致歷年任意紛更。臣與岐元等悉心會商，與其遷就委署，不如量才委用。請嗣後各廳州縣缺，仿照熱河之例，不拘滿漢，一律請補州縣各官，均加理事同知、通判銜，以便旂民事件統歸經理。"下部議行。先是，逆匪宗三好等勾結巨匪高希珍，盤踞大東溝等處，築寨抗拒。崇實飭官軍水陸進攻，掃穴擒渠。復遣兵平定廟兒溝、通溝等處，邊外肅清。七月，以奉省積弊太深，具疏言："興利不難，難於除弊。弊之習於下者易除，而弊之倡於上者難除。故整飭官常，必由大吏而始。伏查奉省將軍之設，迄於地方各員，國初至今，屢有增易。在朝廷因時制宜，原無歷久不變之法。惟是陪都重地，根本所關，若使建置規模下同各省，殊不足以重維繫而示尊崇。目下習染所趨，未便再趨成格，惟有仍存五部之名，以隆體制。兼仿督撫之例，以一事權。救弊補偏，大綱已立，然後籌經費以資辦公，則賄賂之風可息，專責任以防推諉，則盜賊之源可清。謹將現擬章程條分縷析，一一陳之：一、事權宜變通也。奉省積弊，由於旂民不和，而推其本原，實緣大吏之先存意見。將軍於地方各官，向不兼轄，遇有會辦公件，呼應往來不靈。溯其建置之初，原與五部隱相兼攝，故至今公牘半多會銜。厥後將軍威望漸輕，而五部權力遂重，其中兼尹歸於戶部，與將軍更易抗衡。旂、民兩途，各不相下。雖有會稟，等於虛文。夫將軍鎮守地方，如何慎重，即朝廷飭議所在，無不首專責成。今則畛域各分，何以統持全局？且既督辦軍務，於兵刑糧餉，皆當並籌。而將軍向仿京員，印信亦存公署，每辦一事，經手多人，往復兼鈐，斷難機密。擬請旨將盛京將軍一缺，改為管理兵、刑兩部，兼管奉天府尹事務，即仿各省總督體例，加兵部尚書銜，另頒總督奉天旂民地方關防一顆，並加兼理糧餉字樣，以便管帶金銀庫印綬，且可稽核戶部出入，其餘公事悉令其舊。如此則旂民文武全歸統轄，機密重件亦亦防閑，即糧餉兵刑悉有總理之責，而三陵、內務府原係本職所司，惟永陵離省較遠，今既添設副都統，則責有專歸。其餘各部事務，皆令與將軍和衷商榷。此維持通省之苦衷，實挈領提綱之先務也。一、府尹事權宜變通也。查吏安民，府尹最重，本與兼尹相助為理。惟兼尹關屬戶部，而旂民交涉之獄，又須由刑部會辦定案。近年民多於旂，轇轕最甚。府尹雖設有讞局，審斷每不得自專，往往一事而上制於戶部之兼尹，旁牽於刑部之會訊。稽留往復，清理良難。各州縣申詳此等案情，亦遂紛而無主，甚至包苴爭納，徑竇互開。多一兼管衙門，即多一需索地步。此弊之在上者也。健訟成風，意存拖累。原告方控於府尹，被告又控於刑部，而部中司員復不遵守定章，任意收呈，隨處提案，竟使待質囹圄，多至一二十年。微論瘐死紛紛，無從呼訴，而挾仇索賄，被害尤深。至於會驗屍傷，每以索費久稽，動輒數月。此弊之在民者也。擬請旨將奉天府尹一缺加二品銜，以右副都御史行巡撫事，旂、民各務悉歸專理，使與將軍相承一氣，不致兩歧。通省綱紀，斯為樞紐。一、五部事機宜變通也。奉天及吉林兩省，餉需彙於戶部，其任匪輕，不宜再兼府尹，反增枝節，而三陵典禮大內工程，禮、工兩部各有專司，皆於民間無涉。至將軍雖管理兵、刑，而該部堂官責無旁貸。五部侍郎應仍其舊，無須移動，俾免紛更。夫刑部之弊，前已略陳，相應請旨申明定例，亦如京中刑部禮制，嗣後惟旂、民交涉，罪在犯徒以上者，方准該部按律定擬，其餘一概不得干預。該司官等如再有違例收呈提案，及相驗逾限等事，逕由將軍指名嚴參，以杜侵官而紓民困。至並不僅管驛丁，事原簡易。惟文書任意私抄，漏泄太多，一言未上而通國皆知，一令未頒而浮議先起。甚且機密釘封，往往破損。此外尋常公牘，積壓遺失，不可勝言。竊思陳奏機宜，軍、尹兩處多於各部。今以將軍管理，即可一律整齊。更擬請旨將地方通同州縣各員，兼理驛務。所有向設驛丁，准其會同兵部所派之驛站監督，隨時稽查。沿途逐站，皆得其人，文報攸關，亟宜並議。一、奉天府治中一缺宜變通也。奉省大吏太多，而下僚太少，未免足輕首重，是以政令不齊。查兼尹、府尹，以次少承上啟下之員，為之關挍，僅有承德縣知縣，聯屬之際，太覺不倫。治中究係京員，外官勢不相恰，而通省清查虧空，督辦案情，須有專司，方資表率。擬於奉省中添設首道一缺，名曰奉天驛巡道，合省驛站及新設捕盜營之同、通、州、縣，悉隸其下，俾得稽巡。惟增修衙署，招募胥役，繁費殊多，猝無所出。擬即將治中一缺加一道銜，兼行首道事務，另頒奉天驛巡道關防一顆，餘仍其舊。事權既不參差，體制較為完備。查治中本係漢缺，向歸捐旋。嗣後應將正途出身人員改為請旨簡放，以昭鄭重。一、旂、民地方各官宜變通也。旂、民交涉之案，各州縣必與城守尉等官會同辦理。查其列銜之處，稟將軍則尉、縣並書，稟府尹則有縣無尉。同一公牘，任意分歧，遂致守尉目中幾無府尹，營私挾詐，何所不為？且於地方尤有數弊，旂界同居，非親即友，宮中公事，但論私情。其弊一。會辦各異，未能和衷，彼此留難，案久懸擱。其弊二。命盜重件，遇有旂人，則借強宗為護身之符，托本管為說情之地，抗拒容隱，不服查拏。其弊三。捕盜不力，州縣官處分綦嚴，而城守尉、左領等官尤有專責，乃盡委罪於驍騎校及領催微末諸員，指名搪塞，劫掠橫行致無忌憚。其弊四。上分其肥，下受其毒，曲直無從申理，州縣亦遂因循。是以前次請照熱河定例，將地方通、同以下全加理事等銜，片奏在案。今更擬請旨嗣後奉省地方一切案件，無論旂、民，專歸同通州縣等官管理。其旂界大小官員，祇准經理旂租，緝捕盜賊，此外不得絲毫干預。其緝捕處分，自城守尉至路記佐領，必與州縣等官一律輕重，不得以屬弁隨時塞責。而本地旂、民尤須再申定例，不許做本界武職。如此劃清限制，自無包庇牽掣之虞也。至各處城守尉，本係宗室專缺，官階同於府道，責任亦遂不清。嗣後請旨簡放時，擬擇宗室中諳練政事之員，方能稱職。如其才力不勝，應由將軍隨時甄別，方不至貽誤地方。其餘民界各官，升途太隘，雖有京察計典，奉省均屬具文，是以吏治毫無振作。擬並請將奉省道、府、同、通、州、縣由吏部推廣升途，力加鼓勵，庶幾有所激勸，百廢可興。是根本儲才之急務也。一、各大吏養廉宜變通也。奉省賄賂公行，已非一日。原情而論，出於貪黷者猶少，迫於窮困者實多。查將軍養廉雖名八成，而官票每兩折銀，蓋以二錢五分入算，此外一成停止，一成實折。計廉額二千兩，實數僅五百餘金。推之府尹、府丞，又當四成遞折，實數不過二百餘金矣。借此從公，萬難敷衍。不得已設為名目，取給下僚，有節壽之賀儀，有月費之攤款。自兼尹、刑部，迄於府尹、府丞，凡設詞訟之官，地方無不饋送，變本加厲，習為故常。甚至民間訛傳委缺必酬，到任必謝。而營求囑託，又無論矣。即有潔清自好之員，迫於時勢，亦姑擇受一二，不敢矯異鳴高。夫上官既資於下僚，下僚必斂於百姓，追呼搉克，激成事端。是以官習為不廉，而極之於縱役分贓。民亦習為不廉，而極之於殺人放火。典章罔顧，教化不興。此陋規相沿，實奉省第一大弊也。竊思興廉不難，道宜善養。若以竭蹶辦公之力，復有衣食內顧之憂，不惟陀塞人才，亦覺有傷政體。擬請旨嗣後奉省各大吏養廉，與其敵折，但立虛名，不如另減，歸於實濟。將軍即照總督例，即以至少省分計之，養廉當一萬八千金，府尹即照巡撫例，養廉至少當一萬二千金。然值此時艱，必須力求撙節。因核各處用度，將軍養廉至少非實銀八千兩不可，府尹養廉至少非實銀六千兩不可。而府尹內有幕修，外有役食，六千之數，仍邃難敷。查各地方官向有攤派之款，細加分別，凡涉私規，悉行汰去，尚留公用三四千金，即令其彙解府尹衙門，以補公用之不足。府丞即兼學政，亦係外官。今既裁撤陋規，其養廉非實銀二千，亦難有濟。以上各款，可否即由海關道徵收盈餘及新增盈餘兩項下，按年支解，作正開銷。並懇天恩格外俯恤，所有奉省督撫、學政養廉均給實銀，外餘各副都統、五部養廉俸，原額本少，皆准八成實放，不必迭為折扣。而將軍兼轄事繁，支用尤鉅，雖議養廉八千，仍恐不敷所用。另有津貼公費之籌，亦知國用未充，可減則減，豈容別生枝節，徒事虛糜？惟關外情形，迥殊各省，即欲力除積弊，便當籌及通盤，況乎宅鎬留豐，自古不嫌優異，力培根本，分所當然。外省養廉，豈容並論？在帑項所支無幾，而大局所全已多。苟可補苴，何敢遷就？自經此次議定章程後，凡奉省向來各大吏一切全分半分陋規，概行禁革。倘蹈前轍，立予嚴懲。在小民可稍免苛求，而墨吏亦無所藉口。清源正本，莫切於斯！一、倉差陋規宜變通也。奉省各旂草豆由折色以至實征，最不畫一。數則任意增減，田則任人歸並。宗室未完之款，或征取於平民。富紳應納之糧，反強派之貧民。浮收包攬，百弊叢生。而正供之外，尚有贏餘，謂之倉差規費。每年收租，例由將軍專派督催協領一員，由各部分派正副監督司官二員。其奉派之員，每納規費於本管上司，始而每人不過三四千金，繼則五六千金，近來增至八九千金。本屬私供，遂無定數，往往承辦各員借貸墊賠，致招物議。甚或藉此訛索，其患仍受於民。現將各旂草豆章程改為一律，無論宗室，平民上中下戶，酌一適中之數，按畝交收，以此貧民同聲感戴。所不便者，惟包糧之土棍及不法之豪強耳。如此力加核減，仍有贏餘，約在一萬五六千金。竊思此項雖非正供，尚於地方無礙，必欲概行裁撤，未免竭澤而漁。與其任作私規，茫無限制，不如改充公費，免再株求。惟五部向係輪派司員，計必遞推三年，始受規費一節次。任有久暫，事必不均。擬於贏盈餘中先提一萬金，作為五部侍郎公費，每歲各分二千，以資貼補。而派員督辦，仍循舊章，餘數千金，即充軍署公費。所取有定，較覺光明。即化私而為官，即非損下而益上，或亦因利乘便之一端也。"疏入，命軍機大臣、九卿會議，議上，諭曰："奉天為陪京重地，從前積弊已深。此次變通章程，崇實等務宜實力奉行。所有陋規，悉數革除。地方文武各員，並著該署將軍等隨時稽查，核實勸懲。其餘未盡事宜，仍隨時酌度，奏明辦理。"先是，奉省宗室、覺羅各項旂人，往往窩庇賊匪，緝捕官弁懼誣，不敢搜挐，以致賊匪愈熾。至是，崇實疏請嚴懲窩主，允之。又先後挐獲盜匪郭振、戴發等，均置諸法。

二年五月，查明署將軍穆圖善等被參各款，請分別議處。閏五月，特參蒙古賓圖郡王袒護盜匪密勒僧格一犯，業經挐獲，供認在熱河朝陽縣劫獄戕兵等情不諱，而猶在賓圖王旂台吉充當副關差使。該王尚敢移文咨取，聲稱官兵騷擾蒙古地面，妄挐無辜。顛倒是非，意存挾制。其平日之袒護包庇，不問可知。且所獲犯阿來桂、程廣學等數十案，無不在該王旂當差。陽托巡緝之名，肆行劫掠之事。是直以該王為護符，貽害地方，莫此為甚。應請將該王下部議處。允之。又請裁奉省日捐，均如所請行。旋以變通吏治，前奏有未盡事宜，復請詳定章程，下部議行。時匪首林方、耿舉等肆擾西北邊境哈拉套改等處，築壘負隅。崇實崇實遣提督左寶貴統兵進攻，前後七十餘戰，擒首要各犯七十餘名。十月，因病請假，並疏言：「奉省全局，辦理年餘，雖具有規模，尚須妥為區畫。計自東溝以至通溝，綿亙千有餘里，歷年旂、民錯處，墾種日多。剿之不可，驅之不能。因事制宜，祇有就地升科、設官分治之一法。擬添設三廳、州、縣，劃界分疆，以資治理。改練旂、綠各軍，設汛分防，酌定營制。當此諸務蝟集，思慮稍有未周，辦理即虞遺漏。」疏上，賞假兩月。

尋以病勢日增，懇請開缺。是月，卒。遺疏入，諭曰：「署盛京將軍刑部尚書崇實，老成練達，才識俱優。受先朝知遇之隆，由翰林漸躋卿貳。旋由駐藏大臣升授成都將軍，署理四川總督。穆宗毅皇帝優加倚畀，內擢正卿，簡任部旂事務。勤慎恪恭，克盡厥職。上年命往奉天查辦事件，即令署理盛京將軍，剿辦馬賊，整飭吏治，均能盡心籌畫，悉協機宜。昨因患病，奏請開缺，寬予假期。方冀調養就痊，長承恩眷。茲聞溘逝，悼惜殊深！著加恩追贈太子少保銜，照尚書例賜恤。任內一切處分，悉予開復。應得恤典，該衙門查例具奏。其靈柩回旂時，著沿途地方官妥為照料，並准入城治喪。伊孫景賢，著賞給舉人，准其一體會試，用示眷念藎臣至意。」尋賜祭葬，予諡文勤。十二月，署盛京將軍宗室岐元等奏，奉省紳民呈稱，崇實公德在民，請與原任將軍都興阿、大學士文祥共建一祠，以襃忠藎，允之。三年，崇實靈柩到京，命貝勒載澂帶領侍衛十員，前往奠醊。子嵩申，刑部尚書。

清史列傳·魁玉傳[①]

魁玉，富察氏，字時若，滿洲鑲紅旗人，荊州駐防。父額勒景額，京口副都統。魁玉，由二品蔭生，於道光十年授驍騎校。十三年，升防御。十六年，除佐領。二十三年，擢協領。二十九年，俸滿引見，得旨，交軍機處記名。

咸豐二年，髮逆竄湖南，荊州戒嚴。將軍台湧檄防關沮口。三年，軍政卓異，加一級。九月，髮逆竄武漢，隨台湧駐軍扼沙市，尋授涼州副都統。台湧疏請以魁玉留防荊州，允之。十二月，湖北巡撫崇綸疏請赴省防剿。四年正月，營於武昌東境之洪山。時髮逆踞黃州，總督吳之鎔軍敗，賊遂於魯家港聯營七座，斷省城糧道。六月，巡撫青麐檄魁玉馳剿，而對岸漢口賊犯塘角，鸚鵡洲賊已侵鯰魚套，奸黨內應，省城遂陷。魁玉隨青麐退保荊州，有旨革職，交署總督楊霈酌量差遣。七月，荊州將軍官文飭魁玉帶勇五千，會同湖南提督塔齊布、前任禮部侍郎曾國藩，截剿上竄之匪，魁玉遂屯兵石首之調弦口、監利之白螺磯。八月，師次新堤，進規漢陽，偕總兵楊昌泗率四千三百人，火攻西岸蝦蟆磯，賊驚逸。魁玉分隊伏沌口，殲賊之竄入里湖者，進拔鸚鵡洲，與各軍合擊大別山大壘，分兵伏月湖堤，賊逸竄蔡甸，遂克漢陽。武昌亦復。捷入，開復原官。賊由襄河、溳口、蔡甸擁撲漢口者二千艘，魁玉會合曾國藩，水陸截剿，縱火焚之，無一免者。九月，偕曾國藩、塔齊布駐營京口西岸，賊千餘猝至，魁玉至沌口堵御，擊死黃衣賊目，擒斬數千名。賊至是不敢上犯，連檣而下。曾國藩以舟師扼之，魁玉誘至楊林溝，斬級百餘，生擒二百。進圖

[①] 王鍾翰點校：《清史列傳》第十四冊，中華書局 1987 年版，第 4358—4365 頁。

荆州,分扼蒜花土寮、道士洑、渭源口,敗賊於骨牌磯。既而黃州府及蘄州、蘄水次第收復。十月,駐蘄州三道橋,以未能扼截潰匪上竄,摘取頂戴。進軍清水河,追賊崇陽橋,抵雙城驛。賊三萬人分股來犯,魁玉繞其後,奮擊大勝,平大河埠賊壘,克黃梅。得旨,賞還頂戴。五年二月,調赴潛江一帶剿賊,繼由潛至沔陽州,敗賊於里仁口。是月,命署荆州右翼副都統。四月,堵剿上竄之賊,襲破仙桃鎮、吳家橋,分兵兩岸,轉戰獲勝。賊又冒團練,由麥旺嘴而上,魁玉設伏,誘至鄢家灣,圍殺殆盡。荆襄以安。尋授江寧副都統。官文以魁玉襄河堵剿得力,疏請留辦軍務,許之。七月,克漢川。八月,克沔陽,腰腿均受矛傷。自是立營鄢家灣,偵賊由侏儒山竄沔陽之周家幫,即夕馳往下查坪,夾擊之,賊遁,復搗侏儒山賊巢,拔之。時,漢川及仙桃鎮又陷,魁玉派隊兩路,赴鄭家集、麻港,斜趨仙桃鎮,以扼賊衢,自出沙嘴橫截之,大捷。十月,重克漢川及蔡甸。尋奉檄所部歸大營。十二月,官文調赴漢川,辦理團練事宜。六年四月,又赴麻城、羅田、黃岡,督催團練,辦理捐輸。九月,以襄陽土匪滋事,命馳回荆州,整飭團防。十月,丁母憂。詔俟百日孝滿,即赴江寧新任。十二月,官文彙案請獎,賞戴花翎。七年,抵江寧副都統任。隨欽差大臣和春軍營。八年六月,命暫署江甯將軍。七月,兼署京口副都統。十年四月,復署江甯將軍。先是,魁玉剿賊於丹陽北門失利,賊退。至是,事聞,得旨,革職留任,江甯將軍交副都統巴棟阿署理。尋命帶兵赴揚州軍營隨剿。九月,復署江甯將軍,暨京口副都統。十一年十月,新任將軍都興阿到任,上以京口副都統關係緊要,命都興阿於揚州軍營揀派得力旅員署理,都興阿尋以魁玉請,因是仍署京口副都統。魁玉既抵鎮江,疏言:"京口為江南之咽喉,江北之唇齒,孤立江濱,賊氛四偪。都興阿現駐揚州,遠隔大江,而副都統儘管旅務,雖西寧鎮總兵馮子材統兵在此,兩不相轄。請飭馮子材不分旗綠,聯為一體,凡軍務會商辦理。"從之。十二月,命魁玉幫辦鎮江軍務。時賊大股攻鎮江,江甯逆酋洪仁發等復糾龍潭、石阜橋諸賊,號稱萬餘人,水陸分途來犯。官軍餉奇絀,魁玉與馮子材激勵饑卒,連攻近城逆壘,屢勝之。

同治元年二月，詔開復革留處分。八月，敗陽崗出擾之賊。九月，令總兵文龍德等戰於甘棠橋，斬其酋，尋拔陽崗，進毀青山賊壘。十一月，在諫壁、陣城、上塘等鎮，三戰三捷。二年正月，丹陽踞匪分股來犯，魁玉偕馮子材疏陳戒嚴情形，諭曰："鎮營以有限之兵，當逆賊六七萬眾，其勢不可以浪戰。該提督等令水營先固江防，派總兵田宗揚等，將東路群逆殲除，西南一帶因有重兵，賊未深入。擬俟其臨近而痛剿之，進止頗合機宜。嗣後仍當竭力固守，雖賊眾紛乘，總示以不可動搖之勢，以固要區。"二月，奪牧馬口賊卡，進搗句容之薛村，乘霧逼柏林村，奪其壘，直薄丹陽西門，先後斃賊酋數十、眾三千餘名。捷入，詔嘉勉之。時巡撫李鴻章自上海進兵，賊畏滬軍之威，知鎮防兵單地蹙，擬攻其瑕。三月，蟻聚駭溪，犯我東路。魁玉派兵迎剿，戰於諫壁，斬獲甚多。常州、江陰賊黨巨萬繼至，屯丹陽、新豐等處，並在越河以南紮筏，圖侵南路。四月，偵知常州十大酋謀分十路，出犯江防。魁玉飛咨沿江各軍，嚴防偷渡，撥隊扼東路丹徒鎮之沖，分守灣子橋，別派遊擊之師，覘賊所向，擊之。既東路賊欲犯丹徒鎮，攻我守橋兵，以木簰伺隙渡河，官軍禦之，賊不得逞。而大隊萬餘繼至，抵死爭之。魁玉調兵再進，一由南門繞東路剪賊尾，一由東路馳丹徒鎮，鳧水奪其筏，大捷。既而馮子材馳赴丹徒鎮，令田宗揚守之，自循河以南，則賊已由洪山凹而下，數里不斷。魁玉布置城守，分軍策應。未幾，諸路皆捷，賊遁。時上游各軍連克要隘，雲集金陵，敗賊南奔，半為丹陽賊所留，廣屯米石，意在全力相持。水路各隘，拆橋伐木，阻我進路。馮子材會商魁玉，以為金陵合圍之後，賊必號召外援，亟圖一逞，且逆情既蹙，難保不鋌而走險，為圖圍魏救趙計，正宜因利乘便，進剿牽制之。遂令田宗揚等更番出擊，由馬陵進規丹陽。六月，奏入，諭嘉其尚中窾要。惟防兵單薄，務當加意防範，毋稍大意。七月，偽忠王李秀成號召大股悍賊，厚集丹陽句容，謀撲鎮城。偽兌王等四酋由常州、宜興、金壇來，挾丹陽萬餘眾，一由東南甘棠橋下竄，一由西南八公洞謀犯雲台、寶蓋諸山營壘。官軍兩路迎戰，一出東南，在五峯口、三里岡殊死鬥，多受傷者。一出西南，戰於觀音山下。會東南路已得勝，並軍衝突，賊大潰，自後不敢復出。十月，上以上下游軍威大振，慮竄匪擾及鎮防，敕馮子材、魁玉隨時會同水師，實力防剿。毋稍疏虞。尋疏言："蘇常各逆悉索死黨六七萬，分屯句容、丹陽，丹陽屏蔽蘇常，賊守尤力。其水湖、博洛、余乾等虛巢卡，鎗礮極多，鎮防近接丹陽，未幾百里。當此上游掃平，群凶震懾之時，正宜乘我軍威，用資犄角。連日挑派馬步，更番哨擊。擬先將沿途賊壘設法剪除，仍伺賊所向，進紮新豐，方不至腹背受敵。蓋鎮江內外各營，合之丹徒屯駐兵勇，止一萬二千八百名，留守城垣，分防營隘，僅能籌撥五六千人。而援賊屯丹、句者，尚以數萬計。彼眾我寡。自夏秋以來，部將咸以進兵丹陽為請。臣等以為賊勢愈蹙，官兵益當謀出萬全，未可虛張進取之名，轉貽拔本之誚。今者，金陵圍合，東壩諸軍建瓴而下，則因利乘便，正在此時。現已挑勁旅六千，以總兵田宗揚、張文德等配齊軍火，各持一月糧，聽候進止。另派遊兵三千，為後路接應。其餘弁勇，扼守城池，暨雲台、寶蓋諸山，俟提督鮑超軍由漢水進攻句容，官軍即由新豐進規丹陽，收夾擊之效。"報聞。十一月，李鴻章克蘇州，有旨令防剿諸軍慎固地方，毋令敗匪闌入。時丹、句各酋注意鎮城，魁玉偕馮子材統籌戰守，設防諫壁等處。丹陽賊覷我兵單，謀大舉。嗣以越河、新豐各防營聯絡謹嚴，遂竄句容、龍潭而去。逆首李秀成潛入金陵，其黨數萬，仍屯句容、丹陽、寶堰、石埠橋、龍潭。官軍分紮甘棠橋，以扼其衝，屢戰屢捷。尋李秀成之子糾句容悍賊二三萬來犯，魁玉偕馮子材分路堵禦，囑將領勿輕進，俟賊偪近，以排鎗連環擊之，斬其酋，鎮防以固。

三年正月，丹陽逆首偽然王陳逆往援常州，令英逆之子留守。魁玉等派兵哨擊，多張旂幟以驚擾之。刊發告示，勸賊反正，遣間諜分赴城鄉，解散其黨令相疑貳。有願為內應者，魁玉等撫之，即乘間平丹陽西路賊卡。各村受魁玉等密諭，截殺運量逆目甚多。陳酋知人心離散，撤回丹陽。二月，官軍拔白兔、博洛水湖等鎮。三月，張文德進攻余幹、新豐，賊開壘乞降。會攻丹陽，鮑超軍至句容，魁玉等派副將楊青山等四營助剿。鮑超等克句容，魁玉等以寶堰、屯甸尚有賊壘，飭陶茂森移兵疾搗之。張文德合攻丹陽之師，連毀西路礮台。賊百計抵禦，魁玉飭水師六艘入練湖，斷賊運到，拔湖頭村。未幾，鮑超克金壇，賊聞風膽落。魁玉等遂令張文德，會同各軍取城外逆壘。四月，合圍，賊困鬥益厲。冠軍冒煙填壕而進，毀更樓、哨台，斬關入，立復縣城，誅著名積匪數十，擒斬盈萬。疏入，諭曰："鎮江官軍圍攻丹陽，由西門斬關而入。常州、鎮江一帶，一律肅清。魁玉幫同馮子材辦理軍務，亦甚得力，著加恩賞給巴圖隆阿巴圖魯名號。"六月，上以江甯克復，全股悍賊盡數殲滅，魁玉幫辦鎮江軍務，協同守禦，特賞雲騎尉世職。七月，復署京口副都統。十一月，疏言："咸豐三年，賊陷金陵，駐防官弁殉難者二百九十三名，經前將軍和春奏蒙恩恤。今查殉難官弁，有嫡子者十八人，有嫡孫者三人，有胞弟者二人。此外惟就其族中現存之人，令領催具結，過繼承襲。又此項人員例應引見，而餉項未復，川資難籌，請照綠營例，試用三年，再行送部。"從之。十二月，調補京口副都統。四年二月，署江甯將軍。五月，升授將軍。七年，入覲，賜紫禁城騎馬。九年，兩江總督馬新貽被刺出缺，命暫行署理兩江總督，嚴審其事。又命兼署辦理通商事務大臣。時天津教案未結，江防緊要，魁玉疏上長江防範事宜，略曰："長江下游扼守事宜，與提督黃翼升議於各處安設礮位，並將分汛水師，查照舊章，暫令歸併一處，排泊操練。另調礮船三十號，駐紮金陵，為上下游策應之師。"得旨："所籌均尚妥協，即著悉心區劃畫，縝密布置。中外交涉事件，責無旁貸，著督率蘇松太道涂宗瀛等加意防範，弭患未形。"

十年，調成都將軍。十二年，四川峨邊廳蠻匪滋事，遣師平之。復擇樸誠者，充千百戶，設立夷兵夷約，次第建碉修堡，上嘉獎之。光緒元年，西藏裡塘喇嘛更登培結因番官侵漁土戶，聚眾萬餘，踞藏里一帶。魁玉偕總督吳棠派員帶漢土官兵攻之，更登培結自焚，餘黨悉平。二年，雷波廳蠻匪滋事，偕吳棠撥營分道進攻，殄除首逆。三年，以舊傷復發，籲請開缺，許之。五年，捐山西賑二千兩，下部優敘，隨帶加五級。十年，卒。遺疏入，諭曰："前成都將軍魁玉，於咸豐年間從事戎行，轉戰湖北、江南等省，迭著戰功。歷任副都統、將軍，克勤厥職。前因患病開缺，茲聞溘逝,軫惜殊深!加恩著照將軍例賜恤。任內一切處分,悉予開復。應得恤典,該衙門察例具奏。伊孫一品蔭生文沖,著以郎中分部行走,用示篤念藎臣至意。"尋賜祭葬,予諡果肅。十八年,兩江總督劉坤一以魁玉興情感戴,請於鎮江府城捐建專祠,由地方官春秋致祭,允之。子札勒哈蘇,廣東惠來縣知縣。札克丹,直隸河間府知府。邁拉遜,舉人,山西河東道。墨德哩,候選副將。札勒哈哩,舉人,花翎,三品銜湖北候補道。佛遜布,候補驍旅校。穆克登布,舉人,花翎三品銜江蘇候補道。孫文通,二品蔭生。文明,佐領。文輝,驍騎校。文沖,舉人,工部郎中。文治,兵部郎中。文煥,江西後補同知。文達,防禦。文蔚、文錦、文凱均候補郎中。文富,盛京兵部郎中。文秀,候選筆帖式。

清史稿·胡中和傳[①]

胡中和,字元廷,湖南湘鄉人。咸豐初,從湘軍剿粵匪,積功擢把總。六年,從蕭啓江援江西,復袁州,超擢都司,賜花翎。七年,從克臨安,中礮傷,以遊擊留湖南補用。八年,破賊上屯渡,乘勝復撫州,擢參將。九年,復南安,擢副將。石達開由寶慶竄廣西,陷興安,遣黨攻桂林,自率悍賊屯大溶江。中和從蕭啓江往援,大破賊於大溶江,賊竄貴州境,加總兵銜,賜號伊德克勒巴圖魯。十年,蕭啓江率軍援四川,中和從之。啓江卒於軍,中和偕何勝必、蕭慶高等分領其眾。

剿滇匪李永和於井研,連戰皆捷,賊解圍遁,以總兵記名。尋授四川建昌鎮總兵。十一年,永和竄踞富順牛腹渡,兩岸築堅壘,背水而陣。中和選銳卒沿河設伏,自率羸師誘之,賊大出,伏發,截其歸路,俘斬無算,賊壘盡夷,進解大邑之圍,予二品封典。

駱秉章督師涖蜀,檄中和偕緒軍援綿州。滇匪藍朝柱在諸賊中最狡悍,圍綿州日久。軍至,連破之,圍始解,又敗之西山觀。朝柱竄丹棱,

---

[①] 趙爾巽等:《清史稿》卷四百三十,列傳二百十七。

與李永和合攻眉州。中和馳援，賊分路來撲，中和突陣，矛傷頤，血殷衣，不顧，奮擊破之，解眉州圍。進攻丹稜，朝柱遁走，復其城，以提督記名。同治元年，擢雲南提督。李永和自眉州敗後，竄踞青神，諸軍進剿，數敗之，永和遁犍為龍宄場，負嶺死抗。中和圍之，壘石牆，編木柵，外浚深壕，密布梅花樁。賊知必死，突攻蕭慶高營，中和截擊，敗退，連戰七日。賊伏不出，乃使降賊譚仁曲持書約降，期會於豬市坡，預伏兵賊巢旁。永和與其黨卯得興數十騎來會，伏起分攻，焚其巢。永和、得興駭奔，追擒之，降其眾五千。詔嘉中和運籌決勝，生擒渠魁，賜黃馬褂。

石達開擾蜀邊，中和偕蕭慶高、何勝必合擊於橫江，走之。二年春，達開復分路犯蜀，自率大隊數萬由米糧壩渡金沙江。中和督軍扼化林坪、瀘定橋，擊破之，賊走卭部土司山中，達開旋就擒。調四川提督。三年，破滇匪於敘永廳。初，李永和既誅，餘黨竄陝西，至是入甘肅，陷階州。四年，中和偕總兵周達武往剿，毀龍王廟、三官殿賊壘，逼階州城下，掘地道轟城，克之，斬賊酋蔡昌齡，盡殲其黨。階州平，被珍賚。

冬，剿苗匪於建武，腰中彈傷，力戰敗之。五年，剿屏山賊，解馬邊廳圍，誅賊酋宋任杰等，餘匪悉平。十三年，調雲南提督。光緒二年，抵任。三年，平騰越夷匪。七年，丁母憂歸里。九年，卒，賜卹。

清史稿·岑毓英傳[①]

岑毓英，字彥卿，廣西西林人。諸生。治鄉團，擊土匪，以功敘縣丞。咸豐六年，率勇赴雲南迤西助剿回匪。九年，克宜良，權縣事。十年，克路南，署州事，擢同知直隸州。進攻澂江，兼署知府。十一年，克澂江賊壘，破昆陽海口賊，迤西回匪連陷楚雄、廣通、祿豐，省城戒嚴。毓英赴援，同治元年，破賊大樹營。時總督張亮基引疾去，巡撫徐之銘主撫，回酋馬如龍通款，毓英往諭順逆，如龍獻所踞新興等八城，之銘奏以

[①] 趙爾巽等：《清史稿》卷四百十九，列傳二百六。

毓英攝布政使。尋以安撫功，加按察使銜，賜花翎。二年，回弁馬榮叛，戕總督潘鐸，毓英率所部粵勇一千，與弟毓寶等守藩署。之銘微服詣毓英，司道皆集，分兵守東、南門，密召馬如龍入援。如龍至，誅亂黨，馬榮跳走南寧，合馬聯陞踞曲靖八屬。詔嘉毓英守城功，擢道員。

率師西剿，復富民、安寧、羅次、高明、祿豐、武定、祿勸、廣通、陸涼、南安諸城，及黑、元、永三鹽井，進擣楚雄。會東路有警，之銘檄回省，分兵克霑益、平彝。赴楚雄督攻，克其城。進復大姚、雲南、趙州、賓川、鄧川、浪穹、鶴慶，分道進規大理上下關。三年，克定遠，圍攻鎮南，大破援賊於普棚。馬聯陞復陷霑益，犯馬龍，回軍破之於天生關。進攻曲靖，復馬龍、霑益。進克尋甸，擒馬榮、馬興才，克曲靖，擒馬聯陞，並誅之。尚書趙光疏呈滇紳公啓，言毓英所向有功，特詔嘉勉，下總督勞崇光據實保奏。四年，肅清迤東，加布政使銜，賜號勉勇巴圖魯。

西路自毓英軍移去，所克諸城多復陷，僅存楚雄未失。毓英駐軍曲靖，護省城運道。五年，命署布政使，勞崇光至是始至滇受事，奏以提督馬如龍專辦西路，令毓英督剿豬拱箐苗。豬拱箐隸貴州威甯州，與海馬姑相犄角，山溪阻深，苗酋陶新春、陶三春分據之。糾聚苗、教諸匪及粵匪石達開餘黨，凡十數萬人，迭擾滇之鎮雄、彝良、大關、昭通，黔之大定、黔西、威寧、畢節，且及川疆，三省會剿久無功。毓英上書駱秉章，謂權不一則軍不用命，願率滇軍獨任，期百二十日覆其巢，授迤西道，署布政使如故。

六年，擢布政使。二月，師抵豬拱箐，令張保和、林守懷領二千人，由大溜口出二龍關後，掩襲吳家屯，自督三千人攻關。賊傾巢出戰，關後礮發，賊回救，毓英揮軍夾擊，三隘皆下，遂奪吳家屯，擒斬數千。賊自海馬姑來援，截擊之，斬其酋，餘賊反奔。令蔡標、劉重慶分軍圍剿海馬姑，克紅巖、尖山，賊援乃斷，遂逼豬拱箐老巢。賊以巨石自山巔墜下，驅牛馬突營，將士多傷亡，毓英督軍搏戰，斬悍酋，賊始卻。於營前掘深坎，賊所發石盡陷坎內，誘降倮人，得賊虛實，選敢死士二千，填壕以進，連破木城二，直擣其巢，縱火焚之，斬馘二萬，擒陶新春及其死黨，磔之，拔出男婦四萬餘人。乘勝合攻海馬姑，伏兵山前後，進毀賊壘三十餘，以噴筒環燒，擒陶三春及悍酋二百餘人，皆斬之，賊悉平。計自進兵至是，僅逾期四日，加頭品頂戴。

馬如龍剿迤西屢失利，勞崇光病歿，杜文秀大舉東犯，連陷二十餘城，省垣告急。是年冬，毓英自豬拱箐凱旋曲靖，先遣弟毓寶助省防。七年春，揚言師出陸涼，而取道宜涼、七甸，連破大小石壩、小板橋、古庭庵、金馬寺賊壘，進屯大樹營。馬如龍來會，人心始定。昆陽匪首楊震鵬夜渡昆明池襲省城，毓寶擊敗之，震鵬負創遁。進攻楊林，毓英鼻受枪傷，回軍省城，連破石虎關賊壘，擒賊渠李洪勳，擢授巡撫。附省賊壘猶繁，與之相持。總督劉嶽昭初至滇，由馬龍進剿尋甸，失利，賊勢復熾。

毓英疏陳軍事、餉事，略曰："杜文秀竊踞迤西十有三載，根深蒂固。今擬三路進兵，一出迤南牽賊勢，一出三姚、永北斷賊援，大軍由楚雄、鎮南直擣中堅，使賊面面受敵，不能兼顧。臣選精銳六萬，更番戰守，既無停兵之時，亦免師老之患。兵勇無須外募，以本省兵剿本省賊，既習地利，復熟賊情。現在滇省兵勇鄉團已調集八萬有奇，擬俟附省逆壘肅清，認真裁汰，選定精銳，以資得力。滇省綠營額設馬步兵三萬七千數百名，承平日久，訓練多疎，將不知兵，兵不知戰。倉卒有事，則募勇以代兵；餉需支絀，不能不後兵而先勇。於是兵丁愈困，營務益弛。通省營兵所存不及十一，臣擬即此六萬人中，擇補營額，目前仍令隨征，事竣再飭歸伍。既有常業，自有恒心，責以成功，收效必速。滇省近年用兵，多藉鄉勇之力，擬按州縣之大小，定徵調之多寡，共編鄉勇四十營，分兩班隨營征討，餉銀仍由各地籌捐。兩年之內，迤西肅清，即可裁撤歸農。滇省兵勇，向於餉銀之外，每名月支米三斗。現擬用兵六萬，每年共需米二十餘萬石，為數甚鉅。歷年皆按成熟田畝酌抽釐穀，約十分取其一二，資助軍食，與川之津貼，黔之義穀，名異實同。今請照舊抽收，並將近年可徵地丁抽糧，全數改征糧米，如不敷用，再行籌價採買接濟，一俟軍事肅清，分別裁止。滇省綠營官兵俸餉，有閏之年，需銀七十萬兩有奇，無閏需銀六十四萬數千兩。現既易勇為兵，則餉銀較勇糧稍厚。倘因籌餉維艱，每月先給半餉，加以賞需軍火各費，約共需銀八萬兩。鹽課、地丁、釐稅之外，每月所短不過三四萬兩，應由外省協撥，較之向例協餉，有減無增。若發全餉，則每月應由外省撥銀六萬，較常例所增亦屬無幾。現在部臣指撥各省協滇軍餉，如浙江、廣東、江西，距滇較遠，籌撥起解，往返經年，緩難濟急。請飭改作京餉，另由川、楚等省應解京餉，改撥濟滇，兩無窒礙。至於選任鎮將，宜不拘資格，不惜情面，凡有能將三千兵以上，才當一面者，雖其名位尚卑，亦宜委署要職。其謀勇平常，僅止熟習營務，縱係實缺，另予差遣，勿使倖位。"疏入，下部如所議行。

八年春，賊酋楊榮率眾數萬踞楊林長坡，分黨踞小偏橋、十里鋪、羊芳凹、牛街、興福寺，省城大震。毓英督諸軍分剿，奪回小偏橋諸處，復連敗之於蕭家山、鸚鵡山，擒斬逾萬，剷除省東賊壘百餘。西北兩方賊仍負隅拒守，毓英令副將楊玉科、總兵李維述等規迤西，與騰越義兵約期並進。於是副將張保和等克富民、昆陽，總兵馬忠等克呈貢、晉寧、易門、澂江、祿豐，玉科等克武定、祿勸、元謀、羅次、定遠、大姚，維述等克廣通、楚雄、南安及黑琅、元水諸井。凡悍酋劇匪，擒斬殆盡，省城解嚴，被詔嘉獎。

九年，澂江回復叛，踞府城，毓英率軍往剿，圍其郛，十年二月，克之。並拔竹園、江那諸賊巢，迤西軍亦克麗江、劍川、永北、鶴慶、賓川、姚州、鎮南諸城。疏言："滇省前事之誤，東南未定，遽議西征，屢致喪師失地。今通籌全局，必先掃蕩東南兩迤，然後全軍西上，方無後顧之憂。"

十一年，迤東、迤西兩路悉平，西軍亦先後克復永昌、鄧川、浪穹、趙州、雲南、永平、蒙化及上下兩關，而大理賊猶堅守，恃騰越、順寧互為應援。十一月，毓英親往督戰，先斷賊援，直薄城下，掘隧道，陷城垣數十丈，奪東南兩門入。賊守內城，晝夜環攻，守陴賊多死。杜文秀窮蹙服毒，其黨昇之出城詐降，斬首傳示，勒繳軍械，賊黨猶請緩期。毓英令楊玉科率壯士二百入城受降，布重兵城外夾擊之，斬酋目三百餘名，生擒楊榮、蔡廷棟、馬仲山，磔於市。大理肅清，賜黃馬褂，予騎都尉世職。十二年，順寧、雲州、騰越皆下，全滇底定，加太子少保，晉一等輕車都尉世職。十三年，兼署雲貴總督。光緒二年，丁繼母憂。五年，服闋，授貴州巡撫，加兵部尚書銜。七年，調福建督辦臺灣防務，開山撫番，濬大甲溪，築臺北城。八年，署雲貴總督，九年，實授。

法越兵事起，自請出關赴前敵，屯興化。十年，命節制關外粵、楚各軍。會廣西軍潰於北寧、太原，毓英全師退屯保勝，以未奉命，降二級留任。七月，命進軍決戰，連復越南館司、鎮安、清波、夏和諸縣，屯館司關，規取河內諸省。令丁槐、何秀林攻宣光，以地雷毀其城，擒斬甚眾。十一年，京察，開復降級處分，令覃修綱攻克緬旺、清水、清山。法兵援宣光，掘地營延袤十餘里扼之。破法兵於臨洮府，奪梅枝關。連克不拔、廣威、永祥，進擣山西、河內，廣西軍亦收復諒山。越南興安、寧平、南定、興化、太原各省聞風響應。會和議成，詔班師。五月，回駐邊關。十二年，會勘邊界，兼署巡撫。十三年，剿順寧倮黑夷匪張登發，平之。十四年，京察，議敘。十五年，皇太后歸政，晉太子太保。尋卒，贈太子太傅，入祀賢良祠，雲南、貴州建專祠，諡襄勤。

清史稿·曾璧光傳[①]

曾璧光，字樞垣，四川洪雅人。道光三十年進士，選庶吉士，授編修，記名御史。入直上書房，授恭親王奕訢、醇郡王奕譞。咸豐九年，出為貴州鎮遠知府。同治元年，署貴東道。二年，剿平銅仁踞賊蕭文魁，賜花翎。雲貴總督勞崇光薦其才，迭署糧道、按察使、布政使。六年，予二品頂戴，署貴州巡撫。七年，實授。貴州地瘠亂久，北境接四川，東境接湖南，軍事悉倚鄰援，本省餉既艱窘，將多驕蹇。總兵林自

---

① 趙爾巽等：《清史稿》卷四百二十，列傳二百七。

清劾罷後，戕興義縣令，率所部萬人擾川境。八年，璧光密遣提督陳希祥擒斬之，令吳宗蘭剿青山餘匪，克普安、安南。時席寶田軍已由東路進規台拱，省城附近諸匪糅雜，出沒無常。九年，周達武調任貴州提督，率川軍至貴陽，漸次勘定。自軍興鄉試久停，至是年始補行，人心益定。與達武議增兵扼要駐守，令道員蹇誾破遵義賊，擒其酋吳三；令提督劉士奇克都勻，殄其酋吳章。十年，令提督鍾有思等進剿上游，克永甯、威甯，下游諸軍擒悍賊潘得洪，收復八寨等城。又收復上江、下江各城，平上游鎮寧、歸化賊巢，殄永城踞賊侯大五，斬郎岱、金家硐踞賊金大七，盤江北岸肅清。又破畢節、威甯諸匪，清八寨、三角餘賊，毀其巢。令總兵何世華擊斬安南賊酋潘麼，進克貞豐，西路悉平。十一年，周達武率所部會楚軍定苗疆，詔嘉調度有方，予優敘。十二年，會滇軍克新城老巢，全省肅清，加太子少保、頭品頂戴，予雲騎尉世職。尋新城防軍索餉嘩變，匪首何玉亭攻新城，遣其黨黎正關攻興義，分軍馳剿，捕誅其渠，事旋定。

　　光緒元年，卒於官，追贈太子太保，依總督例賜恤，諡文誠。四川、貴州請建專祠。

二、清代官員品級一覽表[①]

品	級	文　職	武　職
一品	正	太師、太傅、太保、殿閣大學士	領侍衛內大臣、掌鑾儀衛事大臣
一品	從	少師、少傅、少保、太子太師、太子太傅、太子太保、協辦大學士、尚書、都御史	提督九門步軍巡捕五營統領、內大臣，將軍、都統、提督
二品	正	太子少師、太子少傅、太子少保、左右侍郎、內務府總管、總督	左右翼前鋒營統領、八旗護軍統領、鑾儀使、副都統、總兵
二品	從	內閣學士、翰林院掌院學士、巡撫、布政使	散秩大臣、副將
三品	正	副都御史、宗人府丞、通政使、大理寺卿、詹事府詹事、太常寺卿、順天府尹、奉天府尹、按察使	一等侍衛、火器營翼長、健銳營翼長、前鋒參領、護軍參領、驍騎參領、王府長史、城守尉、參將、指揮使
三品	從	光祿寺卿、太僕寺卿、鹽運使	包衣護軍參領、包衣驍騎參領、王府一等護衛、遊擊、五旂參領、協領、宣慰使、指揮同知
四品	正	通政使司副使、大理寺少卿、詹事府少詹事、太常寺少卿、太僕寺少卿、鴻臚寺卿、督察院六科掌院給事中、順天府丞、奉天府丞、各省守巡道員	二等侍衛、雲麾使、副護軍參領、副前鋒參領、副驍騎參領、太僕寺馬廠駝廠總管、貝勒府司儀長、侍衛領班、防守尉、佐領、都司、指揮僉事、宣慰使司同知
四品	從	內閣侍讀學士、翰林院侍讀學士、翰林院侍講學士、國子監祭酒、文職外官：知府、土知府、鹽運使司運同	城門領、包衣副護軍參領、包衣副驍騎參領、包衣佐領、四品典儀、二等護衛、宣撫使、宣慰使司副使

[①] 據《清史稿》、《清會典》等輯錄。

续表

五品	正	左右春坊庶子、通政司參議、光祿寺少卿、給事中、宗人府理事官、郎中、太醫院院使、同知、土同知、直隸州知州	三等侍衛、治儀正、步軍副尉、步軍校、監守信礟官、分管佐領、關口守御、防御、守備、宣慰使司僉事、宣撫使司同知、千戶
	從	翰林院侍讀、翰林院侍講、鴻臚寺少卿、司經局洗馬、宗人府副理事、御使、員外郎、知州、土知州、鹽運司副使、鹽提舉	四等侍衛、委署前鋒參領、委署護軍參領、委署鳥鎗護軍參領、委署前鋒侍衛、下五旗包衣參領、五品典儀、印物章京、三等護衛、守御所千總、河營協辦守備、安撫使、招討使、宣撫使司副使、副千戶
六品	正	內閣侍讀、左右春坊中允、國子監司業、堂主事、主事、都察院都事、經歷、大理寺左右寺丞、宗人府經歷、太常寺滿漢寺丞、欽天監監判、欽天監漢春夏中秋冬五官正、神樂署署正、僧錄司左右善事、道錄司左右正一、京縣知縣、通判、土通判	蘭翎侍衛、整儀尉、親軍校、前鋒校、護軍校、鳥鎗護軍校、驍騎校、委署步軍校、門千總、營千總、宣撫使司僉事、安撫使司同知、副招討使、長官使、長官、百戶
	從	左右春坊贊善、翰林院修撰、光祿寺署正、欽天監滿洲蒙古五官正、漢軍秋官正、和聲署正、僧錄司左右闡教、道錄司左右演法、布政司經歷、理問、允判、州同、州同、土州同	內務府六品蘭翎長、六品典儀、衛千總、安撫使司副使
七品	正	翰林院編修、大理寺左右評事、太常寺博士、國子監監丞、內閣典籍、通政司經歷、知事、太常寺典籍、太僕寺主簿、部寺司庫、兵馬司副指揮、太常寺滿洲讀祝官、贊禮郎、鴻臚寺滿洲鳴贊、京縣縣丞、順天府滿洲教授、訓導、知縣、按察司經歷、教授	城門史、太僕寺馬廠協領、把總、安撫使司僉事、長官司副長官
	從	翰林院檢討、鑾儀衛經歷、中書科中書、內閣中書、詹事府主簿、光祿寺署丞、典簿、國子監博士、助教、欽天監靈台郎、祀祭署奉祀、和聲署署丞、京府經歷、布政司都事、鹽運司經歷、州判、土州判	七品典儀、盛京遊牧副尉

附　　錄　583

续表

八品	正	司務、五經博士、國子監學正、學錄、欽天監主薄、太醫院御醫、太常寺協律郎、僧錄司左右講經、道錄寺左右至靈、庫大使、司大使、鹽引批驗所大使、按察司知事、府經歷、縣丞、士縣丞、四氏學錄、州學正、教諭	外委千總
	從	翰林院典簿、國子監典簿、鴻臚寺主薄、欽天監摯壺正、祀祭署祀丞、神樂署署丞、僧錄司左右覺義、道錄司左右至義、布政司照磨、鹽運司知事、訓導	八品典儀、委署親軍校、委署前鋒校、委署護軍校、委署驍騎校
九品	正	禮部四譯會同館大使、欽天監監侯、司書、太常寺漢贊禮郎、文職外官：按察司照磨、府知事、同知知事、通判知事、縣主薄	各營蘭翎長、外委把總
	從	翰林院侍詔、滿洲孔目、禮部四譯會同官序班、國子監典籍、鴻臚寺漢鳴贊、序班、刑部司獄、欽天監司晨、博士、太醫院吏目、太常寺司樂、工部司匠、府廳照磨、州吏目、道庫大使、宣課司大使、府稅課司大使、司府廳司獄、司府廳倉大使、巡檢、土巡檢	太僕寺馬廠委署協領、額外外委
未入流		翰林院孔目、都察院庫使、禮部鑄印局大使、兵馬司吏目、崇文門副使、典史、土典史、關大使、府檢校、長官司吏目、茶引批驗所大使、鹽茶大使、驛丞、土驛丞、河泊所所官、牐官、道縣倉大使	百長、土舍、土目

參考文獻

一、檔案

[001] 中國第一歷史檔案館藏．錄副奏摺．檔號：03-4740-031．
[002] 臺北"故宮博物院"藏．軍機及宮中檔．文獻編號：408018084．
[003] 臺北"故宮博物院"藏．軍機及宮中檔．文獻編號：408018087．
[004] 中國第一歷史檔案館藏．錄副奏摺．檔號：03-4775-105．
[005] 臺北"故宮博物院"藏．軍機及宮中檔．文獻編號：408018090．
[006] 中國第一歷史檔案館藏．硃批奏摺．檔號：04-01-12-0493-110．
[007] 中國第一歷史檔案館藏．硃批奏摺．檔號：04-10-12-0493-128．
[008] 臺北"故宮博物院"藏．軍機及宮中檔．文獻編號：408018089．
[009] 中國第一歷史檔案館藏．錄副奏摺．檔號：03-4703-044．
[010] 中國第一歷史檔案館藏．錄副奏摺．檔號：03-9414-051．
[011] 中國第一歷史檔案館藏．錄副奏摺．檔號：03-9401-030．
[012] 中國第一歷史檔案館藏．硃批奏摺．檔號：04-01-16-0179-012．
[013] 中國第一歷史檔案館藏．錄副奏摺．檔號：03-9401-030．
[014] 中國第一歷史檔案館藏．錄副奏摺．檔號：03-9414-056．
[015] 中國第一歷史檔案館藏．錄副奏摺．檔號：03-9415-015．
[016] 中國第一歷史檔案館藏．錄副奏摺．檔號：03-9415-023．
[017] 中國第一歷史檔案館藏．錄副奏摺．檔號：03-9415-024．
[018] 中國第一歷史檔案館藏．錄副奏摺．檔號：03-9417-002．
[019] 中國第一歷史檔案館藏．未遞電信檔．檔號：2-07-12-023-0676．
[020] 中國第一歷史檔案館藏．錄副奏摺．檔號：03-4661-001．
[021] 臺北"故宮博物院"藏．軍機及宮中檔．文獻編號：112124．
[022] 臺北"故宮博物院"藏．軍機及宮中檔．文獻編號：104006．
[023] 臺北"故宮博物院"藏．軍機及宮中檔．文獻編號：100944．
[024] 中國第一歷史檔案館藏．錄副奏摺．檔號：03-4776-009．
[025] 臺北"故宮博物院"藏．軍機及宮中檔．文獻編號：100943．
[026] 臺北"故宮博物院"藏．軍機及宮中檔．文獻編號：101069．
[027] 臺北"故宮博物院"藏．軍機及宮中檔．文獻編號：101068．
[028] 臺北"故宮博物院"藏．軍機及宮中檔．文獻編號：408018100．
[029] 臺北"故宮博物院"藏．軍機及宮中檔．文獻編號：101447．
[030] 臺北"故宮博物院"藏．軍機及宮中檔．文獻編號：101448．
[031] 臺北"故宮博物院"藏．軍機及宮中檔．文獻編號：102150．
[032] 臺北"故宮博物院"藏．軍機及宮中檔．文獻編號：102151．
[033] 臺北"故宮博物院"藏．軍機及宮中檔．文獻編號：102349．
[034] 臺北"故宮博物院"藏．軍機及宮中檔．文獻編號：102354．
[035] 臺北"故宮博物院"藏．軍機及宮中檔．文獻編號：102350．
[036] 臺北"故宮博物院"藏．軍機及宮中檔．文獻編號：102353．
[037] 臺北"故宮博物院"藏．軍機及宮中檔．文獻編號：102270．
[038] 臺北"故宮博物院"藏．軍機及宮中檔．文獻編號：102271．
[039] 臺北"故宮博物院"藏．軍機及宮中檔．文獻編號：408018105．

[040] 臺北"故宮博物院"藏．軍機及宮中檔．文獻編號：102356．
[041] 臺北"故宮博物院"藏．軍機及宮中檔．文獻編號：103074．
[042] 中國第一歷史檔案館藏．錄副奏摺．檔號：03-4696-087．
[043] 臺北"故宮博物院"藏．軍機及宮中檔．文獻編號：103078．
[044] 中國第一歷史檔案館藏．硃批奏摺．檔號：04-01-12-0503-070．
[045] 中國第一歷史檔案館藏．錄副奏摺．檔號：03-4735-016．
[046] 臺北"故宮博物院"藏．軍機及宮中檔．文獻編號：101918．
[047] 臺北"故宮博物院"藏．軍機及宮中檔．文獻編號：408018108．
[048] 臺北"故宮博物院"藏．軍機及宮中檔．文獻編號：103455．
[049] 臺北"故宮博物院"藏．軍機及宮中檔．文獻編號：103177．
[050] 臺北"故宮博物院"藏．軍機及宮中檔．文獻編號：408018111．
[051] 臺北"故宮博物院"藏．軍機及宮中檔．文獻編號：104175．
[052] 臺北"故宮博物院"藏．軍機及宮中檔．文獻編號：106136．
[053] 臺北"故宮博物院"藏．軍機及宮中檔．文獻編號：104697．
[054] 臺北"故宮博物院"藏．軍機及宮中檔．文獻編號：103679．
[055] 臺北"故宮博物院"藏．軍機及宮中檔．文獻編號：102375．
[056] 臺北"故宮博物院"藏．軍機及宮中檔．文獻編號：103678．
[057] 臺北"故宮博物院"藏．軍機及宮中檔．文獻編號：104712．
[058] 臺北"故宮博物院"藏．軍機及宮中檔．文獻編號：104764．
[059] 臺北"故宮博物院"藏．軍機及宮中檔．文獻編號：104778．
[060] 臺北"故宮博物院"藏．軍機及宮中檔．文獻編號：104765．
[061] 中國第一歷史檔案館藏．錄副奏摺．檔號：03-4249-067．
[062] 中國第一歷史檔案館藏．錄副奏摺．檔號：03-4762-059．
[063] 中國第一歷史檔案館藏．錄副奏摺．檔號：03-4762-058．
[064] 中國第一歷史檔案館藏．錄副奏摺．檔號：03-4657-182．
[065] 臺北"故宮博物院"藏．軍機及宮中檔．文獻編號：104775．
[066] 臺北"故宮博物院"藏．軍機及宮中檔．文獻編號：408018117．
[067] 臺北"故宮博物院"藏．軍機及宮中檔．文獻編號：104581．
[068] 中國第一歷史檔案館藏．錄副奏摺．檔號：03-4620-216．
[069] 臺北"故宮博物院"藏．軍機及宮中檔．文獻編號：101486．
[070] 臺北"故宮博物院"藏．軍機及宮中檔．文獻編號：188101．
[070] 臺北"故宮博物院"藏．軍機及宮中檔．文獻編號：103571．
[072] 臺北"故宮博物院"藏．軍機及宮中檔．文獻編號：103571．
[073] 臺北"故宮博物院"藏．軍機及宮中檔．文獻編號：101882．
[074] 臺北"故宮博物院"藏．軍機及宮中檔．文獻編號：106135．
[075] 臺北"故宮博物院"藏．軍機及宮中檔．文獻編號：106136．
[076] 臺北"故宮博物院"藏．軍機及宮中檔．文獻編號：094666．
[077] 中國第一歷史檔案館藏．錄副奏摺．檔號：03-4824-043．
[078] 臺北"故宮博物院"藏．軍機及宮中檔．文獻編號：106137．
[079] 臺北"故宮博物院"藏．軍機及宮中檔．文獻編號：106136．
[080] 臺北"故宮博物院"藏．軍機及宮中檔．文獻編號：106363．
[081] 臺北"故宮博物院"藏．軍機及宮中檔．文獻編號：105800．

[082] 臺北"故宮博物院"藏．軍機及宮中檔．文獻編號：408018118.
[083] 臺北"故宮博物院"藏．軍機及宮中檔．文獻編號：408018121.
[084] 臺北"故宮博物院"藏．軍機及宮中檔．文獻編號：106364.
[085] 臺北"故宮博物院"藏．軍機及宮中檔．文獻編號：105822.
[086] 臺北"故宮博物院"藏．軍機及宮中檔．文獻編號：106750.
[087] 中國第一歷史檔案館藏．錄副奏摺．檔號：03-4107-063.
[088] 臺北"故宮博物院"藏．軍機及宮中檔．文獻編號：106140.
[089] 臺北"故宮博物院"藏．軍機及宮中檔．文獻編號：106754.
[090] 臺北"故宮博物院"藏．軍機及宮中檔．文獻編號：406005844.
[091] 中國第一歷史檔案館藏．錄副奏摺．檔號：03-4160-054.
[092] 中國第一歷史檔案館藏．錄副奏摺．檔號：03-4642-069.
[093] 臺北"故宮博物院"藏．軍機及宮中檔．文獻編號：106752.
[094] 臺北"故宮博物院"藏．軍機及宮中檔．文獻編號：106753.
[095] 臺北"故宮博物院"藏．軍機及宮中檔．文獻編號：106784.
[096] 臺北"故宮博物院"藏．軍機及宮中檔．文獻編號：106785.
[097] 臺北"故宮博物院"藏．軍機及宮中檔．文獻編號：106786.
[098] 臺北"故宮博物院"藏．軍機及宮中檔．文獻編號：106960.
[099] 臺北"故宮博物院"藏．軍機及宮中檔．文獻編號：106365.
[100] 臺北"故宮博物院"藏．軍機及宮中檔．文獻編號：107183.
[101] 臺北"故宮博物院"藏．軍機及宮中檔．文獻編號：105827.
[102] 臺北"故宮博物院"藏．軍機及宮中檔．文獻編號：106959.
[103] 臺北"故宮博物院"藏．軍機及宮中檔．文獻編號：106961.
[104] 臺北"故宮博物院"藏．軍機及宮中檔．文獻編號：107180.
[105] 臺北"故宮博物院"藏．軍機及宮中檔．文獻編號：106112.
[106] 臺北"故宮博物院"藏．軍機及宮中檔．文獻編號：107185.
[107] 臺北"故宮博物院"藏．軍機及宮中檔．文獻編號：107990.
[108] 臺北"故宮博物院"藏．軍機及宮中檔．文獻編號：108821.
[109] 臺北"故宮博物院"藏．軍機及宮中檔．文獻編號：408018126.
[110] 臺北"故宮博物院"藏．軍機及宮中檔．文獻編號：110403.
[111] 中國第一歷史檔案館藏．錄副奏摺．檔號：03-4747-072.
[112] 中國第一歷史檔案館藏．錄副奏摺．檔號：03-4751-077.
[113] 臺北"故宮博物院"藏．軍機及宮中檔．文獻編號：109216.
[114] 臺北"故宮博物院"藏．軍機及宮中檔．文獻編號：110287.
[115] 臺北"故宮博物院"藏．軍機及宮中檔．文獻編號：110289.
[116] 臺北"故宮博物院"藏．軍機及宮中檔．文獻編號：110286.
[117] 中國第一歷史檔案館藏．錄副奏摺．檔號：03-4747-002.
[118] 中國第一歷史檔案館藏．錄副奏摺．檔號：03-4747-003.
[119] 中國第一歷史檔案館藏．錄副奏摺．檔號：03-5005-021.
[120] 中國第一歷史檔案館藏．錄副奏摺．檔號：03-4679-053.
[121] 臺北"故宮博物院"藏．軍機及宮中檔．文獻編號：107988.
[122] 中國第一歷史檔案館藏．錄副奏摺．檔號：03-4748-010.
[123] 中國第一歷史檔案館藏．硃批奏摺．檔號：04-01-16-0194-137.

[124] 中國第一歷史檔案館藏．錄副奏摺．檔號：03-4703-086.
[125] 中國第一歷史檔案館藏．錄副奏摺．檔號：03-4655-038.
[126] 中國第一歷史檔案館藏．錄副奏摺．檔號：03-49498-052.
[127] 中國第一歷史檔案館藏．錄副奏摺．檔號：03-4749-027.
[128] 中國第一歷史檔案館藏．錄副奏摺．檔號：03-4750-033.
[129] 中國第一歷史檔案館藏．錄副奏摺．檔號：03-4751-037.
[130] 中國第一歷史檔案館藏．錄副奏摺．檔號：03-4750-008.
[131] 中國第一歷史檔案館藏．錄副奏摺．檔號：03-4676-054.
[132] 中國第一歷史檔案館藏．錄副奏摺．檔號：03-4750-036.
[133] 中國第一歷史檔案館藏．錄副奏摺．檔號：03-4950-031.
[134] 中國第一歷史檔案館藏．錄副奏摺．檔號：03-4979-074.
[135] 中國第一歷史檔案館藏．錄副奏摺．檔號：03-4661-006.
[136] 中國第一歷史檔案館藏．錄副奏摺．檔號：03-4832-090.
[137] 中國第一歷史檔案館藏．錄副奏摺．檔號：03-4833-063.
[138] 中國第一歷史檔案館藏．錄副奏摺．檔號：03-4833-043.
[139] 臺北"故宮博物院"藏．軍機及宮中檔．文獻編號：408018129.
[140] 中國第一歷史檔案館藏．錄副奏摺．檔號：03-4661-165.
[141] 中國第一歷史檔案館藏．錄副奏摺．檔號：03-4716-196.
[142] 中國第一歷史檔案館藏．錄副奏摺．檔號：03-4834-038.
[143] 中國第一歷史檔案館藏．錄副奏摺．檔號：03-4661-169.
[144] 中國第一歷史檔案館藏．錄副奏摺．檔號：03-4661-163.
[145] 中國第一歷史檔案館藏．錄副奏摺．檔號：03-4661-162.
[146] 中國第一歷史檔案館藏．錄副奏摺．檔號：03-4213-028.
[147] 中國第一歷史檔案館藏．錄副奏摺．檔號：03-4781-075.
[148] 中國第一歷史檔案館藏．硃批奏摺．檔號：04-01-01-0877-039.
[149] 中國第一歷史檔案館藏．錄副奏摺．檔號：03-4612-104.
[150] 中國第一歷史檔案館藏．硃批奏摺．檔號：04-01-35-0974-090.
[151] 中國第一歷史檔案館藏．錄副奏摺．檔號：03-4951-108.
[152] 中國第一歷史檔案館藏．硃批奏摺．檔號：04-01-35-0975-015.
[153] 中國第一歷史檔案館藏．硃批奏摺．檔號：04-01-16-0198-122.
[154] 臺北"故宮博物院"藏．軍機及宮中檔．文獻編號：111021.
[155] 中國第一歷史檔案館藏．硃批奏摺．檔號：04-01-01-0919-070.
[156] 臺北"故宮博物院"藏．軍機及宮中檔．文獻編號：111379.
[157] 中國第一歷史檔案館藏．錄副奏摺．檔號：03-4739-046.
[158] 中國第一歷史檔案館藏．錄副奏摺．檔號：03-5002-092.
[159] 臺北"故宮博物院"藏．軍機及宮中檔．文獻編號：111902.
[160] 臺北"故宮博物院"藏．軍機及宮中檔．文獻編號：111902-2.
[161] 中國第一歷史檔案館藏．硃批奏摺．檔號：04-01-02-0515-087.
[162] 臺北"故宮博物院"藏．軍機及宮中檔．文獻編號：111908.
[163] 中國第一歷史檔案館藏．錄副奏摺．檔號：03-5836-055.
[164] 中國第一歷史檔案館藏．錄副奏摺．檔號：03-4664-138.
[165] 中國第一歷史檔案館藏．硃批奏摺．檔號：04-01-12-0515-066.

[166] 臺北"故宮博物院"藏. 軍機及宮中檔. 文獻編號: 111909.
[167] 臺北"故宮博物院"藏. 軍機及宮中檔. 文獻編號: 105825.
[168] 中國第一歷史檔案館藏. 錄副奏摺. 檔號: 03-4596-104.
[169] 臺北"故宮博物院"藏. 軍機及宮中檔. 文獻編號: 099390.
[170] 臺北"故宮博物院"藏. 軍機及宮中檔. 文獻編號: 099851.
[171] 臺北"故宮博物院"藏. 軍機及宮中檔. 文獻編號: 090731.
[172] 臺北"故宮博物院"藏. 軍機及宮中檔. 文獻編號: 105521.
[173] 中國第一歷史檔案館藏. 錄副奏摺. 檔號: 03-5771-038.
[174] 臺北"故宮博物院"藏. 軍機及宮中檔. 文獻編號: 111907.
[175] 中國第一歷史檔案館藏. 錄副奏摺. 檔: 03-4950-030.
[176] 中國第一歷史檔案館藏. 硃批奏摺. 檔號: 04-01-03-0010-008.
[177] 臺北"故宮博物院"藏. 軍機及宮中檔. 文獻編號: 112734.
[178] 臺北"故宮博物院"藏. 軍機及宮中檔. 文獻編號: 112726.
[179] 中國第一歷史檔案館藏. 硃批奏摺. 檔號: 04-01-16-0199-120.
[180] 臺北"故宮博物院"藏. 軍機及宮中檔. 文獻編號: 112728.
[181] 中國第一歷史檔案館藏. 錄副奏摺. 檔號: 03-4707-074.
[182] 臺北"故宮博物院"藏. 軍機及宮中檔. 文獻編號: 096381.
[183] 中國第一歷史檔案館藏. 錄副奏摺. 檔號: 03-4720-023.
[184] 中國第一歷史檔案館藏. 錄副奏摺. 檔號: 03-4622-035.
[185] 中國第一歷史檔案館藏. 錄副奏摺. 檔號: 03-4622-034.
[186] 中國第一歷史檔案館藏. 錄副奏摺. 檔號: 03-4774-041.
[187] 臺北"故宮博物院"藏. 軍機及宮中檔. 文獻編號: 113186.
[188] 中國第一歷史檔案館藏. 硃批奏摺. 檔號: 04-01-12-0515-038.
[189] 臺北"故宮博物院"藏. 軍機及宮中檔. 文獻編號: 118132.
[190] 中國第一歷史檔案館藏. 硃批奏摺. 檔號: 04-01-01-0925-066.
[191] 臺北"故宮博物院"藏. 軍機及宮中檔. 文獻編號: 114623.
[192] 臺北"故宮博物院"藏. 軍機及宮中檔. 文獻編號: 112838.
[193] 臺北"故宮博物院"藏. 軍機及宮中檔. 文獻編號: 113121.
[194] 臺北"故宮博物院"藏. 軍機及宮中檔. 文獻編號: 114278.
[195] 臺北"故宮博物院"藏. 軍機及宮中檔. 文獻編號: 117063.
[196] 臺北"故宮博物院"藏. 軍機及宮中檔. 文獻編號: 115398.
[197] 臺北"故宮博物院"藏. 軍機及宮中檔. 文獻編號: 115394.
[198] 中國第一歷史檔案館藏. 錄副奏摺. 檔號: 03-4843-037.
[199] 臺北"故宮博物院"藏. 軍機及宮中檔. 文獻編號: 115399.
[200] 臺北"故宮博物院"藏. 軍機及宮中檔. 文獻編號: 114625.
[201] 臺北"故宮博物院"藏. 軍機及宮中檔. 文獻編號: 115399.
[202] 中國第一歷史檔案館藏. 硃批奏摺. 檔號: 04-01-16-0200-105.
[203] 臺北"故宮博物院"藏. 軍機及宮中檔. 文獻編號: 115916.
[204] 中國第一歷史檔案館藏. 硃批奏摺. 檔號: 04-01-01-0926-045.
[205] 臺北"故宮博物院"藏. 軍機及宮中檔. 文獻編號: 116115.
[206] 中國第一歷史檔案館藏. 錄副奏摺. 檔號: 03-5101-048.
[207] 臺北"故宮博物院"藏. 軍機及宮中檔. 文獻編號: 113958.

[208] 中國第一歷史檔案館藏．硃批奏摺．檔號：04-01-35-0977-022.
[209] 臺北"故宮博物院"藏．軍機及宮中檔．文獻編號：116394.
[210] 臺北"故宮博物院"藏．軍機及宮中檔．文獻編號：116394.
[211] 中國第一歷史檔案館藏．硃批奏摺．檔號：04-01-01-0924-049.
[212] 臺北"故宮博物院"藏．軍機及宮中檔．文獻編號：116699.
[213] 中國第一歷史檔案館藏．硃批奏摺．檔號：04-01-01-0924-083.
[214] 臺北"故宮博物院"藏．軍機及宮中檔．文獻編號：117264.
[215] 臺北"故宮博物院"藏．軍機及宮中檔．文獻編號：116457.
[216] 臺北"故宮博物院"藏．軍機及宮中檔．文獻編號：117933.
[217] 中國第一歷史檔案館藏．硃批奏摺．檔號：04-01-12-0497-099.
[218] 中國第一歷史檔案館藏．錄副奏摺．檔號：03-4659-022.
[219] 臺北"故宮博物院"藏．軍機及宮中檔．文獻編號：116601.
[220] 中國第一歷史檔案館藏．錄副奏摺．檔號：03-7229-031.
[221] 中國第一歷史檔案館藏．硃批奏摺．檔號：04-01-16-0200-039.
[222] 臺北"故宮博物院"藏．軍機及宮中檔．文獻編號：117931.
[223] 中國第一歷史檔案館藏．硃批奏摺．檔號：04-01-30-0184-033.
[224] 臺北"故宮博物院"藏．軍機及宮中檔．文獻編號：117932.
[225] 臺北"故宮博物院"藏．軍機及宮中檔．文獻編號：117935.
[226] 臺北"故宮博物院"藏．軍機及宮中檔．文獻編號：117935-2.
[227] 臺北"故宮博物院"藏．軍機及宮中檔．文獻編號：118219.
[228] 臺北"故宮博物院"藏．軍機及宮中檔．文獻編號：118216.
[229] 臺北"故宮博物院"藏．軍機及宮中檔．文獻編號：118219-2.
[230] 中國第一歷史檔案館藏．硃批奏摺．檔號：04-01-13-0320-048.
[231] 中國第一歷史檔案館藏．錄副奏摺．檔號：03-5767-051.
[232] 中國第一歷史檔案館藏．錄副奏摺．檔號：03-5097-096.
[233] 中國第一歷史檔案館藏．錄副奏摺．檔號：03-6006-042.
[234] 中國第一歷史檔案館藏．錄副奏摺．檔號：03-6055-092.
[235] 中國第一歷史檔案館藏．錄副奏摺．檔號：03-6054-015.
[236] 中國第一歷史檔案館藏．錄副奏摺．檔號：03-5507-034.
[237] 中國第一歷史檔案館藏．錄副奏摺．檔號：03-5749-015.
[238] 中國第一歷史檔案館藏．錄副奏摺．檔號：03-6056-002.
[239] 中國第一歷史檔案館藏．錄副奏摺．檔號：03-5769-068.
[240] 中國第一歷史檔案館藏．錄副奏摺．檔號：03-4658-026.
[241] 中國第一歷史檔案館藏．錄副奏摺．檔號：03-5663-012.
[242] 中國第一歷史檔案館藏．錄副奏摺．檔號：03-5099-093.
[243] 臺北"故宮博物院"藏．軍機及宮中檔．文獻編號：116698.
[244] 中國第一歷史檔案館藏．錄副奏摺．檔號：03-5771-033.
[245] 中國第一歷史檔案館藏．錄副奏摺．檔號：03-5771-037.
[246] 中國第一歷史檔案館藏．錄副奏摺．檔號：03-5771-035.
[247] 中國第一歷史檔案館藏．錄副奏摺．檔號：03-5771-036.
[248] 中國第一歷史檔案館藏．錄副奏摺．檔號：03-0771-034.
[249] 中國第一歷史檔案館藏．錄副奏摺．檔號：03-5771-039.

参考文献 593

[250] 中國第一歷史檔案館藏. 錄副奏摺. 檔號: 03-5772-003.
[251] 中國第一歷史檔案館藏. 錄副奏摺. 檔號: 03-6058-003.
[252] 中國第一歷史檔案館藏. 錄副奏摺. 檔號: 03-5781-021.
[253] 中國第一歷史檔案館藏. 軍機處隨手檔. 檔號: 03-0217-1-1202-058.
[254] 中國第一歷史檔案館藏. 錄副奏摺. 檔號: 03-7232-006.
[255] 中國第一歷史檔案館藏. 錄副奏摺. 檔號: 03-7339-059.
[256] 中國第一歷史檔案館藏. 錄副奏摺. 檔號: 03-7339-060.
[257] 中國第一歷史檔案館藏. 錄副奏摺. 檔號: 03-5772-036.
[258] 中國第一歷史檔案館藏. 錄副奏摺. 檔號: 03-6008-023.
[259] 中國第一歷史檔案館藏. 硃批奏摺. 檔號: 04-01-13-0330-021.
[260] 中國第一歷史檔案館藏. 錄副奏摺. 檔號: 03-5106-00.
[261] 中國第一歷史檔案館藏. 錄副奏摺. 檔號: 03-7232-045.
[262] 中國第一歷史檔案館藏. 錄副奏摺. 檔號: 03-7234-019.
[263] 臺北"故宮博物院"藏. 軍機及宮中檔. 文獻編號: 101984.
[264] 臺北"故宮博物院"藏. 軍機及宮中檔. 文獻編號: 101991.
[265] 臺北"故宮博物院"藏. 軍機及宮中檔. 文獻編號: 102946.
[266] 臺北"故宮博物院"藏. 軍機及宮中檔. 文獻編號: 102951.
[267] 臺北"故宮博物院"藏. 軍機及宮中檔. 文獻編號: 105601.
[268] 臺北"故宮博物院"藏. 軍機及宮中檔. 文獻編號: 106230.
[269] 臺北"故宮博物院"藏. 軍機及宮中檔. 文獻編號: 107534.
[270] 臺北"故宮博物院"藏. 軍機及宮中檔. 文獻編號: 107983.
[271] 臺北"故宮博物院"藏. 軍機及宮中檔. 文獻編號: 108829.
[272] 臺北"故宮博物院"藏. 軍機及宮中檔. 文獻編號: 109406.
[273] 臺北"故宮博物院"藏. 軍機及宮中檔. 文獻編號: 109407.
[274] 臺北"故宮博物院"藏. 軍機及宮中檔. 文獻編號: 111757.
[275] 臺北"故宮博物院"藏. 軍機及宮中檔. 文獻編號: 111758.
[276] 臺北"故宮博物院"藏. 軍機及宮中檔. 文獻編號: 111759.
[277] 臺北"故宮博物院"藏. 軍機及宮中檔. 文獻編號: 111762.
[278] 臺北"故宮博物院"藏. 軍機及宮中檔. 文獻編號: 111763.
[279] 臺北"故宮博物院"藏. 軍機及宮中檔. 文獻編號: 112838.
[280] 臺北"故宮博物院"藏. 軍機及宮中檔. 文獻編號: 114378.
[281] 臺北"故宮博物院"藏. 軍機及宮中檔. 文獻編號: 114386.
[282] 臺北"故宮博物院"藏. 軍機及宮中檔. 文獻編號: 114387.
[283] 臺北"故宮博物院"藏. 軍機及宮中檔. 文獻編號: 104581.
[284] 臺北"故宮博物院"藏. 軍機及宮中檔. 文獻編號: 104697.
[285] 臺北"故宮博物院"藏. 軍機及宮中檔. 文獻編號: 116457.
[286] 臺北"故宮博物院"藏. 軍機及宮中檔. 文獻編號: 112631.
[287] 臺北"故宮博物院"藏. 軍機及宮中檔. 文獻編號: 114733.
[288] 臺北"故宮博物院"藏. 軍機及宮中檔. 文獻編號: 115906.
[289] 臺北"故宮博物院"藏. 軍機及宮中檔. 文獻編號: 111522.
[290] 臺北"故宮博物院"藏. 軍機及宮中檔. 文獻編號: 103991.
[291] 臺北"故宮博物院"藏. 軍機及宮中檔. 文獻編號: 103992.

[292] 臺北"故宮博物院"藏．軍機及宮中檔．文獻編號：104006.
[293] 臺北"故宮博物院"藏．軍機及宮中檔．文獻編號：104990.
[294] 臺北"故宮博物院"藏．軍機及宮中檔．文獻編號：105002.
[295] 臺北"故宮博物院"藏．軍機及宮中檔．文獻編號：105800.
[296] 臺北"故宮博物院"藏．軍機及宮中檔．文獻編號：107845.
[297] 臺北"故宮博物院"藏．軍機及宮中檔．文獻編號：108619.
[298] 臺北"故宮博物院"藏．軍機及宮中檔．文獻編號：109549.
[299] 臺北"故宮博物院"藏．軍機及宮中檔．文獻編號：109406.
[300] 臺北"故宮博物院"藏．軍機及宮中檔．文獻編號：406011235.
[301] 臺北"中央研究院"近代史研究所藏．總理衙門檔案．館藏號：01-12-190-01-063.
[302] 臺北"故宮博物院"藏．軍機及宮中檔．文獻編號：083256.
[303] 臺北"故宮博物院"藏．軍機及宮中檔．文獻編號：083679.
[304] 臺北"故宮博物院"藏．軍機及宮中檔．文獻編號：086077.
[305] 中國第一歷史檔案館藏．硃批奏摺．檔號：04-01-12-0471-114.
[306] 中國第一歷史檔案館藏．錄副奏摺．檔號：03-2779-032.
[307] 中國第一歷史檔案館藏．錄副奏摺．檔號：03-4084-024.

二、典籍

[01] 中國第一歷史檔案館編．嘉慶朝上諭檔．桂林：廣西師範大學出版社，1999.
[02] 中國第一歷史檔案館編．道光朝上諭檔．桂林：廣西師範大學出版社，1998.
[03] 中國第一歷史檔案館編．道光朝上諭檔．桂林：廣西師範大學出版社，1999.
[04] 中國第一歷史檔案館編．咸豐朝上諭檔．桂林：廣西師範大學出版社，1998.
[05] 中國第一歷史檔案館編．同治朝上諭檔．桂林：廣西師範大學出版社，1998.
[06] 中國第一歷史檔案館編．光緒朝上諭檔．桂林：廣西師範大學出版社，1996.
[07] 中華書局影印．清實錄·仁宗睿皇帝（嘉慶）實錄．北京：中華書局，1986.
[08] 中華書局影印．清實錄·宣宗成皇帝（道光）實錄．北京：中華書局，1986.
[09] 中華書局影印．清實錄·文宗顯皇帝（咸豐）實錄．北京：中華書局，1986.
[10] 中華書局影印．清實錄·穆宗毅皇帝（同治）實錄．北京：中華書局，1987.
[11] 中華書局影印．清實錄·德宗景皇帝（光緒）實錄．北京：中華書局，1987.
[12] 中國第一歷史檔案館編．光緒朝硃批奏摺．北京：中華書局，1995.
[13] 秦國經主編．清代官員履歷檔案全編．華東師範大學出版社，2008.
[14] 清高宗敕撰．清朝文獻通考．杭州：浙江古籍出版社，1988.
[15] 劉錦藻．清朝續文獻通考．杭州：浙江古籍出版社，1988.
[16] 中國第一歷史檔案館，福建師大歷史系編．清末教案．北京：中華書局，1996.
[17] 臺北"中央研究院"近代史研究所編．教務教案檔．臺北："中央研究院"近代史研究所，1974.
[18] 顧廷龍主編．清代硃卷集成．臺北：成文出版社，1992.

三、著作

[01] 陳慶年．吳棠年譜．近代史資料七十五號．北京：中國社會科學出版社，1989.
[02] 吳棠．望三益齋詩文鈔（十五卷）．同治十三年成都使署刻本.

[03] 吳棠．望三益齋存稿（十卷）．清刻本。
[04] 崇實著．惕庵年譜．沈雲龍主編：近代中國史料叢刊．臺北：文海出版社，1966.
[05] 曾國藩．曾文正公全集．光緒二年秋傳中書局刻本。
[06] 李翰章編纂，李鴻章校勘．足本曾文正公全集．長春：吉林人民出版社，1995.
[07] 左宗棠．左宗棠全集．奏稿．上海：上海書店，1986.
[08] 朱玉泉編．李鴻章全書．長春：吉林人民出版社，1999.
[09] 顧廷龍，戴逸主編．李鴻章全集．合肥：安徽出版集團，2008.
[10] 魯一同．通甫類稿．沈雲龍主編：近代中國史料叢刊．臺北：文海出版社，1996.
[11] 劉嶽昭．滇黔奏議．沈雲龍主編：近代中國史料叢刊．臺北：文海出版社，1966.
[12] 岑毓英．岑襄勤公遺集．沈雲龍主編：近代中國史料叢刊．臺北：文海出版社，1966.
[13] 唐炯．成山老人自訂年譜．沈雲龍主編：近代中國史料叢刊．臺北：文海出版社，1966.
[14] 寶鋆等修．籌辦夷務始末．（同治朝）沈雲龍主編：近代中國史料叢刊．臺北：文海出版社，1966.
[15] 黎成禮編．黎文肅公（培敬）遺書．沈雲龍主編：近代中國史料叢刊．臺北：文海出版社，1966.
[16] 蔡冠洛纂．清代七百名人傳．沈雲龍主編：近代中國史料叢刊．臺北：文海出版社，1971.
[17] 朱壽朋．光緒朝東華錄．北京：中華書局，1958.
[18] 王先謙等．東華續錄（同治朝）．光緒戊戌年文瀾書局石印本．
[19] 蔣良騏．東華錄．北京：中華書局，1980.
[20] 黃盛陸等標點．岑毓英奏稿．南寧：廣西人民出版社，1989.
[21] 貴州大學歷史係近代史教研室點校．平黔紀略．貴州人出版社，1988.
[22] 王延熙，王樹敏．皇清道成同光奏議．臺北：文海出版社，1969.
[23] 清史編委會．清代人物傳稿．瀋陽：遼寧人民出版社，1990.
[24] 戚其章，王如繪編．晚清教案紀事．北京：東方出版社，1990.
[25] 汪兆鏞．碑傳集三編．臺北：文海出版社，1980.
[26] 郭嵩燾．郭嵩燾日記．長沙：湖南人民出版社，1982.
[27] 李慈銘．越縵堂讀書記．上海：上海書店出版社，2000.
[28] 李慈銘．越縵堂文集．臺北：文海出版社，1971.
[29] 李慈銘．越縵堂日記．北京：線裝書局，2003.
[30] 郭廷以，尹仲容等．郭嵩燾先生年譜．臺北："中央研究院"近代史研究所，1971.
[31] 翁同龢著，陳義傑整理．翁同龢日記．北京：中華書局，1993.
[32] 竇宗一．李鴻章年譜．臺北：文海出版社，1977.
[33] 吳洪均，吳汝綸．李肅毅伯（鴻章）奏疏．臺北：文海出版社，1968.
[34] 歐陽輔之．劉忠誠公（坤一）遺集：書牘．臺北：文海出版社，1968.
[35] 金梁．近世人物志．臺北：文海出版社，1977.
[36] 裘毓麟．清代軼聞．臺北：華文書局，1932.
[37] 費行簡．近代名人小傳．臺北：文海出版社，1967.
[38] 沈桐生．光緒政要．臺北：文海出版社，1971.
[39] 王樹枏．張文襄公之洞全集．臺北：文海出版社，1970.

[40] 來新夏. 近三百年人物年譜知見錄. 上海：上海人民出版社，1983.
[41] 蘇樹蕃. 清朝御史題名錄. 臺北：文海出版社，1967.
[42] 湯志鈞. 戊戌變法人物傳稿. 北京：中華書局，1982.
[43] 李林年，楊忠. 清人別集總目. 合肥：安徽教育出版社，2000.
[44] 章伯鋒，顧亞. 近代稗海. 成都：四川人民出版社，1989.
[45] 桂遵義，袁英光. 中國近代史學史. 南京：江蘇古籍出版社，1989.
[46] 邱永君著. 清代翰林院制度. 北京：社會科學文獻出版社，2002.
[47] 商衍鎏著. 清代科舉考試述錄. 北京：三聯書店，1958.
[48] 李世愉著. 清代科舉制度考辨. 北京：中央廣播電視大學出版社，1999.
[49] 王德昭著. 清代科舉制度研究. 北京：中華書局。1984.
[50] 趙爾巽等. 清史稿. 北京：中華書局，1976.
[51] 王鍾翰點校. 清史列傳. 北京：中華書局，1987.
[52] 蔡冠洛. 清代七百人物傳. 北京：中國書店，1984.
[53] 何一民. 四川近代史人物傳. 成都：四川社會科學出版社，1990.
[54] 隗瀛濤等. 四川近代史. 成都：四川省社會科學出版社，1985.
[55] 魯子健. 清代四川財政史料. 成都：四川省社會科學出版社，1988.
[56] 李侃等. 中國近代史. 北京：中華書局，2004.
[57] 杜澤遜. 文獻學概要. 北京：中華書局，2008.
[58] 楊燕起，高國抗主編. 中國歷史文獻學. 北京：北京圖書館出版社，2003.
[59] 曾貽芬，崔文印. 中國歷史文獻學史述要. 北京：商務印書館，2000.
[60] 昭通市民族宗教事務局編. 昭通少數民族志. 昆明：雲南民族出版社，2006.
[61] 黃建明等整理. 清代皇帝御批彝事珍檔. 成都：四川民族出版社，2000.
[62] 何英芳編. 清史稿紀表傳人名索引. 北京：中華書局，1996.
[63] 臧雲浦等. 歷代官制兵制科舉制表識. 南京：江蘇古籍出版社，1982.
[64] 貢發芹. 吳棠史料彙編. 深圳：珠江文藝出版社，2006.

四、論文

[01] 杜澤遜. 四庫存目標注. 濟南：山東大學，2003.
[02] 許全盛. 沈曾植年譜長編. 上海：華東師範大學，2004.
[03] 毛曉陽. 清代江西進士叢考. 杭州：浙江大學，2005.
[04] 方芳. 清代朱卷集成研究. 杭州：浙江大學，2006.
[05] 王立民. 葉昌熾緣督廬日記研究. 上海：復旦大學，2006.
[06] 李和山. 王先謙學術年譜. 蘇州：蘇州大學，2007.
[07] 王寧. 雲溪友議校注. 廈門：廈門大學，2009.
[08] 陳一容. 道光朝大計官員處分人數考. 近代史研究，2007，1.
[09] 周阿根. 李茂貞墓誌錄文校補. 文物春秋．2009，3.

跋

　　推開窗，晨風裏挾著野草的清香，飽含著水氣的清涼，沁人心脾，常日遲遲，風景漸明。論文總算殺青，那一段失魂落魄、寢食難安的日子終於結束了！有一絲輕鬆，又有幾許沉重：往事歷歷，值得記憶和書寫的太多：圖書館中徜徉書林，怡然自得；教研室內聆聽教誨，醍醐灌頂；紫禁城內訪幽覽勝，物我兩忘；十三陵前談今論古，豁然於心。考辨注釋，盡心所致，超然物外，忘乎所以！博大精深的華夏文化滋潤著我這個來自天山腳下的負笈之人。撫今追昔，思緒萬千，難以抑止心中湧動的感激之情：感謝業師黃建明先生，不棄蒲柳駑駘，收于門下，悉心指導，再造之恩，沒齒以銜！感謝聶鴻音先生、張鐵山先生、孫伯君先生諄諄善誘、春風化雨般的教誨。

　　在文獻收集、整理、鑒定以及論文寫作過程中，始終得到山東大學文史研究院教授杜澤遜先生，中國人民大學教授、國家清史編纂委員會文獻部黃愛平先生，國家清史委圖書資料中心謝軍先生，中央民族大學圖書館古籍部李婷教授，中央民族大學歷史文化學院教授趙令志先生的熱情鼓勵、殷殷關懷、悉心指教與鼎力襄助，嘉惠實深，感篆曷極！

　　感謝中國第一歷史檔案館利用處王澈處長、王金龍先生、楊欣欣女史、李靜女史、葛會英女史，國家圖書館陳秉松先生、博士後丁延峰先生，中央民族大學圖書館古籍部鍾玉梅女史、黃金東先生，臺北故宮博物院王華威先生，著名作家劉風光先生、崔保新先生，首都師範大學博物館史文明博士，好友貢發芹先生、薛守忠先生、姨父焦永寧先生，或指點迷津，或提供幫助，或真誠鼓勵。藉其指撝，助克蕆功。

感謝中央民族大學後勤集團總經理柯雅斌先生的真誠關照；感謝中央民族大學校醫院的醫護人員和積水潭醫院耳鼻喉科彭本剛主任、王欣先生、雷慧佳博士以及護士站天使們的細心呵護。同時，亦感謝錢思辰、鄭玲師妹和王海濱、祁宏濤師弟的無私幫助！

齊年孫聊城啟軍、肖贛州斌、木麗江永躍、張涼城利俊、周宜賓建軍、李江西曉華、袁清華玉紅、商太原萬里、朱伊犁遠來、王廊坊瑜卿、胡中原良友、杜允吾鵑、董燕山文朝、馬觀察駿、孫青島明敏、吳雲南海燕、王烏蘭松濤，或妙筆懸漏，雄才吐珠；或指點江山，心憂天下；或激揚文字，舌燦蓮花；或人情練達，世事洞明；或有求必應，沉著從容；或有問必答，徐疾有度；或知音酬唱，紅粉柔情，情趣橫生，時光若虹，歲月如歌！

本書的順利出版，尤其要感謝石河子大學文學藝術學院院長王立昌教授、石河子大学科研处处长李豫新教授的無私關懷和鼎力贊襄。李賦教授為本書提出了修改意見，並欣然賜序；商務印書館丁波博士和編輯張文華女史在本書的付梓過程中，往復函商，倍著辛勞；內子張從華、愛子杜寅，鞍前馬後，排比理董，助我尤多，謹此一併致謝。由於本人學識淺陋，紕繆之處在所難免，尚祈海內外方家不吝賜正。

杜宏春
甲午年仲春識於石河子大學